v

LE PROBLÈME MORAL

DANS LA

PHILOSOPHIE DE SPINOZA

ET DANS

L'HISTOIRE DU SPINOZISME

LE PROBLÈME MORAL

DANS LA

PHILOSOPHIE DE SPINOZA

ET DANS

L'HISTOIRE DU SPINOZISME

PAR

Victor DELBOS

ANCIEN ÉLÈVE DE L'ÉCOLE NORMALE SUPÉRIEURE
PROFESSEUR AGRÉGÉ DE PHILOSOPHIE AU LYCÉE DE TOULOUSE

PARIS

ANCIENNE LIBRAIRIE GERMER BAILLIÈRE ET Cie
FÉLIX ALCAN, ÉDITEUR
108, BOULEVARD SAINT-GERMAIN, 108
LIBRAIRIE ÉD. PRIVAT, RUE DES TOURNEURS, TOULOUSE

1893

A MONSIEUR

LÉON OLLÉ-LAPRUNE

MAÎTRE DE CONFÉRENCES A L'ÉCOLE NORMALE SUPÉRIEURE

HOMMAGE

DE RECONNAISSANCE, DE DÉVOUEMENT
ET DE RESPECT

INTRODUCTION

Le vif intérêt que présentent à l'heure actuelle les problèmes de la vie morale ne peut manquer de se reporter pour une bonne part sur les doctrines qui à d'autres époques les ont posés et ont tâché de les résoudre. Si surtout ces doctrines ont dépassé et l'esprit de leur auteur et l'esprit de leur temps, si elles ont été capables de survivre à la forme première qui les enveloppait et de se créer dans la variété des intelligences des formes nouvelles et diverses, il nous paraît qu'elles ont reçu de ce contact avec les consciences une empreinte d'humanité; et elles réussissent à nous occuper, moins peut-être parce qu'elles sont des théories originales ou vigoureuses, que parce qu'elles ont eu ce don de longévité ou ce pouvoir de résurrection.

Il n'est certes pas étonnant que notre personnalité morale s'attache vivement à tout ce qui, dans le sens et la destinée des systèmes, la sollicite ou la touche; mais il en est qui disent qu'une telle curiosité est bien dangereuse pour la vérité historique. Nous sommes généralement fort

empressés à exiger des diverses doctrines la solution de problèmes qu'elles n'ont pas posés et que nous leur imposons : c'est vite fait d'en accommoder les idées à nos désirs et les conséquences à nos préjugés, favorables ou défavorables. Et quand il s'agit surtout des problèmes moraux, la tentation est bien puissante : on se décide mal à les oublier, même pour un temps; ils sont la « pensée de derrière la tête », qui vient juger de tout, qui critique toutes les pensées, les pensées hostiles que souvent elle imagine, les pensées indifférentes que presque toujours elle détourne. Il y a là une tendance de l'esprit qui, pour être très forte, n'en paraît pas plus légitime; c'est une précaution nécessaire que de s'en défier.

Ces observations générales contiennent d'abord une vérité que notre travail ne peut que confirmer : la morale que l'on a longtemps attribuée à Spinoza par voie de conséquence forcée n'a rien de commun avec la doctrine spinoziste. Elles contiennent ensuite une sorte de critique préventive à laquelle échappe, ce semble, le sujet de notre étude. Ce n'est pas de nos préoccupations actuelles que la morale de Spinoza tire son importance, elle a été l'œuvre dans laquelle Spinoza lui-même a voulu parfaire sa vie; le sens humain qu'elle a pris à nos yeux ne lui est pas venu du dehors, c'est à l'intérieur et au plus profond d'une âme qu'elle est née; si elle est apparue comme doctrine, c'est qu'à l'épreuve elle avait été jugée bonne. D'autre part, elle n'a pas dans l'ensemble des idées spinozistes une place que l'on puisse arbitrairement restreindre ou accroître; elle est, pour Spinoza, la philosophie tout entière : tout la prépare, rien n'est en dehors d'elle.

On est donc dispensé de mettre artificiellement en relief un problème qui de lui-même est au premier plan, et surtout d'opérer dans le système de Spinoza un travail maladroit de discernement et de séparation. Aucune doctrine ne se prête moins à un triage d'idées. Il y a là une puissance d'organisation que nos distinctions usuelles ne doivent pas essayer d'entamer. Ce que nous serions tentés de demander à Spinoza, en partant du terme ordinaire de « morale », est précisément ce qu'il nous refuse, c'est-à-dire une conception fermée du devoir qui vaille par elle-même et qui s'exprime en préceptes légaux. Ce qui ressort au contraire de sa pensée, c'est qu'il y a, comme enveloppée dans l'unité absolue qui comprend tout, une unité indivisible de toutes les fonctions de la vie spirituelle, c'est que les démarches de la nature vers l'entendement n'ont pas besoin d'un moteur extérieur, ayant en elles leur raison interne. Le système est comme la nature qu'il justifie et comme l'entendement qui le consacre : il n'admet pas que le problème moral vienne le susciter du dehors; il le dépouille sans pitié des formes vaines que lui donne la conscience commune; il le pose en des termes qui lui soient expressément adéquats; de telle sorte que le système, dans son développement, n'est que le problème en voie de s'expliquer, tendant de lui-même à sa solution.

Méconnaître cette identité essentielle du problème et du système, ce serait aborder l'étude du spinozisme par un contre-sens. Il s'agit de faire effort, non pour briser l'unité naturelle de la doctrine, mais pour la retrouver, au contraire, engendrée et définie par la conception morale à laquelle tout le reste se subordonne. Il s'agit, non pas de détacher un fragment de l'œuvre, mais de reconstruire l'œuvre, autant que possible, en son entier, selon la pensée maîtresse qui l'a édifiée. Les rapports que Spinoza a établis entre sa philosophie générale et sa théorie de la moralité sont tels qu'il faut avant tout éviter de les détruire ou de les altérer. C'est à les comprendre qu'il faut s'appliquer.

S'il en est ainsi, on admettra que le caractère de ce travail doit être un attachement scrupuleux à la forme systématique et même à la forme littérale du spinozisme. Y aurait-il dans ce respect quelque superstition? Serait-il vrai, qu'à considérer les doctrines de la sorte, on fût exposé à en poursuivre le fantôme sans être sûr d'en toucher la réalité vivante? Dans le livre qu'il a consacré à Spinoza[1], M. Pollock soutient qu'en toute philosophie le système, comme tel, répond simplement à un besoin d'ordonnance artistique ou encore à une tentation d'immobilité intellectuelle. Il n'a pour le philosophe qui le compose qu'une valeur accessoire, la valeur d'un symbole qui lui rappelle sa pensée; il affecte chez les disciples qui le reproduisent une valeur absolue, la valeur de la pensée elle-même : de parole agissante et féconde qu'il était, il devient formule inerte et stérile. L'esprit s'est retiré, la lettre reste. Ce qui fait donc la grandeur d'une philosophie, selon M. Pollock, c'est le noyau d'idées originales qu'elle recèle : les idées originales ont en elles une force irrésistible de diffusion, et elles font éclater de toute part l'enveloppe étroite que le système leur impose.

Ces vues de M. Pollock sont certainement séduisantes; elles paraissent, en outre, confirmées par son ouvrage tout entier. M. Pollock, en effet, s'est efforcé de décomposer le spinozisme en ses idées constitutives. Reprenant ces idées à leur origine, il a voulu en marquer la signification intrinsèque plutôt que l'enchaînement; il a même nié qu'elles pussent arriver à se fondre toutes en une unité vraiment interne. Cependant, il ne semble pas que le spinozisme soit tout entier dans cette collection d'idées juxtaposées. L'œuvre d'organisation dans laquelle il s'est produit est bien loin d'être étrangère à son essence. Si elle eût été simplement une œuvre d'art sans intérêt intellectuel, Spinoza l'aurait-il si vigoureusement conçue et si patiemment poursuivie? Au contraire, plus que toute autre doctrine, le spinozisme a dû se mettre en quête

---

1. F. Pollock: *Spinoza, his life and philosophy* (London, 1880; pp. 83-84, 407-408). Sur le livre de M. Pollock, voir le compte rendu de M. Lagneau (*Revue philosophique*, mars 1882) et les articles de M. Renouvier (*Critique philosophique*, année 1881, n°s 29, 30, 31, 34, 35).

d'une forme adéquate : destiné, dans l'intention de son auteur, à montrer la vanité de tant d'opinions fictives et de théories verbales, il a dû travailler à se créer son langage. Comme le Dieu qu'il pose à l'origine, et sans doute pour les mêmes raisons, il a tendu nécessairement à se révéler sans sortir de lui-même ; sa parole est encore sa nature, nature périssable assurément, *nature naturée*, mais non pas extérieure, ni illusoire, puisqu'elle exprime à sa façon l'idée éternelle qui la fonde. Que l'on songe en outre que, selon la pensée de Spinoza, l'unité substantielle des choses et l'unité intelligible de la doctrine doivent exactement coïncider, qu'il ne doit pas plus y avoir de vide dans l'œuvre du philosophe que dans l'œuvre de Dieu, que la raison philosophique doit participer à la vertu de l'action divine, c'est-à-dire exclure de l'être ce qu'elle ne comprend pas : dira-t-on encore que l'unité synthétique du spinozisme s'ajoute ou s'impose du dehors aux éléments qu'elle domine [1] ?

On a peine d'ailleurs à bien concevoir, quand elles sont poussées à l'extrême, ces distinctions qu'invoque M. Pollock entre l'esprit et la lettre, les idées et le système. Croit-on par hasard que l'esprit puisse se détacher de la lettre sans perdre quelque chose de son sens et de sa vie ? La nécessité des signes expressifs ne constitue pour la pensée qu'une servitude apparente : elle la pousse bien plutôt à s'affranchir, à se déprendre de ses tendances les plus immédiates pour s'approfondir et se critiquer. Elle empêche le philosophe, comme l'artiste, de se complaire en des intuitions confuses, de laisser flotter son

---

1. Non seulement la forme systématique a été l'idéal toujours présent à la pensée de Spinoza, mais le contenu de cette forme n'a pas profondément varié. Les différences que l'on constate dans les œuvres successives de Spinoza se réduisent à des degrés différents de clarté rationnelle. Aussi n'y a-t-il pas lieu d'admettre la thèse de M. Avenarius (*Ueber die beiden ersten Phasen des Spinozischen Pantheismus*. Leipzig, 1868), qui distingue trois phases du système : une phase naturaliste, une phase théiste, une phase substantialiste (p. 11). M. Avenarius ne réussit pas du reste à marquer par des traits bien nets les trois moments qu'il prétend distinguer.

âme dans un vague sentiment d'infini ; elle impose aux œuvres spontanées de l'intelligence une épreuve qui, dans bien des cas, décide de leur valeur. C'est le propre des pensées fécondes d'engendrer avant tout leur propre formule, et cette formule qu'elles se donnent a un caractère singulier, incomparable, le caractère de ce qui se dit une première fois, souvent même une seule fois. La lettre est donc plus qu'un auxiliaire de l'esprit puisqu'elle en est d'abord le vivant produit. Comme aussi le système est autre chose qu'un arrangement factice d'idées. Les idées ne viennent pas au monde dans un état d'abstraction et de solitude ; c'est par leurs rapports réciproques qu'elles se soutiennent et s'appellent ; elles ne sont pas des espèces d'atomes intellectuels, indépendants de toute loi, préexistant à tout ordre ; c'est sous forme de synthèse qu'elles apparaissent et se développent. Elles sont déjà, prises à part, des unités qui se composent, des systèmes qui s'ébauchent : de telle sorte que l'unité systématique qui les comprend, loin de les déformer et de les réduire, a plutôt pour effet de porter à l'acte et à la vérité ce qu'elles contiennent de puissance latente et d'imparfaite raison.

Cependant, si la force interne d'une doctrine se mesure au degré d'organisation qu'elle implique, on dirait au contraire que son influence historique se mesure au degré de désorganisation qu'elle est capable de subir sans être dénaturée en son fond. Le problème qu'elle tenait pour essentiel n'apparaît plus dans la suite comme le problème dominateur ; les rapports qu'elle avait établis entre les idées se brisent, ou se relâchent, ou se transforment ; les éléments qui la constituaient s'en vont épars, destinés presque toujours à ne plus se rejoindre. Il n'y a plus une vie unique qui absorbe et qui retienne tout en elle, il y a des germes de vie qui se dégagent et se répandent comme ils peuvent, qui vont déployer en des sens très divers leur secrète énergie. C'est le sort de toutes les grandes doctrines ; ç'a été particulièrement le sort de la doctrine de Spinoza. On peut bien affirmer avec M. Pollock que l'histoire du spinozisme est intimement mêlée à toute l'histoire de la culture et de la pensée modernes, et il faut bien reconnaître avec lui qu'il n'est pas un seul homme qui ait accepté en tout point et tel quel le système de l'Éthique. Est-ce une raison pour procéder à la dislocation préalable de la doctrine, pour renoncer à faire du système, considéré dans sa pleine unité, l'origine et la condition de tout un mouvement d'idées, pour refuser enfin de chercher dans les philosophies qui paraissent s'inspirer du spinozisme la solution du problème que Spinoza avait posé ?

D'abord l'action d'un système, même entendue en un sens vulgaire, n'est pas aussi partielle qu'on veut bien le dire. Il se peut qu'à un certain moment telle notion particulière, longtemps obscurcie ou voilée, se révèle avec éclat ; mais c'est encore du système que lui viennent sa lumière et sa vertu. Alors même qu'elle paraît se produire pour elle seule, elle garde quelque chose de ses primitives relations, et la puissance nouvelle qu'elle conquiert n'est souvent que la puissance antérieure de la doctrine tout entière, qui s'est déplacée et comme concentrée en elle. N'est-il pas précisément arrivé que tel ou tel concept a paru tour à tour résumer plus entièrement que les autres l'intime et essentielle pensée de Spinoza ? C'est là d'ailleurs la preuve qu'il ne faut pas se méprendre sur le caractère de l'influence qui revient à une philosophie : ce terme même d'influence, que l'on invoque volontiers, est ici un symbole commode, destiné à désigner un ensemble complexe de relations surtout idéales et internes. L'action qu'exercent les doctrines n'est pas comparable à une impulsion mécanique qui produit ses effets aveuglément et partout, et l'histoire des idées ne se résout pas en une banale représentation de forces qui se repoussent ou s'attirent, se désagrègent ou se combinent : il faut réserver les droits entiers de l'esprit libre, qui ne reçoit en lui que ce qu'il se sent, plus ou moins distinctement, capable d'accepter. Des pensées antérieures ne sauraient pénétrer entièrement du dehors dans les intelligences, ni peser sur elles de la brutalité d'un poids mort ; mais elles peuvent se reconstituer lentement en elles, les façonner et les modeler de l'intérieur par un travail incessant qui a toute la souplesse de l'art et toute la fécondité de la vie; et c'est en suscitant d'autres pensées qu'elles se ressuscitent elles-mêmes. Cependant ces œuvres de régénération spontanée et de génération nouvelle n'apparaissent pas au hasard, et ce ne sont point de puérils procédés de rapprochement qui peuvent en révéler le sens et la portée : il faut reconnaître l'existence d'une dialectique qui enchaîne les idées, non par accident et par caprice, mais par raison et par ordre.

De là la nécessité, en apparence singulière, de montrer presque toujours chez les philosophes qui paraissent procéder de Spinoza une sorte de spinozisme virtuel et préalable. Spinoza n'a pu revivre que dans les esprits qui, par nature ou par culture spéciale, avaient en eux ou s'étaient donné peu à peu la plupart de ses raisons d'être. Il a été pour ces esprits un modèle, distinctement aperçu ou confusément entrevu, souvent retouché et transfiguré, en qui ils aimaient à se contempler, ou selon lequel ils tâchaient de réaliser leurs puissances spirituelles. Ajoutons qu'il n'a pas toujours été pour eux l'unique et immuable modèle. Les plus grands en ont usé librement avec lui sans vouloir lui être infidèles; ils l'ont déjà profondément modifié quand ils songeaient à le reproduire; ils ont encore cru pouvoir, le prenant tout entier, le soutenir et le compléter par des pensées qui ne venaient pas de lui. Mais il est aussi, à certaines heures, devenu tellement intime aux intelligences philosophiques qu'il a été considéré comme l'indispensable promoteur de toute spéculation et de toute vérité. Faut-il donc, puisqu'il en est ainsi, limiter exactement ce qui lui revient dans la constitution des doctrines modernes, n'exposer de ces doctrines que ce qu'il a pu leur donner, réduit aux proportions les plus justes? On ne voit pas ce que la vérité historique gagnerait à une telle mutilation, puisque les doctrines se trouveraient ainsi déformées de parti pris. On voit plutôt ce qu'elle y perdrait, l'avantage de comprendre ce que le spinozisme a eu de vitalité, l'occasion de saisir sur le vif la merveilleuse aptitude qu'il a eue à se transformer, à se rajeunir, à se fondre avec les idées nouvelles qu'il n'avait pu prévoir, même avec les idées adverses qu'il avait expressément exclues. Ne vaut-il pas mieux laisser se déployer librement dans toute sa largeur la trame vivante des pensées qui ont apporté à travers les doctrines diverses l'esprit sans cesse renouvelé du spinozisme?

Ce que nous tâcherons donc de retrouver et de dégager, c'est l'unité flexible et forte d'une philosophie qui a su, sans s'altérer essentiellement, se plier aux plus différentes conditions d'existence. Toutefois cette philosophie, en se prolongeant ainsi, n'a-t-elle pas perdu la signification surtout pratique qu'elle avait à l'origine? Une même philosophie peut se poursuivre dans le temps sans que se poursuive pour cela le même problème. N'est-ce pas ici le cas? Peut-on dire que les doctrines modernes qui se sont rattachées au spinozisme, se soient rattachées du même coup à la question que Spinoza tenait pour la plus importante? Et n'est il pas artificiel de les incliner d'autorité dans une direction qui n'est pas la leur? L'objection serait sérieuse si l'on prétendait contraindre ces doctrines à moraliser en dépit d'elles; mais, outre qu'elles ont pour la plupart franchement abordé le problème moral, on peut dire qu'elles l'ont toutes impliqué en elles à des degrés divers et sous une forme originale. Sans doute, il est nécessaire qu'un problème soit posé absolument pour lui-même quand l'énoncé et la solution qu'on en donne généralement apparaissent comme inintelligibles ou inadéquats; c'est ce qui est arrivé avec Spinoza. Mais la nécessité de cette importance extrême disparaît à mesure que l'esprit dans lequel le problème a été posé et résolu est plus victorieux de ses premiers obstacles; cette loi se vérifie ici avec une singulière rigueur. Spinoza avait montré qu'il n'y a pas de morale en dehors de la vérité, et, d'autre part, que la vérité comprise est par elle-même, sans addition extérieure, toute la morale. Les doctrines qui procèdent du spinozisme se sont constituées comme doctrines de la vie par cela seul qu'elles étaient des doctrines. Elles ont cru, comme le spinozisme, que la solution du problème moral n'était pas dans les formules immédiates de la conscience commune, et que la dernière raison de notre destinée n'était pas dans les motifs empiriques et purement humains de notre conduite; elles ont affirmé que la notion de moralité devait se résoudre en une notion plus large, plus compréhensive, plus spéculative, qui ne fût pas resserrée et étouffée dans les limites de notre action; elles ont poussé l'horreur de tout formalisme au point de considérer la moralité proprement dite, avec ses distinctions et ses commandements, comme la forme inférieure ou illusoire de l'existence absolue; elles ont enseigné que notre rôle est de nous affranchir de toutes les oppositions qui partagent notre âme, soit par la connaissance intellectuelle qui les exclut ou les domine, soit par l'art qui les ignore ou s'en détache; elles se sont efforcées de reconstituer le sens de la vie véritable par delà les catégories dans lesquelles elle était dispersée, par delà le dualisme dans lequel elle était brisée. Elles ont donc dépouillé la morale de tout ce qu'elle paraît avoir de limitatif, d'impératif, de juridique; elles l'ont ramenée par son principe à une métaphysique de la vie, à une dialectique de l'être, à une intuition rationnelle, à une inspiration libre. On conçoit ainsi qu'il y ait communication directe entre la pensée maîtresse du spinozisme et la pensée maîtresse de ces doctrines, que l'idée d'immanence, logiquement développée et appliquée, fasse de plus en plus entrer la vérité pratique dans la vérité de la vie et la vérité de la vie dans la vérité universelle. Et notre objet se détermine par là-même. Nous aurons à montrer avant tout dans les philosophies issues de Spinoza comment la conception qu'elles se sont faites de la vérité universelle engendre leur conception de la vie et de l'activité pratique.

A étudier ainsi l'évolution à la fois logique et réelle de l'Éthique spinoziste, nous gagnerons peut-être de mieux voir quel en est le fonds solide, quels en sont les éléments caducs, quelles doivent en être les limites ; nous sentirons mieux que le spinozisme n'est pas essentiellement tout entier dans les négations souvent violentes qui en ont paru à l'origine le caractère le plus saillant, et nous pourrons conquérir le droit de chercher à établir ce qu'il garde à nos yeux d'incomplet. Nous avons eu pour principal souci d'en saisir et d'en restituer le sens, estimant qu'à cette condition seule nous pourrions tenter de le juger. Si nous nous permettons de déclarer cette intention, c'est uniquement pour qu'elle nous serve d'excuse au cas où ce travail la trahirait trop. Le respect que l'on doit à une grande philosophie serait bien superficiel s'il n'engendrait pas, au moment même où l'on croit entrer en elle, toutes sortes de réserves et de scrupules. Ici surtout on ne saurait alléguer qu'on n'a pas été prévenu. Au témoignage de Jacobi, tout lecteur à qui une seule ligne de l'*Éthique* est restée obscure doit douter qu'il ait compris Spinoza. Nous avons le sentiment trop vif de tout ce qui dans le spinozisme dépasse notre effort pour ne pas professer très loyalement ce doute. Volontiers nous dirions de Spinoza ce que, dans le *Thétète,* Socrate dit de Parménide[1] : « Parménide me paraît,

---

1. 183 E.

pour parler comme Homère, à la fois vénérable et redoutable..., et il m'a semblé qu'il avait une profondeur très singulière. Aussi ai-je bien peur que nous n'entendions pas ses paroles, et encore plus que nous ne laissions échapper la pensée de ses discours. »

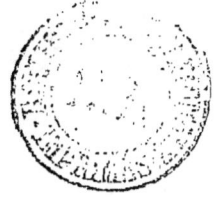

PREMIÈRE PARTIE

LE PROBLÈME MORAL DANS LA PHILOSOPHIE DE SPINOZA

CHAPITRE PREMIER

LES DONNÉES ET LE SENS DU PROBLÈME MORAL.

Ce n'est pas sans raison que Spinoza a donné le titre d'*Ethique* à son principal ouvrage : ce titre indique la préoccupation maîtresse de son esprit et l'intention dominante de son système. Une infinité de choses, nous dit-il au début de la deuxième partie, résultent nécessairement de l'essence de Dieu et vont se modifiant à l'infini. Il ne prétend pas les expliquer toutes, mais « celles-là seulement qui peuvent nous conduire comme par la main à la connaissance de l'âme humaine et de son souverain bonheur[1]. » « Je veux, dit-il ailleurs, ramener toutes les sciences à une seule fin, à un seul but, en sorte que l'on puisse arriver à cette souveraine perfection de l'homme dont nous avons parlé; et ainsi, tout ce qui dans les sciences ne nous fait avancer en rien vers cette fin qui est la nôtre, devra être rejeté comme inutile; c'est-à-dire, d'un seul mot, que toutes nos actions et toutes nos pensées doivent être dirigées vers cette fin[2]. » Spinoza le déclare donc à plusieurs reprises : la connaissance du vrai l'intéresse beaucoup moins par ses procédés et ses résultats théoriques que par ses conséquences pratiques; il affirme même que c'est le problème de la béatitude humaine qui doit imposer aux sciences diverses leur unité. Aussi peut-on dire avec Schleiermacher que la doctrine

---

1. Ed. Van Vloten et Land, 2 vol. La Haye, 1882-1883; t. I, p. 76. Les renvois se rapportent à cette édition. Pour le *Court Traité* seulement, nous renvoyons à la traduction que M. Paul Janet en a donnée sous le titre : *Dieu, l'homme et la béatitude*. Paris, 1878.

2. *De intellectus emendatione*, t. I, p. 6.

morale de Spinoza est comme le centre où s'unissent toutes ses idées[1].

D'où vient donc que Spinoza ait posé avant tout le problème moral ? En quels termes l'a-t-il posé et sous quelles influences ?

« Spinoza, nous apprend Colerus, délibéra longtemps sur le choix qu'il devait faire d'un maître... ; mais enfin les œuvres de Descartes étant tombées entre ses mains, il les lut avec avidité, et, dans la suite, il a souvent déclaré que c'était là qu'il avait puisé ce qu'il avait de connaissance en philosophie[2]. » On ne saurait conclure de ce passage que le système de Descartes ait été le premier moteur de la pensée philosophique chez Spinoza. Spinoza ne lut Descartes qu'à une époque où il avait déjà pris conscience de ses dispositions personnelles. Dès l'âge de quinze ans, il était entré, sinon en lutte, du moins en discussion avec les rabbins, et, peu satisfait de leurs réponses, il s'était résolu, nous dit Lucas, « à ne plus consulter que lui-même[3]. » Donc, s'il fut « charmé de cette maxime de Descartes, qui établit qu'on ne doit jamais rien recevoir pour véritable qui n'ait été auparavant prouvé par de bonnes et solides raisons[4], » c'est qu'il trouva dans cette maxime la formule rigoureuse de la résolution qu'il avait déjà prise et du principe qui avait suscité ses objections contre ses maîtres juifs. Sans doute cette maxime traduisant dans une langue précise les tendances de Spinoza leur imprimait une nouvelle force ; mais le problème moral dont elle venait régler la solution était de ceux que la philosophie cartésienne avait négligés ou même, en fin de compte, éliminés.

Ce n'est pas cependant qu'on ne puisse trouver dans la

---

[1]. « Es vereinigen sich in der That auch in Spinoza's sittlicher Theorie alle seine Ideen wie in einem Brennpunkte. »
[2]. *La vie de Benoît de Spinoza*, par Colerus, en tête du tome II des *Œuvres de Spinoza*, par Saisset; nouv. éd., p. IV.
[3]. *La vie de M. Benoît de Spinoza*, par Lucas, dans Saisset, t. II, p. XLII.
[4]. Colerus, p. IV.

de l'âme par la raison[1] ; enfin, à l'idée de la liberté infinie correspond une morale de la volonté dont l'objet propre est la fermeté dans la résolution intérieure, la foi en la vertu interne du libre arbitre[2]. Ne faut-il donc pas admettre qu'il y a dans Descartes une philosophie morale et que cette philosophie morale a pu contribuer à engendrer l'Éthique de Spinoza ?

Ces considérations sont loin d'être décisives. Quelle que soit la part du cartésianisme dans la formation de la doctrine spinoziste, on ne saurait en faire dériver la notion du problème moral tel qu'il a été posé par Spinoza. Ce qui n'est pas dans Descartes et ce que Spinoza a conçu, c'est l'idée d'une synthèse rationnelle des choses uniquement constituée pour découvrir le sens et les lois de la destinée humaine. Assurément Descartes croyait à l'utilité matérielle et à la puissance effective de la science; mais il ne concevait la science, par rapport aux fins pratiques de l'homme, que comme un moyen extrinsèque et pour ainsi dire indépendant. C'est en déduisant de ses principes des conséquences plus ou moins lointaines que la raison arrivera à gouverner la vie; ce n'est pas directement qu'elle s'y applique. Aussi Descartes est-il bien loin d'avoir traité les problèmes moraux comme il a traité les problèmes spéculatifs; il les a rencontrés sur sa route, peut-être contre son gré; en tout cas, il ne les a pas sollicités et ne les a jamais abordés de front; on peut même affirmer qu'il n'y a touché qu'à regret[3]. Invité à donner son sentiment sur cet ordre de questions, il s'en

---

1. Voir surtout la troisième partie du *Discours de la Méthode* et les *lettres à la princesse Élisabeth*. Dans une belle lettre à Chanut (t. X, p. 3 sqq.), Descartes montre comment l'amour de Dieu peut provenir des lumières naturelles de la raison.

2. « Outre que le libre arbitre est de soi la chose la plus noble qui puisse être en nous, d'autant qu'il nous rend en quelque façon pareils à Dieu et semble nous exempter de lui être sujets, et que par conséquent son bon usage est le plus grand de tous nos biens, il est aussi celui qui est le plus proprement nôtre et qui nous importe le plus. » *Lettre à la reine de Suède*, X, p. 64.

3. « C'est de quoi (de la morale) je ne dois pas me mêler d'écrire. » *Lettre à Chanut*, IX, p. 416.

rapporte principalement aux stoïciens et en particulier à Sénèque. Le motif de cette préférence, c'est que sans doute le stoïcisme répondait à l'élévation naturelle de ses pensées; c'est aussi que la littérature morale des stoïciens était pleine de sentences générales dont la valeur lui paraissait indépendante des systèmes. Ainsi, tandis que dans la philosophie théorique il se montrait novateur hardi et qu'il se flattait d'imposer à l'ensemble des connaissances humaines l'unité rigoureuse de sa méthode, dans la philosophie morale il revient surtout à une école de l'antiquité, et, peu soucieux de l'unité méthodique, il se contente de proposer des préceptes au lieu de principes, des maximes au lieu de raisons.

Son caractère et ses croyances expliquent suffisamment cette réserve. Il avait peut-être soupçonné que l'application de son doute aux questions pratiques ne serait pas sans offrir quelque danger; il craignait pour les idées morales autant que pour les institutions politiques « ces humeurs brouillonnes et inquiètes » qui sont toujours à la recherche de « quelque nouvelle réformation[1]; » il avait soin d'affirmer que l'indécision méthodique du jugement ne doit pas entraîner l'indécision dans la conduite, et il s'était formé pour lui-même une morale provisoire qu'il mettait à part avec les vérités de la foi[2]. Or, c'étaient précisément les vérités de la foi qui garantissaient cette morale, aux yeux de Descartes; il se sentait non seulement empêché, mais encore et surtout dispensé de faire porter sur le problème moral l'effort de sa raison. Croyant sincère, il trouvait dans les enseignements de la Religion des règles suffisantes pour la direction de la vie. Par là, les vérités morales, inséparables des vérités religieuses, relevaient au fond de la volonté seule[3], qui leur confé-

---

1. *Discours de la méthode*, 2ᵉ partie. — « Je ne crains pas qu'on m'accuse d'avoir rien changé en la morale. » *Lettre à la princesse Élisabeth*, IX, p. 186.
2. *Disc. de la méth.*, 3ᵉ partie.
3. *Règles pour la direction de l'esprit*. Règle III.

rait une certitude à part et les protégeait contre les atteintes de la critique, même contre les curiosités de l'entendement [1].

Tout autre était la situation de Spinoza. Excommunié de la synagogue d'Amsterdam, il était « forcé de se créer une demeure spirituelle hors de la maison qui ne voulait pas de lui [2]; » il n'avait pas cet abri qu'offrait la Religion à Descartes, tandis qu'il travaillait « à rebâtir le logis [3]. » Il ne crut pas cependant que le dernier mot de la raison pût être la négation ou le doute; il était trop persuadé que la valeur essentielle de l'intelligence est dans sa puissance d'affirmation. Il ne voulut pas non plus se laisser reprendre, même partiellement, par les doctrines qu'il avait une fois rejetées de son âme; il était trop disposé à considérer que les actes accomplis ne doivent susciter après eux ni regrets ni scrupules. Avec autant de tranquillité que d'audace, il demanda à la pensée de remplacer en lui ce que la pensée avait détruit. C'est par une transition naturelle qu'il passa de la critique à la recherche, et il fut sans doute le premier dans les temps modernes à poser sous une forme radicale ce principe, que l'esprit peut trouver en lui seul et par lui seul toute la vérité nécessaire à la vie. Mais si la vie trouve en l'esprit de quoi l'éclairer et la gouverner, l'esprit qui se retrancherait de la vie perdrait du même coup toute force et toute clarté. Il est d'ailleurs impossible que l'existence humaine soit un songe creux ou un mauvais drame, que l'expérience qui s'en dégage soit dépourvue de sens, que les convictions qui la soutiennent soient de tout point menteuses. Voilà pourquoi Spinoza, si durement dédaigneux pour les croyances communes quand elles prétendaient s'ériger en spéculations, eut toujours égard à ces mêmes croyances quand elles ne lui parurent qu'une

---

1. Cf. Liard, *Descartes*, p. 245.
2. E. Renan, *Nouvelles études d'histoire religieuse* : Spinoza, p. 507.
3. *Disc. de la méth.*, 3e partie.

façon d'ordonner dans le sens du bien la conduite des hommes ; voilà pourquoi encore il laissa sa raison s'appliquer d'abord à la foi religieuse, d'essence irrationnelle cependant, afin d'y découvrir et d'en extraire ce qui était le plus conforme à sa nature propre, avant de construire un système qui fût absolument, en sa matière comme en sa forme, l'expression adéquate de ses tendances ; voilà pourquoi enfin il travailla à réaliser l'unité de la pensée et de l'action en sa personne, par sa vie.

Sa vie fut vraiment une œuvre qu'il composa avec autant de soin que son *Éthique*. Elle se constitua à la façon d'une organisation vigoureuse et méthodique, qui élimine, comme causes possibles de mal, tous les éléments étrangers, qui traverse les circonstances au lieu d'être traversée par elles, qui se développe par son principe interne sans se laisser entamer par les luttes et les contradictions du milieu. Elle fut d'abord, selon la devise même qui l'inspirait[1], un acte de perpétuelle précaution contre les accidents extérieurs qui auraient pu l'étonner et la détourner de sa voie ; elle s'exprima toujours, à l'égard de tout ce qui était obscur et instable, par une attitude de défiance soupçonneuse ; elle ne se livra jamais qu'à bon escient ; comme elle redoutait au dehors les surprises des choses, elle redoutait en elle les surprises de la sensibilité. Le contraste peut paraître grand entre la simplicité prudente de l'homme qui mène la vie la plus modeste, qui semble prendre à tâche de se faire petit dans le grand univers, qui se dérobe obstinément aux honneurs, aux richesses, à la gloire, et la hardiesse réfléchie du philosophe qui proclame la puissance infaillible de la raison, qui prétend faire entrer le monde dans sa pensée, qui ose affirmer qu'il a trouvé par lui-même, avec la vérité certaine, la joie imperturbable. Cependant en Spinoza plus qu'en tout autre le philosophe et l'homme ne

---

1. « Caute. »

font qu'un. L'homme ne veut rien répudier de ce qui est l'attrait et le charme de l'existence ; il éloigne de lui tout sentiment d'amertume comme toute idée de sacrifice ; il ne veut rien immoler de ses puissances, de ses désirs, de sa vie ; il aspire à être tout ce qu'il peut être ; il cherche la mesure du bien véritable dans le bien senti et éprouvé ; seulement, comme il s'est aperçu qu'il y a pour l'âme des séductions décevantes et dangereuses, il se tient en garde contre elles ; simplement et patiemment il poursuit le bonheur dans ce qui l'assure, non dans ce qui le promet traîtreusement et le détruit. Il ne craint rien ni de soi, ni des choses ; il craint tout des fictions et des vanités qui altèrent les rapports de son être et des autres êtres. Or, les fictions et les vanités ne sont rien dès qu'elles sont reconnues comme telles ; ne craindre qu'elles, c'est déjà s'élever au-dessus de la crainte; elles n'ont rien de réel pour nous effrayer, rien de réel non plus pour nous attacher. Aussi Spinoza croyait-il vivre selon la sagesse sans parler de mortification ni de renoncement. Quelle mortification y a-t-il à se détourner de ce qui est périssable ? Quel renoncement à abandonner ce qui n'est que néant ? Ce qui est mensonge finit toujours par tomber de soi : la vertu consiste à ne jamais s'en laisser atteindre. Aspirer de toutes nos forces à la félicité, c'est là notre nature même et la forme immédiate de notre salut ; la grande faute, la seule faute, c'est de mal organiser nos forces, c'est de nous tromper sur les moyens quand la fin est bonne ; il n'y a d'autre mal pour nous que l'erreur. C'est donc tout naturellement que Spinoza chercha dans la raison l'art certain d'arranger la vie. Aux yeux de ce juif cartésien, l'effort spéculatif ne doit se produire que pour satisfaire à des exigences toutes positives. Le gouvernement de l'homme par l'intelligence est légitime parce qu'il est la suprême habileté. L'arbre de la science ne vaut que par ses fruits, qui sont l'assurance dans la conduite, la paisible possession de soi, le bonheur. C'est à sa bienfaisance pratique que l'esprit doit sa souveraineté. Si Spinoza ne se fût pas senti heureux, il aurait douté de la raison. Au fait, il n'a pas pensé un instant que la vérité pût être triste et que la science n'eût pas droit au succès, même dans les affaires d'ici-bas.

Dès lors, la raison participe pour lui à la puissance inviolable et aux intérêts sacrés de la vie ; il en proclame rigoureusement l'autorité contre ceux qui la traitent en ennemie, la limitent ou l'humilient : ses plus grandes vivacités de langage ont été pour la défendre. Autant il a de zèle à la cultiver en lui, autant il a de soin à ne pas la compromettre par d'inutiles polémiques ou de vaines tentatives de persuasion. Au surplus, il n'y a pas de procédés humains qui puissent la transmettre et la répandre ; c'est à elle seule qu'il appartient de se révéler : elle est à elle-même sa force et sa lumière. Ce serait la méconnaître que de prétendre l'imposer : son action n'est efficace qu'à la condition d'être intérieure. C'est par une foi entière à la prédestination ou plutôt aux destinées singulières des hommes que Spinoza fut amené à la plupart des vertus que l'on s'est plu à louer en lui. Il considérait que tout homme était comme une affirmation individuelle de cette Raison, présente au fond de l'Être, seule capable de se communiquer ; et par sa modération, son esprit de bienveillance et de tolérance, il s'appliquait, pour ainsi dire, à poser dans son être ce que la Raison avait posé dans l'Être. Pour les mêmes motifs, il évitait un contact trop immédiat avec ceux de ses semblables qu'il sentait trop éloignés de sa nature propre. Ne pouvant rien pour eux, il n'aurait pu que souffrir d'eux, et il repoussa toujours ce qui devait restreindre la liberté, entraver les démarches ou troubler le repos de sa pensée[1]. Sa circonspection fut moins un dédain qu'un calcul. Il ne crut pas toutefois que la vertu fût simplement un égoïsme supérieur ; il eut

---

1. *Ep.*, xxx, t. II, p. 124.

la conviction profonde que la raison établirait d'elle-même entre les hommes une parenté véritable, la parenté selon l'esprit, qu'elle avait une puissance illimitée d'union comme la vie avait une puissance illimitée d'expansion ; il eut le sens très vif de cette sorte d'amitié qu'avaient rêvée les anciens, l'amitié des sages indissolublement liés par leur sagesse même[1], et il provoqua sans relâche aux joies de la pensée ceux qu'il se croyait capable d'aimer ainsi[2]. Jamais d'ailleurs il ne songea à se priver des affections qui sont la douceur de la vie : il prétendit seulement les puiser à une source plus haute d'où elles pussent jaillir plus pures. Autant il était énergique à repousser la plupart des opinions humaines, autant il était prêt à proclamer bonnes les inspirations d'humanité. Il ne se défiait de la vertu extérieure, qui se construit par artifice, qui se complaît aux apparences, que pour mieux affirmer la vertu intérieure, immédiatement produite par la Raison et immédiatement présente aux œuvres. Il ne voulut admettre comme signe de la vraie moralité que la joie qu'elle donne, l'accord qu'elle établit, les actes de justice et de charité qu'elle engendre. Parce qu'il déniait toute valeur aux jugements humains, jugements de caprice, de haine ou d'orgueil, il reconnaissait sans réserve la valeur sacrée du jugement que la vie prononce sur ceux qui vivent. Ce jugement, il ne le récusa jamais, il l'accepta toujours pour son compte, et quand il fut attaqué, il se contenta d'en invoquer l'autorité incorruptible avec une confiance absolue, d'une âme simple et fière[3].

Cette sagesse semble faite pour les caractères naturellement heureux qui sont portés d'eux-mêmes vers la sérénité, qui ignorent la lutte et la souffrance, qui n'ont qu'à se sentir vivre pour être en accord avec eux-mêmes et avec les choses. Elle ne fut pas pour Spinoza

---

1. *Ep.*, II, t. II, p. 5 ; *Ep.*, XIX, t. II, p. 65.
2. *Ep.*, XXVIII, t. II, p. 120.
3. *Ep.*, XLIII, t. II, p. 170.

un don spontané et gracieux ; c'est par un effort constant qu'il dut la conquérir et la soutenir. Rejeté violemment dans une solitude qu'il aurait pu par orgueil justifier comme l'état par excellence, il n'hésita pas à dire que l'homme ne réalise pleinement son être que dans la société de ses semblables ; rejeté douloureusement de la vie par le mal qui le minait et l'emporta si jeune, il ne voulut pas s'abandonner lui-même et se reposer par avance dans la mort : il en éloignait la pensée, qui n'était pour lui que la pensée du néant. Pas plus qu'il ne se décida à se plaindre, il ne consentit jamais à être consolé. Il conduisit jusqu'au bout, sans défaillance et comme d'une seule teneur, en dépit de toutes les menaces extérieures, l'entreprise de sa vie. Il n'y employa pas seulement toute sa prudence, il dut y mettre aussi toute sa fermeté et toute son énergie intimes. Dans son curieux roman sur Spinoza[1], Auerbach a dit éloquemment combien cette existence, si calme et si simplement ordonnée, avait supposé de force presque héroïque et de raison dominatrice. « Regarder la mort en face, dire adieu au monde de la contemplation et du sentiment, quand on est rassasié de jours, c'est difficile, et l'on peut cependant se consoler en songeant qu'on a parcouru l'espace ordinaire de la vie. Mais à la fleur de l'âge, avant même les années de maturité, sentir en soi le germe de la mort, lutter journellement contre lui, veiller sur chaque émotion, avoir perdu la tranquille habitude de sentir la vie se conserver elle-même, avoir constamment devant les yeux, comme un objet de préoccupation, le devoir de maintenir son être, et avec cela se réjouir sans amertume et en toute franchise de la clarté du jour, travailler fermement sans se laisser détourner par aucun appel du dehors, trouver dans sa seule pensée le sanctuaire de sa vie et de ses joies : c'est ce que pouvait seul un homme pour qui la liberté

---

1. *Spinoza, Ein Denkerleben.*

et la nécessité, l'éternité et le temps ne faisaient plus qu'un... Un tel homme était Spinoza. Le monde, avec les mille oppositions, les mille contradictions que présentent les phénomènes particuliers, avait dû, par son esprit, se laisser réduire à l'unité. Il avait dépouillé tout égoïsme, il avait refusé de voir la mesure des choses dans les impressions qu'elles font sur les individus ; c'est dans le Tout qu'il replaçait sa vie avec toutes ses afflictions ; et, dans la joie de connaître la vérité divine, il vécut la vie éternelle. Il était véritablement l'*homme libre,* pouvant dire : « J'évite le mal, ou je cherche à l'éviter parce « qu'il est en contradiction absolue avec ma nature et « qu'il m'éloignerait de l'amour et de la connaissance de « Dieu, qui sont le souverain bien. » C'est dans cette constante égalité, — à la façon dont la légende nous dépeint les dieux, dont nos yeux voient l'immuable nature, — que vécut Bénédict Spinoza. La science conquise lui devint une habitude de bonheur, et comme la vie l'avait autrefois conduit à la pensée, ainsi la pensée lui donnait maintenant la vie[1]. »

On peut dire que dans cette existence la pure raison s'est exprimée et glorifiée tout entière. En Spinoza, elle a montré sans doute tout ce qu'elle peut produire et aussi ce qu'elle est incapable d'atteindre. En dépit du noble effort qu'elle a fait pour s'élargir, pour donner accès en elle au plus grand nombre d'hommes et aux plus profonds des sentiments, elle a conçu comme idéal beaucoup plus la liberté de l'esprit que la charité de l'âme. Précisément parce qu'elle est l'inaltérable, l'intangible Raison, elle ne se reconnaît pleinement que dans ce qui est raison comme elle ; elle ne saurait, sous peine de se contredire, s'oublier elle-même, se sacrifier à l'absurdité vaine de la faute et de la misère. Elle ne peut admettre qu'il y ait dans la souffrance une expression de Dieu et

---

1. Cap. 26.

un principe de rédemption. Elle proclame que la joie doit aller à la joie, et à l'égard de ce qui nie ou offense ce besoin de bonheur, elle se montre à son tour, malgré son désir de n'être qu'affirmation, aggressive et négative. Ce qu'elle a inspiré avant tout, c'est une incomparable force de caractère, une merveilleuse unité de conduite. Elle a fait de la vie de Spinoza un système, qui n'a eu qu'à se réfléchir dans son intégrité pour devenir une philosophie.

Déjà cette intime application de la raison à l'existence pratique témoigne suffisamment que l'esprit de Spinoza était étranger à toute idée de vérité purement spéculative, dépourvue d'objet concret immédiat. Son intelligence répugnait profondément à la conception de ces possibilités abstraites qui ont besoin d'un art ultérieur et d'une puissance supplémentaire pour devenir des réalités. Le dogmatisme de sa doctrine n'implique pas seulement que la raison affirme l'être, mais encore et surtout que la raison réalise la vie. De là la forme humaine et même personnelle sous laquelle il pose le problème essentiel de sa philosophie : « Depuis que l'expérience m'a appris que tous les événements ordinaires de la vie commune sont vains et futiles, depuis que j'ai vu que toutes les causes et tous les objets de mes craintes n'avaient rien de bon ni de mauvais, si ce n'est par l'impression qu'ils faisaient sur mon âme, je me suis enfin décidé à rechercher s'il n'y aurait pas quelque chose qui fût un véritable bien, capable de se communiquer, de remplir seul l'âme tout entière quand tous les autres biens auraient été rejetés, tel, en un mot, que, si j'arrivais à le découvrir et à le conquérir, je pusse jouir pour l'éternité d'un constant et souverain bonheur[1]. »

C'est donc dans son expérience propre que Spinoza découvre les données et le sens du problème moral, et c'est par cette expérience même qu'il cherche à en définir

---

1. *De intell. emend.*, t. I, p. 3.

exactement les termes. Suscitée par un besoin de certitude, sa philosophie, comme la philosophie de Descartes, débute par le doute. Seulement le doute de Descartes n'avait qu'un caractère spéculatif; il se poussait volontairement à l'extrême par des raisons accumulées de parti pris. Le doute dont part Spinoza est un doute pratique, engendré et fortifié par des inquiétudes, des déceptions et des tristesses réelles : d'où la nécessité urgente de le surmonter. On peut se dispenser de la science, non de la vie. Mais, d'autre part, faire de la vie un problème, n'est-ce pas en répudier les bienfaits ? Que vaudront, auprès de ce qu'on aura abandonné, des spéculations peut-être infructueuses ? Et n'y a-t-il pas quelque danger à sortir des voies communes pour s'engager imprudemment dans des voies peut-être sans issue ? La raison qui décide Spinoza, raison encore toute pratique, est qu'il n'y a rien à perdre et qu'il y a tout à gagner. Quand on désire le bien et qu'on doit choisir, pour l'atteindre, entre deux systèmes de moyens dont le premier est nécessairement mauvais, il faut de toute rigueur opter pour le second. Il faut renoncer à un mal certain pour un bien simplement possible. Même à tout prendre, plus on renonce au mal certain, plus on recherche le bien qui n'apparaît d'abord que comme possible, plus on éprouve qu'il y a un bien certain[1]. La seule disposition à conquérir le souverain bien nous en fait déjà goûter les avantages et la joie. « Je voyais, nous dit Spinoza, que mon esprit, en se tournant vers ces pensées, se détournait des passions et méditait sérieusement une règle nouvelle. Ce me fut une grande consolation; car je remarquais que ces maux ne sont pas de ceux qui résistent à tout remède. Et quoique à l'origine ces moments fussent rares et de très courte durée, cependant, à mesure que le vrai bien m'apparut mieux, ils devinrent plus fréquents et plus longs[2]. »

1. *De intell. emend.*, t. I, p. 4.
2. *Ibid.*, t. I, p. 5.

Il faut donc, quand on désire le souverain bien, faire un retour sur soi, et cet acte de réflexion, loin d'arrêter la vie, marque le moment où elle commence à se ressaisir et à se gouverner. Il implique, au fond, l'affirmation que ce besoin de bonheur infini qui est en nous est légitime autant qu'indestructible ; il implique seulement la négation des moyens ordinaires par lesquels les hommes cherchent vainement à contenter ce besoin. Il y a pour nous une incontestable certitude : c'est que nous aspirons à être infiniment heureux. Comment donc cette tendance est-elle en nous si violemment refoulée que nous finissions par sentir douloureusement l'incertitude de tout bien ?

C'est que cette tendance s'applique mal ; elle se laisse solliciter par des objets qui l'égarent et la dispersent. Parmi ces objets, les hommes placent avant tout les richesses, la gloire, la volupté. Or, l'attrait qu'exercent sur nous ces sortes d'avantages est infiniment supérieur au bien réel qu'ils nous procurent, et les joies passagères qu'ils nous donnent se convertissent vite en déceptions et en misères. Le plaisir qui semble nous prendre tout entiers nous lasse bientôt et nous abandonne à nous-mêmes, troublés, désenchantés ; la recherche des honneurs nous expose à toutes sortes de persécutions et nous met à la merci des circonstances les plus fortuites, des opinions les plus capricieuses ; enfin, le goût des richesses ne tarde pas à s'exalter sans mesure et dégénère en une âpre convoitise, constamment menacée et constamment soupçonneuse. Tous ces biens sont instables, et ils prétendent nous retenir sans réserve ; ils sont exclusifs, et cependant ils nous échappent ; ils promettent le bonheur, tout le bonheur, et ils nous abîment dans la tristesse[1]. Comment d'ailleurs nous contenteraient-ils, puisqu'ils sont finis et qu'en nous le besoin de la béatitude est

---

1. *De intell. emend.*, t. I, pp. 8 et suiv.

infini ? Aussi vont-ils s'amplifiant de mensonges sans nombre afin de s'égaler au désir illimité qui nous constitue. Est-il donc étonnant qu'ils se combattent et s'entrechoquent, que l'homme, conduit par eux, ne soit à leur image que vanité et que contradiction ?

L'unité de la tendance qui est en nous ne peut se reconstituer que par l'unité de son objet; ou, pour mieux dire, c'est seulement dans l'immédiation, naturelle ou reconquise, de la tendance et de son objet que peut être la suprême certitude de la vie. Il n'y a, pour nous contenter pleinement, que l'Infini et l'Éternel. « L'amour qui s'attache à quelque chose d'infini et d'éternel nourrit l'âme d'une joie pure, exempte de toute tristesse, et c'est là ce que nous devons énergiquement souhaiter et poursuivre de toutes nos forces[1]. » L'amour de Dieu, comme le veut la véritable tradition religieuse, est toute la loi; il est aussi tout le salut[2]. Celui qui aime Dieu ne saurait se tromper, s'il l'aime d'un cœur pur, sans autre pensée que cet amour. Mais comment nous assurer cet amour ? La foi, qui l'impose comme une règle, ne saurait nous en garantir la possession, car la foi est, selon Spinoza, un don gracieux qui ne se justifie pas directement lui-même. N'est-il pas alors aussi précaire, aussi incertain que tous ces autres biens qui nous échappent ?

Certes, l'amour de Dieu ne peut être notre état si nous le poursuivons de la même façon que les biens mensongers. Il y a une égale erreur à le vouloir pour nos appétits sensibles et à le vouloir comme un appétit sensible. Il ne peut être à nous si nous le recherchons d'une ardeur superstitieuse, sous l'empire d'émotions momentanées, si même nous nous contentons de l'espérer; il ne peut être à nous que si nous le possédons par un acte d'intimité absolue. Il doit être affranchi de toutes ces causes d'in-

---

1. *De intell. emend.*, t. I, p. 5.
2. *Tract. theol. polit.*, cap. IV, t. I, p. 423.

quiétude et de crainte qui nous menacent constamment dans la jouissance des faux biens. D'où vient donc que les objets ordinaires de nos désirs nous trompent? De ce que ces objets sont faussement représentés en nous selon une nature qui n'est pas la leur. Il y a une disproportion singulière entre l'idée qui les exprime et la réalité qu'ils ont; aussi nous échappent-ils forcément. Quand ils viennent à nous, ils ne sont qu'une bonne fortune; apparus sans raison, sans raison ils disparaissent. Nous ne serions sûrs d'eux que s'ils avaient en nous leur principe; alors ils seraient nos désirs mêmes dans la plénitude de leur puissance et la certitude de leur contentement. D'où il suit que le vrai bien est dans la conscience exacte de la vérité des choses, et qu'il faut amender l'entendement de tous ses vices pour lui faire produire, selon ses lois propres, toute sa vertu [1].

Ainsi la tâche de l'homme consiste à s'approprier par la raison ce qui est la fin de son amour, à savoir l'Être infini et éternel. De même que la raison est intérieure à notre être, de même l'objet de la raison est intérieur à la raison même. Il y a donc une essentielle identité de notre être et de l'Être divin dans l'amour parfait qui se connaît et se possède comme la vérité. Dès lors on peut dire que cet amour est la mesure infaillible de la valeur de nos désirs. Tout n'était pas faux dans ces biens qui attiraient invinciblement notre âme; ils n'étaient vains et dangereux que parce qu'ils s'érigeaient en fins dernières et complètes; ils deviennent solides et bienfaisants dès qu'ils ne sont plus que des moyens, dont l'importance est déterminée par ce qui est notre unique et véritable fin. Tous nos désirs sont bons quand ils sont rapportés à Dieu, et leurs objets sont certains quand ils ont leur principe en Dieu. Dieu est le Bien de nos biens, la Joie de nos joies, parce qu'il est l'Être de notre être. Le problème moral se

---

1. *Tract. theol. polit.*, t. II, cap. IV, pp. 422 et suiv.

résout ainsi en une métaphysique qui doit, selon Spinoza, nous restituer par la raison la vérité de la vie. Qu'est donc au juste cette métaphysique qui prétend fonder tout ce que nous sommes dans ce qui est l'Être? En quoi consiste ce qu'on appelle communément le « panthéisme » de Spinoza?

CHAPITRE II

LES PRINCIPES MÉTAPHYSIQUES DE LA MORALE DE SPINOZA.
LA MÉTHODE ET LA DOCTRINE.

Toute doctrine panthéiste est essentiellement un système d'identités en lesquelles doivent peu à peu venir se résoudre les distinctions établies dans l'ordre de l'intelligence entre les concepts et les différences aperçues dans l'ordre du réel entre les choses. L'intention de la doctrine n'est pas ordinairement de nier ces distinctions ni de supprimer ces différences, mais de les comprendre sous une forme d'unité immanente, de telle sorte qu'à la pensée philosophique elles apparaissent comme des expressions diverses d'un même principe ou comme des modes divers d'un être unique. Il y a une logique propre au panthéisme, dont les formules ont sans doute varié, mais dont le fond est resté immuable ; et cette logique peut se résumer ainsi : identité des différences, identité des contraires, à son développement extrême : identité des contradictoires. L'identité est la loi nécessaire de l'esprit panthéistique, puisque cet esprit pose à l'origine la radicale identité de deux genres d'existence considérés parfois comme opposés, toujours comme divers : l'existence de Dieu et l'existence de la nature, de l'Infini et du fini, du Parfait et de l'imparfait. Toutefois il ne faut pas que cette identité absorbe jusqu'à les anéantir les différences et les oppositions généralement admises, mais il faut qu'elle leur laisse un degré quelconque d'être et de vérité. Aussi peut-on dire que la proposition fondamentale du panthéisme « Deus sive natura » n'est pas une solution, mais seulement l'énoncé d'un problème : Comment Dieu peut-il être la nature sans cesser d'être Dieu ? Comment la nature peut-elle être Dieu sans cesser d'être la nature ?

L'effort pour résoudre ce problème marque le passage du panthéisme de sentiment et de tendance, du panthéisme spontané, au panthéisme logiquement développé et nettement constitué, au panthéisme réfléchi. Et le trait d'union entre ces deux formes ou plutôt ces deux moments du panthéisme, c'est la méthode, grâce à laquelle l'unité de l'Être, entrevue et poursuivie comme la vérité, devient la vérité même, reconnue par l'esprit et objectivement démontrée.

C'est à Descartes que Spinoza emprunte sa méthode. Assurément il est permis de croire que les sources qui ont alimenté la philosophie spinoziste remontent par delà Descartes aux traditions et aux doctrines juives du moyen âge[1] ; ce qu'on appelait tout à l'heure le panthéisme spontané a été chez Spinoza un état profond, anté-

---

[1]. Sur la question des origines du Spinozisme, voir surtout : Sigwart : *Der Spinozismus historisch und philosophisch erlaütert;* Tubingen, 1839. — Joël : *Lewi ben Gerson als Religionsphilosoph;* Breslau, 1862. — *Don Chasdai Creskas religionsphilosophische Lehren;* Breslau, 1866. — *Spinoza's Theologisch-Politischer Traktat auf seine Quellen geprüft;* Breslau, 1870. — *Zur Genesis der Lehre Spinoza's;* Breslau, 1871. — E. Renan, *Averroès et l'Averroïsme;* Paris, 3ᵉ édit., 1866. « Que Spinoza, comme on l'a prétendu, ait puisé son système dans la lecture des Rabbins et de la Cabbale, c'est trop dire assurément. Mais qu'il ait porté jusque dans ses spéculations cartésiennes une réminiscence de ses premières études, rien n'est plus évident pour un lecteur tant soit peu initié à l'histoire de la philosophie rabbinique au moyen âge. Rechercher si Averroès peut revendiquer quelque chose dans le système du penseur d'Amsterdam, ce serait dépasser la limite où doit s'arrêter, dans les questions de filiation des systèmes, une juste curiosité ; ce serait vouloir retrouver la trace du ruisseau quand il s'est perdu dans la prairie. » P. 199. — Ad. Franck : *La Kabbale;* Paris, nouvelle édition, 1889, voir particulièrement pp. 19 et suiv. — Kuno Fischer : *Geschichte der neuern Philosophie;* München, 3ᵗᵉ Aufl., 1880. I, 2, p. 242-265. — Pollock : *Spinoza his life and philosophy,* p. 80-120. — Caird : *Spinoza;* Edinburgh and London, 1888, p. 36-112, etc. — *Inventaire des livres formant la bibliothèque de Bénédict Spinoza,* publié par A. J. Servaas van Rooijen ; La Haye et Paris, 1889. — La question des origines juives du spinozisme avait été déjà soulevée à la fin du dix-septième siècle par J. G. Wachtér : *Der Spinozismus in Judenthum,* Amsterdam, 1699, et reprise en un autre sens par lui quelques années plus tard : *Elucidarius cabbalisticus;* Rome, 1706.

rieur à tout système, un état d'âme et d'intelligence que la pensée cartésienne n'a pas créé, qu'elle est venue rejoindre et fortifier. Mais si la pensée cartésienne n'a pas produit le germe vivant d'où est sortie la philosophie de Spinoza, elle lui a du moins permis de devenir précisément une philosophie ; et cela parce qu'elle fournissait ou suggérait à Spinoza une méthode capable de résoudre le problème posé par tout panthéisme : réduire, sans les détruire, à l'unité absolue de l'être les distinctions et les oppositions de la réalité.

Cette méthode, dont Descartes pensait déjà qu'on pouvait faire un usage universel, était la méthode géométrique. Or il est certain que la méthode géométrique, par la déduction qu'elle emploie et l'intuition qu'elle suppose, enveloppe dans l'unité essentielle d'une notion une multiplicité de propriétés distinctes. La notion est immanente à ses propriétés, puisque ses propriétés ne font que l'expliquer, que la présenter sous une forme particulière et nouvelle ; d'autre part, les propriétés, par cela même qu'elles sont particulières, se distinguent les unes des autres et même se distinguent de la notion prise absolument, puisqu'elles expriment la notion à un certain moment de son développement logique. Toute notion analogue à la notion géométrique peut donc devenir le centre d'un système qui en toutes ses parties dépend rigoureusement d'elle, car le système ainsi construit résulte du rayonnement de la notion. Et de plus, le système comporte une certaine hiérarchie, puisque la déduction par laquelle les propriétés particulières se rattachent à la notion peut être plus ou moins immédiate.

Cependant comment s'opère cette déduction ? L'entendement qui l'accomplit ne se pose pas en dehors d'elle ; il ne vient pas, par une action transcendante, établir un lien entre des idées qui lui sont préalablement données ; il est l'ordre même des idées, en tant que ces idées sont clairement et distinctement conçues et procèdent les unes des autres. Le propre de l'entendement, ce n'est pas de reconnaître des notions avec leurs rapports, mais d'engendrer des notions par leurs rapports de principe à conséquence. « Ainsi, le sûr moyen de découvrir le vrai, c'est de former ses pensées en partant d'une définition donnée, ce qui réussira d'autant mieux et plus facilement qu'une chose aura été mieux définie[1]. » La méthode n'est pas un instrument extérieur à l'entendement ; elle est l'acte même de l'entendement. Que l'entendement, dans sa réflexion sur soi, produise et exprime la notion essentielle qui le constitue, et il aura ainsi le principe de toute vérité.

Mais cette notion initiale et génératrice peut-elle être définie ? Toute définition n'a-t-elle pas pour caractère d'être une relation, la relation d'une espèce à un genre ? Et par suite n'est-il pas contradictoire d'admettre à l'origine de la connaissance une définition absolue ? En d'autres termes, le genre suprême, qui est en dehors de toute relation, n'est-il pas par là même en dehors de toute définition[2] ? Cette difficulté est tirée tout entière de l'ancienne logique, que la logique cartésienne a définitivement éliminée et remplacée. Ce qui la condamne, cette ancienne logique, c'est qu'elle repose sur un réalisme d'imagination, c'est qu'elle confond les notions abstraites avec les notions vraies, et qu'opérant sur les formes vides et les êtres de raison, elle ne peut jamais saisir le particulier et le concret[3]. Au contraire, la logique cartésienne, constituée sur le modèle des mathématiques, a le privilège de franchir le domaine des notions fictives et des universaux abstraits ; elle substitue au rapport indéterminé du genre et de

---

1. *De int. emend.*, t. I, p. 31.
2. *Dieu, l'homme, etc.*, partie I, ch. VII, p. 40.
3. « Ils disent (les platoniciens et les aristotéliciens) que Dieu n'a pas la science des choses particulières et périssables, mais seulement des choses générales, qui, dans leur opinion, sont immuables : ce qui atteste leur ignorance ; car ce sont précisément les choses particulières qui ont une cause, et non les générales, puisque celles-ci ne sont rien. » *Dieu, l'homme, etc.*, partie I, ch. VI, p. 38. — Cf. *De int. emend.*, t. I, p. 33.

l'individu le rapport pleinement intelligible de l'essence et de l'existence, l'existence tenant à l'essence comme les propriétés particulières tiennent à la notion.

La question de savoir si l'esprit humain peut entrer en possession d'une notion première pour en développer les conséquences revient donc à celle-ci : Y a-t-il un Être dont l'essence soit conçue comme enveloppant l'existence, un Être qui puisse être dit « cause de soi? » Ce qui est cause de soi, c'est, par définition même, la substance; car la substance est « ce qui est en soi et ce qui est conçu par soi, c'est-à-dire ce dont le concept peut être formé sans avoir besoin du concept d'une autre chose[1]. » Le rapprochement de ces deux idées « cause de soi » et « substance » permet de comprendre la notion et l'être comme unis dans une vérité et dans une réalité indissolubles. Ce qui est absolument réel, c'est ce qui se produit soi-même; ce qui se produit soi-même, c'est ce qui s'explique soi-même; ce qui s'explique soi-même, c'est ce qui est absolument vrai. Si maintenant on entend par Dieu « un être absolument infini, c'est-à-dire une substance constituée par une infinité d'attributs dont chacun exprime une essence éternelle et infinie[2], » on pourra dire que Dieu existe nécessairement, puisque étant substance il est conçu par soi, et qu'à ce titre il enveloppe dans son éternelle essence son éternelle existence. Le principe absolu d'où tout dérive a un triple caractère : logique, ontologique, théologique.

A quoi servent donc, dans le système de Spinoza, les preuves de l'existence de Dieu? A établir plus fortement le lien d'identité qui existe entre ces trois concepts : « cause de soi, » « substance, » « Dieu. » Que la substance existe en soi, c'est ce qui n'a pas besoin d'être démontré. La philosophie de Spinoza est trop foncière-

---

1. *Éth.*, I, déf. 3, t. I, p. 37.
2. *Éth.*, I, déf. 6, t. I, p. 37.

ment dogmatique pour admettre un instant, même à titre d'hypothèse, que l'Être clairement conçu comme existant n'existe pas : « l'existence de la substance doit être inférée de sa seule définition [1]. » Ce qu'il importe surtout de démontrer, c'est que la substance qui existe en soi existe aussi par soi; c'est que la substance ne peut pas être produite par une autre substance. L'argumentation tout à fait scolastique de Spinoza revient à dire qu'une chose ne peut en produire une autre qu'au moyen d'un attribut commun aux deux, et que si deux substances avaient un même attribut, par la communauté de cet attribut elles se confondraient en une substance unique. De plus, si une substance pouvait être produite, la connaissance de cette substance devrait dépendre de la connaissance de sa cause supposée extérieure à elle, et alors la substance ne serait plus ce qui est conçu par soi[2]. Dans ce détour logique qui va de l'affirmation de la substance à l'affirmation de sa causalité absolue, Spinoza établit la proposition essentielle de son système, à savoir que la substance est une. D'autre part, les raisons qui prouvent que la substance est cause de soi prouvent encore que la substance est Dieu, c'est-à-dire que Dieu existe réellement; car si la substance est cause de soi, c'est qu'elle ne peut être produite par aucune autre substance extérieure à elle, c'est qu'elle n'est limitée par rien : elle est donc infinie[3]. Or, telle est la définition de Dieu, que Dieu est conçu comme la substance infinie. C'est en réalité dans la notion d'infini que s'opère la synthèse des trois concepts. L'infini, c'est ce qui existe en soi, puisqu'il est « l'absolue affirmation de l'existence[4]; » c'est ce qui est conçu par soi, puisqu'il deviendrait le fini si sa raison était en dehors de lui; c'est, enfin, ce qui étant en soi et étant conçu par soi

---

1. *Éth.*, I, prop. 8, t. I, p. 44.
2. *Éth.*, I, prop. 5-6, t. I, pp. 41-42.
3. *Éth.*, I, prop. 5-6, t. I, p. 46.
4. *Éth.*, I, prop. 8, t. I, p. 43.

manifeste éternellement son existence. Il comprend donc en lui tout être, toute raison d'être et toute puissance. Ainsi se déduit pour Spinoza l'identité supposée par tout panthéisme entre Dieu et la nature. Si la déduction a été possible, c'est que Spinoza a infléchi l'une vers l'autre, de manière à les rapprocher, deux conceptions de l'infini ordinairement distinguées, la conception naturaliste qui fait de l'infini la totalité de l'être en dehors de laquelle il n'y a rien, et la conception théologique qui fait de l'infini la puissance absolue d'où tout dérive : Dieu peut tout puisqu'il est tout ; Dieu est tout puisqu'il peut tout : les deux propositions deviennent parfaitement convertibles ; et elles trouvent leur expression intelligible dans cette autre proposition : Dieu étant à soi-même la raison de son être est la raison de tout être.

Cependant, au sein même de cette identité, il y a lieu de maintenir sous une forme éminente et idéale la distinction de la cause et des effets. C'est seulement comme totalité ou comme unité que la nature est identique à Dieu. Mais si Dieu ne se distingue pas de la nature considérée dans son ensemble ou son principe, il se distingue toutefois de la nature considérée dans la simple multiplicité de ses manifestations. De même, nous l'avons vu, la notion géométrique est, dans son unité essentielle, distincte des propriétés qu'elle engendre. Spinoza conçoit donc que la nature universelle peut se présenter sous une double face : ramenée à son principe et sa cause, c'est-à-dire à Dieu, elle est *nature naturante* ; dispersée dans les formes mobiles des existences particulières, elle est *nature naturée*[1].

Le rapport de la nature naturante à la nature naturée s'établit par la théorie des attributs et des modes. De quel genre doit être ce rapport ? Nous le savons déjà, puisque

---

1. *Dieu, l'homme*, etc., part. I, ch. VIII, pp. 44-45 ; *Eth.*, I, prop. 29, Schol., t. I, p. 63.

toutes les relations réelles et vraies doivent, selon Spinoza, être établies sur le modèle des relations géométriques. La nature naturée doit être une conséquence de la nature naturante; encore faut-il que la nature naturante s'exprime en des notions définies d'où puissent dériver des conséquences. Or, bien que l'affirmation de la substance soit issue d'une définition catégorique, ne peut-on pas dire que la substance, par le caractère d'infinité qui lui a été attribué, s'est élevée au-dessus de toute définition, est devenue transcendante à l'égard de toute idée claire et distincte? La notion qui définit n'est-elle pas inadéquate à la substance qui est infinie?

Spinoza s'efforce de résoudre la difficulté en affirmant que le caractère de la substance divine, c'est d'être constituée par une infinité d'attributs; chacun de ces attributs est une essence éternelle et infinie, par conséquent est conçu par soi et peut être défini en soi. De ces attributs en nombre infini deux seulement tombent sous notre connaissance : l'étendue et la pensée, qui se manifestent par des modes, les uns infinis et éternels, comme d'une part le repos et le mouvement, d'autre part l'intelligence infinie, les autres finis et périssables, comme les objets corporels et les idées. Les attributs et leurs modes se développent nécessairement et parallèlement, sans jamais se confondre, sans entrer les uns dans les autres. L'ensemble des attributs infinis : voilà la nature naturante; l'ensemble des modes finis ou infinis : voilà la nature naturée. Tout attribut exprimant par une notion définie l'être, en soi infini, de la substance, étant en outre la raison logique et génératrice de ses modes, les êtres finis peuvent de proche en proche se rattacher à l'Être infini qui les explique et les produit[1].

Mais la difficulté est-elle bien résolue? Que le rapport

---

1. *Dieu, l'homme*, etc., part. I, ch. III, pp. 29 et suiv.; *Eth.*, I, défin. IV, prop. 10, 21, 22, 23; *Eth.*, II, prop. 1, 2, 6, 7, etc., t. I, pp. 45, 58, 59, 77, 78, 80, 81; *Epist.* LXIII, t. II, p. 214-217.

des attributs aux modes soit pleinement intelligible, on peut l'admettre. Mais le rapport des attributs à la substance? Si la substance est en soi l'Être absolument indéterminé, *ens absolute indeterminatum;* si, en outre, toute détermination est une négation, *omnis determinatio negatio est*, n'est-on pas obligé de convenir que l'attribut, qui rend possible la notion déterminée, restreint et mutile l'Être infini? Notre idée de la substance, que l'on supposait la plus claire et la plus parfaite des idées, n'est-elle pas une idée confuse et tronquée? Ainsi s'impose un dilemme dont les deux termes sont, semble-t-il, décisifs contre le système : ou bien la substance, pour rester vraiment l'Être en soi, ne se traduit que partiellement et inexactement dans ses attributs, et alors elle est réellement en dehors de ses attributs, l'idée d'immanence n'est pas fondée; ou bien elle se traduit telle quelle dans ses attributs, et alors les attributs qui la déterminent la limitent du même coup, elle n'est plus l'être infini.

Pour sauver la logique du système, dira-t-on que les attributs sont des façons de penser, des formes par lesquelles l'entendement humain détermine pour soi l'être de la substance, qu'ils sont purement relatifs à notre nature intellectuelle[1]? Mais outre que l'on interprète alors le spinozisme dans un sens subjectiviste qu'il ne comporte guère, on se met directement en contradiction avec des formules de Spinoza très précises, comme celle-ci : « Tout ce qui est est en soi ou en autre chose; en d'autres termes, rien n'est donné hors de l'entendement que les substances et leurs affections. Rien, par conséquent, n'est donné hors de l'entendement par quoi puissent se distinguer plusieurs choses, si ce n'est les substances, ou, ce qui revient au même, les attributs des

---

1. C'est l'interprétation de Erdmann : *Versuch einer wissenschaftlichen Darstellung der neuern Philosophie*, 1836, I, 2, p. 60; — *Grundriss der Geschichte der Philosophie*, 1878, t. II, p. 57-62.

substances et leurs affections [1]. » Dira-t-on, au contraire, que les attributs sont des puissances réelles, existant absolument en soi, infinies en quantité et en qualité, pour manifester l'infini de la substance [2] ? Cette interprétation semble plus conforme à l'esprit et à la lettre du spinozisme ; et pourtant, elle ne tient pas suffisamment compte du rapport reconnu par Spinoza entre les attributs divins et l'intelligence humaine : « J'entends par attribut, dit Spinoza, la même chose que la substance, sauf qu'on l'appelle attribut par rapport à l'intelligence, qui attribue à la substance telle nature déterminée [3]. »

Quelque intéressante que soit en elle-même cette question [4], elle pourrait être ici négligée ou tranchée d'un mot si elle ne se rattachait très étroitement à la solution du problème moral. Mais du moment que l'objet de la nature humaine doit être l'Être infini, l'important est de savoir comment l'Être infini peut tomber sous les prises de l'homme. Si l'Être infini est donné à l'homme intégralement, on dirait presque dans son infinité totale, rien ne distingue plus l'homme de Dieu ; le mode devient la substance ; or, cela est métaphysiquement impossible, et Spinosa a trop vivement combattu en ce sens le dogme chrétien du Dieu fait homme [5] pour admettre l'adéquation substantielle de la nature divine et de la nature humaine. Mais d'autre part, si rien de vrai, et de vrai absolument, ne vient à l'homme de l'infini de Dieu, la connaissance que nous avons de la substance reste toujours inadéquate, et la certitude du bonheur s'écroule en même temps que la certitude de la science. Il faut donc chercher par quel moyen l'homme, mode de la substance divine, peut entrer en relation avec la substance sans prétendre s'égaler à

---

1. *Eth.*, I, prop. 4, t. I, p. 41.
2. C'est l'interprétation de Kuno Fischer : *Geschichte der neuern Philosophie*, 1880, I, 2, p. 366-369.
3. *Epist.*, IX, t. II, p. 35.
4. Cf. *Epist.*, LXIII, LXIV, LXV, LXVI, t. II, p. 215-220.
5. Cf. *Ep.*, LXXIII, t. II, p. 240 ; *Tract. theol. polit.*, cap. I, t. I, p. 383.

elle, la saisir comme infinie sous une forme compréhensible, déterminée comme lui, véritable cependant.

La conception des attributs s'explique par les difficultés qu'elle est destinée à lever. L'attribut se rapproche de la substance en ce sens que, comme la substance, il est conçu par soi ; il est infini, mais seulement en son genre[1], tandis que la substance est infiniment infinie ; il est un *infini déterminé*, infini, parce qu'il exprime l'essence de la substance, déterminé, parce qu'il l'exprime en une forme qui puisse comprendre l'entendement humain.

Il suit de là que nous pouvons avoir une idée adéquate de la substance, bien que nous ne connaissions que deux de ses attributs ; car l'essence qu'exprime l'attribut est une essence éternelle, qui enveloppe une éternelle vérité et une éternelle réalité ; et malgré cela, nous serions mal fondés à prétendre que nous sommes des dieux ou que nous pouvons le devenir, puisque l'infinité des attributs divins déborde infiniment la puissance du savoir humain. Comment donc un entendement déterminé, qui fait partie de la nature naturée, peut-il connaître quelque chose d'absolument vrai, alors que des faces infiniment multiples de la Réalité échappent nécessairement à son action ? C'est ce que Spinoza explique par un exemple emprunté aux mathématiques : « A votre question, si l'idée que j'ai de Dieu est aussi claire pour moi que l'idée du triangle, je réponds par l'affirmative... Je ne prétends pas pour cela connaître Dieu entièrement ; je ne connais de lui que certains attributs, non tous, et je n'en connais pas encore la plus grande partie ; mais il est bien sûr que l'ignorance de beaucoup de choses ne s'oppose pas à la connaissance de certaines. Quand je commençais à apprendre les *Éléments* d'Euclide, je n'avais pas de peine à comprendre que la somme des trois angles d'un triangle est égale à deux droits, et je percevais clairement cette

---

1. *Eth.*, I ; définit., t. I, p. 39.

propriété du triangle, bien que je fusse ignorant de beaucoup d'autres[1]. » La détermination de Dieu serait une négation si elle exprimait l'essence divine par des modes particuliers, par des résolutions volontaires ou des mouvements corporels. Elle devient une affirmation dès qu'elle exprime cette essence par l'attribut infini dont résultent ces modes particuliers. « C'est la chose la plus claire du monde que tout être doit se concevoir sous un attribut déterminé, et que plus il a de réalité ou d'être, plus il a d'attributs qui expriment la nécessité, ou l'éternité, ou l'infinité. Et c'est par conséquent aussi la chose la plus claire que l'on doit définir nécessairement l'Être absolument infini, l'Être à qui appartiennent une infinité d'attributs dont chacun exprime certainement une essence éternelle et infinie[2]. »

D'un autre côté, le rapport établi par l'attribut entre la substance et l'entendement humain ne rend d'aucune façon la substance relative à cet entendement. Tout ce qui exprime une essence et n'enveloppe aucune négation appartient à l'essence de l'Être absolument infini; autrement dit, toutes nos pensées expriment Dieu quand elles sont vraiment affirmatives, et tout ce que l'entendement humain conçoit comme une vérité éternelle est fondé dans l'être. Si les attributs constituent la vérité de la substance, la substance constitue la réalité des attributs. Il y a ici dans la philosophie de Spinoza une démonstration analogue à celle que l'on a dénoncée dans la philosophie de Descartes sous le nom de « cercle cartésien. » C'est un cercle, si l'on veut, mais un cercle nécessaire à tout dogmatisme réfléchi qui s'efforce de relier à l'absolu de l'être des connaissances déjà certaines pour la raison. Selon Spinoza, tout ce qui exprime au regard de notre entendement une essence éternelle appartient en

---

1. *Ep.*, LVI, t. II, p. 203.
2. *Eth.*, I, prop. 10, Schol., t. I, p. 45; *Epist.*, IX, t. II, p. 34; *Dieu, l'homme*, etc., première partie, ch. II, p. 14.

propre à l'Être infini, et, en retour, l'Être infini est la cause des idées par lesquelles nous percevons les essences éternelles. La vérité pour nous est identique à la vérité en soi. Dès lors nous participons réellement à l'infini, du moment que nous concevons l'infini comme une vérité primitive et éternelle, et le développement de la puissance divine est identique au développement de cette vérité. La substance est présente dans toute sa vérité à chacun de ses attributs. « La substance pensante et la substance étendue ne sont qu'une seule et même substance, laquelle est conçue tantôt sous l'un de ses attributs, tantôt sous l'autre. De même un mode de l'étendue et l'idée de ce mode ne sont qu'une seule et même chose, mais exprimée de deux manières. Et c'est ce qui paraît avoir été aperçu, comme à travers un nuage, par quelques Hébreux qui soutiennent que Dieu, l'intelligence de Dieu et les choses qu'elle conçoit ne font qu'un [1]. » La substance est donc l'unité absolue qui s'exprime en des attributs divers sans cependant se diviser. Voilà pourquoi nous pouvons la comprendre certainement, bien que nous soyons impuissants à connaître tous ses attributs. Il suffit, pour notre bonheur comme pour notre science, que nous percevions clairement et distinctement ceux des attributs qui nous intéressent, c'est-à-dire que nous rattachions à ces attributs, considérés comme des notions éternelles, tout ce que nous sommes, esprit et corps. Et cela nous est possible, parce que notre entendement a la faculté de concevoir les choses sous la forme de l'éternel et que l'éternel est l'expression de l'Infini dans notre entendement. Nous sommes des modes finis compris dans la substance infinie ; cette proposition peut se traduire ainsi : Nous sommes des idées particulières comprises dans la vérité éternelle ; et la traduction, bien qu'à l'usage de notre intelligence, est d'une exactitude absolue. Quand nous nous

---

1. *Eth.* II, prop. 7, Schol., t. I, p. 81.

rapportons à l'Éternel qui nous explique, nous nous rapportons du même coup à l'Infini qui nous produit[1], et nous pouvons marcher dans la vie en toute assurance : nous sommes sûrs de Dieu autant que de nous-mêmes.

Dans cette conception de la substance et de ses attributs paraissent se rencontrer les deux grandes influences qui ont contribué à produire la doctrine de Spinoza : l'influence des doctrines juives et l'influence de la doctrine cartésienne. Selon certains philosophes juifs et en particulier selon Maimonide[2], l'indivisible simplicité de Dieu est incompatible avec l'affirmation d'attributs positifs. Chercher à déterminer Dieu, ce serait introduire en lui une essentielle multiplicité, ce serait transporter en lui des qualités purement humaines. A Dieu ne conviennent, d'après Maimonide, que des attributs négatifs, qui l'élèvent infiniment au-dessus de nos façons de sentir et de penser ; il n'y a pas de commune mesure entre ce que nous sommes et Celui qui est l'Être. Cette critique de l'anthropomorphisme se retrouve chez Spinoza. Pour lui comme pour Maimonide, il est vrai que toute détermination de Dieu par nous-mêmes est une négation de Dieu, que les formes empiriques de notre être ne sont que des limites, inapplicables à l'Infini de la substance. Cependant, à l'encontre de Maimonide, Chasdai Creskas avait montré que les attributs négatifs peuvent tous recevoir une signification positive ; que, par exemple, nier de Dieu toute déraison et toute impuissance, c'est affirmer de lui toute raison et toute puissance[3]. L'intellectualisme de Descartes permet à Spinoza de concilier en une doc-

---

1. « Tout ce qui suit formellement de l'infinie nature de Dieu suit objectivement de l'idée de Dieu dans le même ordre et avec la même connexion. » *Eth.*, II, prop. 7, Coroll., t. I, p. 84.

2. Cf. Kaufmann, *Geschichte der Attributenlehre in der judischen Religionsphilosophie des Mittelalters*, Gotha, 1877, et en particulier dans ce livre le chapitre consacré à Maimonide, pp. 363 et suiv. — Joël, *Zur Genesis der Lehre Spinoza's*, pp. 17 et suiv.

3. Joël, *ibid.*, pp. 19 et suiv.

trine ferme les vues de Maimonide et celles de Creskas. Il impliquait, en effet, que l'entendement est à l'égard de la sensibilité une faculté impersonnelle, qui pose le vrai absolument, qui ne le pose que pour sa clarté intérieure, non pour sa conformité à telle ou telle de nos dispositions, qui enfin exclut de l'être toute qualité empirique ou imaginaire. Si donc tout est faux dans ce que les sens prétendent déterminer par eux seuls, tout est vrai dans ce que l'entendement pur détermine par soi. C'est par rapport aux sens seulement qu'il faut proclamer la transcendance et l'indétermination de la substance infinie. Mais entre l'entendement et la substance il y a relation intime, union immanente. L'acte absolu de l'entendement, c'est l'affirmation de la substance. Et loin que l'entendement, par les attributs qu'il conçoit, introduise la multiplicité dans la substance, il l'élève par ses déterminations propres au-dessus de toute catégorie de nombre; il pose l'unité de l'Être non seulement sous la forme négative qui a été déjà indiquée, par l'impossibilité d'admettre deux substances infinies indiscernables, mais surtout sous une forme positive et éminente, par l'intelligibilité interne de la substance infinie. On ne peut nombrer les choses qu'en les considérant dans l'existence et non dans l'essence, en les réduisant à des genres qui permettent de les comparer. Or, comme la substance est au-dessus de tout genre, comme en elle l'existence et l'essence ne font qu'un, tout ce que l'entendement affirme de Dieu est enveloppé dans cette affirmation suprême que Dieu, étant à soi-même toute sa raison, exclut de soi, comme imperfection, comme néant, toute pluralité numérique[1].

Ainsi toute cette doctrine des attributs s'entend par la distinction que suppose Spinoza entre la détermination interne et la détermination externe. La détermination externe peut seule être une négation, car la chose déter

---

1. *Ep.* L, t. II, pp. 184-185.

minée du dehors est celle qui n'est pas à elle-même sa raison. La détermination interne est la plus positive des affirmations, puisqu'elle découvre la raison de l'être dans l'être même. Les existences individuelles qui sont données dans l'univers comportent cette double détermination : la réalité qu'elles ont et les effets qu'elles produisent dépendent à la fois des circonstances extérieures et de leur nature propre; elles agissent à la fois par les choses et par elles-mêmes. En même temps qu'elles se posent dans leur être, elles sont limitées par les autres êtres. Cependant la négation qu'enveloppe la détermination externe s'atténue et s'efface à mesure que les influences extérieures apparaissent, non plus comme la force qui engendre tout, mais comme l'occasion et l'instrument du développement interne de chaque être. Par exemple, en mathématiques, si l'on prend une vérité particulière, on ne peut la démontrer qu'en la rapportant à d'autres vérités, c'est-à-dire en la déterminant du dehors; mais la définition qui est à l'origine de cette vérité comporte une détermination interne puisqu'elle s'explique elle-même avec les vérités qu'elle engendre. Et le rôle de la démonstration géométrique, c'est, en quelque sorte, de faire participer une propriété particulière, par le moyen de la détermination externe, à la vérité de la détermination interne. La démarche des choses finies, quand elle est normale, est analogue à la démarche de la démonstration mathématique : les choses finies ne se déterminent et ne s'expliquent les unes les autres que pour se ramener dans leur ensemble à ce qui est, pour l'entendement, leur raison éternelle, leur principe de détermination interne[1]. Elles se rattachent donc à Dieu par un double lien de causalité, suivant qu'on les considère dans leur existence ou dans leur essence. D'abord, comme leur essence n'enve-

---

[1]. Quoi que prétende Camerer (*Die Lehre Spinoza's*, Stuttgart, 1877, pp. 293 et suiv.), il n'y a donc pas une radicale hétérogénéité entre la détermination de l'être par les causes extérieures et la détermination par l'essence.

loppe pas l'existence ; comme la nature humaine, par sa seule définition, n'implique pas tel ou tel homme, tant ou tant d'hommes, on peut dire que l'existence de tout individu particulier est produite par l'existence d'autres individus particuliers. Ainsi les êtres finis, pour que leur existence soit expliquée, doivent rentrer dans la série infinie des causes et des effets ; ils se relient à Dieu, non pas directement, mais comme termes d'une série, qui, dans sa totalité, découle nécessairement de Dieu. En second lieu, les êtres finis ont chacun une essence qui est enveloppée dans un attribut, qui par conséquent participe à l'éternité de cet attribut. Ils peuvent donc, s'ils sont pourvus de conscience et de raison, se reconnaître et s'expliquer eux-mêmes dans leur cause immédiate et interne. « Nous concevons les choses comme actuelles de deux manières : ou bien, en tant que nous les concevons avec une relation à un temps ou un lieu déterminé, ou bien en tant que nous les concevons comme contenues en Dieu et résultant de la nécessité de la nature divine. Celles que nous concevons de cette seconde façon comme vraies ou comme réelles, nous les concevons sous le caractère de l'éternité[1]. » L'homme peut donc se comprendre de double façon : par son existence dans le temps, par son essence dans l'éternel. Mais tandis que par son existence dans le temps il est l'être qui dépend de la nature naturée, par son essence dans l'éternel il est l'être qui relève de la nature naturante. De la totalité des causes externes qui dans la durée le font être et le limitent en l'expliquant, il remonte à ce qui est au-dessus de toute durée la raison interne, la vraie cause de son être. Mais Dieu, qui est l'Être dont l'essence enveloppe l'existence, ne connaît pas cette dualité de déterminations : il est de sa nature déterminé à être ce qu'il est, à produire ce qu'il produit, et cette détermination intérieure, absolu-

1. *Eth.*, V, prop. 29, Schol., t. I, p. 269.

ment spontanée, est l'expression de sa toute-puissance.

Toutefois cette toute-puissance n'est-elle pas diminuée si Dieu n'est pas libre, et Dieu peut-il être libre si tout ce qu'il est et tout ce qu'il produit résulte nécessairement de sa nature? La nécessité qui s'oppose à la liberté ne s'oppose-t-elle pas à la Toute-Puissance? La contradiction que l'on indique ici n'existe, selon Spinoza, que par une fausse conception de la nécessité et une fausse conception de la liberté. On confond la nécessité avec une fatalité extérieure à l'être, qui serait d'autant plus invincible qu'elle serait plus dépourvue de raison. On confond la liberté avec une volonté indifférente à tout objet, qui serait d'autant plus forte qu'elle serait plus arbitraire. Si opposées que soient en apparence ces deux conceptions, elles relèvent d'une même erreur, qui est une représentation anthropomorphique de Dieu. Nous repoussons la nécessité en Dieu, parce que, souvent gênés dans l'expansion de nos désirs, nous refusons d'admettre que Dieu puisse subir de pareilles violences. Nous affirmons la liberté en Dieu, parce que, nous croyant capables d'agir à notre fantaisie, nous imaginons que l'action en dehors de l'ordre manifeste plus de pouvoir que l'action conforme à l'ordre[1]. Certes il est bien vrai que Dieu n'est soumis à aucune contrainte; il est bien vrai que Dieu est libre; mais la liberté que l'on admet en Dieu et la nécessité que l'on exclut de sa nature sont presque toujours des notions imaginaires enfantées par l'ignorance des hommes.

Tâchons de comprendre dans leur sens rigoureux les concepts par lesquels nous nous efforçons de caractériser l'action divine. L'action divine est nécessaire, puisque l'essence de Dieu développe rationnellement tout ce qu'elle renferme. Supposer que Dieu puisse accomplir quelque

---

1. *Eth.*, I, prop. 32-33, t. I, p. 64-68; *Eth.*, II, prop. 3, t. I, p. 78-79; *Tract. theol. polit.*, cap. VI, t. II, pp. 443 et suiv.

œuvre ou instituer quelque décret qui ne dérive pas de sa nature, c'est acquiescer à cette idée absurde que Dieu peut être autre chose que lui-même. On dit couramment qu'il résulte de la nature de Dieu, que Dieu doit se comprendre lui-même, agir de telle ou telle façon, et en cela on ne croit ni altérer, ni diminuer la puissance divine. Pourquoi alors refuser d'affirmer que tout ce qui est produit par Dieu se déduit avec une entière nécessité de son essence? Et ce n'est pas un *fatum* que cette nécessité interne de développement. Car qu'est-ce que la fatalité, sinon une force distincte de l'être, qui agit sur l'être, sans que l'être puisse se dérober à cette action ou en saisir les raisons? Une telle fatalité est ici rigoureusement inadmissible. Dieu est tout l'Être; puisqu'il n'est rien pour le limiter, il n'est rien pour le contraindre. L'Infini exclut toute fatalité[1].

Mais si l'on peut admettre en Dieu une nécessité qui ne soit pas fatale, peut-on admettre une nécessité qui soit libre? Oui, à la condition de distinguer la liberté du libre arbitre comme on a distingué la nécessité de la fatalité. Réservons la question de savoir s'il peut y avoir en l'homme un libre arbitre. Constatons seulement ce fait, que l'homme s'attribue un libre arbitre sous la forme d'une volonté qui agit après délibération avec une indépendance absolue. Transporter en Dieu un tel mode d'action, c'est lui imposer une volonté et une intelligence semblables à la volonté et à l'intelligence humaines, c'est confondre des attributs de la nature naturante avec des états de la nature naturée. Dieu est pensée plutôt qu'intelligence, puissance plutôt que volonté; et si l'on tient malgré tout à parler d'intelligence et de volonté quand il s'agit de Dieu, il faut immédiatement ajouter qu'il n'y a pas plus de ressemblance entre l'intelligence et la volonté humaines d'une part, et d'autre part l'intelligence et la

---

1. *Epist.*, XLIII, t. II, p. 171 ; *Dieu, l'homme*, Ire partie, ch. IV, p. 32.

volonté divines qu'entre le chien, signe céleste, et le chien, animal aboyant [1]. Il faut rappeler que l'intelligence en Dieu est cause de ses objets, tandis que l'intelligence humaine s'applique à des objets qui lui sont donnés et qui la déterminent. Concevoir la liberté sous la forme de la résolution volontaire, c'est la concevoir sous une forme directement contraire à sa nature; car la volonté est un effet, lié à une série infinie d'effets. Essentiellement la liberté est cause; c'est comme cause, non comme volonté, qu'on doit la comprendre. « Une chose sera dite libre quand elle existe par la seule nécessité de sa nature et n'est déterminée à agir que par soi-même [2] », c'est-à-dire quand elle est cause de son être et de ses manières d'être. Dès lors, la doctrine de l'immanence peut plus que toute autre affirmer de Dieu la liberté bien comprise [3]. Dieu, suivant cette doctrine, est la cause immanente, non transitive ni transitoire, de toutes choses; l'acte par lequel il est et par lequel il se manifeste est un acte éternel puisque en lui l'essence enveloppe l'existence, tandis que les actes par lesquels apparaissent les êtres finis sont des actes temporels en qui l'existence est venue du dehors s'adjoindre à l'essence. Dieu est donc libre, parce qu'il est la *res æterna,* raison absolue de tout être fini et de toute vérité déterminée, supérieure par conséquent à tout ce qui limite, à tout ce qui nie. Il y a une affirmation éternelle de Dieu qui est en soi absolument libre. L'Éternel enveloppe toute liberté [4].

---

1. *Eth.*, I, prop. 17; Schol., t. I, pp. 54 et suiv.; prop. 32, Cor., t. I, p. 65; *Ep.* LXIV, t. II, p. 218.
2. *Eth.*, I, défin., t. I, p. 40.
3. « La cause la plus libre et celle qui répond le mieux à la nature de Dieu, c'est la cause immanente. Car de cette cause l'effet dépend de telle sorte qu'il ne peut sans elle ni exister, ni être compris, ni même soumis à aucune autre cause; en outre, l'effet est uni à cette cause, de telle sorte qu'elle ne fasse qu'un avec lui. » *Dieu, l'homme,* etc., part. II, ch. XXVI, p. 123.
4. « Une chose sera dite libre quand elle existe par la seule nécessité de sa nature et qu'elle n'est déterminée à agir que par soi-même... Par éternité, j'entends l'existence elle-même en tant qu'elle est conçue comme résultant

Ainsi, de même que les deux fausses conceptions de la liberté et de la nécessité s'expliquent par la croyance absurde à une action irrationnelle du Destin ou de l'homme, les conceptions vraies de la nécessité et de la liberté se rapportent également à une idée pleinement rationnelle, à l'idée d'une cause absolue qui se produit librement elle-même avec tous ses effets, puisque son essence enveloppe nécessairement son être et ses manières d'être. « A mes yeux, peut écrire Spinoza, la liberté n'est point dans le libre décret, mais dans une libre nécessité[1]. » L'action divine est donc le développement logique de l'essence divine ; et si l'on a bien compris la nature de cette action, on n'aura pas de peine à écarter une autre conception anthropomorphique de Dieu, qui est impliquée dans la théorie des causes finales. Suivant cette théorie, Dieu agit sous la raison du bien, *sub ratione boni ;* il agit soit en vue d'un bien universel, soit en vue de son bien propre, soit en vue du bien des hommes. Nous trouvons dans la nature une foule d'objets qui nous servent ou nous plaisent, et nous pensons que Dieu en a institué spécialement pour nous l'utilité ou l'agrément. Partant de là, nous imaginons que Dieu se laisse dominer et fléchir par des considérations qui nous touchent, nous autres hommes ; qu'en travaillant pour notre bonheur il a voulu se créer des droits à notre reconnaissance, qu'il a voulu être honoré par un culte et par des prières, et nous pensons qu'en répondant à ses intentions nous obtiendrons pour tous nos désirs un plus facile et plus complet contentement[2]. Enfin, donnant à ces fictions une forme plus générale, des philosophes ont soutenu que Dieu était dirigé dans son action par l'idée de certaines fins à poursuivre, qu'il travaillait d'après un plan, l'intelligence obsédée

---

nécessairement de la seule définition de la chose éternelle. » *Eth.*, I, défin. 7, 8, t. I, p. 40.

1. *Ep.*, LVIII, t. II, p. 218 ; *Ep.*, LXXV, t. II, p. 242.
2. Cf. *Tract. theol. polit.*, præfatio, t. I, p. 369.

par un Exemplaire éternel ; et suivant que le monde leur paraissait contraire ou conforme à cet exemplaire, ils ont trouvé à blâmer ou à louer dans l'œuvre de Dieu. Ils ont donc établi, en dehors même de la puissance divine subordonnée par eux à leurs vues personnelles, des distinctions absolues entre le Bien et le Mal, le Beau et le Laid, le Mérite et le Péché.

Cette doctrine de la finalité, grossière ou raffinée, tient à une première méprise sur les caractères de l'activité humaine. Il y a en tout homme, par cela seul qu'il existe, un désir de rechercher ce qui lui est utile. Que ce désir soit satisfait, c'est-à-dire que la tendance de l'être à se conserver et à s'accroître se développe pleinement, et alors on imagine que l'objet désiré, étant la fin de l'acte, a été la cause du désir. Il y a une joie du succès, qui se redouble par le souvenir de la tendance naguère agissante et non satisfaite. On remonte en sens inverse la série des moments qu'a traversés le désir, et l'on établit un nouveau rapport de causalité tout à fait contraire au vrai rapport : la cause devient l'effet, l'effet devient la cause. Ainsi naît l'illusion de la finalité dans la conscience humaine.

Peu à peu cette illusion s'étend et se fortifie. Elle pénètre dans nos croyances pratiques et jusque dans nos croyances scientifiques. Les objets qui nous entourent nous intéressent par le bien ou le mal qu'ils peuvent nous faire. Aussi perpétuellement nous demandons-nous ce qu'ils sont ou ce qu'ils seront pour nous, c'est-à-dire pour notre sensibilité et nos désirs. Seront-ils bienveillants ? seront-ils malveillants ? Il y a une raison qui fait qu'ils nous paraissent surtout bienveillants : la tendance à vivre est en nous si forte qu'elle n'a pas de peine à mettre par l'imagination le monde à notre service. Nous considérons donc les êtres de la nature comme des moyens à notre usage ; et comme nous avons conscience d'avoir rencontré, non préparé, ces moyens, nous affirmons qu'il existe un Être souverain qui les a ainsi disposés en notre faveur. Dieu devient ainsi le suprême organisateur de notre bien-être, la Providence qui pourvoit à nos désirs et à nos besoins; et si par moments la nature nous paraît malfaisante, si elle nous trouble ou nous blesse, nous imaginons que Dieu est jaloux ou irrité, qu'il a voulu nous avertir ou nous punir. Étant capable de bonté à la façon de l'homme, pourquoi Dieu, à la façon de l'homme, ne serait-il pas capable de méchanceté?

Il est vrai que les philosophes déduisent Dieu de considérations en apparence moins égoïstes. Il existe dans le monde un ordre merveilleux qui suppose un agencement prémédité des parties à l'ensemble, une beauté magnifique qui suppose un art souverain et parfait; on dit même des mouvements célestes qu'ils composent une harmonie. C'est Dieu qui a voulu cet ordre, qui a créé cette beauté, qui de cette harmonie s'enchante et nous enchante. En réalité, que signifient tous ces mots? Toutes les fois que les objets présentés par les sens s'emparent de notre imagination de façon à l'occuper sans difficulté et à être aisément retenus par elle, nous disons que ces objets sont bien ordonnés; si le contraire arrive, nous les jugeons mal ordonnés et en état de confusion. Que nous préférions l'ordre à la confusion, ce n'est pas étonnant, puisque les objets que nous pouvons facilement imaginer nous sont les plus agréables. De même sont beaux les objets qui frappant nos yeux contribuent à la santé du corps; sont harmonieux les sons qui permettent à l'oreille de s'exercer avec liberté et plénitude. C'est donc toujours d'après nos impressions sensibles que nous affirmons l'ordre ou le désordre, l'harmonie ou le désaccord, le beau ou le laid; c'est d'après nos convenances personnelles que nous reconnaissons Dieu et que nous le jugeons; car nous en venons toujours à le juger, l'ordre n'allant pas sans désordre, l'harmonie sans désaccord, la beauté sans laideur dans ce monde travesti que nous compose notre imagination.

Reste l'affirmation capitale sur laquelle s'appuie toute la doctrine de la finalité : Dieu agirait en vue et au nom du bien. Mais qu'entend-on par là? Veut-on dire qu'il y a un type de vérité et de bonté d'après lequel Dieu se déterminerait à l'action? Mais Dieu ne serait plus alors l'Être infini; il dépendrait de ce type, préexistant à sa façon d'être, par conséquent supérieur à sa puissance. Dira-t-on que ce type de vérité et de bonté est intérieur à Dieu même? Mais ce n'est plus alors qu'une conception sans portée, puisqu'on reconnaît que ce qui est éminemment vrai et bon résulte de l'essence et de la puissance divines, que, par suite, l'essence et la puissance divines n'admettant pas de mesure sont radicalement la mesure de tout. Enfin, cette théorie générale de Dieu choisissant le bien repose sur une double erreur : la première, c'est que l'être est possible avant d'être, puisque Dieu doit se régler sur le bien pour agir et avant d'agir; la seconde, c'est que le possible n'est pas épuisé par l'être, puisque la nécessité d'un modèle suppose la possibilité d'œuvres défectueuses ou irrégulières. Rien ne peut être possible que ce qui est, puisqu'un possible sans existence attesterait l'impuissance de Dieu; tout ce qui est est nécessaire, puisque tout ce qui est résulte de la nature de la substance, et que les choses pour être autres devraient se rattacher à une autre nature de Dieu, ce qui est absurde[1].

La conception d'un développement géométrique de l'Être et de la libre nécessité écarte toutes les fausses théories de l'action divine. Cette action n'est ni fatale, ni arbitraire, ni intentionnelle. S'il fallait même choisir entre la doctrine qui fait agir Dieu en vue de fins et la doctrine qui fait agir Dieu par volonté indéterminée, la seconde devrait sans contredit l'emporter sur la première[2]; car ce qu'il importe

---

1. *Éth.*, I, prop. 33; Appendix, t. I, pp. 65-75; Ép. XXXII, t. II, p. 127; Ép. LIV, t. II, p. 194.
2. *Éth.*, prop. 33, t. I, p. 68. Selon Leibniz, la théorie cartésienne de la liberté divine préparait directement la théorie spinoziste de l'indifférence de

le plus d'affirmer, selon Spinoza, c'est la puissance infinie de Dieu, indépendante de toutes les conditions auxquelles est assujettie l'activité humaine. Si l'entendement de l'homme a le droit de percevoir cette puissance sous la forme de l'éternel, c'est que l'éternel est affranchi de toutes les déterminations du temps, c'est qu'il est l'existence absolue qui a en soi toute sa raison et qui déploie toute sa vertu, c'est qu'il s'exprime en une affirmation première et inconditionnelle. Quant aux choses finies, elles ne sauraient être expliquées par cette relation subjective et imaginaire de moyen à but, qui finit toujours par faire tout dépendre d'événements sans causes et de volontés sans raisons ; mais elles doivent être conçues comme faisant partie d'un système qui a en lui-même tout son principe et qui se développe avec la même rigueur, la même vérité que la notion géométrique. Or un système géométrique s'élève au-dessus de toutes les considérations extérieures, de toutes les dénominations spéciales que nous suggère notre sensibilité; il est ce qu'il doit être, parce qu'il est nécessairement, et il ne saurait admettre sans se pervertir d'autres distinctions que celles qui s'établissent logiquement, suivant le rapport de propriété particulière à propriété particulière, ou de conséquence à principe. Dieu est la Notion géométrique absolue, supérieure infiniment aux distinctions que nos désirs et nos affections instituent entre le parfait et l'imparfait, le mérite et la faute, entre ce qui doit être et ce qui est.

Il est dit dans le *More Nebuchim* de Moïse Maimo-

---

l'Être au bien et à la perfection. « Le Dieu ou l'Être parfait de Descartes n'est pas un Dieu comme on se l'imagine et comme on le souhaite, c'est-à-dire juste et sage, faisant tout pour le bien des créatures autant qu'il est possible, mais plutôt c'est quelque chose d'approchant du Dieu de Spinoza, savoir le principe des choses et une certaine souveraine puissance ou Nature primitive qui met tout en action et fait tout ce qui est faisable. Le Dieu de Descartes n'a pas de volonté ni d'entendement, puisque, selon Descartes, il n'a pas le bien pour objet de la volonté, ni le vrai pour objet de l'entendement. » Ed. Gerhardt, t. IV, p. 299.

nide[1] que la suprême intelligence n'admet pas les concepts du bien et du mal. Spinoza reprend ou retrouve cette conception et l'expose avec une inflexible sévérité. La Puissance infinie qui produit tout d'elle-même est étrangère à toutes les différences et à toutes les qualifications que l'homme a introduites, parce qu'elle domine de son impersonnalité souveraine toutes les œuvres personnelles. Elle est bien, au regard de ces différences et de ces qualifications, ce qu'on appellera plus tard l'indifférence ou l'identité des contraires. Cependant, d'une indétermination morale si expressément posée à l'origine de l'être comment la moralité humaine pourra-t-elle surgir?

1. Traduit en français par Munck sous le titre : *Le Guide des égarés*, Paris, 1856-66. — Traduit en latin par Jean Buxtorf sous le titre : *Doctor perplexorum*, Basileæ 1629. « Turpe vero, sive deforme, et Pulchrum dicuntur de rebus manifestis in sensum incurrentibus, non vero de Intellectualibus, etc.. » Pars I, cap. II, pp. 4-5. — C'est d'ailleurs la conséquence de la doctrine selon laquelle Dieu ne peut être déterminé que par des attributs négatifs. « Sciendum tibi, Deum nullam habere formam externam substantialem, vel nullum attributum essentiale. » Pars I, cap. L, p. 75. « Attributa quæ Deo per negationem attribuuntur sunt attributa vera, etc. » Pars I, cap. LVIII et suiv., pp. 95 et suiv. — Cf. Joël : *Zur Genesis der Lehre Spinoza's*, pp. 44-45. — David Rosin : *Die Ethik des Maimonides*, Breslau, 1876, p. 36.

CHAPITRE III

LA DISTINCTION DU BIEN ET DU MAL, DU VRAI ET DU FAUX.

La morale ne semble possible que par une distinction du bien et du mal, de même que la science n'est possible que par une distinction du vrai et du faux. Si cette double distinction n'est pas fondée dans l'absolu, quel sera le principe et quelle sera la valeur de la connaissance et de la moralité humaines ?

Le mal est opposé au bien comme le faux est opposé au vrai : une telle affirmation est incontestable; mais voici comment la plupart du temps elle a été interprétée et développée : Nous jugeons du vrai et du bien d'après des exemplaires immuables sur lesquels doivent se régler notre entendement et notre volonté. Nos façons de penser et nos façons d'agir ont leur valeur déterminée par leur rapport à des types éternels. Nous avons pour guider nos démarches intellectuelles et morales des modèles achevés qu'il nous suffit de contempler et d'imiter si nous voulons conquérir la certitude et la béatitude. Un ordre absolu s'impose de haut et de loin à nos âmes : que nos âmes le connaissent et le respectent, elles vont dans les voies de Dieu; qu'au contraire elles le méconnaissent et le violent, elles introduisent dans le monde, avec le scandale, un principe positif de révolte et de corruption. La vie humaine est livrée à la lutte de deux puissances contraires : la puissance des lumières et la puissance des ténèbres. Il s'agit pour nous de résister à la tentation pour aller au salut, de dominer le mal pour faire triompher le bien.

Sous ces expressions diverses, philosophiques ou théologiques, nous retrouvons un dualisme radical étroitement uni à l'affirmation d'une Raison et d'une Réalité transcendantes. Une doctrine de l'immanence, comme celle de Spinoza, doit rejeter loin d'elle ce dualisme. Écartons d'abord cette croyance populaire qui consiste à mettre aux prises dans le monde la puissance divine et la puissance diabolique. La puissance divine étant infinie enveloppe toute existence ; elle ne saurait donc admettre une existence distincte de sa nature, à plus forte raison une existence opposée à sa nature. En outre, affirmer une existence essentiellement malfaisante, c'est porter une négation à l'absolu [1].

Le dualisme théologique de Dieu et du démon peut bien être ainsi éliminé ; mais les préjugés qui, selon Spinoza, lui ont donné naissance subsistent, plus forts et plus subtils, dans le dualisme philosophique. Il y a, nous dit-on, une perfection actuelle et suprême, d'après laquelle tout se mesure, d'après laquelle s'établit la hiérarchie des êtres, des actes et des idées. Or, ce qu'on appelle ainsi la perfection actuelle et suprême, c'est un terme abstrait de comparaison auquel on impose par une double illusion la forme de l'absolu et de la réalité ; la notion du parfait, c'est le résidu des opérations intellectuelles par lesquelles nous mettons en rapport telle et telle chose, tel et tel individu. Supposons que nous venions à voir une maison inachevée et que nous sachions que l'architecte avait l'intention de bâtir une maison complète : que dirons-nous ? Que cette maison est imparfaite, parce que, telle qu'elle est, elle ne répond pas à l'intention de l'architecte. Si nous n'avions pas connu ou soupçonné cette intention, nous n'aurions pas pu, primitivement du moins, affirmer que l'œuvre est achevée ou inachevée, parfaite ou imparfaite. De plus, à mesure que nous formons des notions universelles, nous concevons par imagination et par analogie des types divers

---

1. *Dieu, l'homme, etc.*, seconde partie, ch. XXV. p. 119.

de maisons, d'édifices, d'ouvrages, nous construisons comme une échelle de ces types, et c'est ainsi que nous avons des canons toujours disponibles pour apprécier tous les objets. L'origine de l'illusion en indique bien le caractère : nous prêtons à la nature des intentions, et si la nature n'exécute pas ou n'exécute qu'en partie les intentions que nous lui prêtons, très facilement et très volontiers nous l'accusons d'impuissance [1].

C'est nous plutôt que nous devrions accuser d'ignorance. La nature ne manque jamais son ouvrage, parce que la nature n'a jamais d'ouvrage en vue; la nature n'a pas devant elle des modèles sur lesquels elle dirige son regard et son action, parce que la nature n'agit jamais pour une certaine fin. Toutes les erreurs par lesquelles nous défigurons le sens des choses se provoquent et s'accumulent; nous ne pouvons pas concevoir ces exemplaires surnaturels et surhumains destinés à juger la nature et l'homme sans retomber immédiatement dans la doctrine des causes finales. C'est toujours le même anthropomorphisme, radicalement incurable, tant que la raison ne vient pas arrêter en nous le délire de la sensibilité et de l'imagination. Or, nous devons savoir que le parfait et l'imparfait ne sont que des manières de penser, de comparer entre eux les objets et les individus d'un même genre. Nous disons et nous avons le droit de dire que tel individu est moins parfait que tel autre, et cela signifie simplement que tel individu, comparé à tel autre, a moins de puissance, de réalité. Où nous avons tort, c'est lorsque considérant cet individu à part, nous lui demandons compte, à lui ou à la nature, de ses défauts et de ses vices. Rien ne manque à cet individu de ce qui est compris dans sa nature, parce que rien absolument ne manque à la nature. En empruntant aux partisans de la finalité leur langage ordinaire, ne peut-on pas dire qu'il y a une

---

1. *Éth.*, IV, præf., t. I, p. 187-189.

étrange contradiction à réclamer d'un individu un état ou un acte pour lequel il n'est pas fait? Reprenons le langage de la science véritable : « Tout ce qui résulte nécessairement de la nature d'une cause efficiente se produit nécessairement[1]. » Donc en soi tout individu a toute la perfection que sa nature comporte, et lorsque nous lui attribuons une imperfection positive et essentielle, nous le jugeons en dehors de lui, nous exigeons de lui qu'il soit ce qu'il ne peut pas être.

La distinction du Bien et du Mal n'a pas plus une valeur absolue que la distinction du Parfait et de l'Imparfait; ayant la même origine, elle a la même portée. Ces termes de bien et de mal n'ont qu'un sens relatif et individuel. Est bon ce qui est utile ou agréable; est mauvais ce qui est nuisible ou désagréable. « Une seule et même chose peut en même temps être bonne, ou mauvaise, ou indifférente. La musique, par exemple, est bonne pour un mélancolique qui se lamente sur ses maux; pour un sourd, elle n'est ni bonne ni mauvaise[2]. » « On ne dit d'un homme qu'il est méchant que par rapport à un autre qui est meilleur, ou d'une pomme qu'elle est mauvaise que par rapport à une autre pomme qui est bonne ou qui est meilleure[3]. » Peu à peu nous groupons en classes graduées, d'une part les choses utiles, d'autre part les choses nuisibles, et nous en arrivons à imaginer sous la forme d'un Bien parfait ce qui est le genre suprême de tous les objets utiles. Encore ici nous sommes doublement dupes, d'abord parce que nous convertissons en réalité ce qui n'est qu'une dénomination extrinsèque, ensuite parce que nous érigeons à l'absolu ce qui n'est qu'une dénomination relative.

Cependant si la distinction du Parfait et de l'Imparfait,

---

1. *Éth.*, IV, præf., t. I, p. 189.
2. *Éth.*, præf., t. I, p. 189.
3. *Dieu, l'homme, etc.*, première partie, ch. X, p. 47; *Ép.* XIX, t. II, p. 66; *De intell. emend.*, t. I, p. 5-6.

du Bien et du Mal ne fait que résumer des expériences et des convenances individuelles, quelle autorité peut avoir la distinction analogue du Vrai et du Faux? Le Vrai, en effet, cesserait d'être le vrai s'il n'exprimait que des observations variables et des rapports contingents. Et la constitution d'un système que l'on considère comme certain implique bien, semble-t-il, l'affirmation d'une vérité parfaite à laquelle les intelligences peuvent venir participer. Mais là encore, selon Spinoza, se glisse une erreur. La doctrine de l'immanence ne saurait reconnaître sous aucune forme un objet transcendant de la pensée humaine : le vrai est immanent à la raison, c'est-à-dire que le vrai est dans certaines opérations rationnelles, c'est-à-dire encore que certaines opérations rationnelles sont vraies. Car la vérité, pas plus que la perfection ou que le bien, n'est un exemplaire indépendant qui communiquerait de haut sa vertu ; la vérité est encore une notion abstraite par laquelle nous désignons les idées vraies. « Si vous cherchez ce qu'est la vérité en dehors d'une idée vraie, cherchez aussi ce qu'est la blancheur en dehors d'un corps blanc; car les deux termes sont réciproquement dans le même rapport [1]. »

Que suppose toute cette critique? C'est que les distinctions humaines qui s'établissent par des termes génériques et abstraits ne reposent pas sur des distinctions substantielles correspondantes. Et cette critique se fortifie en un autre sens quand elle s'applique, non plus seulement aux objets de notre activité, faux ou vrais, mauvais ou bons, imparfaits ou parfaits, mais aux facultés mêmes que l'on nous reconnaît. On dit que l'entendement a pour objet la vérité, que la volonté a pour objet le bien, et cela paraît supposer d'abord que l'entendement et la volonté sont deux puissances réelles, ensuite que ce sont deux puissances distinctes entre elles, enfin que ce sont deux

1. *Cogit. met.*, I, 6, t. II, p. 474. Cf. *Ép.* II, t. II, p. 7.

puissances distinctes de leurs objets. Que valent ces suppositions et ces distinctions ?

Quand on attribue à l'âme une puissance réelle de comprendre et une puissance réelle de vouloir, on semble indiquer par là que l'âme peut, par une initiative radicale, se conférer ses manières d'être, se donner en quelque sorte son attitude. Mais si l'on se rappelle d'après les principes du système que l'âme est un mode déterminé de la pensée, que chacun de ses états a sa cause déterminante, soit d'une part dans la série des états antérieurs, soit d'autre part dans la pensée divine, on voit sans peine que le recours à des puissances réelles est inutile pour expliquer ce qui se passe dans l'âme. Ces puissances sont des êtres occultes, par lesquels l'imagination remplace les franches et claires explications. « Il n'y a dans l'âme humaine aucune faculté absolue de comprendre, de désirer, d'aimer, etc... D'où il suit que toutes ces facultés et toutes celles du même genre sont purement fictives, ou bien ne sont que des êtres métaphysiques ou universels que nous avons l'habitude de former à l'aide des choses particulières, de telle sorte que l'entendement et la volonté ont avec telle ou telle idée, telle ou telle volition, le même rapport que la *pierréité* avec telle ou telle pierre, l'homme avec Pierre ou Paul[1]. » Au surplus, lorsqu'on imagine ainsi des facultés de comprendre et de vouloir, distinctes de nos idées et de nos volitions, on transporte pour ainsi dire l'âme hors d'elle-même, puisqu'on la fait dépendre de pouvoirs qui, par définition, ne se déduisent pas logiquement de sa nature[2].

Si pour la commodité du langage nous conservons ce terme de facultés, sachons bien du moins qu'il n'a aucune réalité propre, qu'il traduit seulement pour nous ce qu'il y a de commun à tous nos actes intellectuels et volon-

---

1. *Éth.*, II, prop. 48, t. I, p. 116.
2. *Cogit. met.*, II, 12, t. II, p. 504.

taires. Ceci convenu, peut-on dédoubler l'âme en deux
facultés? Les raisons sur lesquelles s'établit cette distinction de la volonté et de l'entendement sont fournies par la
philosophie cartésienne. Suivant cette philosophie, c'est
l'entendement qui perçoit et la volonté qui juge; or notre
puissance de juger est toujours libre de s'exercer, même
à propos d'objets mal connus ou inconnus, tandis que
notre puissance de percevoir est toujours actuellement
limitée. De plus nous pouvons douter, c'est-à-dire suspendre volontairement notre adhésion aux objets que nous
présente l'entendement. Enfin, il y a des degrés dans la
vivacité et la clarté de nos perceptions, tandis que l'acte
d'affirmer ne comporte pas de degrés : appliqué à des perceptions fausses, il est aussi entier qu'appliqué à des perceptions vraies. La distinction de la volonté et de l'entendement se ramène donc à la distinction du jugement
et de l'idée, et la distinction du jugement et de l'idée
s'explique par ce fait, que le jugement est une action
indivisible dans sa forme, infinie par conséquent, et libre
à l'égard de l'idée qui n'est qu'un mode fini de la pensée.
Spinoza adhère sans doute à la définition cartésienne de la
volonté; pour lui comme pour Descartes, vouloir c'est
essentiellement juger; d'ailleurs tout acte accompli par
nous, irréfléchi ou réfléchi, affecte dans l'âme pensante la
figure d'un jugement, implicite ou explicite; mais toute
perception enveloppe une affirmation, de même que toute
affirmation enveloppe une perception. A coup sûr on pourrait accorder que la volonté s'étend au delà des limites de
l'entendement, si par entendement on voulait désigner
seulement les idées claires et distinctes; mais si par entendement on veut désigner toutes les idées qui occupent
notre âme, claires ou obscures, distinctes ou confuses,
alors on peut soutenir contre Descartes que la puissance
de percevoir et la puissance d'affirmer sont en nous coextensives. On dit qu'il y a une infinité de choses que nous
ne pouvons percevoir et que nous pouvons affirmer; mais

si nous ne pouvons les percevoir, comment pouvons-nous les faire entrer dans nos jugements ? L'erreur vient ici d'un singulier défaut de logique : on repousse pour l'entendement, et avec raison, ce réalisme d'imagination qui transforme en êtres réels les notions universelles; on reconnaît que l'entendement consiste tout entier dans la suite de ses propres idées; mais on restaure ce réalisme en faveur de la volonté; et comme c'est le caractère de toute notion universelle que d'être indéterminée, on conçoit que la puissance de la volonté dépasse toutes les déterminations de l'entendement. On donne le doute comme preuve de cette transcendance de la volonté ; mais le doute prouve simplement ceci, que nous ne percevons pas avec une entière clarté l'objet de notre intuition. Dans le rêve, il nous arrive presque toujours d'affirmer immédiatement la réalité des objets perçus, parfois de mettre en doute cette réalité, par exemple, quand nous rêvons que nous rêvons : dira-t-on que dans les deux cas il y a une action de notre volonté distincte de nos perceptions? Enfin, c'est encore une erreur de prétendre que nous pouvons affirmer le faux avec autant d'intensité que le vrai; la force de nos affirmations dépend de la clarté de nos idées. Nous affirmons d'autant plus énergiquement que nous sommes plus certains; nous sommes d'autant plus certains que nous percevons plus clairement. La puissance de percevoir et la puissance d'affirmer sont en nous cointensives. La série des idées qui constituent l'entendement et la série des jugements qui constituent la volonté ne sont pas deux séries distinctes qui se développent séparément dans le cours de la vie mentale : elles ne sont qu'une seule et même série dont chaque terme est à la fois perception et affirmation, représentation et volonté [1].

Mais qu'est-ce qui confère à ces termes une inégale

---

1. *Éth.*, II, prop. 49, t. I, p. 117-121.

valeur? N'est-ce pas l'inégale valeur des objets auxquels ils correspondent? Et ne faut-il pas reconnaître que ce sont les objets qui nous façonnent? Assurément il y a une intime connexion entre toute idée et son objet. Mais cette connexion ne signifie pas que l'objet produit l'idée, comme une chose produit son image. Les idées ne sont pas « des figures muettes tracées sur un tableau[1]; » elles sont des états par lesquels l'âme se manifeste à titre de chose pensante[2]; dans leur suite chronologique, elles s'expliquent les unes par les autres; dans leur raison primitive, elles s'expliquent par l'attribut dont elles sont les modes. Et nous savons qu'entre les divers attributs et leurs modes respectifs il y a, non pénétration physique, mais harmonie logique; qu'en outre la pluralité des attributs retient pour ainsi dire en elle l'unité de la substance. L'objet n'est donc rien d'extérieur à l'idée; il est l'idée même, considérée dans son contenu, dans sa réalité intrinsèque. De même l'objet n'est rien d'extérieur à l'acte; il est l'acte considéré dans sa réalité et sa détermination effectives. Ainsi s'efface, après la dualité de nos facultés, la dualité de nos facultés et de leurs objets. Il y a dans l'âme humaine des idées, vraies ou fausses, des actes, bons ou mauvais. Voilà tout ce que la critique de Spinoza laisse subsister des êtres de raison accumulés par le réalisme naïf du vulgaire et le réalisme réfléchi des philosophes, toujours sous la forme de Réalités anthithétiques, de puissances opposées, de concepts irréductibles.

C'est donc le triomphe de la doctrine de l'immanence. Mais est-ce que vraiment le dualisme est tout à fait anéanti? La distinction de la vérité et de l'erreur, du bien et du mal, pour s'être laissé complaisamment ré-

---

1. *Eth.*, II, prop., 49, Schol., t. I, p. 119.
2. *Eth*, II, défin. 3 : « Par idée j'entends un concept de l'âme, que l'âme forme à titre de chose pensante. — Je dis concept plutôt que perception, parce que le terme de perception semble indiquer que l'âme est passive par le fait de l'objet, tandis que concept semble exprimer l'action de l'âme. » T. 1, p. 76.

soudre en une simple différence de caractères dans des faits particuliers, semble encore grosse de périls pour le système. Le dualisme a bien des chances de se relever sur cette simple affirmation, inévitable en dépit de tout, que l'idée vraie diffère de l'idée fausse, l'acte bon de l'acte mauvais. Si l'unité réclamée et poursuivie par la doctrine de Spinoza ne peut s'établir que par la destruction de cette dernière différence, tout devient au regard du philosophe indifférent et indistinct : science et ignorance, vertu et vice, tout se confond dans la plus ténébreuse des synthèses. Mais si l'intention du spinozisme est opposée à ces conséquences, comment d'autre part la dualité, qui seule exclut la confusion, peut-elle s'accorder avec l'idée d'immanence?

Reportons-nous à la philosophie générale de Spinoza. Aux termes de cette philosophie, la nature naturée est un système de modes finis, qui, par l'intermédiaire des modes infinis, résultent des attributs divins. Chaque corps, dans l'Étendue, est limité par d'autre corps ; chaque idée, dans la Pensée, est limitée par d'autres idées, et ce genre de limitation indique le genre d'explication que comportent les choses données. Tout mode de la Pensée ou de l'Étendue est une partie qui se soutient et qui s'explique par ses rapports avec le tout : le tout peut seul rendre raison de ses parties[1]. Qu'est-ce à dire, sinon que les différentes parties se supposent, s'enchaînent, s'adaptent les unes aux autres, que la multiplicité des modes enveloppe en elle une unité profonde de cohésion naturelle et de cohérence intellectuelle? Aussi peut-on dire que rien en soi n'est contingent; l'existence de chaque chose est déterminée par sa place dans l'ensemble. De même encore tout mode a une réalité particulière, qui lui appartient en propre, mais qui est enveloppée dans la réalité du tout; contribuant à cette réalité universelle selon sa pro-

---

1. *Ep.*, XXXIX, t. II. p. 128-130.

pre essence, il a toute l'existence qu'il peut avoir, il a sa plénitude d'être et d'activité.

Voilà ce que conçoit l'entendement quand il s'établit au centre du système pour en saisir la raison et l'unité : vues de ce centre, les limites dans lesquelles sont renfermés les êtres particuliers ne sont plus que des lignes de démarcation idéales, puisque chaque être se complète exactement par l'ensemble des autres êtres[1]. Mais ce n'est pas du premier coup que l'entendement conçoit cette compénétration des parties dans le tout; il perçoit la multiplicité éparse et irrégulière avant de concevoir la multiplicité régulière et concentrée. Et cela est possible parce qu'il y a une multiplicité. Que l'être particulier se mette à part, s'isole; il n'a pas en lui toute sa vérité, puisqu'il dépend du reste de la nature; il n'a pas en lui tout son principe de vie, puisque sa vie est en communion avec la vie universelle.

Il y a donc des degrés dans la poursuite du vrai et aussi, en vertu d'une rigoureuse correspondance, dans la poursuite du bien. Spinoza, dans l'*Éthique*, ramène à trois les degrés de la connaissance[2]. Il y a d'abord la connais-

---

1. La conception claire de la nature infinie exclut toute opposition ou toute distinction du tout et des parties. « Le tout et la partie ne sont pas des êtres réels, mais des êtres de raison; c'est pourquoi il n'y a dans la nature ni tout ni parties. » *Dieu, l'homme*, Ire partie, ch. II, p. 15.

2. Nous suivons la distinction qui est indiquée dans l'*Éthique*. Spinoza a marqué les degrés de la connaissance sous une forme quelque peu différente dans le *Traité de Dieu, l'homme et la béatitude* et dans le *Traité de la Réforme de l'entendement*. Dans le premier de ces Traités, il distingue : 1° l'opinion, qui est la connaissance par ouï dire et par expérience, sujette à l'erreur; 2° la vraie foi ou le raisonnement, qui comprend les choses, non en elles-mêmes, mais par des raisons générales; 3° la vraie science, qui est « le sentiment ou la jouissance de la chose elle-même. » (2e partie, ch. I et II, p. 53-56.) Dans le *Traité de la Réforme de l'entendement*, il distingue : 1° la perception des choses par ouï dire; 2° la perception des choses par expérience vague; 3° la perception des choses par leur rapport à des propriétés générales ou à des causes indéterminées; 4° la perception des choses par leur cause immédiate ou leur essence. Les deux premiers modes de connaissance sont essentiellement incertains; le troisième est certain, mais insuffisant; le quatrième « saisit seul l'essence adéquate et sans danger d'erreur. » (T. I, p. 7-10). Ce qui, en dépit de ces différences d'exposition, reste constant dans la pensée

sance du premier genre qui dépend tout entière des suggestions des sens et de l'imagination. Notre corps est affecté d'une certaine manière par les corps étrangers, et cette affection qu'il subit est représentée dans l'esprit par une idée : or l'idée a le même caractère que l'affection corporelle ; de même que l'affection corporelle ne s'explique par elle seule puisqu'elle a été produite par une cause distincte d'elle, de même l'idée ne s'explique pas complètement elle même, elle est simplement partielle, inadéquate. En outre, nous nous représentons nos perceptions antérieures au moyen de signes sensibles et de notions universelles ; or ces signes et ces notions ne représentent de ces perceptions que des résidus, des parties qui deviennent semblables à force d'être abstraites, qui n'ont par suite rien de réel. Cependant, ainsi que nous l'avons vu, toutes nos idées enveloppent des affirmations ; nos idées partielles s'affirment donc au même titre que des idées complètes. Comme elles sont nécessairement ce qu'elles sont, elles ne sont pas par elles-mêmes vraies ou fausses ; mais elles deviennent fausses dès qu'elles prétendent se suffire, dès que, étant inadéquates, elles se considèrent comme adéquates. L'idée fausse, c'est donc l'idée qui, n'étant pas première et absolue, s'affranchit de toute relation, de toute dépendance, l'idée qui veut être vraie en soi alors qu'elle ne peut être vraie que par sa cohérence logique avec d'autres idées ; c'est la conséquence qui se sépare de ses prémisses. Or il n'est pas étonnant qu'une telle idée soit toujours confuse ; elle fait que ce qui est nécessaire apparaît comme contingent, que ce qui est résultat s'érige en principe. Que l'on imagine le monde selon une consécution accidentelle d'idées ina-

de Spinoza, c'est la préoccupation d'élever au-dessus de tout la connaissance des choses singulières, la perception de ce qu'il appelle dans la *Réforme de l'entendement* les « essences particulières affirmatives. » (T. I, p. 32-33). Sur les différentes expositions de la théorie de la connaissance par Spinoza, cf. Trendelenburg : *Historische Beiträge zur Philosophie*, Berlin, 1867, t. III, pp. 376 et suiv.

déquates : c'est, à la place du monde qui se tient par lui-même, dont les multiples parties s'emboîtent exactement les unes dans les autres, un monde qui va par morceaux, qui cherche en dehors de lui le point d'appui qui le soutienne, laissant passer par les ouvertures qui le disloquent toute la nuée des fictions humaines, archétypes éternels, termes transcendantaux, êtres métaphysiques, fins de la nature, volontés de Dieu, etc.[1].

Dans ce premier genre de connaissance il n'y a de place que pour l'erreur : là où la sensibilité et l'imagination règnent en maîtresses, là ne peut s'introduire la vérité. Mais la vérité est-elle notre objet? Peut-elle à un certain moment pénétrer dans l'intelligence? Et n'est-ce pas une infirmité de notre raison, originelle et incurable, que de percevoir l'univers dans l'éparpillement de ses états sans en pouvoir jamais ressaisir l'unité? Évidemment la fatalité de l'erreur serait invincible s'il n'y avait pas jusque dans l'idée fausse un élément vrai. Mais les fragments de l'univers qu'expriment en nous les idées inadéquates ne sont pas, si l'on peut ainsi parler, des fragments absolus; ce sont des fragments qui peuvent se rejoindre et se recomposer; la partie et le tout ne sont pas des réalités hétérogènes et irréductibles; entre la partie et le tout il y a un rapport intelligible que l'entendement peut déterminer. Ce rapport est d'un tout autre ordre que les rapports imaginés par l'ancienne logique entre l'individu et l'espèce, l'espèce et le genre; il se définit, non par des notions universelles, *notiones universales*, mais par des notions communes, *notiones communes*. Puisqu'il y a dans le monde des éléments communs par lesquels les objets s'unissent, il y a des éléments communs par lesquels ils se comprennent. Par exemple, les esprits ont cela de commun qu'ils sont fondés sur la nature de la pensée, les corps ont cela de commun qu'ils sont fondés sur la nature de l'étendue. Par

---

1. *Éth.*, II, prop. 40; Schol., II, prop. 41, t. I, p. 109-110.

conséquent nous pouvons percevoir ce qui est commun à notre corps et aux corps étrangers qui l'affectent, et alors notre perception est complète en son genre puisqu'elle exprime en une unité désormais indissoluble la cause et l'effet, le principe et la conséquence. C'est donc une connaissance adéquate que cette connaissance rationnelle par les notions communes, car ce qui est commun à toutes choses, ce qui se trouve également dans le tout et dans la partie doit être aperçu par tous clairement et distinctement[1]. Spinoza établit ainsi entre l'idée confuse ou obscure et l'idée distincte ou claire le même rapport qu'entre l'idée partielle et l'idée totale. Et tandis que l'idée partielle, isolée et insuffisante, ne peut rien expliquer ni rien comprendre, l'idée totale n'est telle que parce que d'une part elle est expliquée et comprise par des idées de même nature et que d'autre part elle en peut expliquer et comprendre de semblables. « Toutes les idées qui dans l'âme résultent d'idées adéquates sont adéquates elles-mêmes[2]. » Alors notre connaissance est véritablement un système comme le monde qu'elle représente. Œuvre de la raison, elle perçoit les choses, non comme contingentes, mais comme nécessaires, non plus déjà sous la forme du temps, mais sous une certaine forme d'éternité[3]. Car les notions communes, sur lesquelles elle se fonde, par cela même qu'elles contiennent ce qui est commun à toutes choses, ne se rapportent à rien de particulier, c'est-à-dire à rien qui puisse apparaître comme isolé et indépendant, à rien qui puisse naître ou périr à un certain moment de la durée.

Cette connaissance du second genre, déjà entièrement certaine, n'épuise pas cependant notre pouvoir de connaître. Elle nous permet de découvrir les lois, non de saisir les essences des choses. Or tout être n'est pas seu-

---

1. *Éth.*, II, prop. 37-38-89, t. I, pp. 106-107.
2. *Éth.*, II, prop. 40, t. I, p. 107.
3. *Éth.*, II, prop. 44, t. I, pp. 112-113.

lement un ordre de propriétés que l'on peut comprendre par les notions communes de la raison ; il est aussi une définition individuelle, une « essence particulière affirmative[1], » capable d'être perçue dans la Pensée divine par un acte d'intuition immédiate. Il y a donc un troisième degré du savoir, « qui procède de l'idée adéquate de l'essence formelle de certains attributs de Dieu à la connaissance adéquate de l'essence des choses[2]. » L'intelligence des rapports rationnels qui existent entre les êtres doit nous conduire à l'intelligence de ce que sont les êtres eux-mêmes, et le plus haut usage que nous puissions faire des règles communes est de les apercevoir réalisées et comme inscrites dans des individus[3]. Si donc il faut d'abord pour expliquer les existences particulières les réduire aux propriétés qui les déterminent, il ne faut pas oublier que la Pensée divine constitue éminemment en elle des individus[4], et que par conséquent l'opération absolue de l'esprit consiste à s'unir aux essences individuelles. A cet état suprême, l'âme humaine n'est plus obligée de chercher en dehors d'elle la vérité de son être ; elle en saisit directement la raison interne, elle s'affirme absolument telle qu'elle est en son principe immédiat. Et il ne sert à rien de dire que cette affirmation est infaillible, car elle est entièrement affranchie de toutes les distinctions empiriques du vrai et du faux ; elle est la vérité même qui se pose en un être singulier, qui exclut donc rigoureusement toutes les dénominations génériques et conventionnelles ; elle n'a plus même de relation à ce qui

---

1. *De intell. emend.*, t. I, p. 31.
2. *Eth.*, II, prop. 40, Schol., 2, t. I, p. 110.
3. « La meilleure conclusion est celle qui se tire d'une essence particulière affirmative. Plus, en effet, une idée est spéciale, plus elle est distincte, et plus par conséquent elle est claire. Voilà pourquoi nous devons rechercher avant tout la connaissance des choses particulières. » *De int. emend.*, t. I, p. 32. — *Eth.*, V, prop. 24, t. I, p. 267.
4. « Nous attribuons à Dieu la connaissance des choses singulières, nous lui refusons la connaissance des choses universelles. » *Cogit. met.*, II, 7, t. II, p. 489.

est donné dans la durée, et ce n'est pas seulement sous une certaine forme, c'est sous la forme absolue de l'éternité qu'elle se produit et s'éclaire. A mesure donc que l'âme humaine s'élève à ce troisième degré du savoir, elle a d'elle-même et de Dieu une conscience plus pure, et elle s'éprouve alors moins comme objet que comme cause adéquate de sa connaissance[1].

Ainsi s'évanouit non seulement la réalité, mais encore la possibilité de l'erreur; l'erreur s'élimine d'elle-même dès que nous apercevons le vrai. Mais comment pouvons-nous distinguer le vrai? Qu'est-ce qui nous donnera la certitude? L'idée vraie elle-même. « Celui qui a une idée vraie sait qu'il a cette idée et en même temps ne peut mettre en doute la vérité de la chose qu'elle représente[2]. » Si l'on demande un criterium du vrai, ne faudra-t-il pas demander un criterium de ce criterium, et ainsi de suite à l'infini? Et quel criterium trouvera-t-on plus clair et plus certain que l'idée vraie? Au surplus, cette recherche d'un criterium du vrai est en contradiction directe avec la philosophie de l'immanence. Elle suppose toujours qu'il y a une règle de la connaissance, extérieure et transcendante, un type sur lequel l'intelligence doit venir se modeler. En réalité, « de même que la lumière se montre soi-même et avec soi montre les ténèbres, de même la vérité est à elle-même sa marque, et elle est aussi celle de l'erreur[3]. » La clarté de l'idée, c'est la certitude de l'entendement : *Verum index sui*.

Les états que l'homme doit franchir pour arriver au vrai sont les mêmes qu'il doit franchir pour arriver au bien, et la distinction du bien et du mal s'établit dans le système de Spinoza comme la distinction du vrai et du faux; la clarté de l'idée est en raison directe de la puissance de l'action, et réciproquement. Ou plutôt l'action

---

1. *Eth.*, V, prop. 31, t. I, p. 270.
2. *Eth.*, II, prop. 43, t. I, p. 111.
3. *Eth.*, II, prop. 43, Schol. 2, t. I, pp. 111-112.

et l'idée ne constituent qu'un même état. Si l'âme est dans l'erreur, c'est qu'elle se laisse déterminer extérieurement par le cours fortuit des choses à percevoir ceci ou cela, c'est qu'elle est disposée à tout accepter suivant les indications des sens et de l'imagination. Pareillement, si elle est dans le mal, c'est qu'elle se laisse déterminer du dehors par le cours fortuit des événements à faire ceci ou cela, c'est qu'elle cède sans résistance à des attraits purement sensibles et imaginaires. Les actions qu'elle accomplit, n'ayant pas en elle leur raison complète, sont donc des actions inadéquates; elles sont mauvaises, non pas par elles-mêmes, puisqu'elles sont nécessairement ce qu'elles sont, mais parce qu'elles prétendent posséder l'âme tout entière et la contenter. De même que les idées fausses, les actions mauvaises laissent l'homme désaccordé avec la nature, désaccordé avec lui-même et avec ses désirs, à la merci de toutes les circonstances, et le bonheur qu'elles promettaient se change bientôt en tristesse et en misère. Nées du hasard, elles créent pour l'homme une sorte de fatalité dont il se plaint et qu'il accuse, et comme elles lui enlèvent les moyens de se connaître clairement soi-même, elles lui inspirent une foi absurde en toutes sortes de puissances surnaturelles, Fortune capricieuse, Destin irrévocable, etc...

Cependant l'homme peut revenir à la vérité pratique de la même façon qu'à la vérité scientifique, s'il conçoit que son action propre est une part de l'action universelle. En effet, il ne peut y avoir d'action universelle que par des actions communes, grâce auxquelles les objets et les individus se modifient réciproquement. Or ce qui est commun à la partie et au tout constitue une action complète en son genre, c'est-à-dire adéquate; car c'est là la condition immédiate et suffisante de cette action[1]. Et

---

1. « Aucune chose ne peut nous être mauvaise par ce qu'elle a de commun avec notre nature. » *Eth.*, p. IV, prop. 30, t. I, p. 208.

tandis que l'action inadéquate reste isolée, sans points d'attache logique avec les autres événements naturels et humains, qu'elle est par là même anormale et inféconde, l'action adéquate, au contraire, produite par des actions de même espèce, peut en produire à son tour de semblables. Alors notre vie est vraiment une œuvre dont nous sommes les auteurs, ordonnée comme l'univers auquel elle participe; au lieu d'être ballottée en tous les sens par des événements accidentels et passagers, elle s'appuie sur les relations immuables de la nature; les raisons qui la gouvernent sont aussi solides que la nécessité, aussi durables que l'éternité.

Enfin l'action de l'homme peut chercher son principe, non plus dans son rapport rationnel avec l'univers, mais au plus profond d'elle-même, dans sa causalité propre. Ce qui est plus réel que la loi selon laquelle agit l'individu, c'est l'individu agissant par la vertu interne de son être. Si donc l'homme doit se dépouiller d'abord de son individualité fictive et s'associer à la nature pour émanciper sa puissance de la puissance des causes extérieures, il ne peut d'autre part conquérir la plénitude de sa vie qu'en se retrouvant et en s'affirmant lui-même comme sujet de ses actes. De même que la connaissance la plus claire est une intelligence intuitive de la Vérité qui s'exprime en nous, de même l'action la plus vertueuse est une possession spontanée de la Réalité qui se produit en nous. Et il ne sert à rien de dire que cette action est impeccable, car elle est entièrement affranchie de toutes les distinctions empiriques du bien et du mal; elle est, pour l'être singulier qu'elle constitue, la mesure de ce qui lui est bon; elle est l'opération suprême en laquelle l'Être de Dieu et son être s'unissent éternellement. Tandis que l'âme humaine s'élève à cette forme supérieure d'activité, elle se sent plus parfaite et plus heureuse[1],

---

1. *Eth.*, V, prop. 31, t. I, p. 270.

et elle éprouve en elle moins la nécessité qui la détermine que la liberté qui se détermine.

Ainsi s'évanouit non seulement la réalité, mais encore la possibilité du mal; le mal s'élimine de lui-même dès que nous sentons le bien. Mais comment pouvons-nous distinguer le bien? Qu'est-ce qui nous assure de la béatitude? L'action bonne elle-même. Il est inutile et impossible de chercher ailleurs un criterium de la moralité; pas plus de la moralité que de la connaissance il ne saurait y avoir une règle extérieure et transcendante. L'action bonne se manifeste à la joie qu'elle communique, comme l'idée vraie se manifeste à sa clarté. La clarté est la joie de l'âme qui connaît, la joie est la clarté de l'âme qui agit : *Bonum index sui*.

Il y a donc, selon Spinoza, une essentielle identité de nos façons d'être, de nos façons d'agir et de nos façons de penser. Ce que nous sommes par nature s'exprime également en nous sous forme d'existence, d'action ou de connaissance. Si Spinoza ramène la distinction du bien et du mal à la distinction du vrai et du faux, c'est d'abord pour élever cette distinction par l'impartiale intelligence au-dessus des impressions et des qualifications empiriques qui l'entretiennent, c'est pour montrer ensuite qu'une telle distinction, uniquement relative à notre sensibilité, ne saurait être réellement fondée. Toute sa doctrine, en définitive, tend à supprimer le dualisme primitif du mal et du bien, de l'erreur et de la vérité; mais peut-elle faire autre chose que le transformer sans le détruire? Après tout, il demeure certain que dans l'univers il y a deux groupes opposés d'idées et d'actions, d'un côté les idées et les actions inadéquates, de l'autre côté les idées et les actions adéquates. N'est-ce pas là le principe d'un dualisme irréductible? L'objection n'aurait de valeur que s'il y avait dans ces groupes opposés des idées et des actions radicalement différentes. Ce qu'il faut entendre au contraire, c'est que ce sont les mêmes idées et les mêmes actions qui sont dites adéquates ou inadéquates, selon qu'elles rentrent ou qu'elles ne rentrent pas dans un système rationnel. Nos idées et nos actions ne changent pas absolument de contenu en changeant de caractère ; exposées à être fausses et mauvaises, tant qu'elles ne se succèdent en nous que par des relations empiriques et accidentelles, elles deviennent vraies et bonnes dès qu'elles se constituent par des rapports immuables et intelligibles. Les notions confuses et obscures découlent de la pensée divine avec la même nécessité que les notions claires et distinctes[1] ; elles ont la même origine, elles ont le même fondement : elles enveloppent ainsi une tendance essentielle à s'expliquer elles-mêmes, c'est-à-dire à se rendre adéquates.

Il n'y a donc rien de positif dans le faux ou dans le mal ; l'erreur est une privation de connaissance, le mal est une privation de puissance. Quand nous contemplons le soleil, nous nous imaginons qu'il est éloigné de nous d'environ deux cents pieds ; or l'erreur ne consiste pas précisément dans le fait d'imaginer une pareille distance ; elle consiste en ce que, au moment où nous l'imaginons, nous ignorons la distance véritable, ainsi que les causes qui suscitent en nous l'idée de la distance imaginée. Mais cette idée de la distance imaginée, telle qu'elle se produit, renferme en soi quelque chose de positif et de vrai, puisqu'elle exprime le genre d'affection que le soleil suscite en notre corps. Ainsi l'erreur n'est pas une ignorance pure et simple, elle est l'ignorance de la vérité absolue, qui fait que nous prenons pour absolue une vérité relative[2]. Pareillement, quand l'homme accomplit une action mauvaise, le mal ne consiste pas dans le fait d'accomplir cette action, puisque cette action résulte d'une nécessité de sa nature comprise dans la nécessité

---

1. *Éth.*, II, prop. 36, t. I, p. 105.
2. *Éth.*, IV, prop. I, pp. 191-192.

universelle; elle consiste en ce que, au moment où il l'accomplit, il la considère comme relevant de lui seul, tandis qu'elle est déterminée autant et plus par les choses extérieures que par lui. Ainsi le mal n'est pas une impuissance pure et simple, c'est l'impuissance de l'action absolument spontanée, qui fait que nous prenons pour absolument spontanée l'action produite surtout par contrainte. Le vrai et le bien suppriment du faux et du mal seulement les négations et les privations, c'est-à-dire les éléments illusoires et imaginaires, non les affirmations et les propriétés effectives, c'est-à-dire les éléments réels et positifs. L'erreur et le mal sont des ombres qui enveloppent et parfois dissimulent jusqu'à sembler l'éteindre une moins vive et moins claire lumière : que la lumière surgisse plus étendue et plus éclatante, et alors les ombres en se dissipant montreront jusqu'à quel point elles étaient vaines. Il n'y a en l'homme ni impuissance ni ignorance absolues, mais de moindres puissances et de moindres connaissances qui peuvent indéfiniment reculer et même à la fin détruire leurs limites premières.

Il faut donc dire que l'affirmation du faux et du mal est une affirmation fausse et mauvaise; le faux et le mal ne peuvent pas se constituer dans l'être. Certes, puisque les idées et les actions inadéquates découlent de Dieu avec la même nécessité que les idées et les actions adéquates, on peut bien soutenir que toute idée ou toute action, prise en soi, est, comme la puissance infinie de Dieu, indifférence ou identité des contraires; elle peut être vraie ou fausse, bonne ou mauvaise. Mais les deux contraires ne peuvent coexister dans le monde que s'ils ont un sens relatif, s'ils expriment une vérité imparfaitement atteinte et un bien imparfaitement conquis. Mais s'ils ont un sens absolu, l'un des contraires doit absolument exclure l'autre; c'est alors le faux, c'est le mal qui doit être nié, car le faux et le mal ne peuvent se réaliser. Une chose ne peut être qu'à la condition de se produire suivant une forme systématique. Si Dieu est l'Être infini, c'est qu'il est la forme systématique éminente dans laquelle tout se comprend. Or, le faux et le mal, c'est l'absence d'ordre rationnel, c'est le désaccord des idées et des actes : le faux et le mal ne peuvent prétendre à l'existence. Croire que le faux et le mal peuvent réellement être, c'est croire qu'un néant peut devenir quelque chose, c'est accepter, sous sa forme la plus inacceptable, la théorie de la création *ex nihilo*. Si le faux et le mal pouvaient se réaliser, c'est qu'ils deviendraient des unités, des systèmes, c'est-à-dire qu'ils cesseraient d'être ce qu'ils sont. En retour, on peut soutenir qu'il y a une vérité et un bien, non pas en ce sens qu'il existerait un monde transcendant où la Vérité et le Bien seraient fixés comme exemplaires, mais parce qu'il y a un enchaînement dialectique d'idées et d'actes ayant son origine et sa raison dans l'essence éternelle et l'action infinie de Dieu. La vérité et le bien peuvent par l'entendement humain arriver à l'existence, et ils sont proprement alors notre vérité et notre bien.

En définitive, la connaissance et la moralité, identiques dans leur matière comme dans leur forme, supposent, non la distinction absolue du vrai et du faux, du bien et du mal, car l'un des termes de cette antithèse logique est une simple négation, mais une démarche du relatif à l'absolu, de la moindre connaissance et de la moindre puissance à la connaissance et à la puissance complètes. Ceci bien entendu, on peut restaurer ces mots commodes et usuels de perfection et d'imperfection ; ils signifieront désormais le degré de réalité et de spontanéité que possèdent les divers êtres de la nature. Et spécialement pour l'homme, ils signifieront ce qu'il est à un certain moment par rapport à cette « nature humaine supérieure[1] » qui est le type immanent qu'il aspire à réaliser. De dire que cette nature humaine supérieure ne

---

1. *De intell. emend.*, t. I, p. 6.

ressemble en rien à un exemplaire surnaturel, qu'elle est simplement l'homme élevé par la plus haute connaissance à la plus entière puissance, cela n'est certes plus nécessaire. Mais il faut montrer comment cette nature humaine supérieure se produit, à la fois comme modèle et comme réalité, au sein de la nature humaine, telle qu'elle existe véritablement, non pas telle que l'ont trop souvent imaginée les philosophes.

CHAPITRE IV.

LA NATURE HUMAINE.

La méthode que Spinoza applique à l'étude de la nature humaine est une protestation contre les procédés ordinaires des philosophes qui se disent moralistes. Etudier l'homme n'est pour ces philosophes qu'un moyen de le confondre, qu'une occasion de s'acharner contre lui. Ils lui attribuent une puissance indépendante et absolue pour usurper le droit de lui en demander compte. Ils lui disent : Tu es libre, afin de pouvoir lui crier : Tu es criminel. Ils forgent une idole pour se donner le plaisir de la briser. A l'humanité travestie ils opposent une humanité chimérique; ils exigent que l'homme se façonne selon leurs conceptions, oubliant que leurs conceptions sont loin d'être formées selon la vérité. L'homme peut ce qu'il veut : pourquoi donc ne veut-il pas ce qu'ils veulent ? Aussi tout leur est bon pour l'humilier; ils l'humilient par leurs injures, par leur ironie, par leur pitié, quand encore ils ne vont pas jusqu'à le haïr par vertu. Il est incroyable jusqu'à quel point le mépris de l'homme peut entrer dans une étude de l'homme; ce n'est plus une science, c'est une caricature; ce n'est pas une morale, c'est une satire[1].

Cette malveillance philosophique à l'égard de l'humanité est le produit d'une erreur déjà dénoncée. On s'ima-

---

1. *Eth.*, III, Præf., t. I, p. 124; *Tract. polit.*, cap. I, t. I, p. 281.

gine que l'homme peut être supérieur à son essence et l'univers supérieur à sa nature. On se met en dehors du réel pour décrire un idéal avec lequel on prétend juger le réel. Pure illusion que cet idéal. Quand on sort du réel, c'est pour entrer dans le rêve. L'être ne se mesure que par l'être et non par le possible. Le possible est une simple fiction, s'il n'est pas déjà un certain degré d'être. Il n'y a rien de possible en dehors de ce qui est nécessaire et tout ce qui est nécessaire est réel. Il faut donc, pour constituer une morale, non pas opposer perpétuellement ce qui doit être à ce qui est, mais expliquer ce qui est; non pas imposer d'autorité des règles plus ou moins arbitraires, mais connaître impartialement les lois fixes du monde; non pas moraliser, mais comprendre. Rien n'est plus saisissant que le ton de fierté hautaine et d'assurance intellectuelle avec lequel Spinoza met sa nouvelle conception de la morale en regard de l'ancienne conception. La plupart des philosophes, dit-il, « ont l'air de considérer l'homme dans la nature comme un empire dans un empire. A les croire, l'homme trouble l'ordre de l'univers bien plus qu'il n'en fait partie..... A ceux-là sans doute il paraîtra fort surprenant que je tente de traiter les vices et les folies des hommes à la manière des géomètres, et que je veuille expliquer par une méthode rationnelle des choses qu'ils proclament à grands cris rebelles à la raison, vaines, absurdes, dignes d'horreur. Mais cette méthode est la mienne. Rien, d'après moi, n'arrive que l'on puisse attribuer à un vice de la nature; car la nature est toujours la même : étant une, elle a partout même vertu et même puissance. C'est-à-dire que les lois et les règles de la nature suivant lesquelles toutes choses naissent et se transforment sont partout et toujours les mêmes; et en conséquence on doit comprendre toutes les choses, quelles qu'elles soient, par une seule et même méthode, à savoir par les lois et les règles universelles de la nature... Je traiterai donc des actions et des appétits des hommes, comme s'il était question de lignes, de plans et de solides[1]. »

Cependant la nature humaine ne sera-t-elle pas déformée par l'application d'une telle méthode ? Ou encore la méthode ne laissera-t-elle pas briser sa teneur par les faits imprévus que l'expérience apportera ? N'y aura-t-il pas opposition entre l'ordre déductif et l'ordre concret de nos états, de telle sorte qu'il devienne nécessaire de choisir entre la vérité de fait et la vérité du système ? Ou bien ne s'établira-t-il pas un compromis illogique entre les exigences de la doctrine et les données de l'observation ? Ce serait mal interpréter la pensée de Spinoza que de croire que la méthode géométrique, rigoureusement appliquée, exclut tout élément de provenance expérimentale. La méthode géométrique ne peut évidemment pas produire des états qui avant tout doivent être sentis, constatés[2]. Mais si elle ne peut les créer, elle sert à les comprendre ; elle est un instrument, non de découverte, mais de détermination scientifique. L'expérience est à la fois nécessaire et insuffisante pour constituer la vérité. Ce qu'elle fournit à l'esprit, ce sont des idées qui se succèdent sans s'expliquer, qui se rencontrent sans se lier. Le rôle de la déduction géométrique, c'est précisément d'introduire dans ces données expérimentales des explications et des liaisons. Or, d'après la doctrine générale de Spinoza, la transition de la réalité perçue à la vérité déduite peut régulièrement et légitimement s'accomplir, puisque l'idée inadéquate, qui exprime le fait pur et simple, tend d'ellemême à l'idée adéquate, qui exprime la raison du fait, puisque ainsi le fait trouve sa raison dès qu'il est logiquement coordonné avec les autres faits. Il est indispensable d'observer la nature humaine pour la compren-

---

1. *Eth.*, III, Præf., t. I, p. 125.
2. On ne peut pas, dit Spinoza, se dispenser de l'expérience, quand il s'agit d'objets dont l'existence n'est pas impliquée dans leur définition, et c'est le cas de tous les modes finis. Cf. *Ep.* x, t. II, p. 35.

dre; mais ceux qui jugent de cette nature sur une observation immédiate et une description superficielle ne peuvent voir en elle que des fluctuations incohérentes, des bizarreries capricieuses, des contradictions déconcertantes. Ils la condamnent comme déraisonnable, parce qu'ils ne cherchent pas à savoir jusqu'à quel point elle est rationnelle : leur morale tourne à la malédiction et à l'anathème. Au contraire, le philosophe qui tâche de découvrir selon quel ordre les éléments de la nature humaine se déterminent ou s'appellent, discerne du même coup la part d'accident et de contingence qui se mêle à la composition de cet ordre; et comme l'accidentel et le contingent, ne procédant pas de l'absolu, ne peuvent être que des illusions, il les supprime en les expliquant. Pour dégager la vérité des apparences, il doit détruire les négations qui s'interposaient, comme des réalités, entre les divers modes de la nature humaine et qui arrivaient ainsi à les disjoindre; ou mieux encore, il montre comment ces négations se suppriment elles-mêmes pour ne laisser place qu'à des vérités qui se comprennent sans hiatus et à des réalités qui s'unissent sans intervalle. Son effort consiste donc à étudier comment le système géométrique de la nature se réalise de plus en plus et rejette graduellement hors de lui, c'est-à-dire dans le néant, tout ce qui peut arrêter ou entraver la marche régulière de sa déduction. Et comme ce système est l'expression adéquate de l'action divine, qu'il ne peut laisser incompris aucun mode d'existence, le philosophe n'a pas à craindre que la nature humaine soit irréductible à l'explication géométrique; d'autre part, du moment qu'il tente cette explication, il n'a pas à se demander ce que vaut l'homme, il n'a ni à le juger, ni à le condamner; il n'a qu'à le suivre dans son développement pour le connaître dans sa destinée; pour constituer une éthique, il n'a qu'à s'appuyer sur l'éternelle identité qui sert de base aux modifications de tous les êtres, et par suite de l'homme.

Il serait donc faux de concevoir que la méthode géométrique vient s'imposer du dehors, par habileté ou par violence, à l'étude de l'homme. L'homme est un théorème qui se réalise en rapport avec l'universelle géométrie et qui se démontre en se réalisant. Voyons donc comment se définissent et se coordonnent, par l'exclusion graduelle de toutes les notions vagues et imaginaires, les éléments de cette démonstration vivante, d'où doit procéder la moralité.

Et d'abord, puisque dans l'ordre de la nature il peut arriver que tel ou tel homme n'existe pas, on doit admettre que l'être de la substance n'appartient pas à l'essence de l'homme. Cette conséquence résulte d'ailleurs d'une proposition déjà établie, à savoir qu'il ne peut exister deux substances de même nature ; or, comme en fait plusieurs hommes peuvent exister, ce n'est point l'être de la substance qui constitue la forme ou l'essence de l'homme. L'essence de l'homme est donc quelque chose qui est en Dieu et ne peut être sans Dieu, autrement dit une affection ou un mode qui exprime la nature de Dieu d'une certaine façon déterminée[1].

Mais comme l'homme, par son âme, a la faculté de penser, l'âme humaine est une partie de l'entendement infini de Dieu ; elle est un mode de la pensée, c'est-à-dire une idée ; et puisque cette idée existe actuellement, elle doit être l'idée d'une chose actuellement existante. Toutefois cette chose actuellement existante ne saurait être infinie, car alors elle serait nécessaire par elle-même, et l'essence de l'homme, comme nous l'avons vu, n'enveloppe pas nécessairement son existence. Ainsi l'âme humaine est l'idée d'une chose à la fois actuelle et particulière.

Quelle est cette chose? C'est le corps, en d'autres termes, un certain mode de l'étendue. Si en effet le corps

---

1. *Eth.*, III, prop. 10-11, t. I, p. 83-84.

n'était pas l'objet de l'âme, les idées des affections du corps ne se trouveraient pas dans notre âme comme elles s'y trouvent; et si le corps n'était pas le seul objet de l'âme, l'idée d'un autre objet se trouverait dans notre âme, et elle ne s'y trouve point[1].

Nous comprenons par là en quoi consiste l'union de l'âme et du corps. Les idées diffèrent entre elles comme les objets eux-mêmes. A mesure qu'un corps est plus propre à agir ou à pâtir simultanément d'un grand nombre de façons, il est uni à une âme plus propre à percevoir simultanément un grand nombre de choses; et plus les actions d'un corps dépendent de lui seul, plus l'âme qui lui est unie est capable de connaissance distincte. Or le corps humain se compose de plusieurs individus de nature diverse, dont chacun est lui-même un composé. Par conséquent l'idée qui constitue l'être formel de l'âme humaine, loin d'être simple, est compliquée comme le corps et les affections du corps, et se compose en définitive d'une pluralité d'idées. Comme le corps humain soutient avec les corps extérieurs des relations extrêmement nombreuses, et qu'il subit à tout instant et de toute part de nombreuses impressions, on conçoit la grande complexité des idées qui forment l'âme humaine[2].

Il faut donc admettre deux sortes d'enchaînements entre nos idées. Il y a d'abord cet enchaînement des idées qui se produit dans l'âme suivant l'ordre et l'enchaînement des affections des corps, qui varie avec les divers hommes, les divers tempéraments, les diverses mémoires; il y a ensuite cet enchaînement des idées qui se produit suivant l'ordre rationnel de l'entendement, qui est invariable pour tous les hommes et qui leur permet à tous également de percevoir les choses dans leur cause[3]. Cette distinction,

---

1. *Eth.*, II, prop. 12-13, t. I, p. 86-87.
2. *Eth.*, II, prop. 13, Schol., t. I, p. 87.
3. *Eth.*, II, prop. 18, Schol., t. I, p. 96.

nettement établie par Spinoza, marque les deux termes extrêmes entre lesquels doit s'accomplir le développement moral de l'homme.

Or ce développement moral de l'homme paraît être subordonné à une double condition : la première condition, qui est réalisée en fait, c'est la conscience de soi; la seconde condition, qui est universellement supposée et acceptée, c'est le pouvoir d'agir avec une entière initiative. Cette double condition, admise ou constatée, justifie, semble-t-il, l'affirmation d'un moi indépendant, cause volontaire de ses actes. Et telle est en effet la croyance naturelle.

Le problème consiste à examiner ce que vaut cette croyance. Spinoza ne la conteste pas comme croyance; il se demande s'il y a des raisons qui la démontrent. On aurait tort de penser que Spinoza oppose simplement une négation à une affirmation. Le procédé qu'il emploie pour résoudre le problème est un procédé éminemment philosophique; il est particulièrement conforme à l'esprit de sa philosophie. Une croyance est dans l'univers un fait qui doit s'expliquer comme tous les faits de l'univers. C'est dire que le philosophe doit partir de cette croyance; il doit l'interpréter, la réduire par l'analyse aux éléments qui la constituent, voir si ces éléments pour la produire se sont associés ainsi qu'ils devaient l'être. Une croyance n'est simple qu'à la surface de la conscience; en allant au fond, on découvre qu'elle est singulièrement complexe. Elle est une combinaison de données simples qui, prises à part, sont toutes naturelles, c'est-à-dire justes. Remonter jusqu'à ces données, c'est expliquer la croyance; montrer que ces données se sont disposées et fondues suivant l'ordre de la raison, c'est justifier la croyance; établir au contraire que ces données se sont assemblées en un amalgame illogique, c'est, après avoir expliqué la croyance, en faire ressortir la vanité; et la tâche du philosophe consiste alors à remettre les données naturelles à leur place pour substituer à une interprétation fausse une interprétation vraie de la réalité.

C'est bien la marche que suit Spinoza. On part de ce fait, que l'homme est capable de se connaître, et l'on tire immédiatement cette conséquence, que la connaissance de soi n'est possible que chez un individu indépendant. Le fait est mal compris et la conséquence mal fondée. Par une abstraction verbale, on opère un dédoublement entre la connaissance et son objet, on admet une sorte de réflexion de l'esprit sur lui-même. Tandis que l'esprit est un mode, c'est-à-dire une simple affection de la substance, on imagine un fond substantiel distinct destiné à soutenir la série de ses idées ; et alors on oppose au système cette difficulté artificielle : comment l'esprit peut-il avoir conscience de soi s'il n'est qu'un mode de l'Être infini ? Rétablissons plutôt le fait dans sa vérité. Quand on dit : l'âme se connaît elle-même, on réunit dans cette formule deux observations différentes : la première, c'est que l'âme humaine enveloppe un objet de connaissance; la seconde, c'est qu'il y a une idée de cette connaissance. Or, quel est l'objet de connaissance naturellement donné à l'âme ? C'est l'ensemble des idées qui représentent les affections du corps. L'âme est l'idée du corps, et loin que l'âme puisse se saisir elle-même dans un être séparé, elle ne se connaît elle-même qu'en tant qu'elle perçoit les idées des affections du corps[1]. Cependant l'âme sait qu'elle connaît. Est-ce que cette conscience de sa connaissance ne va pas l'affranchir et la détacher de l'Être infini ? Il y a dans cette conclusion l'erreur si souvent signalée par Spinoza. On croit que pour savoir il est nécessaire d'être sûr par ailleurs que l'on sait, comme si la connaissance vraie n'engendrait pas directement la certitude. L'âme sait qu'elle connaît parce qu'il y a en Dieu l'idée de la pensée et de toutes ses

---

1. *Eth.*, II, prop. 23, t. I, p. 98.

affections, par suite l'idée de l'âme humaine. Cette idée de l'âme est unie à l'âme de la même façon que l'âme, c'est-à-dire l'idée du corps est unie au corps. Mais encore une fois, il n'y a pas là un redoublement de l'idée dans une autre idée, une réflexion du fait dans un miroir distinct de lui. L'âme et le corps ne sont qu'un même individu, conçu tantôt sous l'attribut de la pensée, tantôt sous l'attribut de l'étendue; c'est pourquoi l'idée de l'âme et l'âme elle-même, qui sont en Dieu par la même nécessité, qui résultent de la même puissance de penser, ne sont qu'une seule et même chose, conçue sous un seul et même attribut, à savoir la pensée. L'idée de l'âme, qui est l'idée d'une idée, n'exprime donc pas une âme substantielle qui se saisit en soi par une vision immédiate; elle n'est que la forme de l'idée, ou plutôt elle est simplement l'idée considérée comme mode de la pensée, sans égard à son objet[1]. Ainsi, quand on affirme que l'homme est capable de se connaître, cette affirmation, dans sa vérité, comprend les deux propositions suivantes : il y a dans l'âme l'idée des affections du corps; l'idée, en tant qu'idée, peut être rapportée à l'attribut de la pensée sans que l'on considère son objet, qui se rapporte à l'attribut de l'étendue.

Cette explication, selon Spinoza, rend compte des éléments positifs de la conscience; elle écarte le sentiment imaginaire d'une puissance de réflexion indéterminée pour affirmer l'identité du sujet et de l'objet. L'individu humain ne se compose pas de deux réalités séparées, il est une seule et même réalité qui s'exprime par les modes de deux attributs distincts. La doctrine spinoziste surmonte le dualisme établi par Descartes entre la pensée libre et l'étendue déterminée : la pensée est aussi rigoureusement déterminée que l'étendue. Le *Cogito* de Descartes affecte évidemment trop aux yeux de Spinoza la

---

1. *Eth.*, II, prop. 20-21, t. I, p. 97-98.

forme d'une existence abstraite; il compromet ainsi son existence effective en la séparant de toute réalité donnée. L'âme humaine ne peut se connaître qu'en se déterminant; elle ne peut être esprit qu'à la condition d'être enveloppée dans une nature, d'être elle-même une nature. Elle vit d'abord par son objet; et quand on vient dire qu'elle peut penser absolument, sans objet réel, on soutient qu'elle peut penser sans penser à rien, ce qui est absurde. De même que la connaissance ne fait qu'un avec l'objet connu, de même l'âme ne fait qu'un avec le corps qu'elle représente. Prétendre que l'âme peut se percevoir en dehors de tout, c'est oublier que l'âme n'est pas ainsi indépendante, et qu'une telle perception, si elle semble exister, est forcément inadéquate. Mais d'autre part on ne saurait prétendre plus justement que la conscience est une reproduction inerte des choses extérieures. Du moment que toute idée résulte de la Pensée et de la seule Pensée, elle peut expliquer par sa vertu interne la réalité de l'objet qu'elle perçoit. Ce qui constitue donc l'originalité de la conscience, ce n'est pas que l'âme humaine se saisisse immédiatement elle-même comme un être un et indépendant, c'est qu'elle puisse établir l'unité en elle par la cohésion intelligible de ses idées; c'est qu'elle puisse ensuite se concevoir en son essence éternelle sans avoir égard à son existence dans le temps. Après avoir réalisé la vérité en lui, l'homme peut s'affirmer comme une vérité individuelle immédiatement unie à la Pensée divine, et se comprendre ainsi dans la libre nécessité qui produit tout et qui explique tout.

Comment donc pourrait-il réclamer un libre arbitre, indépendant de toute détermination positive? Rien n'est plus clair, dit-on, que la réalité du libre arbitre. Disons plutôt que rien n'est plus obscur. Nous ne songeons pas ordinairement à toutes les conditions qu'impliquerait le libre arbitre s'il existait effectivement. D'un certain point de vue, à certains moments, pour certains actes, nous nous attribuons une libre volonté, et nous nous gardons bien de réfléchir sur tout ce que suppose une attribution aussi gratuite. Nous nous contentons des plus minces et des plus simples raisons. Nous ne voulons pas que la critique vienne inquiéter notre croyance. Variable en ses motifs et en ses formes, notre conviction semble aussi contingente que son objet. Il faut cependant, pour examiner si elle est fondée, la reconstituer dans son intégrité, discerner et unir à la fois les éléments qui la composent.

D'abord, quand on revendique pour l'homme un libre arbitre, on entend par là qu'il possède un pouvoir capable de produire indifféremment, suivant sa seule volonté, telle ou telle action. On conçoit qu'il a la faculté de créer certains de ses états, de les créer véritablement *ex nihilo*, sans qu'ils relèvent d'une cause déterminée. On fait appel à l'expérience pour justifier cette conception. On prétend que nous éprouvons en nous une force telle qu'elle peut suspendre ou modifier le cours de nos jugements et de nos actes. La représentation des possibles avant l'action n'est-elle pas d'ailleurs la preuve que notre choix peut s'exercer entièrement ? N'est-il pas vrai encore que l'acte accompli est loin d'épuiser tout le possible, et qu'il nous laisse, au moment même où il s'accomplit, le sentiment d'autres actes qui auraient pu être ? Et dans la lutte qui se livre entre les divers motifs de notre conduite, ne percevons-nous pas clairement une faculté tranchante en quelque sorte et catégorique, dont l'intervention est décisive, qui peut arrêter net l'élan de nos désirs et réprimer la fougue de nos passions ?

S'il en est ainsi, le gouvernement de notre vie nous appartient. Mais ce gouvernement ne peut pas se limiter à la vie purement intérieure de l'âme ; il doit s'étendre jusqu'à la vie du corps. Le libre arbitre ne serait qu'une puissance illusoire s'il n'arrivait pas à déterminer par lui-même l'ordre et la direction des mouvements corporels. Au fait, nous sentons bien que, dans la plupart des cas, les opérations du corps sont des effets de la pensée; nous savons par expérience que si l'âme humaine n'était pas disposée à penser, notre corps resterait dans l'inertie. Nous sommes donc, pour une bonne part, les auteurs de notre individualité vivante et pensante, et notre réelle indépendance à l'égard des choses se révèle tout entière dans la spontanéité avec laquelle nous agissons.

C'est enfin notre libre arbitre qui fait de nous des personnes morales. Ayant le pouvoir d'aller par une initiative radicale au bien ou au mal, nous sommes responsables de notre conduite : la distinction de la vertu et du péché, du mérite et du démérite est fondée dans cette puissance des contraires qu'enveloppe notre volonté. Si nous étions contraints à faire exactement ce que nous faisons, aucune sanction ne serait possible, ni morale, ni sociale, ni religieuse. Là où il y a nécessité il y a motif suffisant d'excuse; la contrainte absout tout ce qu'elle impose. Et quand on couvre du nom de Dieu cette puissance absolue de détermination que le fatalisme fait peser sur l'homme, l'homme peut se tourner vers Dieu pour lui dire : Votre puissance est insurmontable; je n'ai fait que ce que vous avez permis, que ce que vous avez voulu; mon action, quelle qu'elle soit, est bonne, puisqu'elle relève de votre décret et qu'elle résulte de votre ordre[1]. Un tel langage, ici pleinement justifié, ne sera-t-il pas le renversement des bonnes mœurs et de la piété?

A ces arguments divers en faveur du libre arbitre ce n'est pas telle ou telle raison spéciale qu'oppose Spinoza, c'est son système tout entier. « Il s'en faut bien, dit-il, que mon opinion sur la nécessité des choses ne puisse être entendue sans les démonstrations de l'*Éthique;* celles-ci, au contraire, ne peuvent être entendues que si cette opinion a été préalablement comprise[2]. » Que l'on conçoive,

1. Lettre d'Oldenburg, *Ep.* LXXVII, t. II, p. 250.
2. *Ep.* XXVII, t. II, p. 118.

en effet, le monde dans son être et dans sa vérité, et l'on verra qu'il ne saurait y avoir de place pour le libre arbitre. Le terme même d'indépendance, par lequel on exprime le caractère essentiel attribué à notre volonté, montre bien que cette idée du libre arbitre est la plus inadéquate de toutes. Ce qui dans la nature naturée se présente comme indépendant ne saurait avoir de réalité ; c'est ce qui est en dehors de tout être, ce qui n'est pas par conséquent. L'indépendance de l'individu est l'abstraction la plus inintelligible. Il ne peut y avoir d'existence qui ne soit contenue dans l'Être infini : la puissance de Dieu enveloppe, embrasse tout, donc prédestine tout. Or, comme la puissance de Dieu n'est autre chose que son essence actuelle, et que son essence développe logiquement tout ce qu'elle implique, l'idée scientifique de la nécessité universelle devient la conséquence légitime de l'idée théologique de la toute-puissance divine. La marche des choses est une déduction concrète, dont les moments, étroitement reliés entre eux, forment un tout systématique. Que la déduction, par un caprice du libre arbitre, vienne à s'interrompre en quelque endroit, c'en est fait du monde, c'en est fait de Dieu. L'unité de l'Être est dissoute. Un fil qui se brise dans le réseau de la nature, c'est la trame tout entière qui se déchire. Même il faut dire que rien de réel ne subsiste, puisque rien n'est vrai. La croyance au libre arbitre, c'est la glorification du néant [1].

Elles sont donc certainement fausses, toutes les raisons par lesquelles on croit démontrer cette croyance. Que signifierait l'indifférence de la volonté, sinon que des

---

1. Joël trouve déjà chez Creskas toute la doctrine déterministe de Spinoza, qui tient le pur possible pour une fiction, qui fait dépendre intimement l'action humaine de l'action divine, qui affirme que les mêmes circonstances physiques et morales engendrent forcément les mêmes actes, qui considère enfin la résolution volontaire à la fois comme libre et comme nécessaire, comme libre, en ce qu'elle est exempte de contrainte, comme nécessaire, en ce qu'elle dépend toujours d'une cause. *Don Chasdai Creskas' religionsphilosophische Lehren*, pp. 46 et suiv.

existences peuvent être, qui ne sont impliquées dans aucune essence? Et que signifierait cette possibilité des contraires, sinon que l'âme peut affirmer une idée qui n'est pas produite en elle par la pensée divine? Le témoignage de la conscience est interprété à contre-sens par les partisans du libre arbitre. L'homme hésite, délibère avant d'agir : c'est qu'il peut, disent-ils, choisir tel ou tel acte; en réalité, c'est qu'il ne peut pas actuellement accomplir tel ou tel acte. L'oscillation de l'âme qui va d'une idée à l'autre sans se fixer est le signe, non d'un pouvoir surnaturel, mais d'une impuissance de notre nature; elle est un état inférieur comme le doute, et elle résulte de ce fait, que l'imagination et la sensibilité nous dominent, que nos idées se succèdent sans s'unir, se juxtaposent sans se composer. De là naît l'illusion du contingent dans notre conscience. Les relations que l'expérience nous montre entre les objets varient suivant les cas et suivant les moments. Nous avons vu plusieurs fois tel objet succéder à tel autre objet, nous croyons que cet ordre de succession sera toujours respecté; or, comme cet ordre est un ordre de rencontre, non un ordre de raison, l'expérience qui l'a affirmé bien souvent le nie; nous sommes alors frustrés dans nos prévisions, et nous imaginons aisément que l'avenir n'est pas réglé, qu'il y a une contingence des futurs[1]. Nous appliquons la même conception fausse à la nature universelle et à la nature humaine; nous croyons que ce qui sera est indéterminé par rapport à ce qui est, et nous considérons la volonté comme la puissance destinée à produire dans l'existence indéterminée de l'avenir des déterminations effectives. Nous nous faisons un bénéfice du hasard. Pareillement nous tournons à notre avantage certains engourdissements passagers de l'âme. Persuadés que notre volonté a d'autant plus d'empire que nos désirs sont plus assoupis, nous

---

1. *Eth.*, II, prop. 44, Schol., t. I, p. 113.

nous jugeons pleinement maîtres de nous toutes les fois que notre âme nous semble vide de tout désir. Le libre arbitre qui se résout, au point de vue théorique, dans l'indifférence de l'entendement, se résout, au point de vue pratique, dans l'inertie de l'activité. Moins il y a d'être en nous et de perfection, plus nous nous exaltons au-dessus de ce que nous sommes, mettant en réserve dans une puissance supérieure tout ce qui nous manque. Nos désirs, loin de limiter notre pouvoir, l'expriment, au contraire, et le manifestent. Parfois sans doute ils semblent nous affaiblir, quand, devenus passions, ils nous poussent et nous tiraillent dans tous les sens. Mais ce ne sont pas les désirs comme tels, ce sont les désirs mal coordonnés, inspirés par les choses plus que par nous, qui nous affligent de ces infirmités morales. Belle occasion d'ailleurs pour le libre arbitre! Qu'il fasse donc ses preuves! Qu'il porte d'un coup le calme dans l'esprit troublé, la joie dans l'âme inquiète! Mais alors, à quoi bon cet art si délicat, si subtil, si compliqué de dominer les passions, cet art que nous enseignent les moralistes, et qui serait bien inutile si nous pouvions nous en remettre à l'action surnaturelle du libre arbitre? Au surplus, nos désirs ne sont pas des puissances qui se laissent comprimer ou détruire[1]; nous n'avons pas plus la faculté de les anéantir que la faculté de les créer. Ils se remplacent et se succèdent sans se supprimer, car il n'est rien qui par sa nature aspire à sa propre mort. Ils changent comme changent les objets de notre action; mais ce changement, qu'il soit déterminé en nous par les sens, par l'imagination ou par la raison, n'est jamais arbitraire; il s'accomplit suivant une loi de nécessité qui constitue notre être et qui fait de nous des « automates spirituels[2]. » Notre croyance au libre arbitre est donc en complète contradiction avec notre nature

---

1. *Dieu, l'homme,* seconde partie, ch. XVII, p. 93-94.
2. *De Intell. emend.,* t. I, p. 29.

réelle, et il est possible d'indiquer les raisons qui la suscitent dans notre esprit. Comme nos existences individuelles sont comprises dans l'existence de l'univers, comme nous sommes seulement des parties dans le tout, les tendances qui nous poussent à agir sont déterminées en nous non seulement par notre puissance propre, mais encore par la puissance des choses extérieures. Que nous accomplissions l'acte conforme à ces tendances, nous sommes disposés à nous en attribuer tout l'honneur, parce que d'un côté nous avons senti que nous allions vers lui, et que d'un autre côté, par aveuglement d'ignorance ou d'orgueil, nous ne reconnaissons pas le concours que nous a apporté la nature tout entière. Toutes les fois qu'elle aboutit à son objet, la tendance consciente d'elle-même se considère comme cause totale, alors qu'elle n'est que cause partielle, comme cause absolue, comme cause *causante*, alors qu'elle n'est que cause relative, cause *causée*. Et tout être qui a dans l'univers une part quelconque d'existence et d'action serait sujet à la même erreur, s'il percevait immédiatement l'inclination qui le pousse sans percevoir les causes externes de sa conduite. « Une pierre soumise à l'impulsion d'une cause extérieure en reçoit une certaine quantité de mouvement, en vertu de laquelle elle continue de se mouvoir, même quand la cause extérieure a cessé d'agir. Cette persistance de la pierre dans le mouvement est donc forcée, non parce qu'elle est nécessaire en soi, mais parce qu'elle doit être définie par l'impulsion de la cause extérieure. Ce que je dis d'une pierre peut s'appliquer à toute chose particulière, quelles que soient la complexité de sa nature et la variété de ses fonctions, par cette raison que toute chose, quelle qu'elle soit, est déterminée par quelque cause extérieure à exister et à agir suivant une certaine loi. Or concevez maintenant, je vous prie, que cette pierre, tandis qu'elle continue de se mouvoir, pense et sache qu'elle s'efforce, autant qu'elle peut, de continuer de se mouvoir.

N'ayant conscience que de son effort et n'étant nullement indifférente au mouvement, elle se croira certainement tout à fait libre, et elle sera convaincue qu'il n'y a pas d'autre cause que sa volonté propre qui la fasse persévérer dans le mouvement. Voilà cette liberté humaine dont les hommes sont si fiers. Au fond, elle consiste en cela seul qu'ils connaissent leur appétit par la conscience et ne connaissent pas les causes extérieures qui les déterminent. C'est ainsi que l'enfant s'imagine qu'il désire librement le lait qui le nourrit; s'il s'irrite, il se croit libre de chercher la vengeance; s'il a peur, libre de s'enfuir. C'est ainsi que l'homme ivre est persuadé qu'il prononce en pleine liberté d'esprit ces même paroles qu'il voudrait bien n'avoir pas dites quand il est de sens rassis; que l'homme en délire, le bavard et autres gens de cette sorte sont convaincus qu'ils agissent par libre décision de leur esprit et non par emportement. Or, comme ce préjugé est inné et universel, il n'est pas aisé de s'en délivrer. L'expérience a beau apprendre surabondamment que rien n'est moins au pouvoir des hommes que de gouverner leurs appétits, et que souvent, livrés au conflit des passions contraires, ils voient le mieux et font le pire, ils n'en continuent pas moins de se croire libres[1]. » Notre foi au libre arbitre tient donc à deux raisons principales : la conscience de nos désirs, l'ignorance des causes externes qui les produisent et leur permettent de se réaliser. Nous scindons ainsi l'explication totale de nos actes, ou plutôt nous nous contentons d'une explication partielle; et alors, pour nous satisfaire plus complètement nous-mêmes, pour nous assurer que notre action est bien nôtre, nous imaginons que la prépondérance et le succès de tel ou tel de nos désirs, dus en réalité à des causes extérieures que nous ignorons, proviennent d'une influence décisive de notre libre volonté; nous superposons la volonté à la ten-

---

1. *Ep.* LVIII, t. II, p. 208. Cf. *Eth.*, III, prop. 2, t. I, p. 129.

dance consciente, comme le pouvoir générateur à la force qu'il déploie. Or cette faculté que nous inventons tout exprès pour nous donner nous seuls à nous-mêmes comme raison de notre conduite n'est qu'un être imaginaire; c'est une abstraction, l'abstraction des éléments communs à nos actes et à nos jugements, faussement convertie en réalité ; nous oublions que cette notion universelle de volonté n'est en aucune façon l'essence de nos idées et de nos actes, que nos idées et nos actes sont des choses singulières, différant d'une idée à une idée, d'un acte à un acte[1]. Nous pouvons certes dire d'une telle fiction qu'elle est un libre arbitre, tant elle est arbitrairement conçue, tant elle est libre de toute raison, tant elle est dépouillée de toute réalité.

Puisque ainsi le libre arbitre n'est qu'une illusion, la plus trompeuse de toutes, nous ne saurions plus longtemps admettre que les mouvements de notre corps soient librement produits. A l'encontre de cette conclusion, on prétend que nous sentons immédiatement l'influence exercée par notre volonté sur l'organisme; mais l'expérience que l'on invoque est mal interprétée. Il est impossible en effet que le corps puisse déterminer l'âme à la pensée et que l'âme puisse déterminer le corps au mouvement; les idées ont pour cause Dieu, considéré comme chose pensante; les mouvements ont pour cause Dieu, considéré comme chose étendue : d'où il suit que les idées ne peuvent s'expliquer que par des idées, et les mouvements que par des mouvements. Lorsque nous croyons agir directement sur notre corps, notre croyance vient de ce qu'il y a entre les mouvements corporels et les idées de l'âme une parfaite corrélation. Ainsi la clarté et la complication des idées traduisent exactement en nous la puissance et la complication des mouvements; notre faculté de penser augmente ou diminue dans la même

---

1. *Eth.*, II, prop. 49, Schol., t. I, p. 118-120.

mesure que notre activité organique. Mais comment arrivons-nous à transformer un rapport de corrélation en un rapport d'influence? C'est encore ici que nous ignorons l'économie et les fonctions du corps humain. L'art merveilleusement souple par lequel l'organisme s'adapte aux circonstances les plus variées et les plus complexes se dérobe pour nous à toute connaissance précise; et convaincus qu'il ne peut y avoir d'ordre sans un ajustement prémédité des moyens aux fins, nous faisons de notre volonté la Providence de notre corps. Mais en vérité cette illusion s'évanouirait comme les autres, si nous savions de quoi notre corps est capable par lui-même. Déjà dans le fonctionnement de l'organisme animal on observe des merveilles qui dépassent singulièrement la sagacité des hommes; pareillement les actions des somnambules, qui s'accomplissent en dehors de toute pensée consciente, et dont on ne peut reproduire à l'état de veille ni l'audace ni la précision, témoignent assez que le corps, par les seules lois de la nature, peut accomplir une foule d'opérations qui sont pour l'âme jointe à ce corps un objet d'étonnement. Le mécanisme du corps humain résulte d'une industrie infiniment plus habile et plus riche que la nôtre; pour chaque ordre de ses modes la nature a des ressources infinies qui ne sauraient se mesurer à la faiblesse de nos moyens. Et ainsi, quand nous croyons produire librement une opération corporelle, nous résumons en cette croyance une double erreur qui vient d'une double ignorance : nous imaginons que l'idée qui exprime en notre âme cette opération se suffit à elle-même, tandis qu'elle se rattache à un ensemble d'autres idées; nous imaginons que l'opération s'accomplit par elle-même, tandis qu'elle se rattache à un ensemble d'autres opérations. Entre ces deux états arbitrairement isolés de tout ce qui les fait être nous établissons un rapport fictif : l'indétermination qui vient de notre ignorance devient l'indétermination de notre vouloir; la réalité que manifestent ces états devient la réalité de notre libre arbitre. Certes il est vrai que la décision de l'âme et le mouvement du corps sont choses naturellement simultanées ou, pour mieux dire, une seule et même chose, appelée décision quand nous la considérons sous l'attribut de la pensée, appelée mouvement quand nous la considérons sous l'attribut de l'étendue; mais cela même implique que nos décisions mentales et nos mouvements organiques font partie de la même nature et se produisent par la même nécessité [1].

On proteste enfin en faveur du libre arbitre au nom de la morale et de la religion. Si l'homme n'a pas une libre volonté, le mal qu'il jette dans le monde doit forcément rester impuni. Quel droit aurait la justice humaine, quel droit aurait la justice divine de châtier celui qui n'a pu agir autrement? Sans doute un système moral et religieux qui repose sur le libre arbitre doit recourir à des sanctions qui expriment une puissance surnaturelle et surhumaine, à des sanctions dont l'autorité est transcendante; mais reste à savoir si l'on ne réclame pas une fausse liberté pour une fausse morale et une fausse religion. On croit d'abord à la réalité du mal dans le monde, on considère que le péché pervertit la nature, et l'on implore pour le soulagement de la conscience des vengeances et des expiations extérieures à l'acte. Or nous savons que le mal n'est rien de positif, qu'il se réduit à une moindre puissance, que l'acte mauvais ne peut être appelé de ce nom que parce qu'il méconnaît ses limites et ses causes. Quoi qu'il en soit, dira-t-on, il y a des actes qui peuvent être traités de mauvais et qui, à ce titre, méritent une punition. Mais on oublie que cette punition est impliquée en eux, que, selon le proverbe de Salomon, « le supplice des esprits aveuglés est leur aveuglement même [2]. » C'est dans la doctrine du libre arbitre que la

---

1. *Éth.*, III, prop. 2, Schol., t. I, p. 127-130.
2. Cf. *Tract. théol. polit.*, cap., IV t. I, p. 428-431.

sanction, distincte à certains égards et indépendante de l'acte, n'est jamais garantie. La doctrine de la nécessité unit, au contraire, dans le même état l'acte et la sanction; elle montre mieux que toute autre que s'il n'y a pas de mal absolu dans la nature, le mal relatif qui résulte de notre impuissance individuelle contient en lui-même son châtiment. En ce sens, le mal appelle le mal comme l'erreur appelle l'erreur. L'acte mauvais se reconnaît à lui-même et à ses fruits, qui sont toujours amers. Dans la vie individuelle, il provoque la souffrance, dans la vie sociale, la répression juridique. « Il n'est pas plus en notre pouvoir, écrit Spinoza à Oldenburg, d'avoir un corps vigoureux que de posséder une âme saine; c'est ce qu'on ne peut nier, à moins de nier à la fois l'expérience et la raison. Vous insistez et vous dites : Si les hommes tombent dans le péché par la nécessité de la nature, ils sont donc excusables. Mais vous n'expliquez point quelle conclusion vous voulez tirer de là. Voulez-vous dire que Dieu ne peut s'irriter contre eux, ou bien qu'ils sont dignes de la béatitude, c'est-à-dire de la connaissance et de l'amour de Dieu? Dans le premier cas, j'accorde parfaitement que Dieu ne s'irrite en aucune façon et que tout arrive suivant ses décrets; mais je nie qu'il résulte de là que tous les hommes doivent être heureux, car les hommes peuvent être excusables et néanmoins être privés de la béatitude et souffrir de mille façons. Un cheval est excusable d'être un cheval, et non un homme. Celui que la morsure d'un chien rend enragé est assurément excusable, et cependant on a le droit de l'étouffer. De même l'homme qui ne peut gouverner ses passions ni les contenir par crainte des lois, quoique excusable à cause de l'infirmité de sa nature, ne peut cependant jouir de la paix de l'âme ni de la connaissance et de l'amour de Dieu, et il est nécessaire qu'il périsse[1]. » La doctrine de la

---

1. *Ep.*, LXXVIII, t. II, p. 251-252. « Vous demanderez enfin : Pourquoi les impies sont-ils punis? C'est selon leur nature qu'ils agissent et d'après le

nécessité ne détruit donc pas la différence des bons et des méchants, telle qu'elle doit être raisonnablement comprise. « Il est vrai que les impies expriment à leur manière la volonté de Dieu ; mais ils ne doivent pas pour cela entrer en comparaison avec les gens de bien. En effet, plus une chose a de perfection, plus elle participe de la divinité et plus elle exprime la perfection de Dieu. Donc, comme les bons ont incomparablement plus de perfection que les méchants, leur vertu ne peut être comparée à celle des méchants ; d'autant que les méchants sont privés de l'amour divin qui découle de la connaissance de Dieu, et qui fait seul que, dans la mesure de notre intelligence humaine, nous pouvons être appelés les enfants de Dieu. Il y a plus encore : ne connaissant pas Dieu, les méchants ne sont dans la main de l'ouvrier qu'un instrument qui sert sans le savoir et qui périt par l'usage ; les bons, au contraire, servent Dieu en sachant qu'ils le servent, et c'est ainsi qu'ils croissent sans cesse en perfection [1]. » D'ailleurs toutes les considérations par lesquelles dans la doctrine du libre arbitre on essaie d'exciter l'homme à la vertu trouvent leur place avec autant et même plus de raison dans la doctrine de la nécessité. « Cette inévitable nécessité des choses ne détruit ni les lois divines, ni les lois humaines, car les enseignements moraux, qu'ils reçoivent ou non de Dieu même la forme d'une loi, n'en sont pas moins divins et salutaires ; et le bien qui résulte pour nous de la vertu et de l'amour de Dieu, soit que Dieu nous le donne à titre de juge, soit que la nature de Dieu l'implique nécessairement, n'en est, dans l'un ou l'autre cas, ni plus ni moins désirable. Et de même les maux qui résultent des actions mauvaises n'en

---

décret divin. Mais je réponds que c'est aussi par le décret divin qu'ils sont punis ; et si l'on ne devait punir que ceux que nous nous imaginons pécher librement, pourquoi donc les hommes s'efforcent-ils d'exterminer les serpents venimeux ? C'est par leur nature propre seulement qu'ils font du mal, et ils ne peuvent agir différemment. » *Cogit. Met.*, II, 8, t. II, p. 491.

1. *Ép.* xix, t. II, p. 69.

sont pas moins à redouter parce qu'ils en résultent nécessairement. En somme, que nos actions soient libres ou nécessitées, ce sont toujours la crainte et l'espérance qui nous conduisent. C'est donc faussement que l'on affirme que dans ma doctrine je ne laisse aucune place aux préceptes et aux commandements moraux[1]. » Enfin, comment peut-on traiter d'irréligieuse la doctrine qui affirme la dépendance nécessaire de l'homme à l'égard de Dieu? « Vous dites, écrit Spinoza à Blyenbergh, qu'en mettant les hommes dans une si étroite dépendance de Dieu, je les rends semblables aux éléments, aux plantes et aux pierres; mais cela fait bien voir que vous entendez mon opinion tout à fait à contre-sens, et que vous confondez ensemble les choses de l'entendement et celles de l'imagination. Car enfin si vous aperceviez, de la pure lumière de la raison, ce que c'est que dépendre de Dieu, certes vous ne penseriez pas que les choses fussent, par cette dépendance même, mortes, corporelles et imparfaites (qui, en effet, a osé jamais parler en termes si bas de l'Être souverainement parfait?); mais vous comprendriez tout au contraire que c'est pour cette raison, par cette dépendance à l'égard de Dieu, que les choses sont parfaites[2]. »

Que l'on ose donc prétendre que la négation du libre arbitre est le renversement de la morale et de la piété. Mais c'est précisément l'affirmation du libre arbitre qui est dans le monde une cause permanente de mal et d'irréligion. Quand nous supposons que nos semblables sont libres, nous sommes toujours prêts à leur demander compte de leurs actions, à les rendre responsables de ce qui nous arrive, à les traiter avec haine, avec mépris, avec ironie, avec colère. Oubliant que nous sommes des parties différentes de l'univers, nous prétendons les réduire à nous-mêmes, à nos désirs, à nos caprices. De là ces discordes, ces invectives, ces violences qui rendent la vie de chaque

---

1. *Ép.* XLIII, t. II, p. 171-172.
2. *Ép.* XXI, pp. 95-96. *Dieu, l'homme*, seconde partie, chap. XVIII, p. 94-97.

jour à peine tolérable. Qu'au contraire nous nous considérions avec nos semblables comme des expressions diverses d'une même nature, comme des modes divers d'un même Dieu, nous ne songerons plus à leur reprocher d'être ce qu'ils sont ; nous sentirons notre orgueil diminuer à mesure que croîtra notre esprit de tolérance et de bienveillance ; nous ne jugerons point notre prochain ; nous irons à lui, non pas par une inclination mobile et passagère, « par une pitié de femme, » mais par un acte décisif d'union avec la nature et avec Dieu[1]. Il y a plus encore : le libre arbitre, loin d'être le soutien de la piété, en est le principe destructeur. Quand nous nous attribuons un libre arbitre, c'est pour modifier la nature, c'est pour refaire l'œuvre divine ! Nous nous imaginons porter en nous les possibles que Dieu n'a pas pu ou n'a pas voulu réaliser ! Il ne saurait y avoir de plus insupportable sacrilège. Est-ce que l'argile a le droit de venir dire au potier : Pourquoi as-tu fait de moi un vase vulgaire au lieu de me destiner à un noble usage ? Est-ce qu'il peut surtout se créer un usage auquel il n'était pas destiné[2] ? L'homme qui se prête un libre arbitre usurpe le rôle de Dieu : il se divinise. Mais ses prétentions orgueilleuses ne font que trahir sa perversité. L'Être infini est dans la nature, non en dehors d'elle ; il la produit et ne peut pas tendre à la détruire. L'homme qui se croit libre ne peut justifier ce pouvoir qu'en l'appliquant à bouleverser la réalité pour la façonner selon ses caprices ; il tend nécessairement à détruire la nature au profit d'un fantôme insensé qu'il appelle son moi ; et voilà pourquoi au fond de son âme il n'y a, avec un immense orgueil, qu'un immense égoïsme. Si le mal et le blasphème pouvaient être autre chose que des vanités, si jamais ils pouvaient prendre corps dans le monde, ce serait par le libre arbitre.

Est-ce à dire que la notion de liberté n'ait aucun sens,

1. *Éth.*, II, prop. 49, Schol., t. I, p. 122-123.
2. *Ep.* LXXV, t. II, p. 243 ; *Ep.* LXXVIII, t. II, p. 251.

appliquée à la nature humaine? Nullement. Mais cette notion est défigurée quand elle exprime une puissance indéterminée et ambiguë, une indifférence essentielle à telle ou telle action. La liberté est juste à l'opposé du libre arbitre. Elle implique pour l'homme à son plus haut degré la plus complète détermination unie à la plus grande spontanéité ; elle exclut par conséquent tous ces simulacres de possibles que semble faire surgir autour d'elle l'action incomplète et manquée. N'est-ce pas cependant une idée contradictoire que celle d'une spontanéité pleinement déterminée, et ne faut-il pas reconnaître que toute détermination pèse sur l'activité, la raidit et la fige? Il est bien sûr que les déterminations de notre activité par les causes externes diminuent notre faculté d'agir ; mais il n'y a pas seulement pour nous des déterminations externes, il y a aussi des déterminations internes [1]. Or, quand nous sommes déterminés par nous-mêmes, nous sommes libres ; et ce genre de détermination suppose, non pas que notre action est sans raison, mais que nous possédons en nous toutes les raisons de notre action. Quand nous percevons clairement que selon la nature du triangle la somme de ses trois angles est égale à deux droits, nous affirmons cette vérité par un acte entièrement libre [2]. Pourquoi ? Parce que cette affirmation dépend de raisons qui sont toutes comprises dans notre entendement. La détermination interne qui nous pose et nous fixe dans notre nature, loin d'être la négation de la liberté, en est au contraire le principe : nous serons d'autant plus libres que nous aurons réduit davantage la puissance des déterminations externes à la puissance des déterminations internes.

Par conséquent l'origine de la liberté est dans l'acte même par lequel tout être constitue sa propre existence. Dans l'être qui existe il ne peut y avoir privation absolue

---

1. Cf. le chapitre II, p. 35-36.
2. *Ép.*, XXI, t. II, p. 94-95.

de liberté, pas plus qu'il ne peut y avoir privation absolue de connaissance dans l'être qui perçoit. La servitude est comme l'erreur, une moindre perfection satisfaite d'elle-même. Tout être enveloppe en lui, par cela seul qu'il est, un certain degré de liberté qui n'est autre chose que son degré d'existence. Dira-t-on que la liberté est ici une fausse appellation, qu'il ne saurait y avoir de liberté là où il n'y a pas d'intelligence? Cela n'est vrai qu'en un sens. Car si l'avènement de l'intelligence dans la nature marque le moment où la liberté se connaît et se fortifie, elle ne saurait marquer le moment où la liberté se produit; l'intelligence continue, sans le rompre, le développement régulier de la nature. C'est le rapport de son existence à son essence qui mesure pour tout être l'étendue et la force de sa liberté. Si Dieu est l'être absolument libre, c'est qu'il est l'Être infini, c'est-à-dire l'Être dont l'essence implique éternellement l'existence. L'homme peut être à la fois libre et esclave, parce qu'il est, d'une part, une essence déterminée, et que, d'autre part, il a une existence qui ne dérive pas de sa seule essence. Sa liberté croîtra selon qu'il réussira à faire entrer en lui les raisons qui expliquent et les causes qui engendrent son être et ses manières d'être. Dans tous les cas, par sa nature même, il a déjà une liberté initiale, qui est sa tendance à persévérer dans l'être. Par cela même qu'un individu existe dans l'univers, il s'efforce, autant qu'il le peut, de conserver et d'accroître son existence, et l'effort par lequel il se maintient ainsi et se raffermit n'est rien de plus que son essence actuelle[1]. En d'autres termes, dans l'immense équilibre de forces qui constitue l'univers, chaque individu est une force particulière qui peut bien être limitée par l'ensemble des autres forces, mais qui, comme telle, n'en a pas moins sa raison et sa valeur propres, parce qu'elle concourt pour sa part à l'établissement de l'équilibre. Elle ne

---

1. *Eth.*, III, prop. 6, 7, t. I, p. 132.

peut donc pas par elle-même se nier ni se détruire[1] ; il faut même dire que dans les limites de sa nature elle se pose absolument, puisqu'elle a dans la substance infinie une raison d'être éternelle. Elle a donc en soi un principe de durée indéfinie[2], et si la puissance des causes extérieures peut anéantir son existence, elle ne peut pas cependant anéantir ce qui est dans la pensée divine son idée[3]. Ainsi tout individu participe à la liberté comme à l'être même de la substance, et cette participation s'exprime par sa tendance à persévérer dans l'être. Et cette tendance est l'expression intelligible de ce qu'on appelle communément la Providence[4]. L'antique opposition de la Providence divine et de la liberté humaine se résout donc en unité, du moment que l'on dépouille ces deux termes de leur signification imaginaire et négative, que l'on cesse de considérer la Providence divine comme une puissance extérieure à l'être, et la liberté humaine comme une puissance indépendante de l'être. L'acte par lequel Dieu nous pose dans notre nature est intérieur à notre action, et notre action a par conséquent en elle le caractère de l'acte dont elle relève : nous tenons à Dieu dans la mesure où nous tenons à nous-mêmes, et réciproquement nous tenons à nous-mêmes dans la mesure où nous tenons à

---

1. *Eth.*, III, prop. 4, t. I, p. 131.
2. *Eth.* III, prop. 8, t. I, p. 132.
3. *Cogit. met.*, II, 12, t. II, p. 503.
4. Dans le *Traité de Dieu, de l'homme et de la béatitude*, Spinoza interprète dans le sens de sa pensée cette notion de Providence, qui disparaîtra de l'*Ethique*, sans doute à cause des équivoques auxquelles elle peut donner lieu. « La Providence n'est pour nous autre chose que cet effort par lequel toute la nature et toutes les choses particulières tendent à la conservation de l'être. Car il est évident que nulle chose ne tend par sa nature à sa propre destruction, mais au contraire toutes choses ont en elles une tendance à se conserver et même à aller vers le mieux. Conformément à cette définition, nous pouvons distinguer une providence générale et une providence particulière. La providence générale est celle par laquelle chaque chose est produite et conservée comme partie du tout, et la providence particulière est cet effort de chaque chose à se conserver elle-même non comme partie du tout, mais en tant qu'elle peut être considérée elle-même comme un tout. » Première partie. ch. v, pp. 34-35. — Cf. *Tract. theol. polit.*, cap. III, t. I, p. 408-409.

Dieu. Tant s'en faut que l'opération humaine et l'opération divine s'excluent l'une l'autre : elles sont au contraire impliquées l'une dans l'autre, explicables l'une par l'autre. La vertu de l'opération divine ne sort pas d'elle-même pour s'imposer par contrainte à l'opération humaine; mais c'est en restant en elle qu'elle se communique et se transmet par une sorte de génération interne, à la fois naturelle et rationnelle. Dieu dans la nature ne s'oppose pas à lui-même : il s'y manifeste, il s'y produit, de telle sorte que la nature est par lui ce qu'il est en soi, vraie de sa vérité, forte de sa force, libre de sa liberté. Il y a donc une liberté immanente à la nature; et cette liberté, précisément parce qu'elle est immanente, constitue par degrés et par portions les existences des individus. De même, il ne saurait y avoir d'opposition entre la liberté conçue comme puissance totale et la liberté conçue comme puissance individuelle. Car c'est le caractère de la nature universelle que d'être résoluble en une infinité d'individus, dont chacun, pris à part, fait effort pour se conserver et s'accroître; si bien que la vie, loin d'être concentrée seulement en certains points du monde, est au contraire partout présente, partout diffuse : *Omnia, quamvis diversis gradibus, animata tamen sunt*[1]. D'un autre côté, nous pouvons concevoir que la nature est un individu unique dont les parties varient d'une infinité de façons, mais qui se maintient lui-même dans son unité sans subir d'altération[2].

C'est donc avec raison que l'on a toujours reconnu quelque rapport entre la notion d'individualité et la notion de liberté. Mais c'était détruire ce rapport que de substituer à la liberté le libre arbitre et à l'individu un être sans essence. Le libre arbitre, tel qu'on l'imagine, est extérieur à l'individu, puisqu'il est par définition un pouvoir supérieur à toute nature; il est étranger à toute vie,

---

1. *Eth.* II, prop. 13, Schol., t. 1, p. 87-92.
2. *Eth.*, II, prop. 13; Lemma 7, t. 1, p. 91-92.

puisqu'il est considéré comme indépendant de tout ce qui est. Au contraire, la liberté véritable n'est originairement que la puissance naturelle de l'individu, comprise dans la puissance totale de l'univers ; et comme la puissance de l'individu n'est autre chose que son essence actuelle, que le développement réel de cette puissance est identique au développement géométrique de cette essence, on peut dire que pour tout individu, comme pour Dieu, la liberté est au fond la nécessité d'agir selon ce qu'il est. Seulement la liberté des individus dans l'univers est une liberté *naturée*, tandis que la liberté de Dieu est une liberté *naturante*. Entre ces deux termes extrêmes, mais solidaires, la liberté de la chose produite et la liberté de l'Être qui produit, l'homme, par ce fait qu'il est un être pensant, peut, en relation avec ces deux formes de liberté, développer sa liberté propre. La liberté inhérente à tout être naturel peut dans la conscience humaine ou s'aliéner ou s'agrandir à l'infini. Elle s'aliène, si elle se méconnaît sous prétexte qu'elle est *nature*, si elle se poursuit dans les symboles équivoques du libre arbitre; elle s'agrandit à l'infini, si par l'entendement elle s'unit à la nature universelle, si surtout par l'intuition elle se saisit, non plus sous les formes limitées de son existence empirique, mais dans la raison éternelle et dans la cause absolue de sa puissance.

Mais alors, ne faut-il pas reconnaître que l'apparition de la conscience marque dans le développement du monde un moment d'indétermination radicale? N'est-ce pas l'instant d'un choix décisif entre la vie véritable et la vie mensongère? Dans les êtres dépourvus de raison il ne saurait y avoir d'indifférence : ils n'ont pas à opter pour la vérité ou pour le mensonge, puisque d'eux-mêmes ils restent dans leur réalité propre. Mais la conscience humaine, qui a introduit cette distinction de l'erreur et de la vérité, du mal et du bien, ne l'a-t-elle pas du même coup fondée pour elle-même? Admettons que l'erreur ne soit positivement qu'une moindre vérité, le mal qu'un moindre bien : l'âme qui peut comparer les termes extrêmes dans la vérité et dans le bien, ne possédera-t-elle pas, par le seul fait de cette comparaison, une entière faculté de choix? Ne va-t-on pas voir revenir triomphant le libre arbitre que l'on croyait exclu à jamais? Ces difficultés seraient assurément insolubles, s'il y avait en l'homme une science originelle du bien et du mal, ou encore si cette science se fixait comme un idéal transcendant par rapport à sa nature; mais l'homme ne débute pas par une prise de possession du vrai, il n'est amené d'un degré moindre à un degré supérieur de perfection et de connaissance que par le jeu interne de ses affections. Son intelligence ne se développe pas en dehors d'une nature, mais au sein d'une nature qui la détermine par des affections. Dire que l'homme peut à un certain moment se décider par un acte radical pour le faux ou le vrai, le mal ou le bien, revient à dire que l'homme peut choisir à son gré le malheur ou le bonheur, la tristesse ou la joie[1]. Or personne ne s'est avisé de soutenir que l'homme pût de parti pris se rendre en un moment joyeux ou triste, heureux ou malheureux. L'état de nos affections nous exprime très exactement l'état de notre puissance, qui nous exprime très exactement l'état de notre connaissance. L'erreur, le mal, la souffrance ne sont complètement des illusions que pour l'homme qui, par le mécanisme parallèle de ses idées, de ses sentiments et de ses actes, est arrivé à la complète vérité, au complet bonheur, à la complète liberté.

Étudier le développement de ce mécanisme, c'est étudier les vicissitudes par lesquelles passe l'activité humaine et le terme auquel elle aboutit. Le souverain bien n'est pas un don immédiat et gratuit, c'est une lente et laborieuse conquête. C'est à travers les passions et la tris-

---

1. « La connaissance du bien et du mal n'est rien autre chose que l'affection de la joie ou de la tristesse, en tant que nous en avons conscience ». *Eth.*, IV, prop. 8, t. I, p. 195. « La connaissance du mal est une connaissance inadéquate. » *Eth.*, prop. 64, IV, t. I, p. 285.

tesse que l'humanité le poursuit et s'efforce de l'atteindre. Comment la passion se convertit en action et la tristesse en joie, c'est ce qu'établira avec une assurance persévérante, puisqu'elle n'a pas à redouter les atteintes d'un libre arbitre miraculeux, toujours la même méthode appuyée sur la même idée, la méthode géométrique appuyée sur l'idée de nécessité.

CHAPITRE V

LA VIE MORALE DE L'HOMME.

I. L'ESCLAVAGE.

L'histoire que l'Écriture nous a transmise du premier homme contient sous la forme d'un symbole une très profonde vérité. Le premier homme est tombé pour avoir, malgré la défense de Dieu, mangé le fruit de l'arbre de la science du bien et du mal, et pour avoir ainsi laissé entrer en son âme la crainte de la mort plus que le désir de la vie. Ayant trouvé une épouse qui convenait parfaitement à sa nature, il reconnut qu'il ne pouvait y avoir dans le monde rien qui lui fût plus utile; mais dès qu'il crut aussi que les animaux étaient des êtres semblables à lui, il se mit à imiter leurs passions et il perdit sa liberté. Plus tard, cette liberté perdue fut reconquise par les patriarches que guidait l'esprit du Christ, c'est-à-dire l'idée de Dieu. L'idée de Dieu, présente à l'homme, peut seule le rendre libre, le pousser à désirer pour autrui le bien qu'il désire pour soi-même; elle est la grâce efficace qui le destine et le conduit au salut[1].

On dirait que l'homme se complaît dans la chute, tant il en aggrave la misère, tant il en méconnaît la raison. Il se laisse fasciner par cette distinction absolue du bien et du mal qui est l'œuvre de sa fantaisie et avec laquelle il a brisé l'unité de la nature. Il perpétue son caprice d'un jour, et l'univers se laisse scinder par lui en des puissances hostiles, irréconciliables : la matière et la pensée,

---

1. *Eth.*, IV, prop. 68, t. I, p. 238. Cf. *Tract. theol. polit.*, cap. IV, t. I, p. 426.

la nécessité et la liberté, la chair et l'esprit. Afin de rétablir une unité au delà et au-dessus de ces puissances séparées, il imagine une loi transcendante, arbitraire et violente, en vertu de laquelle certaines de ces puissances, prétendues inférieures, doivent se subordonner à certaines autres de ces puissances, prétendues supérieures. Ainsi peu à peu le sens de la vie s'efface et même se pervertit. Les choses perdent leur vrai nom. La souffrance devient un mérite, la joie devient une faute. L'homme sent dans le plaisir une menace parce qu'il y voit une tentation. Il se fait gloire de sa tristesse, de son impuissance; il se défie perpétuellement de soi, des autres, du monde; il n'ose plus goûter à la vie, parce qu'il la croit empoisonnée à sa source. Comme s'il était à la merci d'une divinité envieuse et méchante, il tue en lui le calme par l'inquiétude, la raison par la crédulité, l'action par le scrupule. Toutes les franchises de la nature sont hypocritement violées. La crainte superstitieuse de Dieu est le commencement et la fin de cette fausse sagesse. C'est avec dédain et colère que Spinoza s'élève contre toutes les pensées d'ascétisme, de mortification, de sacrifice : la nature qui se détruit, la vie qui se nie, l'intelligence qui se rejette, l'action qui se réserve, tout cela est pour lui mensonge, erreur, absurdité. « Plus nous éprouvons de joie, plus nous acquérons de perfection, plus nous participons nécessairement de la nature divine. C'est donc le fait d'un homme sage d'user des choses de la vie et d'en jouir autant que possible (pourvu que cela n'aille pas jusqu'à la satiété, car alors ce n'est plus jouir). Oui, c'est le fait d'un homme sage de se réparer par une nourriture et par des boissons modérées et agréables, de charmer ses sens du parfum et de l'éclat verdoyant des plantes, d'orner même son vêtement, de jouir de la musique, des jeux, des spectacles et de tous les divertissements que chacun peut se donner sans dommage pour personne. En effet, le corps humain se compose de plusieurs parties de diverse nature, qui ont continuellement besoin d'aliments nouveaux et variés, afin que le corps tout entier soit plus propre à toutes les fonctions qui résultent de sa nature, et par conséquent afin que l'âme soit plus propre, à son tour, aux fonctions de la pensée[1]. »

La raison ne peut donc rien nous commander qui soit contraire à la nature; elle n'a pas qualité pour ordonner à l'homme de se déprendre de soi, de renoncer à la joie de vivre; elle lui prescrit de s'aimer, ou plutôt elle n'a besoin de rien prescrire : elle laisse l'homme s'aimer[2]. Il ne faut pas considérer la vertu comme un bien extérieur à l'être; la vertu, c'est la puissance dont l'être dispose : elle se définit par l'essence de l'être et non par des formules générales; elle est nécessairement individuelle. L'effort vers la vertu, qui n'est que l'effort vers la plus grande puissance, a donc en soi son principe et sa fin; on peut même dire que la vertu est déjà dans cet effort même et dans le développement indéfini qu'il implique, puisqu'en l'individu rien n'est antérieur ni supérieur et que tout est relatif à cet effort[3]. En cet effort se résument toutes les tendances de notre être, de quelque nom qu'on les appelle, appétits, penchants ou volonté, qu'elles soient inconscientes ou conscientes; car il est bien entendu que la conscience ne crée pas de toutes pièces un nouveau mode d'activité : c'est l'effort de l'individu pour être qui est son premier et qui reste son essentiel objet[4]. Le vrai et le seul moteur de notre vie, c'est le désir. Selon la force plus ou moins complète qu'il est capable de déployer, le désir contient en soi plus ou moins de vertu; ou, si l'on veut réserver ce terme de vertu à un état achevé et parfait, la vertu, c'est le désir qui n'agit que par soi et qui impose souveraine-

---

1. *Eth.*, IV, prop. 45, Schol., t. I, p. 222.
2. *Eth.*, IV, prop. 18, Schol., t. I, p. 201.
3. « Aucune vertu ne peut être conçue qui soit antérieure à celle-ci, c'est-à-dire à l'effort de l'être pour se conserver. » *Eth.*, IV, prop. 28, t. I, p. 204.
4. *Eth.*, III, prop. 9, t. I, p. 133.

ment sa forme à sa matière. Le rapport du vice à la vertu, c'est le rapport du désir dispersé et incohérent au désir concentré et ferme, du désir désorganisé par les choses au désir qui s'organise par soi. Mais de toutes façons, c'est toujours le désir qui est en nous l'unique règle et l'unique mesure de la vie; il n'admet pas de loi qui lui soit extérieure; rien ne peut le conduire que lui-même : il est autonome. Et la preuve de cette autonomie, c'est qu'il est l'origine de toutes les qualifications par lesquelles nous dénommons les choses. Est bon ce qui lui convient, est mauvais ce qui lui répugne. Nous croyons rechercher un objet parce qu'il est bon : pure illusion; l'objet est bon parce que nous le recherchons[1]. Il n'y a qu'une loi de la moralité, et cette loi n'est pas une loi morale, mais une loi à la fois naturelle et rationnelle : c'est que l'homme ne peut que suivre son désir, qui est son être même, et que tout objet du désir, quel qu'il soit, est toujours imaginé ou conçu comme bon.

Par conséquent l'effort vers la vertu, c'est l'effort par lequel le désir s'élève de ce qui apparaît bon à ce qui est bon véritablement. Mais cette conversion de l'apparence à la vérité ne s'accomplit pas par un mécanisme abstrait : la notion du mal est dans la tristesse qui accompagne le désir contrarié; la notion du bien est dans la joie qui accompagne le désir satisfait[2]. C'est par les sentiments qu'il fait naître que le désir se règle, s'attachant aux choses qui le favorisent, se détachant des choses qui le dépriment, toujours et partout travaillant à se contenter et à s'épanouir. C'est l'expérience de la vie qui nous fait peu à peu notre science. Par la joie nous éprouvons que nous passons d'une moindre puissance à une puissance plus grande; par la tristesse nous éprouvons que nous passons d'une puissance plus grande à une moindre puissance[3]. Si donc

---

1. *Eth.*, III, prop. 9, Schol., t. I, p. 133.
2. *Eth.*, IV, prop. 8, t. I, p. 195.
3. *Eth.* III, prop. 11, t. I, p. 134.

il y a en nous un principe immuable de notre être, qui est le désir, il y a aussi pour le développement du désir des phases successives et de nombreuses vicissitudes; il y a en nous de perpétuels changements d'états, et ce sont la joie et la tristesse qui directement nous informent de la qualité de ces changements. Puisqu'il est admis que le bien et le mal sont relatifs au désir de chaque être, le bien est donc dans ce qui nous cause de la joie, le mal dans ce qui nous cause de la tristesse, et toute la loi de notre vie est dans la tendance invincible par laquelle nous aspirons à nous délivrer de la tristesse et à conquérir la joie[1].

Cette tendance n'implique rien en elle que de positif et de réel; elle exclut d'elle toute cause interne de destruction ou de passivité. L'essence qu'elle exprime, dans les limites où elle se pose, se pose absolument[2]. Mais nous savons que l'essence de l'homme n'enveloppe pas son existence; c'est sous l'influence des causes extérieures que l'homme arrive à être, et cette vertu des choses semble diminuer d'autant sa vertu. Si l'homme a dans l'univers sa place déterminée et son rôle irréductible, c'est aussi l'ensemble des circonstances naturelles qui lui marque sa place et qui lui assigne son rôle. A supposer qu'il veuille vivre pour soi, il ne peut pas vivre par soi; pour maintenir et perfectionner son être, il est forcé de soutenir des relations avec les autres êtres. « Il est à jamais impossible de faire que nous n'ayons besoin pour conserver notre être d'aucune chose extérieure et que nous puissions vivre sans avoir de commerce avec les objets qui sont hors de nous[3]. »

Cette nécessité d'entrer en relation avec les êtres qui l'entourent devient chez l'homme qui en a conscience le sentiment de l'utile : la recherche de l'utile est la conséquence de l'effort pour persévérer dans l'être. « Plus cha-

---

1. *Eth.*, III, prop. 12, t. I, p. 135.
2. *Eth.*, III, prop. 4, 5, 6, 7 et 8, t. I, pp. 131-132.
3. *Eth.*, IV, prop. 18, Schol., t. I, p. 202.

cun s'efforce et plus il est capable de chercher ce qui lui est utile, c'est-à-dire de conserver son être, plus il a de vertu ; au contraire, en tant qu'il néglige son utilité propre, c'est-à-dire la conservation de son être, il est impuissant[1]. » On dirait par là que l'Éthique de Spinoza est en son principe utilitaire et naturaliste. Elle dépasse cependant le pur utilitarisme et le pur naturalisme par une affirmation *à priori* qui est l'affirmation rationnelle de l'individu. L'individu, selon Spinoza, est véritablement fondé à être ce qu'il est, à faire ce qu'il fait, à rechercher ce qu'il recherche. La tendance par laquelle il se manifeste exprime une Raison qui n'a qu'à se saisir et se comprendre pour se justifier entièrement ; par là même il a le droit de poursuivre hors de lui ce qui peut le servir, et, dans la mesure de sa puissance, de faire tout dépendre de lui. C'est par lui-même qu'il définit l'utile ; mais en rapportant cette définition à ce qui est le plus lui-même, il la transpose de la sensibilité dans l'entendement, de telle sorte que les relations utiles deviennent identiques aux relations vraies ; c'est dans la vérité de son être qu'il trouve son plus grand intérêt[2]. De même la nature n'est pas une force spécifique qui balance en elle, dans une évolution impersonnelle et sans fin, les forces individuelles ; mais dans le désir qui constitue chaque individu, la nature est impliquée tout entière, ou, pour mieux dire, il n'y a que des natures individuelles, qui peuvent, quand elles sont pourvues d'intelligence, comprendre la loi de leur union et en éprouver la force. Ce ne sont donc pas des impulsions aveugles, ni des calculs incohérents qui peuvent nous rassurer sur l'utile et sur le désirable ; nous ne pouvons avoir de foi dans nos inclinations que si nous savons qu'elles font partie avec leurs objets d'une même réalité, qui est un tout rationnel. Une idée trouve sa

---

1. *Eth.*, IV, prop., 20, t. I, p. 203.
2. *Eth.*, IV, prop. 23, 24, 26, 27, t. I, p. 205-206.

vérité dans l'idée qui la complète ; de même en cherchant ce qui lui est utile, l'être cherche ce qui le parfait. C'est par les notions communes que se constitue la connaissance valable pour toutes les intelligences ; c'est également par les affections communes que se constitue le bien sensible à tous les individus semblables. « Si nous regardons attentivement notre âme, nous verrons que notre entendement serait moins parfait si l'âme était isolée et ne comprenait que soi-même [1]. » Pareillement, nous serions singulièrement diminués si nous prétendions ne vivre qu'en nous et, par une abstraction d'ailleurs impossible, nous affranchir de tout rapport avec les êtres étrangers.

Mais alors, puisque la nature qui nous limite n'est pas plus destinée à nous asservir qu'à nous servir, puisqu'elle est l'Infini qui nous embrasse, comment se fait-il que dans la vie humaine il n'y ait pas une source intarissable de joie ? Nos désirs, qui expriment à la fois notre nature et la nature universelle, devraient, semble-t-il, trouver spontanément leur satisfaction en nous et dans les choses. Comment se fait-il qu'ils soient si fréquemment déçus ? Il n'y a pas dans la réalité, pas plus pour menacer notre béatitude que pour menacer notre science, de malin génie qui se plaise à nous tromper. C'est donc nous qui nous trompons nous-mêmes. Nous nous méprenons sur la véritable utilité des choses. Nous concevons comme désirables des objets qui se dérobent invinciblement à nous ou qui ne peuvent nous contenter. Nos erreurs nous sont humiliantes et douloureuses. Au lieu de développer notre puissance d'agir, nous la sentons limitée et désorganisée ; au lieu de nous percevoir dans la plénitude de notre acte, nous avons le sentiment de contraintes qui pèsent lourdement sur nous. La passion, qui est une diminution de notre être, qui exprime une perfection moindre de notre

---

1. *Eth.*, IV, prop. 18, Schol., t. I, p. 202.

activité, se confond donc avec l'erreur; la passion et l'erreur ont même origine, mêmes caractères. L'erreur vient de ce qu'une idée inadéquate se porte à l'absolu; la passion vient de ce qu'un désir particulier, dont la principale cause est hors de nous, prétend tout ramener à lui. Si l'idée inadéquate se porte à l'absolu, c'est faute d'être mise en relation avec les idées qui l'expliquent; si le désir particulier prétend tout ramener à lui, c'est faute également d'être mis en relation avec les autres désirs qui l'enveloppent. Toute idée, en tant qu'idée, est vraie; tout désir, en tant que désir, est bon. Ce qui est faux et mauvais, c'est l'idée qui aspire à dépasser son sens, c'est le désir qui aspire à dépasser sa puissance. La passion, c'est l'âme désaccordée qui ne sait unir ni les forces de son activité, ni les notions de son intelligence.

Quand nous sommes soumis à la passion et à l'erreur, nous marchons dans un monde brisé dont la consistance est purement imaginaire; nous sautons au hasard d'idée en idée, d'acte en acte. Il y a donc une dualité radicale de l'univers vrai, réel, solide, et de l'univers faux, illusoire, vain. C'est un fait que bien souvent la vie tout entière de l'homme se développe à contre-sens, que toujours du moins elle commence par dévier de sa direction normale. Ce qui est imaginaire a donc par là une espèce d'existence; ce qui est mensonger, une espèce de vérité. Le contingent et le pur possible se réalisent. N'est-ce pas contre le système une objection décisive?

Le système travaille bien plus à éliminer l'objection qu'à la surmonter. Il s'efforce d'établir que si la passion et l'erreur ne peuvent porter sur rien de réel, elles ont cependant, comme états de l'âme, des causes intelligibles. Cette sorte de renversement par lequel la nature, qui est en soi vérité et raison, se projette en des images inadéquates et des actes tronqués, résulte, non d'une opération arbitraire, mais d'une inclination nécessaire. Cependant la nécessité par laquelle nous aspirons à ce qui est vain n'est-elle pas dès lors une force indépendante et aveugle qui s'oppose à toute déduction absolue? Faudra-t-il admettre que la nature est le lieu du mal? Autant dire alors qu'il existe une matière métaphysique qui est dans l'être même une négation positive de l'être; et cette dernière conséquence est trop directement opposée aux principes du système pour que Spinoza ne cherche pas à l'exclure. Sa doctrine est un effort pour montrer qu'il y a de la raison même dans ce qui paraît contredire la raison, de la nécessité même dans ce qui semble nier la nécessité : les impressions sensibles et imaginaires qui sont à la racine de la passion et de l'erreur contiennent des éléments de vérité qui tendent d'eux-mêmes à se composer et à s'unir, c'est-à-dire à affirmer et à réaliser l'être, non par leurs limites, mais par leurs propriétés internes. A l'origine de toute idée, comme de toute existence, il y a Dieu; et l'idée et l'existence ne sont en défaut que parce qu'à leur premier moment elles s'imaginent exprimer Dieu tout entier. C'est bien notre loi d'exprimer l'absolu; mais il y a dans cette expression des degrés divers et continus. C'est donc dire que Spinoza admet, sans peut-être la déduire, et qu'il pose dans l'Être, sans l'expliquer, la nécessité d'un développement. Il s'appuie sur cette idée qui sera reprise en un nouveau sens par la philosophie allemande, que la plus grande vertu pour les êtres ne peut être immédiatement donnée, que l'homme en particulier traverse une période de servitude avant d'arriver à la période de la liberté. Il affirme le mouvement comme un mode infini et éternel de la substance, et il conçoit que le mouvement est non une altération, mais un déploiement vers l'acte, un passage, en soi rationnel, de l'intelligible relatif, qui croit se compléter par l'illusion, à l'intelligible absolu, qui fait tomber toute illusion; mais il considère qu'il y a dans l'illusion même quelque chose de fondé, puisqu'en elle c'est toujours et malgré tout la vérité de Dieu que nous cherchons. Ce n'est donc pas en dehors de toute raison que l'homme fait cette expérience morale, qui est analysée au début du *Traité de la Réforme de l'Entendement*. Les inquiétudes vaines et les recherches infructueuses du bien, les craintes et les espérances confirmées et démenties, les joies momentanées et les tristesses durables, tout cela n'est contingent qu'à la surface : ces agitations de l'âme se produisent en vertu de causes profondes, selon des lois inflexibles.

Il s'agit donc de montrer pourquoi l'homme se trompe immédiatement dans la connaissance qu'il prend des objets extérieurs et dans l'utilité qu'il leur attribue, d'expliquer les raisons naturelles de ce *péché originel*. D'abord l'âme ne perçoit les objets que par les impressions qu'ils produisent sur le corps : ce sont donc primitivement les états du corps qu'elle ressent. Mais le corps a besoin pour sa conservation de plusieurs autres corps dont il est sans cesse régénéré; il est donc modifié constamment par ces corps étrangers, et les affections qui sont en lui expriment leur nature autant que sa nature. Cette pluralité d'affections se multiplie encore par la pluralité de ses parties, car il est un composé dont chaque élément est affecté à sa façon. Tout état qui se produit a donc une série infinie de contre-coups. Comme les éléments qui composent le corps humain sont en nombre infini, il est impossible qu'ils soient actuellement distingués. L'âme en effet ne connaît pas directement le corps humain; elle ne le connaît que par les idées qu'elle a de ses affections. Or les affections du corps résultent des rapports qu'il a avec les autres objets matériels; par conséquent les idées par lesquelles l'âme perçoit le corps sont relatives à la constitution qu'il a et aux influences qu'il subit. La nature extérieure n'arrive à être sentie qu'à travers l'individualité du corps, et d'autre part l'individualité du corps n'a rien d'absolu, puisqu'elle se soutient par une perpétuelle dépendance à l'égard des choses. Ainsi, « l'âme humaine ne se connaît elle-même qu'en tant qu'elle perçoit les idées des affections du corps [1]. L'âme n'enveloppe pas la connaissance adéquate des parties qui composent le corps humain [2]. L'idée d'une affection quelconque du corps humain n'enveloppe pas la connaissance adéquate du corps extérieur [3]. » Tous ces théorèmes établissent que l'âme ne perçoit rien d'abord qu'au point de vue du corps, et que le point de vue du corps n'est pas le point de vue vrai. Mais pourquoi le point de vue du corps n'est-il pas le point de vue vrai? C'est que « la force par laquelle l'homme persévère dans l'existence est limitée, et que la puissance des causes extérieures la surpasse infiniment [4]. » Il est impossible que nous ne soyons pas une partie de la nature; et, d'un autre côté, comme l'effort par lequel nous aspirons à vivre enveloppe l'infini [5], nous prétendons faire de notre individualité telle quelle la mesure de l'être et de la vérité. Nous nous considérons nécessairement comme le centre auquel doivent aboutir les rayons de la nature; nous les brisons, s'il le faut, pour les faire aboutir à nous. Quoi d'étonnant si le mouvement de la nature nous déconcerte et nous opprime?

Nous sommes donc esclaves, parce qu'au début de notre vie nous percevons et sentons les choses, non d'après des relations vraies, mais d'après des consécutions empiriques et imaginaires. L'âme associe les objets entre eux et les objets à ses désirs dans l'ordre où le corps les lui a présentés. Elle peut donc apercevoir comme présents les corps extérieurs, quoiqu'ils n'existent pas ou ne soient pas présents, quand une fois le corps humain en aura été affecté. « Si le corps humain a été une fois affecté par deux ou plusieurs corps en même temps, dès

---

[1] *Eth.*, II, prop. 23, t. I, p. 98.
[2] *Eth.*, II, prop. 24, t. I, p. 99.
[3] *Eth.*, II, prop. 25, t. I, p. 100.
[4] *Eth.*, IV, prop. 3, t. I, p. 192.
[5] *Eth.*, IV, prop. 4, t. I, p. 193.

que l'âme viendra ensuite à imaginer un de ces corps, aussitôt elle se souviendra également des autres [1]. » Pareillement, le désir s'attachera aux objets que le corps suscite; il se laissera déterminer par eux selon qu'ils seront présents, ou rappelés, ou imaginés. Si en se laissant déterminer par eux il éprouve de la joie, cette joie multipliera d'autant leur force; si, au contraire, il éprouve de la tristesse, cette tristesse affaiblira d'autant leur influence. L'état de servitude n'est donc pas un état absolument mauvais, parce que l'homme, à moins de ne plus être, possède toujours un certain degré de puissance et d'activité, parce qu'ensuite, dans les situations qu'elles traversent, cette puissance et cette activité rencontrent des occasions heureuses. L'état de servitude, c'est surtout un état de hasard dans lequel il y a place pour la bonne et la mauvaise fortune; c'est un manque de certitude qui fait que nos joies sont compromises, que nos tristesses durent; la béatitude que nous poursuivions de toute la force de notre être n'est plus qu'un rêve, que la réalité tantôt confirme, tantôt dément; et c'est précisément notre plus grande misère que de ne la considérer que comme un rêve, alors que la vie la promet et que la vérité la contient.

Suivons donc l'homme dans le développement irrationnel de ses affections, et montrons comment ses affections sont tantôt actives, tantôt passives, tantôt joyeuses, tantôt tristes, suivant les circonstances souvent très complexes qui les déterminent. Il est bien entendu que l'homme recherche toujours le bonheur, et que s'il se trompe en tel désir particulier, il ne se trompe pas en ce qui est l'objet commun de tous ses désirs. Si quelque chose augmente ou diminue, favorise ou empêche la puissance d'agir de notre corps, l'idée de cette chose augmente ou diminue, favorise ou empêche la puissance de penser

---

[1]. *Eth.*, II, prop. 18, t. I, p. 95.

de notre âme[1]. Par conséquent l'âme se représente autant
qu'elle le peut les choses qui augmentent ou favorisent
la puissance d'agir du corps[2]. S'il lui arrive de se représenter des objets qui limitent son action, elle s'efforce
alors de rappeler d'autres objets qui excluent l'existence
des premiers[3]. Les objets qui concourent à la satisfaction
de son désir lui semblent bons parce qu'ils lui causent
de la joie; ceux qui contrarient son désir lui semblent
mauvais parce qu'ils lui causent de la tristesse. Suivant
l'effet qu'ils ont produit, les objets sont donc aimés ou
haïs; ils sont aimés ou haïs également suivant l'effet que,
d'après l'imagination, ils doivent produire. Comme s'ils
agissaient avec bienveillance ou malveillance, ils obtien-
nent le prix ou ils portent la peine de leurs intentions.
L'amour et la haine ne sont autre chose que la joie et la
tristesse accompagnées de l'idée d'une cause extérieure[4].
Dans l'état de servitude, nous sommes à tel point dupes
des apparences que nous projetons hors de nous nos états
internes, que nous faisons correspondre à des états tristes
des causes extérieures de tristesse, à des états joyeux des
causes extérieures de joie; parce que nos désirs se sont
associés à tels objets, nous croyons que ces objets engendrent le fond même de nos désirs, alors que seulement ils
imposent à nos désirs telle forme passagère. Nous aliénons
nos sentiments de nous-mêmes pour les expliquer par les
choses qui nous entourent. Parties de là, nos illusions se
combinent graduellement et s'enchevêtrent. Il se peut qu'à
un même moment, à propos d'un même objet, deux affections contraires nous sollicitent et nous partagent. Comme
en effet le corps humain se compose d'une multiplicité
d'individus de nature diverse, et qu'ainsi il peut être
modifié par un corps étranger de plusieurs façons dif-

---

1. *Eth.*, III, prop. 11, t. I, p. 134.
2. *Eth.*, III, prop. 12, t. I, p. 135.
3. *Eth.*, III, prop. 13, t. I, p. 136.
4. *Eth.*, III, prop. 13, Schol., t. I, p. 136.

férentes; comme encore un corps quelconque peut être modifié d'un grand nombre de manières et qu'il peut transmettre au corps humain les modifications très diverses qu'il a subies, il est aisé de concevoir qu'un seul et même objet puisse déterminer dans le corps et par suite dans l'âme une multiplicité d'affections contraires. De là ces nuances infinies que peut revêtir un sentiment en apparence unique; de là ces incertitudes dans la joie et dans la tristesse; de là toutes ces fluctuations qui sont pour l'âme ce que le doute est pour l'intelligence[1]. Et puisque un même homme peut déjà, à un moment précis de sa vie, être si peu assuré en soi, si peu constant avec soi, à plus forte raison peut-il changer d'une époque à l'autre, à plus forte raison encore plusieurs hommes peuvent-ils, en même temps et pour le même objet, être divisés d'affections. De là ce désaccord d'impressions qui contribue si puissamment au désaccord des idées et qui engendre par contre-coup le scepticisme intellectuel et moral[2]. Comment s'étonner d'ailleurs que l'âme, qui semble s'être dépouillée à plaisir de ses facultés propres, qui a enrichi la nature extérieure de tous les éléments positifs de son action, se sente à certaines heures inerte, vide, indigente? Il est vrai qu'elle peut aussi, par un retour singulier, transporter à un moi imaginaire la raison de ses échecs et de ses succès. Comme souvent elle a conscience de s'engager sans calculs suffisants dans l'incertitude des choses, elle s'approuve d'avoir été audacieuse si elle réussit, elle se blâme d'avoir été aventureuse si elle échoue. Elle généralise volontiers à tout propos ce genre de jugements qu'elle porte sur son compte, et ainsi naissent la paix intérieure et le repentir. Le repentir et la paix intérieure sont une tristesse et une joie qu'accompagne l'idée de soi-même à titre de cause[3]. Partout donc

---

1. *Eth.*, III, prop. 50, Schol., t. I, p. 161.
2. *Eth.*, III, prop. 51, t. I, p. 162.
3. *Eth.*, III, prop. 51, Schol., t. I, p. 163.

éclate la fausse croyance à des individualités indépendantes, n'ayant d'autres rapports que ceux qu'établissent arbitrairement leurs libres volontés.

Il suit de là que les choses qui paraissent être ou qui sont réellement étrangères à notre nature peuvent causer dans l'âme par accident la joie, la tristesse ou le désir[1]. Si nous avons été affectés en même temps de deux états, dont l'un nous a rendus tristes ou joyeux, dont l'autre nous a laissés indifférents, le second de ces états pourra en se reproduisant reproduire le genre d'impression qu'avait fait naître en nous le premier. Nous en arrivons de la sorte à aimer ou à détester certains objets et certaines personnes sans aucune cause qui nous soit connue, par l'effet d'une sympathie et d'une antipathie capricieuses. Ce n'est pas que la sympathie et l'antipathie se développent sans raison, qu'elles soient, comme on l'a parfois soutenu, des qualités mystérieuses : elles naissent par des rencontres fortuites de sentiments et d'idées[2]. Il suffit souvent qu'une chose ressemble par quelque endroit à un objet qui d'ordinaire nous affecte de joie ou de tristesse, pour que nous reportions sur cette chose, originairement étrangère et indifférente à nos états d'âme, une part de notre amour ou de notre haine[3]. Qu'un objet qui nous procure ordinairement de la joie s'associe à un objet qui nous procure ordinairement de la tristesse, et réciproquement : nos sentiments d'amour et de haine, au lieu de rester distincts comme leurs objets, s'unissent sur chacun des objets pris à part[4]. En outre, comme les relations accidentelles des êtres et des choses peuvent être très complexes à un seul et même moment, les fluctuations, les incertitudes et les variations de sentiment dont il a été déjà question se compliquent en mille formes. Ajoutez que nous intervertissons l'ordre

---

1. *Eth.*, III, prop. 15, t. I, p. 137.
2. *Eth.*, III, prop. 15, Schol., t. I, p. 137-138.
3. *Eth.*, III, prop. 16, t. I, p. 138.
4. *Eth.*, III, prop. 17, t. I, p. 138.

des temps, qu'au lieu de vivre strictement dans le présent nous nous projetons en avant ou en arrière, dans l'avenir ou dans le passé, que de plus nous transformons ce passé et nous composons cet avenir d'après nos impressions actuelles ou nos besoins actuels. Or les images qui nous affectent ne changent pas de nature, quelle que soit la place de leurs objets dans la durée. A vrai dire, leurs objets nous sont présents par cela seul qu'elles nous affectent; ils nous sont présents par les sentiments qu'elles suscitent en nous. Ainsi se produisent l'espérance et la crainte. La joie qui est dans l'espérance et la tristesse qui est dans la crainte sont toutes deux mal assurées, parce qu'elles se rattachent à la représentation de choses futures dont l'événement nous laisse quelque doute, de telle sorte qu'il n'y a pas d'espérance sans crainte ni de crainte sans espérance. Que l'incertitude s'évanouisse, l'espérance deviendra la sécurité, la crainte le désespoir. Qu'enfin l'idée de notre individualité s'associe sous la forme d'un moi libre à ces affections désormais durables, la sécurité deviendra le contentement et le désespoir le remords[1].

On voit ainsi ce que nous devenons pour nous-mêmes dans la passion. Tantôt nous nous sentons dominés par les choses, tantôt nous les sentons dominées par nous. Incapables de rester à notre place et de l'occuper, de nous borner à notre rôle et de le remplir, nous nous laissons entraîner par des joies et des tristesses de hasard à nous apprécier et à nous déprécier bien plus qu'il ne convient. L'orgueil est une sorte de délire dans lequel nous rêvons les yeux ouverts; nous croyons contempler en nous toutes les perfections possibles, et nous oublions tout ce qui en exclut précisément l'existence, tout ce qui limite notre pouvoir d'agir[2]. Si surtout nous découvrons en nous quelque qualité singulière qui nous distingue des

---

1. *Eth.*, III, prop. 18, t. I, p. 140.
2. *Eth.*, III, prop. 26, Schol., t. I, p. 144.

autres, nous nous appliquons à la produire au dehors, sans souci des vanités que nous pouvons atteindre, des amours-propres que nous pouvons blesser, des jalousies que nous pouvons provoquer. Quand au surplus les louanges des autres, sincères ou hypocrites, semblent nous donner raison, notre orgueil, enhardi par cette approbation extérieure, s'étend et s'accroît indéfiniment : il tourne à l'adoration de nous-mêmes. L'humilité au contraire provient tout d'abord de la conscience de nos infirmités. Souvent, c'est en face de l'homme orgueilleux et par comparaison avec lui que nous nous sentons petits et impuissants ; d'autres fois, c'est sous l'impression d'une tristesse et d'une misère présentes que nous nous figurons à jamais malheureux ; nous nous disons alors qu'il nous est impossible d'avancer dans la voie du vrai ou du bien, nous gémissons lamentablement sous le poids d'une fatalité qui nous opprime[1]. Humbles ou orgueilleux, nous ignorons toujours notre véritable nature ; nous méconnaissons également ce qui la soutient et ce qui la limite. Et ce qui prouve bien que ces deux passions, si facilement opposées, dérivent d'une même cause, c'est que fréquemment elles se pénètrent, s'inspirent l'une l'autre. Ce n'est pas du reste l'orgueil qui tend à l'humilité, car l'humilité est un sentiment de tristesse dont nous cherchons à nous dégager ; c'est l'humilité qui tend à l'orgueil, car l'orgueil est un sentiment de joie auquel nous aspirons toujours, même à notre insu. L'humble ne se contente pas de s'humilier soi-même ; volontiers il humilie aussi les autres ; il affecte à l'égard de soi un mépris qui, s'il est justifié, doit retomber encore plus lourdement sur ses semblables, les confondre plus cruellement dans la candeur de leur vanité ou l'hypocrisie de leur orgueil. Comme il sait les raisons pour lesquelles il doit se mépriser, il se complait secrètement dans la conscience d'une

---

1. *Eth.*, III, App., définit. 28, t. I, p. 180.

sagacité si clairvoyante et d'une sincérité si admirable. Ce n'est pas seulement l'orgueil de notre prochain qui nous rabaisse, c'est encore son humilité[1].

D'ailleurs, comme les hommes vivent ensemble, ils se touchent en bien des points, et la forme la plus naturelle de cette contagion, c'est la contagion de l'exemple. Instinctivement nous nous modelons les uns sur les autres, et la société humaine est à la fois la condition et le résultat de cette imitation inconsciente. C'est que les affections de notre corps n'expriment pas seulement sa nature, mais encore la nature des corps qui l'affectent, de telle sorte qu'il y a une répercussion de leurs états en son état. La sympathie naturelle de l'homme pour l'homme n'est à l'origine que cette diffusion de mêmes sentiments à travers des individus qui se ressemblent. Regardons les enfants : par cela seul que leurs corps est moins fixé, leur caractère est moins arrêté; ils réagissent moins contre les impulsions spontanées; ils s'abandonnent à leur premier mouvement. Et leur premier mouvement, c'est d'imiter ce qu'ils voient faire : ils rient et ils pleurent pour cette seule raison qu'ils voient rire et pleurer; ils aiment ce que les autres aiment, ils repoussent ce que les autres repoussent. Or il est possible que cette primitive sympathie s'élargisse et se fortifie par l'expérience[2]. Puisque les sentiments de joie et de tristesse se communiquent ainsi d'homme à homme, nous partageons la joie de l'homme heureux, la peine de l'homme malheureux; nous nous félicitons de l'une, nous prenons l'autre en pitié; nous voyons d'un œil favorable ce qui fait le bonheur de notre semblable, nous nous indignons contre ce qui fait son malheur[3]. Cependant la puissance d'affection que nous avons en réserve s'affaiblirait si elle se dispersait à l'infini; aussi se concentre-t-elle sur quel-

---

1. *Eth.*, III, prop. 54, 55, t. I, p. 165. — App., défin., 28-29, p. 180-181.
2. *Eth.*, III, prop. 32, Schol., t. I, p. 149.
3. *Eth.*, III, prop. 27, t. I, p. 144.

ques objets seulement, parfois sur une seule personne, et c'est là la passion de l'amour. L'objet aimé, par une sorte d'abstraction extraordinaire qu'opère notre désir, est mis entièrement à part du reste de l'univers; il devient pour nous la mesure de nos impressions et de nos jugements; ou plutôt c'est toujours notre moi, exalté par la passion, qui ramène tout à lui : l'amour est toujours l'amour-propre qui fait d'une autre personne sa complice. Que nous nous représentions l'objet aimé comme saisi de tristesse ou de joie, nous éprouvons les mêmes sentiments; et si c'est d'autrui que paraît lui venir cette tristesse ou cette joie, nous éprouvons à l'égard d'autrui de la colère ou de la bienveillance. C'est à travers l'objet aimé que se réfractent pour nous toutes les impressions qui nous atteignent; nous poursuivons avec ardeur ou nous repoussons avec violence tout ce qui accroît ou amoindrit son pouvoir d'agir, ce qui par contre-coup accroît ou amoindrit notre propre pouvoir [1]. Mais pour que notre pouvoir soit favorisé ou augmenté, il faut aussi que notre amour soit partagé. Nous faisons donc effort, autant que nous pouvons, pour que l'objet aimé nous aime en retour; nous tâchons de lui procurer la joie que nous désirons pour lui, de telle sorte qu'il associe intimement l'idée de notre personne à la joie qu'il éprouve [2]. Si nos efforts semblent réussir, si l'objet aimé paraît sensible à notre passion, nous ne manquons pas de nous glorifier [3]. La passion redouble d'ardeur et parfois de violence. Mais ce qui montre bien que c'est encore nous-mêmes que nous aimons en autrui, c'est que nous n'admettons pas que l'objet aimé soit recherché par un autre que par nous; nous considérons que notre affection ne nous est rendue que si l'objet aimé n'aime que nous seuls, et c'est ici surtout que nous ne consen-

---

1. *Eth.*, III, prop. 19, 21, 22, 25, t. I, p. 140-143.
2. *Eth.*, III, prop. 33, t. I, p. 150.
3. *Eth.*, III, prop. 34, t. I, p. 150.

tons pas à être dépossédés[1]. De là vient que l'amour est rarement sans tristesse parce qu'il s'y mêle toujours quelque inquiétude ou quelque jalousie. Nous détestons naturellement le rival qui vient nous troubler dans la sécurité de notre passion, et notre passion s'accroît en raison de l'effort que nous avons à faire pour l'écarter. Que d'autre part l'objet aimé n'apporte pas dans son amour toute l'ardeur qu'il semblait y mettre, que même seulement il cesse de l'exprimer par quelques-uns de ces détails insignifiants qui autrefois nous ravissaient[2], alors commence à poindre en nous l'ennui, le regret, le dépit. S'il arrive enfin que nous nous sentions abandonnés, trahis, nous sommes un instant déconcertés ; notre passion, qui ne peut tomber d'un coup, est envahie et lentement minée par la tristesse; même si elle semble s'éteindre, elle a des retours de flamme; en tout cas nous commençons à détester l'objet que nous aimions, et les causes de cette aversion s'accumulent dans la mesure où nos désirs ont été contrariés. Refoulés violemment en nous et dans notre tristesse, nous ne pouvons plus tenir pour indifférent l'objet que nous avons aimé : plus grand a été l'amour, plus grande sera la haine[3].

La haine peut donc s'éveiller, âpre, violente, meurtrière, entre des êtres que rapprochait leur commune nature, mais que divisent leurs passions. Tout homme passionné veut que les autres vivent à son gré; comme tous ont la même volonté, ils se font également obstacle; et comme tous prétendent être loués et aimés de tous, ils finissent par se détester tous mutuellement[4]. Le même jeu d'affections qui nous conduisait à la pitié pour ceux qui souffrent détermine en nous l'envie à l'égard de ceux qui sont heureux[5]. En vertu de cette contagion des senti-

---

1. *Eth.*, III, prop. 35, t. 1, p. 151.
2. *Eth.*, III, prop. 36, t. I, p. 152.
3. *Eth.*, III, prop. 38, t. I, p. 153.
4. *Eth.*, III, prop. 32, t. I, p. 149.
5. *Ibid.*, Schol., t. I, p. 150.

ments qui a été déjà expliquée, nous tendons à éprouver la même joie que nos semblables, de la même façon et par les mêmes causes. Or l'objet qui fait la joie d'autrui lui appartient parfois exclusivement; il ne peut donc, par cela qu'autrui le possède, tomber en notre pouvoir, et voilà pourquoi nous souffrons la joie d'autrui avec quelques regrets et quelque impatience. Les moindres occasions viennent développer ce germe de méchanceté qu'enveloppe la passion. L'ingratitude nous blesse comme une perte que subit notre amour, notre vanité ou notre intérêt[1]. De même qu'il nous suffit de nous croire aimés de l'un de nos semblables pour l'aimer à notre tour, de même il suffit de nous croire détestés de quelqu'un pour le détester également[2]. Œil pour œil, dent pour dent. Or, de même que nous nous efforçons d'accroître le bonheur de l'objet aimé, nous nous efforçons de rendre malheureux l'objet haï[3]. La haine est un principe de destruction radicale. Il faut que l'objet haï disparaisse; et si notre pensée continue à nous le représenter, c'est pour que notre activité appelle contre lui toutes ses ressources, l'anéantisse à la fin. Comment cependant se fait-il que rarement dans la vie la haine se porte à une telle extrémité? C'est que la passion ne peut être conséquente. Les sentiments qu'elle suscite ne se développent pas tout droit dans une direction inflexible; ils sont traversés par d'autres sentiments et doivent par suite composer avec eux. C'est ainsi que les effets et les pouvoirs de notre haine se trouvent doublement limités : d'abord nous pouvons craindre que le mal que nous ferons à autrui ne nous soit rendu à notre plus grand dommage, et le calcul plus ou moins inconscient de ces conséquences désastreuses paralyse en nous le besoin de vengeance[4]; ensuite la

---

1. *Eth.*, III, prop. 42, t. I, p. 157.
2. *Eth.*, III, prop. 40, t. I, p. 155.
3. *Eth.*, III, prop. 39, t. I, p. 154.
4. *Ibid.*, Schol.

joie que peut nous causer le malheur de la personne détestée ne peut être jamais solide et pure de tout trouble intérieur; c'est un de nos semblables que nous allons atteindre et que nous tendons à détruire; or l'image de notre prochain affligé, misérable, nous contriste nécessairement; nous pouvons donc éprouver jusque dans notre haine une certaine pitié [1], d'autant plus que la vengeance et la commisération résultent au fond du même mécanisme. Dans les deux cas, nous nous substituons imaginairement à notre semblable, soit pour éprouver à son exemple une passion qu'il nous empêche de satisfaire, soit pour ressentir en nous quelque chose de la douleur que nous songeons à lui causer. La haine absolue est impossible, car elle supposerait une rupture complète de tous les liens qui nous rattachent au monde. La haine enveloppe toujours en elle quelque mélancolie, quelque regret, quelque remords. Si même nous nous apercevons que notre haine est injuste, nous la sentons peu à peu, après quelques moments de surprise et de reprise, décroître et disparaître [2]; elle se convertit lentement en sympathie, en bienveillance, même en amour. Nous ne pouvons plus tenir pour indifférent l'objet que nous avons haï; plus grande a été la haine, plus grand sera l'amour [3].

Toutes ces vicissitudes de passions contradictoires supposent que les relations vraies des êtres sont méconnues et remplacées par des relations imaginaires. Les êtres qui composent l'univers sont toujours forcément en contact, et lorsque ce contact réciproque ne se produit pas par des points d'attache réels, il se produit par des points d'attache fictifs. C'est la même illusion qui fait souvent que les hommes s'attirent et se repoussent. L'homme qui éprouve quelque passion pour son semblable est toujours disposé à voir en celui-ci une cause indépendante, douée de libre

---

1. *Eth.*, III, prop. 47, t. I, p. 159.
2. *Eth.*, III, prop. 48, t. I, p. 160.
3. *Eth.*, III, prop. 44, t. I, p. 158.

arbitre, et lorsqu'il pense que son semblable agit dans la plénitude de sa volonté, sa passion s'avive d'autant plus. Voilà pourquoi les hommes, dans leur foi au libre arbitre, ressentent les uns pour les autres plus d'amour et plus de haine que pour les autres êtres[1]. De même encore, parce que nous détruisons les solidarités naturelles, nous établissons des solidarités artificielles : hantés par les notions vides d'espèce et de genre, nous étendons les sentiments que nous éprouvons pour un être à tout le groupe dont il fait partie. C'est ainsi que l'amant trompé parle volontiers de l'inconstance des femmes en général. « Si nous avons été affectés d'une impression de tristesse ou de joie par une personne d'une autre classe ou d'une autre nation que la nôtre, et si l'idée de cette personne, sous le nom commun de sa classe ou de sa nation, accompagne notre tristesse ou notre joie comme étant la cause même qui la produit, nous éprouverons de la haine ou de l'amour non seulement pour cette personne, mais encore pour toutes les personnes de sa classe et de sa nation[2]. » Mais si souvent notre passion se développe de l'individu au genre, d'autres fois au contraire elle ne souffre pas que l'individu se laisse absorber par le genre ; elle y voit quelque chose de singulier qui la suscite et l'arrête[3]. Ainsi nous passons constamment d'une tendance à l'autre. Cette unité de notre être, dont volontiers nous nous glorifions et que nous allons même jusqu'à convertir en une unité substantielle, est singulièrement entamée. La passion produit en nous les mêmes ravages que la maladie. « Il arrive quelquefois à un homme, remarque Spinoza, de subir de tels changements qu'on aurait peine à dire qu'il est le même homme. J'ai entendu conter d'un poète espagnol qu'ayant été atteint d'une maladie, il resta, quoique guéri, dans un oubli

---

1. *Eth.*, III, prop. 49, t. I, p. 169.
2. *Eth.*, III, prop. 46, t. I, p. 159.
3. *Eth.*, III, prop. 52 ; Schol., t. I, p. 163.

si profond de sa vie passée qu'il ne reconnaissait pas pour siennes les fables et les tragédies qu'il avait composées ; et certes on aurait pu le considérer comme un enfant adulte s'il n'avait gardé souvenir de sa langue maternelle[1]. » Ces scissions de notre individualité que produit la maladie, la passion les produit déjà avec une très grande violence. « Nous sommes agités en mille façons par les causes extérieures, et, comme les vagues de la mer soulevées par des vents contraires, nous flottons entre les passions, ignorants de notre avenir et de notre destinée[2]. »

Ce lamentable aveuglement dans lequel nous sommes fait que notre âme se plie à de fausses règles et à de fausses conceptions morales. Bien des préceptes que nous tenons pour vrais n'ont de prise sur nous que parce qu'ils sont adaptés à de longues habitudes d'esclavage. Nous adhérons sans peine aux doctrines qui nous enseignent que la nature humaine est mauvaise, et cependant ces doctrines sont des plus funestes ; elles répandent partout la défiance et la discorde, elles développent cet esprit d'ironie et ce goût des indignations violentes auxquels s'abandonne si aisément une sagesse menteuse. Elles établissent une classification des vertus, irrationnelle en son principe, irrationnelle en ses effets, et toute leur puissance se fonde sur l'impuissance réelle de l'homme. Elles font appel à la passion au moment même où elles prétendent la combattre, et c'est au nom d'un bien imaginaire qu'elles nous imposent la résignation aux maux présents. Encore une fois, il ne peut y avoir du bien qu'un critérium immanent et sensible : la joie justifie l'action qui la provoque. Seulement il faut entendre par joie, non le plaisir éphémère, le plaisir d'occasion, mais la jouissance permanente et assurée du bonheur. Dès lors on peut dire qu'il

---

1. *Eth.*, IV, prop. 39 ; Schol., t. I, p. 218.
2. *Eth.*, III, prop. 59 ; Schol., t. I, p. 171.

y a des joies mauvaises, en ce sens qu'elles peuvent entraîner des tristesses plus grandes : telles sont, par exemple, ces joies qui se laissent absorber par un objet particulier et qui ne contentent qu'une partie de notre être, l'amour délirant avec ses ivresses, l'ambition avec ses succès, etc... Elles nous exposent à des déceptions et à des peines, ou encore elles nous privent d'autres joies qui appartiennent à la vie. En revanche des tristesses peuvent être bonnes, en ce sens qu'elles nous prémunissent contre des joies dangereuses, contre la séduction d'aventures à courir. Mais il ne faut jamais oublier que des états de tristesse ne sont pas en eux-mêmes des états de grâce ou de vertu. Ce ne sont pas seulement les passions de l'estime qui sont mauvaises comme les passions du mépris, puisqu'elles nous empêchent de juger nos semblables selon leur vraie nature[1], ce sont encore les mouvements de commisération, de sympathie douloureuse. « La pitié est, de soi, mauvaise et inutile dans une âme qui vit conduite par la raison. Celui qui a bien compris que toutes choses résultent de la nécessité de la nature divine et se font suivant les lois et les règles éternelles de la nature, ne rencontrera jamais rien qui soit digne de haine, de moquerie ou de mépris, et il ne prendra jamais personne en pitié; il s'efforcera au contraire, autant que le comporte l'humaine vertu, de bien agir et, comme on dit, de se tenir en joie, *bene agere et lœtari*. Ajoutez que l'homme qui est aisément touché de pitié et remué par la misère ou les larmes d'autrui, agit souvent de telle sorte qu'il en éprouve ensuite du regret; ce qui s'explique, soit parce que nous ne faisons jamais le bien avec certitude quand c'est la passion qui nous conduit, soit encore parce que nous sommes facilement trompés par de fausses larmes. Il est expressément entendu que je parle ici de l'homme qui vit selon la raison. Car si un homme n'est

---

1. *Eth.*, IV, prop., 48, t. I, p. 124.

jamais conduit ni par la raison ni par la pitié à venir au secours d'autrui, il mérite assurément le nom d'inhumain, puisqu'il ne garde plus avec l'homme aucune ressemblance[1]. » Les vertus que nous pratiquons dans l'état de servitude sont donc des vertus de hasard; et le malheur de cette condition, c'est que la joie accidentelle qu'elle nous procure nous dispose à la trouver bonne. Nous justifions la crainte par les maux qu'elle nous épargne, l'espérance par le plaisir dont elle nous caresse; mais outre qu'à des degrés divers la crainte et l'espérance impliquent la tristesse, la crainte déprime et paralyse notre activité, l'espérance la stimule et l'exalte outre mesure. L'homme qui dans la vie se laisse déterminer par la crainte et l'espérance s'abandonne en réalité à la fortune : il agit dans l'incertain et dans le vide. Voilà pourquoi les doctrines qui s'efforcent de mener l'homme par la pensée de grands maux ou de grands biens à venir, qui font ainsi de l'espérance et de la crainte les seules causes impératives de la conduite, nous enfoncent dans notre misère, loin de nous soulager; elles nous laissent toujours d'ailleurs un doute sur l'efficacité des promesses ou des menaces qu'elles nous font. Fondées sur des passions qui poussent l'homme hors de son être, elles ne peuvent pas plus entrer en l'homme que le faire entrer en soi; elles ne peuvent pas s'emparer entièrement de son âme; elles le tiennent par sa sensibilité; elles ne sauraient aller jusqu'à sa raison sans se détruire. Aussi affectent-elles une extrême certitude extérieure afin de dissimuler leur essentielle incertitude; aussi mettent-elles à un haut prix toute humilité, particulièrement l'humilité de l'intelligence[2]. Elles ont beau soutenir que l'homme qui s'examine et se connaît se sent nécessairement humble : l'humilité est au contraire, comme la crainte, un affaissement de nous-

---

1. *Eth.*, IV, prop. 50, Schol., t. I, p. 225.
2. *Tract. theol. polit.* Præfatio, cap. VII, etc.

mêmes, et loin d'être entretenue par la connaissance de notre nature, elle n'est en réalité, comme l'orgueil, que la pire ignorance. Du moment que nous parviendrions à nous connaître entièrement nous-mêmes, cette connaissance exacte de notre nature produirait en nous un sentiment légitime de joie et de fierté. Au surplus nous savons bien que l'humilité est un orgueil qui se déguise, que, sous les formes réservées de la modestie, elle cache la prétention outrecuidante de censurer perpétuellement le prochain[1]. Cependant l'homme qui s'est laissé aller au mal ne doit-il pas se sentir humilié? N'est-il pas bon qu'il éprouve de ce fait quelque remords? Pas davantage. Le remords et le repentir sont des passions mauvaises; ils enveloppent plus ou moins confusément cette idée, que l'action accomplie aurait pu être différente, que la libre volonté aurait pu mieux se conduire. L'homme qui se repent a le regret absurde que sa nature ait été à un moment précis ce qu'elle a été effectivement ; il nie la nécessité; il reconstitue le passé d'après ses désirs et ses besoins d'à présent, et il souffre que les actes accomplis ne soient pas conformes à ses tendances actuelles. A supposer que dans ce cas l'homme constate son impuissance réelle, ce ne sont ni des désolations, ni des scrupules qui peuvent le relever de sa misère : le repentir est une tristesse nouvelle qui s'ajoute à un acte d'impuissance et à un état d'infirmité. « Le repentir n'est point une vertu, ou en d'autres termes, il ne provient point de la raison; au contraire, celui qui se repent d'une action est deux fois misérable ou impuissant[2]. » Toutefois, de même que l'espérance et la crainte, l'humilité et le repentir peuvent avoir une utilité morale et sociale. « Parce que les hommes ne dirigent que rarement leur vie d'après la raison, il arrive que ces deux passions de l'humilité et du repen-

---

1. *Eth.*, IV, prop. 53, 55, 56, 57, 58, t. I, p. 226-231.
2. *Eth.*, IV, prop. 54, t. I, p. 227.

tir, comme aussi l'espérance et la crainte, sont plus utiles que nuisibles ; et puisque enfin les hommes doivent pécher, il vaut encore mieux qu'ils pèchent de cette manière. Car si les hommes dont l'âme est impuissante venaient tous à s'exalter également par l'orgueil, ils ne seraient plus retenus par aucune honte, par aucune crainte. Comment pourraient-ils être enchaînés et maîtrisés? Le vulgaire est terrible dès qu'il ne craint plus. Il ne faut donc point s'étonner que les prophètes, consultant l'utilité commune et non celle d'un petit nombre, aient si fortement recommandé l'humilité, le repentir et la soumission. Car on doit convenir que les hommes dominés par ces passions sont plus aisés à conduire que les autres et plus disposés à mener une vie raisonnable, c'est-à-dire à devenir libres et à jouir de la vie des heureux [1]. »

Telle est donc la confusion qui règne dans l'état de servitude, que les affections joyeuses peuvent être mauvaises, que les affections tristes peuvent être bonnes. Cela montre clairement que dans la passion il n'y a rien de solide sur quoi puisse s'édifier la liberté. Cependant n'est-il pas vrai que la liberté doit procéder géométriquement de la servitude? N'est-il pas vrai encore, suivant plusieurs théorèmes de Spinoza, que la joie de l'homme a d'autant plus de vivacité et de prix qu'elle n'est pas immédiate, qu'elle a d'abord à triompher de la tristesse? Ne faut-il donc pas reconnaître que l'idée du péché, présente à nos âmes, nous prédestine mieux que l'innocence naturelle à la grâce et au salut? Assurément la joie conquise nous est plus sensible par la tristesse qui l'a longtemps empêchée ou entravée; mais quand nous faisons servir ainsi notre tristesse passée à notre joie présente, c'est que notre joie est loin d'être entière. La pure joie supprimerait tout sentiment ou toute idée de tristesse possible, de même

---

1. *Ib.*, Schol.

que la pure vérité supprimerait tout sentiment ou toute
idée d'erreur possible. C'est d'autre part un faux calcul
que de poursuivre la tristesse pour la joie plus grande
qui doit s'ensuivre. A nous comprimer ainsi, nous n'oserions jamais nous approcher de la joie ; à force de durer
dans la tristesse, nous finirions par nous y endurcir[1].
Enfin, si la passion comporte des expédients et des transactions, si elle autorise les moyens irrationnels qui font
combattre le mal par le mal, la raison ne saurait accepter
pour son compte les formules de contrainte et de mortification par lesquelles on prétend nous maîtriser. « La
chose du monde à laquelle un homme libre pense le
moins c'est la mort, et sa sagesse est la méditation, non
de la mort, mais de la vie[2]. » En d'autres termes, il n'y a
pas de sagesse qui tienne contre la vie, qui ait le droit
ou le pouvoir d'en réprimer les tendances et d'en briser
l'élan. Il est absurde de maudire la joie : elle est bonne;
il est absurde de bénir la souffrance : elle est mauvaise[3].

1. *Eth.*, III, prop., 44, Schol., t. I, p. 158.
2. *Eth.*, IV, prop., 67, t. I, p. 237.
3. *Eth.*, IV, prop., 41, t. I, p. 219.

CHAPITRE VI.

LA VIE MORALE DE L'HOMME.

II. L'AFFRANCHISSEMENT.

C'est par une seule et même tendance, la tendance à persévérer dans l'être, que l'homme agit et qu'il pâtit[1]. S'il arrive que l'homme est dominé par la passion, c'est que sa force personnelle n'est presque rien, comparée à la force totale de l'univers. Sous l'influence de tant de causes qui pèsent sur lui, il sent sa puissance d'action presque anéantie. La passion, c'est la passivité subie par le corps et posée par l'esprit comme l'état absolu et éternel. Comment donc l'homme pourra-t-il s'en affranchir?

Il ne saurait se produire dans l'âme humaine une conversion subite et miraculeuse; le libre arbitre, tel qu'on le suppose, pourrait seul déterminer de pareils revirements, et le libre arbitre n'existe pas. Que vaudraient, au surplus, des modifications si singulièrement introduites en nous, en dehors de toute condition naturelle? Ne procédant pas de la vie, elles ne tiendraient pas à la vie; elles seraient éphémères comme le caprice qui les aurait engendrées. Aucune façon d'être ne peut s'implanter en nous solidement si elle ne résulte pas d'un développement antérieur. Cependant, puisqu'il est nécessaire qu'à son premier moment la nature humaine soit impuissante et passionnée, n'est-il pas évident que la puissance et la

---

1. *Eth.*, V, prop. 4, Schol., t. I, p. 255.

iberté ne peuvent être conquises que par la destruction
de cette nécessité? Et alors n'est-il pas certain que la
nécessité est pour le perfectionnement de notre être, non
un secours, mais un obstacle?

Ici encore se glisse une erreur, due à l'abus des abstractions philosophiques. Entre l'état de servitude et l'état de liberté, on imagine une sorte d'intervalle vide que viendrait combler, pour établir la transition de l'un à l'autre, la puissance indépendante de la volonté humaine. On présente ainsi sous la forme d'une opposition les deux termes entre lesquels doit se développer la moralité. On oublie que la nécessité qui nous rend esclaves est de même nature que la nécessité qui nous rendra libres, que par conséquent la tendance à nous affranchir est, non une négation, mais une reconnaissance de l'immuable nécessité. L'accroissement de vertu que nous souhaitons ne nous viendra pas par une addition surnaturelle aux puissances de la nature, mais par un prolongement régulier de ces puissances mêmes. Esclaves, nous sommes soumis à une nécessité qui nous contraint, parce qu'elle n'a pas en nous son principe; libres, nous réalisons une nécessité qui est notre nature, notre action, notre vie, parce qu'elle a en nous sa raison. La conversion de la servitude à la liberté est une transformation graduelle par laquelle la nécessité, qui était force extérieure, force déprimante, devient force interne, force d'expansion.

Mais il faut que ce progrès moral se déduise du système, et Spinoza, en effet, s'est efforcé d'en expliquer les causes. D'abord, s'il est vrai que l'ordre et la connexion des idées sont les mêmes que l'ordre et la connexion des choses, nous avons le droit de considérer la nature au point de vue de l'âme aussi bien qu'au point de vue du corps; nous avons le droit de retourner la formule suivant laquelle l'enchaînement des idées reproduit l'enchaînement des affections corporelles, et de dire que l'enchaînement des affections corporelles reproduit l'enchaînement des idées[1]. Le parallélisme rigoureux des deux attributs divins que nous connaissons s'exprime par une sorte d'équilibre entre le corps et l'âme. On a montré pourquoi cet équilibre s'est nécessairement rompu, pourquoi il y a eu une inflexion de l'homme vers le corps ; il est possible de montrer comment peut se produire maintenant une inflexion vers l'âme. La cause première de toute servitude était que l'homme ne percevait la nature qu'à travers les impressions de son corps ; il disposait ainsi ses idées et ses actes dans un ordre confus, d'après des consécutions empiriques ou imaginaires ; il s'offrait donc sans défense aux atteintes des choses, et quand il prétendait accroître sa puissance d'agir, il la sentait dominée au contraire par les influences extérieures. Or la passion se transforme en action dès que les causes qui l'engendrent, comprises par nous, deviennent en nous les raisons qui l'expliquent[2]. Nous sommes passifs, parce que les idées des affections corporelles et les désirs qui s'y rattachent ne sont dans notre vie que des états incomplets ; que ces états s'unissent à leurs états complémentaires, et ils formeront un tout achevé, parfait en son genre, qui se traduira par une plus grande action : ainsi des forces dispersées deviennent plus puissantes dès qu'elles sont capables de se grouper en faisceau. Pourquoi, en fin de compte, nos premières perceptions sont-elles confuses ? C'est que les relations réciproques des diverses parties de notre corps, c'est que les relations de notre corps avec les corps étrangers s'établissent en dehors de toute notion commune, c'est-à-dire de tout lien commun, par la rencontre fortuite d'éléments singuliers, arbitrairement juxtaposés dans le temps et dans l'espace ; mais la réalité même de ces rencontres irrégulières enveloppe la possibilité de rencontres régulières que l'en-

---

1. *Eth.*, V, prop. 1, t. I, p. 253.
2. *Eth.*, V, prop. 3, t. I, p. 254.

tendement peut reconnaître ou assurer. Les objets de la nature qui s'accompagnent dans un ordre contingent ne peuvent encore s'accompagner que parce qu'ils ont des éléments communs; or, dès que ces éléments communs viennent à transparaître à travers la confusion des sens et de l'imagination, un ordre nouveau se constitue, fondé sur l'unité logique de l'entendement. Ainsi, « il n'y a pas d'affection du corps dont nous ne puissions former un concept clair et distinct [1]; » nous pouvons peu à peu représenter nos affections corporelles par des idées adéquates et ainsi les unir en système. Puisque, en effet, l'essence de notre être est une idée que constitue la Pensée divine, il ne peut y avoir dans notre âme rien qui soit absolument irrationnel; et comme la vérité de Dieu est tout entière dans chacun de ses attributs, par conséquent dans la Pensée, on ne peut rien concevoir qui soit, en nous ou hors de nous, irréductible à un entendement infini. Tout en soi est donc entièrement intelligible; d'où il suit que tout pouvoir réel et décisif doit être un pouvoir de comprendre. Nous sommes d'autant plus puissants que nous agissons par raison, parce que par là nous ne relevons que de nous-mêmes. Et par là aussi la puissance des causes extérieures, qui à l'origine nous dépassait infiniment, se réduit et s'amoindrit. Tant que nos idées étaient inadéquates, elles étaient comme tirées de nous par la force prépondérante des choses, et elles se subordonnaient à l'infini mouvement de la nature; devenues adéquates, elles ont en elles quelque chose de fixe, d'absolu, qui fait dépendre d'elles la marche du monde. En d'autres termes, l'âme humaine a pour objet l'univers, c'est-à-dire un infini réel. Tant qu'elle considère cet objet comme une réalité externe dont elle est le miroir, elle se laisse opprimer et désorganiser par cette puissance qu'elle avait cru d'abord surmonter, et qui s'est montrée

---

1. *Eth.*, V, prop. 4, t. I, p. 254.

invincible. Lorsque, au contraire, elle conçoit qu'elle est identique à son objet, que cet objet peut entrer en elle sous la forme d'un système cohérent et rationnel, lorsqu'elle devient en un mot entendement, elle éprouve que son objet lui appartient, relève d'elle ; elle a conscience de sa souveraineté, de son autonomie. Notre première façon de connaître et d'agir est mauvaise, parce qu'elle est *réaliste,* parce qu'elle porte sur une nature qu'elle suppose réelle, bien qu'inintelligible. Notre connaissance et notre activité se perfectionnent dès qu'elles comprennent que leur objet dépend d'elles, dès qu'elles s'efforcent de se l'approprier, de le rendre intérieur, en dépit de l'infinité que cet objet semble envelopper.

Toutefois il ne saurait y avoir d'intervention miraculeuse de l'entendement pas plus que du libre arbitre. « Une affection, quelle qu'elle soit, ne peut être empêchée ou détruite que par une affection plus forte[1]. » Il n'y a que l'émotion qui puisse commander à l'émotion. C'est par là que Spinoza distingue sa doctrine de la doctrine des Stoïciens et de Descartes : l'éducation et l'effort sont indispensables pour nous diriger dans la droite voie ; l'empire de la raison ne peut être ni immédiat, ni absolu[2]. Que l'on songe d'ailleurs à ce qu'est pour Spinoza la raison. Ce n'est pas une faculté qui vient de haut tomber sur les choses pour les saisir ; c'est un ordre systématique qui se substitue à un ordre empirique des idées ; or cette substitution s'accomplit graduellement sous la pression même des choses. La doctrine spinoziste, qui, vue du dehors, apparaît si aisément comme une construction purement abstraite, se fonde en réalité sur cette pensée, qu'il faut vivre sa vie avant de la comprendre et afin de la comprendre, que l'expérience a des leçons qui nous guident dans le sens de la raison. C'est une appli-

---

1. *Eth.*, IV, prop. 7, t. I, p. 257.
2. *Eth.*, V, præf., t. I, pp. 250 et suiv.

cation rigoureuse de la théorie de l'immanence. Nous ne devons pas nous établir dans une sorte de position transcendante par rapport à la nature : l'homme qui se retranche de la vie se retranche de la vertu. Notre sagesse se forme lentement; elle a besoin du temps pour naître et se développer[1]; et, même dans les progrès qu'elle accomplit, elle est sujette à des défaillances. Elle commence à éclore dès que nous sentons que les passions nous ont trompés, nous ont rendus à la fois malheureux et injustes. Nous nous étions livrés à elles, parce que d'elles nous attendions une joie plus grande, une plus grande plénitude d'être. Or elles ont profondément troublé notre paix intérieure et notre paix extérieure; elles nous ont mis en état de lutte contre nos semblables et nous ont accablés sous le poids de l'inquiétude, de la défiance, de la crainte perpétuelle; elles nous ont mis en état de lutte contre nous-mêmes, et elles ont brisé notre énergie par l'incohérence de nos désirs[2]. Notre tendance à persévérer dans l'être réagit donc tout naturellement contre l'état d'impuissance et de misère où nous nous trouvons. Nous travaillons à nous refaire, à nous réorganiser. Nous nous délivrons peu à peu de l'illusion qui nous avait induits en des passions si téméraires, l'illusion de la finalité. Nous éprouvons par nous-mêmes que l'action des êtres naturels n'a pas pour fin de nous donner la joie, que leur puissance d'agir ne se règle pas sur nos intérêts et sur nos besoins[3], que par conséquent nous devons autant que possible mesurer nos désirs à notre pouvoir. D'où il suit que l'expérience de la vie nous amène peu à peu à briser les relations accidentelles que nos inclinations avaient avec les causes extérieures; changeant d'objet, elles évitent les conséquences auxquelles elles étaient entraînées[4].

1. *Eth.*, V, prop. 20, Schol., t. I, p. 264.
2. *Eth.*, IV, prop. 32-33, t. I, p. 209-210.
3. *Eth.*, IV. Append. xxx, t. I, p. 249.
4. *Eth.*, V, prop. 2, t. I, p. 253.

Ce sont donc les passions elles-mêmes, qui se contrariant, se détruisant réciproquement, nous font rentrer en nous et nous forcent à réfléchir : le désir de nous venger est combattu par la crainte des représailles ; l'emportement de l'amour est arrêté par la pensée des obstacles à vaincre et des déceptions à subir. Comme toute passion engendre en nous une tristesse immédiate ou indirecte, elle tend ainsi à se transformer, à éliminer d'elle ce qui la rend mauvaise. De plus, comme les objets de nos passions nous affectent différemment suivant les circonstances de temps et de lieu dans lesquelles ils sont représentés, il s'établit forcément entre les passions une concurrence qui doit finalement aboutir à la prépondérance de l'une d'elles. Or quelles sont les lois qui gouvernent cette concurrence? Quand une affection est excitée par un grand nombre de causes extérieures qui s'unissent, elle est plus forte que si elle était excitée par des causes qui se divisent, ou par une unique cause. Et, comme elle a plus de puissance, si elle est satisfaite, elle comporte plus de joie. Car, d'un côté, elle laisse l'âme plus libre à l'égard de chaque cause isolée, et, d'un autre côté, elle lui donne la conscience d'un objet plus complexe et plus cohérent, par suite plus sûr. En outre une affection de ce genre tend à occuper l'âme de plus en plus ; étant associée à un grand nombre de choses, elle revient fréquemment à l'esprit ; et plus les choses qui la soutiennent ou la réveillent sont nombreuses et unies, plus elle se constitue profondément dans l'être[1]. Pour les mêmes raisons, la part d'illusion qui entre dans l'affection tend à s'affaiblir et à disparaître. C'est en effet le propre des fictions de ne pouvoir indéfiniment s'accorder entre elles et s'accorder avec la réalité ; elles s'évanouissent donc à mesure que l'expérience de la vie développe en nous le sens du réel et du vrai. D'autre part, nos affections sont d'autant plus attachées à leurs

---

1. *Eth.*, V, prop. 11, 12, 13, t. I, p. 260-261.

objets que ceux-ci sont plus permanents, plus susceptibles d'être représentés. L'affection dont la cause paraît présente est plus forte que l'affection dont la cause paraît absente ; l'affection dont la cause paraît prochaine est plus forte que l'affection dont la cause paraît éloignée ; l'affection dont la cause paraît nécessaire est plus forte que l'affection dont la cause paraît contingente[1]. Donc l'âme fait effort de plus en plus pour s'assurer son objet, de telle sorte qu'il ne vienne pas à lui manquer. Voilà pourquoi elle semble consentir à certains sacrifices. Si elle s'aperçoit que la satisfaction immédiate d'un désir particulier lui dérobera des jouissances plus étendues et plus profondes, elle est capable de résister à la fascination, de rejeter le plaisir qui actuellement la sollicite, de préférer un plus grand bien à venir à un moindre bien présent, ou encore de rechercher un mal présent qui est la condition d'un plus grand bien à venir. C'est ici que s'opère pour l'âme la conversion décisive : c'est le moment où les images incohérentes et inadéquates se transforment ou se suppriment pour laisser maîtresses des idées cohérentes et adéquates. Tant, en effet, que nous vivons d'une vie purement sensible et imaginaire, l'espérance, toujours quelque peu incertaine, d'un bien futur ne saurait contre-balancer la certitude incontestable d'un bien actuel ; nous n'appelons à notre secours l'avenir comme le passé que pour soutenir notre passion du moment. « Le désir qui provient de la connaissance du bien et du mal, en tant que cette connaissance regarde l'avenir, peut facilement être étouffé ou empêché par le désir des choses présentes qui ont pour nous de la douceur[2]. » Au contraire, nous sommes bien affranchis de la tyrannie des sens et de l'imagination lorsque la force d'un bien qui est simplement conçu l'emporte sur la force

---

1. *Eth.*, V, prop. 5-6, t. I, p. 256.
2. *Eth.*, IV, prop. 15, t. I, p. 199.

d'un bien qui peut être immédiatement donné. C'est qu'au fond l'intelligence rend actuel le bien que les sens et l'imagination représentaient comme futur. Dès qu'en connaissance de cause elle le juge selon ce qu'il est, elle l'élève au-dessus des intervalles et des périodes de temps : une conception vraie a pour caractère de dominer toutes les vicissitudes de l'existence sensible. Par conséquent, tandis que les conceptions fictives qui suscitent et entretiennent des désirs contradictoires ne peuvent se produire qu'à certains moments et en certaines occasions, les conceptions vraies forment des systèmes complets que le temps ne peut ni briser, ni entamer; et comme elles embrassent tous les instants de la durée, elles peuvent à tous les instants se trouver dans l'âme et la remplir[1]. Il suit de là que les affections qui se déterminent par des conceptions vraies doivent peu à peu exclure les affections qui se déterminent par des conceptions fictives; car ces dernières affections se rapportent à des causes extérieures qui ne sont jamais assurées, qui font souvent défaut, qui en tout cas ne peuvent pas prolonger indéfiniment leur action dans le même sens; elles doivent donc se mettre de plus en plus d'accord avec les affections qui se rapportent à des conceptions vraies, et, après les avoir combattues, les fortifier. Or les conceptions vraies, ce sont les conceptions des propriétés communes, qui, sous la forme d'un attribut éternel comme la pensée ou l'étendue, s'expliquent les unes par les autres; donc les désirs qui naissent de ces conceptions ne peuvent porter que sur des objets qui ont une nature conforme à la nôtre, qui sont par conséquent utiles et bons[2].

C'est ainsi que peu à peu la force inhérente aux passions s'organise et se traduit pour l'entendement en un ordre d'idées claires : la marche que suit la doctrine,

---

1 *Eth.*, IV, prop. 65-66, t. I, p. 236.
2. *Eth.*, IV, prop. 31, t. I, p. 208.

identique pour Spinoza à la marche que suit l'humanité, est singulièrement intéressante à décrire. Les philosophies utilitaires et naturalistes se sont appliquées à montrer comment l'accumulation des expériences permet de dégager insensiblement certains principes de conduite, qui, d'une part, résument nos impressions de plaisir et de douleur, qui, d'autre part, par leur caractère de généralité, nous détournent de l'égoïsme primitif et immédiat. Tout le travail d'observation et d'analyse auquel elles se sont livrées se trouve déjà très fortement exprimé dans les théorèmes de Spinoza. Pour Spinoza, aussi bien que pour les utilitaires et les naturalistes, la raison morale n'est pas un code abstrait que tout homme est censé connaître avant toute expérience, qu'il peut comprendre et appliquer d'un coup; toutes les formules d'ailleurs sont inefficaces quand elles ne sont pas engendrées et soutenues par la puissance de la vie; il est donc nécessaire que nous traversions une période de confusion et de trouble avant d'arriver à la clarté et au calme de la certitude pratique. Seulement l'utilitarisme et le naturalisme n'expliquent pas pourquoi l'expérience des choses nous sert et nous guide; c'est par hasard seulement que certaines idées générales viennent un jour résumer à la conscience les expériences humaines et les impulsions de la nature. Comme il n'y a rien de rationnel dans la nécessité telle qu'ils la conçoivent, il n'y a rien de sûr dans la vie telle qu'ils l'expliquent. Avec l'empirisme qu'ils professent, il est impossible d'admettre que l'expérience puisse jamais avoir un sens. Au contraire, pour Spinoza, il y a une loi qui gouverne et qui détermine toutes nos impressions, qui les fait aboutir là où elles aboutissent : c'est la même nécessité qui nous soumet à la passion et qui nous en libère; elle reste une sous l'opposition des états qu'elle suscite en nous; il y a donc un passage logique, et non seulement un passage empirique, de la servitude à la liberté. Si les consécutions accidentelles, d'après lesquelles nous agissons tout d'abord, affectent peu à peu la forme de l'entendement, c'est que l'entendement est immanent à l'expérience, c'est que l'expérience est comme un entendement virtuel qui se réalise par la liaison logique de ses éléments dispersés. L'entendement est le centre de gravité de la nature : voilà pourquoi la nature aspire d'elle-même à l'entendement; l'entendement, c'est la nature concentrée. Les passions que subit l'homme à l'origine de son développement sont égoïstes, contradictoires entre elles ; elles se limitent et se combattent parce qu'elles ont pour objet les choses particulières ; au sein de la lutte certaines affections finissent par surgir, plus fortes que les autres, parce qu'elles sont plus cohérentes ; au-dessus de la force désorganisée s'établit ainsi peu à peu la force organisée, et la force organisée, à mesure qu'elle complète son organisation, se fortifie de tous les éléments que laisse échapper la force désorganisée. La passion acquiert donc insensiblement une unité, grâce à laquelle elle se rapproche de la raison, grâce à laquelle elle devient raison. Dès que les affections se groupent sous une forme commune et se laissent comprendre en une unité dominatrice, elles laissent tomber d'elles tout ce qui était cause de tristesse et de servitude; elles retiennent au contraire tout ce qui était cause de joie et de liberté pour en composer peu à peu la puissance même de l'entendement[1]. Il y a donc des affections actives qui sortent peu à peu des affections passives, et qui se révèlent par des actes que l'entendement inspire et par conséquent unit.

Toutefois, dans cette ascension vers l'intelligence, notre nature rencontre des obstacles qui souvent l'arrêtent et la font retomber dans la passion. La cause de ces arrêts et de ces chutes est dans ce fait profondément établi par Spinoza, que la connaissance du bien n'a pas sur nous d'action décisive tant qu'elle reste à l'état abstrait, tant

---

1. *Eth.*, IV, prop. 59, t. I, p. 231.

qu'elle n'est pas un sentiment capable de combattre et de dominer nos autres sentiments[1]. « Le désir qui naît de la connaissance vraie du bien et du mal peut être détruit ou empêché par beaucoup d'autres désirs qui naissent des passions dont notre âme est agitée en sens divers[2]. » Dans la lutte qui s'engage entre l'imagination et la raison, l'imagination a pour elle toute la force de nos habitudes antérieures, et elle n'a pas de peine à étouffer notre raison naissante. C'est ainsi que, suivant le vers du poète, nous pouvons voir le meilleur, l'approuver, et faire le pire. Alors le vrai bien, entrevu et conçu, ne fait que nous rendre plus douloureuses notre impuissance et nos défaillances. En ce sens, l'Écriture a raison : « Qui augmente sa science augmente ses douleurs[3]. » Ce n'est pas à dire qu'il faille renoncer à la science parce que les bienfaits n'en sont pas immédiats. Il faut nous orienter vers elle quand nous ne pouvons pas la posséder pleinement. L'état d'illusion dans lequel nous sommes encore peut nous fournir des ressources ; par exemple, la mémoire, bien qu'elle soit en nous une puissance sensible, représente dans la sensibilité une forme d'organisation ébauchée, une unité relative. Appelons donc la mémoire à notre secours. Si nous prenons l'habitude d'associer à nos actes et à nos désirs la pensée de certains préceptes conformes à la raison, nous en subissons insensiblement l'influence, de façon à nous acheminer vers la raison même. Spinoza a très finement analysé ce rôle des procédés irrationnels dans l'établissement de la vie raisonnable. « Ce que nous avons de mieux à faire tant que nous n'avons pas une connaissance accomplie de nos passions, c'est de concevoir une droite règle de conduite ou des principes de vie certains, de les déposer

---

1. Voilà pourquoi, selon le *Traité de Dieu, l'homme et la béatitude*, la vraie foi ou le raisonnement ne peut nous conduire au salut. Cf. 2ᵉ partie, chap. IV, XXI, XXII.
2. *Eth.*, IV, prop. 15, t. I, p. 199.
3. *Eth.*, IV, prop. 17, Schol., t. I, p. 200-201.

dans notre mémoire, d'en faire une application continuelle aux cas particuliers qui se présentent si souvent dans la vie, de telle sorte que notre imagination en soit profondément affectée et que toujours ils nous reviennent aisément à l'esprit. Par exemple, nous avons mis au nombre des principes qui doivent régler la vie qu'il faut vaincre la haine, non par la haine, mais par l'amour ou la générosité. Or, si nous voulons avoir ce précepte toujours présent à l'esprit, quand il faudra en faire usage, nous devons souvent ramener et retenir notre pensée sur les injustices ordinaires des hommes et les meilleurs moyens de les écarter en usant de générosité ; et de la sorte il s'établit entre l'image d'une injustice et celle du précepte de la générosité une telle union qu'aussitôt qu'une injustice nous sera faite le précepte se présentera à notre esprit. Supposez maintenant que nous ayons toujours devant les yeux ce principe, que notre véritable intérêt et notre bien résultent surtout de l'amitié que nous avons pour les hommes et du lien social qui nous unit à eux, et ces deux autres principes, premièrement, que d'une manière de vivre conforme à la droite raison naît dans notre âme la paix la plus parfaite, et, en second lieu, que les hommes, comme tout le reste, agissent par la nécessité de la nature, il arrivera alors que le sentiment d'une injustice reçue et la haine qui en résulte ordinairement n'occuperont qu'une moindre partie de notre imagination et seront aisément surmontées. Et si la colère qu'excitent en nous les grandes injustices ne peut être aussi facilement dominée, elle finira pourtant par être étouffée, non sans une lutte violente, mais en beaucoup moins de temps certainement que si d'avance nous n'avions pas fait de ces préceptes l'objet de nos méditations. C'est encore de la même façon qu'il faut méditer sur la bravoure pour se délivrer de la crainte. Il faut passer en revue et ramener sans cesse dans son imagination les périls qui menacent communément la vie, et se redire que la présence d'esprit et le courage sont les meilleurs moyens d'écarter et de surmonter tous les dangers. Toutefois il est bon de remarquer ici qu'en ordonnant ses pensées et en réglant son imagination, il faut toujours voir les yeux sur ce qu'il y a de bon en chacune des choses que l'on considère, afin que ce soient toujours des sentiments de joie qui nous déterminent à agir[1]. »

Donc, nous sommes forcés dans la vie d'approprier souvent à notre faiblesse les moyens qui nous conduiront au salut : c'est la nécessité de cette appropriation qui explique la révélation religieuse et qui justifie la foi. La révélation religieuse se donne à bon droit pour une grâce : elle ne peut pas en effet se démontrer, ni s'imposer à la raison. Elle est bonne cependant à tous ceux que la raison ne conduit pas ; elle établit entre eux et Dieu une forme d'union qui leur permet d'être vraiment hommes[2]. Étrangère à l'entendement par son principe et ses moyens d'action, elle peut néanmoins orienter les âmes vers une vie analogue à la vie de l'entendement. Sans elle, la plupart des hommes manqueraient de direction morale. « Il y a bien peu d'hommes, si vous les comparez à tout le genre humain, qui acquièrent la vertu en obéissant au gouvernement de la Raison, à ce point que, sans le témoignage de l'Écriture, nous douterions presque du salut de tout le genre humain[3]. » Or la seule pensée que l'immense majorité des hommes est prédestinée à l'impuissance et à la douleur suffirait pour altérer la joie de l'homme vertueux. Voilà pourquoi la doctrine de Spinoza comporte à l'égard de la foi une sorte de reconnaissance et de respect. Mais il importe que la foi garde son vrai sens, qu'elle n'aille pas se corrompre par des prétentions

---

1. *Eth.*, V, prop. 10, Schol., t. I, p. 259-260.
2. « Un homme qui ne connaît pas l'Écriture, et qui ne sait rien non plus par la lumière naturelle, est, je ne dis pas un impie et un révolté, mais quelque chose qui n'a rien d'humain, presque une brute, un être abandonné de Dieu. » *Tract. theol. polit.*, cap. v, t. I, p. 441.
3. *Tract. theol. polit.*, cap. xv, t. I, p. 552.

étrangères à sa nature. Trop souvent elle est tentée de se transformer en science, de se donner comme la mesure de tout le savoir. Elle est obligée alors de prendre à la lettre les figures par lesquelles elle se met à la portée de l'ignorance; elle exalte la crédulité pour la satisfaire par des superstitions. Les formules dont elle s'enveloppe sont purement relatives et n'ont de valeur que par les effets qu'elles produisent. Variables suivant les époques et les intelligences, elles sont surtout une « accommodation; » et si l'on tente d'édifier sur elles la science et la philosophie, elles ne tardent pas à découvrir ce qu'elles ont d'inconsistant et de fragile. De même que les idées inadéquates sont impuissantes à former des systèmes par elles-mêmes, bien qu'elles aient en elles une part de vérité, de même les figures de la foi ne sauraient constituer une explication, bien qu'elles aient en elles un sens réel. Et encore, de même que les idées inadéquates deviennent adéquates, dès qu'au lieu de se contrarier par leurs particularités elles se rejoignent par leurs éléments communs, de même les figures de la foi deviendraient inutiles comme figures, ou plutôt se transformeraient en pures vérités, si leur commune signification venait à être comprise. Sans doute Spinoza, pour bien marquer son opposition au principe du moyen âge, selon lequel il y a une unité nécessaire de la philosophie et de la théologie, affirme aussi catégoriquement l'indépendance de la foi à l'égard de la raison que l'indépendance de la raison à l'égard de la foi[1]; mais c'est afin d'établir que la foi, comme telle, n'a rien de rationnel ni en son principe ni en ses moyens, qu'elle se suffit à elle-même pour son objet, qui est l'amour de Dieu par l'obéissance, et qu'elle n'a pas lieu de subsister comme foi, dès que la raison comprend son objet propre, qui est l'amour de Dieu par la connaissance. Mais précisément parce qu'elle affranchit déjà

---

1. *Tract. theol. polit.*, cap. XV, t. I, pp. 543 et suiv.

l'homme de la passion brute et qu'elle l'élève à une autre vie que la vie des sens, la foi l'incline à la vie véritable qui s'éclaire et s'explique par elle seule.

Spinoza, dans son *Traité théologico-politique*, aboutit donc finalement à cette idée, que la Religion a pour caractère de préparer le règne de la raison et de la moralité pures ; il pressent la doctrine suivant laquelle la tradition religieuse est comme le contre-poids qui a empêché la nature infinie d'opprimer l'homme d'une force invincible. La foi n'est pas opposée à la raison, puisque dans un monde qui est bien loin d'être complètement rationnel, elle est le substitut ou l'auxiliaire de la raison pour la vie morale. Si elle prend la forme d'un commandement, c'est que les intelligences naïves et simples n'arrivent pas à concevoir les rapports de dépendance mutuelle établis par la pensée entre nos actes. Le respect de la loi divine, c'est la traduction sensible de l'ordre dialectique qui constitue l'entendement ; la foi, c'est essentiellement une inclination de l'âme, suscitée par une idée religieuse, vers la justice et la charité. Ça été le rôle des prophètes d'inspirer, grâce à des figures et des paraboles, des sentiments moraux dont eux-mêmes ne faisaient qu'entrevoir les raisons. Seul le Christ a eu une conscience parfaite des vérités morales, et il s'est donné aux autres en traduisant ces vérités sous une forme convenable à l'humaine faiblesse. « C'est une sagesse plus qu'humaine qui s'est revêtue de notre nature dans la personne de Jésus-Christ, et Jésus-Christ a été la voie du salut[1]. » Ramenée à son vrai principe, débarrassée de toutes les fantaisies qui la défigurent, la foi confère à l'homme qui l'éprouve une « certitude morale[2] ; » et cette certitude, qui n'est pas fondée en raison, est cependant en un sens infaillible comme la raison même, tant qu'elle ne dépasse pas son objet.

---

1. *Tract. theol. polit.*, cap. I, t. I, p. 383.
2. *Tract. theol. polit.*, Annotationes, VIII, t. I, p. 614. — Cap. XV, t. I, p. 549.

L'homme qui a la foi ne se trompe pas, alors même qu'il aurait de fausses opinions sur les choses, pourvu que d'un cœur pur il accomplisse ce que sa foi lui commande, la justice et la charité. Et la vraie foi se reconnaît à ses œuvres, qui sont bonnes et qui se résument toutes dans le respect et l'amour du prochain[1]. La foi a donc une signification surtout pratique et un intérêt surtout moral. En nous enseignant au surplus que le repentir lève la faute, elle nous empêche de désespérer de nous-mêmes, elle rajeunit en nous la vertu d'agir; elle limite les conséquences déprimantes du remords parce qu'elle fait du remords sincère et profond le signe sensible du pardon; elle nous arrache à la pensée de la damnation éternelle, qui ne ferait qu'accroître douloureusement notre impuissance. « Celui qui croit fermement que Dieu, en vertu de sa grâce et de la miséricorde avec laquelle il dirige toutes choses, pardonne les péchés des hommes; celui qui pour cette raison s'enflamme de plus en plus dans son amour pour Dieu, celui-là connaît réellement le Christ selon l'esprit, et le Christ est en lui[2]. » La foi universelle ne comprend donc que « les dogmes qui ne peuvent pas donner lieu à controverse parmi les honnêtes gens[3]. » Elle est le

---

1. « Qu'est-ce que Dieu, ce modèle de la vie véritable? Est-il feu, esprit, lumière, pensée? Cela ne concerne pas la Foi, pas plus que de savoir par quel moyen il est le modèle de la vie véritable : si c'est, par exemple, parce qu'il a un cœur juste et miséricordieux, ou parce que toutes les choses sont et agissent par lui, et conséquemment que c'est par lui que nous comprenons et nous voyons ce qui est vrai, juste et bon. Peu importe à la foi ce que chacun pense de ces problèmes. Ce n'est pas non plus un article de foi que de croire si c'est par essence ou par puissance que Dieu est partout; si c'est librement ou par une nécessité de sa nature qu'il gouverne toutes choses, s'il enseigne les lois à la façon d'un prince ou comme des vérités éternelles, si c'est par libre arbitre ou par la nécessité du décret divin que l'homme obéit à Dieu; si, enfin, la récompense des bons et le châtiment des méchants sont quelque chose de naturel ou de surnaturel... Ce n'est pas celui qui professe les meilleures raisons qui professe nécessairement la foi la meilleure, c'est celui qui professe les meilleures œuvres de Justice et de Charité. » *Tract. theol. polit.*, cap. XIV, t. I, p. 541-542.

2. *Tract. theol. polit.*, cap. XIV, t. I, p. 541.

3. *Tract. theol. polit.*, cap. XIV, t. I, p. 540. — Spinoza résume cette foi universelle en sept articles. L'homme pieux reconnaît : 1° qu'il y a un Dieu,

sens intuitif de la vérité morale, qui doit être commun à toutes les âmes.

Le développement rigoureux du système spinoziste n'exclut donc pas, il comporte, au contraire, ce rôle singulier de la foi. C'est un fait déjà reconnu, que les forces irrationnelles ne sont pas forcément mauvaises, qu'elles doivent même, par l'élimination graduelle des éléments discordants, par l'organisation graduelle des éléments en accord, produire de plus en plus le bien. Or la foi détourne du vice au profit de la vertu ces forces irrationnelles. Quand elle est pratiquée d'un cœur pur, elle les ordonne avec une puissance toujours croissante, et elle leur imprime une unité de direction bien voisine de l'unité intellectuelle. « Nous pouvons très bien, dit Spinoza, appeler tout ce que la nature humaine fait par sa seule puissance pour la conservation de son être secours interne de Dieu, et secours externe de Dieu tout ce qui arrive d'utile à l'homme de la part des causes extérieures[1]. » Cette formule de Spinoza peut servir à marquer exactement les rapports de la raison morale et de la foi. Il y a un lien incontestable entre la foi et la raison,

---

modèle de la vie véritable; 2° qu'il n'y a qu'un Dieu ; 3° que la Providence divine embrasse tout; 4° que la Puissance divine est souveraine et libre; 5° que l'obéissance à Dieu s'exprime tout entière dans la justice et la charité; 6° que l'obéissance à Dieu, ainsi pratiquée, assure le salut; 7° que Dieu remet leurs péchés à ceux qui se repentent. » *Ibid.*, p. 541.

1. *Tract. theol. polit.*, cap. III, t. I, p. 407. — Cf. F. Rauh : *Quatenus doctrina quam Spinoza de fide exposuit cum tota ejusdem philosophia cohaereat;* Tolosæ, 1890. Dans cette thèse où sont déterminés d'une manière très originale les rapports du *Traité théologico-politique* et de l'*Ethique*, M. Rauh soutient que, selon le spinozisme, la foi et la grâce constituent un état d'âme comparable à l'« amour intellectuel, » et peut-être même sont nécessaires pour rendre l'amour intellectuel possible et efficace. M. Rauh justifie ses conclusions en montrant que Spinoza déclare impuissante la connaissance qui n'est pas en même temps affection, qu'il admet ou suppose l'incompréhensibilité de l'Être infini et de tous ses moyens d'action, qu'il reconnait l'impossibilité de suivre dans le détail la nécessité universelle. — Il ne nous paraît pas cependant que, dans le spinozisme, la certitude rationnelle puisse dépendre d'autre chose que d'elle-même. Peut-être d'ailleurs M. Rauh a-t-il voulu proposer une interprétation possible plutôt qu'une interprétation rigoureusement historique du spinozisme. (Voir p. 49.)

puisque c'est la même nature qui agit sur nous et qui agit en nous ; mais, d'autre part, l'action de la foi, si profonde qu'elle soit en notre âme, reste toujours extérieure à la portion la plus intime de l'âme, c'est-à-dire à l'entendement. La Religion est un principe de moralité hétéronome ; la Raison est un principe de moralité autonome. La loi qui commande à l'homme d'obéir à Dieu n'a qu'une valeur relative ; elle ne saurait être prise sans danger pour une expression adéquate du vrai ; élevée à l'absolu, elle serait comme une reconnaissance positive du mal qu'elle combat ; elle autoriserait à croire que la passion est une puissance réelle qui peut limiter ou tenir en échec la puissance de Dieu : elle ferait de la vie une perpétuelle servitude. Elle ne peut donc avoir d'utilité que pour les hommes incapables de percevoir et de goûter dans la vérité clairement comprise la pure liberté de la vie. Mais l'homme qui a la certitude de la raison ne saurait jamais la sacrifier aux assurances, toujours par quelque endroit contingentes, de la foi. « Puisque notre âme, par cela seul qu'elle contient en soi objectivement la nature de Dieu et en participe, est capable de former certaines notions qui lui expliquent la nature des choses et lui enseignent l'usage qu'elle doit faire de la vie, nous pouvons dire que l'âme humaine, considérée comme telle, est la première cause de la révélation divine ; car, ainsi que nous l'avons déjà remarqué, tout ce que nous concevons clairement et distinctement, c'est l'idée de Dieu, c'est la nature qui nous le révèle et nous le dicte, non par des paroles, mais d'une façon bien plus excellente et parfaitement convenable à la nature de notre âme. J'en appelle sur ce point à l'expérience de tous ceux qui ont goûté la certitude de l'entendement [1]. »

Cette certitude de l'entendement est la plus grande force

---

1. *Tract. theol. polit.*, cap. I, t. I, p. 378. Cf. cap. IV, t. I, pp. 420 et suiv.; cap. V, t. I, p. 440, etc.

dont l'homme dispose, car elle n'est d'ailleurs que la force humaine parvenue dans la conscience à sa pleine organisation. Dès lors, les impulsions de notre activité, au lieu d'être déterminées en tout sens par les causes extérieures, deviennent des causes véritables; c'est par elles-mêmes et par elles seules qu'elles produisent leurs effets; les mouvements de notre sensibilité, au lieu de dépendre des caprices apparents de la nature, se soutiennent par eux-mêmes en une joie constante et imperturbable. Alors apparaissent dans l'homme des affections d'un genre nouveau qui ont en elles leur raison complète et déterminante, des affections actives, « qui se rapportent à l'âme en tant qu'elle pense, » et qui constituent la force d'âme (*fortitudo*). Il y a deux espèces de force d'âme : l'intrépidité et la générosité. L'intrépidité est ce désir qui porte chacun de nous à faire effort pour conserver son être en vertu des seuls commandements de la raison[2]. L'homme intrépide ne laisse entrer dans son âme ni dans sa conduite aucun élément irrationnel : il possède cette plénitude de santé morale qui non seulement domine le mal, mais même l'ignore. « Le malade prend des aliments qui lui répugnent par crainte de la mort; l'homme bien portant se nourrit avec plaisir, et de cette façon il jouit mieux de la vie que s'il craignait la mort et avait pour fin immédiate de s'en préserver[2]. » L'homme intrépide n'agit donc pas par crainte; il n'agit pas non plus par espérance : il agit par connaissance du bien; n'ayant pas de fausse vanité, il n'a pas de fausse honte : il cherche autant à éviter les périls qu'à en triompher; n'ayant pas de faux calculs, il n'a pas de faux moyens : il ose être sincère en ce qu'il dit, franc en ce qu'il fait. Il ne se laisse gouverner ni par ses impressions actuelles, ni par ses souvenirs, ni par ses pressentiments : il voit tout d'un même œil; et

---

1. *Eth.*, III, prop. 59, Schol., t. I, p. 171.
2. *Eth.*, IV, prop. 63, Cor., Schol., t. I, p. 235.

comme il a conscience de l'unité profonde qui comprend tout, il considère d'une même âme le futur, le présent et le passé. Sa vie est ordonnée comme ses désirs, ses désirs sont ordonnés comme sa raison. Comme il y a une proportion exacte entre ses puissances efficaces et ses tendances effectives, il est tout entier à la joie de se sentir vivre, sans dépression et sans excès, dans l'intégrité et la mesure de sa vigueur. Et cette joie n'est plus relative aux circonstances qui la traversent, la fortifient ou la diminuent; elle n'est plus le passage d'une perfection moindre à une plus grande perfection : elle est, dans une paix inaltérable (*acquiescentia in se ipso*), la jouissance définitive de la perfection conquise.—La générosité est ce désir qui porte chacun de nous, en vertu des seuls commandements de la raison, à faire effort pour secourir les autres hommes et se les attacher par des liens d'amitié[1]. L'homme généreux commence par s'abstenir de toute ironie et de toute malveillance à l'égard de ses semblables; il se porte vers eux, non par un sentiment capricieux et éphémère de miséricorde ou de sympathie, mais par l'idée nette de la solidarité qui unit tous les hommes. Il les prend tels qu'ils sont, sans songer à leur demander des actes que leur nature ne comporte pas. Or, « vivre avec chacun d'eux en se conformant à son caractère, et toutefois être assez maître de soi pour ne pas partager les passions que l'on ménage, c'est le fait d'une force d'âme singulière[2]. » Sans doute les hommes sont déjà enclins à se rapprocher par la crainte qu'ils ont les uns des autres; mais cette crainte perpétue dans les âmes, avec l'idée du sacrifice que l'on fait, l'impression de tristesse qui en résulte. La générosité peut seule établir la confiance, grâce à laquelle le commerce des hommes devient non seulement supportable, mais doux et précieux. Elle ne combat pas la

---

1. *Eth.*, III, prop. 59, Schol., t. I, p. 171.
2. *Eth.*, IV. App. XIII, t. I, p. 244.

haine par la haine; elle triomphe de la haine par l'amour. Elle est fondée sur la réciprocité des services que les hommes se rendent et sur l'identité de leur nature. « Si deux individus de même nature viennent à se joindre, ils composent par leur union un individu deux fois plus puissant que chacun d'eux en particulier : c'est pourquoi rien n'est plus utile à l'homme que l'homme lui-même. Les hommes donc ne peuvent rien souhaiter de mieux, pour la conservation de leur être, que cet amour de tous en toutes choses, qui fait que toutes les âmes et tous les corps ne forment, pour ainsi dire, qu'une seule âme et un seul corps ; de telle façon que tous s'efforcent, autant qu'il est en eux, de conserver leur propre être, et, en même temps, de chercher ce qui peut être utile à tous. D'où il suit que les hommes que la raison gouverne, c'est-à-dire les hommes qui cherchent ce qui leur est utile selon les conseils de la raison, ne désirent rien pour eux-mêmes qu'ils ne désirent également pour tous les autres, et sont par conséquent des hommes justes, nobles et honnêtes[1]. » Donc, tandis que, divisés par la passion, les hommes ne pratiquaient d'autre émulation que l'envie, rapprochés par la raison ils ne connaissent d'autre émulation que celle du bien. Ils vivent à la fois d'une vie propre et d'une vie commune; ils sont chacun en soi et tous pour tous.

Ainsi la force d'âme, sous ses deux principales espèces, est la vertu par excellence; elle exclut par sa toute-puissance les relations contingentes qui faisaient dépendre nos désirs des choses, pour affirmer les relations nécessaires qui rétablissent l'unité des choses et de nos désirs. En vertu d'une loi qui domine la nature, les objets ne peuvent être tenus pour réels, c'est-à-dire pour durables et pour assurés, que s'ils s'accordent entre eux. Or les objets que crée pour nous la passion sont impuissants

---

1. *Eth.*, IV, prop. 18, Schol., t. I, p. 202.

à s'unir ; ils s'opposent même les uns aux autres, et par conséquent se détruisent. Il arrive donc que peu à peu nous nous détachons d'eux pour nous tourner vers des objets plus fermes et plus sûrs ; et la simple recherche de ces objets d'un nouveau genre nous rassure déjà, nous garantit qu'elle ne sera pas vaine. Les tâtonnements de l'expérience nous servent d'indications. A force de se grouper suivant des relations qui sont d'abord simplement accidentelles, certains objets nous révèlent le lien rationnel qui les enchaîne ; la fréquence de leurs rapprochements annonce la nécessité de leurs rapports. Ils entrent donc de plus en plus dans notre âme sous la forme de notions communes, et ils y apportent le soulagement et la paix que donne une plus grande unité dans les désirs, une plus grande suite dans les démarches. Enfin, les objets s'ordonnent en idées distinctes qui logiquement s'expliquent et s'engendrent ; et dès lors on peut soutenir que nous les possédons, puisque les idées vraies et leurs objets ne constituent qu'une seule et même réalité. Comme de plus la force de nos désirs est en proportion de la vérité de nos idées, nous ne pouvons désirer que ce que nous sommes sûrs de posséder, et nous possédons, en effet, tout ce que nous désirons. De la sorte, on voit peu à peu disparaître la dualité de l'âme et de la nature : cette dualité venait de ce que l'âme, n'étant pas arrivée à comprendre, sentait le monde distinct d'elle comme une réalité indépendante et substantielle, de ce que la nature, n'étant pas arrivée à être comprise, semblait répugner à toute unité et se morcelait en fragments indéfinis. Autrement dit, l'objet s'était fictivement posé en dehors du sujet, et le sujet était resté enfoncé dans la confusion des sens. A mesure que cette dualité devient de plus en plus intolérable, et pour la sensibilité qu'elle opprime en fin de compte, et pour l'intelligence qu'elle ne contente pas, elle tend à s'effacer par l'union des deux termes en présence : l'union se fait dans l'entendement, en qui l'âme et la nature sont identiques. L'âme s'élève à l'entendement en reliant ses idées dans l'unité d'un tout systématique; la nature entre dans l'entendement par la liaison logique de ses états; c'est sous la forme de la nécessité que l'âme comprend la nature et se rend désormais impénétrable à la puissance extérieure des choses.

Ainsi la conception claire de la nécessité nous affranchit des passions. Déjà l'expérience de la vie nous montre l'effet considérable que peut produire cette conception, alors même qu'elle n'est que partiellement comprise, pour l'apaisement et le bonheur de l'âme. « A mesure que cette connaissance que nous avons de la nécessité des choses s'applique davantage à ces objets particuliers que nous imaginons d'une façon plus distincte et plus vraie, la puissance de l'âme sur ses passions augmente; c'est ce que l'expérience confirme. Nous voyons, en effet, que la tristesse qu'un bien perdu nous fait éprouver s'adoucit aussitôt que l'on vient à considérer qu'il n'y avait aucun moyen de conserver ce qui nous a été ravi[1]. » « Nous saurons toujours, dit ailleurs Spinoza, supporter d'une âme égale les événements contraires à nos intérêts si nous avons la conscience que nous avons accompli notre devoir, que la puissance dont nous disposons n'a pas été assez étendue pour écarter le mal, et que nous ne sommes qu'une partie de la nature dont nous suivons l'ordre. Aussitôt que nous aurons compris cela d'une façon claire et distincte, cette partie de notre être qui se définit par l'intelligence, c'est-à-dire la meilleure partie de nous-mêmes, trouvera dans cette idée une sérénité parfaite et s'efforcera d'y persévérer. Car, en tant que nous possédons l'intelligence, nous ne pouvons désirer que ce qui est conforme à l'ordre nécessaire des choses et trouver le repos que dans la vérité. Et par suite, en tant que nous comprenons bien ces choses, l'effort de la meilleure partie

---

1. *Eth.*, V, prop. 6, Schol., t. I, p. 256.

de nous-mêmes se trouve d'accord avec l'ordre de la nature universelle[1].

Donc cette idée de nécessité, quand elle est clairement et distinctement conçue, est étrangère à toutes les images de tyrannie et de fatalité qu'elle excite chez tant d'hommes. Il n'est pas étonnant que leur sensibilité la rejette, puisqu'elle est précisément la négation de tout ce que la sensibilité porte à l'absolu. Mais, loin de représenter une force aveugle et extérieure, elle exprime ce qu'il y a de plus rationnel et de plus intérieur à nous-mêmes. Ce n'est pas vraiment l'entendre que de la considérer comme une loi que nous subissons ou comme un instrument dont nous usons ; elle est la forme intelligible, par suite la réalité essentielle de notre puissance propre. Quand elle est vraiment en nous, elle est la conscience immédiate de notre être même, dans son rapport rationnel avec les autres êtres. Aussi l'intelligence qui la conçoit n'est-elle pas un simple moyen pour la vertu ; elle est la vertu même, puisqu'elle est ce qu'il y a d'absolu dans notre action. C'est donc à la constituer en nous que tendent nécessairement tous nos efforts, et la véritable valeur des choses est dans l'intérêt qu'elles ont pour la connaissance de la vérité. « Nous ne tendons par la raison à rien autre chose qu'à comprendre, et, en tant qu'elle use de la raison, l'âme ne juge utile pour elle que ce qui la conduit à comprendre[2]. » Or, si par la raison nous ne tendons qu'à comprendre, nous ne tendons à la raison que parce qu'elle est l'essence même de notre âme et qu'elle constitue en nous notre faculté d'agir. « Par conséquent, ce ne sera pas en vue de quelque autre fin que nous nous efforcerons de comprendre les choses ; mais, au contraire, l'âme, en tant qu'elle se sert de la raison, ne pourra concevoir comme bon pour elle que ce qui la conduit à comprendre[3]. »

1. *Eth.*, IV, Append. XXXII, t. I, p. 249.
2. *Eth.*, IV, prop. 26, t. I, p. 206.
3. *Eth.*, IV, prop. 27, t. I, p. 206-207.

Nous sommes essentiellement la nécessité par laquelle nous vivons et par laquelle nous agissons ; ce n'est donc pas nous asservir, c'est au contraire nous affranchir que de comprendre cette nécessité ; car, au lieu de nous déterminer par des portions de notre être, nous nous déterminons ainsi par notre être tout entier ; nous nous prenons pour agir à notre principe même. On peut dire dès lors que la liberté c'est la conscience claire de la nécessité, vraiment nôtre, par laquelle nous produisons notre être et nos manières d'être dans l'ordre intelligible de l'univers.

Et cette conscience de la nécessité, en même temps qu'elle nous unit immédiatement à nous-mêmes, nous unit immédiatement à Dieu et à nos semblables. Puisque, en effet, notre suprême vertu est de comprendre et que l'objet immédiat et éternel de toute connaissance est Dieu, c'est seulement en Dieu et par Dieu que nous pouvons nous connaître nous-mêmes[1]. Nous ne pouvons rien penser de nous sans penser Dieu. Voilà pourquoi la plus haute moralité se confond avec la Religion même. Toutes les distinctions que l'on essaie d'établir entre la vie morale et la vie religieuse sont mensongères et funestes ; la vie morale et la vie religieuse ne sont pas l'une en dehors de l'autre, et il est impossible d'admettre que l'une serve à l'autre de moyen ; elles sont l'une dans l'autre, ou plutôt elles sont comprises toutes deux dans cette vie selon la vérité que restitue ou que constitue l'entendement[2]. D'autre part, comme la connaissance de Dieu implique l'affirmation de tout ce qui est en Dieu et par Dieu, nous ne pouvons pas nous rattacher à Dieu sans nous rattacher à nos semblables, dans la mesure de leur raison et de notre raison. Et ce pieux dévouement à nos semblables, loin de diminuer et d'affaiblir notre être, l'accroît et

---

1. *Eth.*, IV, prop. 28, t. I, p. 207.
2. *Eth.*, IV, prop. 37, Schol., t. I, p. 214-215.

le fortifie[1]. Nous n'avons pas besoin de renoncer à nous pour nous porter vers autrui ; le souci charitable des autres ne va pas sans le souci raisonnable de nous-mêmes ; il n'y a pas de sacrifice dans la générosité bien entendue. Ce sont les biens sensibles qu'on ne peut partager sans donner de soi ; ce que la sensibilité s'approprie est toujours égoïste et exclusif. Mais le souverain bien étant ce qui est commun à tous les hommes[2], ce qui est objet de raison étant la raison même dans son usage absolu, est profondément et indéfiniment communicable ; il se donne tout entier à tous ceux qui sont capables de le conquérir, et il s'exprime à la fois dans la joie de leur liberté propre et dans la joie de leur union réciproque. Ainsi s'édifie une cité des âmes, pénétrées de la même vérité en laquelle tout se comprend, et qui est la vérité infaillible de Dieu, pénétrées du même amour en lequel tout s'unit, et qui est l'amour incorruptible de Dieu. *Per hoc cognoscimus quod in Deo manemus, et Deus manet in nobis, quod de Spiritu suo dedit nobis.* (Johann., *Epist.* I, cap. VI, XIII)[3].

---

1. « Il n'y a rien dans le monde de plus utile à l'homme que l'homme qui vit selon la raison. » *Eth.*, IV, prop. 35, Coroll. 1, t. I, p. 212.
2. « Le souverain bien de ceux qui pratiquent la vertu leur est commun à tous, et tous peuvent également en jouir. » *Eth.*, IV, prop. 36, t. I, p. 213.
3. Épigraphe du *Traité théologico-politique*.

CHAPITRE VII

LA VIE SOCIALE DE L'HOMME.

I. — L'ÉTAT SOUS LE RÉGIME DE LA CONTRAINTE.

Une des causes essentielles du développement moral de l'homme, c'est la nécessité dans laquelle il est d'entrer en rapport avec les êtres extérieurs, particulièrement avec ses semblables; et nous savons comment les relations réciproques des hommes tantôt entretiennent et fortifient les passions, quand elles s'établissent d'après des impressions sensibles et imaginaires, tantôt produisent et accroissent la liberté, quand elles s'établissent par la raison. Il y a donc pour tout homme une vie sociale en même temps qu'une vie individuelle. Et tandis que la vie individuelle peut dans une large mesure rester enfermée en elle-même, la vie sociale se manifeste forcément par des actes extérieurs. C'est précisément l'objet de la Politique de déterminer dans quelles conditions ces actes doivent s'accomplir, quelles causes tantôt les empêchent, tantôt les favorisent, tantôt les limitent[1].

A la Politique, aussi bien qu'à l'Éthique, on a appliqué une fausse méthode et des procédés artificiels, et l'utopie sociale a toujours naturellement accompagné l'utopie morale. On a construit à plaisir des types de sociétés idéales pour des types d'hommes qui n'existent pas; et de ce que les hommes réels avaient quelque peine à entrer dans ces formes de gouvernement qui n'étaient pas mode-

---

[1]. Sur la Politique de Spinoza, cf. Paul Janet : *Histoire de la science politique dans ses rapports avec la morale*, livre quatrième, chap. III.

lées sur eux, on a induit qu'ils étaient à jamais détestables, qu'ils avaient en eux un esprit de malice et de rébellion. On s'est élevé avec violence contre l'art des Politiques qui tiennent compte des faits, qui savent par eux-mêmes quels mobiles poussent l'homme, quels moyens peuvent l'arrêter dans le mal, l'encourager dans le bien et surtout le maintenir en société. Afin de le mieux gouverner, les philosophes ont apporté leurs systèmes et les théologiens leurs dogmes. Mais ces autorités transcendantes ne peuvent ni s'imposer ni se substituer à la cité réelle; c'est une folie de croire que l'on puisse inventer de toutes pièces une machine sociale; l'expérience, consultée et comprise, vaut infiniment mieux que tous ces efforts fatalement infructueux; et les Politiques qui ont traité des droits communs et des affaires de l'État sont singulièrement plus près de la vérité que la plupart des philosophes et des théologiens. En ces matières, la sagesse élémentaire, c'est de prendre les hommes tels qu'ils sont, c'est de ne pas chercher à les affubler d'une nature qu'ils n'ont pas. « Lorsque j'ai résolu d'appliquer mon esprit à la politique, mon dessein n'a pas été de découvrir rien de nouveau ni d'extraordinaire, mais seulement de démontrer par des raisons certaines et indubitables, ou de déduire de la condition même du genre humain un certain nombre de lois parfaitement d'accord avec l'expérience; et pour porter dans cet ordre de recherches la même liberté d'esprit dont on use en mathématiques, je me suis soigneusement abstenu de tourner en dérision les actions humaines, de les prendre en pitié ou en haine; je n'ai voulu que les comprendre. Et ainsi dans les passions, telles que l'amour, la haine, la colère, l'envie, la vanité, la commisération et autres mouvements de l'âme, j'ai vu, non des vices, mais des propriétés qui dépendent de la nature humaine, comme dépendent de la nature de l'air le chaud, le froid, les tempêtes, le tonnerre et autres phénomènes de cette espèce, qui sont nécessaires, quoique incommodes, et se produisent en vertu de causes déterminées par lesquelles nous nous efforçons de les comprendre. Et l'âme, en contemplant selon la vérité ces mouvements intérieurs, éprouve autant de joie qu'au spectacle des phénomènes qui charment les sens[1]. »

En rectifiant ainsi la méthode applicable à la Politique, on élimine du même coup toutes les fausses théories qui rapportent le droit naturel à des conditions ou à des circonstances surnaturelles. Si l'on veut définir le droit naturel en son principe vrai, on n'y trouvera rien qui soit extérieur à la nature, ni spécial à l'homme. Le droit naturel découle de la tendance qu'a tout être à persévérer dans l'être. Le droit universel de tous les êtres exprime la puissance infinie de Dieu; par suite, chaque être a naturellement autant de droit qu'il a de puissance pour exister et pour agir. « Par droit naturel, j'entends donc les lois mêmes de la nature ou les règles selon lesquelles se font toutes choses, c'est-à-dire la puissance de la nature elle-même; d'où il résulte que le droit de toute la nature, et partant le droit de chaque individu s'étend jusqu'où s'étend sa puissance; et par conséquent, tout ce que chaque homme fait d'après les lois de sa nature il le fait du droit suprême de la nature, et autant il a de puissance, autant il a de droit naturel[2]. » « Par exemple, dit ailleurs Spinoza, les poissons sont déterminés par la nature à nager, les plus grands d'entre eux à manger les petits; et conséquemment, en vertu du souverain droit naturel, tous les poissons s'emparent de l'eau et les plus grands mangent les petits[3]. » Donc, un droit qui ne serait pas en même temps un pouvoir ne serait qu'une vaine fiction : l'idée du droit n'a de vérité certaine que par une réalité effective; c'est par la force naturelle, et non par des abstractions morales, qu'il doit se définir; c'est en des

---

1. *Tract. polit.*, cap. I, 4, t. I, p. 282.
2. *Ibid.*, cap. II, 4, t. I, p. 285.
3. *Tract. theol. polit.*, cap. XVI, t. I, p. 552.

individus qu'il s'exprime, et non en des formules universelles. Et, d'autre part, le droit naturel est loin d'être immédiatement par lui-même un principe d'unité; il se manifeste dans la violence et dans la lutte aussi nécessairement que dans l'union et dans la paix.

Sans doute, si tous les hommes réglaient exactement leurs désirs sur leur puissance propre, ils se maintiendraient chacun dans son rôle et dans sa sphère d'action; car, selon la raison, ils sont des parties d'un même tout. Mais ils sont nécessairement soumis à la passion, qui les fait sortir d'eux-mêmes, et ils manifestent des prétentions exorbitantes par lesquelles ils se combattent et s'affaiblissent. Il ne sert à rien de déclamer contre ces luttes implacables : elles sont nécessaires. Nous savons par l'*Éthique* que l'homme tend à persévérer dans son être, non pas seulement en tant qu'il a des idées adéquates, mais encore en tant qu'il a des idées inadéquates. Rien, par conséquent, ne nous autorise à établir des distinctions absolues entre les justes et les méchants, les sains et les fous. Quelle que soit notre nature, nous nous efforçons d'atteindre ce qui nous paraît utile, d'éviter ce qui nous paraît nuisible; et tous les moyens nous sont bons, qui nous permettent de contenter nos désirs, quels qu'ils soient. « Le droit de nature, sous lequel naissent tous les hommes et sous lequel ils vivent la plupart, ne leur défend que ce qu'aucun d'eux ne convoite et ce qui échappe à leur pouvoir; il n'interdit ni querelles, ni haines, ni colère, ni ruses, ni rien absolument de ce que l'appétit conseille. Et cela n'est pas étonnant : car la nature n'est pas renfermée dans les bornes de la raison humaine, qui n'a en vue que le véritable intérêt et la conservation des hommes, mais elle est subordonnée à une infinité d'autres lois qui embrassent l'ordre éternel du monde entier, dont l'homme n'est qu'une infime partie. C'est par la nécessité seule de cet ordre que tous les individus sont déterminés d'une certaine manière à l'existence et à l'action. Donc tout ce qui nous semble, dans la nature, absurde, ridicule ou mauvais, vient de ce que nous ne connaissons les choses qu'en partie, de ce que nous ignorons pour la plupart l'ordre et les liaisons de la nature entière, de ce que nous voulons faire tout fléchir sous les lois de notre raison ; et pourtant ce que la raison dit être un mal n'est pas un mal par rapport à l'ordre et aux lois de la nature universelle, mais seulement par rapport aux lois de notre nature [1]. »

La passion établit donc une lutte entre les hommes comme elle établit une lutte en chaque homme ; et dans le développement social comme dans le développement moral de l'humanité, c'est la passion elle-même qui est poussée peu à peu, par l'extrême misère qu'elle engendre, à se réprimer et à se transformer. Un perpétuel état de défense et de crainte finit par rendre l'existence intolérable ; chacun vit avec angoisse au milieu des inimitiés, des haines, des ruses et des fureurs de ses semblables ; et comme chacun est incapable de se protéger contre tous, il s'ensuit que son droit naturel est effectivement annulé [2]. C'est un droit d'opinion plutôt qu'un droit réel, puisque rien n'assure qu'il en jouira avec sécurité. Sa puissance diminue donc en raison des craintes qui la retiennent et des menaces qui la paralysent. Ainsi, mécaniquement, toute force individuelle est enveloppée dans une force collective, et pour n'être pas écrasée par elle, doit s'y incorporer. La doctrine sociale de Spinoza est un aspect particulier de sa doctrine sur l'univers : toute force qui prétend se mettre en dehors de l'univers est par là même réduite et détruite ; mais, en retour, une force qui viendrait à manquer complètement à l'univers en troublerait l'unité et en compromettrait les destinées. La société se

---

1. *Tract. theol. polit.*, cap. XVI, t. I, pp. 553-554. Cf. *Tract. polit.*, cap. II, 6, t. I, p. 286.
2. Voir dans Hobbes la peinture analogue de l'état de guerre qui précède l'état social : *Elementa philosophica de cive*, cap. I, 12 ; édition de 1696, Amsterdam, p. 14 ; *Leviathan*, pars prima, cap. XIII ; édition de 1676, Londres, pp. 63 et suiv.

forme dès que l'homme commence à sentir par expérience, avant même de le concevoir par la raison, ce qui est son utilité véritable [1]. Quand deux individus s'unissent, ils augmentent leur puissance et par conséquent leur droit, et le droit ainsi constitué par alliance s'agrandit et s'accroît de tous les individus qu'il représente. « Pour mener une vie heureuse en pleine sécurité, les hommes ont dû s'entendre mutuellement et faire en sorte de posséder en commun le droit sur toutes choses que chacun avait reçu de la nature, de renoncer à suivre la violence et leurs appétits individuels et de se déterminer de préférence par la volonté et le pouvoir de tous les hommes réunis. Ils auraient vainement essayé ce régime s'ils s'étaient obstinés à suivre les seules impulsions de l'appétit (car chacun est entraîné diversement par les lois de l'appétit); ils ont donc dû, par un engagement ferme, convenir ensemble de tout faire d'après la raison (à laquelle personne n'ose ouvertement résister de peur de paraître insensé), de dompter l'appétit en tant qu'il conseille quelque chose de funeste au prochain, de ne faire à personne ce qu'ils ne voudraient pas qu'on leur fît, et de défendre les droits d'autrui comme leurs propres droits [2]. » La société existe donc véritablement, dès qu'il y a des droits communs qui l'emportent en force sur les droits particuliers, dès qu'un droit nouveau se constitue pour gouverner et limiter les pouvoirs de chacun. Aucune règle ne peut venir du dehors limiter ni entraver l'exercice de ces droits communs. La puissance sociale ne reconnaît aucune autorité qui la gouverne, parce qu'elle est toute autorité, ni juridiction qui la censure, parce qu'elle est toute juridiction. Elle est la plus grande force; cela suffit pour qu'elle soit tout ce qu'elle peut être, tout ce qu'elle doit

---

1. *Tract. theol. polit.*, cap. V, t. I, pp. 436-437.
2. *Tract. theol. polit.*, cap. XVI, t. I, p. 554. — Sur la transformation du droit naturel en droit civil, voir Hobbes : *Elementa philosophica*, cap. II, pp. 17 et suiv.; *Leviathan*, pars prima, cap. XIV, pp. 66 et suiv.

être. Elle se comporte et agit comme un immense individu, recherchant ce qui selon sa nature lui semble bon, rejetant ce qui selon sa nature lui semble mauvais. A elle, aussi bien qu'aux êtres particuliers, s'appliquent les lois définies par les théorèmes de l'*Éthique* : elle tend à persévérer dans l'être, à imaginer ce qui la fortifie, à écarter ce qui l'affaiblit.

La souveraineté de l'État est donc entière, absolue ; si l'on introduit en elle quelque principe de négation ou de limitation, elle ne tarde pas à se dissoudre. L'État a absorbé la somme des droits naturels ; et si les citoyens gardent dans leur vie quelques droits privés, ces droits privés sont des droits civils qu'il leur confère. Quand nous avons remis à la société les moyens et le pouvoir de nous défendre, nous dépendons entièrement de sa puissance, et nous n'avons plus que sa force pour nous protéger [1]. Cependant, par le fait qu'ils sont entrés dans la vie sociale, les hommes n'ont pas renoncé à la fureur de leurs appétits et à la violence de leurs passions ; ils veulent garder les bénéfices de la société ; mais ils tendent d'autre part à la ruiner en maintenant sourdement l'état de guerre qui était l'état primitif. Voilà pourquoi un gouvernement est nécessaire, appuyé sur des lois. Les lois qui ordonnent ou défendent certains actes n'ont aucune valeur morale ni aucun fondement métaphysique : l'obéissance qu'elles prescrivent ne dérive pas de la nature de l'homme. A l'état de nature, personne ne peut être forcé d'obéir. Tant qu'il n'y a pas de société, rien ne peut arrêter un homme dans l'expansion de ses désirs et de ses besoins, rien, sinon les désirs et les besoins antagonistes d'autres hommes ; alors les distinctions de mérite et de démérite, de vertu et de péché n'ont aucun sens. C'est la société qui introduit ces distinctions et qui leur donne une autorité effective, parce qu'elles sont nécessaires à sa

---

1. *Tract. theol. polit.*, cap. XVI, t. I, p. 558.

conservation. C'est la société qui, par elle-même, sans recourir à d'autres principes que son intérêt, détermine le juste et l'injuste; il n'y a justice ni injustice qu'au regard des lois qu'elle a établies[1]. « La justice est la ferme résolution de rendre à chacun ce qui lui est dû d'après le droit civil; l'injustice consiste à enlever à quelqu'un, sous prétexte de droit, ce qui lui est dû d'après une interprétation légitime des lois[2]. » De même que l'État seul a qualité pour établir des lois il a seul qualité pour les interpréter et les appliquer; aucun citoyen n'a le droit de plier les lois à ses convenances personnelles. « Puisque le corps de l'État doit agir comme par une seule âme, et qu'en conséquence la volonté de l'État doit être tenue pour la volonté de tous, ce que l'État déclare juste et bon doit être considéré comme déclaré tel par chacun des sujets[3]. » L'État n'a rien à relâcher de sa puissance propre. S'il accordait à un particulier le droit de vivre à sa guise, il céderait quelque chose de son propre droit; s'il accordait ce droit à deux particuliers ou à un plus grand nombre, il serait déjà divisé avec lui-même; enfin, s'il accordait ce droit à tous les particuliers, il serait par là même détruit, et les hommes reviendraient à leur condition naturelle[4]. Donc l'État ne peut être que si en principe il gouverne tout, et, pour les mêmes raisons, que s'il possède tout. Avant la formation de la société, la propriété exprime le droit victorieux du plus fort; chacun occupe et possède ce qu'il est capable de saisir et de défendre. Une fois la société formée, c'est à elle que toute propriété revient naturellement, puisqu'elle représente la plus grande puissance. L'existence de la société a pour conséquence immédiate le socialisme d'État. S'il existe des propriétés individuelles, elles n'existent, comme

---

1. Cf. Hobbes, *Leviathan*, pars prima, cap. XIII, pp. 65-66.
2. *Tract. theol. polit.*, cap. XVI, t. I, p. 559.
3. *Tract. polit.*, cap. III, 5, t. I, p. 293.
4. *Tract. polit.*, cap. III, 3, t. 1, p. 293.

les droits civils privés, que par une collation de l'État, et peut-être vaut-il mieux dans certaines formes de gouvernement, sinon dans toutes, que la propriété reste exclusivement sociale, et qu'elle ne soit répartie entre les citoyens qu'à titre de jouissance et au prix d'une redevance annuelle[1].

Cependant, au sein de cette force considérable que l'État concentre et organise, les citoyens gardent toujours une certaine force personnelle qu'ils peuvent tourner contre les lois ou l'autorité de l'État : d'autant plus que l'obéissance ne résulte pas de la nature humaine, qu'elle est simplement une obligation civile. Aussi l'État a-t-il le droit de soutenir ses lois par des sanctions, et dans le choix de ces sanctions n'a-t-il à consulter que son intérêt propre. C'est un fait, que l'homme souvent s'interdit un acte uniquement par la crainte des conséquences, que souvent il renonce à l'objet de ses désirs à cause du mal qui en peut résulter. Ainsi peut être détournée ou arrêtée la violence des passions antisociales. La puissance de l'État pèse naturellement de tout son poids sur la volonté des citoyens; elle s'exprime catégoriquement par des menaces et des promesses. L'État ne peut pas compter que le pacte par lequel il est sera toujours respecté; il faudrait que l'utilité du pacte fût par tous reconnue et toujours manifeste. Or, à certaines heures, l'homme ne voit dans les lois que des obstacles à ses désirs, et il est naturellement tenté de briser ces obstacles. « Un pacte n'a de valeur qu'en raison de son utilité; si l'utilité disparaît, le pacte s'évanouit avec elle et perd toute autorité. Il y a donc de la folie à prétendre enchaîner à tout jamais quelqu'un à sa parole, à moins qu'on ne fasse en sorte que la rupture du pacte entraîne pour le violateur de ses serments plus de dommage que de profit[2]. » Par suite, la société doit se préserver en

---

1. *Tract. polit.*, cap. VI, 12, t. I, p. 307.
2. *Tract. theol. polit.*, cap. XVI, t. I, p. 555.

tenant compte de ces perpétuelles tentations de désobéissance ou de révolte; elle use alors nécessairement de moyens irrationnels, adaptés à des âmes que la raison ne conduit pas; elle suscite des passions pour se défendre contre les passions; et comme elle n'est jamais assurée d'avoir les volontés fidèles, elle empêche les volontés d'être rebelles en les arrêtant par la force, en les réduisant à l'impuissance, en les supprimant même. Sur tous elle a droit de vie et de mort [1]. Il y a une raison supérieure à tous nos instincts particuliers, même à nos raisons particulières, une raison qui justifie véritablement tout : la raison d'État.

Telle est donc la société à ses origines et en sa forme immédiate. Les conceptions sociales qu'exclut la Politique de Spinoza sont intimement liées aux notions fictives qu'exclut sa Philosophie générale. Spinoza repousse l'idée théocratique, selon laquelle Dieu gouverne les sociétés par une puissance arbitraire : cette idée correspond pour lui à l'idée du Dieu transcendant; il n'y a pas de pouvoir surnaturel qui ait le droit de détourner l'État et les citoyens de leur direction naturelle; tout pouvoir possible est compris dans la nature et s'exprime par la nature; les droits respectifs de l'État et des citoyens se mesurent à la part qu'ils prennent en fait à ce pouvoir universel; la même nécessité immanente au monde explique que les hommes se combattent et s'unissent, que l'État se constitue et s'impose. Spinoza repousse encore l'idée suivant laquelle la société est un organisme naturel pour lequel les hommes sont naturellement faits : cette idée correspond pour lui à l'idée téléologique de la nature [2]; sans doute l'État est un tout dont les citoyens sont les parties, et la puissance de l'État se détermine bien par le rapport

---

1. *Tract. theol. polit.*, cap. XX, t. I, p. 603.
2. Voir la critique que Hobbes avait faite de la doctrine d'Aristote, d'après laquelle l'homme est un être naturellement sociable. *Elem. phil.*, cap. I, 2, pp. 2 et suiv.

du tout aux parties; mais il n'y a pas une prédestination des parties au tout; le tout est un résultat, non une fin, et encore un résultat laborieusement produit, non une fin immédiatement donnée; le tout n'agit sur les parties qu'après avoir été constitué par elles; de même, dans la doctrine morale, l'idée systématique de l'univers n'est pas l'idée première qui vient diriger l'activité humaine : elle est comme la démarche suprême de cette activité, exclusivement dirigée à l'origine par des impulsions naturelles. Spinoza repousse enfin l'idée suivant laquelle l'État est un contrat conclu par des volontés qui se sont librement et réciproquement liées : cette idée correspond à l'idée du libre arbitre. Loin qu'il faille expliquer les rapports sociaux par des causes contingentes et des intentions arbitraires, il ne faut faire intervenir dans la formation de la société qu'une cause fondamentale qui détermine toutes les intentions et tous les actes : la tendance de l'être à persévérer dans l'être, soit que l'être se disperse dans les individus, soit qu'il se concentre dans l'État. En même temps qu'elle exclut ces trois conceptions, la Politique de Spinoza en retient, pour les expliquer autrement, les éléments essentiels. D'abord, tout droit naturel étant une portion de la puissance universelle est par là même une portion de la puissance divine; par conséquent, l'État, qui est la communauté de tous les droits naturels, participe à l'autorité de Dieu dans toute la mesure de son autorité effective. Ensuite, il est bien vrai que l'état social s'impose naturellement aux hommes par le seul mécanisme de leurs tendances et de leurs intérêts; il est donc en ce sens fondé sur la nécessité même de la nature, et s'il est illégitime de faire de la tendance à la vie sociale un instinct primitif de l'homme, on peut la considérer comme une conséquence directe et prochaine de son effort pour vivre[1]. Enfin, s'il est artificiel de faire sortir la société

---

1. « Si c'est pour ce motif, savoir, que dans l'état de nature les hommes peuvent à peine s'appartenir à eux-mêmes, si c'est, dis-je, pour ce motif que le

de délibérations entièrement conscientes et de décisions radicalement volontaires, on peut bien dire que la société est un contrat, puisqu'elle est un rapprochement qu'opèrent les hommes entre eux pour vivre le mieux possible, et que toute la puissance de l'État dérive de ce rapprochement. Dans tous les cas, une fois que l'État est constitué, il ne saurait être pris pour un être de raison ; du moment qu'il est, il se développe suivant les tendances de tout être ; du moment qu'il a le pouvoir, il aspire à le maintenir et à l'accroître indéfiniment. Pas plus qu'on ne peut imposer à un homme passionné une action contraire à la violence de ses passions, on ne peut du dehors imposer à l'État l'obligation de mettre de parti pris de la discrétion et de la mesure dans l'exercice de son autorité. Il n'y a pas pour l'État d'abus de pouvoir dont les citoyens soient juges. Mais alors, cette force que les hommes ont faite ne va-t-elle pas se tourner contre eux, contre leurs intérêts, même bien entendus ? Ne va-t-elle pas devenir un despotisme odieux, produisant la terreur au lieu de la sécurité, la colère au lieu de la paix, la misère au lieu du bonheur ? Spinoza, qui a accepté la théorie de Hobbes sur l'origine et la formation du gouvernement, acceptera-t-il également les conséquences que Hobbes en a tirées, c'est-à-dire l'affirmation du pouvoir de l'État le plus absolu et le plus arbitraire en toute matière, en matière morale et religieuse comme en matière civile et politique ?

scholastiques appellent l'homme un *animal sociable*, je n'ai pas à y contredire. » *Tract. polit.*, cap. II, 15, t. I, p. 289.

CHAPITRE VIII

LA VIE SOCIALE DE L'HOMME.

II. — L'ÉTAT SOUS LE RÉGIME DE LA LIBERTÉ.

« Pour ce qui est de la Politique, écrit Spinoza à un de ses amis, la différence que vous me priez de marquer entre le sentiment de Hobbes et le mien consiste en ceci, que je conserve toujours le droit naturel dans son intégrité et que je prends dans chaque gouvernement pour mesure du droit du souverain le degré d'empire ou de pouvoir qu'il possède sur ses sujets, ce qui a toujours lieu dans l'état naturel[1]. » Si Hobbes a justement marqué l'origine de la vie sociale et le principe du gouvernement, il a été trop disposé à considérer que la création de l'État mettait fin à l'action des forces individuelles; il a conçu un droit de l'État aussi utopique, aussi destitué de valeur que les conceptions abstraites qu'il avait éliminées. Or l'État ne peut annuler par lui-même aucune des forces qu'il gouverne, et il est soumis, dans l'usage de sa souveraineté, à des lois naturelles qui ont pour effet d'exclure de plus en plus tout arbitraire. En constituant pour sa part la société et en acceptant pour le maintien de la société le pouvoir d'un gouvernement, l'individu ne renonce pas absolument à son droit. Comment d'ailleurs pourrait-il renoncer à ce qui, étant sa puissance propre, exprime immédiatement son essence? Il renonce seulement à apprécier son droit par lui-même et à le faire res-

---

1. *Ep.* L, t. II, p. 184.

pecter par lui seul; il délègue à l'État le soin d'en marquer l'étendue et d'en garantir l'exercice[1]. Par cette délégation, il n'aliène vraiment rien qui lui soit intime; s'il paraît renoncer à une partie de son pouvoir, c'est pour que l'autre part reste intacte et soit constamment protégée; et comme d'un autre côté il est induit par la passion à s'estimer plus qu'il ne vaut, il échappe, par le respect de l'autorité souveraine, à l'illusion dangereuse d'une puissance qu'il n'a point. Il fait donc œuvre de raison en prenant l'État pour arbitre de son droit. Mais l'État à son tour, si fort qu'on le suppose, ne saurait transformer indéfiniment son autorité en contrainte violente : il trouve dans les inclinations de l'homme la limite naturelle de son pouvoir; une fois créé, il entre dans l'ordre de la nature dont il subit les lois, et les abus qu'il commet, ayant pour effet de réveiller des passions mal endormies, de susciter des inquiétudes, des impatiences ou des révoltes, sont pour lui comme une cause interne de désorganisation et de ruine. Il y a deux principes par lesquels s'explique tout le développement de la société : le premier, c'est que les hommes, sujets de l'État, entendent conserver et accroître, si c'est possible, sous la protection de l'État, leur puissance d'action; le second, c'est que l'État entend conserver et accroître, si c'est possible, l'empire qu'il possède par les moyens qui lui semblent les meilleurs.

La conciliation de ces deux principes n'est pas réglée par un idéal transcendant : elle s'établit graduellement par le seul mécanisme des actions individuelles et de l'action sociale. Les deux principes ne sont d'ailleurs opposés que parce que l'État et les particuliers obéissent originairement à la passion plutôt qu'à la raison. Et la conséquence de cette opposition, c'est, à la fois pour les particuliers et pour l'État, un affaiblissement de puissance.

---

1. *Tract. theol. polit.*, cap. XVII, t. I, pp. 564 et suiv.

D'où il suit que peu à peu les particuliers et l'État renoncent à une conduite qui leur a été préjudiciable. Ils rentrent en eux-mêmes ; ils prennent de mieux en mieux conscience de leurs véritables intérêts et de leurs véritables fonctions.

L'idée d'une pondération réciproque des pouvoirs n'est donc pas un concept abstrait qui vienne s'imposer du dehors à l'expérience ; elle est l'expression même de l'expérience, qui montre que la société ne peut se maintenir qu'à la condition de se préserver et du despotisme et de l'anarchie. Spinoza montre par le détail comment les diverses formes de gouvernement, monarchie, aristocratie, démocratie, doivent s'organiser pour réaliser sûrement leurs fins propres. Il n'y a aucune raison d'exclure l'une de ces formes de gouvernement ; chacune d'elles est capable de durer à jamais, si, au lieu de se dissoudre elle-même par le caprice et la violence, elle tend à se constituer selon les lois certaines de la raison ; l'une d'elles peut, dans certains cas, mieux répondre que les autres aux habitudes et aux traditions d'un peuple. Dans le *Traité théologico-politique*, Spinoza affirme nettement ses préférences pour la démocratie. « Je pense avoir montré assez clairement par là quels sont les fondements du pouvoir démocratique ; j'ai mieux aimé traiter de cette forme de gouvernement, parce qu'elle me paraissait la plus naturelle et la plus rapprochée de la liberté que la nature donne à chaque homme. Car ainsi personne ne transfère à un autre son droit naturel de façon à ne plus exprimer son avis à l'avenir ; il le transfère à la majorité du corps social dont il est une partie. Par ce moyen tous restent ce qu'ils étaient dans l'état naturel, c'est-à-dire égaux [1]. » Dans le *Traité politique*, Spinoza semble s'accommoder d'un gouvernement aristocratique ou monarchique [2]. Mais il a bien

---

1. *Tract. theol. polit.*, cap. XVI, t. I, p. 558.
2. Il ne faut pas oublier que le *Traité politique* est resté inachevé et qu'il s'arrête juste au moment où Spinoza commence à traiter des conditions de la démocratie.

soin de montrer comment l'organisation très compliquée du gouvernement aristocratique doit maintenir la puissance des patriciens plus grande que la puissance de la multitude, « sans toutefois que la multitude ait aucun dommage à en souffrir[1]. » Quant au gouvernement monarchique, Spinoza en subordonne l'exercice régulier à l'autorité ferme de la loi, et même, quand il y a transmission du pouvoir, au consentement populaire. « Il importe d'observer qu'il ne répugne en rien à la pratique que les lois soient constituées assez fermement pour que le Roi lui-même ne puisse les abolir... Il n'y a là rien qui soit contraire à la Raison, ni à l'obéissance que l'on doit au Roi; car les principes fondamentaux de l'État doivent être considérés comme les décrets éternels du Roi, de telle sorte que ses ministres lui obéissent encore pleinement, s'ils refusent d'exécuter un ordre qu'il vient à donner en opposition avec ces principes... Si donc toutes choses dépendaient de la volonté inconstante d'un seul, il n'y aurait rien de fixe. Voilà pourquoi le pouvoir monarchique, pour être stable, doit être institué de telle sorte que tout se fasse par le seul décret du Roi, c'est-à-dire que tout droit soit la volonté expliquée du Roi, ce qui ne veut pas dire que toute volonté du Roi soit le droit[2]. » D'autre part, Spinoza repousse énergiquement l'idée d'une monarchie héréditaire : il faut, selon lui, pour consacrer le pouvoir d'un nouveau roi, une nouvelle investiture; la notion même d'un droit civil s'oppose à toute conception dynastique. « Ceux qui soutiennent que le Roi, par cela seul qu'il est le maître de l'empire et le possède avec un droit absolu, peut le transmettre à qui il lui plaît et choisir à son gré son successeur, qu'ainsi le fils du Roi est de droit héritier de l'empire, sont certainement dans l'erreur. Car la volonté du

---

1. *Tract. polit.*, cap. VIII, 11, t. I, p. 335. Cf. cap. VII, 27, t. I, p. 326-327.
2. *Tract. polit.*, cap. VII, 1, t. I, p. 314-315; cap. VIII, 3, t. I, p. 332.

Roi n'a force de droit qu'aussi longtemps qu'il tient le glaive de l'État : c'est par la seule puissance que se définit le droit de commander. Le Roi peut donc, il est vrai, abdiquer, mais il ne peut transmettre l'empire à un autre qu'avec l'assentiment de la multitude ou du moins de la partie la plus forte. Et pour que ceci soit mieux compris, il faut remarquer que les enfants sont héritiers de leurs parents, non par le droit naturel, mais par le droit civil ; car c'est la seule puissance de l'État qui fait que chaque citoyen est maître de certains biens. La puissance ou le droit qui fait que la volonté de celui qui a disposé de ses biens est reconnue valable, fait de même que cette volonté reste valable, même après la mort du testateur, tant que l'État dure ; et de la sorte chacun, dans l'ordre civil, conserve après sa mort le droit qu'il possédait de son vivant, parce que, comme nous l'avons dit, c'est moins par sa puissance propre que par la puissance de la société, qui est éternelle, que chacun peut disposer de ses biens. Mais pour le Roi il en est tout autrement ; car la volonté du Roi est le droit civil lui-même, et le Roi, c'est l'État : donc, le Roi mort, l'État périt en même temps, et ainsi l'état civil revient à l'état naturel ; par conséquent le souverain pouvoir fait naturellement retour à la multitude qui peut établir en droit de nouvelles lois et abroger les anciennes[1]. » Aucune forme de gouvernement ne peut donc abolir le droit naturel : il y a toujours certaines heures où le droit naturel peut ressaisir sa puissance entière ; il peut dans tous les cas, à tout instant, faire sentir son action directement ou indirectement dans l'État lui-même. Le mieux est sans doute, si cela est possible, que cette action soit directe, que le droit civil se rapproche de plus en plus du droit naturel, et que le gouvernement s'appuie sur une reconnaissance et une répartition de plus en plus équitables des droits individuels.

---

1. *Tract. polit.*, cap. VII, 25, t. I, p. 325-326.

Au contraire, l'État tombe dans la violence et s'expose à la ruine quand il imagine qu'il ne peut exister qu'au détriment des individus, quand il se développe pour lui-même, comme s'il était la fin de tout. Il doit certainement exiger l'obéissance; mais cette obéissance peut s'obtenir par la persuasion autant et mieux que par la terreur. Les procédés despotiques ont le grand défaut d'introduire chez les sujets une scission de plus en plus profonde entre les démarches extérieures et les sentiments intérieurs; l'intérêt de l'État, c'est que les sentiments intérieurs règlent les démarches extérieures conformément aux lois[1]. Dira-t-on que les sentiments ont peu d'importance dès que les actes n'ont rien de subversif, qu'au surplus la nécessité de toujours obéir à l'État finit par réagir sur les sentiments et par les façonner? Mais si la crainte seule détermine l'obéissance en paralysant l'activité, il n'y a plus à vrai dire de rapports réciproques entre les hommes; tous n'ont plus qu'une pensée : se faire le plus petits possible afin de se dérober aux coups du pouvoir. « Aussi bien une société où la paix dépend de l'inertie des sujets, qui se laissent conduire comme des troupeaux et ne sont ainsi exercés qu'à l'esclavage, ce n'est plus une société, c'est une solitude[2]. » Cette extrême oppression ne saurait être durable. D'ordinaire, les hommes tendent à s'associer dès qu'ils ont une crainte commune ou le désir de venger un dommage commun; par suite, comme la puissance de l'État résulte du concours des puissances individuelles, elle s'affaiblit d'autant plus que les citoyens ont plus de raisons de s'unir dans de communs griefs[3]. De la même façon que les individus,

---

1. *Tract. theol. polit.*, cap. XX, t. I, p. 606-607.
2. *Tract. polit.*, cap. V, 4, t. I, p. 303.
3. Il est d'ailleurs, selon Spinoza, désastreux pour une nation de changer la forme de son gouvernement; de longues et profondes habitudes s'adaptent mal à une nouvelle espèce d'autorité; on ne supprime pas la tyrannie parce qu'on a voulu supprimer le tyran. Spinoza prend pour exemple la Révolution d'Angleterre. *Tract. theol. polit.*, cap. XVIII, t. I, p. 590.

l'État peut se donner des sujets de crainte; et plus ses craintes augmentent, moins il est son maître. Donc l'État peut s'assurer ou s'aliéner les âmes par un bon ou un mauvais emploi de son autorité[1]. « C'est un fait certain que les séditions, les guerres, le mépris ou la violation des lois sont imputables moins à la méchanceté des sujets qu'à la mauvaise organisation du gouvernement[2]. Les hommes ne naissent pas propres à la vie sociale, ils le deviennent; en outre les passions naturelles des hommes sont les mêmes partout. Si donc le mal a plus d'empire dans tel État, s'il s'y commet plus d'actions coupables que dans un autre, cela tient très certainement à ce que cet État n'a pas suffisamment pourvu à la concorde, à ce qu'il n'a pas institué des lois assez sages, et par suite à ce qu'il n'est pas entré en pleine possession du droit absolu de l'État. En effet, la condition d'une société où les causes de sédition n'ont pas été supprimées, où la guerre est continuellement à craindre, où enfin les lois sont fréquemment violées, diffère peu de la condition naturelle où chacun mène une vie conforme à sa fantaisie et toujours grandement menacée[3]. » L'État ne fait disparaître les causes de désobéissance et de trouble, il ne détermine les causes d'obéissance et de respect qu'en prenant conscience de sa véritable fin, qui est la liberté. « Un gouvernement qui n'a d'autre vue que de mener les hommes par la crainte réprimera bien plus leurs vices qu'il n'excitera leurs vertus. Il faut gouverner les hommes de telle sorte qu'ils ne se sentent pas menés, mais qu'ils se croient libres de vivre à leur gré et d'après leur propre volonté, et qu'ils n'aient alors d'autres règles de conduite que l'amour de la liberté, le désir d'augmenter leur for-

---

1. *Tract. theol. polit.*, cap. v, t. I, p. 436-437.
2. Par là, quoiqu'il répugne profondément à la conception d'un droit abstrait et d'un type transcendant de société, Spinoza s'accorde avec la philosophie sociale du dix-huitième siècle, selon laquelle ce sont surtout les vices du gouvernement qui font les vices des sujets.
3. *Tract. polit.*, cap. v, 2, t. I, p. 302-303.

tune et l'espoir d'arriver aux honneurs[1]. » « La fin de l'État n'est pas de dominer les hommes, de les retenir par la crainte, de les soumettre à la volonté d'autrui, mais tout au contraire de délivrer chacun de la crainte, afin qu'il puisse autant que possible vivre en sécurité, c'est-à-dire conserver le mieux possible le droit naturel qu'il a de vivre sans dommage ni pour lui ni pour autrui. Non, dis-je, l'État n'a pas pour fin de transformer les hommes d'êtres raisonnables en animaux ou en automates, mais bien de faire en sorte que les citoyens développent en sécurité leur corps et leur esprit, usent librement de leur raison, ne rivalisent point entre eux de haine, de colère et de ruse, et ne se considèrent point d'un œil jaloux et injuste. La fin de l'État, c'est donc véritablement la liberté[2] ».

Donc, à mesure qu'elle devient raisonnable, la puissance de l'État respecte davantage les libertés individuelles, et, entre ces libertés, la liberté religieuse et la liberté de penser[3]. Si les actes par lesquels la foi s'exprime tombent, comme tous les actes extérieurs, sous la juridiction du pouvoir, la foi, en son principe, en ses raisons intimes, ne dépend que de l'individu et reste inaccessible à l'autorité de l'État[4]. Les manifestations du culte peuvent être l'objet de règlements précis et parfois rigoureux, mais la véritable connaissance et le véritable amour de Dieu ne peuvent être sous l'empire de qui que ce soit. D'une façon générale, les actes qui ne peuvent être suscités ni par des menaces ni par des promesses ne sauraient tomber sous les droits de l'État. La faculté de juger reste donc inviolable. Quand l'État entreprend sur elle, il aggrave l'excès de ses prétentions par l'inutilité de ses

---

1. *Tract. polit.*, cap. X, 8, t. I, p. 362.
2. *Tract. theol. polit.*, cap. XX, t. I, p. 604.
3. *Tract. theol. polit.*, cap. XIX, XX.
4. « Quant au droit de pratiquer la Religion, ou de rendre un culte à Dieu, personne ne peut le transférer à autrui. » *Tract. polit.*, cap. VII, 26, t. I, p. 326.

violences. Sans doute, par des moyens indirects, il peut exercer sur les opinions et sur les jugements une influence considérable; mais s'il peut ainsi rapprocher de plus en plus sa puissance du fond intime de l'âme, il ne peut pas cependant la dominer ni l'absorber entièrement. A supposer qu'il fasse de quelques hommes sa chose, il ne peut pas arriver à supprimer d'un coup les causes qui entretiennent la diversité des opinions. C'est pourquoi, en tout ce qui touche les problèmes philosophiques et scientifiques, l'État n'a rien de mieux à faire que reconnaître très haut son incompétence. Cependant, si la liberté de penser reste entière dans la conscience, peut-elle se traduire au dehors par des paroles et par l'enseignement? L'État peut-il ou non empêcher l'expression extérieure des jugements individuels? A coup sûr l'État peut étendre jusque-là son autorité et ses défenses; mais cette extension de son pouvoir devient pour lui une cause d'impuissance ultérieure. Il n'est rien que les hommes supportent avec plus d'impatience que les restrictions apportées, que les obstacles opposés à l'expression et à la diffusion de leurs idées, que les entraves de toutes sortes par lesquelles on essaie d'arrêter leur élan vers le vrai. Si par surcroît les opinions émises sont fondées en raison, croit-on que les lois gagnent du prestige à entrer en conflit avec elles? Qu'il y ait parfois à cette liberté certains inconvénients, c'est possible; mais l'État n'est-il pas obligé de tolérer tous les jours de plus graves abus, tous les maux qui proviennent de la jalousie, de l'avarice, de l'ivrognerie, du luxe et autres détestables passions? « Vouloir tout soumettre à l'action des lois, c'est irriter le vice plutôt que le corriger [1] ». L'État prudent et raisonnable, qui tient à garder sa souveraineté intacte, respecte en tous les hommes le droit de croire, de penser, de dire, d'écrire, d'enseigner ce que la raison leur impose ou leur démontre, tant qu'ils expriment leurs

---

1. *Tract. theol. polit.*, cap. xx, t. I, p. 606.

idées sans passions et sans violence, tant qu'ils n'émettent pas de pensée qui tende au bouleversement de l'État et à la ruine du pacte social. L'État n'a raison de se défendre que quand il est mis en cause; il se compromet gravement quand il ose étendre son empire sur les croyances personnelles et les convictions philosophiques, ou quand il s'applique à inculquer aux esprits des habitudes de servilité. Qu'il réussisse dans cette œuvre brutale, il encourage l'hypocrisie, la mauvaise foi, l'inertie intellectuelle ; qu'il y échoue, il fait doublement constater son impuissance. Il doit donc, dans son intérêt même, tolérer jusque dans leurs égarements ce besoin et cet amour de la vérité, qui sont plutôt des causes de douceur et de concorde parmi les hommes.

D'autre part, en même temps que l'autorité de l'État se dégage de toute passion et tend à la raison, le citoyen se dépouille des préjugés déraisonnables qu'il a pu avoir contre le pouvoir souverain. Il accepte plus volontiers la vie sociale dès qu'il en sent l'utilité et les bienfaits ; et au lieu d'y apporter les appétits violents qui la troublent, il y apporte la modération et le calme qui la raffermissent. L'obéissance est plus entière quand elle est plus spontanée, et les sentiments intérieurs ont souvent plus de force pour déterminer certains actes que la rigueur implacable des lois. Cependant, si l'ignorant s'adapte sans trop de peine à un état social que l'habitude lui rend familier et bon, l'homme sage ne souffre-t-il pas d'en constater les imperfections, les vices et les abus, et sa sagesse n'est-elle pas au fond un principe de révolte contre une société qui n'est pas ajustée à son niveau ? Un tel homme, selon Spinoza, n'aurait de la sagesse que l'apparence. Il suppose que l'institution de la société est déraisonnable ; il ne comprend pas la nécessité qui l'a engendrée et qui la fait telle ; il est aveuglé par l'orgueil, au point de méconnaître les avantages d'un ordre social, même défectueux. Tout autre est l'attitude de l'homme vraiment sage. « Si un homme conduit par la raison est forcé quelquefois de faire par le décret de l'État ce qu'il sait contraire à la raison, ce dommage est compensé avec avantage par le bien qu'il retire de l'ordre social lui-même. Car c'est aussi une loi de la raison, qu'entre deux maux il faut choisir le moindre ; et par conséquent, nous pouvons conclure qu'en aucune rencontre un citoyen qui agit selon l'ordre de l'État ne fait rien qui soit contraire aux principes de sa raison[1]. ». Dans une société bien organisée, l'homme sage peut recourir à des moyens légaux pour pousser l'État à se réformer selon la raison ; mais à supposer que la société ne soit pas arrivée à ce point de perfection, il doit quand même en respecter les lois et en reconnaître l'autorité ; il se conforme ainsi à la règle de la vie sociale et de l'intérêt commun. « L'homme qui se dirige d'après la raison est plus libre dans la cité où il vit sous la loi commune que dans la solitude où il ne relève que de lui-même[2]. » C'est à tort d'ailleurs que l'on confondrait l'obéissance et la servitude : ce n'est pas être esclave que d'obéir à un ordre, quand on sait que l'obéissance est un bien pour la société tout entière ; l'esclavage est uniquement dans la manière d'agir. Si l'on est forcé d'agir par pure contrainte sans concevoir la raison et l'intérêt de l'action, si l'on subit la puissance de l'État sans en reconnaître l'utilité supérieure, on est esclave ; mais quand on sait que le respect de la volonté ou de la loi souveraines est pour l'État une cause de stabilité et ainsi pour l'individu une cause de sécurité, on se garde bien d'ébranler, par impatience de l'autorité extérieure, la solidité du pacte social : dans

---

1. *Tract. polit.*, cap. III, 6, t. I, p. 294.
2. *Eth.*, IV, prop. 73, t. I, p. 241. — « Dans quelque état social que l'homme soit, il peut être libre ; car certainement l'homme est libre en tant qu'il est conduit par la Raison. Or la Raison (tout autre est l'avis de Hobbes) conseille absolument la paix ; mais la paix ne peut être obtenue si les droits communs de la cité ne se maintiennent pas inviolés. Donc, plus un homme est conduit par la Raison, c'est-à-dire plus il est libre, plus il aura d'obéissance constante au droit commun, et plus il accomplira les ordres du pouvoir dont il est le sujet. » *Tract. theol. polit.*, Annotationes, XXXIII, t. I, p. 626.

l'obéissance et même par l'obéissance on est libre[1]. Et rien n'est plus efficace pour amener l'État à des principes de raison et d'équité que la volonté constamment pacifique et librement soumise des sujets ; comme l'État tyrannique peut faire les âmes serviles, les âmes libres peuvent faire l'État libéral.

Ainsi l'État se transforme graduellement ; il se garde de certaines fautes et observe certaines règles ; d'ailleurs ces fautes ne sont pas des imperfections morales, ce sont simplement des erreurs de conduite ; ces règles ne viennent pas d'une autorité extérieure, ce sont des règles de prudence. « L'État n'est soumis à ces règles que dans le sens où un homme, dans la condition naturelle, est tenu, afin d'être son maître et de ne pas être son ennemi, de prendre garde de se tuer lui-même[2]. » C'est pour cela que cette transformation de l'État, opérée par l'État lui-même en vue d'une plus grande stabilité et d'une plus grande puissance, a toute la force et toute la certitude de la nature. La liberté sociale, comme la liberté morale, procède nécessairement de la servitude. De despotique qu'il est à l'origine, le gouvernement devient à la fin, par la conscience plus claire qu'il a de ses conditions d'existence, rationnel et libéral. Plus un gouvernement est respecté, plus il peut accorder de droits aux individus ; et plus il accorde de droits aux individus, plus il est respecté. Au lieu de l'opposition violente qu'entretenait la passion, nous avons l'unité harmonieuse que produit la raison. Et ce qui justifie certainement aux yeux de Spinoza la vérité de sa doctrine, c'est que les autres théories sociales lui paraissent incapables d'aboutir logiquement et réellement à la liberté. Quand on imagine un droit divin, infiniment supérieur au droit naturel, on ne saurait restreindre ce droit divin par aucune limite, par aucune mesure ; sous

---

1. *Tract. theol. polit.*, cap. XVI, t. I, p. 557-558.
2. *Tract. polit.*, cap. IV, 5, t. I, p. 301.

peine de n'être rien, il doit être tout; toutes les forces individuelles sont écrasées sous le poids infini de cette force immense : il y a une opposition radicale entre la transcendance du droit divin et la légitimité du droit humain. Quand on conçoit que la société est l'unité essentielle et primitive à laquelle doivent concourir comme à leur fin tous les individus, quand on prétend qu'elle est l'ordre préalable que les individus doivent réaliser, les individus sont obligés de dépouiller de plus en plus leur individualité pour entrer dans l'unité sociale; la société est l'être véritable dont ils ne sont que les apparences ou que les accidents. Quand enfin on affirme que la société est une institution artificielle produite par de libres volontés, ou bien ces libres volontés, n'étant assujetties à rien, troublent constamment le pouvoir qu'elles ont établi, alors c'est l'anarchie, ou bien elles sont assujetties à ce pouvoir qui leur ressemble, qui, lui, n'est assujetti à rien, qui procède par caprice et par violence, et alors c'est le despotisme. La doctrine de Spinoza s'efforce d'échapper à ces diverses conséquences. En posant l'identité du droit divin et du droit naturel, elle montre que la société a en elle et dans les citoyens qui la constituent toutes les raisons de son existence et toutes les conditions de son développement, qu'elle n'a donc à s'inspirer que d'elle-même pour arriver à la plus grande plénitude d'être. En établissant que la société ne préexiste, ni logiquement, ni réellement aux individus, mais qu'elle est leur œuvre, elle montre pourquoi la société ne peut absorber entièrement les individus sans se détruire elle-même, pourquoi, au moment même où elle les fait dépendre d'elle, elle dépend d'eux également, pourquoi elle est forcée, pour se garantir elle-même, de composer avec ceux qui la composent. Enfin, en expliquant que rien d'arbitraire n'est à l'origine de l'État, elle montre pourquoi rien d'arbitraire ne peut s'introduire dans le gouvernement sans le compromettre, elle indique que le simple jeu des forces sociales doit faire coïncider la plus grande liberté et la plus complète autorité. La vie sociale de l'homme se développe donc suivant la même loi que la vie morale : c'est la même nécessité qui mène l'individu et la société de la servitude et de la passion à la liberté et à la raison, qui supprime lentement les oppositions et les violences, qui maintient les pouvoirs organisés au-dessus des pouvoirs désorganisés, qui éclaire enfin la nature par l'intelligence et fait reconnaître le droit certain dans la force certaine.

La Politique de Spinoza apparaît ainsi comme un effort pour expliquer l'origine et le développement de l'État en dehors de toute conception théologique et de toute doctrine morale proprement dite. Elle ne veut s'appuyer que sur les inclinations naturelles de l'homme, soit que d'abord ces inclinations se déterminent aveuglément, soit qu'à la longue elles se déterminent par la Raison. Elle voit dans l'État une force qui n'a rien de préétabli, qui s'établit mécaniquement par la puissance des besoins humains, qui, une fois constituée, s'organise d'elle-même comme l'intérêt suprême qui mesure tout intérêt. C'est d'abord pour l'État une condition d'existence que d'absorber, autant qu'il est possible, tous les droits naturels et de composer son autorité de tous les pouvoirs individuels ; c'est ensuite pour lui une condition de sécurité et de durée que de restituer, autant qu'il est possible, les droits naturels sous forme de droits civils, c'est-à-dire de n'en retenir que ce qui est nécessaire pour les défendre et pour se défendre[1]. Nécessairement despotique, quand il faut opposer la violence de la contrainte à la violence des passions, il devient libéral à mesure qu'il comprend mieux son rôle à l'égard de citoyens qui le

---

[1]. Spinoza traite surtout des fonctions politiques de l'État, il n'en étudie pas spécialement les fonctions sociales et économiques. Cependant, en un passage de l'*Éthique* (IV, App. XVII), il indique que les secours aux indigents ne peuvent être ni efficacement ni équitablement donnés par les particuliers, et il conclut que « le soin des pauvres est l'affaire de la société tout entière et ne regarde que l'utilité générale. » T. I, p. 245.

comprennent mieux. Toutefois ce n'est aucune raison morale, ni aucune raison de sentiment qui décide cette conversion : il n'y a pas pour l'État de doctrine qui puisse s'imposer à lui pour le transformer. Les raisons et les moyens de l'État sont exclusivement politiques et doivent se ramener à de simples considérations d'intérêt. Ce n'est ni à l'idée du beau, ni à l'idée du bien qu'il appartient de régler la vie sociale. La loi civile participe surtout de la loi naturelle, dont elle a la puissance, on dirait presque la dureté pratique. Un gouvernement, comme tel, n'a jamais égard ni à des convenances extérieures, ni à des scrupules singuliers : il est tout entier à sa tâche, qui est de maintenir par tous les moyens qui lui semblent bons la sûreté de l'État. C'est la justification absolue de la pure politique d'après les principes, sinon d'après les procédés qu'avait développés Machiavel. De là sans doute l'admiration de Spinoza pour celui qu'il appelle « le très pénétrant Florentin [1] ». Cependant cette émancipation de la Politique entraîne, selon le spinozisme, l'émancipation même de l'individu. C'est l'intérêt politique bien entendu, dégagé de toute autre préoccupation, qui pousse l'État à reconnaître et à respecter, le plus qu'il peut, les droits individuels. Et précisément parce que la Politique ne s'inspire que d'elle-même, qu'elle s'affranchit nettement de toute pensée morale ou religieuse, elle doit se défendre de plus en plus de tout empiètement sur la vie et les convictions privées des citoyens. Elle doit s'imposer des limites aussi précises que son objet, ne s'occuper des actes qu'en tant qu'ils touchent à la conservation et à la sécurité de l'État [2]. Par là Spinoza affirme, contrairement à l'esprit de la philosophie et de la cité antiques, que l'action du gouvernement ne peut pas s'étendre à la pensée intime des individus, que

---

1. *Tract. polit.*, cap. x, 1, t. I, p. 359 ; cap. v, 7, t. I, p. 304.
2. « La liberté ou la force d'âme est une vertu privée ; la vertu de l'État, c'est la sécurité. » *Tract. polit.*, cap. I, 7, t. I, p. 283.

la vie politique n'est pas la fin dernière de l'homme, que les forces humaines, engendrant le mécanisme social, ne s'y laissent pas prendre tout entières, qu'ainsi la liberté de la Raison reste impénétrable à l'État et constitue en dehors de l'État la vie profonde de l'âme.

CHAPITRE IX

LA VIE ÉTERNELLE.

La moralité humaine, selon l'Éthique de Spinoza, ne tire pas son origine ni sa valeur d'un principe extérieur à notre nature : c'est par elle-même qu'elle se produit et se justifie; c'est elle qui se donne à elle-même sa plénitude et sa certitude. Elle n'est relative à aucune condition étrangère ni à aucune fin transcendante : elle est catégorique comme l'effort dont elle est le résultat, immanente à notre être comme la tendance dont elle est l'achèvement. Elle est nous-mêmes en ce que nous avons de plus réel et de plus intime; elle ne relève que de notre puissance propre, qui n'est autre chose que notre raison. C'est donc une étrange illusion que de dire : La vertu n'aurait pas de fondement, s'il n'y avait pas une autre vie que la vie présente; la vertu ne serait pas désirable, s'il n'y avait pas un Dieu pour la commander et la récompenser. On corrompt alors la vertu par les sentiments d'espérance et de crainte qu'on y mêle; ou plutôt on supprime la vertu, qui est essentiellement l'action intérieure de l'être, en ne laissant subsister sous ce nom que des passions suscitées et entretenues en l'homme par la force des causes extérieures. On imagine que la vertu ne vaut pas par elle-même, qu'elle requiert, pour se justifier, pour être bien sûre de sa perfection, une sorte de supplément extérieur. On considère la béatitude comme une récompense que la vertu vient recevoir après coup. Mais en réalité la béatitude n'est pas le prix de la vertu, elle est la vertu elle-même, c'est-à-dire l'action de l'âme la plus spontanée, la plus éclairée et la plus complète qui puisse être[1]. Et d'un autre côté, parce qu'elle est notre véritable et essentiel intérêt, la vertu est désintéressée de tout ce qui lui est offert ou imposé du dehors : elle n'a égard qu'à elle-même, et c'est en elle seule qu'elle trouve sa pleine raison et son plein contentement. « Quand même nous ne saurions pas que notre âme est éternelle, nous considérerions cependant comme nos premiers objets la Piété, la Religion, en un mot tout ce qui se rapporte à l'intrépidité et à la générosité de l'âme... Tout autre paraît être la croyance vulgaire. Car la plupart des hommes pensent qu'ils sont libres dans la mesure où ils peuvent obéir à leurs passions et qu'ils cèdent sur leur droit tout ce qu'ils accordent aux préceptes de la loi divine. Donc la Piété, la Religion, tout ce qui se rapporte à la force d'âme, ce sont là pour eux autant de fardeaux dont ils espèrent se décharger après leur mort, en recevant le prix de leur esclavage, c'est-à-dire de leur piété et de leur religion. Et ce n'est pas seulement cet espoir, c'est surtout la crainte des terribles châtiments dont ils peuvent être punis après leur mort, qui les pousse à vivre selon les prescriptions de la loi divine, autant du moins que le comportent la faiblesse et l'impuissance de leur âme. Et s'il n'y avait pas au cœur des hommes cette espérance et cette crainte, s'ils étaient convaincus au contraire que les âmes périssent avec les corps, et qu'il n'y a pas un prolongement de vie pour les malheureux qui ont été accablés du poids de la piété, ils reviendraient à leur naturel, et ils voudraient régler leur vie selon les passions, obéir à la fortune plutôt qu'à eux-mêmes. Croyance absurde, selon moi, autant que celle d'un homme qui s'emplirait le corps de poisons et d'aliments mortels, pour ce motif qu'il ne croit pas pouvoir se nourrir toute l'éternité d'une bonne nourriture, ou encore, qui voyant que l'âme n'est

---

[1]. *Eth.*, V, prop. 42, t. I, p. 277.

pas éternelle ou immortelle, aimerait mieux être insensé et vivre sans raison : toutes choses tellement absurdes, qu'elles méritent à peine qu'on s'en occupe[1]. »

La moralité est donc indépendante de tout calcul mercenaire comme de toute spéculation abstraite sur un objet transcendant ou surnaturel : elle est le désir de vivre, devenu en l'homme, sous la forme de la raison, la vie certaine et actuelle. Mais cette vie, qui se comprend et qui se pose elle-même, n'a pas besoin de s'appuyer sur une autre existence qui, conçue encore dans la durée, n'achèverait rien, ne garantirait rien, n'aurait de l'éternité que l'apparence : c'est par son principe même qu'elle est éternelle.

L'homme, en effet, participe déjà à l'éternité quand il conçoit l'ordre de la nature sous la forme de la nécessité universelle; la loi suivant laquelle les parties constituent le Tout ne saurait subir les vicissitudes des éléments qu'elle groupe ou qu'elle engendre; les notions communes qui relient dans la raison les fragments de l'univers dispersés par les sens et l'imagination sont des notions fixes, immuables, qui expriment soit l'unité des modes corporels dans l'Étendue, soit l'unité des modes spirituels dans la Pensée. Et comme rien de réel ne se produit que par ces notions, on peut dire que tout ce qui est réel est fondé dans l'Éternel. Le progrès de la vie morale a précisément pour effet de laisser tomber, comme vaines, les relations purement temporelles et contingentes, et de nous amener à la conscience des relations nécessaires et éternelles, comme aussi de réduire graduellement l'affirmation confuse de

---

1. *Eth.*, V, prop. 41, t. I, p. 276. — « C'est une grande absurdité de dire, comme beaucoup de théologiens qui passent pour grands, que si la vie éternelle n'était pas la conséquence de notre amour de Dieu, il faudrait chercher son intérêt propre, comme si l'on pouvait trouver quelque chose de meilleur que Dieu : proposition aussi absurde que si un poisson, qui ne peut pas vivre hors de l'eau, venait à dire : S'il n'y a pas pour moi de vie éternelle, je veux sortir de l'eau pour vivre sur la terre. » *Dieu, l'homme*, 2ᵉ partie, ch. XXVI, p. 121. — Cf. *Ep.* XLIII, t. II, p. 170.

ce qui n'est pas Dieu ou n'est pas par Dieu, et de ne laisser subsister en nous que la claire affirmation de Dieu et de ce qui est par Dieu. Autrement dit, nous ne pouvons réaliser absolument que ce qui est compris dans un ordre éternel, nous ne pouvons affirmer absolument que ce qui est une vérité éternelle : que peut être une idée conçue, que peut être un acte posé en dehors de la Raison? Et que peut être la Raison, sinon l'Être même qui se produit et s'explique absolument, sans relation avec ce qui change, c'est-à-dire avec ce qui n'est pas Raison? Hors de l'Éternel il n'y a qu'apparence et que néant; hors de l'Éternel il n'y a pas de salut.

C'est donc en vertu d'une loi éternelle que l'homme arrive à connaître la nécessité éternelle des choses; il n'a pas besoin d'une autre vie pour s'élever au-dessus du temps. S'affranchir des passions, c'est déjà s'affranchir de la durée, et c'est déjà éprouver Dieu que de tendre à la conservation de son être propre par la raison. A l'idée de Dieu, en effet, se rapportent rationnellement toutes les idées que nous avons des choses et des affections de notre corps; ce sont donc toutes les circonstances de la vie qui sont propices pour penser à Dieu[1], et plus nous associons la pensée de Dieu à nos états d'âme, plus nous les transformons en actes positifs qui ne relèvent que de nous. Or, quoi qu'on en ait dit, le fait de penser à Dieu n'exige pas un renoncement à la vie réelle, une abnégation de nous-mêmes; ce n'est pas reconnaître Dieu que de nier ce qui dérive de lui, ce qui l'exprime. La vie du corps déjà n'est pas étrangère à la vie de l'âme, puisqu'elle nous y prédispose. L'homme dont le corps est propre à un plus grand nombre de fonctions est plus capable de comprendre en son âme les choses et Dieu[2]; et plus un homme est capable de comprendre les choses et Dieu,

---

1. *Eth.*, V, prop. 11, 12, 13, 14, t. I, pp. 260-261. — *Tract. theol. polit.*, cap. IV, t. I, pp. 422 et suiv.
2. *Eth.*, V, prop. 39, t. I, p. 274-275.

moins il est sujet à pâtir sous l'influence des affections mauvaises[1]. De moins en moins il se laisse dominer par la crainte de la mort ou par l'espoir d'une autre existence : il goûte la vie présente à sa source, qui est éternelle.

En outre, l'homme qui par la connaissance de Dieu se comprend clairement soi-même avec ses affections, accompagne naturellement de l'idée de Dieu la joie qu'il éprouve; par conséquent, il aime Dieu et il l'aime d'autant plus que son intelligence est plus parfaite. Or cet amour de Dieu, une fois entré en l'âme, s'en empare et l'occupe plus que tout le reste[2]. Pour aimer Dieu, il n'y a donc pas à pratiquer cette humilité intellectuelle qui, au contraire, nous le déroberait; il n'est pas besoin d'un moment singulier ou d'une inspiration singulière; l'amour de Dieu implique le plus grand effort de la raison et il enveloppe toutes nos affections naturelles. Il ne se produit donc pas par un détachement de notre nature; loin de là, ce serait nous déprendre de Dieu que nous déprendre de nous-mêmes. Mais il ne faut pas attendre non plus que Dieu vienne à nous avec des inclinations et des émotions humaines. « Celui qui aime Dieu ne peut pas faire effort pour que Dieu l'aime à son tour[3]. » Cet amour de Dieu est véritablement purifié de toute passion; loin de s'entretenir par des causes extérieures, il se suffit à lui-même dans son entier contentement et son parfait repos[4]. Sa raison est identique à son objet : c'est Dieu qui l'inspire, c'est à Dieu qu'il se donne; il est donc supérieur à toute dispersion, à toute dualité. Il est l'unité absolue du désir et du désirable. Il est incorruptible; il ne peut être souillé par aucun sentiment d'envie, de jalousie, de haine. Il est la suprême indifférence à toutes les

---

1. *Eth.*, V, prop. 38, t. I, p. 274.
2. *Eth.*, V, prop. 16, t. I, p. 262.
3. *Eth.*, V, prop. 19, t. I, p. 263.
4. *Eth.*, V, prop. 27, t. I, p. 268.

passions qui divisent; il est la suprême identité des vertus qui unissent. C'est, en effet, le caractère du souverain bien que d'être commun à tous, de telle sorte que tous en puissent également jouir[1]. Il se partage donc sans mesure; il est en nous d'autant plus fort que nous nous représentons un plus grand nombre d'hommes unis à Dieu de ce même lien d'amour[2]. Et c'est ici encore que la foi révélée peut servir au triomphe moral de l'humanité; elle a en effet pour essentielle fonction d'inspirer la piété, l'obéissance à Dieu. Or l'obéissance à Dieu, bien qu'elle ne soit pas rationnellement fondée, est une approximation de la connaissance intellectuelle par laquelle nous éprouvons notre dépendance à l'égard de Dieu; l'homme qui aime Dieu par obéissance se rapproche de l'homme qui aime Dieu par raison. Cependant l'homme qui connaît Dieu est seul véritablement assuré en son amour. L'amour que suscite la foi est sujet aux mêmes troubles et aux mêmes défaillances que la foi elle-même; si la foi est une raison relative adaptée à des états d'âme irrationnels, si elle a un rôle à jamais nécessaire par la persistance des idées inadéquates dans l'esprit humain, elle n'est pas néanmoins la raison absolue, infaillible en ses principes et en ses effets, produisant par sa vertu interne l'amour de Dieu identique à elle. Le véritable et parfait amour de Dieu est un amour intellectuel. Et cet amour est infiniment fécond comme l'Être qu'il embrasse. « Comme aucune idée ne peut se reposer dans la connaissance du corps sans passer aussitôt à la connaissance de Celui sans lequel ni le corps ni son idée ne pourraient ni exister ni être connus, une fois cette connaissance acquise, elle se trouve unie avec lui par l'amour. On comprendra mieux cette union et ce qu'elle doit être, d'après son action sur le corps : cette action nous montre comment, par la con-

---

1. *Eth.*, IV, prop. 36, t. I, p. 213.
2. *Eth.*, V, prop. 20, t. I, p. 263.

naissance et les affections des choses corporelles, naissent en nous toutes ces actions, que nous percevons continuellement dans notre corps par l'agitation des esprits. Combien doivent être incomparablement plus grandes et plus magnifiques les actions nées de cette autre union qui a lieu lorsque notre connaissance et notre amour tendent à l'Être sans lequel nous ne pouvons ni exister, ni être conçus. Car les actions doivent nécessairement dépendre de la nature des choses avec lesquelles l'union a lieu. Quand nous percevons ces effets, nous pouvons nous dire réellement régénérés : notre première génération a eu lieu, lorsque nous avons été unis à un corps, et c'est de cette union que naissent les actions et les mouvements des esprits animaux ; la seconde génération a lieu, lorsque nous sentons les effets tout différents de l'amour qui suit la connaissance de cet être incorporel ; et elles diffèrent l'une de l'autre, autant que l'incorporel du corporel, l'esprit de la chair. Et cette union doit être appelée une renaissance avec d'autant plus de droit et de vérité que c'est de cet amour et dans cette union que nous contractons une disposition éternelle et immuable[1]. » Puisque en effet le véritable amour de Dieu est un amour intellectuel, il ne saurait dépendre des conditions de changement et de temps auxquelles le corps est soumis ; en soi il ne retient rien de matériel ni de périssable. L'action des sens et de l'imagination ne peut s'exercer que si le corps existe avec ses affections propres ; mais l'action de l'entendement est une action essentiellement immatérielle, puisqu'elle substitue aux successions contingentes qui expriment les états du corps les liaisons nécessaires et éternelles qui ont leur fondement dans la Pensée divine. Ainsi est affirmée, par l'éternité du Vrai, l'éternité de la Raison qui le conçoit.

Que cette doctrine soit d'origine péripatéticienne et qu'elle rappelle la théorie du νοῦς ἀπαθής, cela paraît incon-

---

1. *Dieu, l'homme*, etc., 2e partie, ch. XXII, p. 112-113.

testable. Pour Aristote, en effet, c'est l'entendement pur, séparé des sens et de toute matière, essentiellement en acte, qui est éternel [1]; c'est l'entendement pur qui nous élève en quelque façon au-dessus de la condition humaine, et qui nous fait participer, par l'immobile contemplation, à l'inaltérable félicité de la vie divine : il est donc la forme suprême de notre activité, le souverain Bien [2]. Mais qu'est-il au juste par rapport à nous? Aristote dit expressément que le pur intellect vient à l'homme du dehors (θύραθεν), qu'il se distingue de l'individu comme l'impérissable se distingue du périssable, qu'il est véritablement un autre genre d'âme [3]. Rien donc n'est éternel de ce qui est individuel : c'est bien là le sens qu'il faut donner, en dépit de la diversité des commentaires, à la théorie d'Aristote [4]. C'est en restant tout près de cette théorie qu'Averroès considère que l'intellect actif, seul éternel, est au fond la raison commune de l'humanité, que par conséquent l'humanité seule est éternelle, tandis que les individus périssent [5]. Au contraire, Levi ben Gerson, après avoir discuté les interprétations d'Alexandre d'Aphrodisias, de Themistius et d'Averroès, conclut que l'immortalité est à la fois rationnelle et individuelle; il admet que chaque homme se fait sa destinée par la part qu'il acquiert de connaissances pures, et qu'il se constitue ainsi une autre vie, proportionnelle en quelque sorte au degré de savoir qu'il a acquis dans la vie pré-

---

1. Καὶ οὗτος ὁ νοῦς χωριστὸς καὶ ἀπαθὴς καὶ ἀμιγὴς τῇ οὐσίᾳ ὢν ἐνεργείᾳ.... χωρισθεὶς δ'ἐστὶ μόνον τοῦθ' ὅπερ ἐστί, καὶ τοῦτο μόνον ἀθάνατον καὶ ἀΐδιον. οὐ μνημονεύομεν δέ, ὅτι τοῦτο μὲν ἀπαθές, ὁ δὲ παθητικὸς νοῦς φθαρτός. *De anima*, III, cap. v, 430 a 17.

2. *Eth. Nic.*, X, cap. vii et viii, 1177 a 12, sqq. — Cf. Léon Ollé-Laprune, *Essai sur la morale d'Aristote*, pp. 49 et suiv., 134 et suiv.

3. Ἔοικε ψυχῆς γένος ἕτερον εἶναι, καὶ τοῦτο μόνον ἐνδέχεται χωρίζεσθαι, καθάπερ τὸ ἀΐδιον τοῦ φθαρτοῦ. *De anima*, II, cap. II, 413 b 25. — Cf. *De gener. anim.*, II, cap. III, 736 b 27.

4. F. Ravaisson, *Essai sur la métaphysique d'Aristote*, t. I, p. 590.

5. E. Renan, *Averroès et l'Averroïsme*, pp. 152 et suiv.

sente[1]. Que Spinoza ait subi ou non l'influence de Levi ben Gerson, il apparaît que sa doctrine aspire avant tout à affirmer la vie éternelle de l'individu, et qu'elle transforme ainsi très profondément la théorie aristotélicienne.

L'âme, en effet, selon Spinoza, ne peut être conçue que comme l'idée du corps. Elle serait donc, si on la considérait comme séparée du corps, une idée sans objet, sans contenu propre, un vain fantôme ; elle existe nécessairement sous la forme individuelle que le corps lui donne. Si elle imagine, si elle se souvient, c'est parce que le corps existe actuellement [2]. Mais n'est-elle pas alors condamnée à périr avec le corps? Assurément, si le corps périt tout entier, elle périt, elle aussi, tout entière ; mais il y a quelque chose du corps qui ne peut pas périr, à savoir l'idée qui l'exprime dans la pensée divine [3]. Le corps n'a pas seulement une existence produite, développée et détruite par la puissance des causes extérieures ; il a aussi, comme tout ce qui est, une raison d'être absolue, une essence éternelle. Et cette essence éternelle, d'où dérive sa tendance à persévérer dans l'être, n'est pas une notion universelle dans laquelle se confondent tous les corps : c'est l'essence qui le fait tel qu'il est, c'est l'essence de tel ou tel corps humain, *hujus et illius corporis humani*. D'où il suit que l'essentiel de notre individualité est véritablement et éternellement fondé en Dieu ; ce qui nous explique et ce qui nous sert à expliquer les choses n'est pas séparable de nous-mêmes : nous sommes de toute éternité des Raisons individuelles.

Or, ainsi que nous l'avons vu, nous avons la faculté de comprendre les choses, non seulement par les notions communes, mais par une intuition immédiate et infaillible [4]. Nous pouvons donc nous percevoir nous-mêmes au

---

1. Joël, *Lewi ben Gerson als Religionsphilosoph*, p. 21-45.
2. *Eth.*, V, prop. 21, t. I, p. 265.
3. *Eth.*, V, prop. 22, t. I, p. 266.
4. Voir le chapitre III, p. 60-62.

principe de notre être, et si nous tendons à cette connaissance supérieure, c'est que nous tendons nécessairement à nous retrouver nous-mêmes en notre pleine puissance et notre pleine raison [1]. Plus nous acquérons cette connaissance, plus nous désirons l'acquérir [2], et ce désir, loin d'être une pensée chimérique, est le plus certain et le plus positif des désirs : s'attachant à ce qui subsiste de nous nécessairement, il ne saurait plus désormais s'en détacher, ni en déchoir. C'est pourquoi, dès que l'âme est capable de cette connaissance éminente, elle y est nécessairement déterminée : ici surtout, la puissance véritable ne peut être qu'acte effectif. Dans le développement de la vie, c'est la connaissance du second genre qui nous prépare à la connaissance du troisième genre : comprendre les choses par leurs lois, c'est se disposer à les comprendre en leur essence [3]; mais c'est au fond parce que nous sommes capables de nous comprendre nous-mêmes en notre essence que nous sommes capables de comprendre les choses par leurs lois. Autrement dit, toute connaissance se ramène à nous-mêmes, en tant que sujets éternels : les choses ne sont intelligibles que parce que nous sommes dans la pensée divine des êtres capables de les percevoir et de nous percevoir sous la forme de l'éternité. « Tout ce que l'âme conçoit sous la forme de l'éternité, elle le conçoit, non parce qu'elle conçoit l'existence présente et actuelle du corps, mais parce qu'elle conçoit l'essence du corps sous la forme de l'éternité [4]. » Si notre individualité empirique, détournée de son principe, est une

---

1. *Eth.*, V, prop. 25, t. I, p. 267.
2. *Eth.*, V, prop. 26, t. I, p. 267.
3. « La connaissance par le raisonnement n'est pas en nous ce qu'il y a de meilleur, mais seulement un degré par lequel nous nous élevons au terme désiré, ou une sorte d'esprit bienfaisant qui, en dehors de toute erreur et de toute fraude, nous apporte la nouvelle du souverain bien et nous invite à le chercher et à nous unir à lui, laquelle union est notre salut véritable et notre béatitude. *Dieu, l'homme, etc.*, seconde partie, ch. XXXVI, p. 122. — *Eth.*, V, prop. 28, t. I, p. 268.
4. *Eth.*, V, prop. 29, t. I, p. 268.

fausse mesure des choses, notre individualité éternelle, s'affirmant en son principe, est la véritable mesure de tout. L'acte par lequel nous nous posons rationnellement dans notre être détermine pour nous toute raison d'être, et dans la plus haute science dont elle est capable, l'âme éprouve, non un objet imposé à son action, mais un effet immédiat de sa puissance. « La connaissance du troisième genre dépend de l'âme, comme de sa cause formelle, en tant que l'âme elle-même est éternelle [1]. »

D'un autre côté, par cette connaissance du troisième genre, nous nous unissons à Dieu du lien le plus fort et le plus intime, non pas seulement comme des êtres parmi des êtres, mais à titre d'êtres individuels. Nous sentons que nous sommes, non pas par des raisons universelles, mais par des raisons spéciales à nous, et qu'il y a pour chacune des existences humaines comme une grâce singulière. C'est donc là pour nous une science infiniment supérieure à toutes les démonstrations par les notions communes [2]. C'est par nous-mêmes et pour nous-mêmes que nous affirmons Dieu, car c'est nous-mêmes encore qu'avant tout nous affirmons. C'est notre vie même, éprouvée dans sa cause, une vie non engendrée, une vie qui s'engendre elle-même et qui par conséquent ne saurait manquer. « Nous sentons et nous éprouvons que nous sommes éternels. Car l'âme ne sent pas moins les choses qu'elle conçoit par l'entendement que celles qu'elle a dans la mémoire. Les yeux de l'âme, ces yeux par lesquels elle voit et elle observe, ce sont les démonstrations mêmes. C'est pourquoi, bien que nous ne nous souvenions pas d'avoir existé avant le corps, nous sentons cependant que notre âme, en tant qu'elle enveloppe l'essence du corps sous la forme de l'éternité, est éternelle, et que cette existence éternelle ne peut ni se définir par le

---

1. *Eth.*, V, prop. 31, t. I, p. 270.
2. *Eth.*, V, prop. 36, Schol., t. I, p. 273.

temps, ni se développer dans la durée[1]. » Cette possession immédiate de la vie éternelle, que l'intuition confère, ne saurait s'interrompre ni être troublée. « Par tout ce que j'ai dit, l'on voit quelle est l'excellence du sage, quelle est sa supériorité sur l'ignorant que la seule passion conduit. L'ignorant, en effet, outre qu'il est poussé en mille sens divers par les causes extérieures, qu'il ne jouit jamais de la véritable paix de l'âme, vit en outre comme inconscient de soi-même et de Dieu et des choses, et, pour lui, cesser de pâtir, c'est cesser d'être. Au contraire, le sage, en tant qu'il est considéré comme tel, peut à peine se sentir troublé; possédant par une sorte de nécessité éternelle la conscience de soi et de Dieu et des choses, jamais il ne cesse d'être, et la véritable paix de l'âme, il possède pour toujours[2]. »

Ainsi dans l'amour intellectuel de Dieu nous éprouvons comme une inaltérable jouissance de nous-mêmes; ce n'est donc pas nous abîmer dans l'Infini que d'affirmer notre union immédiate avec Dieu, c'est au contraire nous retrouver tel que nous sommes; et ce serait renaître, s'il y avait véritablement une mort. Mais ce qui semble mourir de nous, c'est ce qui n'a pas d'existence, ce sont les vains objets qu'imagine notre sensibilité, quand elle est uniquement éprise d'elle-même. Or déjà, à mesure que que dans la vie présente nous prenons mieux conscience de notre Raison, nous sentons mieux que ce qui vient des sens ne saurait avoir aucun prix, et nous conquérons ainsi une plus grande part d'éternité[3]. Et ce progrès même de notre être est l'expression, dans le temps, de l'immuable essence que nous sommes en la Pensée divine. C'est encore en parlant le langage des choses temporelles que nous parlons d'une suprématie graduelle de notre Raison sur notre sensibilité. Ce qui est absolument vrai,

---

1. *Eth.*, V, prop. 23, Schol., t. I, p. 266-267.
2. *Eth.* V, prop. 42, Schol., t. I, p. 278.
3. *Eth.*, V, prop. 38, 39, 40, t. I, p. 274-276.

c'est que notre Raison, avec l'Amour qu'elle implique, ne devient pas, mais qu'elle est; seulement nous pouvons ajouter que toutes les perfections de la vie présente sont éminemment comprises en elle. « Quoique cet amour intellectuel de Dieu n'ait pas eu de commencement, il a cependant toutes les perfections de l'amour comme s'il avait une origine. Et il n'y a pas là d'autre différence, sinon que l'âme a possédé éternellement ces mêmes perfections que d'après notre façon de dire elle a commencé d'acquérir, et qu'elle les a possédées en concevant Dieu comme sa cause éternelle. Si la joie consiste dans le passage à une perfection plus grande, la béatitude doit consister en ceci que l'âme jouit de la perfection même[1]. » La béatitude n'est ni l'effet ni le terme de l'affranchissement; elle en est le principe et la cause. « Ce n'est point parce que nous contenons les passions que nous jouissons de la béatitude, mais c'est parce que nous jouissons de la béatitude que nous pouvons contenir les passions[2]. » En d'autres termes, le simple effort de l'homme pour conquérir la béatitude serait radicalement impuissant, s'il prétendait se suffire, s'il ne tenait pas sa force de l'action divine qui le suscite et le rend efficace. Ce n'est pas par des moyens humains que nous nous assurons le salut; les procédés discursifs de l'intelligence et de la volonté abstraites ne peuvent rien sur notre nature, ne peuvent rien en dehors de Dieu; nous ne sommes sauvés que par l'amour que notre Raison fonde en Dieu et que notre nature exprime. Nous n'avons pas à nous créer artificiellement une destination morale : notre destinée est éternellement tout entière dans le degré de vérité et d'amour que nous réalisons au sein de l'Éternelle Pensée.

Or, comme Dieu est la cause de l'amour que nous avons pour lui, on peut dire qu'il nous aime comme nous

---

1. *Eth.*, V, prop. 33, Schol., t. I, p. 271.
2. *Eth.*, V, prop. 42, t. I, p. 277.

l'aimons et dans la mesure où nous l'aimons. C'est en nous aimant nous-mêmes d'un amour intellectuel que nous aimons Dieu ; c'est en produisant dans l'âme humaine l'idée de son Être que Dieu, principe de tout amour, s'aime lui-même d'un amour infini[1]. Là est d'ailleurs l'Infinité véritable. Elle n'est pas l'infinité de l'objet, elle est l'infinité de l'action par laquelle Dieu, comme Pensée, se communique sans se diminuer à tout homme qui le réclame : la Pensée est vraiment le médiateur intelligible par lequel Dieu s'unit immédiatement à l'essence de toute âme humaine. Dieu, par son idée, peut s'exprimer infiniment, et c'est ainsi qu'il arrive à un amour conscient de soi-même. L'amour intellectuel de l'âme est, en effet, « une action par laquelle l'âme se contemple soi-même et qui est accompagnée de l'idée de Dieu, à titre de cause, en d'autres termes, une action par laquelle Dieu, en tant qu'il peut être exprimé par l'âme humaine, se contemple soi-même en ayant l'idée de soi[2]. » Ainsi l'union immédiate qui s'établit entre Dieu et l'homme dans la Pensée fait qu'en soi Dieu aime l'homme, qu'en soi l'homme aime Dieu. « L'amour de Dieu pour les hommes et l'amour intellectuel des hommes pour Dieu sont une seule et même chose... Par là, nous comprenons clairement en quoi consiste ce qu'on appelle notre salut, notre béatitude, notre liberté ; elle est dans ce constant et éternel amour envers Dieu, ou bien dans cet amour de Dieu envers les hommes. A cet amour, à cette béatitude, les saintes Écritures donnent le nom de Gloire, et c'est avec raison. Que l'on rapporte en effet cet amour soit à Dieu, soit à l'âme, c'est bien toujours cette paix intérieure qui ne se distingue véritablement pas de la Gloire[3]. » C'est en Dieu et par Dieu que nous nous déterminons à être ce que nous sommes; et cette détermina-

---

1. *Eth.*, V, prop. 35, t. I, p. 272.
2. *Eth.*, V, prop. 36, t. I, p. 272.
3 *Ibid.*, Cor. Schol., t. I, p. 273.

tion à la fois intelligible et individuelle qui fonde notre nature, exclut tout ce qui est extérieur à nous, toute mesure des choses ou toute qualification étrangère à notre être. En chacun de nous, Dieu, par la Pensée, se révèle à la fois à nous et à lui-même, et c'est cette intime union de l'Être infini et de notre individualité finie qui constitue indissolublement dans la Vie éternelle notre salut et la Gloire de Dieu.

CHAPITRE X

LE PROBLÈME MORAL DANS LA PHILOSOPHIE DE SPINOZA.

Le problème moral, tel que Spinoza l'a conçu, ne peut être résolu que par un système, et le système, tel qu'il l'a édifié, consiste à poser *a priori* la Raison ontologique comme la mesure de tout. Ce qui n'entre pas dans la Raison, ce qui n'est pas fondé par elle n'est qu'illusion et que néant : rien ne peut être conçu, rien ne peut être réalisé comme bon par qualification extérieure ou par volonté contingente. Cela seul est bon, qui, pouvant être affirmé absolument, existe nécessairement par une puissance intelligible interne. Mais cela seul est bon également, qui n'est pas en dehors de nous, qui nous touche directement et nous intéresse. Par conséquent notre meilleure et plus certaine manière de concevoir la Raison est de la concevoir appliquée à la vie : la suprême vérité, dont toute la doctrine découle, est l'affirmation absolue de la vie. Est vrai, est utile tout ce qui exprime la vie, ce qui la soutient et la complète ; est faux, est nuisible tout ce qui dénature la vie, ce qui la rabaisse ou la diminue. Il ne peut et il ne doit y avoir de Métaphysique que pour comprendre et glorifier la vie : la Métaphysique est une Éthique.

Par là s'explique le système de Spinoza. Il est un idéalisme, puisqu'il établit à l'origine, par la définition même de la « cause de soi », l'identité de la pensée et de l'existence, de l'Être rationnel qui est en soi et de l'Être réel qui est par soi. Seulement il est un idéalisme concret, c'est-à-dire qu'il se refuse à faire de l'existence un non-être, une simple apparence, et qu'il la fonde immédiatement dans l'essence. Il met la vérité à la fois dans l'idée et dans la chose, dans l'idée telle que la conçoit l'entendement, purifiée de tout élément sensible et imaginaire, dans la chose telle qu'elle est réellement, sans mélange ni corruption. Il rappelle le platonisme par l'effort qu'il fait pour poser, avant l'être même, l'intelligibilité de l'être; il rappelle l'aristotélisme par le souci qu'il a de prendre en considération ce qui est donné, ce qui se manifeste. Il se présente toutefois comme directement opposé aux doctrines antiques, et il cherche à justifier la notion de l'individualité humaine. En travaillant à s'approfondir, la Raison ontologique se déprend de toute idée de fatalité externe; elle entend, non pas se subir, mais se poser; elle prend conscience de ce qu'il y a en elle de subjectivité profonde et de liberté interne. C'est bien, quoi qu'on en ait dit, à affirmer l'individu que tend l'œuvre philosophique de Spinoza.

Si cette tendance a pu se développer et s'achever en un système, c'est certainement grâce à Descartes. La logique géométrique de Descartes avait eu pour résultat d'écarter en la remplaçant l'ancienne logique, la logique du concept. Elle avait éliminé de la science toutes les notions spécifiques dans lesquelles on essayait de résoudre les objets réels. Spinoza à son tour tente d'éliminer de la philosophie morale toutes les notions analogues dans lesquelles on essaie de résoudre la vie. On parle de Bien suprême, de Perfection exemplaire : rien n'est plus vain que ces types transcendants que l'on propose ou que l'on impose à l'homme; rien n'est plus tyrannique que la prétention de faire rentrer l'homme dans des genres : l'homme a en lui son modèle, qui est lui-même, avec sa nature, son désir d'être, son besoin de bonheur; l'homme n'appartient pas à un genre, il est de son genre à lui, *sui generis;* il n'y a pas de hiérarchie qui puisse tirer les êtres de leur place et leur fixer arbitrairement des rangs : chaque être, par cela seul qu'il est, est à son rang. Il faut donc briser tous ces cadres conventionnels dans lesquels on veut enfermer bon gré mal gré une humanité défigurée, et au lieu d'imaginer une raison ennemie de l'homme qu'elle absorbe et réduit à rien, reconnaître que tout homme est une Raison. A l'idéalisme antique qui se fondait avant tout sur la nécessité logique et esthétique des universaux, et qui était toujours forcé d'admettre plus ou moins la contingence de l'individu, Spinoza substitue, sous l'influence de Descartes, un idéalisme nouveau qui exclut comme illusoires les idées universelles de genre et d'espèce et qui affirme tout d'abord la nécessité rationnelle de l'individu[1]. Au lieu de se sacrifier à la beauté ou à la régularité de l'ordre et de rester en dehors du système qu'il pourrait troubler, l'individu déclare inconsistant l'ordre qui ne le comprend pas et s'établit énergiquement au centre du système qu'il constitue.

Sans doute la différence de ces deux conceptions tient à des façons différentes d'entendre la Pensée. La Pensée, selon les anciens, la Pensée qui se pense, fonde son unité sur son homogénéité absolue. Elle ne connaît essentiellement qu'elle-même, d'après le principe, que le semblable peut seul connaître le semblable. Elle est l'Etre déterminé par excellence, l'Etre achevé, l'Etre parfait, dont l'acte pur est la réflexion sur soi. Elle est incomparable, parce qu'elle est le terme dernier de toute comparaison. Si elle agit sur les êtres, ce n'est pas par impulsion, mais par attrait, ce n'est pas par un contact direct, mais par l'influence qu'exerce tout le long de la nature la perfection des modèles qui plus ou moins l'imitent : de telle sorte qu'elle est la suprême artiste de l'œuvre d'art qui s'accomplit dans les choses. La Pensée divine, telle

---

[1] « Les anciens ont bien dit que la véritable science procède de la cause aux effets, mais ils n'ont jamais, que je sache, conçu l'âme comme agissant selon des lois déterminées, ainsi que nous la concevons ici. » *De intell. emend.*, t. I, p. 29.

que la conçoit Spinoza, est un Infini qui ne saurait se réfléchir, qui, au lieu de se penser éternellement, produit éternellement des êtres ; elle est incomparable, parce que ce qui est par elle ne saurait être comme elle. Elle n'est donc pas un Objet déterminé qui puisse servir d'exemplaire et faire de la nature sa copie. Elle n'est pas la cause finale, la cause transcendante qui se tient à l'écart des choses qu'elle meut ; elle est la cause efficiente et immanente qui soutient immédiatement les choses de son action. Elle ne fait qu'un avec ce qu'elle engendre ; mais ce qu'elle engendre est autre qu'elle, ce n'est pas la notion universelle, c'est l'individu ; et entre elle et l'individu rien ne s'interpose. La réalité n'est donc pas une œuvre d'art qui se dispose et s'organise selon des formules : elle est un ordre vivant d'affirmations individuelles, un système d'inspirations singulières. La Pensée divine est indifférente à tout, c'est-à-dire à toutes les qualifications générales par lesquelles on vient du dehors dénommer les êtres ; elle n'est pas indifférente aux individus qu'elle détermine à être et que, pour ainsi dire, elle appelle de leur nom.

Ce qui est donc de toute éternité dans la Pensée divine, ce sont d'abord les Idées individuelles, les « Essences particulières affirmatives » ; ce sont ensuite, pour qu'il y ait une unité intelligible, des rapports entre ces Idées, entre ces Essences. Mais ces rapports ne sont plus des rapports de hiérarchie entre des types généraux ; ce sont des rapports de communication entre les individus, fondés sur leurs propriétés communes, rapports d'affinité et de parenté. L'individu se comprend et se parfait par ce qui est de l'individu : il est donc toujours la mesure de l'ordre dans lequel il entre, ou plutôt de l'ordre qu'il contribue à instituer. Ce que Spinoza porte à l'absolu dans la Pensée divine, c'est, avec l'affirmation de l'être individuel, la conception moderne de la loi. La loi n'est pas une forme universelle d'explication, plus ou moins extérieure à son objet; elle est la relation immanente, immédiate, qui unit les choses singulières; elle est l'expression de l'acte par lequel les individus se complètent et s'unissent, par lequel ils expriment dans la diversité de leurs existences l'unité essentielle de l'Etre infini. Aussi a-t-elle plus qu'une valeur symbolique ou représentative : elle est vraiment une puissance que l'homme peut faire sienne en la concevant comme un enchaînement dialectique d'idées, comme un principe de cohésion systématique, en agissant d'après elle comme s'il était elle. L'individu qui comprend clairement la loi nécessaire de la nature se comprend lui-même par là : il ne subit pas l'ordre, il le fait.

De cette unité éternelle, dans laquelle l'être et la loi se pénètrent au point de paraître identiques, la Géométrie est la traduction adéquate et certaine. La Géométrie est la vérité même, précisément parce qu'elle n'admet pas la vérité, c'est-à-dire une sorte de type universel auquel se subordonneraient ses démonstrations, parce qu'elle est tout entière dans sa marche rationnelle, et qu'elle exclut rigoureusement toutes les qualifications extrinsèques. Elle est la vérité, parce qu'elle déduit les notions les unes des autres par leurs propriétés respectives, n'ayant d'égard qu'à ce qu'elles contiennent, parce qu'elle n'altère en rien les objets auxquels elle s'applique et qu'elle les prend tels quels comme intelligibles. L'idée que considère le géomètre est, en même temps que claire et distincte, spéciale et individuelle : elle a un sens déterminé qu'on ne peut ni amplifier, ni réduire, qui est sa propriété interne. Et quand elle entre dans l'ordre de la déduction, ce n'est pas qu'elle s'amoindrit, c'est au contraire qu'elle se déploie et se met en valeur. Il n'y a donc pas de vérité distincte des idées : la vérité, c'est uniquement l'unité logique des idées.

Et pour la même raison, il n'y a pas non plus de morale, si l'on entend par là un art humain qui doive s'assujettir à des règles et prendre pour objet quelque qualité universelle; il n'y a pas de morale, c'est-à-dire qu'il n'y a pas de discipline extérieure qui vaille, de légalité pratique qui puisse s'imposer à l'être par la seule force de ses sanctions; il n'y a pas de morale enfin, parce que les préceptes que l'on couvre de ce nom se rapportent à des notions abstraites qui n'ont pas de contenu réel, qui finissent par être indiscernables et par laisser se dissoudre dans le vide de leur généralité la distinction commune du bien et du mal. Le plus grand effort de vertu individuelle consiste à nier la morale.

C'est donc à son être propre que l'homme doit revenir; quand il se détourne de lui-même, il se détourne de Dieu. Jamais d'ailleurs il ne peut se déprendre de sa nature et de ses penchants : il est toujours présent à lui-même dans tout ce qu'il fait, dans tout ce qu'il est. Tous ses actes, quels qu'ils soient, relèvent de cette tendance à persévérer dans l'être, qui est son essence même. Il est constitué tout entier par son désir de la vie, et c'est ce désir qui, dans la mesure de sa puissance interne, se crée son objet. Il est donc, en tant qu'individu, pleinement autonome, puisque le désir par lequel il est ne repose que sur lui-même, puisque ce désir, au lieu d'être déterminé, comme le pensaient les anciens, par le désirable qui l'attire, se détermine de lui-même à ce qu'il fait désirable. En d'autres termes, le désir vaut par lui-même et non par ce qu'il poursuit; il a sa fin en lui-même et non dans les choses auxquelles il s'applique; il trouve son objet adéquat quand il se saisit lui-même en son principe et comme à sa racine : il est alors l'identité de l'individu avec soi. Par suite, dans la nature, rien n'a de sens que par rapport à l'individu : est bon ce que l'individu poursuit, est mauvais ce que l'individu repousse. C'est vainement que l'on prétend qualifier en général l'univers et la vie : toute la signification de l'univers et tout l'intérêt de la vie sont dans l'individu.

D'où viennent cependant, si l'individu est le centre de

tout, l'inquiétude et la souffrance ? Elles viennent de ce que l'homme travaille précisément à réaliser ce qui n'est pas lui, ce qui par conséquent le nie. Au lieu de se constituer dans ce qu'il est véritablement, il cherche à se dépasser lui-même ; au lieu d'être pure affirmation de soi, il veut s'affirmer par des objets étrangers ; être fini, il est impatient des limites qu'il rencontre, au lieu d'éprouver intimement la joie de l'être qu'il a. Le désir qui est son essence se détermine, non pas par lui-même, mais sous l'influence des causes extérieures ; il s'aliène dans chacun des objets qui l'affectent ; il se brise en une série incohérente de tendances qui s'opposent entre elles et finissent par s'opposer à lui. Alors commence une vie de mensonge, d'incertitude et de contradiction. Alors toutes les croyances qui engendrent ou soutiennent la moralité se trouvent défigurées. C'est dans le fini que l'on prétend saisir l'Infini, c'est-à-dire rechercher tout plaisir et tout bien ; et comme le fini ne suffirait pas tel quel à contenter l'âme, on le prolonge en une infinité trompeuse que l'imagination suggère. Au lieu de voir en Dieu la mesure de tout, la mesure suprême qui ne peut être mesurée, on décide, par une impression sensible ou par un intérêt momentané, de la valeur définitive des choses ; on imagine une loi de finalité par laquelle la Providence s'est engagée à pourvoir à tous les besoins, et les déceptions que l'on éprouve ne laissent d'autre alternative que la résignation douloureuse ou la révolte impuissante. Comme rien ne semble réglé, on se figure que les lacunes de l'ordre naturel sont pour Dieu ou pour l'homme des occasions exceptionnelles d'agir : de Dieu et de l'homme on attend des coups d'éclat qui disposent mieux l'univers. Comme rien ne semble déterminé, on pousse l'être dans le sens de l'indétermination la plus radicale ; on place à l'origine de tout ce qui arrive des puissances indifférentes, qu'on appelle volonté divine ou volonté humaine, également capables de tout faire et de tout défaire ; on travestit la liberté en libre arbitre, l'acte plein en faculté vide, la ferme raison en caprice indécis. On généralise ainsi et l'on porte à l'absolu ce que la vie sensible enferme de négation : l'individu prend de lui ce qui lui est le plus complètement étranger, et c'est de cela qu'il fait son Dieu.

Il n'est pas étonnant qu'une existence qui est si complètement en dehors de la vérité se sente vite en dehors de la paix et de la joie. Ne connaissant pas ce qu'il est, l'homme ne peut pas connaître mieux ce que sont les autres, et pour des biens fictifs qui le fascinent, il travaille à détruire leur individualité comme la sienne; il prétend faire d'eux des instruments de ses fantaisies, les traiter comme des moyens. On les voit naturellement se tourner contre lui et opposer leur force à sa force; de là ces luttes de tous les jours qui déchirent si douloureusement l'humanité; de là aussi, à cause des misères qu'engendrent ces luttes, l'idée d'une voie nouvelle à tenter, d'une autre conduite à tenir. Il faut restaurer l'unité détruite. Mais est-ce bien la restaurer que de la concevoir encore sous les formes de la sensibilité, que de chercher le suprême remède au mal dans la contrainte de la loi? La grande erreur de la plupart des théologiens et des philosophes, selon Spinoza, c'est de croire que la loi qui commande peut, uniquement parce qu'elle est la loi, nous conduire au salut. Et cette erreur s'appuie d'abord sur la fausse conception d'une volonté libre, qui pourrait par décision catégorique s'incliner vers le bien comme vers le mal; elle s'appuie en outre sur une fausse assimilation de la vie morale à la vie sociale. La loi impérative n'a de valeur complète que dans l'ordre civil qui ne comprend pas l'individu tout entier; elle suppose une activité qui se distingue d'elle et qui rencontre en elle sa limite; elle est donc toujours par quelque endroit extérieure à l'individu qu'elle gouverne; ou bien si l'on admet qu'elle pénètre entièrement l'individu, qu'est-ce à dire sinon que l'individu est la loi vivante? Quand on invoque la loi pour maîtriser la puissance intérieure de l'individu, on ne fait qu'aiguiser en lui le sens du mal, que stimuler la tentation. La loi, c'est la pensée de la faute possible, c'est le souvenir de la faute commise, c'est l'image obsédante du péché; la loi, c'est le péché. Avec la loi qui se donne comme absolue s'introduit dans l'homme déjà divisé un principe de scission plus profonde : les sentiments naturels sont pervertis; il y a des joies mauvaises, il y a des tristesses bonnes; l'homme étant plus près de se soumettre quand il est abattu, on lui fait une honte de son plaisir et de sa souffrance un mérite; on l'appesantit dans l'idée de l'épreuve et de l'expiation. La loi ainsi imaginée pour contraindre la sensibilité s'entoure et se fortifie de toutes sortes de représentations sensibles; sous la forme de la loi, c'est une puissance tyrannique que l'on se figure, s'opposant capricieusement à nos caprices, violemment à nos violences. Ce n'est pas là l'unité dont l'âme a besoin. C'est au contraire la dualité irréductible de deux forces étrangères qui se combattent sans merci, ne se pénètrent que dans la souffrance et ne s'annihilent que dans la mort. Que cesse donc le règne de la servitude et de la loi; qu'advienne le règne de la liberté et de l'amour.

Ainsi apparaît comme vaine toute formule de la moralité : c'est précisément détruire la moralité que d'en chercher la formule. La vertu n'est pas une fin extérieure que l'on puisse poursuivre par des moyens distincts d'elle : la vertu est dans les moyens comme dans la fin; ou plutôt la vertu, c'est l'effort même de l'homme qui arrive par la conscience de soi à sa pleine autonomie. Ce n'est donc pas par l'abnégation que l'homme pourra se restaurer dans son être; c'est au contraire par une entière affirmation de sa nature. Toujours et partout l'homme s'attachera à ce qui lui est utile, et il est aussi illusoire qu'illégitime de lui proposer un bien qui ne serait pas son bien. Mais comment passera-t-il de la vie mensongère à la vie véritable?

Par une transition naturelle et continue. Tandis que dans la vie mensongère on présente la soumission à la loi comme une rupture avec les désirs, il faut reconnaître plutôt que c'est le développement du désir qui conduit à la vie véritable. Il y a dans l'existence sensible un principe solide qui fait que nous pouvons la dépasser sans la détruire : la tendance à persévérer dans l'être, qui s'est dispersée dans la multiplicité incohérente des objets extérieurs, travaille d'elle-même à se reconquérir et à se reconstituer; elle se fortifie et se libère à mesure qu'elle se transpose dans un ordre nouveau, qui est l'ordre de la raison; c'est par la raison qu'elle réussit à grouper sous une unité ferme les éléments qui la composent; l'homme transforme ainsi en idées adéquates, qui sont sa puissance propre, les idées inadéquates, qui sont surtout la puissance des choses; il attire à lui, pour la reprendre, toute la force qu'il avait vainement éparpillée au dehors. Mais cet affranchissement n'est possible que parce que la vie sensible ne se soutient pas par elle seule; la passion a beau diviniser son objet : elle ne saurait donner l'être à ce qui n'a pas l'être. Les rapports empiriques ou imaginaires que la sensibilité a établis tombent par leur fragilité même : il n'y a de consistance que dans les rapports établis par la raison. Or les rapports qu'établit la raison sont vrais, parce qu'ils unissent les êtres par leurs propriétés positives et constitutives, parce qu'ils montrent en chaque être la nécessité qui le fait être et qui le fait être tel, qui le rend en un sens indestructible et inviolable. L'homme qui conçoit ce genre de rapports n'est plus exposé à affirmer ce qui est illusoire, à nier ce qui est réel; il ne se met plus désormais en contradiction avec la nature, ni avec ses semblables; il éprouve que les affirmations véritables, qui sont les êtres eux-mêmes, ne sauraient s'exclure puisqu'elles sont des affirmations, que nécessairement elles doivent se comprendre, et qu'enfin la loi universelle qui règle le monde n'est que l'unité logique de ces affirmations. D'où il suit que la sagesse est dans la science, non dans cette science abstraite et détachée de tout qui n'est qu'un jeu d'idées, mais dans la science de la vie, qui n'est au fond que la vie consciente d'elle-même. D'où il suit encore que l'entendement est la plus grande puissance de la nature, que la nature aspire à l'entendement, non pas en ce sens téléologique que l'entendement serait la fin de la nature, mais en ce sens tout géométrique que l'entendement est la nature même dans l'effort suprême qu'elle accomplit à la fois pour se concentrer et se dilater. D'où il suit enfin que les oppositions imaginées entre la force et le droit, le bonheur et la vertu, sont caduques et sans portée. Le droit, qui est la vérité, est nécessairement par lui-même la plus grande force; la vertu, qui est l'acte parfait, est nécessairement par elle-même le plus grand bonheur : dès lors, pour éviter toute considération utopique dans l'abstrait et le surnaturel, c'est par la force que nous devons déterminer le droit et par le bonheur que nous devons déterminer la vertu.

De la sorte, en unissant ce que la sensibilité a divisé, la raison nous permet de retrouver, sous une forme désormais intelligible, les convictions qui pour la plupart des hommes sont protectrices de la moralité : elle donne une certitude irrécusable à ce règne de la justice et de l'amour que la foi religieuse annonce par révélation et par grâce; elle surmonte toutes les antinomies dans lesquelles s'était perdu le meilleur de la vie comme aussi le meilleur de la foi. Au regard des sens, presque toutes les grandes conceptions métaphysiques et religieuses se scindent, ainsi que nous l'avons vu, en des groupes de notions contraires : la nécessité qui signifie le destin s'oppose à la loi qui signifie le libre arbitre; le désir qui signifie la passion s'oppose à la loi qui signifie la contrainte; Dieu qui signifie le bien s'oppose à la nature qui signifie le mal. Et ces antithèses logiques ne font que traduire en termes abstraits les contradictions dont souffre l'âme.

L'entendement qui ne peut admettre en soi rien de contradictoire ramène ces antithèses à l'unité par l'exclusion des éléments négatifs. Dès que la nécessité est comprise, non comme une fatalité irrationnelle, mais comme le principe de l'intelligibilité des choses, dès que la liberté est comprise, non comme une faculté ambiguë, mais comme la détermination interne de l'être par l'être même, il n'y a plus opposition, il y a unité absolue de la nécessité et de la liberté : la nécessité, c'est la raison même de l'être à sa source intime ; la liberté, c'est la cause certaine de ce que l'être produit par lui-même. Dès que le désir est compris, non comme un penchant désordonné, mais comme la puissance de vivre, dès que la loi est comprise, non comme un commandement extérieur, mais comme l'expression de l'essence des choses, il n'y a plus opposition, il y a unité absolue du désir et de la loi : le désir, c'est la loi interne de l'individu ; la loi, c'est le désir devenu conscient de lui-même et de sa vertu. Dès que Dieu est compris, non comme un bien exemplaire qui se propose ou s'impose de loin, mais comme la puissance infinie qui produit d'elle-même et qui soutient immédiatement les êtres, dès que la nature est comprise, non comme une force indépendante ou révoltée, mais comme l'unité des êtres qui tiennent intimement à la Raison souveraine de leur existence, il n'y a plus opposition, il y a unité absolue de la nature et de Dieu : Dieu, c'est la nature ramenée à son principe d'intelligibilité génératrice ; la nature, c'est Dieu qui s'exprime en des êtres singuliers. L'unité ainsi reconstituée, aperçue désormais partout où il y avait contradiction et lutte, n'est pas le résultat d'opérations extérieures et abstraites ; c'est le fruit de l'âme raisonnable qui a concilié en elle toutes ses puissances et qui jouit pleinement de son œuvre qu'elle sent bonne. Et la vie qui s'est élevée jusque-là est vraiment inattaquable ; elle a rejeté d'elle toutes les négations, intérieures ou extérieures, pour se constituer en une ferme et inébranlable affirmation : c'est la vie de l'homme libre.

Cependant l'homme peut faire mieux que se comprendre par la vérité commune à tous les hommes ; il peut s'affirmer lui-même comme une vérité et dire de lui-même : Je suis ma vie. C'est par la pure intuition de son essence, c'est en rapportant tout son être, comme une idée, à la pensée divine, qu'il opère sa résurrection. Ou plutôt, il n'y a pas proprement de résurrection, parce qu'il n'y a pas de mort ; la vie, qui peut seule être affirmée, exclut toute conception positive du néant : elle se constitue par elle-même sans que la mort lui serve d'instrument ou de condition. L'opposition de la vie et de la mort est relative à la sensibilité, qui compare ce qui apparaît et ce qui cesse d'apparaître ; mais ce qui simplement apparaît n'est pas plus réel au fond que ce qui cesse d'apparaître : c'est toujours dans le néant que la sensibilité figure l'existence. Rien ne peut restreindre ni altérer cette ineffable affirmation de soi qui engendre tout être ; loin d'être seulement le terme de notre action, elle est notre action même dans son immuable actualité. Notre vie véritable, c'est notre vie éternelle ; et si nous pouvons appeler la vie présente une épreuve, c'est uniquement en ce sens que nous éprouvons par elle ce que nous sommes de toute éternité. La destinée que nous remplissons n'est pas l'œuvre d'un caprice, ni d'un instant ; elle est fondée en Dieu et par Dieu ; elle est tout entière éternellement dans la Raison individuelle que nous sommes et dans l'amour dont nous nous aimons en aimant Dieu.

Ainsi, selon la philosophie de Spinoza, l'origine et la fin de notre vie sont identiques. Ce qui est vrai n'a pas besoin du temps pour être vrai ; et l'on dirait que le système lui-même travaille à effacer, par la rigidité de ses formules, ce qui n'est pas réalité achevée, acte complet, ce qui est simple mouvement, simple passage à l'acte. Il y a dans l'accent de la parole spinoziste comme une résonnance d'éternité. Mais c'est ici peut-être que la doctrine rencontre la difficulté la plus grave. Pourquoi l'Être, s'il est absolument d'une existence actuelle, se révèle-t-il comme tendance, comme puissance relativement indéterminée ? Quelque effort que l'on fasse pour réduire au néant ces objets de la sensibilité, qui, élevés à l'Infini, sont l'erreur et le mal, il n'en reste pas moins qu'il y a, en dehors de l'Être plein où toute affirmation est fondée, des possibilités qui le dépassent ou le limitent. Pourquoi donc l'immédiate vérité n'est-elle pas l'objet d'une affirmation immédiate? Et en vertu de quelle nécessité est-elle obligée de se borner ou de se voiler elle-même pour prendre la forme du contingent et du temporel, si illusoire qu'elle soit? Il semble que pour tout expliquer, l'Être absolu doive contenir en soi un principe d'intelligibilité capable d'embrasser non seulement ce qu'il est, mais ce qu'il paraît être. Le contient-il véritablement?

On a dit souvent là-dessus que la doctrine de Spinoza n'était pas homogène ; on s'est appliqué à montrer qu'il y avait en elle certaines contradictions qui peuvent se ramener à une contradiction générale. La conception de Dieu, telle qu'elle est présentée au premier et au second livre de l'*Éthique*, ne s'accorde pas avec la conception de Dieu, telle qu'elle est présentée à la fin du cinquième livre, dans la théorie de la vie éternelle. A l'origine, Dieu est surtout l'Être infini qui se manifeste par une infinité d'attributs : il est supérieur et étranger à toutes les formes particulières de la sensibilité et de l'activité humaines ; il est impassible et impersonnel ; il n'a ni entendement, ni volonté, au sens ordinaire de ces mots ; il est puissance et pensée. L'homme n'est ainsi qu'une simple portion de la nature ; toutes ses manières d'être sont déterminées par les choses ; sa volonté est contrainte. A la fin du cinquième livre, Dieu est le principe de la vérité bien plus que le principe de l'être ; de ses attributs en nombre infini un seul paraît le déterminer effectivement : la Pensée ; même la

Pensée semble avoir perdu son impersonnalité première ; elle est immédiatement unie à des êtres pensants, qui se conçoivent comme libres dans la raison de leur être ; Dieu, qui était impassible, éprouve dans la Gloire la joie d'un amour infini. N'y a-t-il pas là une opposition manifeste et une contradiction insoluble [1] ?

L'opposition est manifeste sans qu'elle soit immédiatement contradictoire ; peut-être exprime-t-elle seulement une différence de points de vue dans l'intelligence et une différence de moments dans l'intelligibilité de l'absolu. On peut soutenir qu'il y a, selon le spinozisme, une dialectique interne de l'Être. L'Être est d'abord posé en soi dans une sorte d'identité formelle et purement négative ; il est ce qui exclut autre chose que soi, ce qui est par conséquent antérieur à tout. *Substantia prior est natura suis affectibus*. Peut-être n'est-il encore sous le nom d'Être que la pure forme de l'Être, ce qui ne peut être rejeté si l'on ne veut pas affirmer le néant absolu. C'est par voie d'élimination qu'il est surtout posé, parce qu'il n'a de rapport qu'avec lui-même ; tout ce qui le déterminerait du dehors serait une négation. Mais précisément parce qu'il s'oppose à toute détermination externe, l'Être tire de soi son principe de réalisation ; il tend, pour ainsi dire, à se remplir, et voilà pourquoi il se révèle en des êtres. Seulement cet acte, par lequel il sort de son identité pure, doit être adéquat à son infinie puissance, et il doit par conséquent engendrer autre chose que des copies défectueuses de cette puissance. L'Être serait infécond s'il se répétait en de vaines images, s'il agissait simplement comme modèle, et il se limiterait si ces images prenaient quelque consistance et lui dérobaient une partie de son être sous sa forme propre. L'Être qui se réalise ne se

---

1. Kuno Fischer : *Geschichte der neuern Philosophie*, I, 2, pp. 546 sqq. — Volkelt : *Pantheismus und Individualismus im systeme Spinoza's*. Leipzig, 1872, pp. 11 sqq. — Lülmann : *Ueber den Begriff « Amor Dei intellectualis » bei Spinoza*. Iena, 1884, pp. 14 sqq. etc.

reproduit pas : il produit. Or, il n'y a que des individus qui puissent l'exprimer sans le borner ; et la raison qui unit par les attributs l'Infini et les êtres est vraiment une raison vivante, puisqu'elle est, non plus seulement l'identité de l'Être avec soi, mais l'identité de l'Être avec les êtres. L'existence est donc fondée sur la nécessité de concevoir dans l'éternelle vérité à la fois ce qui est, le même et ce qui est autre ; et peut-être faut-il penser que si l'individu existant s'établit d'abord dans l'erreur et dans le mal, c'est qu'il participe par l'imagination et la sensibilité à cette forme antérieure de l'Être, qui est, à l'égard de ce qui n'est pas elle, exclusion et négation. Cependant, si l'insuccès de ses prétentions ramène peu à peu l'individu à ce qu'il est vraiment, l'individu se conçoit en relation immédiate avec l'Être infini ; il s'aime en sa raison qui s'affirme, en sa vie qui se fonde, en sa destinée qui se constitue. Et, par ce concours de l'homme, l'Être s'est concilié avec soi-même, il s'est réalisé, il s'est conquis. Dieu, qui s'était révélé hors de lui comme nature, se révèle en soi comme Esprit. L'Être est moins désormais la Substance infinie que la Pensée éternelle ; il est avant tout cet amour intellectuel que Dieu éprouve pour soi et pour les hommes, « non pas en tant qu'il est infini, mais en tant que sa nature peut s'exprimer par l'essence de l'âme humaine considérée sous la forme de l'éternité[1] ». La moralité de l'homme a donc son principe dernier dans cette sorte de progrès idéal par lequel l'Être tend à se réaliser pleinement en traversant les êtres pour les unir à lui dans la béatitude et la Gloire. Et si ce progrès auquel tient tout le développement de la vie humaine et de l'existence concrète n'est pas suffisamment expliqué et déduit par Spinoza, il est supposé et traduit par la marche même du système. Il y a, consubstantiel au Dieu qui est de toute éternité, un Dieu qui de toute éternité devient, et notre

---

1. *Eth.*, V, prop. 36, t. I, p. 272.

moralité est précisément le Dieu qui en nous devient et que nous amenons en quelque sorte par notre propre vertu à la conscience de soi; notre moralité, c'est la vie en Dieu et c'est la Vie de Dieu.

Telle nous apparaît la doctrine de Spinoza. Elle tient la notion de qualité morale pour une notion factice qu'il faut résoudre en une conception métaphysique et religieuse. Elle s'exprime en un système dialectique où la puissance de la nature et la puissance de la raison, l'affirmation de l'individu et l'affirmation de Dieu sont si intimement unies qu'il n'y a aucune place dans l'ordre des choses pour l'autorité extérieure, pour la règle abstraite, pour l'œuvre sans foi, pour la science sans amour. Elle s'achève et conquiert tout son sens dans cette théorie de l'« *amor intellectualis* » qui domine le cinquième livre de l'*Éthique*. Elle prétend être la forme interne en laquelle les âmes se comprennent et se réalisent, et être ainsi pour elles, non pas une simple science théorique, mais la science de la vie, la Religion véritable. Elle tâche de constituer par la seule force de la pensée libre l'équivalent de ce que le Christianisme avait apporté aux hommes; et de fait elle cherche souvent à traduire dans un langage rationaliste, pour se les approprier, certaines conceptions chrétiennes. Dans la *Préface* qu'il composa pour les *Œuvres posthumes*[1], Jarig Jellis s'efforçait d'établir que le Christianisme, étant par essence une Religion rationnelle, ne devait pas être opposé à la philosophie de Spinoza. N'est-ce pas, disait-il, une idée chrétienne que l'idée d'un Dieu souverain maître de l'univers par sa puissance et ses décrets? Toutes les vertus que recommande Spinoza, la force d'âme, la générosité, l'ardeur de la science vraie, ne sont-elles pas des vertus chrétiennes? A quoi revient la promesse de la Nouvelle Alliance, sinon à ce que le Spino-

---

1. Traduite en latin par Louis Meyer. — *Benedicti de Spinoza opera quæ supersunt omnia*. Ed. Bruder. Leipzig (Tauchnitz) 1843. vol. I, pp. 151 sqq.

zisme affirme expressément, savoir que le règne de la loi est fini, que la révélation, désormais immédiate et intérieure, est tout entière dans les vérités éternelles qui expriment Dieu en l'homme? Enfin Spinoza n'a-t-il pas fermement conçu que le salut ne peut être que dans l'amour de Dieu et de notre prochain en Dieu? Voilà certes des rapprochements qui ne sont pas sans raison et qui affectent une valeur historique par l'influence que le Spinozisme a exercée sur la théologie allemande. Ce serait toutefois se méprendre que d'oublier des différences certaines qui sont entre le Christianisme et le Spinozisme des différences d'esprit. Spinoza ne se soumet pas à la pensée chrétienne, il en adapte certaines formules à une conception qui est exclusivement rationnelle et qui prétend se justifier par elle seule. Et alors même qu'il interprète par sa doctrine propre certaines doctrines du Christianisme, il reste résolument en dehors du sentiment chrétien. Précisément parce qu'il tend à poser la vérité dans un acte immédiat, il donne à cet acte, pour expression adéquate et directe, la nature; il travaille à effacer ainsi le sens de ce qui n'est pas joie entière, entière liberté; il jette une sorte de défaveur sur l'effort impuissant, la résignation douloureuse, la certitude mêlée d'espérance. Il considère que la grâce doit faire oublier l'épreuve et qu'il n'y a d'autre voie pour la vie que la vie. La souffrance est donc irrationnelle et mauvaise : elle est une négation, non une affirmation de l'être, une oppression, non un relèvement. L'état éternel de Béatitude en lequel la vie humaine et la vie divine s'unissent, n'admet pas en soi la douleur, la Passion : il est l'action pure, inaltérable, infiniment heureuse. Pour prouver que de toute éternité Dieu est présent au monde et à l'homme, il n'est rien de plus clair, selon Spinoza, que la félicité humaine, rien de plus triomphant que le cri de joie de la nature.

DEUXIÈME PARTIE

LE PROBLÈME MORAL DANS L'HISTOIRE DU SPINOZISME

CHAPITRE PREMIER.

LE SPINOZISME EN HOLLANDE A LA FIN DU DIX-SEPTIÈME SIÈCLE.

L'Ethique spinoziste, avant même d'être révélée au public, avait exercé une première et immédiate influence. Autour de Spinoza s'étaient groupés un certain nombre de jeunes gens qui formaient une sorte de collège et qui s'initiaient avec une curiosité passionnée aux principes essentiels d'une doctrine encore tenue secrète; ils demandaient à cette doctrine, non seulement la vérité scientifique, mais encore et surtout la vérité de la vie, le contentement de l'âme, le salut. Même quand la pensée du maître semblait obscure, la confiance des disciples restait intacte. Dans une curieuse lettre, Simon de Vries explique à Spinoza, retiré alors à Rhynsburg, comment la réunion est organisée. « Pour ce qui est de notre réunion (*collegium*), voici de quelle manière elle est établie : l'un de nous, chacun à son tour, se met à lire ton traité et commente, selon sa pensée et dans leur ordre, toute la suite de tes propositions; puis, s'il arrive que nous ne soyons pas capables de nous satisfaire les uns les autres, nous avons décidé d'en prendre note et de t'en écrire, afin d'éclaircir nos doutes, afin que sous tes auspices nous puissions défendre la vérité contre les superstitieux et les chrétiens, et soutenir l'assaut du monde entier[1]. » Et Spinoza répondait à Simon de Vries en se disant très heureux de pouvoir par ses essais lui être utile, à lui et à ses

---

1. *Ep.*, VIII, t. II, p. 30.

amis, et d'être ainsi présent par sa pensée au milieu d'eux [1].

Cependant la philosophie de Spinoza, une fois publiée, ne tarda pas à franchir en Hollande le petit cercle des initiés, et elle vint inspirer certaines sectes chrétiennes à la fin du dix-septième et pendant la première moitié du dix-huitième siècle [2]. La grande lutte entre les Arminiens et les Gomaristes se poursuivait encore, aggravée par les polémiques que suscitait le cartésianisme. Or le problème du libre arbitre et de la chute sur lequel elle portait se rattachait intimement aux questions dont traitait la philosophie de Spinoza. Par son rationalisme cette philosophie pouvait convenir aux Arminiens, par son déterminisme aux Gomaristes; il arriva naturellement qu'elle ne convint à aucune des deux sectes et qu'elle fut violemment dénoncée dès qu'elle commença à se produire dans les controverses théologiques [3].

Elle apparut très nettement dans l'ouvrage de Frédéric van Leenhof [4], intitulé *Le Ciel sur la terre, ou description brève et claire de la véritable joie, aussi conforme à la raison qu'à la Sainte Écriture* [5]. Leenhof admet sans restriction la conception spinoziste de la nécessité avec toutes les conséquences morales qui en découlent. L'homme se trompe gravement quand il croit à la réalité du mal dans le monde, quand il fait de sa tristesse un mérite, quand il s'accuse de ses fautes, quand il pleure la mort d'un ami ou d'un parent. Toutes les imperfections

---

1. « Gaudeo quod meæ lucubratiunculæ tibi nostrisque amicis usui sint. Sic enim dum abestis absens vobis loquor. » *Ep.*, IX, t. II, p. 33.
2. La traduction hollandaise du *Court traité* est accompagnée de notes qui sont conçues dans le sens de ce spinozisme théologique.
3. Sur cette influence immédiate du spinozisme en Hollande, nous nous en rapportons aux indications contenues dans le livre d'Antonius van der Linde : *Spinoza, seine Lehre und deren erste Nachwirkungen in Holland.* Gœttingen 1862. — Cf. Paul Janet : *Les Maîtres de la pensée moderne :* La théologie spinoziste au dix-septième siècle, pp. 67 et suiv.
4. 1647-1712.
5. Publié en 1703.

apparentes sont dans l'ordre, et la sagesse, c'est d'accepter l'ordre. « Quand on contemple la nécessité des souffrances dans l'ordre éternel de Dieu, quand on peut se former une idée adéquate de ses peines et de ses émotions, les peines ne sont plus des peines, mais des pensées qui emportent toujours en elles quelque contentement. » On reprochait à Leenhof de méconnaître ce qui est dit dans l'Ancien et le Nouveau Testament, à savoir que les Saints ont pleuré sur leurs fautes. Hardiment il répondit : « Eh quoi ! n'auraient-ils pas été plus parfaits s'ils avaient marché comme des enfants de Dieu dans les voies de leur père, réparant leurs fautes avec joie et satisfaction? ». Acceptons donc avec confiance et sérénité la nécessité qui exprime Dieu : alors tout ce qui arrive sera pour nous une source de joie, tout, même la mort. Le sage « meurt avec des idées adéquates qui contiennent toujours de la joie. » C'est en nous-mêmes que nous portons notre paradis comme notre enfer [1].

D'un autre côté, Wilhelm Deurhoff[2] enveloppait le spinozisme de formules théologiques. Il voyait dans l'Éternelle génération du Fils le symbole exact de la création nécessaire du monde : le Fils, c'est la sagesse de Dieu, c'est la Pensée divine qui se réalise immédiatement. Deurhoff paraphrase l'Évangile de Saint Jean : « Au commencement était l'Action, et l'Action était en Dieu, et l'Action était Dieu, c'est-à-dire qu'au commencement Dieu était agissant et que son acte effectif ne se distingue pas de son action. » Dieu ne peut exister qu'en créant; il ne peut connaître les choses que lorsqu'elles sont produites. L'ordre que Dieu établit en créant est un ordre nécessaire que Dieu lui-même ne peut suspendre et auquel l'homme doit se soumettre : loin d'être des exceptions

---

1. Van der Linde, *op. cit.*, p. 134-141.
2. (1650-1717). Les écrits de Deurhoff ont été publiés sous ce titre : *Système surnaturel et scriptural de la théologie, tiré de la connaissance de Dieu, des dons de la grâce et de la Sainte Écriture.* Utrecht, 1715, 2 vol.

singulières, les miracles font partie de cet ordre et contribuent à le constituer [1].

En dépit des polémiques qu'elles suscita, l'œuvre de Deurhoff paraît n'avoir eu qu'une médiocre portée ; il faut attribuer une bien plus grande signification à cette forme singulière du spinozisme qui est le *hattémisme*. Selon Pontian van Hattem [2], la grande erreur, c'est de se représenter Dieu et l'homme comme deux êtres séparés qui existent l'un en dehors de l'autre : ce n'est pas vraiment Dieu que l'on peut comprendre ainsi, c'est une idole, c'est Satan. L'existence de Dieu doit être conçue de double façon. Dieu existe d'abord d'une existence naturelle et nécessaire qui précède toute existence finie ; mais c'est en s'exprimant sous les formes de l'existence finie que Dieu s'achève dans l'être, qu'il est Lumière et Amour. Autrement dit, Dieu est d'abord l'Esprit sans forme, celui que l'Église appelle le Père : c'est par sa plénitude d'être qu'il est le Fils ; c'est par son opération qu'il est l'Esprit-Saint. Or le Christ, c'est l'unité de l'homme et de Dieu. C'est par l'affirmation de cette unité, c'est par la foi en cette unité que l'homme peut être sanctifié : en tout homme habite le Christ, et l'on peut dire que chaque homme est le Christ, en tant que par la foi et la raison il prend conscience de son union avec Dieu. C'est au fond la même doctrine qui nous représente comme des parties de l'ordre universel et comme des membres du Christ, qui affirme la nécessité de la création et la nécessité de l'incarnation. Hattem ne reproche à Spinoza qu'une chose, c'est d'être parti d'idées spéculatives au lieu de s'inspirer directement de l'Écriture.

---

1. Van der Linde, *op. cit.*, p. 142-144.
2. (1641-1706). Les écrits de Van Hattem furent publiés après sa mort par Jacob Roggeveen, sous le titre suivant : *Chute de l'idole du monde, ou la Foi des saints triomphant de la doctrine de la justification personnelle, représentée clairement d'après les écrits laissés par Pontian van Hattem*. S'Gravenhage, 1718.

Quant aux conséquences morales que Hattem tire de sa doctrine, elles sont très précises. La distinction du bien et du mal n'est pas réellement fondée : il n'y a de faute que dans l'idée inadéquate, dans la conviction sacrilège de notre indépendance; ou plutôt il n'y a pas de mal pour qui comprend dans sa vérité et éprouve dans son efficacité l'Incarnation éternelle. Le seul péché, celui qui ne sera jamais remis, le péché contre l'Esprit-Saint, c'est de croire au péché. La véritable vertu, c'est de se savoir sans péché, par la grâce de Dieu, qui étant Lumière et Amour, nous sanctifie en se révélant à nous[1].

Quoiqu'il prétendît rester fidèle à l'enseignement de l'Église, Van Hattem fut excommunié ; un des griefs articulés dans la sentence était son spinozisme. Ses idées furent particulièrement défendues, avec plus ou moins de fidélité, par Dina Jans, sa servante, surnommée le pasteur Dina, très honorée de tous les hattemistes pour la ferveur de son zèle, par Marius Andrianz·Booms, cordonnier à Middelbourg, qui fut persécuté sans relâche, excommunié et exilé, par Gosuinus van Buitendych, pasteur en Zélande, qui fut bientôt dénoncé et destitué, enfin par Jacob Bril, de Leyde[2], qui transforma le spinozisme théologique en une doctrine assez nuageuse de mysticité intérieure. S'il faut en croire Van der Linde, la tradition du Christianisme spinoziste subsisterait encore en Hollande. « Encore aujourd'hui, dit-il, il existe des cercles isolés où la mystique spinoziste est la seule consolation de l'âme. Nous nous sommes nous-mêmes plus d'une fois personnellement convaincu que la croyance de ces gens est un panthéisme inconscient, un panthéisme comme celui de Hattem, qui s'exprime, non sous la forme mathématique, mais sous la forme biblique[3]. »

1. *Ibid.*, pp. 144 et suiv.
2. 1639-1700.
3. P. 158.

Il n'était pas sans intérêt de signaler cette première influence de la pensée de Spinoza. Nous voyons par là que le spinozisme, dans le pays où il est né, a été pris dès le premier moment pour ce qu'il voulait être, c'est-à-dire pour une doctrine de la vie, religieuse et pratique plutôt que spéculative; nous voyons aussi par là et nous verrons dans la suite plus complètement comment il a dû, pour se faire accepter, s'accommoder aux esprits qui allaient à lui, se traduire en des formules qui n'étaient pas les siennes. Il lui arrivera souvent d'être ramené à des principes qu'il n'eût sans doute pas avoués, surtout d'être rectifié et critiqué au nom de principes qu'il avait déjà lui-même développés. Les interprétations si diverses qu'il a suscitées au cours de son évolution historique témoignent de sa puissance de compréhension, et c'est sans doute pour embrasser systématiquement plus d'idées qu'il a dû d'abord se détendre et se disperser avant de se ressaisir et de se reconstituer en une synthèse rationnelle exacte.

CHAPITRE II.

LA PHILOSOPHIE DE SPINOZA ET L'ESPRIT PHILOSOPHIQUE DE L'ALLEMAGNE. — LEIBNIZ. — LESSING. — L'ÉTHIQUE SPINOZISTE ET LA DOCTRINE DE L'AUTONOMIE DE LA VOLONTÉ.

I.

C'est en Allemagne que le système de Spinoza a le plus puissamment propagé son esprit et développé ses formules morales; le fait est incontestable et s'explique du reste par les inclinations essentielles du génie germanique. On s'est plu à constater dans l'intelligence allemande deux caractères singulièrement opposés : d'une part, le goût du détail, le respect scrupuleux de tout ce qui est donné, de tout ce qui arrive; d'autre part, le besoin des aventures métaphysiques, l'exaltation mystique des facultés spéculatives, le sens merveilleusement susceptible du divin en toutes choses. Cette opposition semble d'autant plus vraie et d'autant plus profonde qu'elle éclate dans les œuvres philosophiques. Les systèmes de l'Allemagne contemporaine paraissent se partager suivant deux directions. C'est, d'un côté, une confiance naïve dans la vertu de la nature et de l'histoire, la crainte de corrompre cette vertu par les raisonnements et les abstractions, d'obscurcir par les nuages des doctrines la lumière immédiate des choses et du sentiment : c'est donc une philosophie sentimentale et réaliste, érigeant volontiers la foi spontanée de l'âme en principe valable et suffisant de connaissance et d'action. C'est, d'un autre côté, une confiance réfléchie dans la vertu de la raison, la prétention d'égaler cette vertu à la vertu de la nature et de l'histoire, de retrouver par des déductions rationnelles la réalité même dans l'absolu de son principe et l'infini de ses manifestations : c'est donc une philosophie rationaliste et ontologique, éprise de ses concepts dont elle répand en tout sens la richesse sans jamais l'épuiser. Toutefois ces deux formes d'intelligence et de philosophie ne s'opposent, comme dirait Hégel, qu'au regard de l'entendement abstrait, qui divise sans unir : elles se concilient au regard de la Raison, qui comprend les contraires dans leur unité synthétique. L'unité synthétique des tendances intellectuelles de l'Allemagne, c'est, à ce qu'il semble, l'accord, pressenti ou poursuivi, de l'ordre des faits et de l'ordre des idées, de l'histoire et de la logique, de la nature et de l'esprit. Tout détail a sa valeur dans l'ensemble dont il fait partie ; toute forme de l'être est sacrée, parce qu'elle concourt à l'existence de l'absolu ; le divin que conçoit la Raison est présent aux cœurs qui l'éprouvent et aux choses qui le traduisent ; la spéculation, c'est l'expérience même dans sa vérité. Rien ne saurait manquer à l'univers de ce que l'esprit déduit ; rien ne saurait manquer à l'esprit de ce que manifeste l'univers. Tout, dans la réalité, est effet, expression ou symbole de l'absolu ; par conséquent, tout, sans distinction, est matière à la foi comme à la philosophie, au mysticisme comme à la science, à la piété comme à la réflexion. L'âme qui dans la plus infime parcelle d'être ne sait pas découvrir Dieu, dénonce son impuissance, intellectuelle, morale, religieuse.

L'opposition de la Raison et de la Réalité ne tient donc qu'à une vue défectueuse de la Réalité et à une notion incomplète de la Raison : une raison purement analytique et critique ne peut se donner pour objet qu'une réalité morcelée ; elle ne représente, en face de l'infini des choses, qu'une forme de pensée superficielle et en quelque sorte adventice. Voilà pourquoi, à l'encontre des systèmes abstraits qu'une telle raison invente, l'esprit allemand glorifie si volontiers la spontanéité synthétique de la Nature. Réalité visible ou sentiment invisible, la Nature devient alors le principe de toute vérité, l'oracle aux révélations infaillibles. L'Inconscient, par exemple, est, dans certaines philosophies, l'Absolu d'où tout procède ; c'est le génie universel qui engendre toute vie, qui, d'un effort infini et d'une volonté opiniâtre, poursuit dans le temps une tâche sans fin. C'est, au contraire, le propre de l'intelligence consciente que de rétrécir pour comprendre, de limiter pour déterminer, de détruire pour analyser. Il est vrai que le rationalisme allemand affecte souvent une hardiesse singulière; mais il est hardi surtout par l'ambition qu'il a de tout pénétrer pour tout comprendre, de tout comprendre pour tout justifier; il diffère essentiellement du rationalisme français, qui veut juger plutôt qu'expliquer, établir l'ordre plutôt que le constater. Et tandis que la pensée allemande s'évertue à suivre dans leurs inégalités et leur hiérarchie les organismes vivants et sociaux, produits de la nécessité naturelle et historique, la pensée française construit *a priori* un idéal d'organisation rationnelle qui s'impose universellement, comme un devoir, aux libertés des peuples. D'accord en cela avec leurs dispositions spéculatives, les Allemands, dans l'œuvre de la civilisation, revendiquent la supériorité de la race, tandis que les Français revendiquent la supériorité du rôle. Cette opposition du rationalisme allemand et du rationalisme français montre bien comment la raison est conçue et à quel titre elle s'introduit dans les systèmes philosophiques de l'Allemagne. Qu'elle prétende se mettre en dehors de la nature pour la limiter ou la juger : contre de telles prétentions la nature élève immédiatement sa toute-puissance. Elle sait, l'imperturbable, l'invincible Nature, déconcerter la raison par la prodigieuse variété de ses métamorphoses; elle se joue d'elle par les pièges qu'elle lui tend ; elle lui abandonne dédaigneusement la ressource de l'ironie, quand encore elle n'en dispose pas la première. La Raison n'est admise et traitée en souveraine que si elle consent à se laisser naturaliser. L'idéal qu'elle entrevoit s'oppose au réel, moins comme la cause exemplaire à l'effet défectueux, que comme le futur indéfini au passé et au présent définis. Ce qui reste donc au fond de l'esprit allemand comme principal ressort de son activité, c'est le sens ou l'idée de la Nature infinie et divine, créatrice d'elle-même et de ses formes, faisant émerger à sa surface, par une génération spontanée et incessante, les êtres sans nombre qui l'annoncent à la conscience de l'homme; et les traits les plus caractéristiques de cet esprit apparaissent bien dans ce culte de la science à la fois minutieuse et large, dans cette religion du génie qui adore en des individus singuliers la puissance productrice de l'humanité et l'action immédiate de Dieu, enfin dans ce mysticisme débordant d'effusions, ivresse de l'âme enchantée qui s'abreuve insatiablement aux sources de la vie universelle.

Voilà pourquoi la plupart des systèmes philosophiques de l'Allemagne posent à l'origine de l'être et de la pensée la spontanéité naturelle qui se développe en engendrant tout d'elle-même. Or cette spontanéité ne saurait être expliquée que si la Raison en participe, ou, pour mieux dire, que si la Raison en contient au plus profond d'elle le principe concret. Le vrai ne peut fonder le réel que s'il est lui-même le réel en son expression éminente; et comme il n'y a d'absolument réel dans la nature et dans l'histoire que ce que la spontanéité vivante y a produit ou introduit, il n'y a d'absolument vrai dans la Raison que l'infinie tendance par laquelle elle se réalise. Aussi l'œuvre de l'homme est-elle inefficace et éphémère, tant qu'elle s'accomplit sous la loi de l'entendement analytique, c'est-à-dire tant qu'elle n'est qu'une combinaison factice d'éléments abstraits, tant qu'elle est déterminée par des concepts partiels, à l'exclusion des concepts contraires;

elle devient efficace et durable, si elle cherche son inspiration dans ce qui est en soi supérieur à toute catégorie exclusive, si elle est l'affirmation actuelle de l'identité pure en laquelle le rationnel et le réel s'unissent immédiatement. Ce ne sont donc pas des procédés, ni des formules qui peuvent déterminer ou expliquer la moralité humaine, et les distinctions ou les oppositions dont on la fait dépendre n'expriment que des formes vaines ou des états inférieurs de pensée. C'est en se rapportant à l'unité absolue, qui domine toutes les distinctions et qui comprend toutes les oppositions, que l'homme peut vraiment remplir sa tâche, toute sa tâche, à la fois spéculative, pratique et religieuse. On conçoit ainsi qu'en travaillant à approfondir le spinozisme, l'esprit allemand n'ait fait que mieux prendre conscience de lui-même. Ce qu'il retrouve de lui dans le spinozisme, c'est la disposition à faire de l'ordre universel la mesure de toute vérité et de toute action, à considérer l'individu comme un moment nécessaire et provisoire du développement de l'être, à l'estimer par conséquent, non d'après ce qu'il paraît être en soi, mais d'après sa part de collaboration à l'œuvre divine, à fonder la plus haute moralité sur la conscience de cette collaboration. Ce qu'il ajoute de lui-même au spinozisme, c'est le sens de la vie partout diffuse qui anime la nature et l'histoire, de l'évolution dans la vie et du progrès dans l'évolution; c'est, par le rajeunissement des conceptions téléologiques, la doctrine d'une Providence immanente, qui travaille dans le monde de concert avec l'homme; c'est la théorie selon laquelle l'ordre divin serait incomplet, s'il n'était qu'une unité de modes abstraits, s'il s'imposait sans se faire accepter, désirer, vouloir, s'il n'était pas un accord graduel des tendances et même des libertés; c'est, à l'encontre d'une certaine interprétation du spinozisme, la réhabilitation de l'individu humain comme personne; c'est la glorification de l'histoire en qui Dieu, par le concours de l'hu manité, se révèle et se réalise de plus en plus complètement; c'est donc la considération de toutes les œuvres, même mauvaises, que l'homme a introduites dans le cours des choses, de l'erreur et du péché, traités par Spinoza d'illusions ou d'accidents, investis désormais d'une réalité certaine, puissances antithétiques qui permettent au vrai et au bien d'être autre chose que des abstractions, d'avoir, eux aussi, en raison de l'effort qui les fait être, une réalité authentique, positive.

Ainsi le génie allemand ne s'assimile le spinozisme qu'en le transformant. Et il n'est pas douteux qu'à cette transformation la philosophie de Leibniz n'ait beaucoup aidé, si l'on remarque à quel point le spinozisme ainsi entendu se rapproche de cette philosophie. Que l'on suppose, en effet, les modes de la substance doués d'une spontanéité propre, et réalisant l'ordre, non comme des effets qui le traduisent, mais comme des causes qui y concourent, devenant ainsi des centres d'action et d'appétition, se reliant entre eux, non plus d'après des rapports mathématiques, mais selon une loi de convenance et d'universelle analogie : ce sont tout juste les monades de Leibniz. C'est seulement dans leur forme empirique d'existence que les modes de la substance paraissent agir mécaniquement les uns sur les autres; considérés dans leur raison éternelle, dans leur essence, ils sont chacun en soi aussi impénétrables que la monade; ils sont, eux aussi, des mondes fermés qui contiennent en eux-mêmes le principe singulier de leur réalisation. Il est vrai que Leibniz s'est de plus en plus efforcé d'établir entre sa doctrine et la doctrine de Spinoza des différences profondes et, à son avis, irréductibles, qu'il s'est appliqué à présenter son système des monades comme le seul moyen d'échapper aux dangereuses conséquences du spinozisme[1]. De plus en plus énergiquement il a

1. « Je ne say, Monsieur, comment vous en pouvés tirer quelque Spinosisme ; c'est aller un peu vite en conséquences. Au contraire c'est justement

opposé à la Puissance infinie qu'aucune qualité ne détermine l'infinie Perfection qui détermine toute puissance, à l'unité essentielle de l'Être la multiplicité innombrable des êtres, à l'ordre de la déduction l'ordre de l'harmonie, à l'identité du réel et du possible l'immense variété des possibles parmi lesquels le réel est choisi, à l'indifférence de la nature la tendance de la nature au meilleur, à la nécessité géométrique la nécessité morale[1]; et l'idée maîtresse qui domine toute ses conceptions, qui en particulier engendre sa théorie des monades, est l'idée que Spinoza a si fortement critiquée,

par ces Monades que le Spinosisme est détruit, car il y a autant de substances véritables, et, pour ainsi dire, de miroirs vivants de l'Univers toujours subsistans, ou d'Univers concentrés, qu'il y a de Monades, au lieu que, selon Spinosa, il n'y a qu'une seule substance. Il aurait raison, s'il n'y avait point de Monades. » Ed. Gerhardt, III, p. 575.

1. Dans les *Animadversiones ad Wachteri librum de recondita Hebræorum philosophia*, que M. Foucher de Careil a publiées sous le titre de *Réfutation inédite de Spinoza*, Leibniz critique en ces termes les théories spinozistes de la liberté et de l'amour de Dieu : « Les hommes, dit Spinoza, se conçoivent dans la nature comme un empire dans un empire. Ils s'imaginent que l'esprit de l'homme n'est pas le produit des causes naturelles, mais qu'il est immédiatement créé de Dieu, dans une telle indépendance du reste des choses, qu'il a une puissance absolue de se déterminer et de faire un bon usage de sa raison. Mais l'expérience nous prouve surabondamment qu'il n'est pas plus en notre pouvoir d'avoir la santé de l'esprit que d'avoir la santé du corps. Ainsi parle Spinoza. — A mon avis, chaque substance est un empire dans un empire, mais dans un juste concert avec tout le reste : elle ne reçoit aucun courant d'aucun être, si ce n'est de Dieu même ; mais cependant elle est mise par Dieu, son auteur, dans la dépendance de toutes les autres. Elle sort immédiatement de Dieu, et pourtant elle est produite conforme aux autres choses. Sans doute tout n'est pas également en notre pouvoir, car nous sommes inclinés davantage ici ou là. Le règne de Dieu ne supprime ni la liberté divine, ni la liberté humaine, mais seulement l'indifférence d'équilibre, invention de ceux qui nient les motifs de leurs actions faute de les comprendre. — Spinoza s'imagine que du jour où l'homme sait que les événements sont le produit de la nécessité, son esprit en est merveilleusement affermi. Croit-il donc par cette contrainte rendre plus content le cœur du patient? L'homme en sent-il moins son mal? Il sera véritablement heureux, au contraire, s'il comprend que le bien résulte du mal et que ce qui arrive est pour nous le meilleur, si nous sommes sages. — On voit clairement, par tout ce qui précède, que tout le chapitre de Spinoza sur l'amour intellectuel de Dieu n'est qu'un habit de parade pour le peuple, puisqu'il ne saurait rien y avoir d'aimable dans un Dieu qui produit sans choix et de toute nécessité le bien et le mal. Le véritable amour de Dieu se fonde non pas sur la nécessité, mais sur la bonté. » *Leibniz, Descartes et Spinoza*, pp. 215-216.

l'idée de finalité. Il ne faudrait pas cependant traduire cette opposition en termes trop absolus. Leibniz n'a-t-il pas avoué lui-même qu'il avait un instant incliné vers le spinozisme[1]? N'a-t-il pas déclaré qu'il trouvait dans l'*Éthique* « quantité de belles pensées conformes aux siennes[2]? » Ce qui est en tout cas certain, c'est que dans la marche de la philosophie allemande la doctrine de Leibniz a souvent servi de véhicule à la doctrine de Spinoza. Il est apparu à l'Allemagne que Leibniz concevait sous forme de développement et d'harmonie ce que Spinoza concevait sous forme d'acte immédiat et d'identité pure, que l'unité profonde de l'Être et des êtres, de la liberté et de la nécessité, de la raison et de la nature, pour être différemment représentée par les deux philosophes, n'en était pas moins le fond commun de leurs doctrines. Mais tandis que la philosophie de Leibniz joue ce rôle singulier, de révéler par ses conceptions propres les virtualités latentes du spinozisme, le spinozisme offre à l'esprit allemand un type plus parfait de pensée systématique. A la théorie des monades l'idée *moniste* ne

1. « Vous savez que j'étais allé un peu trop loin autrefois et que je commençais à pencher du côté des Spinosistes, qui ne laissent qu'une puissance infinie à Dieu. » *Nouveaux essais*, I, 1.
2. *Lettre à Justel* (4 février 1678), publiée par M. Ludwig Stein à la suite de son livre : *Leibniz und Spinoza*, Berlin, 1890, p. 307. Dans ce livre, M. Stein soutient que Spinoza a exercé sur la pensée de Leibniz une influence immédiate et durable. Comme il y a eu de 1676 à 1684 une période d'arrêt dans la production philosophique de Leibniz, M. Stein conjecture que pendant ce temps Leibniz a dû adopter les principes essentiels du spinozisme et qu'il s'en est inspiré dans sa critique du cartésianisme. Les arguments habilement accumulés par M. Stein prouvent uniquement que Leibniz mit beaucoup de zèle à s'informer de la doctrine de Spinoza et qu'il reconnut à plusieurs reprises entre cette doctrine et la sienne propre de remarquables analogies. — Voir les justes réserves qu'a exprimées sur la thèse de M. Stein M. L. Herr dans le compte rendu qu'il a donné de l'ouvrage, *Revue critique d'histoire et de littérature*, 25 janvier 1892. — Ce qui est incontestable, c'est qu'il y a entre les deux doctrines des rapports très étroits déterminés par des postulats communs. C'est d'ailleurs à établir ces rapports, en dehors de toute filiation historique, que s'applique M. Stein, quand il critique à bon droit les conclusions excessives tirées par M. Foucher de Careil des *Animadversiones ad Wachteri librum*, voir pp. 224 et suiv. — Cf. Ch. Secrétan, *La philosophie de Leibniz*, Lausanne, 1840.

trouve pas entièrement son compte : l'harmonie préétablie est un lien trop extérieur pour être vraiment fort ; et le procédé par lequel Leibniz construit sa doctrine ne reproduit qu'imparfaitement l'unité absolue de la Raison et l'art vivant de la Nature. Commencer, en effet, par décomposer l'infini de l'univers en une multitude infinie d'unités immatérielles, puis essayer de le recomposer en établissant un ordre dans cette multitude, est-ce faire autre chose que morceler, sans pouvoir ensuite les unir, les puissances de la Réalité ? Ce n'est pas spiritualiser le réel, c'est le dissoudre que de le constituer avec des séries même innombrables d'êtres distincts, rattachés après coup par des rapports extérieurs ; si l'esprit se manifeste dans le monde, c'est moins sous la forme d'existences séparées que sous la forme de raison, de loi, de fin. Sans doute on peut dire que l'être n'est vraiment être qu'à la condition d'être en son fond impénétrable aux choses, aux autres êtres ; mais, à moins de réduire le monde à une poussière d'atomes, allant au hasard, non à l'ordre, comme les atomes d'Épicure, l'être ne peut être considéré comme impénétrable à la loi qui le régit : la loi qui traverse les êtres et qui les maintient à leur rang comme à leur place, de quelque façon qu'on la nomme, Substance ou Idée, est pour l'intelligence l'expression exacte, comme elle est en soi le principe générateur de l'unité de la nature. C'est une étrange méprise que d'ériger, par un dédoublement artificiel, l'esprit en dehors de la loi ; c'est là encore un reste de ces théories dualistes qui laissent sans solution l'essentiel du problème philosophique. L'esprit est immanent à la loi et la loi est immanente aux choses ; de telle sorte qu'« il y a de la morale partout, » comme disait Leibniz, mais en un sens plus rigoureux encore que ne le comportait la philosophie leibnizienne. Dans la moralité il y a des degrés, jamais défaut entier ou privation ; la moralité est toujours présente, même dans les états ou les actes qui paraissent le plus la contredire, qui en réalité l'annoncent ou la préparent ; et il ne faut pas se contenter de dire que la moralité de l'homme c'est la conscience de la moralité naturelle ; il faut affirmer surtout qu'il y a une destinée absolue du monde qui s'accomplit par les voies de la nature et de l'histoire, qui se poursuit à travers le mal qu'a fait la liberté et le bien qu'elle aspire à restaurer, qui domine en tout cas d'une force invincible, tantôt voilée, tantôt éclatante, la destinée propre de l'humanité[1].

Ce sont là les raisons déterminantes et les idées directrices d'un spinozisme nouveau, plus large et plus souple que le spinozisme primitif, reconstruit selon l'esprit de l'Allemagne.

II.

A l'origine de ce nouveau spinozisme se place le nom de Lessing : c'est bien Lessing qui en a révélé le sens et pour une bonne part assuré la fortune. Il ne sert à rien de discuter sans fin sur le fameux entretien rapporté par Jacobi ; c'est chose entendue que Lessing avait l'esprit trop souple et trop libre pour adhérer sans réserves à un système défini et en reproduire passivement les formules ; mais il est certain aussi que sa pensée avait été assez

---

1. Appréciant la doctrine de M. Ed. Zeller sur la liberté, M. Émile Boutroux a profondément marqué cette tendance de la pensée germanique : « Nous retrouvons ici le trait distinctif de l'esprit allemand, qui établit entre le tout et la partie un rapport de fin à moyen, et qui ne voit dans l'indivuel, comme tel, qu'une négation et une forme provisoire de l'être. Ce n'est point par hasard qu'un traité *du serf arbitre* a été composé par celui qu'aujourd'hui encore l'Allemagne regarde comme la plus haute incarnation de son génie. Dans ce pays, pénétré d'esprit religieux, le libre arbitre, ou puissance de se soustraire à l'action divine, à la tendance universelle, à l'infini, n'a pas le droit et le pouvoir d'exister pour lui-même. Si son existence est reconnue, le seul rôle qu'on lui attribuera sera celui d'un *moyen*, ayant, dans la réalisation d'un ordre nécessaire et immuable, dans la consommation de l'unité, dans le règne de Dieu, sa fin et sa raison d'être. » *La philosophie des Grecs*, par Ed. Zeller. Introduction du traducteur, XXVI.

pénétrée d'idées spinozistes pour qu'elle pût, sans s'enchaîner, se rattacher à Spinoza. « Les notions orthodoxes de la divinité ne sont plus pour me convenir : je n'en peux tirer aucun profit. Ἕν καὶ πᾶν : je ne sais rien d'autre..... — Il paraît que vous pourriez vous accorder assez bien avec Spinoza. — Si je dois me nommer d'après quelqu'un, je ne reconnais que lui[1]. »

Cette identité de l'Un et du Tout, qu'il affirmait devant Jacobi, Lessing l'avait établie dans le *Christianisme de la Raison*. Quoiqu'il parût surtout accommoder à la Religion chrétienne certaines propositions de la *Théodicée* de Leibniz, il se rapprochait singulièrement de Spinoza par sa manière de concevoir les rapports de Dieu et du monde. Dieu, disait-il, se pense éternellement ; et comme sa pensée est essentiellement créatrice, en se pensant il crée une image de lui-même et de ses perfections absolues : cette image, c'est son Fils ; le Fils de Dieu a toutes les perfections de son Père, et cette souveraine harmonie du Père et du Fils, c'est l'Esprit. Le dogme de la Trinité sert donc à montrer que l'unité de Dieu, loin d'être abstraite et stérile, est vraiment concrète et féconde. Il suit de là que Dieu ne se pense pas seulement dans l'unité immédiate de son absolue perfection, mais qu'il se pense aussi dans la multiplicité continue et graduée de perfections particulières qui se réalisent, et ainsi il crée le monde. Le monde résulte donc de ce que la Perfection ne se contente pas d'*être* actuellement, de ce qu'elle *devient* aussi, sous forme de progrès, en des êtres singuliers qui peu à peu développent leurs puissances. Le monde et Dieu sont identiques, en ce sens que ce qui est en Dieu absolument un et concentré se trouve dans le monde à l'état de dispersion et de multiplicité ; si Dieu existe en soi, le monde ne peut exister que par Dieu et qu'en Dieu.

---

1. Jacobi : *Ueber die Lehre des Spinoza, in Briefen an den Herrn Moses Mendelssohn*. Breslau, 1785, p. 12.

C'est ce que Lessing explique encore dans son petit écrit sur la *Réalité des choses hors de Dieu*. L'idée que Dieu se fait d'une chose doit en déterminer tout l'être et toutes les manières d'être ; puisque, pour Dieu, penser et créer ne font qu'un, la réalité d'une chose est nécessairement identique à l'acte par lequel Dieu la conçoit. Pour admettre un monde radicalement distinct de Dieu, il faudrait ramener aux proportions de la pensée humaine, qui simplement distingue et définit, la Pensée divine qui est causalité infinie. « C'est un de nos préjugés humains, dit Lessing à Jacobi, que de considérer la pensée comme ce qui est premier et le plus relevé et que d'en vouloir tout déduire ; tandis que tout, y compris les perceptions, dépend de principes plus hauts. L'étendue, le mouvement, la pensée sont évidemment fondés dans une Force supérieure, qui de si tôt n'en est point épuisée ; il faut qu'elle soit infiniment au-dessus de tel ou tel effet..... — Vous allez plus loin que Spinoza : à ses yeux, la pensée surpassait tout. — Pour l'homme seulement ! Mais il était loin de faire passer pour la plus haute méthode notre façon d'agir d'après des vues particulières ; il était loin de mettre la pensée au-dessus de tout[1]. »

Cependant cette philosophie générale n'exclut pas chez Lessing, pas plus qu'elle n'excluait chez Spinoza, la notion de l'individualité humaine. Lessing même s'efforce de comprendre, en son principe le plus interne, cette activité originale de l'individu qui n'a qu'à se réfléchir elle-même pour saisir la vérité de son être et la loi de son action. Ses tendances théologiques le portaient à considérer que la vie morale et religieuse a sa raison, non dans un objet qui la détermine, mais dans le sujet qui de lui-même la produit, qu'il y a dans les profondeurs subjectives de la conscience humaine une Religion éternelle qui précède les religions historiques et en mar-

---

1. *Ueber die Lehre des Spinoza*, p. 19.

que la signification : ce n'est pas, selon lui, aux témoignages extérieurs de susciter la foi, c'est à la foi de se créer des témoignages. Expression immédiate de la puissance infinie qui nous constitue, le sentiment religieux et moral ne dépend que de lui, se justifie lui-même, est pleinement autonome. C'est donc, en tout homme, son génie propre qui est la mesure de tout et qui fixe la valeur de ses œuvres. Ainsi peut se concilier, avec le système de l'immanence, l'affirmation de la spontanéité individuelle.

Mais d'un autre côté la logique du système exige que cette spontanéité ne s'exerce pas au hasard. Tout ce qui arrive, dans l'humanité comme dans la nature, exprimant nécessairement Dieu, constitue un ordre, non un ordre immobile et abstrait, mais un ordre mobile et vivant. Tout ce qui se produit est soumis à une loi de développement. Cette idée de développement, que le spinozisme appelait sans entièrement la reconnaître, venait d'apparaître avec éclat à la pensée allemande dans les *Nouveaux Essais* de Leibniz, connus depuis peu. Elle y était étroitement liée à une conception déterministe des choses, au principe de continuité et à l'idée d'une fin morale de l'univers. Lessing se l'approprie et en déduit rigoureusement toutes les conséquences. Il ne peut y avoir développement que s'il y a enchaînement; rien donc n'est contingent ni isolé, tout se tient et tout conspire. « Il n'y a pas d'îles dans le monde ; rien n'est sans conséquences, et sans conséquences éternelles[1]. » Pas plus qu'il n'est possible, le libre arbitre n'est désirable. Que perd-on en perdant le libre arbitre? Être privé d'un pouvoir dont on n'use pas, de quelque chose, si c'est quelque chose, qui ne sert ni à notre action ni à notre bonheur, qui peut nous laisser perpétuellement dans le doute et l'inquiétude, est-ce vraiment un dommage? « Contrainte, nécessité d'après lesquelles agit l'idée du meilleur, comme vous m'êtes plus les bien-

---

1. *Sammtliche Werke*, éd. Lachmann, XI, b, 162.

venues que cette faculté frivole d'agir dans les mêmes circonstances, tantôt d'une façon, tantôt de l'autre ! Je rends grâces au Créateur de ce que je suis forcé, forcé à ce qui est le meilleur (*dass ich muss, das Beste muss*). Si dans ces limites je fais encore tant de faux pas, qu'adviendrait-il si j'étais livré à moi seul[1] ? »

Il y a donc une fin du monde qui se réalise nécessairement par l'action des individus, en vertu d'une loi de continuité. Dès lors, les concepts du bien et du mal perdent forcément dans ce progrès leur sens absolu ; il y a du mal dans le bien, il y a du bien dans le mal[2]. Sans doute, il est vrai que tout acte a des conséquences infinies, et que par suite l'acte mauvais a des effets éternels. Le péché, une fois produit, ne peut être radicalement détruit ; mais il n'y a pas de péché absolument mortel qui ne puisse être racheté, de même qu'il n'y a pas de sainteté absolument pure qui ne manque par quelque endroit. La Rédemption est toujours possible et toujours nécessaire. L'opposition du ciel et de l'enfer est purement formelle : dans la réalité, c'est un mal relatif qui peu à peu se transforme en un bien relatif ; et comme cette transformation s'opère par des degrés insensibles, on peut dire, pour résumer la pensée de Lessing, que le passage du mal au bien est le développement d'une même nature, qui, prise en soi, est identité ou harmonie des contraires. Rien dans le monde ne se comprend que par des rapports, rien ne comporte de qualification absolue ; il n'y a que l'Absolu qui puisse être absolument qualifié.

Puisque ainsi, dans la réalité, rien n'est absolument et que tout se développe selon une loi d'évolution nécessaire, la vérité ne peut pas être donnée d'un coup tout entière à toute l'humanité ; c'est seulement par des démarches suc-

---

1. *Sämmtliche Werke*, X, 8. — Selon Jacobi, la différence établie par Leibniz entre son déterminisme et celui de Spinoza n'est que nominale et extérieure. Cf. *Ueber die Lehre des Spinoza*, pp. 24 et suiv.
2. Voir l'écrit de Lessing : *Leibniz von den ewigen Strafen*.

cessives qu'elle peut être conquise. Elle est certainement impliquée tout entière dans la raison humaine: sur ce point Lessing ne déroge pas au rationalisme de l'*Éthique*. Mais reprenant la pensée qui avait inspiré le *Traité théologico-politique,* il justifie, dans la révélation religieuse, l'accommodation de la vérité à l'homme. La révélation religieuse n'annonce rien qui ne puisse être un jour ou l'autre rationnellement connu; mais elle présente la vérité sous une forme appropriée à l'état des âmes : elle est l'*Éducation du genre humain*. Les expressions irrationnelles par lesquelles Dieu se révèle sont bonnes pour des intelligences encore irrationnelles; et comme elles se coordonnent avec les moments successifs du développement de l'humanité, elles ne sont pas entièrement contingentes; elles s'enchaînent suivant un ordre déterminé qui en exclut de plus en plus, à mesure qu'ils deviennent inutiles et sans intérêt, les éléments accidentels et transitoires, qui en dégage de plus en plus, à mesure qu'ils peuvent être mieux compris, les éléments essentiels et éternels. La Religion, c'est donc la Raison divine, consubstantielle à la nature humaine, Raison d'abord confuse et enveloppée, qui va se développant de plus en plus, se traduisant en idées de plus en plus distinctes, à mesure que la nature humaine comporte plus de clarté intellectuelle. La doctrine de l'immanence se trouve ainsi doublement affirmée et confirmée : Dieu est immédiatement présent à l'homme à la fois dans l'éternité et dans le temps, dans l'éternité, par l'acte qui le fait être, dans le temps, par la révélation qui lui permet de déployer ses puissances. Dieu agit à la fois dans la raison et dans l'histoire.

C'est donc bien à tort que Mendelssohn se refusait à entendre traiter Lessing de spinoziste. Spinoziste, Lessing l'était, et par l'inspiration directe que sa pensée avait reçue de Spinoza, et par l'ensemble d'idées nouvelles qu'elle offrait comme objet à la doctrine renaissante. Un sentiment plus profond de la subjectivité productrice de l'esprit, une idée plus précise et plus large du mode de développement de l'humanité n'étaient pas une matière irréductible à la forme de synthèse qu'avait conçue le spinozisme. C'est ce que Jacobi montrait bien à sa façon, quand il établissait la parenté de la doctrine de Spinoza et de la doctrine de Leibniz, quand il soutenait que l'affirmation des Êtres individuels par la Raison ontologique n'était pas pour contredire l'unité de l'Être ni la nécessité de l'action, soit humaine, soit divine. En vain d'ailleurs essayait-il de ruiner par ses conséquences la doctrine en qui il voyait le type achevé de toute philosophie de l'entendement, de prouver que tout déterminisme est fatalisme, que tout panthéisme est athéisme [1], que la vérité absolue est, en dehors des relations intellectuelles, dans un état d'âme originel, dans le sentiment; c'est en recherchant ce qu'il y a d'originel dans l'idée déterministe et panthéiste que la pensée allemande croira retrouver la liberté de l'esprit et le Dieu vivant.

III.

Cette tendance de l'Allemagne à reconstituer le spinozisme fut contrariée et un instant arrêtée par la philosophie de Kant. La philosophie de Kant offre avec la philosophie de Spinoza un si frappant contraste, qu'on a peine d'abord à s'expliquer comment les doctrines allemandes issues du kantisme se sont si aisément pénétrées de l'esprit spinoziste. Ce qui est peut-être plus singulier, c'est que la philosophie de Kant ait pu naître et se développer dans une nation prédestinée au spinozisme par tous ses instincts intellectuels. On croirait volontiers que Kant a critiqué beaucoup moins la pensée humaine en général que la pensée germanique. Aussi sa philosophie

---

1. *Ueber die Lehre des Spinoza*, pp. 170 et suiv.

a-t-elle pour l'Allemagne quelque chose d'un peu paradoxal, bien qu'elle ait dans des doctrines allemandes certains de ses antécédents et de ses facteurs. On pourrait la caractériser en disant que si elle frappe d'interdit toutes les prétentions ontologiques de la Raison, c'est pour mieux rendre à la Raison la conscience de sa spontanéité propre, à l'égard et même à l'encontre de la spontanéité de la nature. Sans doute Leibniz avait soutenu que l'être a sa source dans le possible, que les choses ont par conséquent leur principe dans les idées, et il avait semblé admettre une action des idées consubstantielle, dans l'entendement parfait, à l'action divine; mais Leibniz ne s'était donné qu'un instant, sous la forme d'une harmonie équivoque entre l'esprit et la réalité, cette conception encore défectueuse de la souveraineté de la Raison; il avait vu dans l'être réalisé un accroissement du possible et dans la chose un achèvement de l'idée; même, en imaginant que les idées dans l'entendement de Dieu représentent comme objets immédiats des mondes déterminés, il avait au fond subordonné les idées à ces mondes, comme des images à des réalités; et en parlant du choix qu'opère Dieu parmi les possibles, il avait transporté dans l'absolu une concurrence dont le type était emprunté au monde naturel : de telle sorte que son rationalisme était encore un naturalisme, — un naturalisme transposé dans le langage de la pensée. La double influence de Hume et de Rousseau imprimait à l'esprit de Kant une autre direction. Résolvant la nature en des séries de phénomènes, Hume lui enlevait le prestige de ses décevantes profondeurs. Appliquant hardiment à la reconstruction de la société une méthode toute rationnelle, Rousseau enseignait une foi sans réserve dans l'efficacité de la raison. Partant de là, Kant inaugure une conception nouvelle de la pensée et de ses fonctions. Si la pensée se détermine nécessairement dans l'Être, si elle ne peut agir qu'en posant un ordre absolu des choses, l'objet qu'elle affirme dépasse infiniment sa faculté d'affirmer : elle n'est plus que l'instrument d'une Puissance qui la domine et l'enveloppe. Mais si, au lieu de se prendre à l'Être, la pensée s'affirme essentiellement elle-même comme législatrice, alors elle cesse de subir la tyrannie de son œuvre propre; elle se découvre pleinement dans ce qui vient d'elle, et c'est à elle seule qu'il appartient de juger de la valeur de ses applications et d'établir la hiérarchie de ses intérêts.

Aussi ne saurait-on imaginer une opposition plus complète que celle qui existe entre les principes de l'*Ethique* et les *Fondements de la métaphysique des mœurs*. Il s'agit, selon Kant, non de savoir ce qu'est l'Être, mais de savoir ce que nous sommes, ou, pour mieux dire, ce que nous devons être. Ce qu'il faut décidément établir, c'est le règne de la Raison, non de la raison compromise dans des alliances infécondes, de la raison adultérée, mais de la *Raison pure*. La Raison, dans son usage théorique, ne se limite que pour s'affranchir; ou plutôt, ce qu'elle limite, ce n'est pas elle-même, c'est la part des choses dans l'acte de la connaissance. Cependant l'esprit, pour connaître, doit entrer en relation avec les choses. Cela est vrai. Mais l'esprit peut concevoir les choses à un double point de vue, selon que les choses se tournent vers lui comme objets de connaissance ou se détournent de lui comme réalités séparées. Qu'il y ait une existence des choses en soi, c'est ce que l'esprit ne doit pas contester sous peine de se corrompre en faisant rentrer plus ou moins inconsciemment les choses en lui. Il doit donc, en même temps qu'il pose cette existence, la considérer comme indifférente à la connaissance scientifique et reconnaître qu'elle échappe à ses prises. Il ne reste ainsi des choses pour la constitution de la science que ce qui les annonce, les fait sentir, c'est-à-dire les phénomènes. Or, Hume l'a montré, les phénomènes donnés, étant entre eux hétérogènes, sont incapables de s'unir par eux-mêmes;

il n'y a pas entre eux de parenté naturelle. C'est donc, selon Kant, l'entendement qui, par des synthèses originales, ramène les représentations sensibles à des règles et les unit ainsi en une même conscience. C'est à l'activité de l'esprit que se rapporte la vérité scientifique. Mais il faut ajouter que l'entendement n'épuise pas la Raison et que la vérité scientifique n'est pas toute la vérité. Sans les représentations sensibles l'entendement ne penserait rien, tandis que la Raison conçoit par sa vertu des idées pures, infiniment supérieures à tout ce que la sensibilité peut fournir, capables par là même de limiter les prétentions de l'entendement. C'est donc l'office de la Raison que d'empêcher qu'on élève à l'absolu tout ce qui n'est pas elle, ce qui n'est qu'une forme inférieure de sa spontanéité, surtout ce qui est une matière étrangère à sa législation. C'est seulement quand on veut entraîner la Raison hors d'elle qu'on l'oblige à se borner. Elle ne peut plonger dans l'Être qu'en s'y abîmant. En sa pure puissance, au contraire, elle est illimitée, comme en sa pure essence elle est absolue; pas plus qu'elle ne se laisse méconnaître, elle ne laisse remonter au delà d'elle. A toute doctrine qui s'édifie systématiquement sur la *Chose en soi*, Kant oppose la doctrine de la Raison en soi. La métaphysique du dogmatisme est un amoindrissement de la raison, parce qu'elle suppose un partage de la vérité entre les choses et l'esprit.

Dès lors, il est possible d'entendre déjà en un premier sens ce que Kant appelait la primauté de la Raison pratique sur la Raison spéculative. Si la Raison pratique est supérieure à la Raison spéculative, c'est que dans cet usage nouveau la Raison est affranchie de toute expérience, de toute donnée sensible. Quand il s'agit de connaissance, il faut qu'il y ait un rapport déterminé entre la matière fournie à l'esprit et la forme imposée par l'esprit, et voilà pourquoi la détermination de ce rapport donne lieu à une critique de la Raison; mais quand il s'agit de la pratique, la forme seule a une valeur, et voilà pourquoi la Raison pratique échappe à la critique, du moins au genre de critique que subit la Raison spéculative. La simple analyse du concept de moralité montre suffisamment que ce concept ne peut pas dériver de la nature. La nature ne produit rien qui puisse être moralement qualifié, et pour la conduite de la vie elle ne suscite en l'homme que des principes d'action tout subjectifs qui ne sauraient sans contradiction être transformés en lois objectives. D'ailleurs la Raison cesserait de se justifier, elle renoncerait véritablement à elle-même, si elle allait s'asservir à des fins naturelles, telles que le plaisir, l'intérêt ou le bonheur. L'action humaine qui prétend à la moralité doit exprimer une nécessité pratiquement absolue : elle ne peut se déduire ni de l'ordre général de la nature universelle, ni de la constitution particulière de de la nature humaine ; elle suppose une législation entièrement conçue *a priori*, indépendante de toute considération spéciale, pure de tout élément empirique. Rien de ce qui est physique ne peut donc engendrer la moralité, ni même la provoquer. La morale, c'est essentiellement une métaphysique, non la métaphysique de la *Chose* qui se reproduit en un système et finit par faire dépendre l'homme de ce système ; c'est la métaphysique de la Raison pure, qui en tant que législatrice se suffit à elle-même et proclame elle-même son autonomie ; c'est l'action inconditionnelle de l'esprit qui, au lieu d'être suspendue à un objet, consacre l'acte par sa forme et en crée intégralement la valeur morale. Aussi, pour Kant, tous les biens que l'on nomme naturels sont irrationnels ; il n'y a même pas, à rigoureusement parler, de bien naturel ; il n'y a de bien que le bien moral, qui n'est ni fin, ni résultat, ni fait, qui est simplement bonne volonté. Or la bonne volonté, c'est la volonté de la Raison qui ne se distingue pas de la Raison même, c'est la Raison pratique qui se détermine par elle seule. Si la Raison pratique prend la forme d'un impératif, ce n'est qu'au regard de la sensibilité ; l'impératif catégorique commande la subordination des penchants à la Raison, parce qu'il affirme que la Raison est à elle-même sa condition et son but, que la Raison seule peut produire une législation universelle de la conduite humaine ; et voilà pourquoi il fait naître un juste sentiment d'humilité chez tout homme qui compare à la loi morale les dispositions de sa nature. Si le respect du devoir est le seul motif qui doive susciter l'obéissance au devoir, c'est que de la bonne intention doivent être exclues toutes les impressions sensibles et « pathologiques. » Le monde moral est un monde où l'humanité est traitée comme *fin en soi*, non comme moyen, c'est-à-dire où la Raison respecte la Raison ; la société morale est une société dont chaque membre est à la fois sujet et auteur de la législation, c'est-à-dire une société où la Raison promulgue et accepte la Raison. La moralité tout entière est relative à la Raison et à la forme essentielle de la Raison, qui est l'universalité.

En se déterminant à l'action, la Raison pratique confère une valeur objective au concept de liberté. Le concept de liberté n'était, pour la Raison spéculative, que problématique et négatif ; il marquait simplement l'impossibilité de porter à l'absolu le mécanisme des phénomènes, en même temps qu'il exprimait l'indépendance de la Raison à l'égard de toute influence étrangère. Il prend maintenant un sens réel et positif. Ce n'est que par synthèse que l'on peut passer de l'idée d'une volonté bonne à l'idée d'une législation universelle ; ce n'est également que par synthèse que peut s'accomplir la subordination des penchants sensibles aux maximes rationnelles. Or la liaison des termes, au lieu d'être constituée, comme dans la connaissance, grâce à un objet d'intuition, au lieu de se rattacher à quelque chose de donné, se constitue ici par la liberté, qui ne la montre pas toute faite, mais qui au contraire doit la réaliser et par là se réaliser elle-même.

La liberté et la loi morale s'impliquent donc l'une l'autre. Si d'une part la liberté doit être supposée antérieure à la loi, comme la condition de l'acte est supposée antérieure à l'acte même, d'autre part la liberté ne nous est connue que par la loi et sous la forme de la loi. L'idée de liberté est théoriquement trop indéterminée, elle est même en opposition trop manifeste avec le mécanisme naturel, pour pouvoir se révéler positivement à nous en dehors de la vie morale ; c'est la vie morale qui, par la même opération, la détermine en nous et nous la certifie.

La liberté est donc absolument vraie, puisqu'elle se réalise pratiquement *a priori*. Sans elle, tous nos sentiments et tous nos jugements moraux resteraient inintelligibles. Les doctrines de la Nécessité ne sauraient expliquer pourquoi nous nous sentons et nous nous jugeons coupables d'une faute commise, alors même que nous parvenons à nous en rendre compte, alors même que nous réussissons à en reporter l'origine à des habitudes involontaires, à des instincts irrésistibles, à toutes sortes de causes, prochaines ou lointaines. Et que signifierait donc le remords, ce sentiment douloureux qui s'attache à une action passée, comme si cette action était encore en notre pouvoir? Les fatalistes conséquents traitent le remords d'absurdité, puisque le remords, disent-ils, ne peut empêcher d'être ce qui a été. Mais c'est précisément cette impuissance du remords qui en atteste avec le plus d'éclat la valeur morale. Nous éprouvons par là que quand il s'agit de notre conduite, toute distinction de temps s'efface, qu'une seule chose importe, qui est de savoir si l'acte accompli, à quelque moment que ce soit, nous appartient véritablement. Nous ne pouvons donc nous estimer responsables que si nous nous concevons libres. Et la liberté que nous devons affirmer pratiquement ne se ramène pas, quoi qu'on prétende, à un type de nécessité intérieure. Il ne s'agit pas, en effet, de discerner si les principes qui

déterminent nécessairement leurs conséquences résident
dans le sujet ou hors de lui, et si, dans le premier cas,
ils viennent de l'instinct ou sont conçus par l'entendement. Puisque ces principes de détermination résultent, selon les lois naturelles, de causes antérieures qui
s'étendent à l'infini, ils ont beau devenir en nous des
motifs clairement conçus; ils n'en représentent pas moins,
par l'immense connexion d'états qu'ils supposent, une
puissance qui ne dépend pas de nous. Il n'y a pas d'essentielle différence entre le mécanisme physique et l'automatisme spirituel. Il ne faut donc pas confondre la
liberté véritable, qui est indépendante de tout élément
empirique, qui doit se poser *a priori*, avec cette spontanéité consciente, qui est encore en l'homme une forme
de la nature, qui exprime un rapport déterminé de l'être
pensant aux choses, et qui finit par se résoudre de proche
en proche dans la causalité absolue de la substance infinie[1]. Mais alors, comment la liberté peut-elle s'accorder
avec le mécanisme de la nature? Cet accord est impossible dans toutes les doctrines qui ne distinguent pas
l'être donné dans le temps et l'être en soi, et le spinozisme est bien le modèle achevé de ces doctrines[2]. Si,

1. C'est en termes très vifs que Kant critique la conception spinoziste et leibnizienne de la liberté. Cette liberté, selon lui, « ne vaudrait guère mieux au fond que la liberté d'un tourne-broche, qui, lui aussi, quand il a été une fois remonté, accomplit de lui-même ses mouvements ». *Critique de la Raison pratique*, trad. Picavet, p. 176.

2. « Si l'on n'admet pas cette idéalité du temps et de l'espace, il ne reste plus que le *Spinozisme*, dans lequel l'espace et le temps sont des déterminations essentielles de l'Etre primitif lui-même, mais dans lequel aussi les choses qui dépendent de cet Etre (et nous-mêmes aussi par conséquent) ne sont pas des substances, mais simplement des accidents qui lui sont inhérents; puisque si ces choses existent simplement, comme effets de cet être, *dans le temps*, qui serait la condition de leur existence en soi, les actions de ces êtres devraient simplement aussi être les actions que produit cet Etre primitif, en quelque point de l'espace et du temps. C'est pourquoi le Spinozisme, en dépit de l'absurdité de son idée fondamentale, conclut plus logiquement qu'on ne peut le faire dans la théorie de la création, si les êtres admis comme substances et les êtres *existant* en eux-mêmes *dans le temps*, sont considérés comme des effets d'une cause suprême, non cependant comme appartenant en même temps à cette cause et à son action, mais comme des substances séparées. » *Critique de la Raison pratique*, p. 184.

au contraire, on reconnaît que l'existence dans le temps est un simple mode de représentation empirique, le sujet moral peut s'affirmer, dans un monde intelligible, comme être en soi, comme *noumène;* il peut, et par conséquent il doit se juger pratiquement selon cette affirmation. Ainsi l'action profonde par laquelle nous nous sommes déterminés, ou plutôt par laquelle nous ne cessons pas de nous déterminer à être ce que nous sommes, ne peut être représentée ni sous forme naturelle ni sous forme intellectuelle. Etant *tels* par nature, ou nous sachant *tels* par intelligence, nous ne serions pas des personnes; nous n'aurions qu'à développer ou encore qu'à laisser se développer en la subissant une destinée étrangère à notre vouloir. Voilà pourquoi les notions de devoir et de liberté sont décidément absentes de tout système qui fait dépendre la moralité de l'impulsion ou de la connaissance des choses. Appeler liberté la conscience de la nécessité, quelle étrange contradiction, surtout dans une doctrine qui, selon les tendances du dogmatisme, subordonne le sujet connaissant à l'objet connu! Connaître la nécessité, et la connaître comme absolue, ce n'est pas s'en affranchir, c'est au contraire l'accepter, la faire entrer en soi, se livrer à elle. Et que peut signifier le devoir, du moment que tout est donné dans un système actuel ou virtuel, et que les relations des êtres sont logiquement impliquées dans leur principe commun? Si l'on veut rester fidèle au langage de la philosophie dogmatique, on peut dire qu'il ne saurait y avoir de liberté et de devoir sans mystère; mais là où l'entendement, d'après le dogmatisme, voit une négation et une limite, la Raison affirme la pureté de son essence et de sa causalité.

Cependant la réalité de ce monde intelligible que suppose la liberté n'est nullement ontologique, mais simplement pratique, et l'extension de la Raison par la moralité est, non pas une extension de savoir, mais une extension d'acte. La suprématie de la Raison pratique sur la Raison spéculative implique une hiérarchie, non pas dans l'Être, mais dans la valeur des affirmations. Elle signifie, en d'autres termes, que le jugement scientifique, qui détermine la loi des objets de connaissance, doit se subordonner au jugement moral, qui enveloppe la loi idéale de toute action, et cela, non pas en vertu d'une nécessité naturelle que l'on puisse percevoir, mais en vertu d'une obligation rationnelle qui doit s'accomplir. Le monde intelligible ne peut donc être ni senti, ni compris : il est simplement un *point de vue* auquel doit s'élever la Raison pour se considérer comme pratique. Ainsi déterminé, le concept de liberté fait participer de sa réalité propre les concepts d'immortalité et de Dieu. On doit, en effet, supposer pratiquement réel, non pas seulement ce qui est impliqué *a priori* dans l'action obligatoire de la volonté, mais encore ce qui est inséparablement lié à l'objet de cette volonté. Or l'objet de la volonté soumise au devoir est, dans sa totalité, le souverain bien. Et comme le souverain bien exige d'une part l'entière conformité des intentions à la loi morale, c'est-à-dire un idéal de sainteté qui ne saurait être immédiatement, ni jamais complètement réalisé, nous devons admettre un progrès indéfini vers cet idéal, par conséquent l'immortalité de la personne qui doit de plus en plus s'en approcher. Comme le souverain bien exige d'autre part une proportion exacte de la vertu et du bonheur, c'est-à-dire une harmonie à laquelle la nature ne tend pas d'elle-même, nous devons admettre que cette harmonie a son principe dans une Cause suprême qui agit sur la nature conformément à la moralité. Toutefois ces postulats de la Raison pure pratique ne sont ni des vues sur les choses, ni des conditions premières de notre activité; ils ne doivent donner lieu ni à des intuitions mystiques, ni à des sentiments intéressés; ce sont des hypothèses pratiquement nécessaires ou des croyances rationnelles par lesquelles le sujet moral affirme, en même temps que l'autorité absolue, l'efficacité absolue du devoir. Elles répondent au besoin qu'éprouve l'homme d'achever le système de la moralité, besoin qui n'est pas arbitraire, mais qui a ici force de loi. Dans la doctrine kantienne, tout se rapporte donc à la Raison, considérée comme faculté législatrice et autonome; rien ne se rapporte à l'Être, surtout à l'Être tel que le spinozisme l'a conçu et défini, sous forme de *Chose éternelle*.

Toutefois, l'idée téléologique que Kant s'est faite de la nature et de l'histoire ne peut-elle avoir pour résultat de diminuer la puissance pratique de la Raison? Si le développement des êtres et de l'espèce humaine s'accomplit selon une loi de finalité, ne faut-il pas dire que la nature et l'histoire préparent la vie morale et par conséquent, dans une certaine mesure, la produisent? Kant n'aurait-il pas ainsi indirectement ouvert la voie à un nouveau spinozisme, à ce spinozisme téléologique que l'Allemagne tendait à construire? Mais pour interpréter en ce sens la doctrine kantienne, il faudrait oublier la signification très précise que Kant a donnée à la notion de finalité. Ce n'est pas sur la réalité absolue des choses, mais sur les lois de notre jugement qu'est fondée l'idée de fin. Spinoza avait prétendu que cette idée est illusoire, d'abord parce qu'elle n'ajoute aucun éclaircissement aux explications par le mécanisme, ensuite parce qu'elle exprime un simple rapport des choses aux dispositions de notre esprit. Kant établit, au contraire, que cette idée est légitime, d'abord parce que les explications mécaniques sont impuissantes à comprendre les formes singulières et les caractères spécifiques des êtres naturels, ensuite parce qu'il y a des dispositions de notre esprit, universelles et nécessaires, auxquelles doit se conformer l'ordre des phénomènes. Autre chose, d'ailleurs, est de soutenir que les productions de la nature ne sont possibles que par l'action d'une cause finale, autre chose de montrer que, d'après les conditions de l'intelligence humaine, je ne peux juger des productions de la nature que grâce à l'idée d'un entendement suprême déterminé par des fins. Le concept de finalité sert, non pas à connaître les choses, mais à réfléchir sur elles pour en concevoir l'unité : il est essentiellement, lui aussi, un point de vue de la Raison. Il y a donc, pour notre esprit, un usage indispensable de ce concept. C'est vainement que le spinozisme tente de substituer à l'unité de fin l'unité de substance. Outre que l'unité ontologique réduit à de simples accidents les individus qu'elle comprend, elle peut expliquer tout au plus la liaison superficielle des êtres, mais non la coordination profonde de leurs tendances et de leurs actions. De plus, l'unité ontologique nous est, comme objet de connaissance, entièrement inaccessible; la fin dernière nous est concevable, non sous forme de nécessité naturelle, mais sous forme d'acte moral. Voilà pourquoi on peut dire que l'homme est le but de la création; car c'est seulement en l'homme, considéré comme le sujet de la moralité, que se découvre par la Raison pratique cette législation inconditionnelle des fins, à laquelle toute la nature doit être subordonnée. En d'autres termes, forte de son autonomie, qui est absolue dans le domaine de la pratique, la Raison affirme que la nature et l'histoire s'intéressent à la moralité, qui est son œuvre; elle cherche donc dans l'expérience ce qu'elle y projette de sa propre essence, une moralité voilée et confuse, symbole, créé par elle, de la moralité vraie. Et alors la nature apparaît à l'esprit qui doit ainsi la voir, non plus seulement comme une unité mécanique d'éléments, mais comme une harmonie de fonctions, de plus en plus en plus voisine de la liberté; de la même façon, l'histoire apparaît, non comme un courant aveugle d'événements, mais comme un progrès qui rapproche de plus en plus l'humanité du règne de la Raison. La moralité de la nature et de l'histoire est une traduction que la Raison fait pour son compte, traduction singulièrement originale, sans doute infidèle si l'on devait la prendre rigoureusement à la lettre, en tout cas profondément vraie quant à l'esprit, puisqu'elle tourne à la glorification de la vie morale toutes les ambiguités de l'expérience, et qu'elle substitue au sens qu'ont les choses, impossible à découvrir absolument, le sens qu'elles doivent avoir en le tenant de notre action.

L'opposition reste donc entière entre la morale de Spinoza et la morale de Kant. C'est qu'elle est entre les principes philosophiques sur lesquels reposent les deux morales. Dans l'univers, tel que le conçoit Spinoza, tout s'accomplit sous une loi d'identité à la fois intellectuelle et naturelle, de telle sorte qu'il n'y a pas, à proprement parler, de devoir, mais un développement dans l'Être. Les notions de liberté et de nécessité, de raison et de nature, de vertu et de bonheur, de droit et de puissance, rapportées à l'absolu, sont entre elles entièrement convertibles : aussi est-ce pour l'homme le plus haut état que de comprendre dans la Substance infinie et de réaliser le plus complètement possible dans son être propre l'unité essentielle de ces notions. Pour Kant, au contraire, il s'agit, non pas de savoir ce qu'est l'Être, mais de déterminer les lois de ce qui arrive et de ce qui est à faire. Or, dans la science et dans la vie, rien n'arrive, rien ne se fait que par synthèse; et des synthèses immédiates, par lesquelles nous percevons les objets donnés, jusqu'à la synthèse suprême, qui n'est pas naturellement, qui doit être pratiquement, la marche de l'esprit est, non pas analytique, mais encore synthétique. D'où il suit que l'homme ne passe pas nécessairement d'une forme inférieure à une forme supérieure d'activité spirituelle, mais que la Raison s'impose à lui et en lui comme un devoir. Dans la doctrine spinoziste, le mal n'a pas de réalité positive : il est une illusion qui s'évanouit dès que l'entendement s'en approche; les causes et les lois de notre affranchissement sont intellectuellement déterminables. La doctrine de Kant, au contraire, interprétant à sa façon le Christianisme, affirme l'existence d'un mal radical [1], qui tient à l'empire que la sensibilité a pris sur la raison, et la perpétuelle possibilité d'une renaissance morale, d'une Rédemption, qui établira, tel qu'il doit être, le règne de la raison sur la sensibilité. Quant à dire pourquoi et comment le péché s'est implanté en nous, pourquoi et comment s'accomplit la régénération de nos âmes, c'est un problème qui, théoriquement insoluble, n'a aucun intérêt pratique, car tout intérêt pratique a son principe dans l'affirmation de notre liberté, comme soumise au devoir. C'est de là que nous devons partir pour nous dire que le bien sera, si nous voulons qu'il soit. C'est donc notre tâche morale que de ne pas nous fier à la spontanéité de notre nature, que de travailler, par une ferme discipline et avec la conscience toujours éveillée de la loi, non pas à nous rendre heureux, mais à nous rendre dignes du bonheur. Pour cette tâche la bonne volonté suffit, si elle est entière.

IV.

C'est ainsi que la philosophie de Kant considère la moralité comme l'expression suprême de la Raison. Pour la

---

[1] Il y a donc, en un sens, dans la philosophie de Kant, des tendances pessimistes qui la distinguent profondément de la philosophie de Spinoza. Les jugements des deux philosophes sur la nature et l'homme diffèrent d'ailleurs comme doivent différer les jugements de la Raison dogmatique et les jugements de la Raison pratique. Dominé par l'idée de nécessité, Spinoza montre que, par rapport à cette idée, tout mal et toute imperfection disparaissent, que la croyance au mal et à l'imperfection tient aux idées inadéquates de l'esprit humain. Dominé par l'idée de la loi morale, Kant exprime surtout à quel point la nature est par elle-même indocile à l'idéal pratique, mais aussi à quel point l'action du devoir, entrevu ou conçu, est profonde en l'homme. Kant a donc plus de foi que Spinoza dans la conscience populaire; précisément parce que la loi morale est purement formelle et qu'elle exige simplement la bonne intention, il répète volontiers que tout homme, quel qu'il soit, sans culture scientifique, peut en avoir l'intelligence.

vie morale, la Raison n'a à compter qu'avec elle seule et que sur elle seule ; d'où il suit que les déterminations pratiques de la Raison en sont aussi les déterminations les plus pures. Mais l'on sait que la Raison, d'après le kantisme, ne saurait être assimilée au Premier Principe de l'ancienne métaphysique, qui comprend en soi tout l'Être et dont tout l'Être dérive. La Raison peut déduire d'elle-même les formes qu'elle applique aux objets, non les objets eux-mêmes. Par conséquent, la suprématie de la Raison pratique sur la Raison théorique ne peut être traduite en un rapport de causalité naturelle. Ces deux sortes de Raison ne sont assurément au fond qu'une seule et même Raison ; mais ce qui fait leur unité, c'est une unité de législation, non une unité de substance. L'affirmation du monde moral, qui est adéquate à toute la puissance législative de la Raison, vaut mieux que l'affirmation du monde naturel, où la Raison doit s'appliquer à une matière donnée ; toutefois il est bien entendu que cette valeur supérieure est pratiquement, non théoriquement appréciable. On ne saurait dire, sans retourner au dogmatisme, que le monde moral engendre et pose dans l'être le monde naturel.

La tentation cependant devait être grande de ramener ces deux mondes à une unité plus absolue. L'œuvre de Kant ne serait-elle pas plus complète, si, au lieu d'être une critique, elle devenait un système ? Développée en une série de déductions, l'idée maîtresse de la morale kantienne n'aurait-elle pas contre l'idée maîtresse de la morale spinoziste une force d'exclusion invincible ? Ce fut la pensée de Fichte ; et cette pensée n'était pas seulement séduisante par une extrême rigueur de logique, elle s'imposait naturellement à l'esprit d'un philosophe qui n'avait été pénétré des conceptions morales de Kant qu'après avoir été touché du déterminisme de Spinoza.

Donc, selon la *Doctrine de la Science*, l'idéalisme de Kant, qui maintient en face de la Raison la Chose à la fois inconnaissable et réelle, est timide et inconséquent. Il faut partir d'un principe autre que la Chose indéterminée, autre également que la Raison indéterminée. Ce principe est le Moi. Dans toute expérience on trouve le Moi qui connaît et l'objet qui est connu. Si l'on fait abstraction du Moi, l'objet érigé à l'absolu devient la Chose en soi, fondement du dogmatisme réaliste, de la philosophie de Spinoza. Si l'on fait abstraction de l'objet, les représentations ne sont plus que des phénomènes; le sujet, érigé à l'absolu, devient le Moi en soi, fondement de l'idéalisme. Comme l'abstraction ne peut s'opérer que dans ces deux sens, un troisième système est impossible, et cependant les deux systèmes se contredisent absolument. Comment choisir? Ce ne sont pas seulement des nécessités intellectuelles qui peuvent ici déterminer le choix. Au regard de la pure logique, les deux systèmes sont également bien construits. C'est par une libre décision qu'un homme opte pour l'un des deux systèmes, et ses préférences philosophiques ne font que traduire les préférences de son caractère. Ce qu'on est comme philosophe dépend de ce que l'on est comme homme. A-t-on surtout le sens de la réalité externe, de la force qu'elle exprime et qu'elle imprime? On est dogmatique. A-t-on surtout le sentiment de la liberté interne et de la puissance qu'elle confère? On est idéaliste. Un système philosophique ne saurait être une œuvre morte et impersonnelle; il vit dans l'âme, il vit de l'âme qui l'a choisi. Cette âme l'inspire bien plus encore qu'elle ne s'en inspire. C'est là, pour Fichte, le contrepied de la pensée de Spinoza. La personne humaine n'est plus ce fantôme satanique que vient exorciser, avec les formules sacramentelles de la science, la doctrine de la Nécessité: d'elle dépend, à elle est suspendue, comme à son principe vivifiant, toute doctrine philosophique. Le système ne s'impose pas tout fait à l'esprit, qui se borne à en prendre conscience; c'est l'esprit qui fait le système par une décision radicalement libre, et qui s'y reconnaît parce qu'il s'y met lui-même. La vérité ne vient pas s'offrir du dehors au génie qui est en tout homme; c'est le génie humain qui, par l'expansion de ses puissances, crée la vérité.

Cependant, bien que Fichte rattache la supériorité spéculative d'un système à la supériorité morale de l'âme qui y adhère, il ne peut s'empêcher d'indiquer les raisons théoriques qui justifient l'idéalisme et excluent le dogmatisme. Le dogmatisme part d'un fait problématique et même rigoureusement inconcevable : la Chose en soi. Nous ne pouvons comprendre que la chose donnée au Moi; nous ne pouvons déterminer l'objet qu'en fonction du sujet. A supposer d'ailleurs que la Chose pût exister absolument, elle ne pourrait jamais que produire des choses, non une représentation d'elle-même; tandis que le Moi, tout en s'affirmant, explique de la Chose ce qu'elle a de positif, c'est-à-dire la représentation qu'il s'en donne. Il faut donc poser le Moi comme absolu et la Chose comme relative au Moi; et, par cela même que le Moi est primitif tandis que la Chose est dérivée, il ne faut plus concevoir l'Absolu, comme Spinoza, sous la forme contradictoire de l'Infinie Substance, — car la Substance, c'est essentiellement ce qui est fini, limité, déterminé, — il faut concevoir l'Absolu sous la forme de l'Action infinie. L'erreur du spinozisme résulte de ce qu'il s'en tient, dans sa conception du Moi, à la conscience empirique, et de ce que, poussé à son insu par une nécessité pratique à l'idée d'une conscience pure, il pose cette conscience pure en dehors du Moi et la détermine par ce qui est, non par ce qui doit être. On arrive forcément au spinozisme toutes les fois que l'on prétend dépasser la proposition : *Je suis*, et il est parfaitement exact que le système de Leibniz, rigoureusement développé, aboutit au système de Spinoza. L'idéalisme critique, au contraire, ne remonte pas au delà de l'affirmation du Moi; il remonte simplement, dans cette affirmation, de la forme empirique et dérivée du Moi à sa forme pure et primitive. Ainsi le Moi n'est pas une réalité toute faite qui puisse être comprise au moyen d'un concept; il est une action infinie qui par intuition éprouve sa liberté et qui par son développement produit le réel des choses : il est essentiellement identité du sujet et de l'objet.

Montrer comment l'objet se déduit du sujet, comment les catégories de l'intelligence se déduisent de l'essence du Moi, c'est là un problème purement spéculatif en apparence, mais qui, pour Fichte, se ramène essentiellement au problème moral. Le Moi, comme intelligence, paraît dépendre du non-moi et être déterminé par lui; et cependant le Moi doit exclure toute dépendance, toute détermination. Reste donc que le Moi, en se posant, s'oppose le non-moi par une limitation qu'il s'impose. Le non-moi apparaissant à la conscience est comme un choc, qui, bien qu'incompréhensible, est produit en vertu d'une loi interne du Moi. La sensation est la réflexion du Moi sur les limites qu'il s'est données; la réflexion sur la sensation produit l'imagination, grâce à laquelle les choses s'encadrent dans l'espace et dans le temps, et sont proprement représentées; la réflexion sur l'imagination produit l'entendement, qui érige en objets intelligibles les données de l'intuition sensible; enfin la réflexion sur les principes de l'entendement produit une puissance extrême d'abstraction, qui est la Raison. Par la Raison s'achève la distinction de ce qu'on peut et de ce qu'on ne peut pas abstraire; par la Raison le Moi s'éprouve comme déterminant le non-moi. Mais le Moi peut-il se connaître en lui-même? Nullement. L'œuvre de la science est *finie*, au double sens du mot. Elle a consisté à rapprocher de plus en plus du fond interne du Moi la limite qu'il s'était imposée pour se développer : elle ne peut appliquer au Moi lui-même sans le détruire cette notion de limite qui constitue l'objet. Partie du choc qui provoque la sensation, elle s'appuie sur ce fait qu'elle constate sans en rendre compte. S'arrêtant au point où le non-moi révèle sa dépendance à l'égard du Moi, elle ouvre au Moi la possibilité nouvelle d'un développement infini. Pour Fichte, la Raison théorique se justifie et s'achève par la Raison pratique.

D'abord, la contradiction qui existe entre le Moi absolu et le Moi déterminé en apparence par le non-moi disparaîtra, si l'Infini est conçu, non comme état défini, mais comme effort vers l'infini. Comme il n'y a pas d'effort sans résistance et qu'il n'y a pas de résistance sans une chose opposée à l'action, l'objet est nécessaire pour permettre au sujet de se réaliser. Mais ce sujet absolu, qu'est-il antérieurement à sa réalisation? Une pure idée. Le Moi est idée avant d'être chose; c'est-à-dire qu'il n'a pas son fondement ou son objet adéquat dans une chose déterminée, ainsi que le veut le système spinoziste, où l'âme est primitivement l'idée du corps; la vérité n'est pas dans l'identité nécessaire de la chose et de l'idée, mais dans la conversion obligatoire de l'idée en chose; de telle sorte que la déduction tentée par Fichte pourrait s'expliquer ainsi : le Moi absolu est une idée qui pour se réaliser exige un Moi pratique; le Moi pratique à son tour exige un choc comme condition de l'effort par lequel il se manifeste et dans lequel il consiste, et c'est ce choc qui, rendant possible la dualité du non-moi et du Moi, fonde par la conscience le Moi théorique. Et ainsi, la connaissance de la réalité, loin d'être le fait primitif et supérieur auquel se rattachent la génération des idées et tout le développement de la vie pratique, est un fait inférieur et dérivé, relevant, par l'intermédiaire de l'activité pratique, d'une idée pure et autonome, posée en soi, absolument.

D'autre part, cette déduction, au lieu de faire intervenir le devoir à un seul moment, comme dans la philosophie kantienne, le fait intervenir ou du moins le suppose à tous les moments du système. Le Moi absolu, étant la condition du Moi pratique et n'étant lui-même qu'idée, doit être réalisé par le Moi pratique. Le devoir n'est pas donné dans l'être, puisqu'il consiste essentiellement à donner l'être à l'idée. Le Moi pratique a une tâche à accomplir, une tâche continue et infinie, car, l'idée du Moi absolu ne pouvant jamais prendre corps dans une réalité qui l'épuise, tout reste toujours à faire; et si l'on constate un progrès dans le développement moral de l'homme, c'est parce qu'on l'induit de ce qui est déjà donné, déjà fait, non parce qu'on le rapporte à un modèle lointain, impossible à fixer. Certes Spinoza avait raison quand il soutenait qu'il n'y a pas de type transcendant, éternel, qui nous autorise à prononcer actuellement, par comparaison, ce qu'est ou ce que doit être la conduite humaine; mais n'était-il pas infidèle à sa propre pensée quand il faisait de la nature systématisée par l'intelligence la mesure aussi bien que le principe de la moralité? Nous pouvons considérer et mesurer le fini, non l'infini qui infiniment déborde tout l'être. Il n'y a pas de critérium par lequel nous puissions déterminer, comme il n'y a pas d'action par laquelle nous puissions réaliser l'infini de la vie morale. La Nature sereine, impassible, que contemple Spinoza, manifeste par la joie sans trouble qu'elle communique sa radicale insouciance de toute moralité : quand elle prétend révéler Dieu, c'est elle-même qui se divinise. Elle se vante d'être tout l'être, comme si tout l'être était l'infini! Non, il n'est pas vrai que l'infini puisse être jamais figé dans l'être. Mais ce qui est vrai, ce qui est bon, c'est que l'être aspire infiniment à l'infini quand il veut être ce qu'il doit être. La philosophie dogmatique impose à la nature l'essentielle immobilité sans laquelle l'entendement ne pourrait la fixer; elle absout, elle consacre même ce repos du monde, qui devient en l'homme la joie pure, la paix de l'âme. Mais à ce compte, le monde ne s'arrête que par l'oubli de ce qui est sa raison, l'âme ne se pacifie que par l'oubli de ce qui est son devoir. S'il est un signe de la vie morale, il est non dans le plein repos, non dans la pleine joie, mais dans l'incessant effort et l'incessante inquiétude.

D'où il suit que l'idée d'un *devoir-faire* pour l'homme est corrélative à l'idée d'un *devoir-être* pour la réalité. La vie morale commence pour l'homme du jour où il se conçoit, non plus comme déterminé par les objets, mais comme les déterminant, du jour par conséquent où il affirme sa liberté. La liberté et le devoir sont inséparables. En effet, tant que le Moi n'est qu'intelligence théorique, il constate ce qui est, comme une nécessité inhérente à toute réalité perçue; il se soumet à cette nécessité qui semble exclure tout ce qui n'est pas elle, et il en fait la condition d'intelligibilité des choses; mais dès que le Moi rentre en lui-même, c'est en lui ou plutôt dans l'idée qui le constitue qu'il trouve la cause de ses représentations, par suite des limites ou des obstacles qu'il avait crus infranchissables; et il conçoit à la fois pour lui le pouvoir et le devoir de réaliser de plus en plus complètement l'idée qui est sa raison.

L'Impératif catégorique commande donc à l'homme de se faire libre dans la réalité comme il est libre dans son idée. Et puisque le monde réel et le Moi pratique relèvent à des degrés divers d'un principe commun, il est permis de concevoir la moralité, non plus seulement comme formelle, à la façon de Kant, mais encore comme matérielle. Puisqu'au fond sans la loi morale il n'y aurait pas de nature, il doit s'établir des rapports entre la nature et l'accomplissement de la moralité. Comment donc le monde se déduit-il de l'idée de liberté? Quand nous prenons conscience du pouvoir qu'enveloppe notre liberté, nous nous considérons comme capables de rendre réelles certaines actions possibles. Or cette multiplicité d'actions possibles, extérieures à nous puisque nous avons à choisir entre elles, paraît avoir une causalité indépendante de notre causalité propre. Elle constitue donc une nature, c'est-à-dire un ensemble de tendances qui se proposent ou s'imposent aux tendances du Moi. Mais en réfléchissant sur les tendances extérieures qui le limitent ou le combattent, le Moi prend conscience de la faculté qu'a la Raison de se déterminer par elle-même. La vie morale est un perpétuel conflit entre les deux penchants qui se disputent l'homme, le penchant naturel qui va à la jouissance, le penchant idéal qui va à la liberté. Que le penchant naturel renonce aux objets inférieurs et extérieurs qui le déterminent; que le penchant idéal renonce à l'indétermination et à l'universalité purement formelles qui le laissent à l'état de puissance nue et de velléité inefficace : nous aurons ainsi le concept d'une liberté qui se prend elle-même pour fin, et qui, étant infinie en soi, travaille sans fin à se réaliser dans les choses.

Ce n'est donc pas par elle-même que la nature peut avoir une vertu morale; elle n'entre dans le bien qu'à la condition de devenir la matière et peu à peu le règne terrestre de la liberté. Livrée à elle-même, elle tend plutôt au mal : non que les inclinations de la nature, comme telles, soient foncièrement mauvaises; mais prises comme motifs d'action et érigées en loi, c'est le mal qu'elles produisent. La tentation est donc toujours là qui guette l'homme, spécialement à l'origine de la vie; et comme nous n'avons qu'à nous laisser aller pour y succomber, notre état naturel est un état de péché. La faute originelle est l'effet de la volonté paresseuse qui permet que nous restions enfoncés dans la nature; la grâce de la rédemption est dans la liberté qui se ressaisit elle-même, et qui, prenant conscience de sa tâche, l'inaugure par l'effort et la poursuit sans défaillance. Alors les forces physiques se subordonnent à l'énergie morale de la personne, et il n'est pas jusqu'au corps qui ne devienne, par une souplesse et une docilité extrêmes, l'instrument et l'image de la liberté.

Ainsi, le péché qui semble inévitable ne peut être considéré comme définitif et absolu : la nature ne saurait déchoir entièrement de l'esprit qui est son principe; il y aura toujours des traces de l'esprit dans les choses. De même, le bien qui doit triompher ne peut jamais être considéré comme définitif et absolu : l'œuvre morale ne saurait jamais être adéquate à l'infini de l'esprit; il y aura toujours un devoir pour les hommes de bonne volonté. Cependant n'est-il pas nécessaire que le Bien soit déjà absolument, sous la forme et le nom de Dieu, pour que la moralité soit pleinement justifiée? C'est là la thèse du dogmatisme, dont il faut une fois de plus dénoncer l'erreur. Le Dieu du dogmatisme, posé comme objet en soi, n'est au fond que la nature portée à l'infini; il mérite plutôt le nom de diable que celui de Dieu; loin d'être le garant de la moralité, il n'est que le dispensateur des biens dus à une piété mensongère et mercenaire. L'eudémonisme est bien l'équivalent moral du dogmatisme. Le Dieu de Fichte est un principe de croyance, non un objet de science; il est, par rapport au monde, non pas la nature qui le produit (*natura naturans*) par une nécessité métaphysique, mais l'ordre qui l'ordonne (*ordo ordinans*) conformément à la moralité; il est, non une réalité donnée, mais la Providence par laquelle la réalité s'oriente vers le bien. Par là, le sentiment religieux n'est que l'épanouissement de la vie morale. Si l'homme a un devoir, il doit pouvoir l'accomplir; s'il doit réaliser sa liberté en ce monde, le monde doit être hospitalier à son œuvre et à ses efforts. Quand j'obéis à la loi morale, j'ai confiance que mon action ne sera pas perdue, qu'elle fructifiera, c'est-à-dire que le monde sensible se pliera à l'accomplissement de ma destinée. La Religion est donc la croyance au règne de Dieu sur la terre; elle est la reconnaissance de l'ordre moral de l'univers par la vertu qui agit et qui espère; elle est l'acte de foi sans formule qui engage l'humanité dans les voies du salut.

Certes, à considérer les principes et les diverses applications de la *Doctrine de la Science*, on ne saurait contester qu'il y ait là une tentative remarquablement puissante pour « retourner » le Spinozisme. Transporter l'être de la substance à l'action et l'infini de la réalité à l'idée; concevoir le Moi, non comme l'expression dérivée, mais comme la forme éminente de l'Absolu; faire de l'univers, non le produit arrêté d'une loi nécessaire, mais l'organe indéfiniment perfectible du vouloir humain; éliminer la métaphysique de la nature et de la contemplation intellectuelle afin d'y substituer la métaphysique de la liberté et de l'action pratique; soutenir que l'effort moral enveloppe une intuition du vrai infiniment supérieure à la connaissance scientifique; rattacher le monde, non à un principe fixe et substantiel, mais à un devoir infini qu'aucune catégorie ne peut comprendre, qu'aucun acte ne peut absorber; prétendre que le mal consiste dans la glorification de ce qui est, dans l'abandon de soi aux puissances de la nature; unir à la conscience qu'a l'homme du devoir, à l'énergique décision par laquelle il l'accomplit, à la conviction intérieure par laquelle s'exprime en lui l'accord de son Moi pratique et du Moi absolu, une grâce de l'univers qui vient reconnaître et seconder l'intention morale; voir en Dieu essentiellement et exclusivement la Providence immanente au monde, qui n'est concevable qu'en rapport avec la moralité, et qui fait que la bonne volonté ne doit jamais être sans espérance; insister enfin sur cette idée, que le génie humain, créateur de toute œuvre, porte en lui l'infini, qu'il ne peut sans détruire sa fécondité se laisser rétrécir par des règles ni limiter par des formules, que par suite la vérité philosophique et morale ne peut arriver à l'homme du dehors, qu'elle est d'essence incommunicable, qu'elle doit être, non reproduite à la lettre, mais produite en esprit par l'âme consciente de son devoir et de sa liberté, qu'elle n'est lumière que si elle est action, action vive et personnelle : c'était, dans la pensée de Fichte, s'opposer radicalement aux thèses générales et aux tendances maîtresses du spinozisme.

Toutefois, sous cette forme même, la philosophie de Fichte n'était pas aussi entièrement éloignée des principes qu'elle s'efforçait de combattre. Au fond, c'était encore la conception *moniste*, élaborée par Spinoza, que Fichte appliquait à un objet autrement conçu, constituant ainsi, au lieu d'un panthéisme ontologique, un panthéisme éthique; à la place de Dieu, c'est la loi morale qui devient l'ἕν καὶ πᾶν [1]. De plus, si l'Être est subordonné par Fichte, selon les exigences de la Raison pratique, à un devoir infini, la déduction de l'Être, devant être absolue pour supprimer la *Chose en soi* de Kant, s'accomplit nécessairement selon la Raison dogmatique. Et en effet, si la Substance de Spinoza est le principe commun de la pensée et de l'étendue, le Moi de Fichte n'est-il pas l'identité du sujet et de l'objet? Si la Substance de Spinoza s'exprime nécessairement par des attributs et des modes, le Moi de Fichte ne contient-il pas en lui une nécessité stricte, quoique pratique, de réalisation? Et du moment que le Moi doit être, n'est-il pas forcé, pour être, de se traduire dans les formes du Moi pratique et du Moi théorique? N'est-il pas contraint de se faire nature, puisqu'il ne peut prendre conscience de lui-même que par l'expérience d'un choc, puisqu'il ne devient intelligence réfléchie qu'après avoir été objet inconscient, puisqu'il est une force luttant contre d'autres forces? Comme Dieu, dans le système de Spinoza, a besoin du monde pour se manifester, la loi morale, dans le système de Fichte, requiert le monde pour se réaliser. N'est-ce pas alors que, dans les deux systèmes, ce qui est vrai absolument, c'est la tendance à l'Être, conçue, ici comme se produisant immédiatement, en vertu de sa puissance

---

[1]. Cf. Windelband : *Geschichte der neueren Philosophie;* Leipzig, II (1880), p. 226.

naturelle, dans un acte plein qui fonde l'existence des êtres, là comme se déployant, en vertu d'une puissance idéale, dans des êtres finis dont l'action infinie exprime un infini devoir? Et dans le système de Fichte comme dans le système de Spinoza, n'est-il pas admis que la moralité est immanente au monde, que la vie éternelle n'est pas en dehors de la vie temporelle, que le degré de perfection et le degré de réalité vraie se correspondent exactement, que la nature mauvaise est une illusion consacrée ici par l'intelligence ignorante, là par la liberté défaillante, que le bien est pour nous dans l'exclusion de tout ce qui nous est extérieur, dans l'affranchissement de toute passivité, dans la pure affirmation de notre être et de notre activité spirituelle, dans la pleine conscience de notre destination [1]? Si enfin le spinozisme, en dépit de l'interprétation de Fichte, n'a pas posé l'Être en dehors de son intelligibilité, et s'il peut, en un sens, être justement appelé un idéalisme, n'est-il pas vrai aussi que la conception de la Réalité, telle qu'elle est engagée dans les déductions de Fichte, peut, portée à l'absolu, servir de soutien et de raison à un réalisme métaphysique? Dès lors, l'opposition des deux doctrines contraires ne serait-elle pas près de se résoudre en identité?

V.

Au fait, qu'il y ait eu dans la pensée de Fichte évolution ou revirement, ce qui est incontestable, c'est que sa dernière philosophie incline ouvertement vers l'ontologisme spinoziste. Ce qui est premier à ses yeux, ce n'est plus le Moi, c'est l'Être, et ce qui est essentiel pour

---

[1]. Cf. Jodl : *Geschichte der Ethik in der neueren Philosophie;* Stuttgart, II (1889), p. 69.

l'homme, ce n'est plus l'action sans fin, c'est l'accomplissement d'une fin déterminée. Encore faut-il remarquer que l'Être est affirmé par Fichte, non pas en relation avec les intérêts pratiques de l'humanité, mais en soi, absolument. L'Être ne se déduit pas de la conscience, il la fonde. La Réalité est bien toujours dans l'Infini; mais l'Infini n'est tel que s'il supprime toute borne, toute négation, que s'il est. Le pur devenir n'explique rien et ne s'explique pas lui-même; il faut supposer l'Être qui n'est pas devenu, qui tire de lui-même son être, qui est l'identité parfaite et immuable. Cet Être est Dieu : de lui seul on peut dire qu'il est, et qu'il est la Vie. Or l'Être (*das Sein*) doit se manifester sans cesser de demeurer l'Être; il doit se produire dans l'existence (*das Dasein*). Et comme, suivant les principes de l'idéalisme, l'existence n'est pas en dehors de la représentation intellectuelle, il faut ajouter que l'existence de Dieu est le savoir absolu. Le savoir se rapporte à l'Être comme l'image à l'original. Tel est l'Être en lui-même par une nécessité absolue, tel il reste dans le savoir : le savoir, c'est l'Être en sa forme et en sa conscience. Il y a donc entre le savoir et l'Être une intime union. Mais alors, comment s'explique la diversité des individus et des choses? Précisément par cette distinction de l'Être, en tant qu'il est absolument, et de l'Être, en tant qu'il se révèle dans l'existence. Sans cette distinction, le savoir serait impossible, car le propre du savoir est de déterminer, par conséquent de distinguer. L'Être de Dieu devient donc dans le savoir une notion stable, qui fixe en quelque sorte la vie divine, et cette notion est le monde. D'autre part, comme la loi fondamentale du savoir est la réflexion, et que la réflexion, en elle-même absolument libre, peut se renouveler à l'infini sans être enchaînée à aucune matière, à chaque réflexion nouvelle correspond une forme nouvelle du monde, et ainsi apparaît une infinie multiplicité. Toutefois cette infinie multiplicité ne détruit pas l'unité de l'univers, puisque c'est à une même notion que s'applique l'activité réfléchissante de l'esprit.

Or l'activité de l'esprit comporte, non seulement divers objets, mais divers degrés; elle se développe en profondeur aussi bien qu'en étendue. Au premier moment, ce qu'elle tient pour réel, c'est le monde sensible, c'est l'ensemble des choses que la main touche, que l'œil voit, que l'oreille entend. Au second moment, elle considère que l'univers n'existe que par la loi, et que particulièrement l'homme n'existe que par la loi morale. Au troisième moment, elle affirme un monde nouveau, créé par la moralité, dans lequel le juste, le beau, le saint viennent prendre corps, dans lequel l'humanité se réalise. Au quatrième moment, elle devient conscience religieuse : elle conçoit que le monde de la moralité exprime l'essence intime de Dieu, en est la révélation et l'image. Au cinquième moment, elle est le savoir, qui justifie comme droit ce que le sentiment religieux accepte comme fait, l'unité des êtres dans l'Être, de tous les individus en Dieu.

Ce progrès dans la vie intérieure est aussi un progrès vers la vie bienheureuse. Il ne supprime rien de ce qui est véritablement vivant; il ne supprime de la vie que les limites et les négations; il a sa raison dernière dans la béatitude à laquelle il conduit. La doctrine de Fichte n'est donc plus une doctrine de la mobilité et de l'inquiétude, mais du repos et du bonheur. L'infinie tendance de l'Être doit s'appliquer à un objet actuellement infini; et comme la possibilité de la joie est tout entière fondée dans le désir, la joie réelle est fondée dans la possession certaine de ce qui est absolument désirable. Ce qui n'est qu'aspiration vague n'est aussi qu'incertitude et que vanité. Puisque l'Être est en soi immuable et éternellement identique avec lui-même, la vie véritable, qui est par définition la vie bienheureuse, doit être immuable et identique avec elle-même. Le mouvement est imparfait, parce qu'il est un mélange de ce qui est et de ce qui n'est pas; il peut devenir un moyen de perfection si, se dégageant de plus en plus de ce qui n'est pas, il s'achève dans ce qui est.

On voit ainsi quelle est l'origine du mal et quel est le principe du bien. Le mal, c'est la croyance que le mouvement est l'Absolu, autrement dit, que l'Être n'est pas ; c'est la diffusion de l'âme dans le contingent et le divers ; c'est la glorification de tout ce qui nous affecte immédiatement ; c'est l'effort pour nous constituer dans un état d'indépendance illusoire, et pour nous imposer, par une sorte de tentation diabolique, comme un idéal universel ; c'est, au terme de ce vain labeur, le sentiment douloureux d'une existence manquée, l'absence de foi dans la bonté de la vie, le désespoir véritablement sacrilège, car nous sommes certainement nés pour le bonheur. Le bien, c'est la conversion de l'apparence à la vérité ; c'est la décision de mourir à tout ce qui est mortel ; c'est, dans la vie reconquise, le sentiment joyeux que seule la vie est et que la mort n'est pas ; c'est, au-dessus de l'œuvre morcelée, éparpillée, qui ne peut affecter qu'un caractère moral superficiel, le savoir fécond, qui, nous ayant déjà engendrés dans l'existence, nous est une grâce régénératrice.

Le savoir, en effet, qui nous élève jusqu'à l'Un et l'immuable, nous unit indissolublement à Dieu. Or comment cette union peut-elle se produire? Comment l'Être absolu peut-il entrer en relation avec l'existence, avec sa forme ? Cette relation ne saurait être comprise par la réflexion abstraite ; elle doit être conçue comme supérieure à toute catégorie, comme vie par excellence, comme amour. L'amour est le lien de l'Être et de l'existence, de Dieu et de l'homme ; c'est l'amour qui fait que l'Être se produit et persiste dans l'existence. Cet amour ne peut être nommé comme l'un de nos sentiments particuliers ; étant l'identité de l'Être et de la conscience, il est la source de toute vérité et de toute vie. Au commencement, au-dessus de tous les temps et créateur de tous les temps, est l'amour, et l'amour est en Dieu, et l'amour est lui-même Dieu. Dieu est en lui, et il demeurera éternellement tel qu'il est en lui-même. C'est la réflexion abstraite qui dans l'unité de l'amour distingue et sépare les êtres, qui poursuit à travers l'infinité des choses ce que l'homme porte en lui partout et toujours. Mais la réflexion, vivifiée par l'amour, peut recomposer l'union profonde qu'elle a dissoute, en faisant participer chaque être, par le savoir, à l'unité divine.

C'est donc que la vie religieuse est en même temps la vie bienheureuse. L'homme religieux est complètement affranchi de toute incertitude et de toute inquiétude; il sait à chaque instant ce qu'il veut et ce qu'il doit vouloir. Comme il reconnaît en sa volonté une expression immédiate de Dieu, il sent que, comme telle, elle est infaillible et incorruptible. Il est exempt de tout besoin et de toute souffrance; il ne regrette rien du passé, car lorsqu'il n'était pas en Dieu, il n'était rien; mais depuis qu'il est en Dieu, il est né à la vie, et tout ce qu'il fait, par cela seul qu'il le fait, indépendamment de toute autorité et de toute formule, est juste et bon. Il ne désire rien pour l'avenir, car il possède toujours dans toute sa plénitude tout ce qu'il est capable d'embrasser. Il développe avec une libre énergie, sans contrainte et sans tension, la destinée qui est enveloppée dans son essence. Il sait que tout ce qui lui apparaît en dehors de la vie divine n'est pas réellement en dehors d'elle, mais qu'il y a là seulement une forme temporelle et provisoire du développement de l'être, dont il peut saisir la loi. Il contemple tout sous la forme de l'éternité; il éprouve que rien ne peut être, qui ne soit en conséquence éternel. C'est donc actuellement qu'il peut entrer en possession de l'éternelle béatitude; il ne croit pas qu'il soit nécessaire d'avoir été enseveli pour se régénérer. Il ne craint pas la mort, qui n'est que néant; il ne cherche pas à se prouver l'immortalité par des arguments artificiels et extérieurs; mais il pense à la Vie, il éprouve la Vie, dans la Vie il se sent et se perçoit éternel.

Ainsi, c'est une métaphysique de la Vie que Fichte finit par restaurer au-dessus de la métaphysique du devoir. De même que Spinoza avait prétendu affranchir l'homme de cette notion de légalité morale, naïvement imaginée par la conscience commune, de même Fichte, dans sa dernière philosophie, aspire à dépasser la conception de l'impératif, telle que Kant l'avait fondée, pour rétablir, dans l'harmonie de ses fonctions et l'unité de son principe, la spontanéité vivante de l'esprit. C'est sur l'Être que s'appuie toute action, c'est dans l'Être que toute action s'accomplit et se repose. Tout ce que l'homme essaie de concevoir, tout ce qu'il tente de réaliser sous la forme de la dualité et de l'opposition, est vide et fragile : en l'Être expirent toutes les contradictions que suscite, pour s'y morceler, l'existence sensible; rien donc n'est vrai, rien n'est réel que par relation immédiate à l'Être. La philosophie de Kant s'était efforcée de justifier le dualisme de la conscience; elle avait affirmé que la Raison n'est pas naturellement, qu'elle ne produit pas naturellement ses effets, mais qu'elle doit être, qu'elle est la forme idéale de l'activité humaine, qu'elle s'impose, comme obligation, à une nature qui doit s'y soumettre. Il semble que le kantisme ait été surtout, pour les philosophies ultérieures, un stimulant à concevoir, par delà des oppositions mieux établies, une unité plus haute et plus large. Ressuscitée d'abord pour déduire la réalité tout entière du devoir et de la liberté pratique, l'idée moniste s'est peu à peu étendue et a de nouveau finalement abouti à la notion de l'Être absolu, comme à son principe générateur. Et ainsi l'esprit spinoziste s'est reformé, agissant dans la pensée allemande par une sorte d'opération immanente, et la pénétrant avec une telle puissance, qu'elle a spontanément, en ses conceptions les plus diverses de la science, de l'art et de la vie, glorifié la doctrine et invoqué le génie de Spinoza.

CHAPITRE III.

HERDER.

La polémique de Mendelssohn et de Jacobi avait eu pour résultat de donner à l'Allemagne une conscience plus directe et plus claire de ses tendances spinozistes, et de montrer que le spinozisme pouvait s'accommoder d'interprétations très diverses. En réhabilitant et en transformant la doctrine de Spinoza, c'était son propre esprit que l'Allemagne se préparait à défendre et à déployer. Elle cherchait dans cette doctrine moins une philosophie toute faite, — ce qui eût été contraire à la mobilité méthodique de son génie, — qu'une forme générale de culture scientifique et morale, la mieux appropriée à ses facultés naturelles et la plus capable de les faire valoir. Voilà pourquoi les conceptions spinozistes du monde et de la vie s'étendent bien au delà des écoles philosophiques; elles inspirent des écrivains qui ne réfléchissent que par occasion sur les problèmes spéculatifs et moraux, et qui encore ne réfléchissent sur ces problèmes que pour mieux se comprendre eux-mêmes en imposant un ordre systématique aux vues spontanées de leur intelligence et aux dispositions essentielles de leur caractère.

Parmi ces écrivains, Herder est particulièrement intéressant : non qu'il ait une grande vigueur et une grande originalité philosophiques; il s'abandonne aux inspirations de sa pensée plutôt qu'il ne les domine et ne les dirige; mais peut-être par là même nous permet-il de saisir plus vivement, en dehors des systèmes proprement dits, le contact de l'esprit germanique et de la philosophie morale de Spinoza; il témoigne ensuite de ce fait, déjà reconnu, que par certains côtés la doctrine kantienne heurtait de front cet esprit, puisque lui-même, après avoir été un disciple enthousiaste de Kant, se révolta contre les conclusions de la *Critique*, et même les combattit avec une certaine âpreté dans sa *Métacritique*. Enfin, par sa façon d'entendre ou de rectifier le spinozisme, par ses idées sur le développement organique de l'humanité, il indique les formules nouvelles et les objets nouveaux que va rencontrer en Allemagne la pensée de Spinoza [1].

C'est dans une série de cinq dialogues que Herder tente d'exposer et de justifier cette pensée; en quel sens et avec quelles dispositions, c'est ce que nous montre la préface de la seconde édition de ces dialogues : « Ayant fait son éducation dans une autre langue que la langue latine et dans une autre façon de penser, Spinoza était comme un étranger pour l'idiome dans lequel il écrivait. Ne serait-ce donc pas raison et justice que de lui venir en aide pour le choix des expressions, sans qu'on s'en tienne exclusivement à ses mots les plus durs? Expliquer un auteur par lui-même, c'est l'honnêteté que l'on doit à tout honnête homme. En général, afin de pouvoir bien juger et comprendre un système qui repose sur la liberté et la joie de l'âme, sur la vraie connaissance et la béatitude agissante, il faut avoir un sens libéral, affranchi de tout préjugé (*ein vorurtheilsfreier liberaler Sinn*); car comment pourrait-on sans cela conquérir la vraie connaissance, le sentiment de joie, l'amour qui agit? La béatitude, dit Spinoza, n'est pas la récompense de la vertu, mais la vertu même. Il ne faut pas dire que nous sommes bienheureux parce que nous surmontons les passions, mais que nous surmontons les passions parce que nous sommes bienheureux. Il en est de même de la connaissance de la

---

1. Cf. Kronenberg : *Herder's Philosophie*. Heidelberg, 1889, pp. 47-85. — Renouvier : *La question du progrès, Herder*, dans *la Critique philosophique* 25 novembre 1880.

vérité. C'est parce que nous la connaissons que nous surmontons les préjugés ; et voilà pourquoi ce qui paraît au méchant un joug d'airain apparaît à celui qui possède la vraie connaissance, comme la loi royale de la liberté. « En lui nous vivons, nous nous mouvons et nous sommes, » disait l'Apôtre. « Nous sommes de sa race, » avait dit avant lui un poète que l'Apôtre lui-même cite en l'approuvant. La liberté qui permettait à saint Paul de citer les paroles d'un poète résumant sa doctrine à lui m'autorise, moi aussi, à interpréter librement le système de Spinoza [1]. »

Que l'on écarte donc en bloc toutes les erreurs d'interprétation qu'a suscitées sur ce système l'article du *Dictionnaire* de Bayle [2]. Ce qui appartient en propre à Spinoza et ce qu'il faut retenir de lui, c'est l'idée d'immanence. Seulement Herder prétend que cette idée, généralement mal comprise, était déjà défigurée chez Spinoza lui-même par certaines expressions familières à sa doctrine. Sans doute cette idée exclut justement la notion d'une Cause première absolument transcendante par rapport au monde, qui n'aurait avec son effet aucune relation intelligible ; mais en soi elle n'implique rien qui soit contraire à l'affirmation de la personnalité humaine et à la moralité. Bien plus, c'est la seule idée qui nous permette de comprendre le vrai rapport du monde et de Dieu, ainsi que le sens profond de la destinée humaine. Il faut avant tout la dégager des formules abstraites et incomplètes par lesquelles Spinoza l'a traduite sous l'influence de Descartes. C'est le dualisme cartésien de la pensée et de l'étendue qui a fait le plus de tort à la philosophie spinoziste ; c'est la conception d'un développement mathématique des choses qui lui a donné cette apparence de raideur et d'immobilité, d'après laquelle on s'empresse de juger et de con-

---

1. *Gespräche über Spinoza's System. Sämmtliche Werke.* (In vierzig Bänden.) Stuttgart und Tubingen. 1853, t. XXXI, pp. 76-77.
2. *Ibid.*, pp. 80-81.

damner le fond. Ce qui est adventice et caduc dans le système de Spinoza, c'est l'enveloppe du système beaucoup trop étroite pour contenir l'idée qu'elle renferme [1]. Mais l'idée brise d'elle-même son enveloppe par sa puissance d'expansion naturelle, et, libre de produire tous ses fruits, elle engendre la plus belle doctrine que l'on puisse concevoir de la vie universelle et de la vie humaine.

D'abord, le dualisme cartésien éliminé, la notion de l'unité d'essence dans l'univers apparaît dans son intégrité. Les êtres, au lieu de s'exclure par cela seul qu'ils sont considérés, les uns au point de vue de la pensée, les autres au point de vue de l'étendue, s'unissent désormais sans cependant se confondre. Ils sont des forces qui expriment chacune à sa façon la Force divine, et qui agissent organiquement, c'est-à-dire en combinant leurs effets dans le sens de la plus haute puissance et de la plus complète unité. Dieu seul, à vrai dire, mérite le nom de Substance, car c'est le seul être qui subsiste absolument par soi. Mais la Substance n'est pas l'entité morte qui se dérobe derrière des modifications passives; elle est la Force vivante à la fois et universelle, qui crée et qui enveloppe toutes les forces individuelles que nous apercevons dans le monde comme des êtres distincts [2]. Il ne faut pas considérer la pensée comme une cause absolue et une raison dernière; de l'Absolu la pensée n'est qu'une expression déjà dérivée. Ce qui est vraiment en soi, — et ici Herder découvre une des idées les plus propres au génie allemand, — c'est la Puissance naturelle et infinie, à laquelle se rattachent, de laquelle dérivent les manifestations les plus éclatantes de l'entendement comme les modes les plus obscurs de la vie, source de l'Intelligence et du Verbe, selon le *Faust* de Gœthe, fondement de l'existence spirituelle, selon Schelling, forme immédiate et réalisation première de l'Idée, selon Hégel.

1. *Gespräche über Spinoza's System*, pp. 108-111.
2. *Ibid.*, p. 115 et suiv.

Cependant la philosophie de Spinoza n'aboutit-elle pas à l'absorption radicale de tous les êtres individuels dans l'Être universel? Nullement, d'après Herder, surtout si l'on lui rend son vrai sens. D'abord, Spinoza n'a-t-il pas profondément distingué la *nature naturante* et la *nature naturée*? Ensuite, qu'entend-on par individualité? L'individualité est un état, non immuable et absolu, mais relatif et graduel; c'est l'état de l'être qui agit par lui-même et sur les autres; à son plus haut degré, c'est la conscience de cette action propre et directe. Dans ce cas, la Substance universelle, loin d'exclure pour soi et pour les autres êtres toute individualité, est, au contraire, le principe essentiel d'individuation; étant l'action complète qui embrasse tout, qui concentre tout, qui rend raison de tout, elle est l'individu parfait en son genre; et d'autre part, les êtres créés ont une individualité d'autant plus forte qu'ils déploient mieux leurs propres énergies de concert avec les autres énergies de la nature, qu'ils se constituent davantage comme unités par le groupement de leurs puissances, et qu'ils reflètent en une conscience plus claire l'ordre qu'ils réalisent en eux et dans le monde [1].

Ce n'est donc pas une conséquence rigoureuse du spinozisme que de supprimer, comme illusoires ou impossibles, les actions individuelles; au contraire, l'idée de nécessité, que Spinoza a si fortement exprimée, raffermit l'individu en déterminant son rôle dans l'univers. Si cette idée eût été bien comprise, elle n'aurait pas suscité contre la philosophie spinoziste les objections que l'on sait. Elle n'a pas seulement pour elle sa vérité, que les sciences confirment; elle a une valeur esthétique et morale qui se découvre sans effort à la libre réflexion. Les Grecs nous en ont donné un merveilleux symbole avec leur Némésis, qui représente un ordre inflexible, inéluctable; et si l'on est tenté de trouver dans cet ordre on ne

---

1. Voir surtout le troisième dialogue.

sait quelle rigueur qui offusque ou qui blesse, c'est que l'on n'a pas compris ce qu'il signifie, à savoir la loi dans sa plénitude, l'harmonie des êtres dans l'Être, la raison conséquente[1]. On reproche à Spinoza d'avoir subordonné l'univers à une nécessité aveugle, dépourvue de pensée, inintelligible en fin de compte, étant inintelligente. Encore une façon singulièrement étroite d'entendre sa doctrine, et de plus contredite en maint passage par Spinoza lui-même. La puissance que Spinoza attribue à Dieu, étant infinie, ne saurait agir en dehors de la raison, puisque par définition même elle doit la contenir, l'envelopper; principe de toute raison créée, elle est en soi raison absolue et parfaite. Mais par là même, il ne faut pas la réduire aux proportions et aux conditions d'une intelligence finie qui calcule et délibère, qui choisit entre des idées avant de se déterminer à agir. Quand Spinoza refuse d'attribuer à Dieu un entendement et une volonté, ce n'est pas pour nier la sagesse de l'ordre universel, c'est au contraire pour la reconnaître plus pleinement en écartant la doctrine des causes finales. Si l'univers prouve Dieu, c'est qu'il le manifeste, et qu'il le manifeste, non sur des points particuliers et par de particulières révélations, mais de tous points et par une révélation illimitée. Chercher Dieu exclusivement ici ou là, dans tel fragment ou dans tel moment du monde : voilà qui est faux et absurde, et voilà ce que Spinoza a fort justement rejeté. Mais en toutes choses voir Dieu tout entier, c'est-à-dire ne pas séparer dans l'univers les choses et Dieu, et en Dieu la puissance et l'action, l'action et la raison : voilà le véritable esprit de la doctrine spinoziste, et c'est là le légitime sens de l'idée d'immanence[2].

C'est donc que la Nécessité universelle est identique à l'infinie Perfection, qu'elle est, non pas essentiellement

---

1, *Gespräche über Spinoza's System*, pp. 135-139.
2. *Ibid.*, pp. 126 et suiv.

mécanique et aveugle, mais rationnelle et morale. Leibniz n'a pas vu cette vérité plus clairement que Spinoza ; et même, au dire de Herder, il l'a défigurée par l'anthropomorphisme de sa *Théodicée*[1]. La *Théodicée* est trop une « accommodation[2] ; » elle concède beaucoup trop aux formules courantes et grossières sur Dieu. Quand Leibniz reste plus strictement fidèle à la pure philosophie et à sa propre pensée, il est bien près d'être spinoziste, et cela pour une raison très simple, c'est que ses théories sur l'harmonie préétablie, sur la dépendance réciproque des êtres, sur la nécessité morale sont déjà dans Spinoza. Au moins Spinoza n'a-t-il pas rapetissé ces théories en parlant de nécessité de convenance, de choix parmi les possibles, c'est-à-dire en ramenant à une mesure humaine la causalité et la sagesse divines ; de même il n'a pas songé à établir de comparaison entre ce que le monde est et ce qu'il aurait pu être. Dans un univers soumis à la nécessité rationnelle et subordonné à la puissance divine, tout est parfait, quoique à des degrés divers ; le monde réel est le meilleur des mondes, non pas en ce sens que Dieu l'a préféré à des mondes pires, mais parce qu'en dehors de Dieu on ne peut reconnaître de principe qui permette de distinguer le bien et le mal, et que Dieu, conformément à sa nature, ne peut rien produire que de bon. Tout ce qui existe, venant de Dieu, exprime donc d'une certaine manière la puissance, la beauté et la bonté infinies. Le mal est une façon d'être passagère ou une façon de voir erronée. C'est être mauvais que d'attribuer au mal une réalité positive et définie, parce qu'alors on ne saisit des êtres que les côtés par lesquels ils se distinguent et s'opposent ; c'est être bon que de nier la réalité du mal, parce qu'alors on comprend les êtres dans leur union réciproque et dans leur union avec Dieu[3].

1. *Gespräche über Spinoza's System*, pp. 136 et suiv.
2. *Ibid.*, p. 139.
3. Voir surtout le cinquième dialogue.

Cette métaphysique morale, renouvelée de Spinoza, a été résumée par Herder en dix propositions :

« I. L'Être le plus haut a donné à ses créatures ce qu'il y a de plus haut, la réalité, l'être [1].

« II. La Divinité, en qui est la Force unique et essentielle que nous nommons puissance, sagesse, bonté, ne pouvait produire que ce qui serait une expression vivante d'elle-même, c'est-à-dire cette puissance, cette sagesse, cette bonté qui constituent indissolublement l'essence de tout être venant au monde [2].

« III. Toutes les forces de la nature agissent organiquement. Toute organisation est un système de forces vivantes qui servent une Force essentielle d'après des règles éternelles de sagesse, de bonté et de beauté.

« IV. Les lois selon lesquelles celle-ci commande et celles-là obéissent sont les suivantes : Tout être a une tendance interne à persévérer dans son être, à s'unir avec ce qui lui est semblable, à se séparer de ce qui lui est opposé, en un mot à s'exprimer en soi et en autrui. Ce sont là les effets par lesquels la Divinité se révèle ; et l'on n'en saurait concevoir ni d'autres, ni de plus hauts.

« V. Il n'y a pas de mort dans la nature, mais seulement des transformations ; et ces transformations s'accomplissent suivant une loi de nécessité qui veut que toute force, dans le domaine du changement, se maintienne identique, toujours nouvelle et toujours agissante, et que par des attractions et des répulsions, des affinités et des répugnances, elle modifie perpétuellement sa forme organique.

« VI. Il n'y a pas de repos dans la nature ; car un repos complet serait la mort. Toute force vivante agit, et agit perpétuellement ; à chaque moment de son action, elle s'étend et se développe d'après des lois internes et éter-

---

1. *Gespräche über Spinoza's System*, p. 186.
2. *Ibid.*, p. 188.

nelles de sagesse et de bonté qui la pénètrent, qui lui sont innées.

« VII. Et plus elle s'exerce, plus elle agit sur les autres forces; en même temps qu'elle recule ses propres limites, elle organise et elle imprime en d'autres l'image de la beauté et de la bonté qui habite en elle. Dans la nature entière règne donc une loi nécessaire, en vertu de laquelle l'ordre se dégage du chaos, les forces actives des virtualités assoupies. L'effet de cette loi est inévitable.

« VIII. Dans le royaume de Dieu il n'y a pas de mal réel. Tout mal est un pur néant. Nous nommons mal ce qui est limite, opposition ou transition, et aucun de ces trois états ne mérite ce nom.

« IX. Comme toute existence est limitée dans le temps et dans l'espace, et qu'il en résulte dans le royaume de Dieu des oppositions, il doit arriver pour le plus grand bien de ce royaume que les opposés conspirent et se pressent; et c'est seulement par l'union des deux que dans toute substance se produit un monde, c'est-à-dire un tout déterminé, plein de beauté et de bonté.

« X. Même les fautes des hommes sont bonnes pour un esprit qui sait comprendre ; car plus il comprend, plus elles doivent se montrer à lui comme des défauts, et l'aider, par contraste, à poursuivre plus de lumière, une bonté et une vérité plus pures; cela, non par l'effet d'un libre arbitre, mais selon les lois de la raison, de l'ordre et du bien [1]. »

Les principes de la morale spinoziste se retrouvent donc chez Herder, avec des formules plus souples, moins systématiques, fidèles cependant à l'idée maîtresse de l'*Ethique*. Du moment que l'individu humain, en lui-même et dans son rapport avec les autres êtres, exprime une harmonie providentielle, il n'a qu'à développer dans leur sens naturel les forces qui le constituent, il n'a qu'à se

---

1. Pp. 207-209.

produire lui-même avec le plus de puissance et le plus d'ordre possibles pour réaliser son bien. Aussi Herder combat-il en maint endroit la théorie kantienne de la moralité; elle est coupable, à ses yeux, de méconnaître la force déterminante et la lumière révélatrice du sentiment, d'opposer à la sensibilité vivante les formes inertes de la raison abstraite. De la même façon que Spinoza a rétabli l'unité de l'univers par sa doctrine de l'immanence, il faut rétablir l'unité de l'âme et reconnaître que nos diverses facultés sont immanentes les unes aux autres; c'est la même nature pénétrée de Dieu, qui en nous nous fait vivre, nous fait comprendre, nous fait sentir : de telle sorte que nous abandonner à l'élan de la vie, concevoir ce que nous sommes dans le monde, obéir à l'impulsion de nos sentiments, sont des expressions essentiellement identiques de la moralité [1].

Si dans ses *Dialogues* Herder expose ses conceptions philosophiques et morales en les rapportant directement au système de Spinoza, on peut dire cependant qu'il avait déjà servi, et peut-être avec plus de profondeur, la pensée spinoziste en lui offrant comme matière nouvelle et comme aliment nouveau un objet que Spinoza n'avait pas considéré : le développement historique de l'humanité. Herder préparait donc ce spinozisme transformé et agrandi qui allait s'épanouir en Allemagne, et qui devait s'efforcer de comprendre par une même loi l'histoire aussi bien que la nature des êtres. Il concevait déjà cette unité

---

1. « Là où est l'esprit du Seigneur, là est la liberté. Plus notre connaissance est profonde, pure et divine, plus aussi notre action est pure, divine et universelle. Si la lumière de Dieu luit de tout côté à nos yeux, si la flamme du Créateur resplendit devant nous de toute part, nous devenons, à son image, d'esclaves rois, et nous arrivons à la fin que se propose tout philosophe : avoir en nous un point d'appui pour nous soumettre le monde, un point d'appui extérieur au monde, qui nous permette de le mouvoir avec tout ce qu'il contient. Nous entrons ainsi plus profondément en tout et en chaque chose particulièrement..... Si nous ne voulons pas en croire saint Jean, croyons-en du moins celui qui fut sans doute plus divin encore, Spinoza, dont la philosophie et la morale tournent entièrement autour de cet axe. » *Vom Erkennen und Empfinden der menschlichen Seele*, t. XXXI, p. 41.

radicale du rationnel et du réel, de l'ordre logique et de l'ordre chronologique, que la pensée allemande allait bientôt dégager, comme le principe inspirateur de toutes ses démarches. Sans doute, en un sens, la doctrine de Spinoza logiquement aboutissait là; car si l'action divine est immanente à la nature universelle et à la nature humaine, ce ne sont pas seulement les traits essentiels, ce sont encore les caractères accidentels et transitoires de l'humanité qui doivent s'exprimer dans les formules du système : ce qui arrive étant une portion de ce qui est, et tout ce qui est exprimant Dieu, rien ne peut être contingent, irrationnel; la nécessité peut être confuse ou voilée, elle n'est jamais absente. Cependant Spinoza n'avait si fortement adapté l'idée d'immanence à la nature humaine que parce qu'il avait conçu cette nature comme une essence fixe produisant logiquement ses modes et qu'il en avait déterminé le développement dialectique plutôt que le développement concret. On pouvait même penser que l'idée d'immanence n'avait pas été poussée jusqu'au bout par Spinoza; car l'ordre dialectique des actes humains, tel qu'il l'avait construit, pouvait être considéré comme une transposition intellectuelle, comme une expression transcendante de la réalité donnée : était-il bien sûr que la réalité telle quelle, dans tous les détails de son développement, fût pleinement intelligible? Et le système spinoziste n'était-il pas une sélection des éléments rationnels que l'on pouvait démêler dans cette réalité, au détriment des formes d'existence empiriques et concrètes, de la mobilité vivante, du développement de fait? Du haut de l'Éternel, son terme et sa raison, n'allait-il pas perdre de vue tout ce qui ne pouvait s'élever de l'embrouillement des choses jusque-là, tout ce qui ne pouvait être aperçu que sous la notion du temps, *sub specie temporis?*[1] C'était donc une tentative hardie

---

1. Cf. Spinoza : « Il faut remarquer que par la série des causes et des êtres réels je n'entends point ici la série des choses particulières et changeantes,

que de chercher à embrasser dans l'unité, posée par Spinoza, la multitude simultanée et successive des événements humains. Lessing, nous l'avons vu, avait déjà ouvert la voie; il avait soutenu que la révélation divine n'est pas un fait exceptionnel, descendant de l'Éternité à un seul moment du temps, mais qu'elle est un fait universel, coextensif à tous les moments de la durée, l'acte perpétuel et mobile par lequel Dieu fait l'éducation du genre humain. Il avait donc pressenti cette philosophie de l'histoire que Herder devait si brillamment tenter et dont le principe était la réduction des lois naturelles et des lois historiques à la même nécessité originelle. « S'il est un Dieu dans la nature, il est aussi dans l'histoire; car l'homme est aussi une partie de la création, et même au milieu de ses passions et jusque dans ses derniers égarements, il ne laisse pas de suivre des lois aussi belles, aussi immuables que celles qui président aux révolutions des corps célestes [1]. »

---

mais seulement la série des choses fixes et éternelles. Car pour la série des choses particulières, sujettes au changement, il serait impossible à la faiblesse humaine de l'atteindre, tant à cause de leur multitude innombrable qu'à cause des circonstances infinies qui se rencontrent dans une seule et même chose, et peuvent être cause qu'elle existe ou qu'elle n'existe pas, puisque l'existence de ces choses n'a aucune connexion avec leur essence et n'est pas une vérité éternelle. » *De intell. emend.*, t. I, p. 33.

1. *Idées sur la philosophie de l'histoire de l'humanité*, trad. Quinet. 3 vol., 1834, t. III, p. 90. — Il est peut-être intéressant de rappeler le parallèle établi par Edgar Quinet entre les conceptions générales de Spinoza et celles de Herder. « Dans Spinoza, l'admirable puissance de l'intelligence vous étonne, vous subjugue. Loin du spectacle du monde sensible, il vous entraîne aux entrailles de l'univers intelligible pour vous en révéler le secret; là, tandis que le monde extérieur pèse sur vous, autour de vous, la pensée abstraite dépouillée de symbole et de corps joue un si grand rôle, il y a tant de stoïcisme dans les formes, partout au loin un si grand silence de l'univers visible, que vous touchez à la fois aux deux limites du matérialisme et du spiritualisme. Ce caractère disparaît dans le panthéisme de Herder. Au reste, que ce système brise ou confonde nos âmes, la question n'est pas là; et la vérité est qu'il était indispensable au premier développement de la philosophie de l'histoire. Longtemps confondue avec les traditions religieuses et populaires, lorsqu'elle voulut s'en dégager, elle se trouva si bien enlacée du lien arbitraire des causes finales qu'elle ne put y échapper que par un violent effort. Comme le principe de liberté providentielle était allé se perdre dans une succession flottante de caprices éphémères, l'idée de loi fut poussée jusqu'au fatalisme, et la

Que l'on suppose donc la raison infinie immédiatement présente à tous les moments de l'histoire aussi bien qu'à tous les états de la nature, s'imposant par suite comme loi à toutes les manifestations successives de l'humanité, et ainsi on aura l'idée d'un mouvement à la fois perpétuel et rationnel, ascendant et logique, qui exprimera la marche nécessaire du genre humain. La notion du progrès absolu se déduit rigoureusement de la doctrine de l'immanence, dès que l'on essaie de comprendre par cette doctrine le développement spécifique comme le développement individuel de l'homme. Elle n'est au surplus que la notion même de perfection, transportée de l'éternité au temps, ayant passé de la catégorie de l'immuable aux formes infiniment multiples du devenir. Elle est le *divin* présent partout, le divin qui se développe, le divin qui révèle continuellement Dieu, qui, dans des systèmes ultérieurs, se substituera entièrement à Dieu. C'est cette notion de progrès, avec toutes les conséquences morales qu'elle implique, que Herder a mise en relief dans ses *Idées sur la philosophie de l'histoire de l'humanité.*

La fin de l'humanité ne peut pas être transcendante par rapport à elle-même, pas plus que Dieu n'est transcendant par rapport à la nature. L'humanité est le but de la nature humaine, et la nature humaine n'a qu'à développer ses puissances latentes pour atteindre son but. Il faut donc que ce développement s'accomplisse avec certitude et selon une loi de sagesse qui jamais ne se dément. C'est là, en effet, la vérité. Tous les pouvoirs destructeurs de la nature doivent non seulement céder dans le cours des âges aux pouvoirs conservateurs, mais même concourir en dernier résultat au bien universel. Tout ce qui est désordre ou négation tend à s'annuler soi-même ou bien à produire en fin de compte l'ordre et l'affirmation.

science de l'humanité, menacée d'être étouffée en naissant, dut naturellement se réfugier et grandir sous l'armure longtemps impénétrable de Spinoza. » *Œuvres*, 1875, t. I., pp. 433-434.

En vertu des forces divines départies à la nature, l'ordre naît du chaos. Il y a dans l'humanité un centre de vérité, de bonté, de beauté, dont elle ne peut s'écarter que momentanément, auquel elle est ramenée, dès qu'elle en dévie, par un mouvement naturel. On objecte l'erreur, la lutte; mais l'erreur n'est qu'un état provisoire ou même illusoire de l'esprit; elle n'a en soi rien de positif; toutes les erreurs de l'homme sont des rayons brisés de vérité; par ce qu'elles renferment de contradictions et de scandales, elles servent à faire mieux pressentir et poursuivre cette vérité une et universelle, qui reste, en dépit des scissions apparentes, le lien permanent des intelligences. « De même que le voyageur n'a jamais une émotion de joie plus vive qu'en retrouvant à l'improviste les impressions d'une âme qui a senti et pensé comme lui, il n'en est pas autrement lorsque dans l'histoire de notre espèce, dans tous les siècles, dans tous les peuples, il ne s'élève du fond des plus nobles âmes qu'un même écho de vérité et d'amour pour les hommes. Comme aujourd'hui ma raison cherche les rapports des choses et que mon cœur tressaille de joie quand je les ai reconnus, de même tout honnête homme les a cherchés avant moi, quoique, d'après son point de vue, il les ait, selon toute vraisemblance, différemment aperçus et décrits. Là où il s'est trompé, son erreur m'a servi autant qu'à lui, en m'avertissant de l'éviter. Quand il me conduit à la vérité, qu'il m'instruit, me console, me ravive, il est mon frère, il participe comme moi de la même âme universelle, il boit à la même coupe de vérité, de raison et de justice[1]. » N'est-ce pas, en un autre langage, la théorie spinoziste de l'*amor intellectualis*, descendue en quelque sorte de l'éternité pour s'appliquer aux âmes qui, vivant dans le temps, en franchissent les intervalles, se comprenant et s'aimant par la vérité conquise, et même seule-

---

1. *Idées sur la philosophie de l'histoire*, t. III, pp. 124-125.

ment entrevue? Quant aux luttes et aux destructions qui paraissent contredire le cours providentiel de l'histoire, elles sont en réalité des instruments de progrès; car ce n'est pas la mort qu'elles recouvrent, ce sont des métamorphoses, grâce auxquelles les diverses espèces et spécialement l'humanité se dégagent de leurs formes inférieures d'existence. « Déchirez l'enveloppe extérieure; dans toute la création, vous ne verrez rien qui soit une mort réelle; toute destruction est une métamorphose, l'instant d'un passage à une sphère de vie plus relevée; dans sa sagesse, l'auteur des choses a produit les êtres aussitôt et avec autant de variétés que cela se pouvait, en accord avec le bien de l'espèce et le bonheur de la créature, qui, appelée à jouir de son organisation, devait la développer autant que possible. Par une infinité de manières violentes de terminer la vie, il a prévenu des morts languissantes et élevé à des formes supérieures le germe des pouvoirs qui doivent fleurir un jour [1]. »

Il ne faut donc pas croire que les erreurs et les discordes observées dans l'histoire soient un obstacle à l'avènement de l'humanité; assurément l'espèce humaine ne peut accomplir sa fin qu'en changeant souvent de culture et de forme, qu'en variant prodigieusement ses moyens d'action; mais c'est toujours son bien-être qu'elle poursuit avec la certitude de l'atteindre, et aussi avec la certitude de ne pouvoir l'atteindre qu'en se fondant sur la raison et sur la justice. Or la raison et la justice reposent sur une seule et même loi, de laquelle dépend la stabilité réelle de tout notre être. La raison observe et compare les rapports des choses afin de les disposer dans un ordre durable. La justice n'est que la raison dans ses rapports moraux, une formule d'équilibre entre des forces contraires, d'où résulte l'harmonie de toute la création. En outre, par leur nature même, la raison et la justice se

---

[1]. *Idées sur la philosophie de l'histoire*, t. I, p. 267.

propageront de plus en plus parmi les hommes, afin de constituer l'humanité en un organisme de plus en plus vaste et puissant. C'est là la destinée de l'homme réglée par une bonté suprême, et notre plus noble tâche en ce monde, comme notre bonheur le plus pur, c'est de reconnaître notre destinée et de nous y associer de toutes nos forces. Comme membres de l'humanité, nous devons combiner notre action avec l'action providentielle qui conduit notre espèce vers ses fins les meilleures et les plus hautes. « Dans l'histoire du genre humain comme dans la vie des individus les plus imprévoyants, les fautes, les égarements se succèdent à l'infini, jusqu'à ce que la nécessité ramène enfin le cœur de l'homme à la raison, à la justice. Tout ce qui peut se manifester se manifeste par les effets que comporte sa nature. Nulle force, même la plus aveugle, n'est contrariée dans son action; mais toutes sont subordonnées à ce principe, que les résultats contraires se détruiront l'un l'autre et que le bien seul restera permanent. Le mal qui détruit un autre mal se soumettra à l'ordre ou se dévorera lui-même. L'homme raisonnable et l'homme vertueux sont donc heureux l'un et l'autre d'un bonheur immuable dans le royaume de Dieu[1]. »

Si, pour exposer toute la pensée de Herder, on s'en référait strictement à cette notion du progrès historique, on pourrait croire que la destinée de l'homme s'achève en l'homme même et que le développement infini de l'humanité est un substitut suffisant de la vie éternelle. Cependant, soit qu'il n'ait pas songé à coordonner rigoureusement toutes les parties de sa doctrine, soit qu'il veuille, poussé par une tendance qui deviendra plus consciente dans Schelling, concilier l'évolution nécessaire et la personnalité humaine, l'ordre du temps et l'ordre de l'éternité, Herder assigne aux personnes distinctes des fins distinctes et à l'humanité collective une fin supra

---

1. *Idées sur la philosophie de l'histoire*, t. III, p. 351.

sensible. D'ailleurs à ces conceptions, exprimées souvent en termes vagues, finissent toujours par se mêler des formules panthéistiques. L'homme qui est fait pour la moralité et pour la religion est fait aussi pour l'espérance de l'immortalité; non pas qu'il faille attribuer à l'homme une âme séparée, capable de survivre au corps par le fait même de cette séparation radicale; mais il y a dans la nature des systèmes de pouvoirs organiques qui dominent de leur existence indestructible les organes auxquels ils s'appliquent; que les organes se détruisent ou se renouvellent, les pouvoirs organiques subsistent, comme des formes éternelles, toujours prêtes à s'imposer à une matière mobile; pour qu'ils pussent être anéantis, il faudrait que la puissance et la sagesse divine fussent limitées et partiellement annihilées. « Tout ce que l'Être qui vivifie les mondes appelle à la vie existe; tout ce qui agit agit éternellement dans son tout éternel[1]. » Or la pensée est un de ces pouvoirs organiques, mais un pouvoir supérieur qui a conscience de lui-même, qui se rattache par la raison à l'Être infini. « Toutes les fois que l'homme pense, il imite les arrangements de la Divinité. Dans tout ce qu'il veut, dans tous les projets qu'il exécute, il imite la création de Dieu; cette ressemblance est fondée sur la nature même des choses, sur l'essence de la pensée. Or, le pouvoir qui est capable de connaître, d'aimer et d'imiter Dieu, qui a pour loi rationnelle de le connaître et de l'imiter, même contre sa propre volonté, puisque ses fautes et ses erreurs ne naissent que de sa faiblesse et de ses illusions, — ce pouvoir ne serait plus, et le plus puissant souverain de la terre périrait parce qu'une circonstance externe est changée et que quelques-uns de ses sujets se sont révoltés! L'artisan cesse-t-il d'exister parce que l'instrument a échappé de sa main? Si cela est, la chaîne de nos idées n'est-elle pas brisée pour toujours[2]? »

1. *Idées sur la philosophie de l'histoire*, t. I, p. 253.
2. *Ibid.*, t. I, p. 255.

D'autre part, comme l'enchaînement des pouvoirs et des formes dans l'univers n'est jamais rétrograde, ni stationnaire, mais progressif, on doit admettre que l'humanité s'élèvera graduellement à une destination plus haute ; autrement, tout plan de la nature ne serait qu'un rêve, qu'une apparence mensongère. « Notre humanité n'est qu'un état de préparation, le bouton d'une fleur qui doit éclore[1]. » Le génie de l'humanité, captif dans le monde terrestre, s'épanouira dans un monde supérieur pour produire tous ses fruits de vérité et de bonté. Que ce monde supérieur soit obscur pour nous présentement, cela est heureux, parce que nos yeux ne sauraient en soutenir l'éclat, ni notre volonté en embrasser les profondeurs. Mais de même que dans le monde donné les oppositions ne servent qu'à préparer une unité plus forte, de même l'opposition apparente du monde donné et du monde supra-sensible se résoudra par l'avènement d'une humanité pleinement consciente d'elle-même, d'une « humanité divine[2]. » « L'expression de Leibniz, que l'âme est un miroir de l'univers, contient peut-être une vérité plus profonde que celle qu'on en déduit ordinairement ; car on dirait que les pouvoirs de l'univers entier sont enfouis dans ses profondeurs et ne demandent pour se déployer que le secours d'une autre organisation ou d'une série d'organisations progressives. La suprême Bonté ne lui refusera pas cette organisation[3]. »

La philosophie morale de Herder s'inspire donc directement du spinozisme, malgré les formules purement déistes auxquelles elle a souvent recours ; mais elle en interprète librement le sens et elle en élargit les applications. Selon les tendances de l'esprit germanique, le genre de rapport établi par Spinoza, d'une part entre Dieu et le monde, d'autre part dans le monde entre les

1. *Idées sur la philosophie de l'histoire*, t. I, p. 284.
2. *Ibid.*, t. I, p. 287.
3. *Ibid.*, t. 1, p. 301.

différents êtres, est considéré comme trop « dur » et comme trop extérieur : l'idée d'organisation hiérarchique semble plus propre que l'idée de relation mathématique à exprimer la participation du monde à Dieu et la solidarité des êtres. L'univers est un organisme qu'anime l'esprit de Dieu et qui se constitue par un ensemble infini de forces organiques unies entre elles par les liens de la plus étroite réciprocité. Cette vue, à ce qu'il semble, nous écarte de Spinoza et nous rapproche de Leibniz. Mais si Herder, à l'exemple de Leibniz, essaie de restaurer au sein même de l'unité du monde les individualités distinctes tendant à l'infinie perfection, cependant il reproche à Leibniz d'avoir placé Dieu au sommet plutôt qu'au centre du monde, de l'avoir érigé en cause extra-mondaine, enfin d'avoir subordonné cette nécessité, qu'il qualifiait justement de morale, à des façons de voir et à des convenances purement humaines. Spinoza sacrifie peut-être trop à la Substance infinie la réalité des êtres produits quand il fait d'eux de simples modifications de cette substance; mais Leibniz sacrifie trop également la Substance infinie à l'indépendance des êtres quand il fait de ceux-ci des monades, des substances existant en soi. Il est plus juste de dire que les êtres du monde sont des « phénomènes substantiés [1]; » et cette expression a l'avantage, aux yeux de Herder, de faire comprendre à la fois, et que les êtres ne sont que par Dieu, et que cependant par Dieu ils sont.

Dans tous les cas, la philosophie de Spinoza l'emporte sur celle de Leibniz en ce qu'elle ne morcelle pas la nature, qu'elle n'affaiblit pas au nom d'une clarté supérieure la clarté des révélations naturelles, et qu'elle rend l'homme capable de poursuivre immédiatement sa destinée. La libre nécessité qui, pour Spinoza, est le caractère de l'action divine, doit être l'idéal de l'action humaine; c'est-à-

---

1. *Gespräche über Spinoza's System*, p. 105.

dire que l'action humaine doit revêtir de plus en plus la forme d'une unité organique se suffisant à elle-même, ne laissant en dehors d'elle rien de ce qui nous constitue, groupant tout dans notre nature et faisant tout vivre, afin que rien de nous ne tombe dans le domaine du contingent et de l'irrationnel. Le mal n'existe pas en réalité; et ce que nous appelons de ce nom, ce n'est que la faute, ou de notre intelligence qui ne sait pas suivre les oppositions jusqu'à leur point de convergence et d'harmonie, ou de notre volonté qui reste paresseuse et vacillante parmi les contradictions de notre être. Mais la Force providentielle qui nous engendre et nous inspire nous rétablira nous-mêmes en nous, comme elle se rétablit elle-même en elle et dans ses manifestations, dans la nature et dans l'histoire.

Il y a donc un plan divin de l'histoire comme il y a un plan divin de la nature. Dans l'histoire, œuvre de l'homme, tout arrive pour le plus complet développement de l'humanité. Rien de ce qui s'accomplit n'est insignifiant ni déraisonnable : le présent justifie le passé, l'avenir justifiera le présent. Est-ce là reprendre simplement la doctrine de la finalité? Non, à ce que soutient Herder, car la doctrine des causes finales, telle qu'on l'entend ordinairement, isole les différentes périodes de l'histoire pour les rapporter à des fins différentes, sans relation réciproque, sans unité maîtresse; elle brise ainsi à la fois la chaîne des faits et la chaîne des idées; elle nous fait assister au spectacle absurde d'une Providence illogique ou intermittente. S'il y a une finalité, c'est une finalité universelle posée *a priori*, c'est-à-dire une loi d'ordre universel, pénétrant tout, expliquant tout, justifiant tout; c'est la puissance divine se manifestant, non pas seulement à des époques singulières ou à des hommes singuliers, mais dans l'immensité des temps et dans toute la suite des sociétés humaines. L'optimisme historique de Herder ne se laisse ni mesurer ni limiter; toute mesure, toute limitation supposerait une séparation actuelle de Dieu et du monde, qui ne peut être acceptée, même à titre provisoire, un retour à la notion de transcendance, justement bannie par Spinoza.

Non seulement Herder a repris à sa façon et parfois élargi les conceptions morales du spinozisme, mais par ses idées il prépare ou il annonce d'autres philosophies qui se rattachent à cette doctrine. Il a indiqué que le sentiment a une puissance synthétique plus grande que le simple entendement, quand il s'agit de saisir l'unité du monde et de Dieu; et cette idée sera reprise par Schleiermacher. Il a essayé de restaurer dans un système panthéiste, au nom même de ce système, l'individualité vivante et la personnalité humaine; et cette idée sera développée et poussée plus avant par Schelling. Enfin il a construit une histoire de l'humanité, qui n'est, sous toutes ses formes et à tous ses moments, que la réalisation du plan de Dieu, qui sous les luttes et les contradictions de la surface est essentiellement un progrès en Dieu et vers Dieu; Hégel dira : un progrès de Dieu; et cette idée sera l'élément constitutif de sa *Philosophie du Droit* et de sa *Philosophie de l'Esprit*.

CHAPITRE IV.

SCHILLER ET GOETHE.

Les idées philosophiques de Herder sont une preuve significative de la ferveur d'esprit avec laquelle, à la fin du siècle dernier et au commencement de ce siècle, les plus hautes intelligences de l'Allemagne ont embrassé et fait revivre la pensée de Spinoza. Il est bien remarquable que cette renaissance du spinozisme se soit produite au moment même où le génie allemand prenait possession de ses forces et les déployait en tout sens avec tant d'ardeur et d'éclat. Il est donc certain qu'elle a été, non pas un phénomène accidentel et sans portée, mais un fait essentiel et vraiment fécond. Le spinozisme a agi sur le génie allemand à la fois par attrait et par impulsion, comme modèle et comme moteur : il est apparu d'une part comme la forme exemplaire de toute explication complète des choses; il est devenu d'autre part, à mesure qu'il a été mieux compris et plus entièrement recréé, un principe intérieur d'activité spirituelle; il est passé de plus en plus à l'état de tendance immédiate et de sentiment vivace, et voilà pourquoi il a été, au fond des âmes, la pensée constamment prête à opérer en toute œuvre. C'est dans la conscience de ses écrivains aussi bien que dans les systèmes de ses philosophes que l'Allemagne a conçu et engendré son spinozisme, et ses deux plus grands poètes, Schiller et Goethe, ont été, quoique de façon très différente et à des degrés très divers, les révélateurs de l'idée qu'elle travaillait à produire.

On redit volontiers que Schiller est un disciple de

Kant; mais Schiller avait tenté une interprétation philosophique du monde et de la vie avant d'adhérer ouvertement à la doctrine kantienne, et de cette doctrine même il ne fut qu'un interprète infidèle. Les *Lettres philosophiques*, qui parurent d'abord dans la *Thalie*, esquissent un panthéisme dont la doctrine de Kant ne parvint jamais à effacer complètement la trace. « L'univers, est-il dit dans la *Théosophie de Jules*, est une pensée de Dieu. Cette conception idéale de l'esprit étant passée dans la réalité, et l'enfantement du monde ayant accompli le plan tracé par le Créateur (permets-moi cette image tout humaine), la mission de tous les êtres pensants est de retrouver, dans cet ensemble réalisé, le premier dessin, de chercher la règle dans la machine, l'unité dans la composition, la loi dans le phénomène, et, procédant à rebours, de ramener l'édifice à son plan primitif. Ainsi, dans la nature, il ne m'apparut qu'une chose : l'Être pensant. Ce vaste ensemble que nous appelons l'univers n'est plus intéressant pour moi que parce qu'il est là pour m'indiquer symboliquement les manifestations diverses de cet Être... Je m'entretiens avec l'Infini par l'intermédiaire de la nature et de l'histoire[1]. » Donc l'homme crée pour lui l'univers dans la mesure où il le pense, et dans la mesure où il le pense, il retrouve Dieu. Car il n'y a pas entre l'univers et Dieu de distinction substantielle. « Toutes les perfections de l'univers sont réunies en Dieu. Dieu et la Nature sont deux grandeurs parfaitement égales l'une à l'autre. La somme entière d'activité harmonique qui existe simultanément dans la Substance divine est morcelée dans la nature, image de cette Substance, en une multitude de degrés, de dimensions, de nuances. La Nature est un Dieu divisé à l'infini. De la même manière que dans un cristal prismatique un rayon de lumière blanche s'épanouit en sept rayons plus som-

1. *Œuvres de Schiller*, trad. Régnier, t. VII, pp. 322-323.

bres, le Moi divin s'est brisé en une multitude innombrable de substances sentantes. Comme les sept rayons colorés se fondent de nouveau en un pur rayon lumineux, de la réunion de toutes ces substances sortirait une essence divine[1]. » Nous devons donc nous élever de plus en plus au-dessus du Dieu morcelé, dispersé, pour retrouver ou refaire le Dieu un et parfait. C'est l'attraction des éléments matériels qui a produit la forme corporelle de la nature; c'est l'attraction des esprits, continuée et fortifiée à l'infini, qui produira la forme morale de l'humanité. Et l'attraction des esprits, c'est l'Amour. Universellement portés vers la Perfection suprême, les hommes en déchoient quand ils s'abandonnent à cet amour-propre corrompu qui est l'égoïsme. Ils n'auraient qu'à s'aimer véritablement eux-mêmes pour aimer autrui. « Tous les esprits sont heureux par leur perfection. Je désire le bonheur de tous les esprits parce que je m'aime moi-même. La félicité dont j'ai l'idée devient ma félicité propre... L'homme qui en est venu à recueillir dans toutes les sphères de la nature, les plus élevées comme les plus humbles, la beauté, la grandeur, la perfection, et à découvrir la grande unité au sein de cette variété, cet homme a déjà fait un grand pas pour se rapprocher de Dieu : la création entière s'absorbe dans sa personnalité. Si chaque homme aimait tous les hommes, chaque individu posséderait le monde... Concevons la perfection et nous la possèderons. Familiarisons-nous avec la sublime unité idéale, et nous nous attacherons les uns aux autres avec un amour fraternel. Semons la beauté et la joie, et nous recueillerons la joie et la beauté. Ayons des idées claires, et nous aurons un amour ardent[2]. » A cet état supérieur, nous comprenons que tout est nécessaire, même ce qui paraît contingent, que tout a sa raison,

---

1. *Œuvres de Schiller*, trad. Régnier, t. VII, p. 331.
2. *Ibid.*, pp. 326-332.

même ce qui paraît irrationnel. « Dans un plan infini de la nature, nulle activité ne devait faire défaut, nul degré de jouissance ne devait manquer pour la félicité universelle. Ce grand économe de l'univers, qui sait utiliser le moindre fragment qui tombe, qui ne laisse inhabité aucun vide, pour peu que la vie puisse y trouver place,... cet esprit inventif ne saurait-il employer l'erreur elle-même à la réalisation de son plan sublime?... Toute aptitude de l'âme, fût-elle appliquée à l'erreur, augmente son aptitude à concevoir la vérité[1]. »

C'est ainsi que spontanément, dans ses *Lettres philosophiques,* Schiller concilie l'idée spinoziste de l'unité de l'Être et l'idée leibnizienne du développement des êtres[2]. Il traduit en sentiment poétique, en intuition immédiate ce que Spinoza et Leibniz avaient exprimé en des concepts. Il glorifie avant tout, parce qu'il l'éprouve au plus profond de lui-même, cette activité originale de l'esprit, qui est d'autant plus féconde, d'autant plus créatrice qu'elle se déploie mieux dans l'ordre universel. Il admet que la vie la plus haute est dans la plus libre expansion des forces de l'âme, et que la poésie est la forme harmonieuse en laquelle la nature humaine réalise le plus pleinement ses puissances. Alors même que, sous l'influence de Kant, il considère la pure moralité comme la fin suprême de l'homme, il voit dans l'art le plus excellent moyen de prédisposer l'homme à cette fin. D'ailleurs il se détourne de plus en plus de la doctrine kantienne; il en critique vivement le rigorisme abstrait et la dureté pratique; il ne veut pas que la sensibilité soit sacrifiée, mais qu'elle soit réconciliée avec la raison, et il conçoit un état de l'âme, un état de grâce esthétique et de dignité morale, où la sensibilité et la raison se développent de concert[3].

1. *Œuvres de Schiller*, trad. Régnier, t. VII, pp. 335-336.
2. Cf. Kuno Fischer, *Geschichte der neuern Philosophie*, II, pp. 872-873 de la deuxième édition.
3. *De la grâce et de la dignité*, t. VIII, pp. 85 et suiv. — Kant, dans son

Enfin, après avoir subordonné l'art à la moralité, après les avoir montrés unis dans une même fonction[1], il admet que l'entière liberté est dans le pur sentiment du beau, que seul le sentiment du beau affranchit l'homme de la fatalité des sens, de la rigidité de la science, de la contrainte du devoir, qu'étant le jeu de toutes les facultés, il restitue l'homme dans son intégrité vivante[2]. Schiller exclut ainsi toute idée simplement légale de la destinée humaine ; il replace au fond de toute action efficace la spontanéité naturelle, et sous le nom d'état esthétique, ce qu'il justifie, c'est la vie libre, qui tient d'elle-même toute sa vertu et toute sa joie. Il tend donc à retrouver, à mesure qu'il s'éloigne plus de Kant, l'idéal qui avait d'abord éveillé son génie, et il le ressaisit avec une foi d'autant plus vive qu'il le reconnaît porté à sa plus haute puissance et magnifiquement incarné dans toute l'œuvre de Goethe.

Or, c'était le grand souci de Goethe que d'éprouver en toute rencontre cet idéal d'épanouissement harmonieux et de liberté sereine, d'en chercher partout, au hasard des lectures et des méditations comme au courant des événements quotidiens, l'expression intellectuelle et la confirmation pratique. Et voilà comment, mis en présence de Spinoza, il découvrit en lui un maître secret de sa pensée. Il eut la conscience merveilleusement clairvoyante de la parenté spirituelle qui unit à travers le temps, malgré l'apparente diversité des vocations et des œuvres, les intelligences qu'inspire un même sentiment de la vie, et il crut que ce sentiment était, sous les formes particulières qu'il pouvait revêtir, comme un principe interne de filiation. C'est donc par les tendances profondes de son être

---

livre sur *la Religion dans les limites de la pure raison*, désapprouva formellement cette union que Schiller établissait entre la dignité morale et la grâce esthétique, et lui reprocha de compromettre la loi morale en concédant trop à la nature. — Ed. Hartenstein, VI, pp. 117-118, note.

1. Kuno Fischer, *Schiller als Philosoph*, Frankfurt a. M., 1858, pp. 31 et suiv
2. *Lettres sur l'éducation esthétique de l'homme*, t. VIII, pp. 183 et suiv.

que Goethe fut prédisposé à comprendre Spinoza. Son esprit dominateur et superbe devait se sentir invinciblement attiré par l'audacieuse maîtrise avec laquelle l'impassible philosophe disposait en un ordre souverain les éléments infinis de la réalité. L'aperception triomphante de l'unité de l'univers fut sans doute ce qui, dans le système de Spinoza, ravit tout d'abord la pensée si éminemment compréhensive du poète, tandis que la traduction du monde en idées claires répondait à l'intime besoin qu'il avait de rendre en lui conscientes, par une culture de plus en plus vaste, toutes les forces de la nature. Il y a eu dans l'âme de Goethe une subtile mutation du génie métaphysique en génie poétique, ou, pour mieux dire, son génie s'est posé à lui-même, comme condition de son plein développement, une unité de vues fondée sur l'unité des choses. Comme Spinoza, Goethe n'éprouve qu'antipathie pour la pensée formelle qui procède par actes isolés et selon des formules abstraites ; ce qu'il travaille à affermir en lui, c'est la pensée concrète, immédiatement attachée à l'être qu'elle représente sans le dissoudre, qu'elle comprend sans le mutiler, qu'elle saisit par une intuition directe dans son indivisible harmonie. Comme Spinoza, et peut-être plus encore que lui, Goethe a cru que la pure légalité dans l'intelligence et dans l'action n'était que le résidu abstrait, non le principe immanent de la spontanéité spirituelle, que la suprême fonction de la raison était, non la subordination de l'individu à la formule extérieure, limitative et déprimante, mais la synthèse immédiate et vivante de l'individu et de l'absolu[1]. Comment d'ailleurs l'individu pourrait-il se laisser réduire à ce qui ne serait pas, en quelque façon, son être même? C'est, comme disait Spinoza, la tendance à persévérer dans l'être, qui le ramène, par un progrès certain, à son essence la plus intérieure, à la conscience de l'acte éternel qui le

---

1. Cf. Danzel, *Ueber Goethe's Spinozismus*, Hamburg, 1850, pp. 85-86.

constitue tel qu'il est. Et précisément parce que nous restons toujours nous-mêmes aux divers moments de notre existence, la vérité dont nous avons besoin n'est ni une fin extérieure, ni un exemplaire abstrait, mais un état supérieur d'intelligence et d'âme. Parce que, d'autre part, rien n'a de valeur en dehors de la réalité, l'idéal, ou bien n'est qu'une fiction sans consistance, ou bien doit être la Réalité même perçue à son plus haut degré d'unité et de puissance rationnelles. Et c'est ainsi le même mouvement d'esprit qui supprime peu à peu les négations de notre pensée et les imperfections de l'univers ; la force de notre originalité individuelle se mesure à la faculté que nous avons de résoudre les dissonances en harmonie. Nous nous sentons d'autant plus libres que nous éprouvons le monde plus parfait; c'est-à-dire qu'il n'y a rien de vil dans le monde, rien qui ne soit susceptible d'être compris par la science ou traduit par l'art, rien qui n'ait son idée, sa forme essentielle, sa vertu propre. De même que Spinoza affirmait que l'affranchissement de la raison est dans l'intelligence de ce qui d'abord la limite, Goethe professe que le soulagement de l'âme est dans la représentation de ce qui d'abord l'offusque. Toutes les choses qui nous bornent ou nous blessent ne peuvent rien contre nous dès qu'elles sont transposées dans l'ordre le plus profond de l'esprit; au lieu d'être des puissances hostiles, elles deviennent ainsi des instruments de notre action. L'art suprême est de savoir vivre.

C'est donc par sa façon d'entendre et d'organiser la vie que Goethe s'est rapproché de Spinoza. « Goethe, nous rapporte Eckermann, se plaît à reconnaître combien les aperçus de ce grand penseur (Spinoza) répondaient aux besoins de sa jeunesse. Il se retrouvait en lui, et c'est en lui qu'il pouvait apercevoir la meilleure confirmation de lui-même[1]. » Au reste, le poète lui-même nous a dit

---

1. *Conversations de Goethe avec Eckermann*, trad. Délerot, t. II, p. 265.

l'impression de contentement intellectuel et d'apaisement moral que produisit en lui la doctrine de Spinoza. Comme il se trouvait chez Jacobi, il fut amené en causant à révéler ses pensées les plus secrètes sur les besoins mystérieux de l'âme. « Heureusement, dit-il, j'avais reçu en moi la personnalité et la doctrine d'un homme extraordinaire, d'une manière incomplète, il est vrai, et comme à la dérobée, mais j'en éprouvais déjà de remarquables effets. Cet esprit qui exerçait sur moi une action si décidée, et qui devait avoir sur toute ma manière de penser une si grande influence, c'était Spinoza. En effet, après avoir cherché vainement dans le monde entier un moyen de culture pour ma nature étrange, je finis par tomber sur l'*Éthique* de ce philosophe. Ce que j'ai pu tirer de cet ouvrage, ce que j'ai pu y mettre du mien, je ne saurais en rendre compte ; mais j'y trouvais l'apaisement de mes passions ; une grande et libre perspective sur le monde sensible et le monde moral semblait s'ouvrir devant moi. Toutefois, ce qui m'attachait surtout à Spinoza, c'était le désintéressement sans bornes qui éclatait dans chacune de ses pensées. Cette parole admirable : « Celui qui aime Dieu parfaitement ne doit pas demander « que Dieu l'aime aussi, » avec toutes les prémisses sur lesquelles elle repose, avec toutes les conséquences qui en découlent, remplissait toute ma pensée. Être désintéressé en tout, et, plus que dans tout le reste, en amour et en amitié, était mon désir suprême, ma devise, ma pratique, en sorte que ce mot hardi, prononcé plus tard : « Si je « t'aime, que t'importe ? » fût le véritable cri de mon cœur. Au reste, on ne peut non plus méconnaître ici qu'à proprement parler les plus intimes unions résultent des contrastes. Le calme de Spinoza, qui apaisait tout, contrastait avec mon élan, qui remuait tout ; sa méthode mathématique était l'opposé de mon caractère et de mon exposition poétique, et c'était précisément cette méthode régulière, jugée impropre aux matières morales, qui faisait de moi son disciple passionné, son admirateur le plus décidé. L'esprit et le cœur, l'intelligence et le sentiment se recherchèrent avec une affinité nécessaire, et par elle s'accomplit l'union des êtres les plus différents.

« Mais dans la première action et réaction, tout fermentait et bouillonnait en moi. Frédéric Jacobi, le premier à qui je laissai entrevoir ce chaos, lui qui était naturellement porté à descendre dans les profondeurs, accueillit avec cordialité ma confiance, y répondit et s'efforça de m'initier à ses idées. Lui aussi, il éprouvait d'inexprimables besoins spirituels; lui aussi, il refusait de les apaiser par des secours étrangers; il voulait se former et s'éclairer par lui-même. Ce qu'il me communiquait sur l'état de son être moral, je ne pouvais le comprendre, d'autant moins que je ne pouvais me faire aucune idée du mien. Bien plus avancé que moi dans la méditation philosophique, même dans l'étude de Spinoza, il cherchait à diriger, à éclairer mes aveugles efforts[1].

---

1. Goethe cependant se refusa toujours à accepter l'interprétation que Jacobi donnait du spinozisme et les conséquences qu'il en tirait. Loin d'être un athée, Spinoza, selon lui, est l'homme le plus croyant en Dieu et le plus chrétien (*Briefwechsel zwischen Goethe und Jacobi*, Leipzig, 1846, p. 85). Jacobi a eu tort de traduire les idées de Spinoza en un autre langage et un autre ordre. « La parole et la pensée sont chez lui si intimement unies qu'il me semble que l'on dit toute autre chose quand on n'emploie pas ses expressions les plus à lui » (*Ibid.*, p. 86). Goethe élève bien au-dessus de la croyance, arbitrairement invoquée par Jacobi, la science intuitive telle que Spinoza l'a conçue, et qui permet de comprendre les êtres dans leur essence formelle (*Ibid.*, pp. 105-106). C'est d'ailleurs dans les choses singulières que l'on peut le mieux saisir l'essence divine, et nul plus que Spinoza n'a excité l'esprit à cette perception des choses, bien que les objets particuliers semblent s'évanouir à ses yeux (*Ibid.*, p. 86) — Plus tard, quand il eut rompu avec Jacobi, Goethe écrivait à Knebel : « Que les choses dussent prendre cette fin avec Jacobi, je le prévoyais depuis longtemps, et j'ai assez souffert moi-même sous l'influence de sa nature étroite et pourtant toujours remuante. Qui ne peut mettre dans sa tête que l'esprit et la matière, l'âme et le corps, la pensée et l'étendue, ou, comme disait naguère un Français très ingénieusement, la volonté et le mouvement sont et resteront les doubles éléments nécessaires à l'univers, ayant tous deux un droit égal à revendiquer, et par ce motif pouvant tous deux être considérés comme représentants de Dieu, celui, dis-je, qui ne peut s'élever jusqu'à cette conception, aurait dû renoncer depuis longtemps à la pensée et employer ses jours à conquérir les vulgaires applaudissements du monde. » 8 avril 1812. *Briefwechsel zwischen Goethe und Knebel*, Leipzig (Brockhaus), 1851, II, p. 54.

Cette pure parenté intellectuelle était nouvelle pour moi et m'inspirait un ardent désir de continuer ces échanges d'idées. La nuit, quand nous étions déjà séparés et retirés dans nos chambres, j'allais le visiter encore ; le reflet de la lune tremblait sur le large fleuve ; et nous, à la fenêtre, nous nous abandonnions avec délices aux épanchements mutuels qui jaillissent avec tant d'abondance dans ces heures admirables d'épanouissement [1]. »

C'est à Spinoza que Goethe revient quand il prend possession de lui-même, à un moment de calme joyeux et de féconde liberté d'esprit. Et en nous disant ce qu'il a de nouveau ressenti au contact de Spinoza, il commente de la plus originale façon la doctrine spinoziste de l'affranchissement. « Il y avait longtemps que je ne m'étais occupé de Spinoza, et je fus ramené à lui par la contradiction. Je trouvai dans notre bibliothèque un petit livre dont l'auteur combattait avec passion ce penseur original, et, pour produire plus d'effet, avait placé en regard du titre le portrait de Spinoza, avec cette inscription : *Signum reprobationis in vultu gerens,* déclarant donc qu'il portait sur son visage le signe de la réprobation. Et certes on ne pouvait le nier à la vue du portrait, car la gravure était misérable et une vraie caricature. Cela me rappelait ces adversaires qui commencent par défigurer celui auquel ils veulent du mal et qui le combattent ensuite comme un monstre.

« Cependant ce petit livre ne fit aucune impression sur moi, parce qu'en général je n'aimais pas les controverses, et que je préférais toujours apprendre de l'homme ce qu'il pensait plutôt que d'entendre dire à un autre ce que cet homme aurait pu penser. La curiosité m'engagea pourtant à lire l'article *Spinoza* dans le *Dictionnaire* de Bayle, ouvrage aussi estimable et utile par l'érudition et la sagacité que ridicule et nuisible par le bavardage. On

---

1. Trad. Porchat, t. VIII, pp. 537-538.

commence par déclarer l'homme athée et ses doctrines extrêmement condamnables ; puis on avoue qu'il était paisible, méditatif, appliqué à ses études, bon citoyen, homme expansif, particulier tranquille, en sorte qu'on paraissait avoir entièrement oublié la parole de l'Évangile : « Vous les reconnaîtrez à leurs fruits. » En effet, comment une vie agréable à Dieu et aux hommes résultera-t-elle de maximes funestes ? Je me rappelais encore très bien le calme et la clarté qui s'étaient répandus en moi, lorsqu'un jour j'avais parcouru les ouvrages laissés par cet homme remarquable. L'effet était encore parfaitement distinct, mais les détails étaient effacés de ma mémoire. Je m'empressai donc de revenir à ses écrits, auxquels j'avais eu tant d'obligations, et je sentis l'impression du même souffle de paix. Je m'adonnai à cette lecture, et je crus, portant mes regards en moi-même, n'avoir jamais eu une vue aussi claire du monde.

« Comme on a beaucoup disputé sur ce sujet et particulièrement dans ces derniers temps, je désirerais n'être pas mal compris, et je tiens à placer ici quelques réflexions sur ce système si redouté et même si détesté. Notre vie physique et sociale, nos mœurs, nos habitudes, la politique, la philosophie, la religion et même les événements accidentels, tout nous appelle au renoncement. Il est beaucoup de choses qui nous appartiennent de la manière la plus intime et que nous ne devons pas produire au dehors; celles du dehors dont nous avons besoin pour le complément de notre existence nous sont refusées; un grand nombre, au contraire, nous sont imposées, quoique étrangères et importunes. On nous dépouille de ce que nous avons acquis péniblement, de ce qu'on nous a dispensé avec bienveillance, et avant que nous soyons bien éclairés là-dessus, nous nous trouvons contraints de renoncer, d'abord en détail, puis complètement à notre personnalité. Ajoutez qu'il est passé en coutume qu'on n'estime pas celui qui en témoigne sa mauvaise humeur.

Au contraire, plus le calice est amer, plus on doit montrer un visage serein, afin que le spectateur tranquille ne soit pas blessé par quelque grimace.

« Pour accomplir cette tâche difficile, la nature a doté l'homme richement de force, d'activité et de persistance; mais il est surtout secondé par la légèreté, son impérissable apanage. Par elle, il est capable, à chaque moment, de renoncer à une chose, pourvu qu'un moment après il puisse en saisir une nouvelle; et c'est ainsi qu'à notre insu nous réparons sans cesse toute notre vie, nous mettons une passion à la place d'une autre; occupations, inclinations, fantaisies, marottes, nous essayons tout, pour nous écrier à la fin que tout est vanité. Elle ne fait horreur à personne, cette maxime fausse et même blasphématoire; bien plus, en la prononçant on croit avoir dit quelque chose de sage et d'irréfutable. Il n'y a que peu d'hommes qui pressentent cette impression insupportable, et qui, pour se dérober à toutes les résignations partielles, se résignent absolument une bonne fois. Ces hommes se persuadent de ce qui est éternel, nécessaire, légitime, et cherchent à se former des idées qui soient indestructibles, qui, loin d'être abolies par la considération des choses passagères, en soient au contraire confirmées. Mais, comme il y a dans cela quelque chose de surhumain, ces personnes sont d'ordinaire considérées comme inhumaines, impies, insociables; on ne peut leur attribuer assez de cornes et de griffes.

« Ma confiance en Spinoza reposait sur l'effet paisible qu'il produisait en moi, et elle ne fit que s'accroître quand on accusa de spinozisme mes respectables mystiques, quand j'appris que Leibniz lui-même n'avait pu échapper à ce reproche, et que Boerhave, soupçonné des mêmes opinions, avait dû passer de la théologie à la médecine. Mais qu'on ne pense pas que j'eusse voulu signer les écrits de Spinoza et les avouer littéralement[1]. J'ai trop

1. « Je ne puis pas dire, écrit Goethe à Jacobi, que j'aie lu jamais d'un

bien reconnu qu'aucune personne n'en comprend une autre, qu'une conversation, une lecture éveille chez différentes personnes différents ordres d'idées, et l'on voudra bien accorder à l'auteur de *Werther* et de *Faust* que, profondément pénétré de ces malentendus, il n'a pas eu lui-même la présomption de croire entendre parfaitement un homme qui, disciple de Descartes, s'est élevé, par une culture mathématique et rabbinique, à une hauteur de pensée où l'on voit, jusqu'à nos jours, le terme de tous les efforts de la spéculation.....

« En quel sens les points principaux de mes rapports avec Spinoza sont demeurés chez moi ineffaçables, c'est ce que je vais exposer aussi brièvement que possible.

« La nature agit selon des lois éternelles, nécessaires et tellement divines, que la divinité elle-même n'y pourrait rien changer. Sur ce point tous les hommes sont parfaitement d'accord sans le savoir. Qu'on réfléchisse à l'étonnement et même à l'effroi que produit un phénomène naturel qui annonce de l'intelligence, de la raison ou seulement de la volonté! S'il se manifeste chez des animaux quelque chose qui ressemble à la raison, nous ne pouvons revenir de notre surprise; en effet, si près qu'ils soient de nous, ils nous semblent en être séparés par un abîme et relégués dans le domaine de la nécessité. On ne peut donc blâmer les personnes qui déclaraient purement machinale la technique infiniment ingénieuse, mais pourtant exactement limitée, de ces créatures. Si nous passons aux plantes, notre assertion est confirmée d'une manière encore plus éclatante. Rendons-nous compte de la sensation qui nous saisit, quand la sensitive, touchée, replie

---

bout à l'autre les écrits de cet homme éminent (Spinoza), que jamais l'édifice entier de ses idées se soit trouvé présent devant mon âme. Ma façon de penser et de vivre ne le permet pas. Mais quand j'y jette les yeux, je crois le comprendre, c'est-à-dire qu'il ne se montre jamais à moi en contradiction avec lui-même, et je peux en retirer pour ma manière de comprendre et d'agir des influences très salutaires. » *Briefwechsel zwischen Goethe und Jacobi*, p. 86.

leux à deux ses feuilles pennées et abaisse enfin le pétiole comme au moyen d'une charnière. Elle est plus vive encore, la sensation inqualifiable que l'on éprouve en observant l'*Hedysarum gyrans,* qui, sans cause extérieure visible, élève et abaisse ses folioles et semble jouer avec lui-même comme avec nos pensées. Qu'on se figure un bananier qui aurait reçu cette propriété, de sorte que, par lui-même, il abaisserait et relèverait tour à tour ses vastes éventails : quiconque verrait la chose pour la première fois reculerait de frayeur. L'idée de nos propres avantages est tellement enracinée chez nous que nous ne voulons absolument en accorder aucune part au monde extérieur, et que, si cela pouvait se faire, nous les refuserions même à nos semblables. La même frayeur nous saisit quand nous voyons l'homme agir d'une manière déraisonnable contre les lois morales généralement reconnues, d'une manière inintelligente contre ses intérêts ou contre ceux d'autrui. Pour nous délivrer de l'horreur que ce spectacle nous cause, nous la transformons aussitôt en blâme, en abomination, et nous cherchons à repousser loin de nous la pensée ou l'idée d'un tel homme[1]. »

C'est donc avant tout, d'après cette importante confidence, une conception de la vie que Goethe a empruntée à Spinoza et qu'il a tâché de réaliser dans son existence propre. S'il l'a interprétée suivant la nature de son génie, avec une liberté d'intelligence que Spinoza d'ailleurs eût approuvée, il en a découvert aussi et il en a exprimé à sa façon les principes métaphysiques les plus hauts, tels que le spinozisme les avait posés. Sans doute, comme la plupart des philosophes de l'Allemagne, il a un sens très vif de l'évolution incessante et du mouvement infini de la réalité; il ne croit pas qu'il y ait de principe logique qui puisse arrêter en un point fixe ou en une notion définie la marche du monde et de la raison humaine; mais toute

---

[1]. Trad. Porchat, t. VIII, pp. 571-574.

son œuvre reste conforme à l'esprit de Spinoza par cette double idée, que l'Être est un dans l'infinie diversité de ses modes, et que la force du génie consiste à apercevoir cette unité, que l'ordre des choses est nécessaire sous les apparences contingentes des événements, et que la force du caractère consiste à accepter cette nécessité.

Une des plus belles poésies de Goethe nous communique l'ineffable sentiment du Dieu intérieur à l'univers : « Que serait un Dieu qui donnerait seulement l'impulsion du dehors, qui ferait tourner l'univers en cercle autour de son doigt ? Il lui sied de mouvoir le monde dans l'intérieur, de porter la nature en lui, de résider lui-même dans la nature, si bien que ce qui vit et opère et existe en lui ne soit jamais dépourvu de sa force, de son esprit[1]. » Toutefois, si l'Être est un et s'il pénètre tout de sa puissance, il ne peut être conçu comme immobile ; il travaille à se réaliser en s'ordonnant lui-même ; il se défait pour se refaire ; il agit afin de mieux être ; la Substance infinie ne peut être que l'Action infinie. Faust commente la révélation du Nouveau Testament. « Il est écrit : Au commencement était la Parole. Me voilà déjà arrêté. Qui m'aidera à poursuivre ? Je ne puis absolument donner tant de valeur à la parole ; il faut que je traduise autrement, si je suis bien éclairé par l'Esprit. Il est écrit : Au commencement était l'Intelligence. Pèse bien la première ligne, et que ta plume ne se hâte pas trop. Est-ce l'intelligence qui fait et produit tout ? Il faudrait lire : Au commencement était la Force. Mais à l'instant même où j'écris ce mot, quelque chose m'avertit de ne pas m'y arrêter ; l'Esprit vient à mon secours : tout à coup je me sens éclairé, et j'écris avec confiance : Au commencement était l'Action[2]. »

L'Action, tel est donc le principe qui engendre la

---

1. *Dieu et le Monde, Proœmium,* Trad. Porchat, t. I, p. 305.
2. T. III, p. 153.

nature et la met en mouvement. Voilà pourquoi la vie universelle ne maintient son identité que par de perpétuelles métamorphoses; les plantes et les animaux ne se développent qu'en produisant avec les éléments qui les constituent de nouvelles formes. Sur la trame continue de l'Être se dessinent incessamment des figures innombrables qui incessamment se modifient. Il n'y a pas de finalité, au sens usuel du mot, mais il y a une puissance infinie qui révèle à la fois son unité et sa fécondité par la création d'individualités distinctes et néanmoins parentes. L'analogie est la loi souveraine des choses comme elle est l'idée directrice de l'intelligence. Le Tout est un, et pourtant dans le Tout chaque être est discernable. Voilà qui rappelle cette doctrine, dont nous avons déjà trouvé plus d'une expression, et que Spinoza et Leibniz concourent à former. Et c'était bien cette doctrine que Goethe exposait poétiquement en un moment solennel, le jour des obsèques de Wieland[1]. Les éléments primitifs des êtres, disait-il, sont des *monades*, et tout ce qui existe dans la nature est un composé de monades. Les monades sont identiques en essence, inégales en force : les unes sont prédestinées à une existence humiliée et servile, les autres à une existence triomphante et souveraine. Les premières entrent dans la composition ou sous la domination des secondes. Seules méritent le nom d'âmes les monades qui ont une puissance attractive ou impérative, qui par cette puissance même s'imposent pour l'éternité. Elles expriment au-dessus de l'unité confuse l'unité lumineuse de l'univers; le sentiment qu'elles ont de leur nature s'échappe en idées prophétiques, qui ne sont que des réminiscences de leur ancienne vie ; elles sont la véritable histoire du monde dont elles anéantissent les détails insignifiants et indignes de postérité, dont elles perpétuent

---

1. *Entretien avec Falk*, trad. Délerot, à la suite des *Conversations avec Eckermann*, t. II, pp. 338 et suiv.

les événements significatifs et féconds dans leur filiation indéfinie; elles possèdent mieux que cette éternité élémentaire de l'être, qui n'est que l'indestructibilité de la matière; elles conquièrent cette éternité de l'œuvre bienfaisante et précieuse qui donne à la vie un sens nouveau et une forme nouvelle. « On ne peut accepter pour elles d'autre destination que de prendre une part éternelle aux joies des dieux, en s'associant à la félicité dont ils jouissent comme forces créatrices[1]. »

La pensée de Goethe semblait ce jour-là s'échapper dans le rêve; mais ce rêve lui était suggéré, disait-il, par l'observation très attentive de la réalité. Au fait, était-ce autre chose qu'une libre traduction de la doctrine spinoziste, selon laquelle chaque homme a une part d'autant plus grande d'éternité consciente qu'il produit en son âme plus d'idées adéquates? Comme Spinoza dans son *Éthique*, Goethe dans ses *Poésies* dépeint l'inaltérable joie qu'éprouve l'individu à se déprendre de l'apparence vaine pour participer, dans l'Infini de l'Être, à la vérité et à la vie éternelles. « Pour se retrouver dans l'infini, l'individu s'évanouit volontiers. Là se dissipe tout ennui. Au lieu du brûlant désir, de la fougueuse volonté, au lieu des fatigantes exigences, du rigoureux devoir, s'abandonner est une jouissance. — Ame du monde, viens nous pénétrer! Et la noble fonction de nos forces sera de lutter nous-mêmes avec l'esprit de l'univers. De bons génies qui nous aiment nous conduiront doucement, instituteurs sublimes, vers Celui qui crée et créa tout. — Et, pour transformer la création, afin qu'elle ne se retranche pas dans l'immobilité, opère l'action éternelle vivante. Ce qui n'était pas veut maintenant prendre l'être comme purs soleils, comme terres colorées, et ne doit jamais rester en repos. — Il faut qu'il se meuve, qu'il agisse en

---

1. *Entretien avec Falk*, trad. Délerot, à la suite des *Conversations avec Eckermann*, t. II, p. 346.

créant, qu'il se forme d'abord, puis se transforme ; s'il semble se reposer un moment, ce n'est qu'une apparence. L'essence éternelle se meut sans cesse en toutes choses, car tout doit tomber dans le néant, s'il ne veut persister dans l'être[1]. » Et encore : « Aucun être ne peut tomber dans le néant ; l'essence éternelle ne cesse de se mouvoir en tous ; attachez-vous à la Substance avec bonheur. La Substance est impérissable, car des lois conservent les trésors vivants dont l'univers a fait sa parure... — Usez modérément de l'abondance ; que la raison soit partout présente, quand la vie jouit de la vie ; ainsi le passé est stable, l'avenir est déjà vivant, le moment est l'éternité. — Et, si vous avez enfin réussi à vous persuader pleinement que ce qui est fécond est seul véritable, vous sondez la providence universelle ; elle gouvernera selon ses vues ; associez-vous au petit nombre[2]. » On voit donc que cette subordination de l'individu au Tout est moins un sacrifice qu'une conquête. Goethe, comme Spinoza, a la plus vive répulsion pour tout ascétisme qui amortit la vie et assombrit l'âme ; comme Spinoza, il conçoit que la reconnaissance de l'ordre éternel ne peut provenir que d'un large sentiment de la nature vivante.

Le héros du poète, c'est, à un certain moment, Prométhée, non pas le Prométhée antique dont la soumission dernière est un aveu d'impuissance, mais un Prométhée moderne, fort de la science qu'il a faite, de l'art qu'il a créé, un Prométhée qui ne se révolte contre les dieux que parce qu'il a la certitude de sa victoire. A l'encontre de ces dieux séparés du monde, dont la souveraineté est capricieuse et illusoire, il représente, lui, les forces de la nature s'organisant et se multipliant dans sa conscience ; il est comme la lumière du monde, qui illumine toutes choses, qui dissipe toutes les ombres, par suite ces om-

---

1. *L'Individu et le Tout*, t. I, pp. 306-307.
2. *Testament*, t. I, pp. 307-308.

bres des dieux qui planent sans consistance sur l'univers; il est l'ordre de l'univers, respecté et compris, par là même épuré de toute fatalité, affranchi de toute résistance aveugle, se soulevant de lui-même vers la Raison[1]. C'est en lui que l'éternité de la vie devient l'éternité de la Pensée. « Nous sommes tous éternels, dit-il à Minerve. Je ne me souviens pas d'avoir commencé. Je ne me sens point destiné à finir, et je ne vois pas la fin. Je suis donc éternel, car je suis[2]. » « Qui m'a forgé un cœur d'homme, crie-t-il à Jupiter ? N'est-ce pas le temps tout-puissant et le destin éternel, mes maîtres et les tiens[3] ? »

Si le héros de Goethe est Prométhée, l'âme de Goethe, c'est Faust. Le *Faust* a rempli toute son existence et en a été le poétique commentaire. Le désenchantement de la science vaine, la curiosité de tous les arts mensongers et de toutes les pratiques superstitieuses, l'oubli de la vie parmi les formules desséchantes, et avec tout cela le besoin d'être, le besoin d'être plus et d'être mieux, le désir infini qui n'a pas d'objet et qui cherche à se satisfaire, qui « demande au ciel les plus belles étoiles et à la terre les plus sublimes jouissances, » l'inquiétude frénétique et inassouvie, et, après les sursauts du désespoir, cette paix mélancolique et tendre qu'apporte la Nature vaguement entrevue et pressentie dans sa vérité souveraine : voilà Faust au moment suprême de sa crise. Sa douleur, c'est de saisir en lui quelque chose de la vie sans pouvoir embrasser la vie tout entière. « Ah ! quel ravissement s'empare soudain de tout mon être ! Je sens la jeune et sainte volupté de la vie qui se rallume et ruisselle dans mes nerfs et dans mes veines... Suis-je un Dieu ? Pour moi tout s'éclaircit. Je contemple la nature créatrice qui

---

1. C'est à l'occasion du *Prométhée* de Goethe que Lessing fit à Jacobi sa profession de foi spinoziste. Cf. E. Caro : *La philosophie de Goethe*, 2ᵉ édit., pp. 200 et suiv.
2. *Prométhée*. acte I, t. II, p. 90.
3. Acte III, t. II, p. 98.

se révèle à mon âme... Comme tout s'agite pour l'œuvre universelle ! Comme une chose opère et vit dans l'autre ! Comme les puissances célestes montent et descendent, et se passent de main en main les sceaux d'or, s'élancent du ciel sur la terre avec leurs ailes d'où la bénédiction s'exhale, et font retentir de sons harmonieux tout l'univers ! Quel spectacle ! Mais hélas ! ce n'est qu'un spectacle. Où te saisir, Nature infinie[1] ? » Si Faust peut évoquer l'Esprit de la Terre, il ne peut pas le retenir; et voilà pourquoi il se consume dans son angoisse. C'est par désespoir qu'il se donne à Méphistophélès. Méphistophélès va lui communiquer par fragments cette science qui s'est dérobée à lui; il va lui faire goûter en détail les jouissances de la vie. Qu'est-il donc ? C'est lui-même qui se définit : « Une partie de cette force qui veut toujours le mal et qui fait toujours le bien. — Que signifie cette énigme ? — Je suis l'esprit qui nie sans cesse. Et cela avec raison, car tout ce qui reçoit l'existence est digne de périr... Tout ce que vous nommez péché, destruction, en un mot, le mal est mon propre élément. — Tu te nommes une partie, et te voilà néanmoins entier devant moi? — Je te dis l'humble vérité. Si l'homme, ce petit monde d'extravagance, se croit d'ordinaire un tout, je suis une partie de la partie qui, au commencement, était tout, une partie des ténèbres qui enfantèrent la Lumière, l'orgueilleuse Lumière, qui maintenant dispute à sa mère, la Nuit, son ancien rang et l'espace..... — Je connais maintenant tes dignes fonctions : tu ne peux rien détruire en grand, et tu t'y prends en petit[2]. » Méphistophélès, c'est donc la limite à laquelle vient se briser toute œuvre naturelle ou toute action humaine, c'est la puissance négative qui travaille à tout pervertir et à tout dissoudre, c'est l'obstacle au repos, à la joie libre

---

1. T. III, p. 133.
2. T. III, pp. 155-156.

et pleine, c'est le dédain sarcastique de toute grande pensée qui enveloppe l'existence, c'est l'obsession du détail qui obscurcit les vues d'ensemble. Il borne l'intelligence et il corrompt le désir. Il empêche Faust de goûter en Marguerite, sans mélange de volupté infâme, la nature candide, l'amour sincère et transparent comme la vie, l'ignorance salutaire du bien et du mal. Et cependant, si Méphistophélès n'a de puissance que parce qu'il fait de Faust son instrument, que serait Faust sans Méphistophélès? Il serait resté fasciné par le rêve d'une science abstraite et stérile; ne sentant pas d'obstacle à surmonter, il aurait fixé ses besoins et se serait affaissé dans une inertie définitive. Lié à Faust, Méphistophélès, au lieu d'être la négation inefficace et vide, le néant qui se dévore lui-même, devient le génie tentateur qui pousse à agir perpétuellement, qui empêche le repos d'être une joie. Il est là toujours pour faire sentir à Faust ce qu'il y a d'impuissant et de manqué dans ses intentions les meilleures et ses œuvres les plus pures. Faust s'afflige et s'irrite des contradictions qui l'obsèdent, des misères qu'il fait naître sans les vouloir, qu'il rencontre sans les prévoir. Mais combien il doit à la malignité de Méphistophélès! Il s'est initié ainsi, et par son expérience propre, à la vérité de la vie; il sait qu'il n'est rien d'actuellement réel pour remplir toute l'âme, que la force intérieure du désir doit tendre sans cesse à l'existence la plus haute. Si jamais l'heure présente lui suffisait, il s'abandonnerait tout entier à Méphistophélès. « Si jamais je dis au moment : « Demeure, tu es si beau!... » alors tu pourras me jeter dans les chaînes; alors je consens à périr; alors la cloche des morts peut sonner; alors tu es affranchi de ton service. Que l'horloge s'arrête, que l'aiguille tombe, et que le temps n'existe plus pour moi[1]! » Faust cependant se met à rêver d'une humanité pleinement heu-

---

1. P. 165.

reuse, qui n'aurait pas à souffrir pour vivre, qui s'épanouirait spontanément dans la joie et dans l'amour. Oh! comme alors il dirait au moment: « Demeure, tu es si beau! » Ce rêve qui arrête son activité le fixe dans la mort; Faust n'appartient plus à ce monde. Mais avant de mourir, il est né à la pensée suprême qui résume la sagesse et assure le salut : « Celui-là seul mérite la liberté comme la vie, qui doit chaque jour la conquérir[1]. »

C'est bien là l'expression à la fois dramatique et symbolique de l'idée que Spinoza avait conçue et que la philosophie allemande s'est appliquée à développer et à élargir. Puisque l'Être est l'Infini, il ne saurait se traduire dans les catégories de l'entendement abstrait ; il n'y a pas de type du bien comme il n'y a pas de type du mal qui vaille absolument par soi ; mais il y a un progrès dialectique et concret de la nature universelle et de l'action humaine, qui supprime les négations des choses ou les fait concourir à de plus hautes et de plus complètes affirmations. L'Infini ne peut se réaliser qu'en se déterminant, c'est-à-dire en se limitant. La grande erreur est de croire qu'il peut être immédiatement en soi d'une existence définitive, et qu'il peut entrer en nous par une formule qui l'épuise ; la grande faute est d'imaginer que les déterminations et les limites qu'il s'impose ont une réalité absolue par elles-mêmes, alors qu'elles sont seulement les conditions, sans cesse renouvelées, qui lui permettent d'être. Dans le *Prologue* du Ciel, le Seigneur reconnaît que l'influence de Méphistophélès ne saurait être radicalement malfaisante, qu'elle sert indirectement à ses desseins et à sa gloire[2]. Rapporté à l'Infini, tout mal s'évanouit comme toute négation : il reste l'Être qui perpétuellement agit et

---

1. P. 462. — « Dans Faust, dit Goethe à Eckermann, a vécu jusqu'à la fin une activité toujours plus haute, plus pure, et l'amour éternel est venu à son aide. Cette conception est en harmonie parfaite avec nos idées religieuses, d'après lesquelles nous sommes sauvés, non seulement par notre propre force, mais aussi par le secours de la grâce divine. » Trad. Délerot, t. II, p. 300.

2. Trad. Porchat, t. III, p. 127.

qui surmonte sans cesse les contradictions qu'il suscite.

Telle est la conception de l'univers et de l'homme, dont Goethe ne s'est pas contenté de retrouver la signification métaphysique et universelle, dont il a merveilleusement découvert le sens familier et, pour ainsi dire, quotidien. Elle n'a peut-être pas rempli toute sa pensée, trop complexe pour entrer dans une forme unique; mais elle explique assurément ce qu'il y a de plus parfait dans son existence et de plus harmonieux dans son œuvre. Nul mieux que Goethe n'a témoigné que la vie est un apprentissage, que l'épreuve est un moyen de perfectionnement, qu'aucune règle formelle ne peut se substituer au sentiment de notre destinée propre, qu'il n'y a rien de mauvais dans l'univers pour qui sait le bien voir et le bien prendre, et que c'est le caprice de notre moi qui fait seul le désordre des choses. Nul n'a mieux montré par le détail comment l'expérience éclairée par la raison peut nous relever de nos chutes, nous préserver de toute humiliation, nous découvrir l'ordre qui nous comprend et nous restituer ainsi à nous-mêmes[1]. Cet idéal de la vie libre, que Schiller avait surtout conçu dans l'art, Goethe l'a conçu dans l'union indissoluble de l'art, de la pensée et de l'action; chez Goethe, le poète, le philosophe et l'homme se sont pénétrés et fondus en une même âme, spontanément soumise à cette loi de développement que Spinoza avait si fortement exprimée : « A mesure que l'esprit comprend mieux toutes les choses comme nécessaires, il a sur ses affections une puissance plus grande, c'est-à-dire qu'il a moins à souffrir d'elles[2]. »

---

1. Cf. Émile Montégut, *Types littéraires et Fantaisies esthétiques*, Morale du « Wilhelm Meister », pp. 194 et suiv.
2. *Eth.*, V, prop. 6, t. I, p. 256.

CHAPITRE V.

NOVALIS ET L'ÉCOLE ROMANTIQUE.

C'était donc une pensée familière à Herder, à Schiller et à Goethe, que le génie poétique est une interprétation de la nature et de l'humanité, qu'il se manifeste par une entente largement compréhensive de tout ce qui est et de tout ce qui devient, qu'il doit tendre à l'universel ou participer de l'Infini. L'œuvre d'art est pour eux une sorte de science, une science supérieure dans laquelle l'intuition intellectuelle et le sens immédiat du concret jouent le plus grand rôle, et dont le principal mérite est de pressentir ou de retrouver l'unité profonde des choses. Et elle est aussi pour eux l'œuvre pratique par excellence, puisqu'elle affranchit l'homme des influences extérieures et des formules de convention, qu'elle excite et exprime à la fois ses facultés créatrices, qu'elle l'élève à la conscience active de sa liberté. Si le spinozisme paraît répondre à cette tournure et à ce besoin d'esprit, c'est que par sa théorie de l'immanence il exclut les catégories et les distinctions artificielles, qu'il met en perpétuel contact Dieu, l'humanité et la nature, et qu'il considère comme la vie la plus parfaite la vie qui ne dépend que de soi, ou ce qui revient au même, de son Principe générateur. Il semble donc affirmer avant tout que le sentiment distinct ou la connaissance exacte de notre individualité propre nous découvre au fond de nous-mêmes l'Être infini qui produit tous les individus, et qui, les posant dans l'existence, les justifie pour eux-mêmes et pour les autres; et l'on comprend que le génie de Goethe, éminemment classique, se soit surtout appliqué à percevoir dans l'unité de la Substance les objets et les êtres particuliers, capables de se traduire en idées déterminées et en formes précises. Cependant le spinozisme peut impliquer aussi que le monde, à proprement parler, n'est pas, puisqu'il n'est pas une chose faite et qu'il n'a pas commencé d'être, mais que, manifestant sans cesse l'action nécessaire de Dieu, il est sans cesse à l'état de naissance. Dès lors, ce peut être le rôle de l'esprit que de travailler à se saisir lui-même et à saisir l'univers à ce moment singulier, impossible à fixer, où la révélation divine se produit, avant les déterminations particulières qui la limitent et l'arrêtent, et qui peuvent devenir des éléments ultérieurs de contradiction : et ainsi on possèdera, du monde et de la destinée humaine, la raison et la signification les plus pures. Comme, à ce moment, rien n'est distingué, rien n'est fondé dans les distinctions usuelles qui sont venues morceler et épuiser la spontanéité de notre être. Dans l'ineffable action dont découlent notre vie et la vie universelle, tout est compris de ce que l'homme et la nature réaliseront, mais sous une forme absolument synthétique et une, que l'art doit s'efforcer de retrouver ou de reproduire. L'art sera donc une philosophie, et une philosophie vraiment vivante, puisqu'il prendra sa source à la source même de notre existence. Voilà comment le romantisme allemand a interprété et s'est assimilé le spinozisme, en le conciliant d'ailleurs avec d'autres vues ou d'autres pensées : il a voulu que toute l'œuvre humaine fût ramenée, comme l'univers, à son unité la plus indivisible. « La distinction de la poésie et de la philosophie n'est qu'apparente et à leur commun préjudice... La philosophie est la théorie de la poésie; elle nous enseigne ce qu'est la poésie, qu'elle est l'un et le tout. » C'est là la formule du romantisme allemand; et le poète qui nous la donne, le jeune homme à l'âme si douce, si maladivement délicate, Novalis, ne se contente pas, en effet, d'être un artiste : de son art même il s'applique à dégager une philosophie [1].

Ce qu'on trouve cependant dans Novalis, c'est une unité d'inspiration plutôt qu'une unité de système. Dispersées en des *Fragments*, ses idées n'arrivent sans doute pas à former rigoureusement ou à reproduire exactement une doctrine unique. Elles semblent suscitées par deux grandes influences, l'influence de Fichte et l'influence de Spinoza; mais en même temps qu'elles se rattachent à Jacobi, elles inclinent vers Schleiermacher et Schelling, et elles s'imprègnent du mysticisme de Jacob Boehme. Elles se ramènent à cette conception dominante, qu'il y a une essentielle identité de toutes les fonctions de la vie spirituelle, que la religion, la philosophie, la science, l'art et la moralité ont une même raison d'être et une même fin. Le monde est la matière incessante de notre activité comme Dieu en est l'éternel principe; c'est affaire à la pensée et au sentiment de reconnaître Dieu dans le monde et le monde en Dieu, de trouver dans la nature les formes analogiques du divin, dans le divin les formes analogiques de la nature, d'observer la gradation de ces formes en les percevant les unes dans les autres. De là, chez Novalis, ces expressions fuyantes et souples, avec je ne sais quoi d'inachevé, qui marquent le perpétuel renouvellement de l'âme au sein de l'univers perpétuellement renouvelé; de là encore ce sens, raffiné et naïf, de ce qu'il entre d'illusoire dans le réel, de vivant dans l'illusion; de là enfin, dans toute cette mobilité, un calme doucement joyeux et tendre, une foi dans l'Éternel qui se rassure par ses métamorphoses.

Cette complication de sentiments et d'idées n'est pas le résultat d'une culture d'esprit artificiellement élargie; elle exprime immédiatement cette tendance panthéistique à trouver en tout, dans les œuvres réfléchies de l'homme

---

1. Cf. R. Haym : *Die romantische Schule*, Berlin, 1870, pp. 325-390.

comme dans les productions spontanées de la nature, une âme de vérité, de beauté, de bonté. De tous les systèmes jusqu'à présent éclos l'intelligence peut se faire son propre système à la condition de les bien pénétrer et de s'en bien pénétrer. Aucune philosophie n'est en dehors de Dieu, et toute philosophie est belle, bonne, vraie dans la mesure où elle rend Dieu sensible, intelligible, vivant.

L'homme doit chercher sa philosophie, sous peine de manquer à la moralité; mais il est déjà moral, par cela même qu'il cherche à philosopher. Si les philosophies extérieures peuvent former notre philosophie, c'est en se transformant, en devenant nous-mêmes. Fichte a profondément montré la vérité de l'idéalisme, quand il a dit que l'idéalisme était notre conquête, notre effort [1]. Au surplus, qu'est-ce que la philosophie, sinon l'affirmation, par notre moi empirique, de notre moi transcendant, l'action par laquelle nous cherchons à nous réaliser nous-mêmes dans l'absolu [2]? Or nous ne pouvons nous éveiller à la vie pleinement spirituelle, à la vie divine, que si nous commençons par assoupir nos puissances matérielles; l'acte philosophique par excellence, c'est de mourir à soi-même [3], de reconnaître l'égale indifférence du moi et du non-moi à la moralité. Mais nous ne devons amortir la nature extérieure des choses et la nature intérieure de notre être que pour les ressusciter dans une vie à la fois plus complète et plus vraie; il faut savoir mourir pour vivre, savoir souffrir pour créer. Toute personne a une tâche, qui est de développer le germe infini et vivant qu'elle enveloppe, et elle ne peut remplir cette tâche qu'en unissant toutes ses facultés entre elles et avec la nature. A cette condition, rien ne lui est impossible [4].

---

1. Novalis: *Schriften*, Berlin (Reimer), erster und zweiter Theil, 5ᵗᵉ Auflage, 1837; dritter Theil, 1846; II, p. 115.
2. II, p. 120.
3. II, p. 115.
4. III, p. 191.

Car la nature est le dessein systématique, le plan organisé de notre esprit; loin d'être une fatalité invincible opposée à notre action, c'est à nous qu'elle est suspendue, c'est de nous qu'elle relève. Nous pouvons transformer en liberté interne les nécessités extérieures du monde; les choses ne nous semblent affluer sur nous que parce que nous ne cherchons pas à influer sur elles. Nous n'avons une existence négative que parce que nous le voulons bien; plus nous savons nous donner une existence positive, plus nous supprimons ainsi les négations que le monde semblait nous imposer, jusqu'à ce qu'enfin toute négation ait disparu, jusqu'à ce que tout apparaisse en tout. Dieu veut des dieux[1]. C'est donc à Dieu que nous tendons chaque fois que nous travaillons à notre progrès moral, et c'est aussi Dieu qui agit en nous. Il nous semble que nous sommes engagés dans un dialogue, et qu'un Être inconnu et spirituel nous pousse merveilleusement à développer les pensées les plus lumineuses. Cet Être est forcément un Être supérieur, puisqu'il se met en rapport avec nous par un genre de révélation sans analogue dans la nature. Et en même temps, il doit être de même essence que nous, puisqu'il nous traite comme des êtres spirituels et qu'il nous invite à une action autonome, d'une valeur infinie. Ce Moi supérieur est à l'homme ce que l'homme est à la nature, ce que le sage est à l'enfant. L'homme aspire à s'identifier avec lui comme il aspire à s'identifier avec le non-moi. C'est là un fait qui ne se démontre pas, mais qu'il faut éprouver par une expérience intime et toute personnelle. C'est là un fait d'ordre supérieur que peut seul complètement découvrir l'homme supérieur : c'est un devoir pour tous les hommes de tendre à le susciter au plus profond d'eux-mêmes. La philosophie est ainsi le principe de toute moralité, puisque la philosophie est l'effort par lequel l'homme se révèle à lui-même, par

---

1. Novalis, *Schriften*, II, p. 140.

lequel il comprend et engendre à la fois son existence véritable ; elle est l'impulsion que se donne le moi empirique pour devenir esprit, pour se constituer en Dieu et par Dieu [1].

Toutes ces pensées s'inspirent principalement de l'idéalisme de Fichte ; mais déjà elles les modifient en bien des points, et elles se complètent en outre d'autre pensées qui annoncent Schelling et surtout rappellent Spinoza. La nature n'est pas pour Novalis, comme pour Fichte, la matière indifférente que doit plier à ses formes le moi pur et libre ; elle est déjà en elle-même véritablement spirituelle et divine. « La nature est l'idéal. Le véritable idéal est à la fois possible, réel et nécessaire [2]. » Il y a en tout être, par cela seul qu'il est, un fond de l'existence (*Grund*) qui ne se laisse pas décomposer, et c'est de ce fond de l'existence qu'émerge l'inspiration. Le moi idéal se conçoit et se réalise par un moi naturel ; ou plutôt le moi idéal et le moi naturel sont identiques à leur radicale origine. Il nous est impossible de déterminer le moment initial de notre activité vivante et pensante ; tout ce qui nous est donné, tout ce qui nous apparaît se rattache toujours à des états antérieurs [3]. Mais si nous ne pouvons comprendre notre être en sa puissance d'être, nous pouvons cependant nous rapprocher, par des progrès incessants, de cet instant éternel où notre être se pose. Remonter, sans y pouvoir d'ailleurs tout à fait atteindre, à ce qui est dans notre nature la cause vivante de notre vie, c'est participer à la force créatrice qui nous engendre, c'est nous faire renaître par un acte souverain qui inaugure du même coup la renaissance de l'univers, c'est reconquérir le paradis perdu, c'est, en d'autres termes, retourner à l'état d'innocence, qui est l'état d'inspiration, qui est l'état prophétique. Que l'univers se tra-

---

1. Novalis, *Schriften*, II, p. 121.
2. II, p. 149.
3. II, p. 116.

duise pour l'âme innocente en légende, en histoire, en poésie, en art, en moralité, peu importe : alors toute parole est une Parole divine, toute écriture est une Écriture sainte. Le sens moral n'est autre chose que l'esprit de l'univers.

La Nature sous sa forme véritable est infinie parce qu'en son principe vivant elle est Dieu. Dieu est partout, Dieu est en tout. Le miracle isolé, sans attache avec nos autres états d'âme, n'est qu'un rêve d'un instant, une vision sans consistance; le miracle réel et permanent, c'est la conviction morale intérieure qui nous fait éprouver Dieu [1]. Le panthéisme a raison, parce qu'il soutient que tout est organe de la Divinité, parce qu'il transforme en réalités effectives les conceptions de l'idéalisme. La vraie philosophie est un idéalisme réaliste : c'est la doctrine de Spinoza [2]. Spinoza est un homme ivre de Dieu [3]; sa pensée est sursaturée de Dieu. Et c'est parce que Dieu pénètre tout qu'il est sensible au cœur autant qu'intelligible à la raison. La Religion s'éveille du moment où le cœur, détaché de tous les objets réels et particuliers, se prend lui-même pour objet et ainsi s'idéalise, se purifie. Alors toutes les tendances isolées de notre être s'unissent pour n'être qu'une tendance unique, la tendance à Dieu. Et ce Dieu qui est au fond de la nature (*Naturgott*) nous nourrit de son être, nous éclaire de sa lumière, nous fait vivre de son action [4]. La prédication morale et religieuse consiste à susciter la piété en suscitant le sentiment de la présence réelle; elle n'a de valeur que si elle est inspirée, géniale, prophétique. La foi produit le miracle bien plus que le miracle ne produit la foi : le surnaturel s'accomplit dans la nature et par la nature [5].

1. Novalis, *Schriften*, II, p. 253.
2. II, p. 118.
3. II, p. 261.
4. II, p. 262.
5. II, p. 263.

A son plus haut degré, le sentiment moral, c'est le sentiment de la puissance absolument créatrice, de la liberté inventive, de la personnalité infinie, de la Divinité en nous. La moralité sort de la nature et la complète en la refaisant[1]. Si l'on considère la nature dans sa vérité, on trouve qu'elle est une mathématique réalisée : la mathématique exprime exactement l'enchaînement rigoureux et la solidarité sympathique de tous les êtres; elle est la formule précise du concert que compose l'univers; et voilà pourquoi l'intuition de la pure mathématique donne à l'homme, avec le savoir parfait, la parfaite béatitude[2]. Mais il faut bien sentir que la mathématique est théophanie, que l'ordre découvert par la logique du mathématicien est dans les profondeurs de la nature un art singulièrement créateur, un art magique. Les rapports établis par l'entendement pur dans une langue abstraite sont identiques aux rapports vivants qui font l'unité du monde; et il faut que l'homme ait conscience de ces rapports, il faut qu'il soit un magicien à sa façon, pour faire pénétrer son œuvre propre dans l'œuvre universelle : la vertu se propage dans le monde par enchantement.

Qu'est-ce donc qui fait obstacle à l'avènement immédiat de Dieu? C'est précisément la méconnaissance de Dieu; c'est l'incapacité de saisir à travers les incessantes manifestations du monde l'Être infini qui se révèle; c'est l'inconsciente adoration de tout objet particulier qui nous frappe, de toute idée particulière qui nous fascine. Oubliant que Dieu n'est tout entier que dans le tout, nous l'avons comme éparpillé dans les formes multiples et contradictoires de la réalité; nous avons perdu le sens de l'unité originelle de la nature en son principe; et voilà pourquoi la vie nous apparaît comme pleine de misères

---

1. Novalis, *Schriften*, II, p. 259.
2. II, p. 147.

physiques et de souffrances morales. Dans les *Apprentis de Saïs,* Novalis nous montre les Puissances de la nature se plaignant que l'homme, au lieu de les servir et de les suivre, ait entravé leur libre jeu et brisé leur unité première : « Oh! si l'homme pouvait comprendre la musique intérieure de la nature et avoir aussi un sens pour l'harmonie extérieure! Mais il sait à peine que nous formons un tout unique, dans lequel nul élément ne peut subsister sans l'autre. Il ne peut rien laisser en paix, il nous sépare tyranniquement les unes des autres, et ce qu'il produit autour de lui n'est que dissonance. Qu'il pourrait être heureux s'il traitait avec nous en ami, s'il entrait dans notre sublime concert, comme à cet âge d'autrefois qu'il appelle justement l'âge d'or! En ce temps il nous comprenait comme nous le comprenions. Son désir de devenir Dieu l'a séparé de nous; il cherche ce que nous ne pouvons ni savoir ni pressentir, et depuis lors il n'y a plus de voix qui l'accompagnent, plus de mouvements qui s'accordent avec les siens. Il pressent bien les délices infinies, les jouissances éternelles qu'on éprouve en nous; aussi a-t-il un amour si merveilleux pour quelques-unes de nos formes. L'enchantement de l'or, les chatoiements des couleurs, les miroitements des eaux ne lui sont pas étrangers; dans les œuvres antiques il reconnaît les merveilles des pierres, et cependant il lui manque la douce passion pour le travail de la nature qui tisse sa trame, le regard pour nos mystères si pleins d'attraits. Puisse-t-il apprendre à sentir au moins une fois! Ce sens céleste, le plus naturel de tous, il ne le connaît encore que peu; c'est par le sentiment que peut renaître l'âge ancien, l'âge tant souhaité; l'essence du sentiment est une lumière intérieure qui s'irradie en couleurs plus belles, toutes-puissantes. Alors les étoiles ont reparu en lui; il a appris à sentir le monde plus clairement et sous des formes plus nombreuses que les lignes ou les surfaces perçues jusqu'à ce moment par son œil. Il peut devenir le maître d'un jeu infini, oublier tous les efforts insensés dans une jouissance éternelle qui se nourrit d'elle-même et qui va toujours grandissant. La pensée n'est qu'un rêve du sentiment, un sentiment éteint, une vie pâle et grise, sans force [1]. » Le mal, c'est donc avant tout une œuvre de séparation et d'isolement, et la pensée se fait l'auxiliaire de cette œuvre funeste quand dans l'univers elle distingue sans unir et critique sans affirmer. Ainsi disséminé, le monde se résout en une multiplicité de plus en plus grande d'êtres qui s'opposent et se combattent; une fois entré dans la nature, le mal ne cesse pas de la travailler et de la désorganiser; il se multiplie, il se propage avec une puissance effrayante. Cependant il n'a rien en soi d'absolu; il est un produit artificiel que l'homme, par la morale et la poésie, doit annihiler, qu'il doit rejeter de sa foi et de son âme. Le mal ne peut être véritablement nié que s'il est clairement connu; une demi-conscience du mal nous laisse, de même qu'un malaise indécis, endormis dans une trompeuse sécurité; le mal ne réveille le sentiment moral que s'il est poussé à l'extrême [2]. Car, au moment même où il croit s'affirmer avec le plus d'assurance, il se nie dans sa réalité; dès qu'il se comprend, il se supprime. L'homme a péché parce qu'il a voulu se faire Dieu; mais lorsqu'il en est venu à éprouver son impuissance et sa misère, il reconnaît le vrai Dieu auquel il s'était substitué par orgueil. C'est de la chute que vient le salut, comme c'est de l'erreur que vient la vérité [3].

Le sentiment et l'amour referont l'œuvre que la pensée abstraite et la volonté égoïste ont détruite; ils rétabliront la solidarité des êtres, l'unité harmonieuse et vivante de l'univers. Ils empêcheront l'existence humaine de se briser indéfiniment en périodes discontinues et la personne de rester plus longtemps à l'état de système incomplet. Alors la science totale et catégorique, cette science créa-

---

1. Novalis. *Schriften*, II, pp. 82-83.
2. II, pp. 245-247.
3. III, p. 288.

trice de joie et de liberté, dont Spinoza a eu l'idée, remplacera le savoir morcelé et exclusif[1]. La pure moralité et le pur bonheur se confondront. L'histoire de la nature infinie apparaîtra en pleine lumière. « Vous avez très bien rattaché, selon moi, la vertu à la religion, dit Henri de Ofterdingen à Sylvestre. Tout ce que l'expérience et l'activité humaine saisissent forme le domaine de la conscience, qui réunit ce monde à des mondes supérieurs. Il faut des sens supérieurs pour que la Religion apparaisse; et ce qui ne semblait d'abord que l'incompréhensible nécessité de notre nature la plus intime, une loi générale sans contenu déterminé, devient maintenant un monde merveilleux, inné en nous, infiniment varié, partant plein de délices, une communion intime et inexprimable de tous les heureux en Dieu, une présence intelligible et déifiante de l'Être universel et personnel, ou de sa volonté, de son amour dans les profondeurs de notre moi[2]. » L'amour en qui tout s'unit et se comprend est la plus haute réalité, le fond essentiel de tout (*der Urgrund*), l'*Amen* de l'Univers[3]. La vie de l'amour est la vie éternelle, et nous pouvons dès à présent éprouver cette vie par notre union avec Dieu. L'éternité n'est nulle part si elle n'est en nous[4].

Dans ces vues éparses de Novalis on peut surprendre la tendance qui poussait l'Allemagne de la philosophie de Fichte à la philosophie de Spinoza, transformée et élargie. Et cette même tendance se manifeste aussi très nettement dans l'évolution des idées de Frédéric Schlegel. C'était d'abord la *Doctrine de la science* que Schlegel invoquait comme la philosophie du romantisme. Le moi, selon Fichte, est obligé par une loi idéale interne à produire de lui-même un monde réel qu'il perçoit par intui-

---

1. Novalis, *Schriften*, II. p. 247.
2. I p. 237.
3. III. p. 309.
4. II, p 253.

tion, et sa souveraineté consiste en ce qu'il doit poursuivre indéfiniment cette tâche sans que sa puissance en soit jamais épuisée. L'action inconsciente par laquelle il suscite de lui-même les choses est comparable à l'action du génie, qui, à la suite d'un travail longtemps obscur, engendre son œuvre en pleine lumière. Cette théorie de l'univers est pour Schlegel la véritable théorie de l'art[1]. Rien ne doit limiter du dehors la spontanéité créatrice de l'artiste : le moi de l'artiste est souverain dans le sentiment qu'il a de son infinité. Et le signe visible de cette liberté absolue du moi est l'ironie. Par l'ironie, le moi se déprend de son objet, forcément limité; il témoigne que sa faculté d'agir reste toujours infiniment supérieure à ses actes particuliers; il marque le contraste, perpétuellement renouvelé, du fini auquel il s'applique et de l'Infini qui est en lui. L'ironie est le jeu de l'âme qui veut s'exprimer sans se livrer entièrement, qui ne se donne que pour se ressaisir, qui réserve toujours à l'encontre de la nature son essentielle originalité. Elle fait éclater les dissonances qui servent à composer l'harmonie des choses; mais surtout elle se complaît à glorifier, par l'humour qu'elle enveloppe, par le paradoxe qui la traduit, l'indépendance de l'esprit à l'égard de toute discipline négative, cette autonomie intérieure qui est, selon Fichte comme d'ailleurs selon Spinoza, la suprême caractéristique de l'homme. Seulement Schlegel transporte ainsi au moi empirique ce qui, pour Fichte, n'est vrai que du moi absolu. Oubliant que la *Doctrine de la science* établit l'identité indissoluble du moi libre et du devoir, il va jusqu'à justifier la liberté des goûts individuels et des penchants sensibles. De là, comme conséquence extrême, le « cynisme » de sa *Lucinde*.

Cependant cette doctrine de l'ironie se transforme de

---

1. R. Haym, *Die romantische Schule*, pp. 214 et suiv., pp. 256 et suiv.; Lévy-Bruhl, *Les premiers romantiques allemands* (*Revue des Deux-Mondes*, 1er septembre 1890, pp. 127-132.)

plus en plus chez Schlegel, à mesure que, sous l'influence de Novalis et de Schleiermacher, il tend davantage à faire de la Religion le principe même de l'art. Si c'est l'ambition légitime de l'art que d'exprimer l'Infini, il demeure incomplet, tant qu'il ne le poursuit que d'un côté, dans le sujet seul. De même que, selon Fichte, le sujet se détermine par la production incessante de son objet, de même l'idéalisme doit se déterminer par la création d'un réalisme qui lui soit adéquat. Ce n'est pas par le sentiment de son autonomie, c'est surtout par la pleine conception de l'univers que l'homme peut remplir sa tâche; c'est-à-dire qu'il doit se dégager de lui-même comme il se dégageait des choses, s'appliquer à lui-même son ironie pour prendre conscience de ses limites, et aspirer à ce qui est, au-dessus du moi et du non-moi, l'Infini véritable. Or ce réalisme qui doit parfaire l'idéalisme a été révélé depuis longtemps déjà, sous la forme d'un système philosophique, par la pensée de Spinoza. Le mysticisme de l'*Éthique* est bien fait pour donner un corps au subjectivisme de la *Doctrine de la science*. Ce qui a engendré, en effet, la philosophie spinoziste, c'est une imagination spirituelle, détachée de tout objet particulier, spontanément tournée vers l'universel et l'éternel, c'est un pur et libre sentiment, affranchi de toute passion, dépourvu de toute susceptibilité à l'endroit de telle ou telle chose, immédiatement uni à son objet qui est l'Infini. Et ainsi le réalisme de Spinoza, comme celui du « grand Jacob Boehme, » est non seulement le principe de toute poésie, mais déjà la poésie même. Il est une cosmogonie et une théogonie. Il peut servir à faire naître ce qui manque tant au poète, ce qui lui est cependant si indispensable pour que son art soit plus et mieux qu'un rêve, à savoir une nouvelle mythologie[1].

C'est ainsi que Schlegel appelait Spinoza à constituer

---

1. Haym, *Die romantische Schule*, pp. 492-493; 692-695.

pour sa part cette œuvre indivisible de moralité et de science, de poésie et de religion, qu'il appelait une « symphilosophie, » jusqu'au jour où, converti à d'autres idées, il vit dans le spinozisme un esprit essentiel de négation et une espèce de « protestantisme scientifique. » On voit par là en quel sens l'Ecole romantique a traduit cette pensée de Spinoza qui s'est si fortement imposée à elle [1]. A l'encontre d'un rationalisme abstrait qui se fondait exclusivement sur la connaissance de Dieu et d'un mysticisme aveugle qui se fondait exclusivement sur l'amour de Dieu, Spinoza avait essayé d'édifier une philosophie à la fois mystique et rationnelle, où la connaissance et l'amour fussent indissolublement unis, sans opposition et sans partage. Sous l'influence de la doctrine de Fichte, qui avait si énergiquement subordonné à la puissance productrice de la liberté les notions claires et distinctes de l'entendement, l'Ecole romantique, dans son interprétation du spinozisme, fait largement prédominer l'élément mystique sur l'élément rationnel; et comme Fichte avait élevé au-dessus de tout la spontanéité infinie du moi, elle donne au moi, comme objet adéquat, la spontanéité infinie de la nature. De la sorte, elle travaille à cette synthèse de la pensée de Spinoza et de la pensée de Fichte qui était à ce moment, en Allemagne, la fin plus ou moins consciente de tout effort philosophique; elle place toute la vie et toute la destinée humaine sous l'action immédiate de l'Infini vivant, qui n'est en soi ni sujet, ni objet, qui est identité du sujet et de l'objet.

---

1. Parmi les philosophes et les écrivains de l'Ecole romantique qui ont subi le plus directement l'influence de Spinoza, il faut citer particulièrement le norvégien Henri Steffens. Il fut d'abord ravi de trouver affirmée dans le spinozisme cette identité de la connaissance et de la vie que le kantisme avait dissoute; lui aussi, il sentit venir de l'*Ethique* un souffle de paix. Plus tard, il se donna avec enthousiasme à la doctrine de Schelling qui lui paraissait enfermer un sens plus large de la vie universelle, et qui convenait pleinement à son goût pour les sciences de la nature. — R. Haym, *Die romantische Schule*, pp. 623-624.

CHAPITRE VI.

SCHLEIERMACHER.

Le caractère original du romantisme allemand est dans l'effort qu'il a tenté pour exprimer en une forme aussi adéquate que possible l'action éminemment une et infiniment pure dont tout l'univers dérive, pour saisir dans cette action, avant qu'elle ait été brisée par les catégories de l'entendement abstrait, le principe générateur de ce qui, selon ces catégories, est tour à tour appelé de noms distincts : science, art, philosophie, moralité, religion. L'École romantique a voulu restituer à l'esprit le sentiment profond de ce qu'il y a d'absolu dans sa spontanéité. Elle a voulu le provoquer à être le plus possible, c'est-à-dire à trouver réalisée dans la nature la puissance illimitée de création qui est son essence. Elle a donc cru que c'était une même fonction que de reproduire la nature dans l'esprit et de la produire par l'esprit, de percevoir le monde et de le faire. Elle a rapporté à une commune origine la raison idéale et l'infinité réelle de l'univers. Surtout elle s'est appliquée à exclure toutes les dénominations extrinsèques qui ramènent à des qualités artificielles, artificiellement combinées, le libre développement de la vie. Si elle a goûté l'idéalisme de Kant, c'est pour en accepter les conséquences déduites par Fichte, à savoir l'immanence de la vérité et la pleine autonomie de l'activité spirituelle. Elle a rejeté de la philosophie kantienne, non sans quelque âpreté, l'idée de la loi transcendante, conçue comme la forme suprême de la Raison. Et n'ayant vu ainsi dans le devoir que la nécessité la plus intérieure, la plus idéale, par laquelle l'esprit se réalise, elle a restauré tout naturellement la doctrine spinoziste de la libre nécessité. Avec une conscience plus profonde que ne l'avait Spinoza de la subjectivité de la Pensée, elle a affirmé que dans la Vie la Pensée et l'Être sont identiques, se déterminent réciproquement avec une force absolue : si bien qu'aucune formule impérative ne peut pénétrer leur essence, ni limiter leur action, ni rompre leur unité.

C'est cette tentative du romantisme que Schleiermacher a soutenue de toute la vigueur et de toutes les richesses de son esprit. Son œuvre de théologien, de philosophe, de prédicateur, d'érudit a été la glorification de l'idée romantique; elle a été la négation de toutes les disciplines extérieures, une protestation sans cesse renouvelée contre les règles qui rétrécissent, les analyses qui décomposent, les systèmes qui déforment le génie humain; elle a été le sentiment, en soi-même infiniment mobile, de l'Infini vivant. Or c'est de la préoccupation des problèmes moraux que Schleiermacher est parti pour en venir peu à peu à affirmer, lui aussi, « l'immoralité de toute morale », et ses premiers écrits philosophiques révèlent d'une façon irrécusable les tendances profondes de sa pensée, uniquement éprise, à l'origine, des questions pratiques [1].

Il n'est pas étonnant que ces tendances aient d'abord cherché à se satisfaire par la doctrine kantienne. C'est dans Kant que Schleiermacher, au sortir de l'enseignement d'Eberhard, crut trouver la plus haute expression du vrai. De Kant, d'ailleurs, il garda toujours le sens critique, le goût des méthodes sévères et des déductions exactes [2]; et avant même d'employer cette rigueur d'esprit à l'édification de théories différentes ou adverses, il

[1]. Dilthey : *De principiis Ethices Schleiermacheri*, Berolini, 1864, p. 6.
[2]. Ed. Zeller : *Geschichte der Philosophie seit Leibniz*, München, 2ᵉ édit., 1875, p. 609.

l'appliqua à l'examen du système qui lui en avait si fortement montré la nécessité. C'est ainsi qu'en acceptant pour son compte les principales thèses de Kant, il voyait dans la conception des postulats une infidélité au principe directeur de la doctrine, un effort inconséquent pour unir, malgré leur radicale hétérogénéité, la notion rationnelle du devoir et la représentation sensible du bonheur. Et bien que ses objections fussent fondées sur l'idée de la pure moralité, telle que Kant l'avait entendue, elles exprimaient la ferme décision qu'il avait prise d'éprouver toujours sa conviction morale par son intelligence scientifique. Il y avait dans sa pensée comme un sens naturel de l'unité de la raison et de la vie, qui devait peu à peu l'amener à Spinoza[1]. Du reste, vers le même temps, il affirmait le déterminisme des actes intérieurs avec une force de conviction et de dialectique que Spinoza sans doute n'avait pas directement suscitée[2], mais qui devait trouver plus tard dans les doctrines du *Traité théologico-politique* et de l'*Éthique* sa plus complète justification.

C'est d'abord par Jacobi que Schleiermacher connut le spinozisme, et il le comprit immédiatement avec assez de profondeur pour rectifier heureusement en plusieurs points l'exposition qui le lui révélait. Son premier souci fut d'établir que la philosophie de Spinoza, plus rigoureusement conséquente que la philosophie de Leibniz, pouvait mieux s'accorder qu'on ne pensait avec le système de Kant[3]. Il y a une affirmation commune dans laquelle Spinoza et Kant se rencontrent, malgré la différence de leurs méthodes : c'est l'affirmation de l'Être en soi, considéré comme la raison suprême de l'existence

---

1. R. Haym, *Die romantische Schule*, p. 397.
2. Dilthey, *De principiis Ethices Schleiermacheri*, pp. 13-14.
3. Schleiermacher, *Kurze Darstellung des spinozistischen Systems*, à la suite de son *Histoire de la Philosophie*, publiée par Ritter, *Geschichte der Philosophie*, Berlin, 1839, pp. 283 et suiv.

empirique ; ils admettent tous les deux qu'il y a un fondement nécessaire de nos représentations sensibles [1]. C'est quand il s'agit de déterminer le rapport de l'Être en soi aux êtres particuliers qu'ils paraissent s'éloigner le plus l'un de l'autre ; et cependant leurs doctrines, bien entendues, se complètent exactement. Il est certain que la Substance n'est pas à l'égard des modes ce que le Noumène est à l'égard des phénomènes : autrement Spinoza aurait découvert le kantisme avant Kant [2]. L'erreur du spinozisme est d'avoir cru déterminer positivement la Substance par la pensée et l'étendue, de n'avoir pas compris que l'Être en soi est, dans son fond absolu, incompréhensible. Il faut remarquer d'ailleurs que dans les deux systèmes ce sont l'espace et le temps qui font que les objets particuliers apparaissent comme finis ; seulement Kant a eu l'incontestable avantage d'établir que l'espace et le temps ne sont pas des manières d'être réelles, mais de simples formes de nos facultés représentatives. Le spinozisme aurait donc intérêt à modifier sa formule : au lieu de prétendre que toute chose finie exprime les propriétés de l'Être infini, il devrait dire que l'Être infini est capable de s'exprimer en toute puissance de percevoir [3]. Mais d'autre part la philosophie de Kant, si elle se comprend bien elle-même, si elle se débarrasse des résidus de dogmatisme qui la corrompent, doit incliner vers la philosophie de Spinoza [4]. Kant, en effet, viole lui-même ses propres principes quand il va de l'affirmation des noumènes à l'affirmation d'une cause transcendante de l'univers. Et lorsqu'il suppose qu'il y a autant de noumènes qu'il y a d'individualités empiriques, fait-il autre chose qu'appliquer faussement au monde intelligible des distinctions qui sont uniquement fondées dans le monde

---

1. *Kurze Darstellung*, p. 298.
2. *Ibid.*
3. *Ibid.*, pp. 300-301.
4. *Ibid.*, pp. 294-295.

donné[1] ? C'est un paralogisme de la raison que de transporter à l'Être en soi la pluralité numérique qui est le fait de la conscience sensible. Qu'est-ce à dire alors, sinon que le kantisme doit se résoudre à affirmer l'immanence de l'Être infini, qu'il doit servir surtout à comprendre, selon un type plus intérieur de relation, le rapport de l'Être infini aux individus particuliers ? Et c'est là précisément le problème qui s'impose de plus en plus aux méditations de Schleiermacher. Quel est le fondement de l'individuation des êtres ? Et comment les êtres individuels se rattachent-ils à l'Être infini ? La solution du problème est dans les *Discours sur la Religion.*

C'est, en effet, la Religion seule qui peut, d'après Schleiermacher, nous révéler à nous-mêmes ce que nous sommes véritablement dans ce qui est l'Être véritable ; le sentiment de pure piété, dont toute religion procède, exprime immédiatement l'acte d'union de l'Infini et du fini. Cet épanouissement harmonieux de toutes nos puissances spirituelles, que les Romantiques glorifient justement à l'encontre d'un rationalisme superficiel, a son principe et sa fin dans la vie religieuse ; car il n'y a que la vie religieuse qui puisse nous élever au-dessus des oppositions de la critique négative et du savoir abstrait ; il n'y a que la vie religieuse qui puisse fonder un développement de la nature et de l'humanité irréductible à de simples combinaisons de concepts. La Religion, éprouvée dans sa pureté originelle, est le lien indissoluble qui unit en chaque âme toutes ses tendances spontanées, qui unit toutes les âmes entre elles, qui unit toutes les âmes à l'univers. Qu'on la débarrasse donc des formules arbitraires qui prétendent la contenir tout entière et qui ne sont en vérité que des causes de désunion et de scandale ; qu'on la décharge de toutes les vaines prétentions à la science par lesquelles on a essayé de l'imposer du

---

1. *Kurze Darstellung*, p. 299.

dehors, par lesquelles on l'a finalement discréditée. La Religion n'est ni un système de connaissances, ni un système de dogmes. Elle est indépendante de tout savoir déterminé et de toute autorité fixe [1]. Est-elle cependant indépendante de la morale ?

Oui, certainement la Religion est indépendante de la morale, si l'on persiste à séparer les divers objets de l'activité humaine, si par conséquent la morale est dominée par la conception d'une loi catégorique et limitative, si elle doit consacrer « cette malheureuse disposition a l'uniformité, qui cherche à enfermer la plus haute vie humaine dans l'unité d'une formule morte [2]. » C'est d'ailleurs dénaturer la Religion que de l'asservir à certaines fins pratiques, que de la traiter comme instrument et comme moyen. Elle tient de son essence même et de sa seule essence sa valeur et sa liberté, qui sont absolues. Elle n'est donc pas une vertu spéciale qui viendrait s'ajouter à d'autres vertus, ni un motif particulier qui viendrait produire une action bornée. Il n'y a pas de Religion dans les limites de la moralité ; mais la moralité, pour être complète, c'est-à-dire vivante et vivifiante, doit naître dans la Religion. La Religion est comme la chaleur fécondante, grâce à laquelle les germes de l'âme humaine peuvent éclore et porter leurs plus beaux fruits.

Ainsi la Religion est infiniment supérieure à toute connaissance objective et à toute moralité juridique ; elle ne comporte par elle-même ni des spéculations que la science pourrait contester, ni des actes que la morale pourrait exclure. Elle est le pur sentiment de piété que suscite en nous l'intuition de l'Infini dans le fini, de l'Éternel dans le temporel. Chercher l'Infini et l'Éternel dans tout ce qui est et se meut, dans toute action et toute passion, s'unir à l'Infini et à l'Éternel par une sorte de conscience immé-

---

1. *Ueber die Religion. Reden an die Gebildeten unter ihren Verächtern*, Berlin, 4º édit., 1831, pp. 41 et suiv.
2. *Ueber die Religion*, p. 47.

diate, posséder tout en Dieu et Dieu en tout : voilà la Religion. Quand l'homme est à l'état religieux, il s'épanouit dans la puissance et dans la joie; hors de l'état religieux, il n'y a pour lui que misère, qu'angoisse, qu'éparpillement de forces. La Religion, c'est l'unité de tout notre être et de tout l'Être, indivisiblement sentie au plus profond de nous-mêmes[1].

Par conséquent, pour découvrir le principe de la Religion, il nous suffit, à un moment quelconque, de nous saisir en un acte quelconque de notre vie. Tout acte de la vie est en lui-même une synthèse, dans laquelle se rencontrent et s'unissent l'individu et l'univers; il ne peut se produire qu'en échappant à cette loi de division analytique qu'imposent également l'existence pratique et la connaissance spéculative. Les deux tendances qui plus tard se révèlent à la conscience claire, la tendance de l'individu à être pour soi, la tendance de l'individu à être dans le Tout, sont originairement confondues dans l'émotion spontanée de l'acte vivant. L'objet aspire au sujet et entre dans le sujet sous forme de sensation; le sujet aspire à l'objet et se réalise dans l'objet sous forme d'action. Il y a là, dans un sentiment pur d'une originalité absolue, une entière compénétration de la vie individuelle et de la vie universelle. Il est impossible de décrire ce sentiment, tant il est prompt à se scinder dans les catégories de l'intelligence et de l'activité discursives. Mais chacun est à même de l'éprouver sur le vif, à l'instant où il est, c'est-à-dire à l'instant où il devient, car son être n'est qu'un devenir. « Si du moins, ne pouvant le décrire, je pouvais le faire connaître par une comparaison, je dirais : il est passager et transparent comme le parfum que la rosée soulève des fleurs et des fruits, il est pudique et tendre comme le baiser d'une vierge, il est saint et fécond comme l'embrasse-

---

1. *Ueber die Religion*, p. 42-43.

ment nuptial. A vrai dire, il n'est pas seulement comme cela, il est tout cela même. Car c'est la première union de la vie universelle avec une vie individuelle, et elle ne remplit aucun temps, et ne produit rien de saisissable; c'est le mariage immédiat, au-dessus de toute erreur et de tout malentendu, par suite sacré, de l'univers avec la raison incarnée dans un embrassement fécond et créateur. Vous reposez ainsi immédiatement sur le sein du monde infini, vous êtes en ce moment son âme; car vous sentez, bien que ce ne soit que par une partie de votre être, vous sentez toutes ses forces et sa vie infinie comme votre vie propre. Il est en ce moment votre corps, car vous allez jusqu'au fond de ses muscles et de ses membres comme des vôtres propres, et ce sont vos sens et votre souffle qui mettent ses nerfs les plus intimes en mouvement[1]. »

Puisque ainsi le sentiment religieux est essentiellement une révélation de l'Infini en nous, puisqu'il est la communion de notre être avec l'Univers, il devient contradictoire de traiter la Religion comme une puissance ennemie qui s'impose arbitrairement à notre raison. On ne l'a pas véritablement exclue, parce qu'on l'a combattue dans des dogmes qui la déterminent et la faussent, et c'est vainement que l'on chercherait à se dispenser d'elle pour fonder des croyances vitales et vivantes. C'est sans doute une impérieuse tentation que de chercher pour nos convictions intimes des expressions rationnelles; mais ces expressions peuvent varier, se contrarier même, sans que la Religion en soit atteinte. La piété ne suit pas la fortune de nos idées; elle est universelle en elle-même, non dans les théories spéciales qui s'efforcent de la traduire. Les idées sont ici des actes extérieurs qui ne valent rien pour la foi, qui ne valent que par la foi. L'Univers même ne saurait susciter le sentiment religieux, s'il n'est considéré que

[1] *Ueber die Religion*, p. 51.

dans le jeu inconscient et brutal de ses forces ou dans la grandeur mathématique de ses manifestations, s'il est l'objet d'une crainte superstitieuse ou d'une vue bornée. L'Univers n'est religieux que pour l'âme religieuse qui prolonge son regard dans l'infini de l'ensemble, qui sent ce qu'elle voit, qui pressent ce qu'elle ne voit pas, qui, en contact avec l'Être divin, a l'intuition vraie et prophétique des choses ; la vie humaine n'est religieuse que pour l'homme religieux, qui, au lieu de s'isoler dans la conscience mesquine d'une fausse individualité, cherche à agir sur ses semblables par sa foi et par ses œuvres, qui participe en esprit et en vérité au travail obscur et silencieux par lequel l'homme s'est graduellement fait homme, qui se reconnaît dans la splendide image de l'humanité que déroule devant lui le cours providentiel de l'histoire. « Vous êtes un raccourci de l'humanité ; votre existence individuelle embrasse en un certain sens toute la nature humaine, et celle-ci, dans toutes ses manifestations, n'est que votre propre moi, multiplié, plus clairement exprimé et en quelque sorte éternisé dans toutes ses modifications même les plus infimes et les plus passsagères [1]. » L'humanité est l'organe de la révélation divine, et voilà pourquoi il y a en tout homme un caractère original qui le rend digne d'intérêt et de respect. Notre tâche est de découvrir Dieu à notre façon. La Religion est notre véritable raison d'être.

C'est donc une entreprise malheureuse que d'opposer à plaisir, grâce aux formules analytiques de la conscience, les deux termes dont l'union primitive et indissoluble constitue le sentiment religieux. A coup sûr il a pu être nécessaire de défendre contre un réalisme grossier la subjectivité de l'esprit et d'expliquer l'univers comme un système d'apparences engendré par la spontanéité du moi ; mais le réalisme ainsi combattu est celui qui porte à

---

1. *Ueber die Religion*, p. 94.

l'absolu une réalité finie, modelée sur un type abstrait : on peut concevoir un autre réalisme qui poserait dans l'Être l'Infini arbitrairement réservé au sujet, qui affirmerait l'Infini comme le principe inépuisable et la raison synthétique de toute réalité. Il est temps de fonder, non pas à l'encontre de l'idéalisme, mais par l'idéalisme même, ce réalisme supérieur, de substituer comme vérité suprême, à l'action formelle du moi, le sens de la vie universelle, de restaurer l'essentielle unité de l'esprit et de la nature. « Si l'homme ne devient pas un avec l'Éternel dans l'unité immédiate de l'intuition et du sentiment, il demeure dans l'unité dérivée de la conscience éternellement séparé de lui. Aussi, qu'arrivera-t-il du plus haut produit de la spéculation de notre temps, de cet idéalisme parfaitement arrondi, s'il ne se plonge pas de nouveau dans cette unité, en sorte que l'humilité de la Religion fasse pressentir à son orgueil un autre réalisme que celui qu'il se subordonne si hardiment et à si bon droit? Il détruira l'univers en paraissant vouloir lui imposer sa forme; il le réduira à n'être qu'une simple allégorie, qu'un vain fantôme suscité par les catégories exclusives de sa conscience vide. Sacrifiez respectueusement avec moi une boucle de cheveux aux mânes du saint excommunié Spinoza ! Le sublime esprit du monde le pénétra ; l'Infini fut son commencement et sa fin ; l'Univers, son unique et éternel amour. Avec une sainte innocence et une humilité profonde il se mirait dans le monde éternel, et il considérait qu'il en était aussi le miroir le plus aimable. Il était plein de Religion et plein de l'Esprit saint ; aussi est-il encore là, seul, sans que personne l'ait atteint, maître en son art, mais élevé au-dessus de la tribu profane, sans disciples et sans droit de cité.

« Pourquoi dois-je d'abord vous montrer qu'il en est de même de l'art? Ici encore, à combien d'ombres, de prestiges et d'erreurs êtes-vous sujets pour la même raison ! Ce n'est qu'en silence, car la douleur récente et profonde n'a pas de paroles, que je veux, au lieu de tout autre appareil, mettre sous vos yeux un magnifique exemple, que vous devriez tous connaître, aussi beau que le premier : je veux parler de ce divin jeune homme qui vient de s'endormir du dernier sommeil[1]. Tout ce que son esprit touchait, il le transformait en art; son idée de l'Univers devenait immédiatement un grand poème; aussi, quoiqu'il n'ait réellement fait entendre que ses premiers accents, devez-vous le mettre au rang des plus riches poètes, de ces hommes rares, qui ont autant de profondeur dans le sentiment que de clarté et de vie. En lui contemplez la force de l'inspiration et de la sagesse d'un cœur pieux, et reconnaissez que si les philosophes étaient religieux et cherchaient Dieu comme Spinoza, si les artistes étaient pieux et aimaient Christ comme Novalis, le jour serait venu de fêter la grande résurrection des deux Mondes[2]. »

Cette façon d'invoquer Spinoza, avec Novalis, comme un des exemplaires les plus achevés de l'humanité religieuse, peut-elle être considérée comme une adhésion au spinozisme? Dans les *Éclaircissements* qu'il a ajoutés à la troisième édition des *Discours*, pour en atténuer d'ailleurs la signification primitive, Schleiermacher a soin sans doute de nous avertir qu'il a voulu glorifier en Spinoza le sentiment de piété profonde qui a inspiré toute sa vie, sans identifier pour cela ce sentiment avec la foi chrétienne, surtout sans accepter telle quelle la philosophie dans laquelle ce sentiment s'est traduit[3]. Mais il ne faut pas exagérer l'importance de ces réserves faites après coup. Il ne faut pas oublier surtout que la pensée de Spinoza s'était, elle aussi, donné pour objet, non la spéculation proprement dite, mais la vie pratique et reli-

---

1. Cet éloge de Novalis a été ajouté à la deuxième édition des *Discours sur la Religion*.
2. *Ueber die Religion*, pp. 47-48.
3. *Ibid.*, pp. 123-124.

gieuse. Schleiermacher n'est pas seulement lié à Spinoza par une intime communion d'esprit; il se rattache encore très étroitement, par ses conceptions propres, à la doctrine spinoziste. Selon l'*Éthique*, en effet, l'affirmation de la Substance comme Être en soi et par soi est, ainsi que nous l'avons vu[1], le premier moment, non l'expression suprême de la vérité. Ce qui est plus vrai que l'Être qui est, c'est l'Être qui produit, qui se révèle, qui se met par là en relation avec d'autres êtres ; ce qui est plus intelligible que la Notion qui se définit, c'est la Notion qui se développe, qui se prolonge en d'autres idées, qui s'éclaire par là même : de telle sorte que l'absolue Réalité enveloppe essentiellement un rapport, le rapport de l'Infini et des individualités finies. C'est par l'intuition de ce rapport que l'homme est capable de Religion et de vertu, car il concourt ainsi directement à la réalisation de l'Être. Le salut lui vient donc de la médiation qu'établit entre lui et Dieu la Pensée infinie. Qu'est-ce, en effet, que son entendement, sinon l'idée de Dieu immanente à sa vie propre, incarnée en lui, impliquée dans son individualité et tendant à s'expliquer par elle? Pareillement c'est à l'intuition humaine de l'Infini, c'est à la conscience de l'Incarnation éternelle que Schleiermacher ramène toute Religion ; seulement, comme il dépasse immédiatement la déduction objective qui dans le spinozisme prépare l'intuition, il se refuse à faire de cette intuition une connaissance : il la considère comme un pur état d'âme, comme un sentiment original et ineffable; il repousse cette essentielle homogénéité de l'intuition et du savoir qui permet à Spinoza de comprendre toutes les fonctions de la vie humaine dans la même unité systématique; par conséquent, loin de justifier l'intuition comme l'achèvement du savoir, c'est sur la relativité du savoir qu'il se fonde pour porter à l'absolu l'intuition sous forme de sentiment. C'est par la méthode

---

1. Première partie, ch. x, pp. 213 et suiv.

kantienne qu'il accepte et renouvelle la plus haute pensée de Spinoza. Au reste, on a pu dire avec raison que la philosophie des *Discours sur la Religion* est un spinozisme transposé dans cet ordre subjectif de l'esprit que Kant avait découvert, qu'au lieu de s'exprimer dans la proposition dogmatique : toute chose finie est comprise dans l'Infini, elle consacre avant tout la tendance religieuse qui nous porte à voir l'Infini dans toute chose finie[1]. Et ainsi la relation de l'individu à Dieu, loin de pouvoir être objectivement déterminée, est dans l'âme une synthèse irréductible; elle est, pour mieux dire, la synthèse la plus essentielle, qui rend la vie possible, et d'où procède directement tout ce qui, dans les œuvres humaines, ne peut pas s'analyser, tout ce qui est capable d'être vraiment et de durer.

C'est donc à tort que l'on subordonnerait le sentiment religieux à telle ou telle conception philosophique de Dieu. Que l'on conçoive Dieu sous la forme d'une Personne souveraine ou sous la forme d'une Puissance impersonnelle, peu importe à la piété. Aucune de ces deux conceptions ne saurait épuiser son objet, qui est l'Infini : c'est au sentiment religieux qu'il appartient de déterminer ces conceptions, sans être déterminé par elles[2]. Cependant, malgré la résolution qu'il affecte dans les *Discours* de ne pas prendre parti pour l'un des deux systèmes, il s'applique à montrer que la doctrine du Dieu impersonnel est bien loin d'être irréligieuse. « Ce qui en général et ici en particulier décide pour un homme de la valeur de sa Religion, c'est la manière dont la Divinité lui est présente dans le sentiment, non la manière dont il l'exprime dans le concept... Si donc, comme il arrive d'ordinaire, — de quel droit? je ne veux pas le décider ici, — l'homme qui en est arrivé à ce degré, mais à qui répugne le concept

---

1. R. Haym, *Die romantische Schule*, pp. 424-427.
2. *Ueber die Religion*, pp. 109 et suiv.

d'un Dieu personnel, est traité, soit en général de panthéiste, soit spécialement de spinoziste, je veux seulement faire observer que cette répugnance à penser Dieu comme une personne ne prouve rien contre la présence de Dieu dans son sentiment, mais qu'elle peut avoir sa raison dans une humble reconnaissance de la limitation de l'être personnel en général et particulièrement de la conscience jointe à la personnalité [1]. » Mais Schleiermacher ne se contente pas de cette réhabilitation du spinozisme. Toutes les démarches ultérieures de sa pensée philosophique et religieuse tendent à éliminer la conception anthropomorphique de Dieu : Dieu, étant l'unité de l'idéal et du réel, exclut de lui toutes les limitations sans lesquelles la personnalité est inconcevable [2]; Dieu, étant l'Infini, est infiniment supérieur à toute distinction d'attributs; en lui le possible et le réel, la puissance d'être et la puissance de créer ne font qu'un; les attributs divers que l'on rapporte à Dieu ne sont que des façons humaines de traduire sous diverses formes l'essence même de son être qui est la causalité absolue [3]. L'attribut est donc pour Schleiermacher une relation du Dieu vivant à la conscience religieuse, comme il est pour Spinoza une relation de la Substance à l'entendement pur. Ce que Schleiermacher rejette du spinozisme, c'est la prétention d'exprimer cette relation en un savoir objectif [4]; tout savoir objectif est limité, par conséquent inadéquat à l'Infini; et si les concepts de Dieu et du monde sont corrélatifs, par là même absolument nécessaires l'un à l'autre, il est impossible que de l'un on puisse véritablement déduire l'autre [5]. Mais ce que Schleierma-

---

1. *Ueber die Religion*, p. 115.
2. *Dialektik*, Berlin, 1839, § 216, pp. 157-158; Beilage E, p. 533.
3. *Der christliche Glaube* Berlin, 1835, §§ 50, 51, t. I, pp. 255 et suiv.
4. *Dialektik*, Beilage E, pp. 528 et suiv.
5. *Dialektik*, §§ 219-225, pp. 162-169. — Cf. Dr P. Schmidt: *Spinoza und Schleiermacher*. Berlin, 1868. L'opposition que l'auteur s'efforce d'établir entre Spinoza et Schleiermacher (ch. IV, pp. 133 et suiv.) vient d'une interprétation trop étroite du spinozisme.

cher accepte du spinozisme, c'est l'idée du rapport intime qui s'établit en l'homme entre l'Infini et le fini, et qui implique toujours que le fini, recevant l'action immédiate de l'Infini, ne peut pas lui imposer ses limites et ses catégories.

De la même façon, le véritable rapport de la vie présente à la vie éternelle exclut toute conception de la vie éternelle sous les formes sensibles de la vie présente. Les *Discours sur la Religion* repoussent par les mêmes arguments que l'*Éthique* la croyance vulgaire à l'immortalité [1]. C'est le propre du sentiment religieux, quand il est pur, que de nous affranchir des limitations et des négations imposées par les choses à notre être, que de nous faire participer immédiatement à l'Infini, que de nous mettre actuellement en possession de l'Eternel. Or les hommes qui se ressuscitent par l'imagination dans une autre vie, plus ou moins analogue à leur existence empirique, n'aspirent au fond qu'à perpétuer leurs passions et leurs convoitises ; ils tendent à fixer ce qui les limite, à réaliser ce qui les nie ; pour être à jamais, ils se soumettent à toutes les vicissitudes de la durée. Leur vœu suprême, c'est seulement « d'avoir des yeux plus grands et des membres plus forts [2]. » Ils ne veulent garder de la vie que ce qui est caduc et périssable ; ils ne savent pas en posséder et en retenir ce qui est durable et éternel. « Plus ils aspirent à une immortalité qui n'en est pas une, et qu'ils n'ont pas le pouvoir de se figurer un seul instant, — car qui peut réussir à se représenter comme infinie une existence temporelle ? — plus ils perdent de l'immortalité qu'ils peuvent toujours avoir, et ils perdent par surcroît la vie mortelle avec les pensées qui les inquiètent et les tourmentent vainement. Que n'essaient-ils de perdre leur vie par amour de Dieu ! Que ne s'efforcent-ils d'anéantir ici-bas leur personnalité et de vivre dans l'Un

---

1. *Ueber die Religion*, pp. 118 et suiv.
2. *Ibid.*, p. 119.

et le Tout! Celui qui a appris à être plus que lui-même, celui-là sait qu'il perd peu quand il se perd lui-même; celui qui se niant ainsi s'est autant qu'il l'a pu confondu avec tout l'univers, et dans l'âme duquel s'est éveillé un désir plus grand et plus saint, celui-là seul a droit à l'Eternité; avec celui-là seul on peut réellement parler encore des espérances que la mort nous donne et de l'Infinité à laquelle nous nous élevons infailliblement sur ses ailes[1]. »

Ce renoncement à nous-mêmes par lequel nous conquérons dès à présent la vie éternelle n'est l'abnégation que de ce qui dans notre individualité touche au néant; il est la pleine affirmation de ce qui dans notre individualité touche à l'Être. Pas plus que Spinoza, Schleiermacher ne veut faire de l'individu une simple apparence; comme Spinoza, au contraire, il voit dans la conscience individuelle l'expression immédiate, par conséquent indestructible et sacrée, de l'action divine. Les *Monologues*, parus presque en même temps que les *Discours sur la Religion*, revendiquent éloquemment les droits de l'individu. En cela même ils confirment et complètent la pensée religieuse de Schleiermacher. Du moment qu'en tout homme s'opère l'union de l'Infini et du fini, c'est la tâche de tout homme que de se réaliser le plus complètement lui-même pour exprimer le plus complètement Dieu. Et sa façon d'exprimer Dieu est d'autant plus parfaite qu'elle est plus sincère et plus originale. Nous devons considérer que notre raison d'être est dans notre individualité même, que nous sommes destinés par une grâce singulière à jouir d'une nature propre et à en développer les puissances[2]. C'est donc notre essentielle vertu que de rapporter à nous pour notre part, comme ce serait notre vice essentiel que de vouloir limiter à nous seuls l'infinie révélation de Dieu.

---

1. *Ueber die Religion*, pp. 119-120.
2. *Monologen. Eine Neujahrsgabe*, Berlin, 1800, p. 40.

Tout sens individuel de l'Infini a une valeur absolue pour l'individu en qui il se produit; il ne s'altère et se pervertit que lorsqu'il prétend s'imposer, par une formule extérieure, à un autre individu. Ainsi se rejoignent les conceptions en apparence diverses des *Discours sur la Religion* et des *Monologues*. De même que le sentiment de notre dépendance à l'égard de l'Infini, loin d'être un principe de quiétisme, est seul capable d'inspirer l'action compréhensive et féconde, de même l'expansion de nos énergies individuelles, loin de borner notre vue des choses, nous ramène à la conscience de l'Infini.

Au reste, c'est la constante préoccupation de Schleiermacher que de concilier les deux termes antithétiques de la pensée religieuse et de l'activité morale, l'universel et l'individuel. Mais ce n'est point par l'idée du devoir qu'il juge cette conciliation possible. A la racine des individus comme au fond de l'être, il y a plus qu'une loi formelle destinée à se réaliser pratiquement par des agents moraux. Sans doute il semble que dans les *Monologues* Schleiermacher se contente souvent de reproduire la doctrine de Fichte sur la liberté originelle, la puissance créatrice et la tâche infinie de la personne [1]; mais la façon dont il la comprend et surtout dont il la modifie la rapproche singulièrement du spinozisme. Admettre que la liberté est dans l'esprit, que l'esprit est dans l'homme ce qu'il y a de plus intime, que le progrès moral consiste dans une conversion de l'extérieur à l'intérieur, que la nature subit notre action par cela seul qu'elle reconnaît notre loi [2], c'est accepter ce qu'il y a de commun aux systèmes de Spinoza et de Fichte. Mais Schleiermacher n'entend pas que la liberté spirituelle soit un pur devoir; il affirme expressément que son acte essentiel est de poser en nous une nature déterminée, qui nous définit véritablement dans nos

---

1. *Monologen*, Voir particulièrement pp. 144-145.
2. *Monologen*, pp. 15 et suiv.

manières d'être et dans nos démarches[1]. J'ai donc pour mon action, non seulement une loi, mais un objet; je suis fondé à repousser ce qui est réellement en contradiction avec moi-même, avec ma nature singulière, comme disait Spinoza, *quæ cum mea singulari natura pugnant*[2]; je suis fondé à rechercher ce qui est en accord avec moi-même, ce qui contribue à me raffermir dans ma nature. Et comme Spinoza, suivant l'interprétation même que Schleiermacher donne ailleurs de sa doctrine[3], avait rétabli la communication directe de l'individu et de la Substance en supprimant la médiation des types spécifiques, en invoquant uniquement l'effort de l'être pour persévérer dans l'être, Schleiermacher rétablit la relation directe de l'Infini et du fini, en supprimant la médiation du devoir formel, en faisant uniquement appel au sentiment d'où pour nous toute notre vie procède. Par conséquent le déterminisme n'est pas seulement la forme nécessaire de nos représentations, il est la loi certaine du développement réel de notre nature; nous devenons dans le cours de l'existence ce que l'acte primitif de liberté nous a faits. Et puisque cet acte de liberté nous produit dans un monde qui est en chacune de ses parties l'expression de la causalité divine, le moi doit contenir en lui et représenter à sa façon l'Univers, l'Infini. Il est donc autre chose qu'un absolu idéal; il a un objet immédiat interne, et son rôle est moins de déployer sans fin une tendance indéterminée que de conquérir en lui l'unité ferme de ses puissances. Or c'est par le sentiment que cette unité s'établit de plus en plus; opposées entre elles, tant qu'elles ne sont que des formes abstraites de notre être, l'intelligence et la volonté s'unissent dans le sentiment qui les embrasse et les fait concourir aux mêmes idées et

---

1. *Monologen*, p. 103.
2. *Ep.* XXI, t. II, p. 96.
3. *Geschichte der Philosophie*, Berlin, 1839, p. 280.

aux mêmes actes [1]. Pareillement Spinoza soutenait que l'unité de l'intelligence et de la volonté est incomplète et caduque tant qu'elle ne s'est pas traduite en affection, tant qu'elle ne s'est pas ainsi réalisée dans l'Être.

C'est donc à écarter les systèmes exclusivement idéalistes, c'est à édifier un « réalisme supérieur » qu'incline de plus en plus la pensée de Schleiermacher. Voilà pourqnoi, voulant faire de l'universel une réalité, la Réalité par excellence, il découvre, à l'encontre de Kant et de Fichte, entre la doctrine de Platon et celle de Spinoza, de très étroites affinités. Comme il tend à établir que l'Idée la plus haute est aussi l'Être le plus réel, il travaille à compléter l'une par l'autre la conception platonicienne de l'Exemplaire éternel et la conception spinoziste de l'Infini vivant. Dans son *Esquisse d'une critique de la morale telle qu'elle a été traitée jusqu'ici*, il déclare expressément que, parmi les philosophes anciens et modernes, Platon et Spinoza sont les seuls qui aient nettement compris comment la morale pouvait être fondée [2]. Ils ont justement affirmé tous les deux que la raison de toute vie morale est une connaissance de Dieu, que cette connaissance de Dieu est non le résultat, mais le principe de toute activité; ils se sont ainsi nettement élevés au-dessus des distinctions et des oppositions qui s'instituent entre les diverses sciences et les diverses réalités finies. Ils ont sans doute conquis cette connaissance suprême par des voies différentes. Platon l'a traduite en expressions semipoétiques et en a fait sentir le génie inspirateur; Spinoza l'a déterminée par des notions scientifiques et en a développé logiquement les procédés; et il est nécessaire de constater qu'à ces différences de méthode correspondent, malgré la parenté certaine de leurs doctrines, des différences de caractères.

---

1. *Dialektik*, § 215, p. 151.
2. *Grundlinien einer Kritik der bisherigen Sittenlehre*, Berlin, 1803, pp. 41 et suiv.

Certes Spinoza a eu, peut-être plus que Platon, l'idée de l'unité parfaite que produit l'intuition de Dieu, et il a plus fortement établi le rapport des êtres finis à l'Etre infini. Mais enfermé dans un système qu'il avait à défendre contre de puissants préjugés, il n'a eu souvent des êtres finis qu'une conception négative. Parce que l'Idéal avait été souvent exprimé sous la forme d'un concept abstrait et intimement lié à la théorie des causes finales, il semble nier tout idéal pour mieux affirmer la plénitude suffisante de la Réalité infinie; et ainsi il a été amené à ne voir dans l'individu qu'un mécanisme dont les ressorts se peuvent démonter. Platon, au contraire, a aperçu dans l'Être parfait l'Idéal ordonnateur, le Dieu artiste, le Démiurge dont l'action harmonieuse va se développant en une multitude d'œuvres d'art. Ainsi « les concepts généraux ne sont pas pour Platon, comme pour Spinoza, une apparence, une illusion humaine; mais, d'une manière tout opposée, ils deviennent pour lui les pensées vivantes de la Divinité, qui doivent être exprimées dans les choses, les Idéaux éternels, dans lesquels et par lesquels tout est [1]. » Platon est presque le seul qui, malgré son aversion pour l'art, lui ait attribué un rôle dans son système moral, quoique ce rôle ne soit ni aussi clair ni aussi précis que le permettaient les principes du système. Spinoza garde sur l'art le plus profond silence; il ne pourrait que très difficilement lui faire une place dans sa doctrine; tout au plus pourrait-il le considérer comme un moyen accessoire d'acquérir la sagesse. La vie même de Spinoza nous indique très nettement qu'il n'a jamais songé qu'à la science pure [2].

Mais sur le fond de la science morale, Platon et Spinoza restent d'accord. Platon enseigne que l'effort vers la perfection nous amène à la possession de la vérité;

---

1. *Kritik der bisherigen Sittenlehre*, p. 45.
2. *Ibid.*, p. 409.

Spinoza démontre que l'idée de la science complète produit en nous la vertu. Si Spinoza, à ce qu'il semble, a repoussé l'ascétisme platonicien, selon lequel la sagesse est la méditation de la mort, c'est pour le remplacer par un nouvel ascétisme, qui est la recherche lente, laborieuse, périlleuse du vrai, et dont le suprême effet est l'affranchissement de l'esprit [1]. Et si l'on presse bien le sens de certaines formules de Spinoza, on découvre qu'elles se rapprochent fort de certaines formules de Platon, ordinairement tenues pour différentes. La tendance à persévérer dans l'être est au fond la tendance à devenir de plus en plus parfait, c'est le désir de s'unir à Dieu en lui ressemblant [2]. Comme Platon, Spinoza est obligé de parler d'un modèle de la nature humaine, et l'idée de ce modèle qui inspire l'homme, souvent dissimulée dans le système, en est le plus solide soutien. De même encore Platon a admis que l'Idéal était un individu suprême, que par conséquent l'individualité avait son principe dans les desseins de Dieu. Mais Spinoza est-il donc si loin de Platon quand il affirme que l'homme exprime l'Infini, non sous la forme de l'espèce, mais sous la forme de l'individu [3]? Platon et Spinoza ont bien vu tous les deux que l'individuel et l'universel devaient se rapporter l'un à l'autre et se comprendre dans l'Être.

Ainsi doivent disparaître les oppositions introduites par un idéalisme abstrait [4], et particulièrement l'opposition de la loi physique et de la loi morale. Comme Spinoza avait critiqué et dépassé le dualisme de la conscience commune, Schleiermacher critique et s'efforce de résoudre en monisme le dualisme fondé sur l'impératif catégorique. Poussée à ses dernières conséquences, la dualité de la loi

---

1. *Kritik der bisherigen Sittenlehre*, p. 435.
2. *Ibid.*, p. 75.
3. *Ibid.*, p. 90.
4. La critique de Kant et de Fichte revient à chaque instant dans les *Grundlinien*. Schleiermacher semble vouloir surtout montrer que l'auteur de la *Doctrine de la science* n'a pas toujours compris Spinoza.

physique et de la loi morale implique que la réalité n'est pas nécessairement rationnelle et que la raison n'est pas nécessairement réalisée[1]. Y a-t-il donc lieu de scinder ainsi le rationnel et le réel?

La loi morale commande. Par là même elle suppose un sujet qui lui obéit. Le sujet qui se dit à lui-même : Je dois obéir, ne considère-t-il pas d'avance si celui qui commande a le droit de commander? Or, dans le cas de la loi morale, qu'est-ce qui commande et qu'est-ce qui obéit? C'est, dit-on, à la raison pratique, aux penchants supérieurs, de commander; c'est aux penchants inférieurs, à la sensibilité, d'obéir. Mais encore faut-il que le commandement puisse être exécuté. Or la sensibilité peut-elle se conformer d'elle-même aux prescriptions contenues dans l'impératif catégorique? Nullement. Il n'y a dans la sensibilité, telle qu'on la conçoit, aucune tendance à l'universel. Le seul langage que puisse comprendre la sensibilité, c'est le langage du plaisir ou de la peine, de l'espérance ou de la crainte. Elle ne considère les choses que dans leur rapport à ses propres intérêts[2].

Pour échapper à cette conséquence, ira-t-on regarder les penchants supérieurs comme des intermédiaires entre la raison et la sensibilité, et prétendre que les penchants supérieurs reçoivent directement, pour les transmettre ensuite, les ordres de la raison? Dans ce cas, la raison, n'ayant pas le droit de désirer, perd le pouvoir de commander; car il est impossible de concevoir un commandement qui ne soit pas la traduction d'un désir. Soutiendra-t-on alors que c'est la raison dans sa pure essence, la raison en soi, qui commande à la raison individuelle? Mais si l'on établit une distinction probablement sans portée entre la raison universelle et la raison individuelle, il est facile de répondre que la raison individuelle ne peut exprimer

---

1. *Ueber den Unterschied zwischen Naturgesetz und Sittengesetz. Philosophische und vermischte Schriften*, t. II, p. 400.
2. *Ueber den Unterschied zwischen Naturgesetz und Sittengesetz*, p. 401.

qu'un devoir tout individuel ou, pour mieux dire, qu'elle exprime non ce qu'elle doit, mais ce qu'elle veut. S'appuiera-t-on enfin sur cette remarque, que la raison est un principe essentiel d'unité, qu'elle domine impérativement la multiplicité des circonstances pratiques, pour entendre par devoir l'obligation de conformer sa conduite à l'unité systématique conçue par la raison ? Mais on peut objecter que connaître l'enchaînement des notions morales ce n'est pas se déterminer à l'action, et qu'il faut toujours expliquer comment un savoir, qui est par nature universel, peut déterminer un devoir qui ne se réalise qu'en portant sur des cas particuliers [1].

C'est donc une conception insuffisante de la moralité que celle qui est impliquée dans l'idéalisme de Kant et de Fichte. On dit que la loi morale aurait une valeur absolue alors même qu'aucun être humain ne l'aurait prise pour règle de conduite. Qu'est-ce donc qu'un commandement que personne n'exécute ? Invoquée pour gouverner la pratique, la loi morale, à la façon de Kant, est destituée de toute autorité effective. Elle n'est qu'une proposition théorique dont on peut donner la formule suivante : il y aurait une loi, si cette loi était reconnue. Il est vrai que Kant modifie sa doctrine quand il considère que la conduite morale de l'homme est déterminée, non pas directement par la loi, mais par le respect de la loi. Or ce respect, qu'est-ce donc, sinon une première réalisation de la loi ? Du moment que nous respectons le devoir, c'est que nous avons reçu du devoir une certaine impulsion. Au fond, c'est par un seul et même acte que nous concevons le devoir et que nous le pratiquons ; la loi morale, par cela seul qu'elle est représentée en nous, enveloppe déjà une certaine réalité ; elle n'est donc pas un simple devoir-être, qui peut ne pas être ; elle est déjà parce qu'elle doit être [2].

---

1. *Ueber den Unterschied zwischen Naturgesetz und Sittengesetz*, p. 403.
2. *Ibid.*, pp. 408-409.

Donc la raison pratique ne peut être une raison pure, puisqu'elle est nécessairement posée dans l'être; elle ne peut être qu'une force vivante. Mais les lois de la nature, à leur tour, n'impliquent-elles pas un devoir? Il semble bien que les objets naturels, privés de volonté, soient incapables de recevoir un commandement. Toutefois le devoir, tel qu'il apparaît à la conscience humaine, n'est que l'expression supérieure, il n'est pas l'expression unique et complète de ce qui doit être ou se faire : il y a rigoureusement un devoir pour les êtres de la nature aussi bien que pour l'homme. Les lois et les espèces sont les modèles selon lesquels la nature doit se conduire; et la preuve qu'un idéal existe pour elle, c'est qu'elle le viole ou ne l'atteint pas; c'est qu'il y a dans le système planétaire des perturbations qui empêchent d'expliquer tous les mouvements par une formule unique, c'est qu'il y a dans le règne vivant des anomalies et des monstruosités. La vie végétative apparaît comme un système nouveau qui prétend se subordonner les forces physico-chimiques; la vie animale apparaît comme un principe nouveau qui prétend dominer les puissances de la vie végétative; l'intelligence apparaît comme un principe nouveau qui prétend régler l'action de la vie animale. Mais, à tous ces degrés de la hiérarchie naturelle, il y a comme une rébellion partielle des formes inférieures contre les formes supérieures, il y a des exceptions, il y a des maladies, il y a le mal. Le vice n'est pas dans les formes supérieures dont la pure essence représente sans défaillance ce qui doit être, il est dans les formes inférieures qui ne se plient pas complètement à l'autorité des formes supérieures [1].

Ainsi, tandis que Spinoza ramenait le Devoir à l'Être, tandis que Fichte ramenait l'Être au Devoir, Schleiermacher prononce l'identité du Devoir et de l'Être.

---

1. *Ueber den Unterschied zwischen Naturgesetz und Sittengesetz.*

L'Infinité de l'Être ne saurait, d'une part, manquer au devoir, et elle embrasse, d'autre part, tous les éléments relatifs et provisoires d'indétermination que le devoir suppose. La moralité est donc une action perpétuelle et indéfinie de la raison sur la nature, autrement dit, une naturalisation progressive et toujours incomplète de la raison[1] : elle implique en même temps que la nature est déjà en partie rationnelle et que la raison est déjà en partie naturelle ; mais elle n'est vraiment la moralité que si c'est la raison qui produit par elle-même le mouvement de la nature. La raison, étant une faculté à la fois pratique et représentative, doit faire de la nature à la fois son organe et son symbole. Et ces deux formes de l'activité rationnelle, qui ont leur type immédiat, l'une dans le corps humain, l'autre dans la conscience humaine, se déterminent réciproquement l'une l'autre. La raison n'est capable de concevoir que parce qu'elle est capable de se réaliser, elle n'est capable de se réaliser que parce qu'elle est capable de concevoir[2]. Elle est aussi à la fois universelle et individuelle : universelle par la valeur absolue qu'ont pour l'humanité ses opérations, individuelle par le caractère original que prend, en chaque homme, chacun de ses actes[3]. Dans la raison l'universel et l'individuel s'impliquent comme dans le sentiment l'Infini et le fini. Le progrès moral, en même temps qu'il s'accomplit par nous, s'accomplit dans l'Être. Et voilà pourquoi aussi il s'accomplit nécessairement. L'opposition de la nature et de la raison, incessamment reproduite, doit être incessamment surmontée. Il n'y a pas en effet et il ne peut pas y avoir de mal absolu dans l'univers. Le mal résulte simplement de l'antériorité de la vie sensible sur la vie spirituelle ; il vient de ce que la vie sensible paraît nous contenter tout

---

1. *Entwurf eines Systems der Sittenlehre*, Berlin, 1835, § 81, p. 47.
2. *System der Sittenlehre*, §§ 124 et suiv., pp. 88 et suiv. ; — *Ueber das hoechste Gut, Philosophische und vermischte Schriften*, II, p. 476.
3. *System der Sittenlehre*; §§ 130 et suiv., pp. 93 et suiv.

entiers, avant que la conscience de Dieu soit en nous éveillée, ou encore de ce que la conscience de Dieu n'a pas suffisamment dominé les autres inclinations de notre âme. Le péché est à la fois irrationnel et rationnel : il est rationnel par le fait que l'homme est uni au monde extérieur et en subit forcément l'influence; il est irrationnel par le fait que l'homme, qui s'abandonne aux sens, rompt son union essentielle avec Dieu [1]. Mais cette union de l'homme avec Dieu doit nécessairement se rétablir ; car il est certain d'une part que l'univers possède le plus haut degré de perfection, qu'il offre à l'homme toutes sortes de stimulants et d'occasions pour développer en lui le sentiment religieux [2], et que tous les éléments de la vie sensible tendent à se composer et à s'unir sous l'action de la piété [3]; et il est d'autre part manifeste que la Rédemption n'est pas un acte extérieur à la conscience religieuse, qu'elle est cette conscience même se produisant et se réalisant dans sa pureté et sa puissance absolues. Dès lors il ne peut y avoir qu'une prédestination, la prédestination du salut. Dans l'Infini, qui exclut toute négation et toute contradiction, le péché doit s'évanouir.

Donc, ce qui reste en soi éternellement vrai, c'est la révélation de Dieu en l'homme; ce qui reste éternellement bon pour nous, c'est le sentiment de notre dépendance à l'égard de Dieu. Si cette double affirmation est inspirée à Schleiermacher par sa foi chrétienne, il n'en faut pas moins reconnaître que pour se comprendre et se traduire au dehors, pour se défendre aussi contre des façons de penser trop abstraites et trop étroites, elle s'est d'elle-même directement rapportée au spinozisme.

1. *Der christliche Glaube*, §§ 62-78, t. I, pp. 358 et suiv.
2. *Ibid.*, § 59, t. I, p. 317.
3 *Ibid*, § 57, t. I, p 310.

CHAPITRE VII.

SCHELLING.

C'est à l'intérieur de la philosophie de Schelling que se reconstitue et se développe dans toute sa force, après être restée longtemps diffuse et enveloppée, l'unité systématique du spinozisme. La pensée de Spinoza, qui avait dû, pour revivre, se limiter d'abord à telle ou telle expression particulière, et dont l'intime logique n'avait été que virtuellement présente aux doctrines qu'elle pénétrait, est désormais ressuscitée tout entière dans sa pleine signification. L'idéalisme de Kant et de Fichte, qui avait prétendu s'opposer à elle comme un obstacle infranchissable, doit à son tour s'arrêter devant elle et s'avouer à lui-même qu'il ne peut aller plus avant qu'à la condition de la comprendre. Or cette conciliation du spinozisme et de l'idéalisme, qui apparaît de plus en plus comme nécessaire, n'a pas simplement un intérêt spéculatif; elle semble avoir essentiellement un intérêt pratique, surtout si l'on remonte à l'origine des deux systèmes. C'est en effet principalement pour résoudre le problème moral que d'une part l'*Éthique* avait été conçue, que d'autre part la *Critique de la Raison* avait été instituée et la *Doctrine de la Science* édifiée; et la primitive opposition de ces deux philosophies, révélée avec tant d'insistance par Fichte, venait de ce que le spinozisme avait découvert dans l'affirmation de l'Être plein, de l'Objet infini, la solution que l'idéalisme cherchait, au contraire, dans la libre activité du Sujet et dans la réalisation sans fin du pur Devoir. C'est le caractère dominant de la doctrine de

Schelling que d'avoir travaillé à unir ces tendances contradictoires. Toutefois cette union ne s'accomplit pas d'un coup; il faut en suivre les progrès dans les diverses phases de la pensée de Schelling, jusqu'au point où, ayant été en quelque sorte parfaite, elle commence à s'affaiblir sous l'influence des conceptions théosophiques.

I.

Dans ses premières œuvres Schelling ne semble avoir d'autre but que de commenter et de justifier la *Doctrine de la Science;* cependant il tend déjà à supprimer cette alternative morale entre le dogmatisme et le criticisme, qui ne pouvait être, selon Fichte, pleinement résolue au profit de la liberté que par un libre choix; il s'applique à comprendre avec le plus de rigueur possible l'idée du savoir absolu[1]. C'est l'idée même du savoir absolu, et non une préoccupation exclusivement morale, qui doit déterminer le contenu de toute philosophie en général et de toute philosophie pratique en particulier. L'homme, en effet, ne vaut que par ce qu'il sait; il ne peut grandir qu'à la condition de se connaître, et à mesure qu'il se connaît il grandit nécessairement. Donnez-lui la conscience de ce qu'il est, et il sera bientôt ce qu'il doit être. La bonne volonté est impuissante à assurer le progrès de l'humanité, si elle n'est pas raison et lumière. Il faut donc que l'homme soit bon théoriquement pour qu'il puisse le devenir pratiquement. Et d'autre part, dès qu'il est convaincu que son essence est dans l'unité et ne subsiste que par elle, il tend à unir en lui toutes les puissances de son être. Le principe d'unité auquel doivent se ramener toutes les sciences est aussi la loi constitutive

---

1. *Ueber die Möglichkeit einer Form der Philosophie überhaupt* (1794), *Sämmtliche Werke*, Erste Abtheilung, I, pp. 87 et suiv.

du développement de l'humanité. C'est donc dans le savoir que s'assure et que s'achève la vie humaine [1].

Or quiconque prétend savoir, prétend du même coup que son savoir a une réalité. Un savoir sans réalité n'est pas un savoir. Par conséquent, ou bien notre savoir n'est qu'une juxtaposition d'éléments confus et ne répond à rien de réel, ou bien il suppose un principe suprême qui relie toutes les connaissances particulières et assigne à chacune une place déterminée dans le système universel. Il y a donc une raison dernière de ce qui existe et de ce qui est connu, un savoir immédiat qui engendre notre science, une réalité immuable qui explique toute chose changeante. Dans l'Absolu, en un mot, coïncident l'Être et la Pensée. Puisqu'il y a savoir, l'Absolu est [2].

Mais à quels caractères reconnaît-on l'Absolu? Et qu'est-ce qui est l'Absolu?

Quand il s'agit de découvrir les caractères de l'Absolu, Schelling s'inspire visiblement de Spinoza. La conception moniste, telle que le spinozisme l'a élaborée, est à ses yeux la forme adéquate de la philosophie véritable. Aussi, dès ses premières tentatives philosophiques, écrit-il que son désir le plus vif est de construire un système qui soit le pendant de l'*Éthique*[3]. Spinoza a en effet nettement montré qu'à l'origine de toute existence passagère il doit y avoir l'Être éternel qui subsiste par soi et dont participe tout ce qui aspire à être : de telle sorte que si l'on s'en tient d'abord aux attributs de l'Absolu qu'implique cette essentielle affirmation, on ne peut mieux faire que reproduire la pensée et même les formules de Spinoza [4].

L'Absolu est pure identité : il est parce qu'il est, c'est-

---

1. *Vom Ich als Princip der Philosophie, oder über das Unbedingte im menschlichen Wissen* (1795), Vorrede, I, pp. 157-159.
2. *Vom Ich als Princip der Philosophie*, I, pp. 162-163.
3. *Ibid.*, Vorrede, p. 159. — Cf. *Aus Schellings Leben*, I, p. 76.
4. *Vom Ich als Princip der Philosophie*, I, p. 194.

à-dire parce qu'il se pose lui-même; il exclut toutes les déterminations du dehors analogues à celles que subissent les choses; il est le principe de l'identité des êtres particuliers [1]. L'Absolu est unité pure, d'abord parce qu'un autre Absolu, étant indiscernable du premier, ne saurait être conçu, et surtout en ce sens que l'Absolu ne rentre pas dans un genre et qu'il est infiniment supérieur, comme l'a dit Spinoza, à cette unité numérique, qui est inséparable de la pluralité [2]. L'Absolu contient en soi tout être : l'être qui ne serait pas dans l'Absolu ne serait pas fondé, n'aurait pas de raison d'être, par conséquent ne peut pas être [3]. L'Absolu est par là même infini, c'est-à-dire qu'il n'est limité par rien, divisé par rien, modifié par rien [4]. Il est la véritable Substance, l'Un et le Tout, l'Être dont tout le reste n'est que l'accident [5]. Étant égal à lui-même et se posant lui-même, il est à la fois cause de soi et cause immanente de ce qui est, cause, non seulement de l'existence des êtres, mais encore de leur essence [6]. Il est la Toute-Puissance qui agit par sa seule vertu, par la nécessité même de sa nature, qui n'est subordonnée, ainsi que Spinoza l'a fortement exprimé, à aucune condition extérieure ou supérieure, à aucune fin esthétique ou morale [7]. Il est la Liberté même, c'est-à-dire, en un sens négatif, qu'il est indépendant de toute cause étrangère à lui, en un sens positif, qu'il pose de lui-même en lui toute réalité. Par suite, il ne peut être donné dans la conscience empirique, car rien dans la conscience empirique ne peut être perçu en soi sans relation et sans opposition, et l'identité même que la conscience empirique aspire à réaliser pour

1. *Vom Ich als Princip der Philosophie*, I, pp. 177-178.
2. *Ibid.*, pp. 182-186.
3. *Ibid.*, p. 186.
4. *Ibid.*, p. 192.
5. *Ibid.*, pp. 192-193.
6. *Ibid.*, p. 195.
7. *Ibid.*, p. 196.

se défendre contre l'invasion des choses, loin d'être un fait dernier, n'est possible que parce que l'Absolu est primitivement comme identité pure. L'Absolu ne peut être déterminé non plus par une notion, car la notion ne vaut que dans l'ordre du conditionné; elle suppose toujours un principe d'unité supérieur dans lequel elle doit se résoudre. Reste donc que l'Absolu s'affirme absolument dans un acte affranchi de toute relation, de toute limite et de toute matière, dans un acte d'intuition intellectuelle [1].

Si tels sont les attributs formels de l'Absolu, conformément à ce que Spinoza lui-même a établi, il n'y a pas adéquation dans le spinozisme, il y a même contradiction entre l'idée pure et la détermination positive du Premier Principe. Après avoir nettement conçu ce que doit être le Premier Principe, Spinoza le pose immédiatement dans un Non-moi absolu, et il n'essaie même pas de montrer, ce qui d'ailleurs serait impossible, qu'un Non-moi peut-être l'Absolu. Comment un Non-moi peut-il se réaliser lui-même ? Comment peut-il avoir pour l'esprit un sens quelconque, s'il n'est pas opposé à un Moi absolu ? Ce sont là des problèmes que le dogmatisme n'a jamais pu résoudre, pour la bonne raison qu'ils sont insolubles [2]. Il est contradictoire en effet que l'Inconditionné (*das Unbedingte*) soit un Non-moi, une chose (*ein Ding*). L'Inconditionné est, par définition, ce qui pose la condition sans la subir, ce qui fait que l'objet est déterminé et réalisé comme chose (*wodurch etwas zum Ding wird*), ce qui donc en soi n'est pas chose [3]. Il ne peut donc pas être posé dans ce qui est objet ; il doit se poser lui-même dans le pur sujet, dans le Moi absolu. Mais y a-t-il un Moi absolu ?

Il est évident que tout effort de démonstration objective

---

1. *Vom Ich als Princip der Philosophie*, I, pp. 179-182.
2. *Ibid.*, pp. 170-171.
3. *Ibid.*, pp. 179-182.

se tournerait ici contre ce qu'il s'agit d'établir. Dans l'Inconditionné même doivent s'unir indissolublement le principe de son être et le principe de son intelligibilité. Autrement dit, l'affirmation de l'Absolu doit être absolument première. L'Absolu est parce qu'il est, il est pensé parce qu'il est pensé ; il ne peut se comprendre et se réaliser que par soi. Or la raison suprême de toute existence, comme de toute vérité, est dans le Moi qui la pose. *Je suis* : voilà la proposition au delà de laquelle il est impossible de remonter, sous peine de rendre l'Absolu relatif à quelque objet, et que d'autre part il est nécessaire d'affirmer, puisque sans elle aucune autre affirmation n'est concevable. Force est de s'arrêter dans l'explication des choses. Mais on ne doit s'arrêter qu'à ce qui est la forme originelle et la cause primitive de ce qui est pensé et de ce qui est, c'est-à-dire au Sujet pur, exempt de toute opposition, supérieur infiniment et à l'objet donné et au sujet empirique qui connaît cet objet : là seulement est la liberté vraie, puisqu'il y a là une identité parfaite de ce qui pose et de ce qui est posé : tout est donc dans le Moi, par le Moi, pour le Moi. C'est dans l'affirmation autonome du Moi que la philosophie a trouvé son ἓν καὶ πᾶν[1] ; c'est de cette affirmation qu'elle a vécu, même quand elle n'en avait pas pleinement conscience; et l'on peut soutenir que Spinoza concevait à son insu le Non-moi sous forme de Moi, lorsqu'il l'érigeait en Premier Principe[2].

On a heureusement résumé le sens des premiers efforts philosophiques de Schelling quand on dit qu'ils consistaient « à caractériser le Moi de Fichte d'après le schème de la Subtance spinoziste[3]. » Ce qui est certain, c'est que la causalité du Moi infini doit être comprise, selon Schelling, comme est comprise, dans le système de Spinoza,

---

1. *Vom Ich als Princip der Philosophie*, I, pp. 167-170, 176-177, 179-182, 193.
2. *Ibid.*, pp. 171, 185.
3. Haym, *Hegel und seine Zeit*, Berlin, 1857, p. 132.

la causalité de la Substance, c'est-à-dire qu'elle doit être considérée, non comme une raison morale, ni comme une volonté sage, mais comme une puissance absolue qui n'opère qu'en vertu d'elle-même et par son infinité[1]. Par suite la loi morale n'est pas véritablement l'Absolu. Toute qualification morale de l'Absolu est étrangère à son essence, et par là même relative ou illusoire. La loi morale n'a de sens pour le sujet qu'en tant qu'il est déterminé par l'objet, qu'en tant qu'il est fini ; elle n'a pas de sens pour le Sujet pur, qui, étant supérieur à toute condition, est supérieur à tout commandement. Ce qui pour le moi fini est loi morale est pour le Moi infini loi naturelle ; la loi morale n'est qu'une traduction impérative, à l'usage du moi fini, de ce qu'est immédiatement et par essence le Moi infini. Nous devons, autant qu'il est en nous, réaliser en nos existences relatives ce que l'Être absolu est en soi : c'est donc de l'Être absolu que dérivent, sans jamais s'appliquer à lui, toutes les formules de la moralité. Au fond de toutes ces formules il y a le même principe : Sois identique avec toi-même, parce que l'Absolu est en soi pure identité. La différence des formules ne tient qu'à la différence des catégories dans lesquelles ce principe s'exprime. Selon la catégorie de la quantité, il signifie : Sois absolument un. Selon la catégorie de la qualité, il signifie : Pose toute réalité en toi. Selon la catégorie de la relation, il signifie : Sois libre de toute condition, de toute détermination externe. Selon la catégorie de la modalité, il signifie : Pose-toi hors de la sphère de l'existence donnée, quelle qu'elle soit ; pose-toi dans la sphère de l'Être pur, de l'Être absolu [2].

Mais à ce principe de l'activité morale, qui n'est valable que pour l'être fini, s'oppose la loi naturelle de cet être

---

1. *Vom Ich als Princip der Philosophie*, I. p. 196. — Schelling rappelle les formules du premier livre de l'*Éthique*, selon lesquelles la puissance de Dieu, étant son essence même, est indépendante de toute fin, morale ou autre.
2. *Vom Ich als Princip der Philosophie*, I, pp. 198-199.

même. Tandis, en effet, que l'être fini reçoit l'ordre d'être identique avec soi, il est, par cela seul qu'il est fini, soumis à la diversité et au changement ; il est donc incapable d'être immédiatement ce qu'il doit être nécessairement. Par suite, le principe moral doit s'approprier aux conditions dont dépend l'activité de l'être fini et substituer en lui à l'idée de l'acte radical et définitif l'idée de l'effort graduel et indéfini. Il s'exprime donc ainsi : Tends à te faire un, tends à poser en toi toute réalité, tends à t'affranchir de toute relation, tends à te poser dans la sphère de l'Être absolu. Donc, ce qui dans le Moi infini est affirmé comme *être* ne peut être affirmé dans le moi fini que comme *devenir;* le progrès sans fin de l'activité humaine est comme une éternité empirique qui se rapproche indéfiniment de l'éternité absolue du Moi pur [1].

Dans tous les cas, le Moi pur, raison suprême de toute moralité, ne peut pas plus que la Substance de Spinoza être moralement déterminé. Dès ses premières œuvres, Schelling se montre très nettement décidé à empêcher que l'intérêt moral, mal compris, impose à l'Absolu des conditions qui le dénaturent ou vienne briser l'unité de la pensée systématique. C'est en termes très vifs qu'il combat ces pseudo-kantiens qui font consister le criticisme dans l'acceptation, au nom de la raison pratique, de ce que la raison théorique est impuissante à justifier. A leurs yeux, il suffit de se sentir obligé par le devoir pour croire désormais à l'existence objective d'un Être moral par excellence, qui est Dieu : comme s'il n'y avait pas ici une essentielle contradiction entre le prétendu objet et la prétendue spontanéité de la croyance, comme si de plus il était permis de tenir pour pratiquement possible ce qui théoriquement apparaît comme impossible. Ces disciples infidèles de Kant en sont venus peu à peu à donner au criticisme la forme du plus plat dogmatisme [2].

---

1. *Vom Ich als Princip der Philosophie*, I, pp. 199-200.
2. *Philosophische Briefe über Dogmatismus und Kriticismus* (1795), I,

En quoi consiste donc le criticisme? Le criticisme n'est pas, quoi qu'on en ait dit, l'ennemi de la pensée systématique; il tend seulement à établir que cette pensée doit se développer, non à partir de l'objet, mais à partir du sujet. Or, comme le dogmatisme prétend être avant tout une doctrine du savoir, c'est de la nature du savoir qu'il doit, lui aussi, se préoccuper avant tout. De là le problème qu'il pose en premier lieu : Comment les jugements synthétiques *a priori* sont-ils possibles? Admettons que dans les choses il y ait, ou bien unité sans multiplicité, ou bien multiplicité sans unité : évidemment dans les deux cas il n'y a pas matière à synthèse. La synthèse ne peut s'opérer que s'il y a une unité du sujet qui s'oppose, pour la comprendre, à la multiplicité de l'objet. Ainsi l'objet, loin de pouvoir être porté à l'Absolu, comme le veut le dogmatisme, ne peut être compris qu'en fonction du sujet[1].

Mais cette conclusion du criticisme n'est que provisoire. Kant n'introduit dans l'esprit la synthèse *a priori* que comme un fait, pouvant seul rendre compte de cet autre fait, immédiatement accepté, qui est l'objet variable et divers. Or une synthèse n'est possible que s'il y a une unité pure pour fonder cette unité relativement empirique qui est la liaison des phénomènes; une synthèse, en d'autres termes, n'est possible qu'à la condition d'avoir son principe et sa fin dans une thèse absolue qui soit pure identité. Dès lors, le problème énoncé par Kant, au lieu de porter simplement sur la possibilité du savoir relatif, porte sur l'Absolu lui même, considéré comme la raison génératrice de tout savoir. Il se transforme en cet autre problème : Comment l'Absolu peut-il sortir de soi pour

---

pp. 283 et suiv. — Dans une *Préface* qu'il écrivit plus tard (1809), Schelling déclarait que ces *Lettres*, et tout particulièrement la neuvième, contiennent en germe beaucoup de ses idées ultérieures, p. 283. Il a renouvelé ailleurs cette déclaration : *Ueber das absolute Identitätssystem und sein Verhältniss zu dem neuestem Dualismus*, V, p. 26.

1. *Philosophische Briefe*, I, pp. 294-295.

déterminer le relatif[1]? Seulement il faut reconnaître que ce dernier problème n'est plus suscité par un intérêt simplement spéculatif, mais bien par des exigences pratiques; car c'est la seule pensée de la vie morale qui nous empêche d'accepter l'expérience comme une donnée irréductible et qui nous permet même d'en faire abstraction. D'autre part, la solution de ce problème ne saurait être simplement établie par l'intelligence théorique : elle doit se réaliser par la liberté[2].

Or le criticisme ainsi compris est moins un système particulier que la lumière de tout système; de telle sorte qu'il n'exclut pas le dogmatisme, bien interprété ou dûment rectifié. La doctrine même de Spinoza nous montre, en effet, comment la position du problème moral est une façon de transformer, pour pouvoir le résoudre, un problème métaphysique, qui, sous sa forme première, resterait insoluble. C'est un besoin impérieux de la raison, stimulé et rendu plus pressant encore par les nécessités de l'action pratique, que de ramener tout savoir à l'unité. Il n'est donc pas étonnant qu'elle cherche à expliquer le passage de l'Infini au fini. Mais entre ces deux termes extrêmes elle ne parvient jamais à trouver le moyen terme indispensable : l'intervalle apparaît toujours et ne peut jamais être comblé. Dès lors, quelle est sa suprême ressource? C'est, ne pouvant pas descendre de l'Infini au fini, de remonter du fini à l'Infini; c'est d'affirmer, en intervertissant l'ordre des termes, la réalisation pratique de ce qui est théoriquement inexplicable et de montrer dans l'être relatif la tendance nécessaire qui le pousse à s'unir à l'Absolu[3].

A cette solution que tout système doit accepter Spinoza a imposé la forme particulière de son système propre. A ses yeux, le fini ne se distingue de l'Infini que par ses

---

1. *Philosophische Briefe*, I, pp. 296 et suiv.
2. *Ibid.*, pp. 307 et suiv.
3. *Ibid.*, pp. 314-315.

limites, il n'en est par conséquent qu'un mode particulier. Et comme l'Absolu est essentiellement un objet, la moralité ne peut être qu'une abnégation, qu'un anéantissement du sujet. C'est donc la causalité d'une puissance étrangère que Spinoza fait intervenir à l'encontre du moi. Il ne peut par conséquent donner à l'homme d'autre conseil que celui-ci : En face de la causalité absolue, maintiens-toi dans un état d'absolue passivité[1].

D'où vient cependant qu'en dépit de cette inévitable conclusion l'Éthique spinoziste renferme des conceptions si élevées et si pures? C'est que la pensée de Spinoza, qui n'a pu se dégager de formes objectives inadéquates, suppose constamment et met perpétuellement en jeu à son insu cette activité interne du sujet qu'elle sacrifie de parti pris à la Substance. Il y a, en effet, au fond de nous-mêmes une merveilleuse faculté, par laquelle nous échappons à la durée pour penser l'Éternel. C'est grâce à cette faculté que nous considérons les choses sensibles comme de simples apparences et que nous élevons infiniment au-dessus d'elles un monde immuable, qui est le monde de la vérité. L'acte par lequel nous concevons ce monde est une intuition, mais qui diffère de l'intuition empirique en ce qu'au lieu d'être déterminée par des objets, elle se détermine absolument elle-même. C'est une intuition intellectuelle, c'est-à-dire libre. Or il n'y a que le Moi pur qui soit capable, ainsi que nous l'avons vu, d'une pareille intuition. Par conséquent, lorsqu'on affirme l'existence d'un monde supérieur au monde sensible, on affirme ainsi implicitement ou explicitement l'action absolue du Moi[2]. Mais il y a d'autre part dans l'intelligence humaine une tendance profonde à tout représenter sous une forme objective, même ce qui par nature répugne à cette forme. C'est cette tendance qui a poussé les mysti-

---

1. *Philosophische Briefe*, I, pp. 315-316.
2. *Ibid.*, p. 318.

ques de tous les temps à donner une figure et comme un corps à leurs conceptions les plus intérieures. C'est cette tendance qui, par exemple, a engendré la fiction d'un état de pur bonheur qui aurait précédé pour l'âme l'état actuel, et dont l'âme serait déchue à la suite d'une faute. Ainsi l'intelligence tend à se représenter comme réalisées dans les choses les idées qui expriment son activité interne[1]. Et alors, quand on éprouve vivement la vertu de ces idées, on imagine qu'on se subordonne aux choses correspondantes. Alors qu'on agit par soi, on croit agir sous l'influence d'une puissance supérieure et étrangère. Mais tel est le bienfait de l'action intérieure et autonome qu'elle rend supportable et comme légère la croyance, cependant déprimante, qui l'accompagne. Le mystique n'aurait certainement pas la force de se croire anéanti en Dieu, s'il ne s'éprouvait pas encore lui-même dans cet anéantissement[2]. Et c'est précisément cette nécessité de s'affirmer, au moment même où l'on prétend se nier, qui soutient Spinoza dans sa doctrine. Il a été déjà remarqué que Spinoza transporte à la Substance, pour en faire l'Absolu, les caractères mêmes du Moi. Cette remarque se vérifie à nouveau par sa morale. Quand Spinoza affirme que l'intuition intellectuelle est le plus haut degré du savoir, la vie propre de l'esprit, d'où fait-il surgir cette idée, sinon de la pure affirmation de soi ? Afin de mieux nier le sujet sensible, il le soumet comme de force à l'Objet absolu ; mais cette notion de l'Objet absolu est si bien déterminée par le Sujet absolu et lui reste si intimement unie, que certaines formules du système en trahissent l'origine : *Mens nostra, quatenus se sub æternitatis specie cognoscit, eatenus Dei cognitionem necessario habet, scitque se in Deo esse et per Deum concipi*[3].

Voilà pourquoi l'Éthique de Spinoza, malgré le dogma-

---

1. *Philosophische Briefe*, I, pp. 317-321.
2. *Ibid.*, p. 319.
3. *Ibid.*, p. 317.

tisme qui la recouvre, est d'une si haute vérité. Que l'on se rappelle la proposition qui résume le système : La béatitude n'est pas le prix de la vertu, mais la vertu même. A cet état suprême, qui est l'état de liberté par excellence, toute opposition s'évanouit, toute lutte cesse, même la lutte la plus noble, la lutte pour le bien; et l'on voit se résoudre l'antinomie que la sensibilité et la raison suscitent inévitablement entre le bonheur et la moralité. C'est qu'en effet la moralité, au sens ordinaire du mot, n'est pas ce qu'il y a de plus élevé; elle n'est qu'une approximation de cet acte absolu, qui ne dépend d'aucune loi et qui n'est déterminé que par son essence propre. C'est que d'un autre côté le bonheur proprement dit n'est pas ce qu'il y a de meilleur; il est une simple approximation de cet état de béatitude dans lequel il n'y a plus rien de sensible. Autrement dit, la plus haute idée que nous puissions concevoir est celle de l'Être qui se suffit pleinement à soi, en qui toute passivité a disparu et dont l'action est radicalement libre parce qu'elle exprime pleinement et immédiatement sa nature intime. Et c'est cette idée que Descartes et Spinoza ont mise en relief quand ils ont soutenu que l'Être infini opère par son être seul, non par la contemplation d'un modèle préalable de vérité, que l'Absolu répugne à toute notion de loi morale ou de devoir qui poserait en lui, en même temps que la possibilité du bien, la possibilité du mal. La véritable liberté exclut d'elle toutes les oppositions qu'imagine l'entendement fini, ainsi que la contingence de l'acte qui ferait triompher arbitrairement l'un des termes opposés. Là où est la liberté, là est nécessairement la béatitude[1].

C'est donc la pure identité qui est le caractère constitutif de l'Absolu. Ce n'est que provisoirement, au regard de l'être fini, que la loi de l'activité humaine affecte une forme synthétique; elle exprime ainsi une union de la

---

1. *Philosophische Briefe*, I, pp. 322-324.

moralité et du bonheur, qui n'est ni immédiatement ni définitivement donnée en fait, et qui a son principe dans l'unité absolue de la liberté et de la béatitude : elle tend donc à la forme analytique, qui est sa justification dernière. Là-dessus l'entente est parfaite entre le dogmatisme et le criticisme bien compris. Le fond des deux systèmes est l'affirmation de l'identité absolue. Seulement le criticisme affirme immédiatement l'identité du sujet et n'affirme que médiatement l'accord de l'objet avec le sujet. Le dogmatisme, au contraire, affirme immédiatement l'identité de l'objet et n'affirme que médiatement l'accord du sujet avec l'objet. Selon le dogmatisme, tandis que je tends directement à la félicité, à l'harmonie de mon moi et du monde objectif, je tends indirectement à l'identité de mon être, et ainsi j'agis moralement. Selon le criticisme, tandis que j'agis moralement et que je tends ainsi directement à l'identité de mon être, je tends indirectement à l'harmonie de mon moi et du monde objectif, c'est-à-dire à la félicité. Dans les deux systèmes, la moralité et le bonheur sont deux principes distincts que je ne peux d'abord unir que synthétiquement, mais qui doivent cesser de se distinguer et ne constituer qu'une thèse identique dans l'Absolu [1].

Par là ce sont les deux systèmes eux-mêmes qui dans l'Absolu sont une même thèse. Dans l'Absolu il ne peut y avoir qu'un système, puisqu'à l'Absolu viennent expirer toutes les oppositions. Le dogmatisme cesse de contredire le criticisme du moment où nous ne faisons qu'un avec l'Objet absolu, et le criticisme cesse de contredire le dogmatisme du moment où le Sujet, dans sa pureté, ne s'oppose plus à l'objet. Tout réalisme complet est idéalisme, comme tout idéalisme complet est réalisme. Que signifie, en effet, cette formule courante que Dieu voit les choses en soi, que signifie-t-elle, sinon qu'en Dieu

---

1. *Philosophische Briefe*, I, pp. 327-328.

est le principe du réalisme parfait? Mais dès que l'on veut saisir le réalisme dans sa forme parfaite, on le transforme nécessairement en idéalisme. Car le réalisme ne conquiert sa perfection propre que lorsqu'il cesse de tenir les objets pour des objets et de les opposer comme tels au sujet, que lorsqu'il reconnaît l'identité de la chose connue et de la connaissance. Aussi le réalisme, d'après lequel Dieu connaît les choses en soi, vient-il se confondre avec l'idéalisme, d'après lequel l'Absolu ne pose que soi-même et sa propre réalité[1]. Par suite les concepts, en apparence opposés, par lesquels on caractérise l'action divine, sont entre eux parfaitement convertibles, et c'est là le sens véritable, trop longtemps méconnu, de la théorie spinoziste de la libre nécessité[2].

C'est ainsi que dans ses premiers écrits Schelling tend déjà à transformer l'idéalisme de Fichte et à l'incliner vers l'ontologisme de Spinoza. Il affirme le Moi absolu, non pas seulement comme l'idéal qui doit être, mais encore comme le véritable Être en soi qui se manifeste dans toute existence[3]. Il le considère, non pas seulement comme la forme suprême de tout savoir et de toute action, mais encore comme la Puissance infinie, naturellement efficace. Il dit expressément que la causalité de la Liberté

1. Spinoza a bien vu, selon Schelling, que l'Absolu devait être, non démontré, mais immédiatement affirmé. La seule preuve légitime de l'existence de Dieu est l'argument ontologique, car elle n'est pas une preuve, à proprement parler, mais une simple et immédiate affirmation. Comment prouver, en effet, ce qui par sa nature est en dehors de toute relation? Ainsi tombe l'objection de ceux qui prétendent que les propositions initiales de l'*Éthique* ne sont pas démontrées et qu'elles n'auraient dû se produire qu'à la fin du système, comme des conclusions préparées et vérifiées par l'étude de la réalité; cette objection ne tient qu'à l'incapacité de concevoir l'Être pur en dehors de l'existence empirique. C'est encore à cause de cette incapacité que l'on a souvent attribué à Spinoza ce qu'il rejette expressément, à savoir l'identité de Dieu et des êtres donnés. Ce n'est pas d'après l'apparence vulgaire, c'est d'après la pensée de Platon et de Descartes que Spinoza conçoit au-dessus des choses sensibles l'Être pur qui est vraiment par soi. *Philosophische Briefe*, I, pp. 308-309, note.
2. *Philosophische Briefe*, I, pp. 330 et suiv.
3. *Neue Deduktion des Naturrechts* (1795), I, p 247.

doit nécessairement se révéler par une causalité physique[1], et c'est sur cet attribut de la Liberté qu'il fonde sa déduction du droit. Il croit, conformément au kantisme, que cette expression de la Liberté dans la nature est ce qu'on appelle la vie[2]; mais il croit aussi, à l'encontre de Kant, que cette expression n'est pas seulement telle pour le jugement réfléchissant, qu'elle est par surcroît une réalité fondée dans l'Absolu, que par suite la nature est véritablement un produit de la Liberté. A ses yeux, la philosophie de Kant n'est évidemment que le point de départ d'une nouvelle métaphysique, dans laquelle le sujet et l'objet, au lieu d'être absolument distingués, comme le veulent les pseudo-kantiens, sont ramenés à l'unité. Le dualisme de la matière et de la forme, s'il est tenu pour irréductible, rend la connaissance à jamais inexplicable, et l'antique définition d'après laquelle le vrai est l'accord de la pensée avec son objet ne peut avoir de sens que s'il y a un acte primitif dans lequel la raison et l'être sont immédiatement unis[3]. Le moi ou l'esprit est ce qui fonde tout savoir. Or, s'il en est ainsi, il ne se borne pas à contempler ce qui lui est imposé du dehors : c'est lui-même qui se crée à lui-même son objet; il n'a la faculté de connaître que parce qu'il a la faculté de produire, et il prend conscience de son pouvoir générateur toutes les fois qu'il se détache par abstraction de la chose donnée pour en saisir en lui la raison véritable, tout intérieure. L'esprit en soi est l'Infini; mais, en tant qu'il travaille à être pour soi, il transforme son action en objet, et ainsi il devient fini. Il y a donc une loi interne de l'esprit, selon laquelle il doit traduire au dehors en des formes finies l'infinité qui est son essence[4]. L'esprit est donc à la fois le vrai et

---

1. *Neue Deduktion des Naturrechts*, I, p. 248.
2. *Ibid.*, p. 249.
3. *Abhandlungen zur Erläuterung des Idealismus der Wissenschaftslehre* (1796-1797), I, pp. 365-366.
4. *Zur Erläuterung des Idealismus*, I, pp. 366-368, 382.

le réel, la raison et l'être. C'est à cette conclusion que doit aboutir le kantisme bien interprété. En établissant que les lois des phénomènes ne se distinguent pas des formes de l'entendement, le kantisme a préparé les voies à la doctrine selon laquelle la nature n'est autre chose que l'esprit créateur lui-même dans l'infinité de ses productions et de ses reproductions [1]. En soutenant d'autre part que nos actions empiriques, moralement considérées, exigent une liberté transcendantale, il a tendu lui-même à l'affirmation d'un principe dans lequel possibilité et réalité, liberté et nécessité, idéal et réel ne font qu'un, en vertu d'une harmonie préétablie [2]. Donc l'évolution de la nature est le développement de la puissance créatrice du moi, et la marche des choses est au fond une histoire de la conscience. La philosophie ne devra s'arrêter que lorsqu'elle aura conduit l'esprit au terme de son effort, à la conscience de soi. Elle doit le suivre d'intuition en intuition, de produit en produit, jusqu'au point où se détachant de tout objet donné et se saisissant dans sa pure spontanéité, il ne perçoit que lui-même et n'affirme que son action absolue [3].

Or cette action absolue est proprement le vouloir. C'est dans le vouloir que l'esprit a une intuition intellectuelle de soi [4]. C'est le vouloir qui est l'identité originelle du savoir théorique et de l'activité pratique, grâce à laquelle la pensée se transforme en affection et l'affection en pensée, grâce à laquelle l'idéal et le réel se convertissent l'un dans l'autre [5]. Ce que Schelling, sous l'influence de l'idéalisme, appelle ici du nom de vouloir, qu'est-ce au fond, sinon cette tendance essentielle à persévérer dans l'être, qui est, selon Spinoza, le lien de toutes nos facultés, qui

1. *Zur Erläuterung des Idealismus*, I, p. 360.
2. *Ibid.*, p. 397.
3. *Ibid.*, pp. 382-383.
4. *Ibid.*, p. 401.
5. *Ibid.*, pp. 413-414.

pose en quelque sorte notre être en lui-même, qui est l'unité intime de la volonté et de l'entendement? Dans tous les cas, il n'y a pas pour Schelling de loi morale supérieure ou antérieure au vouloir [1], pas plus qu'il n'y a pour Spinoza de formule impérative qui puisse limiter la tendance à persévérer dans l'être. La loi morale ne fait qu'exprimer la subordination de la volonté empirique au vouloir absolu. C'est du vouloir absolu que dérive toute loi, et l'on peut dire que la moralité consiste à exclure de la position du vouloir toute limitation et toute passivité [2]. Si l'esprit qui doit être pour soi se manifeste sous la forme du fini, c'est par la négation du fini comme tel qu'il se reconquiert et qu'il engendre toute la vie morale.

II.

Ainsi se dessine de plus en plus nettement dans les premières œuvres de Schelling une doctrine essentiellement moniste, constituée par l'adéquation immédiate du sujet et de l'objet, destinée à supprimer le dualisme du devoir et de l'Être et à affirmer l'Être pur comme la raison suprême de laquelle dérive nécessairement et à laquelle doit nécessairement se rattacher, pour être vraiment morale, l'existence empirique de l'individu. C'est du Moi pur qu'elle est partie tout d'abord, et elle en est venue peu à peu à traiter le réel, non pas comme une simple apparence, mais comme une production effective de l'esprit. Elle va maintenant, par un nouvel effort de logique, montrer que cette production du réel est en elle-même adéquate à son principe et par conséquent autonome, et donner de la sorte le système des choses comme fondement au

---

1. *Zur Erläuterung des Idealismus*, I, p. 429.
2. *Ibid.*, pp. 440-441.

savoir. Elle se présente à la fois comme *Philosophie de la Nature* et comme *Idéalisme transcendantal*, et avant même d'être arrivée au système de l'Identité qu'elle prépare, elle fait de l'Univers le lieu nécessaire de l'action pratique.

Ce qui caractérise donc avant tout cette seconde période de la philosophie de Schelling, c'est l'affirmation de la réalité de la nature. Toutefois Schelling se défend de retourner ainsi au réalisme dogmatique. Admettre, en effet, avec le réalisme dogmatique que la nature est substantiellement distincte de l'esprit, c'est renoncer à expliquer comment l'esprit peut entrer en relation avec elle. On comprend qu'une chose agisse sur une chose, non qu'elle agisse sur cet être libre qui est le moi. Si je n'étais qu'un objet comme un autre, je resterais à jamais absorbé par le mécanisme universel, et je serais impuissant à concevoir la question que je pose : Comment peut se produire en moi la représentation des objets[1] ? De plus, le réalisme dogmatique, en supposant que tout existe originairement hors de nous, s'engage à rendre compte de tout par des causes extérieures. Il peut à la rigueur tenir son engagement tant qu'il n'a à se mouvoir que dans la série des antécédents et des conséquents ; mais dès qu'il arrive à la nature organisée, il ne peut plus donner le rapport de causalité mécanique pour une explication suffisante. C'est en effet le caractère de ce qui est organisé que de s'engendrer soi-même, d'être à soi-même sa cause et son effet, de se maintenir et de se reproduire en soi. Tandis que dans les objets inorganiques les parties n'ont qu'une existence abstraite, elles ont dans les êtres vivants une existence réelle, qui est déterminée par l'idée du tout. Ici le rapport des parties au tout, loin d'être arbitraire et fictif, est nécessaire et objectif. Chaque être vivant est une idée qui se réalise en soi et par soi. En

---

1. *Ideen zu einer Philosophie der Natur* (1797), Einleitung, II, pp. 15-18.

face de la vie qu'il est forcé d'expliquer, le dogmatique est abandonné par son système [1].

Il faut donc reconnaître avec Kant l'insuffisance de la conception mécaniste et la nécessité d'une explication téléologique des choses. Mais l'on sait à quoi Kant réduit la notion de finalité [2]. Kant la considère comme une maxime nécessaire du jugement réfléchissant; mais il se refuse à en faire un principe de détermination objective, et il veut ainsi, tout en tâchant de satisfaire aux exigences de la pensée, éliminer l'hylozoïsme, qui est, suivant sa forte expression, « la mort de toute science vraie de la nature [3]. » Schelling renverse les barrières opposées par Kant à l'extension du principe de finalité. De ce que la finalité est une vue de l'entendement suit-il qu'elle ne soit qu'une vue de l'entendement? Que l'on dise alors pourquoi l'idée de fin s'impose nécessairement à l'esprit dès qu'il s'agit d'expliquer l'être vivant. Quand l'esprit impose aux choses une forme d'unité qu'elles ne manifestent pas d'elles-mêmes, il a conscience que son action est volontaire et arbitraire; mais quand il affirme l'unité de fin propre à l'être vivant, il conçoit que cette unité de fin fait plus que traduire ses dispositions subjectives, qu'elle est une propriété objective de l'être lui-même [4]. C'est nous, prétend-on, qui transportons aux choses les formes qu'elles présentent. Mais que peuvent donc être les choses sans les formes ou les formes sans les choses? Ici surtout, dans l'être vivant, la réalité et l'idée sont indivisiblement unies. Le défaut de la critique kantienne, c'est qu'elle n'est pas pleinement affranchie du réalisme empirique qu'elle veut combattre. Au lieu de pousser son idéalisme jusqu'à l'affirmation de l'unité absolue, elle se borne à

---

1. *Ideen zu einer Philosophie der Natur*, II, pp. 40-41.
2. Voir plus haut, pp. 252-254.
3. Kant, *Premiers principes métaphysiques de la science de la nature*, traduction française de MM. Andler et Chavannes, p. 77.
4. *Ideen zu einer Philosophie der Natur*, II, pp. 42-43.

établir l'unité synthétique des faits d'expérience. De là vient que pour Kant la conception du savoir et de la moralité exprime une vérité seulement humaine et relative, non la vérité en soi. Mais du moment que la nature est l'objet nécessaire de l'esprit, il est également impossible et de lui refuser une existence propre et de poser cette existence hors de l'esprit; de telle sorte que l'unité téléologique de l'univers, pour être vraiment fondée, doit se résoudre et s'achever en une unité ontologique.

Or cette unité ontologique, qui est la vérité première, est aussi dans l'univers la réalité primitive. A l'état de nature l'homme ne fait qu'un avec lui-même et avec le monde qui l'entoure. Mais comme l'essence de l'esprit est la liberté, l'homme a voulu s'affranchir des conditions naturelles d'existence, et il a inauguré avec la réflexion la philosophie proprement dite. Il a distingué l'objet de l'intuition, le concept de l'image, et il s'est ainsi scindé lui-même. Toutefois la réflexion qui en toutes choses distingue et désunit ne saurait avoir qu'une valeur négative et ne doit jouer que le rôle de moyen; transformée en acte définitif, prise comme fin, elle devient une maladie de l'esprit; elle est le mal qui attaque la vie à sa racine et qui l'empêche de s'épanouir. Normalement elle doit travailler à se dépasser elle-même pour poser par la liberté ce qui est déjà impliqué dans la nature. C'est donc que le savoir abstrait est stérile et funeste; il n'engendre rien et il tue; il est dans l'univers le principe de toute dualité et par conséquent de tout mal; il n'y a de savoir complet que celui qui supprime les contraires et qui est indivisiblement uni à l'action [1].

C'est donc dans l'intérêt de la pratique aussi bien que dans l'intérêt de la science qu'il faut affirmer l'unité absolue de l'Être. Spinoza est le premier qui ait, avec une pleine conscience, reconnu cette unité quand il a

1. *Ideen zu einer Philosophie der Natur*, II, pp. 12-15.

considéré la pensée et l'étendue comme de simples modifications d'un même Principe. Le coup d'audace de son système a été de concevoir immédiatement le fini dans l'Infini et de ne le concevoir que dans l'Infini[1]. Spinoza a eu le mérite de rejeter d'emblée l'opposition établie entre les idées et les choses. Mais, au lieu de chercher au plus profond de la conscience de soi la raison qui fait apparaître en nous deux mondes, le monde idéal et le monde réel, au lieu d'expliquer par là comment l'Infini et le fini, originairement unis, se sont séparés l'un de l'autre, il a posé l'Infini hors de nous et il a transporté dans cet Infini, avec des affections et des modifications, une série sans fin de choses finies. Or comment puis-je prendre conscience de ces affections et de ces modifications? C'est ce qui dans le système de Spinoza reste inexplicable, et c'est ce que permet de comprendre le système de Leibniz[2].

Le concept d'individualité sur lequel se fonde la doctrine leibnizienne permet en effet de poser, non plus dans un Être extérieur à moi, mais dans mon être propre, l'unité primitive de l'Infini et du fini. Le fait qu'il y a en moi une série de perceptions successives prouve que je suis un être fini; mais le fait que cette série est sans fin prouve que l'Infini est immédiatement présent à mon être. Comme sujet percevant, je suis essentiellement l'acte par lequel l'Infini se réalise sous les formes innombrables du fini. C'est donc dans leur développement, dans leur genèse, que je dois considérer les représentations dont le système constitue la nature[3]. Cependant, pour que la nature ainsi comprise ait une réalité objective, il ne suffit pas de dire qu'il y a une harmonie préétablie entre nos perceptions et celles des autres êtres; car cette harmonie est, non une explication, mais le fait même à expli-

---

1. *Ideen zu einer Philosophie der Natur*, II, p. 20.
2. *Ibid.*, pp. 35-37.
3. *Ibid.*, pp. 37-38.

quer. Que si on la rapporte à un Être extérieur, opérant sur le monde par une sorte d'art transcendant, on cesse de mettre dans l'esprit le principe de son être et de sa science, et l'on ne suppose entre lui et la nature qu'un lien contingent et fragile[1]. Il faut donc admettre que cette harmonie est identité, que l'histoire de la nature est l'histoire même de l'esprit. La nature est l'esprit visible, l'esprit est la nature invisible[2]. L'intelligence est en soi essentiellement créatrice ; seulement elle l'est, tantôt aveuglément et sans conscience, quand elle produit les objets réels, tantôt librement et avec conscience, quand elle produit les idées. Dans les œuvres de la nature comme dans celles du génie humain il entre toujours à la fois de l'idéal et du réel[3].

La Nature est donc autre chose qu'un ensemble d'apparences ; elle a une réalité véritable, une réalité absolue. Elle est autonome, en ce sens que les lois qui la régissent, loin de lui être imposées du dehors, dérivent de sa forme propre, et elle se suffit à elle-même, en ce sens que tout ce qui arrive en elle s'explique par les principes qui la constituent[4]. Il ne faut donc pas se contenter de dire que la nature est l'objet et l'esprit le sujet ; la nature est comme l'esprit, à la fois sujet et objet, activité productrice idéale (*natura naturans*) et système de produits réels (*natura naturata*)[5]. Le problème essentiel de la Philosophie de la nature consiste donc à rechercher comment l'activité productrice de la nature se détermine en des produits. Supposons que l'activité productrice de la nature se répande immédiatement tout entière ; elle se manifestera alors par une évolution d'une vitesse infinie,

---

1. *Ideen zu einer Philosophie der Natur.*, II, pp. 38-39.
2. *Ibid.*, p. 56.
3. *Einleitung zu dem Entwurf eines Systems der Naturphilosophie* (1799), III, p. 271.
4. *Erster Entwurf eines Systems der Naturphilosophie* (1799), III, p. 17.
5. *Einleitung zu dem Entwurf eines Systems der Naturphilosophie*, III, p. 284.

et elle n'offrira rien de saisissable à l'intuition : elle ne pourra pas être connue, ce qui répugne au concept de la nature. Mais supposons d'autre part que son activité s'épuise en un produit qui l'arrête à jamais; alors elle cessera d'être infinie pour n'être plus qu'un acte fini. Il faut par conséquent admettre que la nature se détermine et expliquer comment cette détermination n'est pas une négation essentielle. Il faut trouver dans la nature la raison de la double tendance qu'elle a à se déployer et à se fixer. Nous dirons donc d'un côté que tout produit naturel est comme un moment d'arrêt dans l'expansion de son activité productrice; mais nous remarquerons en outre que tout produit naturel exprime à sa façon ce qu'il y a d'infini dans cette activité, puisqu'il est capable de produire à son tour d'autres êtres et par là de se reproduire à l'infini. Et ainsi, tandis que la Nature créatrice se concentre pour un temps en lui, il devient le principe d'une évolution sans fin. Selon même une pensée que Schelling reprendra plus tard en un sens théologique, il y a comme un Produit essentiel et primitif, adéquat à la Puissance productrice de la Nature, et c'est de ce Produit essentiel et primitif que les produits particuliers sont des expressions singulières et des formes successives. La Nature est donc comme objet un devenir infini, qui exprime dans l'expérience l'infini idéal qu'elle est comme sujet[1]. Ainsi est maintenant appliquée à l'intérieur de la Nature, considérée comme existant en soi, la déduction, qui, pour Fichte, rattachait la nature, comme chose extérieure, au Moi intérieur. Le principe suprême de la Philosophie de la nature est qu'il y a une Nature *a priori*, une Réalité qui est et qui est connue en soi et par soi, abstraction faite de tout élément

---

1. *Erster Entwurf eines Systems der Naturphilosophie*, III, pp. 12-20. — *Einleitung zu dem Entwurf eines Systems der Naturphilosophie*, III, pp. 285-292.

spirituel ou subjectif[1]. La philosophie de la nature est donc comme le « Spinozisme de la physique[2]. »

Elle se suffit si bien à elle-même comme science qu'elle pourrait être prise pour la science complète, si l'esprit n'était pas obligé, dans un intérêt pratique, de s'affirmer comme intelligence[3]. Toutefois cette obligation ne confère pas au système qu'elle détermine une supériorité quelconque : la philosophie de l'intelligence et la philosophie de la nature ont, au point de vue théorique, une égale valeur; et il est indifférent, quand il s'agit de la connaissance, de partir de cette proposition : *la nature est*, ou de cette autre : *je pense*. Il y a, en effet, entre la nature et l'intelligence un parallélisme si rigoureux qu'à bien des égards la philosophie de l'intelligence ne peut être qu'une contre-épreuve de la philosophie de la nature[4]. La philosophie de l'intelligence est idéaliste comme la philosophie de la nature est dynamiste; elle explique les déterminations successives du savoir par les conditions transcendantales de l'action du moi, comme la philosophie de la nature explique les divers phénomènes par les conditions originaires du développement de la matière[5]. Et de même que la philosophie de la nature fait sortir l'idéalisme du réalisme en spiritualisant les lois des choses qui apparaissent ainsi comme des lois de l'esprit, de même la philosophie de l'intelligence fait sortir le réalisme de l'idéalisme en matérialisant les lois de l'esprit qui apparaissent ainsi comme les lois des choses[6].

Le principe du savoir doit donc être absolu au même titre que le principe de l'Être. Or un principe ne peut

---

1. *Einleitung zu dem Entwurf eines Systems der Naturphilosophie*, III, p. 279.
2. *Ibid.*, p. 273.
3. *System des transcendentalen Idealismus* (1800), Vorrede, III, p. 332.
4. *Ibid.*, III, p. 331.
5. *Ibid.*, III, pp. 450-454. — *Allgemeine Deduktion des dynamischen Processes* (1800), IV, pp. 75-76.
6. *System des transcendentalen Idealismus*, III, p. 352.

être absolu que s'il exprime une identité pure, que s'il se ramène à la formule analytique $A = A$; mais d'un autre côté un principe ne peut porter sur le réel que s'il est synthétique, et alors il cesse d'être absolu. Comment donc surmonter cette contradiction? Comment poser un principe qui soit absolu et qui porte sur le réel?

Remarquons que la formule $A = A$ suppose une pensée qui s'affirme elle-même, qui devient à elle-même son objet. Or l'acte par lequel la pensée devient à elle-même son objet ne peut être que dans la conscience; il est essentiellement le Moi. Qu'est-ce à dire alors, sinon que l'Absolu est le Moi, puisque sans le Moi rien n'est pensé et que le Moi est réellement en tant qu'il se pose lui-même. L'affirmation du Moi par le Moi est une affirmation absolue comme une formule analytique et réelle comme une synthèse. Et comme cette affirmation est première, c'est-à-dire libre, elle se saisit en même temps qu'elle se produit : elle est une intuition intellectuelle. L'intuition intellectuelle est pour la philosophie transcendantale ce qu'est l'intuition de l'espace pour la géométrie : elle est la condition constante, sous-entendue ou admise, de toutes ses déductions [1].

Par là il est établi que le Moi est à la fois sujet et objet, mais il n'est pas montré comment dans le Moi le sujet peut et doit nécessairement déterminer l'objet. Or, de ce que le Moi est posé d'abord en soi, indépendamment de tout objet, de toute chose extérieure finie, il suit qu'il est activité infinie. Mais s'il n'était que pure activité infinie, il serait éternellement en soi sans jamais être pour soi; afin d'être pour soi, il doit poser des limites à sa puissance de produire, c'est-à-dire qu'il doit susciter des actes déterminés qui circonscrivent tout en exprimant son infinie virtualité. Le spinozisme prétend fort justement que la limitation du Moi a sa raison dans l'ob-

---

[1]. *System des transcendentalen Idealismus*, III, pp. 361 et suiv.

jectivité qu'il est indispensable d'affirmer ; mais en considérant cette objectivité comme absolue, il est hors d'état d'expliquer l'intuition que le Moi a de lui-même dans cette limitation. C'est précisément dans cette intuition de lui-même que le Moi, d'infini qu'il est idéalement, devient fini réellement. Il ne serait pas un infini véritable s'il était simplement en soi : or il ne peut être en soi et se percevoir lui-même qu'en se déterminant dans des états finis. Mais cette contradiction entre le Moi infini et le moi fini ne peut se résoudre que si dans l'acte qui le rend fini le Moi s'aperçoit lui-même comme un devoir infini, que si par conséquent chacun de ses produits particuliers, étant lui-même productif, est le principe d'une évolution sans fin, que si, autrement dit, la limite de son action n'est que provisoire et peut être, par son action même, indéfiniment reculée [1].

Suivre l'intelligence dans chacune de ses « époques », c'est-à-dire dans chacun des actes qu'elle accomplit d'abord pour se déterminer et ensuite pour s'abstraire de cette détermination, s'élever ainsi de la sensation primitive à l'intuition productive, de l'intuition productive à la réflexion, de la réflexion à la volonté absolue : tel est l'office de la philosophie théorique [2]. La philosophie théorique n'est, sous un autre nom, qu'une autre forme de la philosophie de la nature. Ce que la philosophie de la nature justifie comme manifestation nécessaire de la nature, elle le justifie comme intuition nécessaire de l'intelligence [3]. La Nature n'est donc pas, comme le veut l'idéalisme exclusif de Fichte, un pur objet de conscience, un simple phénomène ; la Nature a en soi une réalité qui non seulement est indépendante de la conscience, mais qui encore la conditionne et la détermine dans son développement. Il y a un idéalisme de la Nature et un idéalisme du Moi ; c'est

---

1. *System des transcendentalen Idealismus*, III, pp. 377-387.
2. *Item.*, III, pp. 388-527.
3. *Ueber den wahren Begriff der Naturphilosophie* (1801), IV, p. 92.

l'idéalisme de la Nature qui est le primitif, l'idéalisme du Moi qui est le dérivé. Il faut donc dissiper l'illusion selon laquelle la nature est subordonnée au Moi comme le réel à l'idéal : dans la Nature aussi bien que dans le Moi il y a un *idéal réel*. Et voilà pourquoi l'existence de la nature ne commence pas avec l'entrée des phénomènes dans une conscience [1]. Ainsi la philosophie théorique de Schelling repose au fond sur le principe énoncé par Spinoza, à savoir que l'ordre et la connexion des idées sont les mêmes que l'ordre et la connexion des choses. Les idées et les choses ne constituent, à vrai dire, qu'un même univers ; ce que l'on appelle dans cet univers la nature, c'est l'intelligence même dans son activité inconsciente et aveugle ; ce que l'on appelle l'intelligence, c'est la nature même dans son activité consciente et libre. D'où il suit que notre connaissance est à la fois *a priori* et *a posteriori* : *a priori,* en tant qu'elle ne peut avoir sa raison dans une forme étrangère à l'intelligence et qu'elle dérive tout entière de l'intelligence ; *a posteriori*, en tant qu'elle est fondée sur des objets qui se produisent sans notre consentement et qui s'imposent à nous en vertu d'une expérience physique [2]. La philosophie théorique consiste à montrer comment en vertu des lois essentielles de l'intelligence les choses déterminent les idées ; la philosophie pratique consiste à montrer comment en vertu de ces mêmes lois les idées déterminent les choses.

La philosophie pratique commence donc au moment où s'achève la philosophie théorique, c'est-à-dire au moment où, par une abstraction suprême, le Moi se détache de l'objet inconsciemment produit pour s'affirmer lui-même dans sa pure activité ; désormais, au lieu de subir ses états, il les engendre ; il est donc essentiellement volonté, et volonté libre, puisque l'action par laquelle il se cons-

---

1. *Allgemeine Deduktion des dynamischen Processes*, IV, pp. 76-77. — *Ueber den wahren Begriff der Naturphilosophie*, IV, pp. 89 et suiv.
2. *System des transcendentalen Idealismus*, pp. 527-531.

titue ne dépend pas d'une matière antérieure et étrangère. Cependant le Moi ne peut vouloir sans vouloir un objet déterminé ; une volonté simplement formelle resterait improductive, et c'est précisément le propre du Moi que de produire. Il faut donc admettre que la volonté se dirige vers un objet qui la réalise et l'exprime au dehors. Mais alors il y a une contradiction profonde entre la conscience de la spontanéité infinie qui est enveloppée dans le vouloir et la matière finie à laquelle le vouloir s'applique, ou encore entre la liberté que le vouloir suppose et la nécessité inhérente à l'objet qu'il se donne. Cette contradiction ne peut être résolue qu'à la condition de comprendre que le Moi est une activité qui se détermine consciemment d'après certaines fins et qui est capable de transformer les objets selon les fins qu'elle conçoit. Ainsi le Moi tend à idéaliser les choses, et cette tendance, qui est son essence même, se manifeste comme un penchant naturel avec une causalité propre. Par là ce qui est originairement du sujet passe en quelque sorte dans l'objet. Mais comment ce passage est-il possible ? Que l'on suppose le monde et le Moi absolument indépendants l'un de l'autre, ou simplement unis entre eux par une harmonie préétablie : la relation du sujet à l'objet restera éternellement inintelligible. Si l'on admet au contraire l'identité du monde et du Moi, il est permis de concevoir que tout état du monde est un acte du Moi et que tout acte du Moi est un état du monde. Le problème reviendra alors à rechercher comment l'intelligence qui agit détermine l'intelligence qui perçoit. Mais, d'après ce qu'établit l'idéalisme transcendantal, la perception que nous avons des objets est positivement une action, tandis que d'un autre côté l'action n'est telle qu'à la condition de se convertir en un objet de perception. De l'objet perçu au sujet agissant, il y a un développement intelligible sans solution de continuité. C'est donc au fond le même Moi qui s'apparaît à lui-même dans l'univers et qui se détermine de lui-même au fond de la conscience. La proposition Moi = Moi signifie que, moi qui connais, je suis le même que moi qui suis ; et quand je dis que j'ai l'intuition de moi-même comme agissant librement, j'exprime en d'autres termes que j'agis objectivement. Ramenée à son principe, pleinement comprise, la nécessité, loin de contredire la liberté, la confirme et la traduit [1].

Cependant cette liberté qui se manifeste d'abord comme penchant naturel serait aliénée et même évanouie, si le penchant l'épuisait tout entière. Elle serait simplement une causalité physique qui produirait aveuglément son effet, et la conscience serait alors inexplicable. Mais l'essence de la volonté n'est pas seulement de se déterminer par un objet extérieur ; elle est avant tout de se déterminer par soi. De là l'idée d'un *devoir,* qui impose au moi l'obligation de se donner comme seul objet à soi-même ; de là la signification profonde de l'impératif catégorique. Je dois vouloir ce que veulent toutes les intelligences ; or toutes les intelligences ne peuvent vouloir que leur propre détermination par elles-mêmes. Ma volonté est donc essentiellement constituée, d'un côté par une activité objective qui se dirige vers le dehors, qui est instinct naturel, qui tend au bonheur, d'un autre côté par une activité idéale qui doit s'affirmer comme pure volonté. Le conflit des deux activités dans la conscience ne peut être résolu que par un acte de libre arbitre, c'est-à-dire par l'acte d'une puissance qui soit capable de me faire ce que je dois être. Ainsi la liberté prend dans la conscience la forme d'un libre arbitre. Mais l'on voit par là que le libre arbitre, comme tel, ne saurait être investi d'une réalité absolue ; il est simplement, au même titre que la loi morale et par le fait de cette loi, la condition que se suscite à elle-même la liberté pour se réaliser. Le libre arbitre et la loi morale n'ont de valeur que dans

---

[1]. *System des transcendentalen Idealismus,* III, pp. 532-563.

l'ordre des relations inférieures sur lesquelles le moi se fonde pour devenir objet à soi-même, mais dont il est en soi radicalement indépendant. C'est dans les limites du fini qu'il y a place pour le libre arbitre et la loi morale; l'Infini, étant la pleine position de soi-même, n'admet ni l'autorité extérieure de la loi morale, ni la contingence irrationnelle du libre arbitre[1].

Toutefois, pour que la liberté se réalise, il faut que dans cet ordre du fini l'accord s'établisse de plus en plus entre la loi morale et les lois de la nature. Or il semble qu'il y ait un obstacle invincible à l'efficacité matérielle de la loi morale. En effet, la loi morale, exprimant comme devoir ce qui est essentiel à la pure volonté et suscitant l'apparition du libre arbitre, est en contradiction avec les tendances déterminées des penchants individuels. Comment donc pourra-t-elle s'imposer à eux pour les transformer? La difficulté sera résolue, s'il existe une puissance qui domine et maintienne en accord les penchants individuels, et qui en outre ne s'exerce que conformément à des lois. Cette puissance existe : c'est le droit. L'état juridique est comme une seconde nature où toute cause est nécessairement suivie de son effet; mais c'est une nature organisée par la liberté au profit de la liberté. Et comme le droit ne doit pas émaner de la volonté arbitraire de l'individu, il ne saurait non plus prétendre à un caractère moral sans engendrer le plus odieux despotisme. Tel qu'il a été, tel qu'il est, il est l'œuvre, non du caprice, mais de l'ensemble des forces qui constituent l'histoire[2].

L'histoire, en effet, est le progrès nécessaire de l'humanité vers un état juridique universel où toutes les volontés pourront se développer sans jamais se contrarier. Elle est pour la philosophie pratique ce que la nature est pour la

---

1. *System des transcendentalen Idealismus*, III, pp. 563-581.
2. *Ibid.*, III, pp. 581-587.

philosophie théorique; elle est le système des moyens et des actes par lesquels la liberté se réalise. Or, par cela même, il semble d'une part qu'elle dérive du libre arbitre humain, qu'elle doive reconnaître le libre arbitre comme son Dieu, tandis que d'autre part, pour être intelligible, elle doit échapper au hasard, être soumise à des lois et manifester un ordre certain. Elle suppose ainsi, constamment unies en elle, la liberté et la nécessité. Comment donc cette union est-elle possible?

Le rapport de la liberté à la nécessité se ramène au rapport du conscient à l'inconscient. Quand on affirme l'union de la liberté et de la nécessité, on affirme qu'à toute action volontaire et réfléchie vient s'adjoindre, soit pour en contrarier, soit pour en favoriser les effets, une action naturelle et involontaire. Voilà pourquoi nous voyons souvent se produire, à la suite de notre acte propre, ce que nous n'avons pas précisément voulu; voilà pourquoi nous voyons échouer ce que nous avons résolu et préparé. Il semble qu'une nécessité mystérieuse vienne s'installer au cœur de nos décisions les plus claires pour en conformer les résultats à l'ordre objectif de l'histoire. Or cette nécessité que les hommes ont toujours reconnue sous des noms divers, loin d'être la négation de la liberté, en est l'expression réelle et la garantie, puisqu'elle assure que les fantaisies individuelles ne sauraient empêcher d'être ce qui véritablement doit être. L'histoire est une synthèse objective dans laquelle sont résolues et supprimées toutes les contradictions des êtres particuliers; elle est une manifestation progressive et indéfinie de l'Absolu. Si l'Absolu ne se révélait pas dans l'histoire, la liberté ne pourrait pas se constituer objectivement, elle ne serait qu'une forme vide; et d'autre part, si l'Absolu se révélait tout entier à un certain moment, la liberté ne serait qu'une illusion, car la toute-puissance actuelle de l'objet supprimerait toute activité subjective. Il faut donc admettre qu'il y a une opposition incessamment surmontée et incessamment reproduite entre le sujet et l'objet, et comme cette opposition doit aboutir de plus en plus à une harmonie, il faut reconnaître l'existence d'un Principe suprême qui n'est en soi ni le sujet ni l'objet, mais qui est la raison commune de l'un et de l'autre. Ce Principe est l'identité absolue, qui exclut toute dualité, qui par conséquent n'arrive jamais à la conscience, puisque c'est la dualité qui rend la conscience possible. C'est par la pureté de son éclat qu'il se dérobe à nous, et c'est de lui qu'émane toute lumière. Il est l'acte dont toutes les intelligences ne sont que les puissances. Il est le médiateur éternel du conscient et de l'inconscient, de l'esprit et de la nature, du sujet libre et de l'objet déterminé. A lui ne conviennent aucune des dénominations empruntées, soit à l'intelligence, soit à la volonté humaine. C'est pour la réflexion qu'il se scinde en un être subjectif agissant par soi et en un être objectif agissant par des lois. On ne peut pas dire qu'il est, si on entend par être l'existence proprement dite; en ce sens, il devient, il se démontre par sa seule révélation, il est la Puissance souveraine qui gouverne tout le développement de l'histoire, qui est apparue successivement comme destin et comme nature, qui apparaîtra de plus en plus comme Providence à mesure qu'elle se découvrira mieux à l'activité subjective et se fera mieux accepter par elle; en ce sens donc, Dieu devient. Mais, en autre sens, Dieu est, c'est-à-dire qu'il domine tout devenir et toute démonstration; il est l'affirmation enveloppée dans toute activité, l'éternel acte de foi et l'éternel acte de raison[1].

Il y a donc une primitive harmonie du subjectif et de l'objectif; mais il reste à expliquer comment cette harmonie se manifeste dans l'intelligence humaine. Nous savons que tout acte suppose l'union de la liberté et de la nécessité, c'est-à-dire que, subjectivement libre, il est objective-

---

1. *System des transcendentalen Idealismus*, III, pp. 587-604.

ment nécessaire, qu'il est déterminé à la fois par des fins conscientes et par un mécanisme inconscient. Or cette union de l'inconscient et du conscient se révèle déjà dans la nature vivante, car c'est le propre de la nature vivante que d'agir en vertu de forces aveugles et d'exprimer cependant une finalité qui la rend intelligible. Cette unité que la vie réalise dans les choses, l'œuvre d'art la réalise dans l'intelligence humaine. L'œuvre d'art suppose en effet l'intime collaboration de l'activité intentionnelle et de la spontanéité créatrice; seulement, au lieu d'aller, comme la nature, de l'inconscient à la conscience, elle va de la conscience à l'inconscient. L'œuvre que conçoit l'artiste reçoit d'une Puissance supérieure à lui une impulsion dont il n'est plus le maître et une signification qui lui échappe. C'est au fond la même Puissance qui dans la vie esthétique et dans la vie morale ramène l'activité du sujet à un objet certain. L'art est donc la véritable et complète révélation; il est le miracle irrécusable qui témoigne de la présence et de l'action de l'Absolu en nous. Suscité par le sentiment d'une infinie contradiction entre la nature et l'esprit, il se réalise et s'achève dans le sentiment d'un accord infini. C'est que le génie qui l'engendre est l'unité vivante de l'activité naturelle et de l'activité spirituelle : en lui se combinent la réflexion la plus attentive et la spontanéité la plus involontaire. Le génie est pour l'esthétique ce que le moi est pour la philosophie, c'est-à-dire le principe suprême qui ne devient jamais objectif, mais dont dérive tout ce qui se manifeste objectivement. L'art traduit la vérité que les notions de l'entendement abstrait déforment et altèrent; il répond au besoin qu'a l'esprit de poser la vérité suprême au-dessus de toute chose donnée et de se la représenter cependant comme une chose : l'intuition esthétique est l'intuition intellectuelle devenue objective. La conception que Schiller s'était faite de la vie libre dans l'état esthétique, les vues que les Romantiques avaient développées sur l'unité de la nature et de l'esprit dans le génie, se retrouvent ainsi chez Schelling, au terme de son Idéalisme transcendantal, expressément rapportées au système de l'identité. L'art est, selon Schelling, le véritable et éternel organe de la philosophie : voilà pourquoi la philosophie, pour se régénérer, doit se retremper aux sources de l'art et se vivifier au contact d'une mythologie nouvelle[1].

Dans tous les cas, ce que la philosophie affirme et ce que l'art exprime, c'est l'unité absolue de l'idéal et du réel, et c'est cette unité qui donne à la vie humaine sa pleine signification. La moralité, c'est la transposition, dans l'ordre du vouloir, de ce qui, à un autre point de vue, est fondé dans l'être : la libre activité se produit dans l'univers aussi bien que la spontanéité naturelle. Entre la libre activité et la spontanéité naturelle il n'y a essentiellement qu'une différence de direction : l'une va de l'idée à la chose, tandis que l'autre va de la chose à l'idée. Au surplus, si la liberté, pour se développer, affecte à certains moments les formes subjectives de la conscience, elle ne peut cependant engendrer des œuvres durables que si elle se met en accord avec le progrès objectif de l'histoire : l'histoire fait justice des fantaisies du libre arbitre. Au fond, la philosophie de la nature modifie singulièrement dans la pensée de Schelling l'idéalisme de Fichte : elle s'oppose à ce que le devoir soit considéré comme l'expression adéquate de l'absolu ; elle le réduit à n'être que la loi de l'activité subjective. La Nature, affirmée dans sa réalité autonome, est l'ennemie des abstractions morales qu'on prétend lui imposer ; loin d'être un produit sans valeur propre, qui doit, pour avoir quelque prix, se subordonner aux fins de la personne humaine, elle est une infinie puissance qui ne peut être limitée du dehors, qui ne se limite à l'intérieur d'elle-même que

---

1. *System des transcendentalen Idealismus*, III, pp. 607-629. — Voir plus haut, pp. 297-298, p. 329.

pour se manifester. Elle ne se laisse pas juger selon des vues extérieures et individuelles; elle repousse toutes les dénominations extrinsèques par lesquelles on veut la qualifier. Le vice radical de l'idéalisme de Fichte, c'est de la traiter théoriquement comme une simple illusion de la conscience, pratiquement comme un simple organe de la liberté, c'est de glorifier ainsi un ascétisme qu'elle condamne, c'est d'admettre au fond que l'homme a pour essentiel devoir de la réduire et de l'exterminer, elle qui est le principe de toute inspiration et de tout rajeunissement[1]. La philosophie doit faire cesser ce scandaleux divorce de la nature et du moi : elle doit proclamer l'unité indissoluble de notre être et de l'Être; elle est, comme le voulait Platon, une réminiscence, la réminiscence de l'état dans lequel nous ne faisions qu'un avec la nature[2].

C'est par conséquent mal entendre cette unité supérieure que de soutenir qu'elle est opposée ou étrangère à la moralité humaine, que de dire de la philosophie de la nature qu'elle est une justification du naturalisme : autant dire de l'idéalisme qu'il est une justification de l'égoïsme. On interprète alors, selon un procédé que l'on a si souvent appliqué à la doctrine spinoziste, des concepts rationnels en un sens empirique. Et en même temps on se fonde sur les oppositions abstraites de la conscience commune pour séparer définitivement ce qui n'est que provisoirement séparable, ce qui doit nécessairement participer à l'unité absolue. Sous prétexte d'exalter la vie morale, on moralise à tout propos, et parce que dans l'ordre du relatif le savoir se distingue de l'action

---

[1]. C'est là le sens des objections que Schelling développera plus tard, au nom de la philosophie de la nature, contre l'idéalisme de Fichte, dans son écrit intitulé : *Darlegung des wahren Verhältnisses der Naturphilosophie zu der verbesserten Fichteschen Lehre* (1806), VII. Voir particulièrement pp. 9-11, 17-20, 96-105.
[2]. *Allgemeine Deduktion des dynamischen Processes*, IV, p. 77.

pratique, on se plaît à consacrer la suprématie de l'action pratique sur le savoir. Mais, en réalité, il ne peut y avoir qu'une conception vraie de la nature, à la fois spéculative et morale. Ce qui, affectant d'être moral, ne pourrait être traduit en langage de raison, ne serait véritablement pas moral. Il se peut que la connaissance et la vertu semblent se distinguer l'une de l'autre et que la vertu apparaisse comme la condition de la connaissance; mais ces rapports que l'on établit ainsi entre la connaissance et la vertu n'ont qu'une signification empirique. La raison supprime toute relation et toute distinction de ce genre; la science et la moralité ne sont qu'un même objet pour elle, quand elle prend possession du monde des Idées [1].

Et ainsi la Philosophie de la Nature et l'Idéalisme trancendantal ne peuvent mieux justifier la vie morale et religieuse qu'en s'achevant dans l'Idéalisme absolu; et c'est bien là le terme auquel Schelling les conduit. Tout savoir, en effet, suppose l'affirmation de l'Absolu, et l'Absolu est un acte de savoir éternel; à ce titre, il est l'identité du sujet et de l'objet, de l'idéal et du réel [2]. Mais précisément parce qu'il est savoir ou raison absolue, il doit se manifester, se convertir pour lui-même en objet, et de l'objet qu'il pose se ramener à lui-même. De là trois moments dans l'acte par lequel l'Absolu s'affirme. Au premier moment, d'essence qu'il est, il devient forme, c'est-à-dire qu'il introduit la différence dans l'unité primitive; au second moment, il résout la forme qu'il s'est donnée en son essence, c'est-à-dire qu'il reconstitue le fini dans l'Infini; au troisième moment, il est l'unité indivisible de la forme et de l'essence [3]. Mais ces trois moments ne sont distincts que pour la connaissance; ils

---

1. *Ueber das Verhältniss der Naturphilosophie zur Philosophie überhaupt* (1802), V, pp. 122-123.
2. *Ideen zu einer Philosophie der Natur*, Zusatz zur Einleitung (1803) II, pp. 58-62.
3. *Ideen zu einer Philosophie der Natur*, Zusatz zur Einleitung, II, pp. 62-64.

ne sont en soi qu'un seul et même acte ; et voilà pourquoi l'Absolu est tout entier en chacun d'eux. Il y a donc dans l'Absolu trois unités essentielles qui correspondent à ce que d'autres ont appelé des Idées ou des Monades[1]. Chaque idée, comme production de l'Absolu, est elle-même absolue ; chaque idée est une chose en soi ; et comme les idées dans l'Absolu ne sont qu'une même idée, tous les êtres, étant par les idées, expriment au fond une même essence. Mais, en tombant sous la connaissance, les idées se distinguent, et c'est cette distinction qui fait que l'Univers éternel devient un monde en mouvement, où la nature et l'esprit s'opposent, où la nature tend progressivement à l'esprit. Par conséquent il ne peut y avoir entre les individus des différences de qualité, il n'y a que des différences de quantité, qui sont des différences d'expression de l'Infini dans le fini[2]. Dans le monde agissent et se révèlent les trois idées essentielles, de telle sorte que le type selon lequel l'Absolu se manifeste se reproduit à chaque moment et à chaque degré de l'existence : ce qui est l'idée dans l'Absolu est la puissance dans la nature ; les puissances sont les idées de la nature[3]. Le monde visible est l'expression et la conséquence de l'Univers éternel ; il en est le corps et le symbole. La Philosophie de la Nature s'achève ainsi en une Philosophie des Idées[4].

Voilà la doctrine que Spinoza a pressentie et qu'il a en partie fondée quand il a affirmé l'Absolu comme identité du sujet et de l'objet. L'inexactitude de certaines formules, l'insuffisance de la déduction qui rattache à la Substance, comme à leur principe d'unité, l'étendue et la pensée, ont pu faire méconnaître pendant plus d'un siècle la vérité et la profondeur de cette affirmation ; mais c'est

---

1. *Ideen zu einer Philosophie der Natur*, Zusatz zur Einleitung, II, pp. 64-65.
2. *Ibid.*, p. 65.
3. *Ibid.*, p. 66.
4. *Ibid.*, pp. 67-69.

seulement à la condition de la ressusciter que l'on pourra restaurer la philosophie. Le grand mérite de Fichte, c'est précisément d'avoir à nouveau conçu cette identité du sujet et de l'objet; malheureusement Fichte ne l'a comprise que dans un sens imparfait : il ne l'a considérée, au point de vue théorique, que comme une forme de la conscience, au point de vue pratique, que comme une tâche infinie à réaliser; et comme il avait éliminé de la spéculation toute idée de substance, il n'a pu affirmer l'Absolu que par une croyance et au nom de la pratique : il l'a réduit, comme Kant, à n'être que par le sujet. Il n'y a certainement pas là de quoi satisfaire aux besoins de l'humanité. A l'humanité, qui jusqu'à présent n'a vécu que d'une vie incomplète, tantôt dans la foi, tantôt dans l'incrédulité, il faut l'intuition et la science. L'idéalisme est le trait dominant de l'âge moderne; le monde idéal tend à naître, mais les puissances inconnues qu'il recèle ne peuvent se révéler que si la nature cesse d'être un mystère pour devenir un objet de savoir. Maintenant que toutes les formes finies de la connaissance et de l'action sont brisées, maintenant qu'il n'y a plus rien au monde pour inspirer aux hommes une foi commune, il n'y a que l'intuition de l'identité absolue qui puisse les unir à jamais et être pour eux, dans son expression spéculative, comme une Religion nouvelle[1].

III.

C'est par une sorte de marche régressive que la philosophie de la nature et l'idéalisme transcendantal ont abouti au système de l'identité absolue. Mais ce système ne peut être compris dans sa pleine vérité que s'il développe pour lui-même, dans une marche progressive, son

---

1. *Ideen zu einer Philosophie der Natur*, Zusatz zur Einleitung, II, pp. 71-73.

propre principe. De là les efforts tentés à plusieurs reprises par Schelling pour exposer sa doctrine avec une rigueur de forme et de déduction qui imite l'enchaînement des théorèmes de l'*Éthique*.

La connaissance, selon Schelling, n'est vraiment philosophique que si elle porte sur les choses telles qu'elles sont en soi. Or il n'y a que la Raison qui puisse saisir les choses en soi, abstraction faite des circonstances particulières et des différences extérieures. Ce qui est donc essentiellement, c'est la Raison, à savoir l'indifférence totale du subjectif et de l'objectif. Rien n'est en dehors de la Raison, et tout ce qui est est en elle. Elle est l'Absolu, elle est Dieu. Elle exclut toute distinction primitive du moi et du non-moi, c'est-à-dire qu'elle ne se laisse déterminer ni par l'un ni par l'autre. Si elle était pur objet, elle serait l'être sans forme qui ne peut se connaître ; si elle était pur sujet, elle serait la forme vide qui ne peut rien saisir de l'être. Parce qu'elle est le savoir antérieur à tout, elle est affranchie de la chose, telle que le réalisme dogmatique la conçoit; parce qu'elle est le savoir infini et actuel, elle est affranchie du moi tel que le pose l'idéalisme exclusif. Elle est l'unité pure, puisqu'elle est la raison de tout et qu'une autre raison ne pourrait être que par elle. L'acte par lequel elle s'affirme est une intuition intellectuelle; la loi selon laquelle elle s'affirme est la loi d'identité dont l'expression est $A = A$. Il ne peut donc y avoir de connaissance absolue que de l'identité absolue, et d'autre part l'identité absolue n'est que par une connaissance absolue. Dieu est l'immédiate position de soi, et comme ce qui n'est que médiatement posé est relatif à ce qui se pose immédiatement, Dieu est l'infinie réalité. Il se saisit à la fois comme ce qui affirme infiniment et comme ce qui est affirmé infiniment, et par-dessus tout comme l'indifférence de ce qui affirme et de ce qui est affirmé. Il est identité, en ce sens qu'il est l'unité du sujet et de l'objet; il est identité aussi, en ce sens qu'il échappe à toute relation et domine tout changement; il est identité à la fois dans sa forme et dans son essence : il est identité de l'identité[1].

Dieu est donc dans un acte éternel tout ce qui est, et tout ce qui est est bien le Tout, car l'affirmation de Dieu par soi réalise immédiatement l'infinité du possible. Dieu est indissolublement l'Un et le Tout. Par conséquent l'univers n'est pas un effet, dont Dieu serait la cause transcendante; l'univers est éternellement en Dieu et avec Dieu; il est Dieu même. — Mais c'est là le panthéisme, objecte-t-on. — Et quand cela serait, qu'importe, si le panthéisme est l'expression de la Raison? Faudrait-il, par peur d'un mot, renoncer à le tenir pour vrai? Au surplus le mot est singulièrement équivoque. Si l'on entend par panthéisme la doctrine qui identifie Dieu et l'ensemble des choses sensibles, rien n'est plus éloigné d'une semblable doctrine que la philosophie de l'identité, car, selon cette philosophie, les choses sensibles ne sont telles que par privation de Dieu; et d'un autre côté, l'Être véritable est affranchi de tous les caractères de l'existence empirique; il n'a pas de parties, il est indivisible[2].

Il suit de là que dans le Tout aucune différence n'est concevable. L'identité absolue, en effet, ne peut jamais comme telle être supprimée. Elle ne saurait admettre en elle une distinction essentielle du sujet et de l'objet; le sujet et l'objet ne sont, en soi, qu'une seule et même chose : rien ne peut être dans l'Infini comme simplement subjectif, rien comme simplement objectif. Par conséquent, en soi comme pour nous, une différence qualitative, c'est-à-dire une différence qui poserait le sujet et

---

1. *Darstellung meines Systems der Philosophie* (1801), IV, pp. 115-122. — *Fernere Darstellungen aus dem System der Philosophie* (1802), IV. pp. 361 et suiv. — *Philosophie der Kunst* (1802-1803), V, pp. 373-376. — *System der gesammten Philosophie und der Naturphilosophie insbensondere* (1804), VI, pp 137 et suiv.

2. *Darstellung meines Systems*, IV, p. 125, pp. 129-130. — *Philosophie der Kunst*, V, p. 375. — *System der gesammtem Philosophie*, VI, pp. 174-179.

l'objet l'un en dehors de l'autre, est absolument impossible. De même est impossible, mais seulement en soi, non pour nous, une différence quantitative, c'est-à-dire une différence qui établirait une prépondérance, soit du sujet sur l'objet, soit de l'objet sur le sujet. L'impossibilité de la différence quantitative ne saurait être assimilée à l'impossibilité de la différence qualitative, puisque la différence qualitative, une fois admise, détruirait l'Absolu dans son fond, tandis que la différence quantitative ne porte que sur la façon dont l'Absolu est connu. Or comment de l'unité qualitative peut dériver pour nous la différence quantitative?

L'Absolu s'affirme infiniment soi-même et à l'infini; il est nécessairement dans sa forme ce qu'il est dans son essence. Mais ce qui est compris par sa forme n'est pas nécessairement compris dans son essence : tandis que dans son essence, il n'est ni le sujet ni l'objet, il ne peut se connaître sans se poser infiniment comme sujet et comme objet. Par suite l'Univers, étant en soi l'identité absolue, est indivisiblement sujet et objet, sans différence possible; mais, dans l'univers, tout être particulier exprime une différence quantitative du sujet et de l'objet. Aussi peut-on dire que le fini, comme tel, n'existe pas en soi, qu'il n'existe qu'au regard de la réflexion qui l'abstrait de l'Infini. L'être fini n'a donc pas en soi sa raison; il est relatif à un autre être fini qui le détermine. Mais comme il exprime à sa façon la forme de l'identité absolue, immédiatement présente à chacune de ses positions, il est comme une infinie puissance d'être. C'est ainsi la même Force qui agit éternellement dans le monde, qui se manifeste, identique à elle-même, dans la matière et dans l'esprit. La différence consiste seulement en ceci, que cette Force se révèle d'une part avec une prépondérance de l'objet sur le sujet, d'autre part avec une prépondérance du sujet sur l'objet. Et cette différence n'est qu'une différence de degrés, portant, non sur l'Être lui-même, mais sur la façon dont il se manifeste. Chacune de ces manifestations est comme une puissance qui l'affecte dans sa forme et qui constitue comme tel l'être fini ; or comme l'être fini est déterminé par un être fini, lequel est déterminé par un autre être fini, et ainsi de suite, on voit que la série des puissances par lesquelles l'Être apparaît, exprime, dans un progrès nécessaire et sans fin, l'infinité de l'Absolu. En d'autres termes, le sujet et l'objet ne font qu'un dans l'Être, selon Schelling, comme ne font qu'un dans la Substance, selon Spinoza, l'attribut de la pensée et l'attribut de l'étendue ; seulement Schelling prétend que cette unité est posée dans son système comme vraiment réelle, tandis que dans le système spinoziste elle reste abstraite et formelle : le sujet et l'objet, au lieu d'être simplement parallèles, sont immanents l'un à l'autre ; et voilà pourquoi l'univers donné est le même être qui apparaît dans une évolution continue, et qui va, selon une loi régulière, du maximum de l'objectivité au maximum de la subjectivité. Par là Schelling travaille, avec la plupart des philosophes allemands, à rendre plus explicite dans la doctrine de l'immanence cette idée du développement dans l'être, à laquelle le spinozisme aspirait[1]. Ce qui est conçu comme différence quantitative n'est sans doute à l'égard du Tout qu'un non-être ; mais ce n'est pas un non-être absolu, c'est un non-être relatif. La prépondérance apparente de l'objet sur le sujet ou du sujet sur l'objet serait certainement impossible si le sujet et l'objet n'étaient pas

---

1. Il semble que Spinoza, vers la fin de sa vie, ait songé à réformer sa doctrine en ce sens. Il écrivait en effet à Tschirnhaus, le 15 juillet 1676 : « En réponse à la question, si l'on peut déduire *a priori* la variété des choses du seul concept de l'étendue, je crois avoir montré assez clairement que cela est impossible ; je crois par conséquent que la matière est à tort ramenée par Descartes à l'étendue, qu'elle doit au contraire nécessairement être expliquée par un attribut qui exprime une essence éternelle et infinie. Mais il est possible qu'un jour, si Dieu me prête vie, je m'entretienne plus clairement avec vous sur ce sujet. Car jusqu'à présent je n'ai pu rien disposer en ordre là-dessus. » *Ep.* LXXXIII, t. II, pp. 257-258. Ce passage a été fort bien mis en lumière par M. Pollock : *Spinoza, his life and philosophy*, pp. 114-115.

identiques; mais précisément, en tant qu'ils doivent se résoudre dans cette identité, les êtres finis ont une réalité positive. Le Tout contient toutes les formes; il n'est aucune d'elles en particulier par cela même qu'il les contient toutes. Le fini est vrai, non dans l'expression relative qui nous le découvre, mais dans sa raison qui est l'Infini, dans son Idée [1].

Les choses en soi sont donc des Idées; les Idées sont comme les âmes des choses, les choses sont comme les corps des Idées. Il y a autant d'Idées que de choses singulières, et cependant, à cause de l'identité de leur essence, toutes les Idées ne sont qu'une Idée dans l'Être infini. L'Idée est à la fois supérieure à la réalité finie, objet d'une intuition déterminée, et au concept infini, expression vide d'une possibilité indéterminée. C'est fort justement que d'une part l'on oppose les choses concrètes à ces notions universelles qui sont de simples formes sans contenu; mais c'est encore très justement que l'on admet que ces choses concrètes ne sont telles que par privation et par manque : d'où il suit que l'unité de l'Être et de la Pensée doit être cherchée plus haut, dans un acte de la Raison absolue, où l'intuition soit concept, où le concept soit intuition, dans l'Idée. Mais comment comprendre que l'Infini puisse être l'unité du fini et de l'Infini? Si l'on considère les choses particulières comme données, on conçoit que chacune d'elles est une réalité dont la possibilité est, en dehors d'elle, dans d'autres choses particulières, et qu'elle est la possibilité d'autres choses qui ont en dehors d'elle leur réalité; de telle sorte qu'il y a une chaîne sans fin de causes et d'effets, dans laquelle la possibilité et la réalité ne se déterminent que médiatement sous la forme d'un développement. Mais en tant que chaque être se rapporte immédiatement à l'Absolu, il a en soi

---

1. *Darstellung meines Systems der Philosophie*, IV, pp. 120-129, 130-139. — *Fernere Darstellungen aus dem System der Philosophie*, IV, pp. 378-390. — *System der gesammten Philosophie*, VI, pp. 161-214.

la possibilité de son être et la réalité de tous les autres êtres. Dans son unité essentielle il comprend à la fois la raison de son être, qui, selon l'apparence, était dans les autres êtres, et l'existence effective des autres êtres dont, selon l'apparence, il n'était que la raison. Ainsi, dans l'Absolu, le concept d'un être particulier est inséparable du concept des autres êtres ; c'est seulement dans le relatif qu'il y a place pour la différence et la distinction[1].

On peut donc dire que les choses ont une double vie : elles ont une vie dans l'Absolu, une vie en soi, et c'est précisément parce qu'elles ont une vie en soi qu'elles peuvent avoir une vie pour soi et ainsi se séparer de l'Absolu auquel elles sont originairement unies. Par suite, bien que cette séparation soit purement illusoire, elle s'explique, comme telle, par l'autonomie que l'Absolu confère à chacune de ses expressions, et, en fin de compte, par la nécessité où est l'Absolu de s'exprimer pour que sa forme soit identique à son être. Donc c'est par le même acte que sont posées l'Idée et son apparence ; l'apparence n'est trompeuse que si elle prétend se donner pour l'Être ; elle est au contraire bien fondée si elle se contente de l'annoncer et de le révéler. C'est bien le même univers, qui d'une part se développe indéfiniment de puissances en puissances, et qui d'autre part s'exprime éternellement en Idées ; l'univers nous présente sous la forme d'un progrès continu de la nature à l'esprit ce qui est la vérité en soi, l'Idée des idées, l'Unité éternelle et absolue[2]. Ainsi la doctrine de l'identité combine l'idéalisme de Platon et le monisme de Spinoza[3]. Tandis que le platonisme de la Renaissance avait abouti au naturalisme, le naturalisme

---

1. *Bruno oder über das göttliche und natürliche Princip der Dinge* (1802), IV, pp. 236-260. — *Vorlesungen über die Methode des akademischen Studiums* (1803), V, pp. 317 et suiv.

2. *System der gesammten Philosophie*, VI, pp. 185 et suiv.

3. Voir particulièrement le *Bruno*, qui expose le système de l'identité sous la forme du dialogue platonicien. — Cf. Kuno Fischer, *Geschichte der neuern Philosophie*, Heidelberg, 1877, VI, 2, p. 847.

enveloppé dans la doctrine spinoziste prend chez Schelling un sens platonicien. Le spinozisme est vrai, à la condition de n'être pas seulement un système de la nature, à la condition d'être aussi un système des Idées. Et d'autre part le platonisme est vrai, à la condition d'exclure tout dualisme, de tout résoudre en Idées, à la condition de montrer qu'il n'y a pas de matière qui préexiste à l'action de l'Absolu[1]. Le monde est bien, comme le veut Platon, le produit d'un art divin; mais il faut ajouter que le produit ne se distingue pas de l'art lui-même, qu'il n'est pas simplement la mise en forme d'une matière donnée, qu'il est la forme absolue qui d'elle-même se réalise. Les êtres, dans leur vérité, expriment l'unité de l'Infini et du fini; or, tandis que la doctrine platonicienne du fini et de l'Infini suppose entre les deux termes une distinction primitive, qui n'est ramenée à l'unité que par une opération transcendante et sous l'influence d'un modèle souverain, tandis qu'ainsi elle réduit l'Infini au fini, la doctrine spinoziste pose l'unité immédiate du fini et de l'Infini par l'entière subordination du fini à l'Infini, et elle affirme que la distinction des deux termes ne peut être qu'une erreur, l'erreur souveraine qui engendre toutes les autres. Il faut donc admettre avec Platon que le savoir est dans l'Idée qui explique tout, et avec Spinoza que le savoir est dans l'Unité qui comprend tout.

Or, pour le savoir absolu, la logique de l'entendement abstrait est radicalement insuffisante. Comment d'ailleurs une logique simplement formelle pourrait-elle servir là où il s'agit de montrer l'unité de la forme et de l'essence? Comment une logique des catégories finies serait-elle applicable là où il s'agit de saisir l'unité du fini et de

---

1. « Le spinozisme, c'est le monisme platonicien poussé jusqu'à ses extrêmes conséquences. Toute différence a disparu entre les idées des choses et le fond des choses mêmes; le monde intelligible et le monde sensible ne sont qu'un même monde vu ici dans sa confusion et là dans son principe. » Alfred Fouillée, *La Philosophie de Platon*, 2º édit., t. III, p. 357.

l'Infini ? Comment une logique qui n'affirme l'identité que relativement, c'est-à-dire par l'exclusion de l'un des contradictoires, serait-elle valable là où il s'agit de poser l'identité absolue? Même la logique transcendantale que Kant a instituée reste ici sans portée, car elle est encore empirique dans ses déterminations et dans son objet ; elle ne conçoit l'unité que par rapport aux différences des choses finies : elle n'atteint pas l'unité vraie, qui n'est pas seulement unité des contraires, qui est éminemment unité des contraires et de leur unité[1].

C'est donc l'affirmation de l'unité absolue qui doit remplir la pensée spéculative et lui fournir en quelque sorte son organe dialectique. C'est aussi à l'affirmation de l'unité absolue qu'aboutit nécessairement, pour s'expliquer et se résumer, toute la philosophie moderne. A ses origines, la philosophie moderne a recueilli le matérialisme comme un héritage du passé ; or le matérialisme est la doctrine selon laquelle la simple matière est l'expression adéquate de l'identité ; il subordonne, comme une illusion ou un accident, l'idéal au réel, et précisément parce qu'il nie tout principe spirituel d'organisation, il se résout en atomisme. Au matérialisme s'est opposé le dualisme cartésien, dont la principale fin a été d'affirmer l'idéal ou l'esprit, en contradiction avec le réel ou la matière. Mais comme les deux termes contradictoires restaient en présence sans que leur rapport fût expliqué, il a fallu un nouveau système qui vînt en affirmer l'unité, et ce système a été le spinozisme. Le spinozisme se rattache au matérialisme antérieur en ce qu'il est, comme le matérialisme, une doctrine de l'identité ; il se rattache au dualisme cartésien en ce qu'il pose dans la nature, comme le cartésianisme, la différence de l'idéal et du réel ; et c'est son originalité et sa force que de concevoir au-des-

---

1. *Bruno*, IV, pp. 299 et suiv. — *Vorlesungen über die Methode des akademischen Studiums*, V, pp. 269-270. — *System der gesammten Philosophie*, VI, p. 185. — *Aphorismen zur Einleitung in die Naturphilosophie*, VII, pp. 146-147.

sus de l'idéal et du réel l'unité qui les comprend. Seulement il s'appuie encore sur le réalisme des systèmes précédents, en ce qu'il pose l'unité comme une substance et qu'il ne peut expliquer comment la Substance parvient à sa forme, c'est-à-dire à son intelligibilité. Aussi, si Spinoza a eu raison d'admettre que les êtres finis, dans leur réalité empirique, ne sont rien, que le fini n'est pas s'il n'est pas éternel, il n'a pu montrer comment la Substance pouvait déterminer ces apparences de l'être qui sont ses modes. Le spinozisme est donc encore une philosophie réaliste; et si l'on peut donner le nom de puissance aux divers degrés de la réflexion dans le développement d'une même tendance, il faut dire que le matérialisme a été la première puissance du réalisme, que le dualisme cartésien en a été la seconde, que le spinozisme en a été la troisième et dernière[1]. C'est pour résoudre les difficultés insolubles au spinozisme que l'idéalisme a pris naissance avec Leibniz. Leibniz a eu le grand mérite de montrer que la réalité finie est telle parce qu'elle est représentée comme telle, non parce qu'elle est telle en soi, et par conséquent de ramener l'univers aux perceptions de l'esprit. Cependant, comme il fait des monades des êtres en soi, il aboutit à une sorte d'atomisme spiritualiste; et outre qu'il ne réussit pas à relier les monades entre elles par le lien trop extérieur de l'harmonie préétablie, il ne parvient pas à les rattacher à l'Infini. C'est qu'en effet la question de savoir comment le fini se rapporte à l'Infini n'est pas résolue, quand, au lieu de concevoir le fini sous forme réelle, on le conçoit sous forme idéale; car elle se ramène simplement ainsi à cette autre question tout à fait semblable : Comment l'entendement fini peut-il se rapporter à la Raison infinie? De là, sur ce point, le caractère anthropomorphique des solutions de Leibniz. En outre, le dogmatisme qui s'est emparé après

---

1. *Propädentik der Philosophie* (vers 1804), VI, pp. 92-104.

lui de sa doctrine s'est efforcé de rattacher le fini à l'Infini au moyen de concepts qui ne valaient que pour l'intelligence du fini. Ça donc été le rôle du criticisme que de montrer que les concepts de l'entendement ne sont applicables qu'au fini, que tout usage de ces concepts, quand il s'agit de l'Infini, engendre nécessairement la contradiction. Seulement, avec Kant, la distinction de ce qui ne vaut que pour le relatif et de ce qui tient à l'Absolu est devenue un dualisme radical, le dualisme de la chose en soi et de la connaissance, le dualisme de la raison pratique et de la raison théorique; et ce dualisme a trouvé son expression bien nette dans l'idée que Kant s'est faite de la foi morale, destinée, suivant lui, à déterminer le suprasensible, au-dessus et à l'encontre de la science qui reste confinée dans le sensible. Après Kant, Fichte a bien essayé d'unir le fini et l'Infini dans le Moi, dont l'inépuisable liberté se limite pour se développer et se développe pour se saisir; mais il n'a pas affranchi la conscience de la subjectivité dont Kant l'avait frappée. L'Infini et le fini, dans sa doctrine, sont deux mondes d'apparences, l'un le monde de l'apparence idéale, l'autre le monde de l'apparence empirique; ils n'ont dans le Moi qu'un subtil point de contact; ils restent véritablement l'un en dehors de l'autre. De là, dans la philosophie de Fichte, l'opposition persistante de la nature et de la moralité : le dualisme n'est pas aboli. C'est à la doctrine de l'identité qu'il appartient de surmonter ce dualisme, d'achever dans le sens de l'idéalisme ce que Spinoza a achevé dans le sens du réalisme. L'atomisme spiritualiste de Leibniz est la première puissance de l'idéalisme; le dualisme criticiste de Kant et de Fichte en est la seconde; la philosophie de l'identité en est la troisième et dernière. La philosophie de l'identité est l'idéalisme absolu dans lequel toute la pensée moderne vient se reconnaître et s'achever[1].

1. *Propädentik der Philosophie*, VI, pp. 104-131. Cf. *Vorlesungen über die Methode des akademischen Studiums*, V, pp. 273-274.

En élevant ainsi la vérité au-dessus des oppositions des choses finies et des systèmes imparfaits, la philosophie de l'identité nous fait remonter au principe même de la vie morale et religieuse. Elle supprime avant tout cette antinomie de la science et de l'action qui, développée par l'empirisme, a été entretenue par un rationalisme incomplet. Elle se refuse à admettre qu'une prétendue moralité soit l'équivalent des Idées. Elle établit fermement que la morale, pas plus que la philosophie en général, n'est possible sans une construction métaphysique. Elle rejette donc toutes les conséquences auxquelles a abouti la théorie kantienne des postulats. On en est venu en effet peu à peu, sous l'influence de Kant, à détacher de la philosophie pour les transporter dans le domaine de la foi toutes les questions d'un caractère vraiment philosophique. On a fini par contester à la philosophie le droit de s'occuper de ces grands objets, seuls dignes cependant de la pensée spéculative. L'antique sagesse, qui vivifiait la foi par la raison, a cessé de parler, et c'est à Spinoza qu'il faut remonter pour en entendre les derniers échos. Il est temps d'affranchir la pensée métaphysique et religieuse des catégories limitées dans lesquelles on a prétendu l'enfermer et de lui attribuer pour elle-même, sans titres et secours étrangers, une puissance absolue d'affirmation. Au lieu donc de dire, en partant de concepts purement humains et relatifs : S'il y a un monde moral, Dieu est, il faut dire avant tout : Si Dieu est, il y a un monde moral. Dieu est, non le postulat, mais le principe de toute moralité. Quiconque connaît pleinement Dieu a par cela seul toute vertu. La morale doit donc se subordonner à la philosophie, au savoir absolu [1]. L'homme est dans le même rapport avec le Bien qu'avec l'Être; il est en possession du souverain bien dès

---

1. *Vorlesungen über die Methode der akademischen Studiums*, V, pp. 276 et suiv. — *Philosophie und Religion* (1804), pp. 16-17, 53-54.

qu'il est immédiatement uni à l'Être. Comment cette union est-elle possible, et comment s'accomplit-elle ?

Nous savons que l'identité absolue se révèle, selon l'apparence, en des formes distinctes, mais aussi que toutes les formes du réel sont également des formes de l'idéal. Les degrés de connaissance dans l'âme correspondent aux degrés d'organisation dans la nature ; ou plutôt, il y a là mieux qu'une correspondance, qu'une harmonie préétablie ou qu'un rapport de cause à effet ; il y a une radicale unité. Rien donc ne peut être posé comme réel à une puissance déterminée sans être en même temps posé comme idéal à la même puissance. L'âme, en tant qu'âme, est un mode de l'infini sujet qui affirme ; le corps, en tant que corps, est un mode de l'objet infini qui est affirmé ; c'est-à-dire que l'âme et le corps ne sont qu'un même individu. Toutefois l'unité de l'âme et du corps, dans l'ordre du fini, ne peut être qu'une unité relative et incomplète, une unité qui laisse toujours transparaître la dualité possible des deux termes ; l'unité de l'âme et du corps n'est parfaite et irrésoluble que dans l'Absolu. Dans l'Absolu, en effet, la notion du corps humain, au lieu de se rapporter à quelque chose de transitoire, est essentiellement une vérité éternelle et une réalité éternelle ; et comme le corps est l'objet immédiat de l'âme, cette notion du corps est aussi dans l'Idée la notion même de l'âme, qui par là est éternelle. C'est donc en nous concevant sous la forme de l'éternité que nous posons l'unité indestructible de notre vie morale[1].

Aussi la moralité consiste-t-elle dans l'affranchissement de toute existence empirique et finie. Mais cet affranchissement n'est pas immédiat. Nous commençons par subir la servitude des idées inadéquates. Primitivement l'âme ne connaît le corps qu'avec les modifications que lui imposent les autres corps, et comme elle ne se connaît

---

1. *System der gesammten Philosophie*, VI, pp. 495-530.

elle-même que comme idée de son corps, elle ne perçoit rien que de relatif et de conditionné. Cependant les corps, pris dans leur ensemble, rentrent dans le même univers, objet d'une affirmation infinie ; de même les âmes, prises dans leur ensemble, rentrent dans le même univers, sujet d'une affirmation infinie ; c'est-à-dire que chaque corps, étant en relation avec tous les corps, comme chaque âme avec toutes les âmes, exprime le Tout à sa façon. Chaque individu, ainsi que nous l'avons vu, est une réalité dont la possibilité est dans les autres êtres, et il est une possibilité dont les autres êtres constituent la réalité. Seulement cette distinction du possible et du réel n'a de sens que dans le monde de l'apparence ; la notion de l'âme qui est unie à l'âme, comme l'âme proprement dite est unie au corps, n'est pas seulement la notion de telle âme singulière, elle est aussi la notion de ce qu'il y a de commun à toutes les âmes. Elle implique donc la possibilité infinie de tous les autres êtres. Mais elle n'en implique d'abord que la possibilité ; c'est en tant qu'elle est ramenée à l'Idée qu'elle en implique aussi l'infinie réalité. Le principe de la vie morale n'est donc, ni dans l'affirmation du corps comme réalité particulière, ni dans l'affirmation de l'âme comme notion universelle, mais dans l'affirmation de l'Absolu, comme unité du corps et de l'âme, du particulier et de l'universel [1].

Or cette affirmation, étant le savoir éternel, ne peut engendrer que des idées adéquates, et toute idée adéquate est une action pure, de même que toute idée inadéquate est une passion. L'idée adéquate est une action pure parce qu'elle est la détermination de tous les états de l'être par sa seule essence ; l'idée inadéquate est une passion parce qu'elle est la détermination, au moins partielle et souvent presque exclusive, des états de l'être par des causes exté-

---

1. *System der gesammten Philosophie*, VI, pp. 530-537.

rieures. D'où il suit que l'action pure est l'action libre. Parler même d'action libre, c'est faire un pléonasme ; l'action est libre par cela seul qu'elle est l'action, c'est-à-dire l'unité parfaite du sujet qui se détermine et de l'objet qui est déterminé. Y a-t-il lieu de distinguer entre l'essence du cercle et la propriété suivant laquelle tous les points de la circonférence sont à égale distance du centre? La liberté ne s'ajoute pas à l'action par surcroît, pas plus qu'elle ne la suscite par un pouvoir spécial et transcendant. La cause libre est celle qui agit par la nécessité de sa seule nature et selon la loi de l'identité; elle est affranchie de ce principe de différence entre les états qui est inhérent à la causalité extérieure; elle est toute en soi nécessairement. C'est donc à tort qu'on la confondrait avec ce pouvoir de faire ou de ne pas faire, que les hommes s'attribuent si volontiers; la preuve que le libre arbitre n'est pas la liberté, c'est que les hommes qui s'imaginent agir par libre arbitre agissent par amour ou par haine, par espérance ou par crainte : ils font de la vertu un état arbitraire et accidentel. Le libre arbitre, loin d'être la liberté véritable, n'est que la liberté dénaturée, séparée de la nécessité qui la constitue dans l'Absolu, transportée par une faute, qui est la faute radicale, de l'Être infini à l'existence finie et même à certains moments particuliers de cette existence. La volonté libre que réclame la croyance vulgaire ne peut être qu'une illusion, car l'idée même d'une volonté indépendante n'est qu'une idée abstraite qui exprime, par appauvrissement et par négation, ce qu'il y a de commun aux actes déterminés, seuls effectifs. Ainsi l'union de la liberté et de la nécessité est détruite dans le monde sensible; à une liberté négative s'oppose une nécessité négative; l'être fini qui prétend à l'indépendance sent son action brisée par la puissance aveugle du destin. C'est dans l'Absolu seulement que peuvent s'unir la liberté et la nécessité, comme l'être et la raison d'être, le réel et le possible ; c'est par l'absolu savoir que nous sommes certainement, c'est-à-dire nécessairement libres[1].

Que l'on rejette donc, en même temps que la croyance au libre arbitre, les idées fictives qui l'accompagnent naturellement, par exemple les idées d'imperfection, de mal, de péché. Toutes ces idées engendrent des jugements faux, parce qu'elles sont formées uniquement par comparaison ou par relation, et qu'elles sont investies, malgré leur provenance, d'une valeur définitive et absolue : c'est ce que Spinoza a fort nettement montré. Quand on conçoit au contraire l'ordre nécessaire de l'univers, on comprend qu'il ne saurait y avoir nulle part de manque, et que les défauts que nous attribuons aux choses ne sont que les défauts de notre intelligence. Notre intelligence construit et combine à plaisir des notions universelles qui lui servent à mesurer la valeur des choses singulières, et elle tombe ainsi dans l'erreur. Car ce n'est pas par l'intermédiaire des universaux que Dieu produit les êtres : il les produit en eux-mêmes, tels qu'ils sont, par une position immédiate de leur essence propre. Il n'y a donc absolument ni imperfection naturelle, ni imperfection morale, et il devient inutile de justifier Dieu de ce qui n'a qu'une existence empirique et imaginaire.

Dira-t-on que toute distinction s'efface ainsi entre les bons et les méchants? Oui, sans doute, toute distinction de ce genre s'efface, si l'on entend par là une opposition radicale et absolue, mais non, si l'on entend simplement une différence de degré dans l'expression de Dieu. Il est vrai d'une part qu'il n'y a pas de mal, que l'activité perverse d'un homme n'est jugée telle que parce qu'elle est rapportée à nos habitudes, nos passions, nos préjugés, qu'en soi toute activité réelle est bonne puisqu'elle traduit en quelque façon la puissance divine; mais il est vrai d'autre part qu'un être a d'autant

---

[1]. *System der gesammten Philosophie*, VI, pp. 537-542, 548-556.

plus de perfection qu'il se rapproche davantage de Dieu et qu'il se détermine plus complètement par des idées adéquates. Nous sommes tous, suivant la formule de Spinoza, comme l'instrument dans la main de l'ouvrier : le méchant est celui qui sert sans le savoir et qui périt par l'usage; le bon est celui qui sert en pleine conscience et qui croît ainsi en perfection. De là vient que la vertu est dans la joie que nous éprouvons à être unis à Dieu et n'admet d'autre récompense que cette joie; de là vient que le vice est dans la tristesse que nous éprouvons à être séparés de Dieu et ne comporte d'autre châtiment que cette tristesse [1].

Aussi la moralité ne dépend-elle pas de l'obéissance à une loi formelle qui envelopperait dans son uniformité toutes les consciences. C'est au contraire la pire immoralité que d'admettre la nécessité de la contrainte pour produire le bien et que de concevoir de la sorte, à côté du bien simplement possible, le mal toujours également possible. « Oui, dit Schelling, nous croyons qu'il y a quelque chose de plus élevé que votre vertu, que cette moralité dont vous parlez en termes si faibles et si pitoyables; nous croyons qu'il y a un état de l'âme dans lequel il y a pour elle tout aussi peu un commandement qu'un salaire de la vertu, un état dans lequel elle agit uniquement par la nécessité de sa nature. Le commandement s'exprime sous la forme d'un devoir et suppose le concept du mal à côté de celui du bien. Cependant pour vous conserver le mal (car le mal est, d'après ce qui précède, le fondement de votre existence sensible), vous aimez mieux concevoir la vertu comme soumission à la loi que comme liberté absolue. Or, que la moralité en ce sens ne soit pas ce qu'il y a de plus élevé, c'est ce que vous pourriez voir vous-mêmes par la conséquence à laquelle vous la faites aboutir et qui est la négation de la félicité. La destination

---

1. *System der gesammten Philosophie*, VI, pp. 542-548.

de l'être raisonnable ne peut pas être d'obéir à la loi morale comme un corps obéit à la pesanteur, car il y a une différence qui consiste en ceci, que l'âme n'est vraiment morale que lorsqu'elle l'est avec une absolue liberté, c'est-à-dire lorsque la moralité est en même temps pour elle l'absolue félicité. De même qu'être ou se sentir malheureux est la véritable immoralité, de même la béatitude est, non un accident de la vertu, mais la vertu même. Vivre d'une vie sans contrainte, d'une vie libre, en même temps que conforme à la loi, voilà la moralité absolue[1]. » La moralité n'a donc pas sa raison dans la loi. Il faut exclure cette dernière expression du Mosaïsme; il faut dire hautement qu'il n'y a pas de moralité, si l'on entend sous ce nom une œuvre de décision arbitraire, ratifiée du dehors, et, grâce à un critérium empirique, certifiée conforme à des règles légales. La vertu est l'identité immédiate et certaine de l'âme avec Dieu[2].

Par là se définissent les vrais rapports de la morale et de la Religion. Dieu est la substance de toute action et de toute pensée, c'est-à-dire qu'il n'est ni un objet extérieur à la pensée, ni une fin transcendante à l'action. Dès que l'âme est réellement ce qu'elle est dans son Idée, à savoir la pleine affirmation de Dieu, rien ne peut se produire en elle qui ne dérive de cette affirmation, et tous les actes qu'elle accomplit expriment Dieu. Cet état suprême de l'âme est l'amour intellectuel de Dieu, qui ne se distingue pas de l'amour dont Dieu s'aime lui-même. C'est donc absolument que l'âme vit en Dieu et par Dieu. Rattacher l'âme à Dieu au nom d'intérêts humains, au nom même d'intérêts moraux, c'est supposer que Dieu n'est pas, tant que l'âme n'a pas pris conscience de ces intérêts; c'est déterminer Dieu, au moment où on l'affirme, d'après les catégories relatives de l'entendement; c'est croire enfin

---

1. *Philosophie und Religion*, VI, p. 55.
2. *System der gesammten Philosophie*, VI, pp. 556-557.

que l'œuvre de l'homme peut avoir un sens, provisoire ou même définitif, en dehors de Dieu qui la suscite et l'explique. Il n'y a pas de morale indépendante de la Religion, et la Religion est autre chose qu'une vague aspiration ou un vague sentiment; la Religion est l'unité absolue de notre être et de l'Être, grâce à laquelle il nous est impossible, non pas d'une impossibilité psychologique et humaine, mais d'une impossibilité métaphysique et divine, de séparer en nous la foi, la science et l'action. La Religion est ce qui fait cesser toute opposition dans notre être et toute contradiction entre les êtres, ce qui supprime les vains artifices et les décisions arbitraires de la volonté, ce qui nous fait sentir l'impuissance de la loi formelle et de l'acte purement humain, ce qui échappe à toute mesure, surtout à la mesure bonne pour les petits courages et les petites vertus; elle est toute la grâce et tout le salut. Elle est dans la vie de l'âme ce que l'héroïsme est dans l'action, un principe de sublimité infinie, qui dépasse et domine de très haut toute nature bornée. Ce ne sont donc pas les œuvres qui sanctifient, c'est la foi : entendons d'ailleurs par foi le savoir absolu dont tout être est capable. Car l'âme humaine n'est rien tant qu'elle se considère dans le fini; elle est, en tant qu'elle s'affirme dans l'Infini, et elle n'est positivement que cette affirmation même. Or, dans l'Infini, il ne peut y avoir de distinction entre les réprouvés et les élus, il ne peut y avoir que la prédestination au bien. Dieu sauve tout être qui est, puisque cet être est son être même. Nous dirons donc, en parlant un langage humain, que la plus haute fin pour tous les êtres raisonnables est l'union avec Dieu, et que cette fin doit être atteinte, puisque la raison qui constitue ces êtres est précisément l'identité absolue. C'est à tort que l'on se représente le bonheur humain sous la forme d'un progrès indéfini et que l'on substitue à l'amour de Dieu de simples sentiments philanthropiques; la notion d'un progrès sans fin de l'humanité est le travestissement, par l'intelligence abstraite, de l'infinité éternelle de Dieu. C'est un bien meilleur symbole de la vérité que ce mythe des vieux temps qui figure l'âge d'or en arrière de notre état actuel; car il exprime ainsi que le souverain bien est pour nous dans un retour à nos origines, c'est-à-dire dans le retour à Dieu[1].

Mais ce qui est la vérité même, c'est que dans l'Absolu la vie éternelle n'est pas distincte de la vie présente, et voilà pourquoi il est illusoire de l'imaginer comme une existence future. D'ailleurs une existence future est une existence temporelle, et une existence temporelle ne peut être que par une rupture du fini et de l'Infini. Or la vie éternelle, c'est l'affirmation de l'Infini par le fini, qui comme tel se nie radicalement. C'est dire que la Rédemption de notre être s'accomplit en dehors du temps. L'histoire peut sans doute nous figurer cette Rédemption à un certain moment : l'erreur serait de prendre pour la réalité absolue ce qui n'est que figure. C'est la même erreur que commettent, mais en la poussant à l'extrême, ceux qui considèrent l'éternité comme un prolongement de leur existence empirique, et qui aspirent ardemment à l'immortalité de ce qui est mortel. Comme ils ne remplissent leurs âmes que de choses terrestres et passagères, ils sont les plus sujets à périr; de là cette peur de la mort qui les obsède et les opprime, qui est déjà elle-même une mort. En voulant sauver d'eux-mêmes ce qui ne les constitue pas, ils se perdent et perdent Dieu; assouvis de matière, ils ne peuvent avoir que la durée de la matière. Comme était plus noble la pensée des anciens, qui faisaient boire l'oubli aux bienheureux dans les eaux du Léthé! Il n'y a, en effet, que l'oubli des choses sensibles qui puisse conférer la vie éternelle. Il faut pouvoir dire, selon les paroles d'un écrivain anglais : « Mort, je ne te crains point; car où je suis, tu n'es pas, où tu es, je ne suis pas! » C'est

---

[1]. *System der gesammten Philosophie*, VI, pp. 557-565.

notre participation à Dieu qui nous fait éternels; nous sommes éternels dans la mesure de cette participation. Or cette participation ne peut pas être l'acte de l'âme, en tant que l'âme est unie au corps, car cette union soumet l'âme à la même destinée que le corps, c'est-à-dire la laisse dans le même néant. Elle n'est pas non plus l'acte de l'âme considérée comme entendement, car l'entendement n'est que l'intelligence du fini et ne peut s'affranchir du fini. Elle est l'acte de l'âme en tant qu'elle est Raison, de l'âme qui est immédiatement unie à l'Absolu par l'intuition intellectuelle. Que l'âme, comme Raison, soit éternelle, c'est ce qui n'a besoin ni d'être démontré, ni d'être vérifié. C'est une proposition identique dont la vérité immédiate n'a rien à recevoir, ni à attendre de l'existence empirique [1]. En ce sens, on peut dire que toute la doctrine morale et religieuse de Schelling est enfermée dans la pensée génératrice de son système : l'Infini est, et le fini n'est que dans l'Infini; le fini doit donc se nier pratiquement comme fini. Mais il semble en un autre sens, et nous verrons la philosophie de Schelling s'orienter dans ce sens nouveau, que la régénération des âmes ajoute à leur génération primitive et essentielle. Les Idées tenaient leur première existence de l'action immédiate de Dieu; c'est en se constituant à l'état d'indépendance et de séparation qu'elles ont affecté les formes distinctes du fini; quand elles reviennent à Dieu, elles conservent leur individualité, et elles sont en lui, sans préjudice pour lui, comme autant de substances; bien mieux, elles concourent de la sorte à son achèvement, à sa pleine révélation. Ainsi Dieu concilie à son Être tous les êtres. C'est là ce qu'il faut entendre par cette indifférence ou cette absence d'envie de l'Absolu à l'égard de son image, que Spinoza a si fortement exprimée quand il a dit que Dieu s'aime

---

1. *Philosophie und Religion*, VI, pp. 60-62. — *Syptem der gesammten Philosophie*, VI, pp. 565-568.

lui-même infiniment d'un amour intellectuel. C'est cet amour de Dieu pour soi qui symbolise le mieux l'acte par lequel le sujet s'objective lui-même, l'acte qui est, selon la pure Religion et la pure morale, l'origine et la fin de l'univers[1].

IV.

La philosophie de l'identité détermine donc chez Schelling la même conception de la vie que chez Spinoza; la doctrine de l'unité absolue reparaît, selon l'intention même qui l'avait inspirée, non pas seulement comme une doctrine spéculative, mais comme une doctrine pratique et religieuse. La position du fini dans l'Infini est, en même temps que la vérité la plus haute, l'acte qui sanctifie et qui sauve. La pensée spinoziste est ressuscitée en son entier sous la forme qu'elle devait nécessairement prendre après le développement de l'idéalisme allemand; elle ne se borne plus à promouvoir et à pénétrer la philosophie de Schelling, elle la domine et la dirige, elle lui impose jusqu'à l'appareil de sa méthode et jusqu'à la lettre de ses formules.

Cependant la subtilité de l'effort par lequel Schelling tentait de déduire le fini de l'Infini et de compléter sur ce point, avec les ressources de l'idéalisme, la doctrine spinoziste, marquait bien qu'il y avait là pour le système le problème le plus difficile à résoudre. C'est, disait primitivement Schelling, parce que dans l'Absolu les Idées sont en soi, qu'elles peuvent être pour soi et s'apparaître à elles-mêmes comme séparées de l'Absolu. A mesure que Schelling développe sa doctrine, il tend à mettre à l'origine de cette séparation, non pas simplement une possibilité indéterminée et ambiguë, mais un

---

1. *Philosophie und Religion*, VI, pp. 63-64.

cte effectif et radical; il explique l'apparition du monde
ensible par une rupture violente, par une déchéance
omplète, par un schisme essentiel. Mais pour introduire
ans la philosophie de l'identité une telle conception, il
st obligé de compliquer en quelque sorte l'idée de l'Ab-
olu et de constituer ce qu'il appelle une « théogonie
ranscendantale. » Il distingue dans l'Absolu l'idéal en tant
u'il est éternellement en soi, le réel en tant qu'il est
léterminé par l'idéal, et enfin la forme sous laquelle
'idéal détermine le réel. L'Absolu ne peut se saisir que
lans une image adéquate de lui-même, dans une sorte
l'antitype, qui, quoique fondé en lui, est comme un autre
Absolu. Cet antitype a par conséquent une réalité en soi;
l est absolument libre; voilà pourquoi il peut déchoir de
'Absolu primordial et faire passer à l'état de choses sen-
ibles les Idées qui sont comprises en lui. Cette chute
n'est pas un fait donné dans le temps, puisqu'elle est à
'origine du temps. Elle est possible par la réalité autonome du Dieu objectif, sans laquelle le Dieu idéal ne
serait pas. On ne peut donc pas dire que Dieu soit la
cause du mal, puisque le mal ne résulte pas immédiatement de son action, et cependant le mal n'a pas de réalité
indépendante de Dieu, puisqu'il a sa raison suprême dans
l'acte par lequel Dieu se révèle et s'objective[1]. Voilà
comment Schelling résout d'abord ce problème de l'apparition du fini qui n'est à ses yeux que l'antique problème
de l'existence de la matière. Toutefois il ne s'en tient
pas à cette solution; il reprend la question sous une
forme plus spécialement morale : il veut déterminer plus
profondément la cause dernière du mal et le sens véritable de la destinée humaine[2].

Il est incontestable que, dans cette nouvelle période de
sa pensée, Schelling n'est plus aussi près de Spinoza. Il

1. *Philosophie und Religion*, VI, pp. 21-50.
2. Cf. A. Weber, *Examen critique de la philosophie religieuse de Schelling*, Strasbourg, 1860, pp. 13-28.

insiste plus vivement sur l'impuissance du spinozisme à expliquer le passage de l'Infini au fini; mais il n'en continue pas moins à affirmer, d'après le spinozisme, l'immanence de l'Infini dans le fini. Comme dans sa philosophie de l'identité il avait poussé le spinozisme dans le sens du platonisme, il le pousse maintenant dans le sens du néo-platonisme de l'Ecole d'Alexandrie. Il accueille, avec les idées mystiques de son contemporain Baader, les conceptions théosophiques de Jacob Boehme[1], et il tente d'expliquer le mal et la liberté non seulement par une affirmation spéculative, mais pas encore par une histoire métaphysique de l'Être.

Au reste, il renonce si peu à la doctrine de l'immanence qu'il la défend énergiquement contre les interprétations et les objections vulgaires qui la dénaturent. On accuse cette doctrine de confondre l'Infini et le fini, l'Absolu et le relatif; mais par quelle persistante méprise se refuse-t-on à admettre que le fini n'est l'Infini, comme le relatif l'Absolu, que par la suppression de ses limites? Et c'est bien là le sens exact de la loi de l'identité. Le panthéisme ne prétend pas que Dieu s'absorbe dans les choses sensibles, puisqu'il s'efforce de concevoir Dieu dans la pureté absolue de l'Être. Il est vrai que par une contradiction singulière on lui reproche de sacrifier à Dieu l'existence des êtres, l'individualité et la liberté; mais, si les choses ne sont pas, comment Dieu pourrait-il être perdu en elles? Ce qui est juste, c'est que l'Être infini de Dieu, loin de supprimer l'individualité et la liberté des êtres, les fonde au contraire. Quand on dit que les êtres dépendent de Dieu, on n'exprime pas par là qu'ils ne sont rien; car ce n'est pas par un simple rapport de dépendance que peut se déterminer la nature d'un être; la question revient à

---

1. Voir la belle étude de M. Émile Boutroux sur *le Philosophe allemand Jacob Boehme* (*Compte rendu de l'Académie des sciences morales et politiques*, séances des 11, 18 et 25 février 1888).

savoir de quoi l'être dépend. Dépendre de l'Éternel, c'est participer de lui comme la vérité conséquente participe de la vérité antécédente : la vérité conséquente n'est-elle donc pas une vérité réelle? De même, un organe particulier comme l'œil n'est possible que dans un organisme ; ce qui ne l'empêche pas d'avoir une vie propre et même une sorte de liberté qui se manifeste dans sa maladie. Si les êtres perdaient leur existence par cela seul qu'ils sont conçus en Dieu, ils ne pourraient même pas être conçus ; car comment concevoir ce qui n'est pas? En réalité, les êtres conçus en Dieu expriment la révélation de Dieu par lui-même. Dieu ne peut se révéler que dans ce qui lui est analogue, c'est à-dire dans des êtres libres et agissant d'eux-mêmes. L'imagination divine qui produit la spécification des êtres n'est pas comme l'imagination humaine qui ne peut communiquer à ses créations qu'une existence fictive : les représentations de Dieu sont des êtres autonomes. Dieu voit les choses en soi et les choses sont telles qu'il les voit. L'idée d'une divinité dérivée est si peu contradictoire qu'elle est, pour la philosophie, l'idée indispensable, l'idée médiatrice par excellence : une telle divinité appartient à la nature. Loin donc qu'il y ait contradiction entre la doctrine de l'immanence et la libre réalité des êtres, il faut affirmer que les êtres ne sont et ne sont libres que dans la mesure où ils sont en Dieu, qu'ils aliènent leur existence et leur liberté dans la mesure où ils sont hors de Dieu. Le vrai Dieu n'est pas un Dieu des morts, il est le Dieu des vivants[1].

Le spinozisme reste donc vrai comme doctrine de l'immanence. Mais il n'a eu de l'existence des êtres en Dieu qu'une conception négative ; par là il est impuissant, comme tout dogmatisme, à expliquer pleinement le mal

---

1. *Philosophische Untersuchungen über das Wesen der menschlichen Freiheit und die damit zusammenhängenden Gegenstände* (1809). VII, pp. 338-348.

et la liberté humaine. « Voici donc une fois pour toutes notre opinion ferme sur le spinozisme. Ce système n'est pas fatalisme parce qu'il place les choses en Dieu; car, ainsi que nous l'avons montré, le panthéisme ne rend pas impossible tout au moins la liberté formelle. Si Spinoza est fataliste, c'est donc pour une raison tout autre et indépendante de celle-là. Le vice de son système, ce n'est pas de poser les choses en Dieu, mais de les poser comme choses; il est dans un concept abstrait des êtres de l'univers, et même de la Substance infinie, qui, elle aussi, est pour lui une chose. Aussi ses arguments contre la liberté sont-ils entièrement déterministes, en aucune façon panthéistes. Il traite la volonté comme une chose et il montre ainsi très naturellement que dans chacune des circonstances où elle agit elle est nécessairement déterminée par une chose, laquelle est déterminée par une autre, et ainsi de suite à l'infini. De là cette absence de vie dans son système, ce manque d'âme dans la forme, cette pauvreté des idées et de l'expression, cette inexorable dureté des déterminations, qui s'accorde pleinement avec cette façon abstraite de penser, qui est la sienne; de là encore, comme conséquence naturelle, sa conception mécaniste de la nature. Peut-on douter que les idées fondamentales du spinozisme n'aient été déjà modifiées dans leur essence par la représentation dynamiste de la nature? Si la doctrine selon laquelle toutes choses sont conçues en Dieu est le fond de tout système, il faut du moins qu'elle soit d'abord vivifiée et arrachée à l'abstraction pour qu'elle puisse devenir le principe d'un système rationnel. Quel vague dans les termes qui expriment que les êtres finis sont des modifications ou des conséquences de Dieu! Quel abîme à combler ici, et que de questions à résoudre! On pourrait comparer le spinozisme dans sa rigidité à la statue de Pygmalion, qui aurait besoin d'être animée par le souffle enflammé de l'amour. Toutefois cette comparaison est inexacte, car ce système ressemble plutôt à un ouvrage qui n'est esquissé que dans ses contours extérieurs, et dans lequel on pourrait remarquer encore, même s'il était animé, l'absence ou l'imperfection de nombreux traits. Il ressemble, pour mieux dire, aux plus anciennes images des divinités, qui apparaissaient d'autant plus mystérieuses qu'elles offraient moins de traits individuels et vivants. En un mot, ce système est un réalisme exclusif. Ce terme sonne sans doute moins mal que celui de panthéisme; il a du moins l'avantage d'exprimer beaucoup plus justement le caractère propre de la doctrine et de n'être pas employé à présent pour la première fois. Il serait hors de propos de reproduire les nombreuses explications qui se trouvent sur ce point dans les premiers écrits de l'auteur. L'accord du réalisme et de l'idéalisme, par leur compénétration, fut toujours le but avoué de ses efforts. L'idée fondamentale du spinozisme, vivifiée par le principe de l'idéalisme (modifiée aussi en un point essentiel), trouva dans une conception supérieure de la nature, ainsi que dans l'unité reconnue du principe dynamique avec le principe de l'âme et de l'esprit, comme une base vivante sur laquelle vint se fonder la philosophie de la Nature. Celle-ci pouvait, il est vrai, subsister comme simple Physique; mais, par rapport à l'ensemble de la philosophie, elle n'en a jamais été considérée que comme une partie, la partie réelle, qui ne pouvait être érigée en un système pleinement rationnel qu'à la condition de se compléter en s'unissant avec la partie idéale, où règne la liberté. C'est dans la liberté, disions-nous, que se trouve l'acte à la plus haute puissance, par lequel la nature universelle se transfigure en sentiment, en intelligence, finalement en volonté. En dernière analyse, il n'y a pas d'autre Être que le vouloir. Le vouloir est l'Être primitif, et à lui seul conviennent tous les attributs de l'être : affranchissement de toute cause extérieure, éternité, indépendance à l'égard du temps, affirmation de soi. C'est uniquement à trouver cette expression suprême que tend toute la philosophie[1]. »

Avoir conçu que la liberté est au commencement et à la fin de tout, qu'elle est la réalité véritable, c'est là la conquête définitive de l'idéalisme moderne. Mais l'idéalisme s'est enfermé dans une formule exclusive quand il s'est refusé à admettre que toute la réalité avait la liberté pour principe. Il ne suffit pas de dire que la liberté est tout, il faut ajouter que tout est liberté. De plus, l'idéalisme s'en est tenu à une idée de la liberté à la fois générale et formelle; il a montré ce qu'est la liberté en soi; il n'a pas expliqué ce qu'est ou ce que devient la liberté en l'homme. Enfin il se méprend complètement quand il s'imagine avoir exclu la doctrine de l'immanence; car, que les êtres soient conçus comme des choses dans la Chose infinie ou comme des volontés dans le Vouloir absolu, peu importe à la doctrine de l'immanence, prise en elle-même. Mais ce que cette doctrine n'a jamais résolu encore, ni dans son expression idéaliste, ni dans son expression réaliste, ce qu'elle doit résoudre, c'est le problème de la liberté humaine considérée comme puissance vivante et concrète, comme puissance du bien et du mal[2].

Cependant ce problème n'est-il pas insoluble? Si la liberté ne peut être qu'en Dieu, comment peut-elle être la puissance du mal? C'est là la difficulté que tous les systèmes ont vainement essayé de surmonter et qui peut s'exprimer dans le dilemme suivant : ou le mal qui nous apparaît comme réel est vraiment réel, et alors, comme toute réalité dérive de Dieu, le concept de l'Être infini se trouve contredit et ruiné; ou le mal qui nous apparaît comme réel n'est qu'une simple apparence, et alors la liberté humaine, qui l'a engendré, n'est plus comme lui qu'un pouvoir illusoire, sans efficacité.

---

1. *Ueber das Wesen der menschlichen Freiheit*, VII, pp. 349-350.
2. *Ibid.*, pp. 351-352.

C'est à ce dernier parti que s'est arrêté Spinoza : il a résolument nié la réalité du mal. Il considère que le mal est tout simplement une moindre perfection, que par suite la force qui agit dans le mal ne diffère qu'en degré de la force qui agit dans le bien ; et comme il établit par ailleurs que toute comparaison entre les choses est une opération relative ou même défectueuse de l'intelligence humaine, il croit avoir le droit de conclure que dans la nature, bien comprise, tout est parfait. Toutefois cette conclusion n'est possible que parce que Spinoza définit la liberté par le concept formel de l'indifférence à l'égard de toute qualification morale, bonne ou mauvaise. Mais dès que l'on prend la liberté dans un sens concret et vivant, dès que l'on conçoit cette indifférence qu'elle implique comme la puissance effective du bien et du mal, la difficulté reste entière ; car, à moins d'accepter par désespoir le dualisme, il faut toujours expliquer comment l'être fini qui est en Dieu peut déchoir, de quelque façon que ce soit. Spinoza supprime le problème, il ne le résout pas. D'autre part, les généralités de l'idéalisme ne sont pas ici d'un grand secours ; car elles détournent la pensée de ce qui est réel, de ce qui répugne tout d'abord à une raison abstraite et dédaigneuse. La crainte de se souiller au contact des choses rend l'esprit naturellement aveugle sur la présence et l'origine du mal. Et voilà comment on finit par tout rapporter à un Absolu sans vie. Dieu est quelque chose de plus réel qu'un simple ordre moral du monde, et il a en soi une autre puissance d'action que celle que lui attribue une philosophie abstraite. Il est urgent de réintégrer la nature dans le système de la raison. Le réalisme est le corps de la philosophie, l'idéalisme en est l'âme ; il faut qu'ils ne fassent qu'un pour constituer un tout vivant [1].

La philosophie de la nature a introduit dans la science

---

1. *Ueber das Wesen der menschlichen Freiheit*, VII, pp. 352-357.

la distinction de l'Être, en tant qu'il existe, et de l'Être, en tant qu'il est le principe de l'existence. Il est nécessaire de transporter en Dieu même cette distinction, si l'on veut s'élever au-dessus des conceptions exclusives de Spinoza et de Fichte. On ne fait d'ailleurs que donner par là un sens précis à cette formule couramment répétée, jamais approfondie, que Dieu est cause de soi. En Dieu, la cause doit avoir une réalité distincte, quoique inséparable, de son effet. Le principe de l'existence divine n'est pas Dieu, considéré absolument; il est en Dieu la Nature. Dieu ne peut pas exister sans cette Nature d'où procède toute vie; cette Nature ne peut exister sans Dieu, en qui est toute vie. L'Être comme existant et l'Être comme principe de l'existence se supposent réciproquement; ils sont coéternels. Néanmoins c'est par cette distinction que peut s'expliquer la naissance des êtres finis; car si d'une part, comme êtres finis, ils ne sont pas en Dieu, et si d'autre part, comme êtres, ils dérivent nécessairement de Dieu, on peut soutenir désormais qu'ils dépendent de ce qui en Dieu n'est pas Dieu lui-même, de ce qui dans l'Absolu est le fondement de l'existence divine, en un mot, de la Nature.

Qu'est-ce donc que la Nature en Dieu? C'est la puissance et la volonté d'être, puissance aveugle et volonté inconsciente; c'est le désir de s'engendrer soi-même, désir sans intelligence, mais qui aspire à l'intelligence et la pressent. Ce désir suscite en Dieu une représentation intérieure qui ne peut avoir pour objet que Dieu lui-même. Expression du vouloir-vivre infini, le Verbe qui était au commencement se fait intelligence et volonté. Et le premier effet de l'intelligence et de la volonté en acte, c'est de porter la lumière dans les profondeurs mystérieuses de la Nature, c'est d'établir des distinctions dans les forces que la Nature enveloppe, et ainsi de l'unité primitive sortent les êtres individuels. En s'engendrant lui-même, Dieu a engendré les créatures : telle est la formule par laquelle le langage humain peut exprimer ce passage de la Puissance aveugle, qui confond tout, à la Volonté souverainement consciente, qui distingue tout. Nous voyons dans la réalité le parfait naître de l'imparfait, la lumière se dégager des ténèbres. Schelling n'hésite pas à appliquer à Dieu, par une transposition hardie, cette loi de toute existence réelle : il y a en Dieu un mode de génération ou de transmutation analogue qui fait surgir du fond obscur de la Nature infinie la forme lumineuse de l'Intelligence parfaite[1].

Or ce « procès » de l'existence divine se trouve exprimé en tout être. Il y a en tout être, ainsi que l'avait déjà expliqué Schelling dans son *Bruno*, un principe naturel et un principe divin. Le principe naturel, par lequel l'être se rattache à la cause inconsciente de Dieu, c'est le désir aveugle d'être pour soi; le principe divin, par lequel l'être se rattache à la perfection de Dieu, c'est la volonté de l'universel. Tout être est donc orienté à la fois, mais inégalement, vers la nature et vers Dieu, et malgré cette dualité d'inclinations, il a une unité essentielle, fondée sur l'unité indivisible des deux principes dans l'Absolu. Toutes les créatures, sauf l'homme, expriment ces deux principes dans une proportion déterminée. L'homme, exprimant ces principes à leur plus haut degré, peut assurer à l'un ou à l'autre une influence prépondérante. Dans l'homme se retrouvent toute la puissance des ténèbres et toute la puissance de la lumière, le plus profond de l'abîme et le plus haut des cieux. L'identité vivante des deux principes est l'esprit. Dieu donc est esprit; l'âme, elle aussi, est esprit, en tant qu'elle est cette identité. Mais pourquoi cette identité n'est-elle pas aussi certaine dans l'âme qu'en Dieu ? C'est que sans cette différence il n'y aurait pas eu entre l'homme et Dieu de distinction, et que sans cette distinction Dieu ne

---

1. *Ueber das Wesen der menschlichen Freiheit*, VII, pp. 357-362.

serait pas manifesté. Il faut donc admettre que l'identité des deux principes, indissoluble en Dieu, peut être dissoute en l'homme, et c'est là ce qui explique, en même temps que la liberté, la possibilité du bien et du mal[1].

L'homme tient donc de la nature une tendance à l'existence individuelle. Mais, d'un autre côté, par la conscience de soi, il s'élève à la spiritualité; il est personne, quand en lui viennent s'unir l'existence individuelle et l'existence spirituelle, et, comme personne, il se distingue de Dieu. Par là il n'est pas, comme les autres créatures, l'instrument aveugle et passif de la volonté universelle; il peut s'affranchir de cette domination, intervertir l'ordre des principes qui constituent son être, substituer à la volonté universelle la volonté d'une existence égoïste. Ainsi se trouve déplacé le véritable centre de la vie; le lien des facultés humaines est brisé, et comme la volonté égoïste est impuissante à le réformer, elle travaille à se fortifier en groupant autour d'elle les appétits violents et les convoitises désordonnées. Le mal est, comme la maladie, le développement excessif d'un organe particulier qui veut vivre pour soi aux détriments de l'organisme; il apparaît dès que l'homme, par une action positive, cherche à tout faire rayonner autour de son moi naturel, faussement exalté à la hauteur de la volonté divine. La conséquence d'un tel orgueil, c'est la rupture de l'harmonie qu'engendrait l'union de l'âme avec Dieu, c'est le déchaînement des forces inférieures, qui, ayant brisé toute autorité, entrent en lutte les unes contre les autres, c'est une vie de mensonge, d'angoisse, de déperdition. Le mal existe donc, parce qu'au lieu d'adorer Dieu en Dieu, l'homme s'est adoré comme Dieu dans sa nature propre. Aussi ne l'a-t-on pas suffisamment expliqué quand on a déduit de l'Infini l'existence du fini; car ce n'est pas dans le fini comme fini qu'est l'origine du péché, elle est dans

---

1. *Ueber das Wesen der menschlichen Freiheit*, VII, pp. 362-364.

le fini qui prétend s'élever, comme fini, à la spiritualité. De même que le principe divin ne suffirait pas en l'homme à faire le bien, s'il n'était soutenu et vivifié par le principe naturel, de même le principe naturel ne suffirait pas à faire le mal, s'il ne tentait pas d'usurper le caractère et la puissance du principe divin. Le mal est donc plus qu'une faiblesse, qu'une limite ou qu'une privation; il est autre chose qu'un abandon de soi à la sensibilité et à l'instinct; il est une œuvre positive et personnelle. L'animal n'est ni bon ni mauvais, parce qu'en lui les deux principes ne peuvent se substituer l'un à l'autre; c'est le privilège de l'homme de ne pouvoir être qu'inférieur ou supérieur à la brute. Ce que la liberté humaine choisit est réel comme elle et même participe de son infinité. Selon la pensée chrétienne, le diable n'est pas une créature limitée, mais la créature la plus illimitée. Ce n'est pas la terre qui s'oppose au ciel, c'est l'enfer. Il y a dans le monde un enthousiasme pour le mal comme pour le bien[1].

Mais pourquoi l'homme a-t-il choisi le mal? Et comment ce choix peut-il être en Dieu justifié? Supposons que le mal soit resté simplement virtuel, que l'homme ne se soit pas posé à l'encontre de Dieu; alors il devenait impossible à Dieu de se manifester complètement; car toute chose ne se manifeste que par son contraire, la lumière par les ténèbres, l'amour par la haine, l'harmonie par la lutte. Et voilà pourquoi le mal est non pas seulement un fait individuel, mais avant tout une réalité universelle. Le mal existe pour que Dieu le surmonte et pour qu'en le surmontant il arrive à la pleine révélation de soi. Ce n'est pas à dire que Dieu veuille le mal; car ni comme principe idéal, ni comme unité de deux principes, il ne peut rien produire de mauvais. La condition du mal ne peut donc se trouver que dans cette volonté d'être qui, en Dieu, est distincte de la volonté d'amour. Et ces deux

---

1. *Ueber das Wesen der menschlichen Freiheit*, VII, pp. 364-373.

volontés ne peuvent s'unir entièrement dans l'Absolu qu'à la condition d'être d'abord chacune en soi. Sans la volonté d'être, la volonté d'amour ne serait pas, et c'est ce qui fait que la seconde ne peut pas anéantir la première; elle doit au contraire la laisser agir avec le plus d'indépendance qu'il est possible, afin que rien ne manque à l'unité qu'elle devra ensuite restaurer. Ainsi la volonté d'être, se développant pour soi dans chaque créature, a produit le mal; et le mal exprime, non pas un acte exprès de Dieu, mais une nécessité sans laquelle l'amour divin n'aurait pu agir dans toute sa plénitude[1].

Un coup d'œil jeté sur l'ensemble des choses confirme la justesse de cette explication. Nous constatons dans le monde de perpétuelles exceptions à la loi; à tous les degrés de la nature, et particulièrement chez les êtres vivants, apparaissent, à côté du nécessaire et du rationnel, le contingent et l'irrationnel. Ce n'est pas seulement une volonté universelle qui gouverne l'univers; il y a dans l'univers un jeu perpétuellement souple de volontés individuelles aspirant à l'existence pour soi. De là cette lutte du bien et du mal qui éclate dans la nature et qui remplit l'histoire. Mais c'est le propre du mal que de ne pas pouvoir arriver à l'existence complète, que d'être, en dépit de lui-même, la condition et le point de départ de l'accomplissement du bien. C'est juste au moment où le mal apparaît avec le plus d'intensité que se révèle, éclatante, la lumière de l'Esprit, qui était dans le monde dès le commencement, mais obscurcie et voilée; et pour faire face victorieusement au mal humain et personnel, elle s'est manifestée sous une figure humaine dans la personne du Médiateur; et elle est venue restaurer, au point extrême de sa chute, les rapports de l'humanité avec Dieu. Il a fallu que Dieu se fît homme pour que l'homme retournât à Dieu[2].

1. *Ueber das Wesen der menschlichen Freiheit*, VII, pp. 373-376.
2. *Ibid.*, VII, pp. 376-382.

Mais doit-on admettre que l'acte par lequel l'homme retourne à Dieu est un acte de liberté? Qu'est-ce donc en définitive que la liberté humaine? Telle qu'on l'entend d'habitude, elle serait un pouvoir indifférent entre les contraires, se déterminant au hasard, ou même incapable de se déterminer, comme l'âne de Buridan. Une pareille conception, qui conclut de l'ignorance des causes à l'indétermination de l'acte, est incompatible avec une doctrine rationnelle, qui nie tout caprice et tout hasard. Le déterminisme a certainement une portée supérieure; mais il a le défaut de s'appuyer sur un enchaînement extérieur et superficiel des représentations. La liberté n'est pas le hasard; la nécessité n'est pas la contrainte. Il s'agit de rejeter le hasard et la contrainte pour accepter dans leur intime union la liberté et la nécessité. L'idéalisme, avec Kant, a ouvert la voie; il faut s'y engager de nouveau et plus avant[1].

Selon l'idéalisme, l'essence intelligible de tous les êtres et particulièrement de l'homme est en dehors et au-dessus du temps; par suite elle échappe à la loi de la causalité empirique. Faut-il donc croire qu'elle est en soi indétermination pure? C'est ce que Kant paraît admettre, et c'est par là qu'il retourne au système de la liberté d'indifférence. L'action libre doit être bonne ou mauvaise, c'est-à-dire déterminée. Or de l'indétermination à la détermination il n'y a aucun passage possible. Il faut donc reconnaître que l'homme a dans son essence une raison de se déterminer, et que cette détermination constitue son caractère moral. Ses actes sont à la fois libres et nécessaires; nécessaires, parce qu'ils sont conformes à son essence, libres, parce que son essence s'est posée elle-même telle qu'elle est. Il y a un vouloir primitif et radical qui détermine toute notre destinée. La théorie de la prédestination n'est fausse en son sens vul-

---

1. *Ueber das Wesen der menschlichen Freiheit*, VII, pp. 382-383.

gaire que parce qu'elle fait dépendre notre conduite d'une puissance étrangère à nous. Nous nous prédestinons nous-mêmes, ou plutôt c'est nous-mêmes qui, par une opération éternelle, engendrons nos dispositions individuelles, la nature et la puissance de nos facultés et jusqu'à la conformation particulière de notre corps. De cette opération nous ne pouvons avoir une conscience immédiate, puisqu'elle est le principe même de la conscience. Et cependant il y a comme une connaissance de cette opération dans le sentiment que nous avons d'être décidément ce que nous sommes et d'être en même temps pleinement responsables. Donc, puisque notre être est libre en son essence éternelle et que nous avons choisi le mal, il faut reconnaître qu'il y a un péché radical ou originel. C'est le caractère intelligible du mal qui en explique la puissance et la nécessité[1].

Mais alors faut-il croire que le mal est irréparable? Et, si l'acte qui nous fait être ce que nous sommes est un acte éternel, comment une conversion au bien serait-elle possible? On doit parfaitement admettre, selon Schelling, que dans l'éternelle opération de la liberté sont compris et l'égarement vers le mal et le retour au bien. Ce sentiment intérieur, qui nous avertit de la réalité du mal, nous découvre aussi dans le plus profond de notre être, encore persistante, la puissance du bien. Le mal est un acte de liberté; mais la liberté, en tant que liberté, est indestructible; et comme elle détermine la direction essentielle du vouloir, elle peut aussi la modifier. A vrai dire, le passage du mal au bien ne saurait être la négation absolue de ce qui est dans le mal, pas plus que l'accomplissement du mal n'est la négation absolue de ce qui est dans le bien. Il y a identité du mal et du bien en ce sens que c'est la même liberté qui dans le mal est dominée par l'égoïsme des désirs sensibles et qui dans le bien se subor-

---

1. *Ueber das Wesen der menschlichen Freiheit*, VII, pp. 383-389.

donne à la volonté universelle. Or, comme il est nécessaire que la liberté se détermine dans le mal pour que, dans la violence même des passions, elle éprouve et recueille toute sa force, il est impossible qu'elle y persiste, à cause de la déperdition qu'elle y subit inévitablement. C'est donc la liberté intelligible qui pose elle-même et sa servitude et son affranchissement. Expliquer cette double condition de l'homme par le libre arbitre, c'est véritablement ruiner toute morale en faisant du péché et de la rédemption de simples accidents. C'est l'esprit du mal qui damne l'homme, c'est l'esprit de Dieu qui le sauve : rien là ne peut être arbitraire. Aussi faut-il affirmer l'identité indissoluble de la moralité et de la Religion. Ce n'est pas l'obéissance à un devoir formel, c'est l'union immédiate avec Dieu qui est à la fois notre vertu et notre salut ; et ce n'est pas par une inspiration du sentiment, c'est par un acte de raison que cette union s'établit et s'achève[1].

Or, ce qui fait que cette union a un caractère souverainement moral et religieux, c'est que Dieu n'est pas une simple abstraction, dont tout dérive logiquement, c'est qu'il est une personne ou plutôt la Personne suprême. Dieu est personne, parce qu'il est l'unité des forces, l'union vivante du principe idéal et du principe réel. Les systèmes exclusifs comme celui de Spinoza et celui de Fichte ne peuvent concevoir qu'un Dieu impersonnel, car ils le considèrent, l'un comme la Réalité sans idéal, l'autre comme l'Idéal sans réalité. Dieu est la synthèse de la Réalité et de l'Idéal ; il est la Nature qui se fait Esprit. Certes il est juste de dire, avec Spinoza, que tout ce qui est possible est réel, que tout ce qui est résulte de Dieu avec une absolue nécessité, que l'Être infini est la loi universelle ; mais il ne faut pas s'en tenir à une nécessité impersonnelle et à une loi abstraite. L'Univers proclame

---

1. *Ueber das Wesen der menschlichen Freiheit*, VII, pp. 389-394.

d'ailleurs bien haut qu'il n'est pas une géométrie en acte. Dans l'entendement divin, il y a un système; mais Dieu n'est pas un système, il est une vie. On peut donc qualifier de morale la nécessité suivant laquelle le monde dérive de Dieu, mais en ce sens, que cette nécessité est conçue et affirmée par Dieu, en ce sens qu'elle est Dieu volontairement manifesté. En Dieu s'unissent la puissance et la volonté du Bien [1].

Comment dès lors concilier définitivement avec Dieu l'existence du mal? L'acte par lequel Dieu se révèle ne peut rien impliquer en soi de mauvais; il doit consacrer en outre la suprématie de l'esprit sur la nature; mais il ne peut pas nier la nature qui est sa condition même, il doit la laisser se produire. Or, si la nature en Dieu devient immédiatement la puissance de l'esprit, dans l'être fini, elle ne s'unit pas spontanément à l'esprit et elle entre même en rébellion contre lui. C'est donc seulement par l'homme et pour l'homme que le mal existe : ce qui par la volonté humaine est le péché, est dans l'Absolu la condition de la révélation divine. C'est avec le bien que l'homme a fait le mal; c'est avec le mal que Dieu fait le bien. Car le mal donne à l'amour divin l'occasion de s'exercer; il est ramené par Dieu à son principe, et par suite nié comme mal. Au fond d'ailleurs, ainsi que nous l'avons vu, le mal et le bien sont dialectiquement identiques, ils sont une seule et même réalité, considérée ici dans la discordance, là dans l'accord de ses éléments. D'où il suit que le péché ne peut jamais se réaliser comme tel; ce n'est que par emprunt qu'il se donne l'apparence de l'être; ainsi le serpent reçoit de la lumière ses trompeuses couleurs. C'est donc la principale œuvre de l'amour divin que de donner à l'homme une claire conscience de la vanité du mal; or cette œuvre s'achève dans la mort de la créature sensible, qui marque l'avènement de la vie

---

1. *Ueber das Wesen der menschlichen Freiheit*, VII, pp. 394-399.

éternelle. La vie éternelle, c'est par excellence la vie de l'amour, où tous les êtres sont librement unis en Dieu et à Dieu[1].

Par là s'achève la révélation divine : elle n'a dans l'affirmation de l'esprit, comme unité des deux principes, qu'un terme provisoire, non définitif; l'esprit n'est que la volonté de l'amour; l'amour parfait l'esprit; par l'amour Dieu est tout en tous; il est complètement réalisé. C'est dire que Dieu n'est pas immédiatement tout entier, puisqu'il doit triompher du mal pour être pleinement. Or pourquoi le Parfait a-t-il besoin de devenir pour être? Cette difficulté est résolue, si l'on considère que Dieu n'est pas simplement un être, que Dieu est une vie. Toute vie a une destinée, toute vie est soumise au devenir et à la passion. C'est cette loi de toute vie que Dieu a volontairement acceptée, pour être personne; sans l'idée de la Passion divine, l'histoire resterait à jamais inintelligible. Il y a donc lieu d'admettre dans l'Absolu un état initial, antérieur à toute révélation, et un état final où la révélation est accomplie, et d'affirmer entre ces états extrêmes un état d'évolution où s'opposent les contraires de la lumière et des ténèbres, du bien et du mal. Il y a une unité qui précède les contraires, qui est dans ce fond mystérieux de l'Être d'où tout procède (*der Urgrund, der Ungrund*); c'est l'unité de l'indifférence. Il y a l'unité qui comprend en soi les contraires dans leur opposition concrète; c'est l'unité de l'esprit ou identité. Il y a enfin l'unité qui domine les contraires par la transformation du mal en bien; c'est l'unité de la personne absolue ou de l'amour. C'est par cette éternelle procession de Dieu que s'expliquent toutes les déterminations de la vie morale[2]. Ainsi Schelling conçoit dans l'Absolu l'union indissoluble de l'Être et du devenir; il introduit au plus profond de l'Ab-

---

1. *Ueber das Wesen der menschlichen Freiheit*, VII, pp. 399-403.
2. *Ibid.*, VII, pp. 403 et suiv.

solu cette nécessité d'un développement, que dans sa philosophie antérieure il considérait comme dérivée et subordonnée. C'est dans ce sens là qu'il répond aux objections de Jacobi : « Je pose Dieu comme le Premier et le Dernier, comme l'*Alpha* et l'*Oméga;* mais comme principe il n'est pas ce qu'il est comme fin ; et en tant qu'il n'est véritablement Dieu, au sens éminent, que considéré comme fin, il n'est pas, comme principe, encore Dieu, et il ne peut être rigoureusement appelé de ce nom. A parler expressément, il est d'abord le Dieu non développé, *Deus implicitus;* il est, comme fin, *Deus explicitus*[1]. » Or, à mesure que cette conception devient prépondérante chez Schelling, elle semble l'éloigner d'avantage de Spinoza; elle le porte à accuser le spinozisme d'avoir sacrifié la causalité de Dieu à sa substantialité, de n'avoir pu ainsi édifier qu'une morale quiétiste[2]. Mais elle finit aussi par le détacher de l'idéalisme rationnel ou plutôt par le pousser à ne voir dans l'idéalisme rationnel qu'une philosophie préparatoire et négative : dans la dernière période de la pensée de Schelling, la métaphysique de l'Absolu se subordonne à l'histoire de la révélation divine.

Il n'en reste pas moins vrai que c'est Schelling qui a le plus complètement restauré dans la philosophie allemande l'Éthique de Spinoza avec toutes ses conséquences pratiques et religieuses. L'étude des divers moments de sa doctrine a été comme la constatation des efforts successifs par lesquels les idées spinozistes ont réussi à se rejoindre et à se reconstituer. Schelling a établi dès le début que l'Absolu ne doit pas être défini par des catégories morales, que l'idée du devoir exprime l'Absolu, non en soi, mais dans son rapport avec les conditions de notre existence empirique. Il a conçu l'Être comme la vérité une et totale qui n'admet en elle aucune impossibilité et

---

1. *Denkmal der Schrift von den göttlichen Dingen des Herrn Jacobi* (1812) VIII, p. 81.
2. *Zur Geschichte der neuern Philosophie*, X, pp. 33 et suiv.

aucune impuissance. Il a donc affirmé que la Nature est plus qu'une simple apparence ou qu'un simple instrument de l'esprit, qu'elle est, au même titre que l'esprit, l'expression de l'Être, qu'elle a en soi le principe de sa fécondité indéfinie ; de telle sorte que l'action morale serait absurde à vouloir contredire la Nature, qui est, ou à se mettre en dehors de l'histoire, qui devient nécessairement : l'unité de l'intelligence et des choses est le principe déterminant de notre volonté. Dès lors, puisqu'il y a une telle harmonie de la nature et de l'esprit, que la nature peut être dite sujet comme l'esprit, ce qui est vrai, c'est le système des Idées, dont l'esprit et la nature ne sont que des puissances et des apparences, et ce qui est vrai éminemment, c'est l'Idée absolue où l'Un et le Tout sont identiques, où il n'y a pas de place pour la différence. C'est donc à supprimer la différence dans les choses que tend nécessairement l'activité humaine dès qu'elle aspire à la Raison qui est en elle : c'est-à-dire que si la métaphysique a pour principale fonction d'expliquer comment l'Infini prend les formes du fini, la tâche morale et religieuse de l'homme consiste à réaliser, par la négation du fini comme fini, l'unité absolue de fini et de l'Infini. L'unité absolue du fini et de l'Infini : voilà ce que doivent affirmer, par delà les catégories de la logique abstraite et de l'activité discursive, toutes les œuvres de l'homme réunies en une seule œuvre. C'est là la pensée qui avait inspiré l'*Éthique* de Spinoza ; c'est la pensée qui traverse et qui vivifie toutes les conceptions de Schelling jusqu'à sa dernière philosophie ; c'est, au dire de Hégel, la pensée promotrice de toute vérité, et dont il suffit de développer dialectiquement la signification pour qu'elle soit la vérité même.

CHAPITRE VIII

HÉGEL.

Dans sa *Philosophie de la Religion*, Hégel apprécie en ces termes la morale de Spinoza : « Le spinozisme, selon une accusation universelle, impliquerait cette conséquence, que si tout est un, le bien ne fait qu'un avec le mal, qu'il n'y a aucune différence entre le bien et le mal, et que par là toute religion est supprimée. On dit : en soi il n'y a pas de différence valable entre le bien et le mal; peu importe par conséquent que l'on soit bon ou mauvais. On peut accorder qu'en soi, c'est-à-dire en Dieu, qui est la seule réalité véritable, la différence du bien et du mal est supprimée. En Dieu il n'y a pas de mal, et la différence du bien et du mal n'existe que si Dieu est le mal; mais on ne doit pas accorder que le mal soit une affirmation et que cette affirmation soit en Dieu. Dieu est bon et il n'est que bon; la différence du mal et du bien n'existe pas dans cette Unité, dans cette Substance; elle ne se produit qu'avec la différence en général.

« Dieu est l'Unité qui demeure absolument en elle-même. C'est avec la différence de Dieu et du monde, spécialement avec la différence de Dieu et de l'homme, que commence la différence du bien et du mal. Relativement à cette différence de Dieu et de l'homme, le principe fondamental du spinozisme est que l'homme ne doit avoir pour fin que Dieu. La loi de l'homme, dans cet état de séparation, est donc l'amour de Dieu. C'est uniquement vers cet amour de Dieu qu'il doit se porter; il ne doit pas faire valoir son schisme et y persévérer de toute sa volonté; c'est vers Dieu seul qu'il doit se diriger.

« Et c'est la morale la plus sublime que celle qui affirme que le mal n'a point d'être, et que l'homme ne doit pas laisser subsister cette différence, ce néant. L'homme peut vouloir maintenir cette différence, la pousser jusqu'à l'opposition avec Dieu qui est l'Universel en soi et pour soi; alors il est mauvais. Mais il peut aussi considérer cette différence comme vaine et ne placer son être véritable qu'en Dieu et que dans son aspiration à Dieu; alors il est bon.

« Dans le spinozisme sans doute se produit la distinction du bien et du mal, par l'opposition de Dieu et de l'homme; mais elle se produit avec ce principe, que le mal doit être regardé comme un non-être. En Dieu comme tel, en Dieu comme Substance, la différence n'est pas; c'est pour l'homme qu'existe la différence, et en particulier la différence du bien et du mal [1] ».

En maint autre passage de ses œuvres, Hégel défend contre des interprétations étroites et grossières la pureté et la grandeur de la morale spinoziste, en même temps qu'il s'applique à en déterminer le sens. Spinoza ne nie pas la distinction du bien et du mal telle qu'elle se produit dans notre conscience finie, et voilà pourquoi il traite des passions humaines avant de traiter de la liberté. Il conteste seulement que cette distinction ait une valeur absolue; il montre qu'elle ne peut apparaître que dans le monde de la dualité et de la contradiction, qui n'est pas le monde véritable. En Dieu, il n'y a pas d'opposition, c'est-à-dire que le mal ne peut pas être, que le bien seul est. Peut-il donc y avoir une doctrine plus noble que celle qui pose comme principe suprême l'amour de Dieu et qui affirme que toute notre vie doit se rapporter à l'Éternel?

---

1. *Vorlesungen über die Philosophie der Religion, Hegel's Werke*, XI, pp. 56-57.

Et que l'on ne dise pas qu'une telle doctrine s'ajoute au système par accident; elle en est la plus sincère et la plus légitime conséquence. Toutes les objections des adversaires de Spinoza témoignent qu'ils sont moins préoccupés des intérêts de la vérité que des intérêts de l'existence sensible; c'est le fini, c'est le relatif qu'ils veulent sauvegarder à tout prix contre une philosophie qui ne conçoit l'Être que dans l'Absolu et l'Infini, qui fait consister la liberté dans la seule affirmation de Dieu[1].

Est-ce à dire que la doctrine morale de Spinoza soit pleinement satisfaisante? Nullement. Le défaut de cette doctrine consiste dans la méconnaissance ou l'exclusion de l'élément subjectif, de la conscience de soi. Le spinozisme ne considère le libre arbitre et le mal que comme des négations et par suite que comme des illusions; il ne conçoit l'individualité finie que comme une modification de la Substance; en d'autres termes, il fait évanouir le libre arbitre, le mal, l'être fini : il ne les explique pas. Il n'admet pas que ce qui est négation par rapport à la vérité immédiate qu'il affirme puisse avoir une réalité quelconque; aussi est-il bien loin de comprendre dans sa plénitude cette conscience de la liberté et de l'esprit que l'homme ne possède d'abord que par opposition au corps et aux choses sensibles. Ce vice partiel du système tient à une conception trop abstraite de l'Absolu. Certes Spinoza a eu le grand mérite de poser le principe de l'unité en soutenant que l'Universel est et que le particulier n'est pas, et ce n'est que justice de reconnaître que sa philosophie est l'événement capital de la pensée moderne; mais l'unité qu'il a conçue ressemble trop à l'unité abstraite des Éléates. Il ne s'est pas élevé jusqu'à la notion de l'Absolu, telle qu'elle est engagée dans la conscience chrétienne. Juif de naissance, il est resté par là fidèle aux

---

1. *Encyclopädie der philosophischen Wissenschaften im Grundrisse*, Vorrede zur zweiten Ausgabe, VI, pp. XVII-XIX. — *Vorlesungen über die Geschichte der Philosophie*, XV, pp. 402-403, 409-410.

tendances intellectuelles de sa race. C'est bien en effet la conception orientale, selon laquelle tout être fini n'est qu'un être changeant et passager, qui a trouvé dans la philosophie spinoziste son expression rationnelle. Cette conception est vraie d'ailleurs; mais elle n'est pas la vérité complète. Elle est un moment nécessaire dont il faut partir ou qu'il faut traverser, mais auquel il ne faut pas s'arrêter. La notion de Substance que Spinoza applique à Dieu comme notion adéquate est un degré essentiel dans le développement de l'Idée; mais elle n'est pas l'Idée dans sa plénitude. Dieu est bien la Chose absolue, la Substance infinie; mais il est aussi et par-dessus tout la Personnalité suprême. Il ne faut donc pas croire que l'on réfute le spinozisme parce qu'on lui oppose des principes qu'il ne peut pas admettre ou qu'il ne peut admettre qu'en les transformant selon son caractère propre; on ne peut réfuter le spinozisme qu'en le comprenant, qu'en montrant qu'il est une expression légitime, mais subordonnée, de l'Absolu. Ce n'est pas pour avoir affirmé l'Absolu comme Substance, c'est pour ne l'avoir pas affirmé comme Personne que Spinoza est impuissant à justifier l'individualité et les choses finies. Par sa théorie des attributs et des modes il introduit la différence dans l'Unité sans la déduire, ou bien même il ne fait de la différence qu'une représentation subjective et illusoire. Aussi nulle objection n'est moins fondée que celle qui consiste à lui reprocher d'avoir identifié Dieu et les êtres finis; car, selon la logique de son système, les êtres finis n'existent pas. Son système n'est pas un athéisme, mais un acosmisme; il est plein de Dieu, au point de méconnaître les choses réelles. Que si l'on persistait à le taxer d'athéisme, sous prétexte qu'il n'a pas reconnu le véritable Dieu, il faudrait alors appliquer la même dénomination à toutes les doctrines qui n'ont eu de Dieu qu'une notion inadéquate; il faudrait traiter d'athées, non seulement les Juifs et les Mahométans pour qui Dieu n'est que le *Seigneur*, mais encore les nombreux Chrétiens qui font de Dieu un être séparé, placé hors de l'univers et inaccessible à la connaissance. Ce qui est certain, c'est qu'en supprimant résolument tout dualisme, Spinoza a eu l'idée très nette de ce que doit être la pensée philosophique. Aussi est-il le véritable éducateur de tous ceux qui commencent à philosopher. On n'est pas philosophe si l'on n'a pas été spinoziste. Il faut que l'âme se baigne tout d'abord dans cet éther de la Substance où vient se dissiper tout ce que l'on avait tenu pour vrai. Il faut qu'elle s'élève à la négation de tout ce qui est particulier et fini, car c'est dans cette négation, comme l'a montré Spinoza, que commence à s'affirmer la liberté de l'esprit. Mais il ne faut pas s'en tenir là; il faut comprendre, et non supprimer la différence dans l'Unité. Le vice du système spinoziste vient de ce que l'Unité n'y est affirmée qu'au détriment de l'un des termes en présence. Entre l'Infini et le fini, on doit opter, comme entre Dieu et le monde, le Bien et le mal. Le grand mérite de Spinoza, à la fois spéculatif et moral, c'est que, placé dans cette position extrême, il opte pour l'Infini, pour Dieu, pour le Bien; c'est qu'au lieu d'admettre une dualité radicale sans retour possible à l'Unité, il aime mieux affirmer immédiatement la Substance une. Mais cette unité immédiate de la Substance est incompatible avec la réalité de l'univers et le mouvement de l'histoire. Dans cette identité immobile de la Substance viennent s'évanouir toutes les différences des êtres et toutes les déterminations de la conscience. La Substance est l'abîme qui engloutit tout. Par là s'expliquent les indignations et les révoltes qu'a suscitées le système de Spinoza. Il faut donc comprendre l'unité de l'Infini et du fini, de Dieu et du monde, sans nier leur différence; il faut faire place dans l'ordre universel à l'individu, à la personne humaine; il faut considérer que si toute détermination est une négation, la négation de la négation devient affirmation; il faut poser à l'origine de tout l'Être absolu, mais le comprendre comme Sujet et non comme objet, comme Esprit et non comme chose, comme Trinité vivante et non comme unité abstraite; il faut élargir assez la doctrine de l'immanence pour qu'elle puisse embrasser les oppositions que l'entendement lui présente, sans en exclure absolument une partie comme fait l'entendement [1].

Cela revient à dire qu'appliquée à la réalité, la logique ordinaire est insuffisante. Depuis Aristote, en effet, on a établi une distinction entre la forme et le contenu de la pensée, et l'on a assigné comme objet à la Logique l'étude des lois formelles de l'esprit, tandis qu'on réservait à la Métaphysique le droit d'en expliquer et d'en justifier le contenu réel. A coup sûr la connaissance de la pensée comme activité purement subjective peut avoir pour l'homme un très grand intérêt; mais elle ne peut pas être considérée comme la science de la vérité. Elle ne peut devenir telle qu'à la condition de comprendre le fond aussi bien que la forme de l'esprit, d'être, non pas une simple analyse de procédés intellectuels, mais le système de la raison pure [2]. La pensée n'est pensée véritable qu'autant qu'elle plonge dans le réel. L'humanité a toujours cru que la pensée était destinée à connaître le vrai : qu'est-ce à dire alors, sinon d'une part que le monde objectif est ce qu'il est par la pensée, et d'autre part que la pensée est la vérité du monde objectif? Et ainsi, puisque la pensée s'identifie avec la réalité, la logique qui traite de la pensée est aussi la métaphysique. Les autres sciences philosophiques, comme la philosophie de la nature et la philosophie de l'esprit, ne sont que la logique appliquée; la

---

1. *Wissenschaft der Logik*, IV, pp. 194-197; V, pp. 9-12. — *Encyclopädie*, VI, pp. 109-110. pp. 300-303. — *Geschichte der Philosophie*, XV, pp. 372 et suiv. — Voir dans l'opuscule de Volkelt, *Pantheismus und Individualismus im Systeme Spinoza's* (Leipzig, 1872), une critique du spinozisme qui s'inspire des idées hégéliennes.

2. *Encyclopädie*, VI, pp. 32-33.

logique est l'âme qui les anime. Et ainsi l'idéalisme est justifié. L'accord de la pensée avec son objet, qui est la définition ordinaire de la vérité, est au fond l'accord de l'objet avec lui-même, c'est-à-dire avec sa notion. En ce sens, Dieu seul est vrai, d'une vérité absolue, puisqu'en lui l'être et la notion ne font qu'un, et voilà pourquoi la logique peut être dite l'exposition ou la révélation de Dieu [1].

Ce qui montre bien, au surplus, que la logique et la métaphysique sont indissolublement unies, c'est que la métaphysique se règle toujours, pour atteindre son objet, sur une certaine logique. A son premier moment, la pensée se croit spontanément en mesure de saisir le vrai, et en cela elle a pleinement raison ; mais ce sont les catégories de l'entendement fini qu'elle applique à l'Infini pour le comprendre. Elle se détermine et elle détermine le réel selon le principe de contradiction, et elle constitue un système de prédicats définis qui conforment les choses à leur nature exclusive. Elle ne conçoit l'*un* et l'*autre* qu'en imposant la nécessité d'accepter l'*un* et de rejeter l'*autre*. C'est ainsi qu'elle commence par poser que le monde est fini ou infini, en affirmant par là qu'il ne comporte que l'une de ces deux dénominations contradictoires. Elle s'appuie donc sur ce principe, que de deux déterminations opposées l'une doit être vraie, l'autre doit être fausse. Elle scinde ainsi en deux portions le contenu de la conscience réelle, et elle conclut que d'une part est toute vérité, d'autre part toute illusion. Elle enferme l'univers en un système rigide de notions immobiles et impénétrables, et elle en travestit l'unité concrète dans une simple unité formelle d'objets finis. Elle ne peut concevoir Dieu que comme l'Être abstrait, séparé de toute réalité ; ou bien, quand elle essaie de le déterminer, c'est pour lui appliquer, sans souci de la contradiction qu'enferme un

---

1. *Encyclopädie*, VI, pp. 42-54.

tel procédé, des attributs relatifs, empruntés à des modes particuliers de l'existence donnée. Elle est donc condamnée, ou bien à isoler entièrement l'Infini et le fini, ou bien à subordonner l'Infini au fini [1].

Il n'est pas étonnant qu'une simple considération empirique de la réalité ait suffi à marquer l'insuffisance d'une telle pensée, et que le dogmatisme ait inévitablement suscité à son encontre le scepticisme. La métaphysique de l'entendement s'arrête à la forme de l'universel abstrait, et elle ne peut expliquer comment l'universel se particularise. De là la tendance qu'elle a à nier le particulier qu'elle ne peut comprendre : ses conclusions sont des exclusions. Mais sous l'influence même de la réalité, elle n'en peut rester là ; la réalité lui présente sous toutes les formes ce qu'elle a refusé d'admettre, et elle fait éclater de toute part la vanité de ses abstractions. C'est alors que les déterminations finies qui constituaient l'entendement se suppriment elles-mêmes et passent dans leur contraire ; c'est par la dialectique négative que ce passage s'accomplit. Le rôle essentiel de la dialectique négative, c'est donc de donner à l'entendement logique la conscience de ses limites, c'est de lui révéler son impuissance à saisir l'Infini, c'est de lui montrer la nécessité où il est de se lier à autre chose que lui-même. Elle est le principe du mouvement intellectuel et l'âme du progrès scientifique. Alors même qu'elle apparaît comme un art purement extérieur et sophistique, elle exprime la transition immanente d'un concept donné à son contraire logique ; elle déprend la pensée du fini et lui manifeste que la vérité est dans l'Infini ; seulement elle tient encore au premier état de la pensée, en ce qu'elle conçoit les idées qui se rapportent à l'Infini comme de pures formes, sans réalité déterminable [2].

---

1. *Encyclopädie*, VI, pp. 61-77.
2. *Ibid.*, VI, pp. 78-125.

Malgré tout, la dialectique n'est pas seulement négative en ses résultats ; par opposition à l'entendement abstrait, elle donne à la pensée un objet concret, et elle la pousse à le comprendre; en imposant à l'entendement la connaissance de ses limites, elle va au delà de ces limites, et elle affirme l'Infini dans la pensée. Il y a donc un troisième moment de la pensée, qui est le moment de la pensée spéculative ou positive. La pensée spéculative n'est pas seulement pensée déterminée; elle est essentiellement pensée déterminante, c'est-à-dire que c'est elle-même qui pose et qui supprime les déterminations de l'entendement; elle les contient en elle comme des états qu'elle s'approprie et dont elle est l'unité vivante. Loin donc d'exclure les contradictions par son identité essentielle, elle les suppose pour les concilier. Elle se fait thèse et antithèse avant d'être synthèse. Elle se manifeste dans les concepts finis et contradictoires de l'entendement, mais sans pouvoir s'y fixer : elle les traverse de son infinité[1]. A l'origine est l'être, l'être pur qui n'implique que lui-même, qui est immédiatement par soi, qui ne tient à rien d'antérieur; mais cet être pur, qui est la puissance de tout, n'est la réalité de rien; il est donc identique à son contraire, le néant. Toutefois l'être et le non-être maintiennent leur différence en ce sens que pour l'entendement l'un reste toujours opposé à l'autre : c'est dans le devenir qu'ils trouvent leur identité réelle. Le devenir est l'expression synthétique et concrète de l'Idée : il manifeste le progrès nécessaire de l'Idée vers des déterminations de plus en plus complexes[2].

La philosophie de Hégel, c'est le spinozisme enrichi de toutes les conquêtes de l'idéalisme allemand. Kant avait combattu le dogmatisme en soutenant que la marche de l'esprit n'est pas purement analytique, en établissant que

---

1. *Encyclopädie*, VI. pp. 126-160.
2. *Ibid.*, VI, pp. 163-177.

la pensée est concrète en soi, qu'elle a un contenu propre, qu'elle s'exprime par des jugements synthétiques *a priori* ; il avait superposé à la logique formelle, qui n'est valable que pour le possible, une logique transcendantale destinée à comprendre le réel ; peut-être avait-il pressenti la portée spéculative de cette logique, quand, par sa doctrine des antinomies, il avait mis en lumière le mouvement dialectique de l'esprit, quand encore, à la fin de sa *Critique du Jugement*, il avait montré que l'unité synthétique requiert une condition, un conditionné et un concept conciliateur ; de plus, en distinguant la raison de l'entendement, il avait découvert le caractère inévitablement fini de toutes les déterminations de l'entendement et il avait affranchi l'Idée de ces déterminations : dès lors, l'entendement intuitif, l'intellect archétype, tel qu'il l'a un instant conçu, n'eût-il pas conféré aux nécessités de la pensée une valeur absolue ? Après Kant, Fichte était venu prétendre que les catégories doivent être déduites d'un même principe ; que la science, pour être pleinement justifiée, doit revêtir une forme systématique ; il avait montré comment l'affirmation du Moi est le véritable jugement synthétique *a priori*, comment le Moi comprend en soi l'idée et la réalité, comment il pose en vertu de son essence même une série de contradictions qu'il doit résoudre de manière à se constituer un objet et à assurer ainsi de plus en plus sa propre réalisation. Enfin Schelling avait nettement conçu sous la forme du savoir rationnel ce que Jacobi concevait sous la forme du savoir immédiat, c'est-à-dire l'unité de la pensée et de l'être ; il avait affirmé, avec Spinoza, que l'idéal et le réel ne sont que des expressions différentes d'un Principe en soi identique, avec l'idéalisme, que les lois de la nature sont au fond les lois mêmes de l'esprit ; il avait introduit dans le spinozisme ce qui lui manquait, à savoir le sentiment de la vie, de la subjectivité, du mouvement, tandis que d'autre part il dégageait l'idéalisme de ses formules exclusives pour en faire la philosophie absolue; il avait découvert de la sorte le véritable contenu de la pensée spéculative. Ainsi la philosophie allemande avait dégagé peu à peu du fond même de l'esprit les déterminations que devait comprendre, pour devenir concrète, pour être adéquate à la réalité, l'unité conçue par Spinoza.

Mais encore reste-t-il nécessaire que ces déterminations soient véritablement déduites et ramenées à leur principe pour qu'elles puissent constituer un système. Or, aux yeux de Hégel, Kant s'est contenté à tort d'une classification empirique des catégories; il les a transportées telles quelles, selon les tables de la logique vulgaire, de l'expérience à l'entendement, sans les rattacher les unes aux autres par un lien vraiment interne; il a vu la nécessité du mouvement dialectique de l'esprit, il n'en a pas montré la légitimité; il n'a pas compris que la thèse et l'antithèse étaient, non seulement les conditions formelles, mais encore les éléments réels de la synthèse. Après avoir fort heureusement établi que les catégories engendrent inévitablement la contradiction, il a humilié la raison devant les choses, en la rendant responsable d'une absurdité que les choses, selon lui, ne comportent pas, et il en est venu ainsi à concevoir la raison normale comme un entendement vide; de même, après avoir hautement proclamé que la liberté est l'essence même de l'esprit, contre laquelle rien ne peut prévaloir et dont doit se déduire la moralité humaine, il ne réussit pas à achever le système de la raison pratique : la moralité reste dans sa doctrine à l'état de forme indéterminée, comme elle reste chez l'homme à l'état d'intention. Après lui, Fichte, malgré l'ambition qu'il a eue de découvrir la forme absolue de la science, n'est arrivé, ni à surmonter le dualisme kantien, ni même à concevoir la véritable unité; le Moi dont il fait le premier principe a beau s'évertuer pour tirer de lui-même la réalité extérieure, il la trouve toujours opposée à son effort, et il ne poursuit l'unité que comme une fin idéale, à jamais inaccessible; voilà pourquoi Fichte substitue à l'affirmation entière de la vérité une certitude purement subjective, voilà pourquoi il considère l'Absolu, non comme l'identité du sujet et de l'objet, mais simplement comme l'ordre moral de l'univers. Si enfin Schelling a conçu, avec l'identité du sujet et de l'objet, le principe définitif de la science véritable, il n'a su ni déduire ce principe, ni le développer méthodiquement; il a fait appel, pour l'affirmer, à l'intuition intellectuelle; or l'intuition intellectuelle, telle qu'il l'entend, est comme le privilège de quelques-uns, tandis que ce doit être le caractère de la pensée philosophique que d'être toute à tous, et par conséquent de démontrer ce qu'elle affirme. Schelling a donc eu le tort de débuter par l'idée du savoir absolu et de ne prendre aucun souci des états que l'homme doit traverser pour s'élever à cette idée; il a, en outre, usé d'un procédé de construction qui n'est qu'un vain formalisme et qui consiste à appliquer par analogie un schème général à ce qu'il s'agit de comprendre. Dans la nuit, selon le proverbe, tous les chats sont gris; dans l'Absolu, tel que l'affirme Schelling, tout se ressemble et se confond; il n'y a pas de différence qualitative, il n'y a qu'une unité sans distinction[1]. L'Absolu, au contraire, selon Hégel, ne peut pas être ou plutôt ne peut pas rester l'identité indéterminée; il doit être l'identité des déterminations de plus en plus riches et compréhensives qui se suscitent et s'enchaînent. Tandis que la philosophie de Schelling avait interprété et développé la doctrine spinoziste de l'immanence dans un sens platonicien, la philosophie de Hégel l'interprète et la développe dans un sens aristotélicien[2]. Platon et Aristote avaient construit leurs systèmes sur cette idée commune exprimée par Socrate, à savoir que le

---

1. *Geschichte der Philosophie*, XV, pp. 551-639, 646-683. — *Phänomenologie*, II, Vorrede, pp. 11-14. — *Encyclopädie*, VI, pp. 85-125.
2. Voir première partie, ch. x, p. 201.

concept est l'essence ou la réalité des choses. De même Schelling et Hégel construisent leurs systèmes sur cette idée commune affirmée par Spinoza, à savoir que la vérité est dans l'identité absolue. Mais dans l'explication de l'identité absolue Hégel s'oppose à Schelling, comme dans l'explication du concept Aristote s'opposait à Platon, en s'appuyant au fond sur ce principe, que le complexe est plus réel que le simple.

La méthode dialectique arrive donc à point pour atteindre dans son essence interne et pour démontrer dans sa forme adéquate la vérité spéculative. C'est que d'ailleurs elle ne s'impose pas du dehors aux systèmes qu'elle limite et qu'elle comprend tout à la fois ; ce sont les systèmes qui sont venus en elle se reconnaître et se juger. La philosophie, en effet, est identique à son histoire : la progression historique des diverses doctrines n'est autre chose que la progression même de l'Idée qui revêt successivement des formes contradictoires pour s'en dégager et produire ensuite de nouvelles formes. Il n'y a qu'une philosophie comme il n'y a qu'une vérité ; mais ce n'est que peu à peu, à travers les oppositions des doctrines, que la philosophie arrive à la conscience d'elle-même ; et voilà pourquoi la dernière philosophie dans l'ordre du temps, si toutefois elle est bien une philosophie, est la plus riche et la plus parfaite : elle contient en elle éminemment les principes des philosophies antérieures, elle est identique à ce que ces philosophies ont produit de durable et de réel ; elle ramène à des nécessités internes de la pensée les nécessités en apparence extérieures qui ont déterminé et régi le développement des systèmes. La philosophie dans son histoire, c'est Dieu aspirant à se connaître ; la philosophie dans sa notion, c'est Dieu se dévoilant tout entier. La philosophie de Hégel est la philosophie absolue, puisqu'elle se produit au moment où l'histoire et la notion se comprennent, où la raison dans son développement et la raison dans son actualité éternelle ne sont qu'une seule et même raison[1]. Elle travaille sans doute à justifier son principe, mais c'est son principe avant tout qui la justifie; et ce principe consiste dans l'affirmation de l'Absolu comme sujet, comme esprit. L'Absolu est l'esprit, non pas l'esprit en général, mais l'esprit qui se révèle à lui-même, l'esprit qui arrive à se produire dans la connaissance, l'esprit infiniment créateur. Si la proposition, d'après laquelle Dieu est la substance unique, a révolté l'époque qui l'a entendu prononcer, c'est que l'on sentait d'instinct que dans l'Absolu, ainsi entendu, venait s'évanouir, au lieu de s'y fonder, la conscience de soi. D'autre part la pensée ne saurait être épuisée par l'affirmation d'une vérité immédiate et d'une substantialité immobile. La vérité est le Tout, mais le Tout est l'être qui se développe pour se produire et qui se parfait par son propre développement [2]. L'esprit n'est ce qu'il est que parce qu'il le devient; s'il est d'abord la vérité en soi, il doit être la vérité pour soi; or il ne peut passer de la vérité en soi à la vérité pour soi qu'en étant la vérité hors de soi. C'est l'office de la science philosophique que de le suivre dans son évolution nécessaire, que d'être d'abord la logique, qui comprend l'Idée dans ses déterminations immédiates, puis la philosophie de la nature qui comprend l'Idée dans son existence extérieure, enfin la philosophie de l'esprit qui comprend l'Idée dans son retour à elle-même [3]. Ces divers moments de l'évolution de l'Idée sont des moments métaphysiques qui marquent par leurs rapports la subordination du simple au complexe et de l'abstrait au concret dans l'unité toujours immanente de l'Infini et du fini.

Donc l'esprit ne commence à avoir une existence concrète que lorsqu'il est revenu de la Nature à lui-même;

---

1. *Encyclopädie*, VI, Vorrede zur zweiten Ausgabe, pp. XX-XXI, pp. 21-22. — *Geschichte der Philosophie*, XIII, pp. 11-64; XV, pp. 684-692.
2. *Phänomenologie*, Vorrede, II, pp. 14-22. — *Encyclopädie*, VII, pp. 29-30, p. 32.
3. *Encyclopädie*, VI, p. 26; VII, 2, pp. 30-31.

alors il devient réellement ce qu'il est essentiellement. En vertu de sa liberté interne, il tend à s'affranchir de ce qui lui est étranger pour produire ce qui est conforme à sa notion. C'est par un progrès dialectique régulier qu'il s'élève de la vie naturelle à la vie de la conscience, de la vie de la conscience à la vie de la pensée. Il ne peut jamais s'arrêter définitivement à ce qu'il est forcé de supposer. Il n'est qu'à la condition de se manifester, et il ne peut se manifester qu'en se déterminant. En soi il est infini, et il se révèle comme fini; il y a donc dans sa nature une contradiction qui demande à être résolue; et voilà pourquoi la connaissance se meut parmi les contraires qu'elle ne surmonte que provisoirement, jusqu'au moment où elle est pour soi ce qu'elle implique à chaque degré de son développement, c'est-à-dire l'harmonie du savoir et de son objet, de la forme et de son contenu. Que la raison essentiellement soit infinie, c'est ce qu'on ne saurait contester; en ce sens, parler des limites de la raison c'est tenir un propos aussi absurde que si l'on disait du fer qu'il est ligneux; mais en un autre sens, il faut reconnaître que la raison se pose à elle-même des limites qu'elle tend à supprimer. C'est nécessairement que l'esprit infini s'emprisonne dans le fini; mais c'est nécessairement aussi, qu'étant infini, il aspire à sa délivrance[1].

Cette activité perpétuellement mobile de l'esprit est une activité théorique tant qu'elle travaille à éliminer de l'objet la forme de la contingence, tant qu'elle l'abstrait de sa nature immédiate et qu'elle aspire à le reproduire en elle-même comme un état à la fois nécessaire et subjectif, rationnel et intérieur. Elle réagit ainsi contre l'objectivité exclusive des choses; elle fait entrer en elle, de façon à se l'approprier, ce qui d'abord lui était opposé. Mais ce n'est pas assez que l'esprit prenne possession de ce qui lui est apporté du dehors, car, par la réduction de

---

1. *Encyclopädie*, VII, 2, pp. 290-296.

l'objet au sujet, il n'opère qu'une unité partielle; il tend aussi à réaliser ce qu'il produit à l'intérieur de lui-même et à opérer en conséquence, par la réduction de l'objet au sujet, une nouvelle et plus haute unité. L'activité de l'esprit devient alors pratique, c'est-à-dire qu'elle part de ses propres intérêts et de ses propres fins, et qu'elle aspire à transformer ses états en choses; elle réagit contre la subjectivité exclusive de la conscience, et elle exprime hors d'elle, de façon à lui conférer une réalité indépendante et comme substantielle, ce qui d'abord n'avait qu'une existence intérieure. Cette distinction de l'esprit théorique et de l'esprit pratique ne saurait avoir d'ailleurs une valeur absolue, car l'esprit théorique s'exerce aussi sur ses déterminations propres et l'esprit pratique s'applique aussi à des fins qui sont données en soi naturellement. Ce qui est réalisé également par l'esprit théorique et l'esprit pratique, quoique de différentes façons, c'est toujours la raison, c'est toujours l'unité du monde subjectif et du monde objectif[1].

Ainsi l'intelligence devient volonté du moment qu'elle se considère comme un principe de détermination; en tant que volonté, elle se détermine donc et se limite. On peut par là mesurer l'erreur des philosophes qui, opposant la volonté et l'intelligence, mettent le fini du côté de l'intelligence et l'infini du côté de la volonté. La volonté est la réalisation de l'esprit; or l'esprit en soi est infini, et de l'esprit infini la volonté n'est qu'une réalisation progressive, par conséquent partielle, par conséquent finie[2]. Aussi, à son premier moment, la volonté est-elle bien loin d'épuiser sa notion; elle est volonté individuelle, sentiment pratique, c'est-à-dire qu'elle tend spontanément à poser dans l'être ses états tels qu'ils sont. Elle enveloppe bien en soi ce que la raison affirme, mais sous

---

1. *Encyclopädie*, VII, 2, pp. 296-301.
2. *Encyclopädie*, VII, 2, p. 300. — *Grundlinien der Philosophie des Rechts*. VIII, 2te Auflage, p. 47.

une forme subjective et contingente; de telle sorte que si, en un sens, elle peut manifester la raison, en un autre sens, elle peut la borner et l'altérer. Ainsi s'expliquent à la fois ce qu'il y a de juste et ce qu'il y a de faux dans les appels qu'on fait au sentiment moral, au sentiment du droit, au sentiment religieux. S'adresser ainsi au cœur de l'homme, c'est faire valoir en lui des dispositions qui lui sont propres, qui expriment véritablement sa nature, c'est le provoquer à être tout entier et sans partage dans ce qu'il fait, tandis que les déterminations abstraites de l'entendement séparent toutes ses facultés, brisent son activité et stérilisent les germes de vie qui sont en son âme. L'entendement ne peut expliquer pourquoi c'est une seule et même raison qui se révèle en l'homme comme sentiment, comme volonté, comme pensée, et par suite il ne peut susciter qu'une action morale exclusive. Mieux vaut, selon Hégel comme selon Spinoza, se laisser déterminer par la tendance immédiate à persévérer dans son être que par les concepts partiels de l'entendement. Et l'on peut dire en un sens qu'il n'y a rien de plus dans l'activité rationnelle qui se comprend elle-même que dans le sentiment pratique de l'honnête homme. Mais en un autre sens la différence est grande. Le sentiment pratique peut facilement se laisser corrompre par les influences contingentes qui agissent sur lui; il exige une éducation, c'est-à-dire un mode de développement qui l'affranchisse de tout ce qu'il a de purement subjectif et d'arbitraire, qui le porte à l'universel; il doit trouver dans la pensée la vérité qu'il traduit; pas plus qu'il ne peut rester absolument dans sa nature, il ne doit être abandonné à luimême. C'est une grave erreur de prétendre que le droit et le devoir perdent de leur valeur à être transposés du sentiment dans la pensée, que la culture intellectuelle est ici inefficace ou nuisible. Comment ce qui est raisonnable dans le sentiment pouvait-il répugner à être compris comme rationnel? Tous ceux qui veulent philosopher sur le droit, la vie morale, la vie sociale, et qui néanmoins veulent exclure la pensée, tous ceux qui ne font appel qu'aux bonnes dispositions de l'âme, aux inspirations du cœur, à l'enthousiasme, marquent par là l'état de profond abaissement où la science est tombée[1].

Le sentiment pratique est donc un état momentané de la volonté, non un état définitif; il ne peut se suffire et il n'est jamais sûr de pouvoir se contenter; selon que les choses répondent ou ne répondent pas à ses tendances, il devient affection agréable ou pénible. La volonté compare les déterminations qui lui viennent du dehors avec les déterminations posées par sa nature propre. Et c'est parce qu'il n'y a pas identité absolue de ces deux sortes de déterminations que le mal sensible existe. Le mal sensible vient de ce que l'état éprouvé n'est pas, pour la volonté, celui qui devrait être; il suppose, non seulement la différence en général, mais la différence dans un même sujet, et il amène la volonté à l'affirmation pratique de ce qui doit être. C'est ainsi que naît le désir. Tandis que le simple penchant n'est qu'une activité individuelle qui s'applique à l'individuel, le désir aspire à un ensemble de satisfactions et enveloppe l'universel. Cependant, comme le désir sort de l'individualité du sentiment pratique, il reste encore entaché de contingence, et il ne soutient, soit avec les choses, soit avec lui-même que des rapports irrationnels; voilà pourquoi il devient passion. La passion, c'est le désir limité à tel état particulier, c'est toute l'énergie de l'esprit, du caractère, du talent, de la sensibilité concentrée sur un objet, à l'exclusion de tout autre. Considérée absolument, la passion est mauvaise dès qu'elle est impuissante à se développer et à se faire valoir dans l'ordre du droit, de la vie morale et de la vie sociale; mais, considérée relativement, elle est pour l'activité du sujet une cause d'excitation salutaire; elle

---

1. *Encyclopädie*, VII, 2, pp. 361-367. — *Philosophie des Rechts*, VIII, p. 55.

secoue et elle réveille les puissances endormies de l'âme. Rien de grand n'a été accompli, rien de grand ne s'accomplira jamais sans passion. C'est une morale abstraite et morte qui les condamne. La passion est la forme exclusive de l'intérêt que l'individu doit porter à son action pour que son action ait quelque vigueur et quelque efficacité. Affaiblir en l'homme cet intérêt, soit par la promesse d'un bonheur immédiat, soit par la considération du pur devoir, c'est amortir en lui toute vie[1].

Mais il n'en est pas moins vrai que le désir se particularise ainsi en des désirs, qui désormais, au lieu de ne faire qu'un, se combattent les uns les autres. C'est alors que la volonté, qui est en soi l'universel, se pose en face de ces désirs particuliers comme le pouvoir général de s'approprier tel ou tel d'entre eux et d'en faire sa chose; elle est par là libre arbitre. Le libre arbitre, comme faculté de se déterminer pour telle ou telle action, est un moment essentiel de la liberté; mais ce n'est pas la liberté complète et véritable. Que serait, en effet, une volonté qui prétendrait s'enfermer entièrement dans sa généralité abstraite, qui prétendrait n'être que la puissance indéterminée des contraires? Elle se détruirait naturellement elle-même, car on ne peut pas vouloir sans vouloir quelque chose, c'est-à-dire sans se déterminer. Ou bien, si elle voulait se réaliser selon sa généralité abstraite, elle viendrait supprimer toutes les déterminations particulières du réel; elle engendrerait par exemple ce fanatisme révolutionnaire qui ne tient compte ni des personnes, ni des institutions, qui méconnaît les différences et les inégalités naturelles de talent et d'autorité, qui sacrifie sans merci les individus, qui bon gré mal gré veut tout faire entrer, hommes et choses, dans la plus vide des formes. Donc, tenir le libre arbitre pour l'expression adéquate de la liberté, c'est faire preuve d'un manque total d'éducation

---

1. *Encyclopädie*, VII, 2, pp. 367-371.

intellectuelle, ce n'est même pas avoir le soupçon de ce qu'est le droit, de ce qu'est la vie morale et sociale. La croyance commune identifie l'action libre et l'action arbitraire ; or l'action arbitraire participe de la contingence de la fin qu'elle choisit; elle est déterminée aussi bien que son objet par les circonstances extérieures, car elle n'est unie à son objet que par un lien accidentel. Dans l'acte de libre arbitre la forme et la matière de la volonté restent en présence l'une de l'autre sans que l'une et l'autre se pénètrent. En outre, la volonté qui se conçoit tout entière comme libre arbitre n'arrive jamais à se déprendre de cette pensée vaine, qu'elle aurait pu se conduire autrement si c'eût été son bon plaisir. Elle est la volonté de fantaisies successives et de décisions incohérentes. Au contraire, la liberté véritable consiste à dépasser, pour la dominer, l'activité subjective de l'individu. Je suis libre quand je veux ce qui est rationnel, car alors ce n'est pas selon mon individualité que j'agis, mais selon la notion même de la moralité. Dans l'action morale ce n'est pas moi que j'affirme; ce que j'affirme, c'est la chose à laquelle je m'attache, la chose à laquelle je tiens, la chose que je veux réaliser; dans l'action immorale, c'est au contraire ma nature particulière que je cherche à faire prévaloir. Le rationnel est la grande voie où chacun va, où personne ne se distingue. Devant l'œuvre d'un grand artiste, on dit : « Ce doit être ainsi, » ce qui signifie que l'artiste a effacé tout trait particulier, que l'artiste n'a pas de manière. Phidias n'a pas de manière; c'est la forme absolue qui vit et qui se révèle dans ses œuvres. Plus, au contraire, un artiste est imparfait, plus on le reconnaît lui-même, avec ses traits particuliers et son libre arbitre[1]. Ainsi la volonté n'a dans le libre arbitre qu'une réalité subjective et contingente ; et comme elle

---

1. *Philosophie des Rechts*, VIII, pp. 36-51. — *Encyclopädie*, VI, pp. 288-290 ; VII, 2, pp. 371-372.

va d'un désir à l'autre sans jamais pouvoir être satisfaite, elle tend à supprimer des désirs ce qu'ils ont de particulier et d'exclusif pour se constituer avec ce qu'ils ont de commun une fin universelle, qui est le bonheur. Elle agit donc sous l'idée de bonheur ; et bien que, par la matière de cette idée, elle se rattache encore aux inclinations et aux penchants sensibles, par la forme de cette idée, qui est générale, elle se libère de ces inclinations et de ces penchants; elle aspire à poser son objet selon l'universalité même de sa notion; elle est l'esprit libre qui désormais se réalise par soi et seulement par soi[1].

Cette idée de l'esprit libre, non seulement n'exclut pas, mais encore suppose l'idée de développement nécessaire. La liberté et la nécessité ne se contredisent que dans l'ordre du fini, et au regard de l'entendement. Alors elles prétendent exprimer chacune l'Être tout entier, ou encore elles se partagent l'univers, l'une s'emparant de l'esprit, l'autre de la nature. La pensée spéculative ne saurait admettre ni ces prétentions exclusives ni ces arrangements à l'amiable. Une liberté sans nécessité, ou une nécessité sans liberté, ne peut être qu'une conception abstraite, et par conséquent fausse. La liberté est essentiellement une réalité concrète. Elle se détermine en elle-même éternellement, et ainsi elle est nécessaire. D'autre part, la nécessité, dès qu'elle est conçue dans sa vérité, est libre. Ce qui fait que la nécessité dissimule ou réduit la liberté, c'est que dans ses formes immédiates elle ne saisit un fait qu'en le rapportant à un autre fait; elle n'établit ainsi qu'une identité extérieure entre les termes qu'elle lie; elle les rapproche plutôt qu'elle ne les comprend. Elle s'affranchit elle-même de cette rigidité tyrannique et superficielle quand elle montre que la différence, loin d'être adventice, est essentielle à l'unité, quand elle explique que le premier terme n'entre en rapport avec le

1. *Encyclopädie*, VII, 2, pp. 372-373. — *Philosophie des Rechts*, pp. 53-58.

second que parce qu'il entre en rapport avec lui-même, quand par suite elle se saisit comme l'identité interne des termes différents. Elle est, à son plus haut degré, la notion qui s'affirme elle-même, la liberté par excellence. Il n'y a donc contradiction insoluble qu'entre la nécessité abstraite qui nie l'être auquel elle s'impose et la liberté abstraite qui nie la raison dont l'être dépend; il y a unité absolue de la liberté et de la nécessité dans l'affirmation concrète et autonome de l'esprit[1].

Or cette affirmation de l'esprit, pour être pleinement objective, doit être une réalisation; il faut que la conscience spirituelle développe son contenu. La libre volonté se constitue d'abord, antérieurement à toute moralité, dans l'ordre du droit abstrait; elle se manifeste primitivement comme personne, et, afin d'être personne concrète, elle se détermine dans une chose extérieure. Elle entre en possession de cette chose, qui, n'étant pas pourvue de volonté, n'a aucun droit vis-à-vis d'elle, et elle marque par un signe visible qu'elle en fait sa propriété. La propriété ainsi créée n'est pas seulement l'expression réelle de la personne; elle met encore la personne en contact réel avec d'autres personnes, et ainsi se fonde tout un système de relations. Ces relations, étant des relations de volontés, sont des contrats, et elles établissent par-dessus les volontés particulières comme une volonté commune. Mais précisément parce que cette volonté commune n'existe pas en soi, elle reste sous la dépendance des volontés particulières. Elle peut donc être niée par l'une de ces volontés, et comme il n'y a qu'une des parties qui puisse avoir raison, il faut qu'il y ait un droit en soi qui soit opposé à l'apparence du droit. Le droit en soi s'exprime par un jugement qui rétablit la vérité contre l'apparence et qui est assez fort pour être exécuté pratiquement. Quand l'apparence du droit est soutenue de

---

1. *Encyclopädie*, VI, pp. 72-73, pp. 292-298, pp. 310-311.

bonne foi, il n'y a là qu'un litige auquel le jugement met fin ; mais quand c'est à bon escient que le droit véritable est méconnu et violé, il y a fraude et crime. L'action frauduleuse et criminelle est une action négative, parce qu'elle n'a de valeur que pour l'individu qui l'accomplit ; elle provoque par son caractère même une série indéfinie de négations analogues ; elle excite à la vengeance celui qui se sent lésé, et elle entraîne ainsi de nouvelles violations du droit, car la vengeance n'est que la satisfaction d'un intérêt individuel. Ces conséquences négatives de l'injustice et du crime sont arrêtées par un jugement de pénalité ; la punition désintéressée met un terme à tout et en un sens répare tout. Sans doute le coupable puni peut voir dans la peine une limitation de sa liberté ; cependant la peine n'est pas au fond une violence extérieure qui s'impose arbitrairement à lui, elle est un acte qui vient de son propre fait ; et c'est en la considérant comme telle qu'il est vraiment libre. En niant le droit, la volonté a voulu la peine ; elle nie cette négation en acceptant pleinement le châtiment qu'elle a provoqué[1].

Or ce rétablissement du droit n'est possible que par l'action d'une volonté qui se détermine, non par des fins particulières et intéressées, mais par l'idée de justice. Ainsi la volonté se dégage de l'influence des circonstances extérieures ; elle vaut désormais par la résolution qu'elle prend, c'est-à-dire par les motifs intérieurs dont elle s'inspire ; elle revêt une forme morale ; elle est, par opposition au droit abstrait, le droit subjectif interne[2]. Tandis, en effet, que dans l'ordre du droit abstrait il n'y a de place que pour le matériel de l'acte, dans l'ordre de la volonté morale c'est l'intention qui est l'élément essentiel et qui confère à l'acte sa véritable signification. Se poser comme agent moral, c'est refuser de se laisser

---

1. *Encyclopädie*, VII, 2, pp. 376-385. — *Philosophie des Rechts*, pp. 70-141.
2. *Encyclopädie*, VII, 2, pp. 384-385. — *Philosophie des Rechts*, pp. 141-143.

juger par les choses, c'est vouloir fixer par soi-même la valeur de son œuvre. C'est surtout dans les temps modernes que l'on a attribué au motif de l'action une importance considérable, tandis qu'auparavant on se bornait à décider si tel homme, dans telle circonstance, avait matériellement bien agi. L'acte humain a été ainsi scindé en deux éléments distincts et parfois opposés : d'une part, la disposition intérieure qui le décide, et, d'autre part, l'exécution extérieure qui le réalise. Ou pour mieux dire, entre l'acte dont la possibilité est conçue et l'acte dont la réalité est effectuée, on a fait intervenir comme facteur essentiel l'intention, c'est-à-dire la raison subjective et personnelle qui détermine à agir, et à agir de telle façon. On a donc affirmé, en vertu de cette distinction, que l'intention peut être moralement bonne sans que l'acte le soit[1]. Mais qu'est-ce qui fait donc la moralité de l'intention ? Qu'est-ce que le bien moral ?

Le bien moral est l'unité de la volonté universelle et des volontés particulières ; il se produit au moment où la volonté particulière s'affranchit des formes du droit abstrait et du prestige des biens extérieurs pour réaliser la notion universelle qui la constitue dans son essence. La volonté fait alors de la liberté sa fin propre, en même temps qu'elle l'affirme comme la fin de l'univers. Le bien est la vérité de la volonté ; il n'est tel que si la volonté le reconnaît comme tel. Mais l'union de la volonté particulière et de ses fins subjectives avec la volonté universelle et ses fins absolues ne peut être immédiate : voilà pourquoi elle apparaît comme un devoir. Agir conformément au devoir par respect pour le devoir, voilà bien le caractère essentiel de la moralité, puisqu'une telle action abstrait ma volonté de ses intérêts particuliers et l'identifie avec la volonté universelle. C'est le grand mérite de

---

1. *Encyclopädie*, VII, 2, pp. 385-387. — *Philosophie des Rechts*, VIII, pp. 144-167.

Kant que d'avoir compris et mis en lumière l'incomparable valeur de l'idée d'obligation. Mais Kant a cru à tort qu'il pouvait s'en tenir à cette idée pour rendre compte de toute la vie morale. L'affirmation pure et simple du devoir ne résout pas le problème que cette affirmation suscite : qu'est-ce que le devoir? Aussi la doctrine de Kant est-elle impuissante à constituer une théorie immanente des devoirs concrets. Pour donner un contenu à l'idée de loi morale, elle est forcée de supposer l'adjonction tout extérieure d'une matière à la forme de la loi. Le critérium de la moralité qu'elle fournit se trouve ainsi destitué de valeur. Elle fait de la contradiction formelle le signe de l'action mauvaise, et de l'accord formel le signe de l'action bonne ; mais ni cette contradiction, ni cet accord ne sont au cœur des choses. Je veux universellement que la propriété ou que la personne humaine soit respectée, et je dois par conséquent respecter la personne humaine ou la propriété, sous peine de me contredire. Mais quelle contradiction y aurait-il à ce qu'il n'y eût ni propriété, ni personne humaine? De la pure formalité du devoir on ne peut rien déduire de concret [1]. C'est le vice de la philosophie de Kant et de Fichte que de s'être arrêtée à cette idée de devoir, qui n'est en un sens qu'une idée négative, l'idée par laquelle l'entendement limite sa connaissance de l'être; cette idée n'aurait dû être que la transition à une idée plus haute, à l'idée de la Raison déterminant tout être. Ce qui doit être selon l'entendement n'est qu'un idéal et exprime par conséquent une impuissance actuelle; ce qui doit être selon la Raison ou plutôt par la Raison est véritablement, et a toute la puissance que sa notion implique [2].

Voilà pourquoi d'ailleurs la conception abstraite du devoir affecte dans l'agent moral une forme concrète, et

---

1. *Phänomenologie des Geistes* II, pp. 451 et suiv. — *Encyclopädie*, VII, 2, pp. 388-389. — *Philosophie des Rechts*, VIII, pp. 167-174.
2. *Encyclopädie*, VI, pp. 10-11, pp. 97-98, p. 186.

devient sa conviction du bien, sa conscience. La vraie conscience est la disposition à vouloir ce qui est bon en soi et pour soi ; elle s'appuie sur un ensemble de principes fixes qui ont pour elle la valeur de règles objectives, et elle enveloppe une certitude infinie de sa valeur. Elle affirme son droit à connaître par elle-même ce qui est obligatoire et juste et à l'accomplir comme elle l'entend. Elle est l'unité de la volonté universelle et de la conviction personnelle. Et par là elle est infiniment respectable ; elle est un sanctuaire qu'il est criminel de violer. Cependant on ne peut prétendre que la conviction personnelle soit adéquate à la volonté universelle ; pas plus que la vérité scientifique, la vérité morale n'est la propriété d'un individu. Si donc dans son for intérieur la conscience reste absolument libre, elle ne peut s'imposer à l'extérieur que si elle est ratifiée par un jugement objectif et rationnel : il faut que la valeur de ses déterminations soit reconnue et acceptée [1].

Mais de toute façon le droit et le devoir ne peuvent se produire au dehors qu'après s'être concentrés dans la subjectivité de la personne : l'essence de la moralité est dans la formation et le développement de la vie intérieure. Toutefois la volonté personnelle peut également produire le bien et le mal ; si elle est capable d'ériger l'universel en principe d'action, elle peut aussi tout ramener arbitrairement à ses fins particulières, et ainsi elle devient mauvaise. C'est là la cause prochaine du mal. Mais quelle en est la cause dernière ? L'interprétation philosophique du récit mosaïque de la chute peut nous éclairer là-dessus [2]. L'état primitif de l'homme est un état d'innocence, c'est-à-dire un état d'union immédiate avec la nature. Mais il est de l'essence de l'esprit que cet état immédiat soit nié ; l'esprit ne peut être qu'à la condition de se distinguer de la nature et par suite de briser l'unité primitive. Or, en

---
1. *Philosophie des Rechts*, VIII, pp. 175-179.
2. Voir première partie, ch. v, p. 101.

instituant par là la vie de la réflexion, l'esprit est forcé de se déterminer entre les contraires ; il ne peut se réaliser que partiellement en retranchant de lui-même une partie de son objet. L'homme goûte ainsi à l'arbre de la science du bien et du mal ; il ramène l'Infini au fini en se limitant lui-même dans une connaissance exclusive des choses, il a honte de sa nudité, c'est-à-dire que, n'étant plus innocent, il répudie désormais ce qui était le signe de son innocence. Et si, dans cet état, il est coupable et maudit, ce n'est pas parce qu'il y est venu, mais parce qu'il y persiste. Il se relève de sa faute et de la malédiction qui pèse sur lui en acceptant la loi divine : l'homme doit travailler à la sueur de son front et la femme doit enfanter dans la douleur. C'est par l'effort, par la peine que peut se rétablir le rapport de notre être avec la nature. Telle est donc la signification profonde du récit mosaïque : l'innocence, c'est-à-dire l'unité immédiate du fini et de l'Infini, est supérieure à la science du bien et du mal, c'est-à-dire à cette connaissance de l'entendement qui résout l'Infini dans l'opposition de concepts finis. Mais si l'innocence de l'enfant a quelque chose de touchant et de beau, ce n'est pas parce qu'elle est un état définitif, c'est uniquement parce qu'elle nous rappelle ce que l'esprit doit produire. L'esprit ne doit s'affranchir de l'unité naturelle que pour poser par la liberté une unité supérieure ; le moment de l'entendement abstrait ou de la chute est le moment négatif qui permet le passage de la vie naturelle à la vie libre, de la thèse immédiate à la synthèse spéculative. C'est légitimement que l'homme désire être comme Dieu ; mais il particularise ce désir en voulant ressembler à Dieu par ce que son être a de fini ; c'est au contraire dans l'union indivisible de son être fini avec l'Être infini, telle que la Raison la révèle, qu'est pour lui le salut, la vie éternelle [1].

1. *Encyclopädie*, VI, pp. 54-59 ; VII, 2, pp. 388-390. — *Philosophie des Rechts*, VIII, pp. 179-183. — *Philosophie der Religion*, XII, pp. 63-66.

L'origine dernière du mal est donc dans la propriété qu'a l'Idée de se différencier, de se poser négativement avant de se reconstituer affirmativement. La volonté humaine est indivisiblement capable de bien et de mal tant qu'elle est à cet état de différence. Elle est mauvaise d'ailleurs, non pas parce qu'elle traverse un moment de négation, mais parce qu'elle prétend s'y fixer et y trouver l'Absolu tout entier. Par la réflexion, elle particularise la nature en des désirs et des penchants individuels; elle ne prend pour fins que ses intérêts subjectifs; elle est la puissance du bien et du mal, non pas seulement parce qu'elle peut pratiquer l'un ou l'autre, mais surtout parce qu'elle tend à considérer comme le bien ce qui est son bien. C'est ainsi que se produisent ces altérations de la conscience morale qui se marquent par l'hypocrisie, par le recours aux solutions du probabilisme, par l'art de faire valoir, à l'encontre de l'acte mauvais, l'excellence de l'intention. Le dernier degré de l'effort par lequel la volonté subjective veut s'imposer comme la mesure de tout est l'ironie; par l'ironie, le sujet proclame la vanité de toutes choses pour s'affirmer comme la seule chose vraiment intéressante; il fait de l'objet une simple forme de sa fantaisie, de la loi un simple jeu de son caprice; il ne se complaît que dans la jouissance de soi. Mais en même temps qu'il annule l'objet et la loi, il s'annule lui-même; car il doit finir par s'appliquer à lui-même son ironie, et il se découvre alors comme une abstraction vide, comme un fantôme sans consistance. Ce n'est pas sans raison que la doctrine de l'ironie est apparue comme la conséquence de la doctrine de la subjectivité morale : elle en est la conséquence parfaitement logique. C'est là que doit aboutir tout système qui fait de la conscience personnelle l'arbitre souverain de toute moralité[1]. Certes, que l'intention soit l'élément essentiel

---

1. *Encyclopädie*, VII, 2, p. 390. — *Philosophie des Rechts*, VIII, pp. 183-202.

de la vie morale, que souvent un homme voie ses meilleurs desseins contrariés ou empêchés par l'hostilité des circonstances, cela est fort possible ; mais il n'en est pas moins vrai que l'œuvre morale ne peut être que dans l'unité indissoluble de la disposition intérieure et de l'acte extérieur. A cette sagesse menteuse, qui prétend se relever de son impuissance matérielle par l'excellence de sa volonté formelle, il faut opposer la parole de l'Évangile : « Vous les reconnaîtrez à leurs fruits. » Qu'un mauvais peintre ou un mauvais poète se console lui-même à la pensée que son esprit est plein des plus hautes conceptions, c'est un droit qu'on lui peut reconnaître, encore que ce genre de consolation soit singulièrement médiocre. Mais s'il prétendait se faire juger, non pas par ses œuvres, mais par ses intentions ou ses aptitudes secrètes, on ne manquerait pas de traiter sa prétention d'absurde et d'impertinente[1]. A vrai dire, la bonne volonté qui croit suffire à tout ne suffit à rien, et la moralité de la conscience individuelle (*die Moralitaet*) ne fait que préparer, sans la réaliser elle-même, la moralité complète et concrète (*die Sittlichkeit*); la vérité de l'homme est, non pas seulement dans ses intentions, mais encore dans l'ordre objectif de ses actes. C'est donc par delà la volonté subjective et le devoir idéal que la vie morale s'achève[2].

Cet ordre nouveau de l'esprit libre est une synthèse du droit abstrait et de la moralité personnelle. La contradiction que la conscience découvre entre ce qui est et ce qui doit être se résout par ce fait, que ce qui doit être est. Les fins de la raison ne sont plus projetées dans une sorte d'idéal plus ou moins inaccessible : elles se réalisent dans la société et par la société. C'est dans le système des mœurs et des institutions sociales que la liberté prend corps, qu'elle devient substance, et, comme elle est la

---

1. *Encyclopädie*, VI, pp. 278-279.
2. *Encyclopädie*, VII, 2, pp. 390-391 — *Philosophie des Rechts*, VIII pp. 202-204.

volonté universelle qui passe à l'acte, elle ne fait qu'un de plus en plus avec la nécessité. L'individu n'existe plus pour soi : il vit dans une communauté spirituelle où il développe son être, où il conquiert sa vérité. La première forme de ce genre de société est la famille; le principe de la famille est l'amour, consacré par le mariage. Or le mariage est fondé sur un rapport bien supérieur à un contrat de volontés individuelles; il suppose à la fois la distinction et l'union des personnes, c'est-à-dire qu'il crée une unité nouvelle, qui comprend la différence; il a pour fin d'élever les enfants, de les rendre capables de se posséder et de se gouverner. Et précisément parce que les enfants sortent de la famille pour fonder des familles nouvelles, il s'établit une pluralité de familles indépendantes; ainsi se constitue la société civile. Ce qui est le caractère essentiel de la société civile, c'est que les individus y poursuivent la satisfaction d'intérêts particuliers et que cependant, sans le savoir et sans le vouloir, ils concourent au bien de la communauté. La diversité des besoins naturels engendre la division du travail, grâce à laquelle chacun, tout en travaillant pour soi, travaille à la fortune générale et se met sous la dépendance de la société. De là proviennent les différences des métiers et la constitution des groupes de métiers en corporations. La société civile comprend donc ce que Hégel appelle le système des besoins; elle administre l'activité industrielle, elle régit la production et la répartition des biens extérieurs, et par les institutions de police et de justice qu'elle suppose, elle sert d'intermédiaire entre la famille et l'État[1].

C'est à l'État qu'aboutit tout le développement de la vie morale et sociale. L'État, selon Hégel, est la réalité de l'Idée; il est l'esprit devenu visible, il est la volonté substantielle qui se connaît comme telle et qui se réalise telle

1. *Encyclopädie*, VII, 2, pp. 391-403. — *Philosophie des Rechts*, pp. 203-305.

qu'elle se connaît, il est le rationnel en soi et pour soi. Le suprême devoir d'un individu est d'être membre de l'État. Il ne faut donc pas confondre l'État avec la société civile, et croire que la seule fin de l'État soit la protection des droits et des intérêts individuels; car alors il serait loisible à l'individu d'être ou de ne pas être dans l'État. Ce qui justifie absolument l'État, c'est que l'individu doit vivre d'une vie générale et vouloir d'une volonté universelle. L'État, étant la suprême raison d'être, est aussi la puissance absolue sur terre. L'État est l'esprit qui se réalise dans le monde avec conscience, tandis que la nature est l'esprit qui se réalise sans conscience et comme hors de soi. C'est la marche de Dieu dans l'univers qui fait que l'État est; l'État est toute la force effective de la raison. On dit bien souvent que la sagesse de Dieu éclate dans la nature; et cependant il n'est pas admissible que la nature vaille l'esprit. Eh bien, autant l'esprit l'emporte sur la nature, autant l'État l'emporte sur toute existence physique. Il faut vénérer l'État comme un Dieu sur terre (*wie ein Irdisch-Goettliches*), c'est-à-dire qu'il faut considérer dans l'État, non pas telles ou telles institutions plus ou moins défectueuses, mais l'Idée, ce Dieu réel. Tout État, quelles que soient ses imperfections, participe de l'essence divine, de même que tout homme, même difforme ou criminel, garde encore le caractère de l'humanité. Il ne faut voir dans l'État que ce qu'il a d'affirmatif et de rationnel. L'État est un organisme vivant, et par suite il ne peut se laisser monter, démonter ou retoucher comme une œuvre de l'art humain[1].

Comme aussi l'essence de l'État est difficile à pénétrer! Et comme est puérile et vaine la prétention des philosophes qui veulent établir, à grand renfort d'abstractions, ce que l'État doit être! On dirait, à les entendre, qu'il n'y a pas eu jusqu'à présent d'organisation sociale dans le

---

1. *Encyclopädie*, VII, 2, p. 404. — *Philosophie des Rechts*, VIII, pp. 305-313, pp. 346-347.

monde, et que ce sont leurs théories qui vont tout fonder, tout inaugurer dans la société. Mais quand on parle de ce qui doit être pour l'opposer à ce qui est, on ne fait qu'exprimer des sentiments et des désirs tout personnels. En vain invoque-t-on la raison pour justifier les plus beaux systèmes. Ce qui est rationnel est réel comme ce qui est réel est rationnel. (*Was vernünftig ist, das ist wirklich; und was wirklich ist, das ist vernünftig.*) Il n'y a que le pur accident et le pur phénomène qui soient à la merci de nos fictions. Nous avons donc, non pas à imaginer l'État tel qu'il doit être, mais à expliquer l'État tel qu'il est, c'est-à-dire à découvrir la raison immanente de son existence et de sa puissance. Conçoit-on un savant qui voudrait établir tout d'abord ce que doit être la nature? C'est cependant une prétention aussi insensée que celle qui consiste à vouloir traiter de l'État idéal en dehors de l'État réel. L'État est, comme la nature, une expression de l'Idée, une autre expression, mais une expression aussi nécessaire. Au surplus, pour enseigner au monde ce qu'il doit être, la philosophie vient toujours trop tard; elle ne comprend les choses qu'au moment où elles sont assez organisées pour être objet de conscience, et par suite au moment où souvent elles sont sur leur déclin. Ce n'est qu'à la tombée du jour que l'oiseau de Minerve prend son vol[1].

Au fond, c'est la conception antique de l'État que Hégel tente de restaurer en montrant que l'État est la concentration actuelle et toute-puissante de tous les intérêts et de toutes les forces, que, comme tel, il se constitue par une vertu interne, tout à fait indépendante des actions individuelles. Cependant Hégel s'efforce aussi de concilier avec cette conception de l'État omnipotent et divin l'idée moderne de la libre fonction de l'individu dans l'État. C'est, en effet, selon lui, le caractère de l'État moderne

---

1. *Philosophie des Rechts*, Vorrede, pp. 16-20. — *Encyclopädie*, Einleitung, VI, pp. 10-11.

que de comprendre et de consacrer, loin de les exclure et de les interdire, les intérêts particuliers et les volontés particulières. L'État reconnaît le principe de la subjectivité tout en le ramenant à son unité substantielle; il a donc pour objet, non pas de supprimer les formes indépendantes d'activité, mais de les transposer dans son ordre à lui. Il les empêche, en les consacrant, de se développer exclusivement pour elles-mêmes et de devenir des causes d'anarchie. Il fixe par des lois, et les rapports réciproques qu'elles ont entre elles, et les rapports spéciaux qu'elles ont avec lui. Les lois sont les déterminations de la puissance infinie de l'État. Qu'elles soient des limites pour la volonté arbitraire des individus, que même en leur nature essentielle elles soient des limites, puisqu'elles sont des déterminations, cela est vrai. Mais il serait faux de ne les considérer à ce titre que comme des négations, alors qu'elles expriment sous une certaine forme le contenu de la liberté. Croire que la loi ne fait qu'exprimer la limitation des libertés les unes par les autres, c'est se représenter à la fois la liberté et la loi par des attributs extérieurs et accidentels. La liberté et la loi sont identiques, puisque la loi est l'expression rationnelle de l'esprit objectif. De même l'égalité des citoyens devant la loi, qui est d'ailleurs la seule forme intelligible de l'égalité sociale, n'exprime au fond qu'une identité : elle signifie que la loi domine universellement. Il résulte de là que l'État véritable est l'État qui a une constitution, c'est-à-dire l'État qui pose les principes selon lesquels la liberté est organisée et déterminée. Quant à savoir ce que cette constitution doit être, c'est un problème absurde, si on la considère comme un objet de choix. Les diverses constitutions sont des formes nécessaires dans le développement de l'État : elles ne dépendent donc ni de nos préférences, ni de nos théories. Ce qui fait qu'elles sont transitoires et caduques, c'est que dans leur évolution historique elles ne sont jamais pures et qu'elles sont liées à des circonstances extérieures qui sont souvent pour elles des causes de dégénérescence; c'est ensuite qu'elles s'opposent réciproquement les unes aux autres par les principes qui les engendrent. Nous n'avons donc pas à rechercher aujourd'hui si une constitution doit être monarchique, ou aristocratique, ou démocratique; la monarchie, l'aristocratie et la démocratie ne s'excluent qu'au regard de l'entendement abstrait; elles deviennent par l'histoire comme elles sont pour la raison les éléments nécessaires de toute constitution. C'est la monarchie constitutionnelle qui est pour Hégel la forme capable d'opérer la synthèse de ces éléments : le roi représente le principe monarchique, les conseils du gouvernement représentent le principe aristocratique; quant au principe démocratique, il est représenté par la participation au pouvoir de tous les membres de la société civile, pour tout ce qui concerne les intérêts généraux, mais pour rien de ce qui touche à la sécurité et à la souveraineté de l'État. D'ailleurs ce n'est pas la foule inorganique (*vulgus*), c'est le peuple organisé (*populus*) qui peut seul avoir part au pouvoir. Une foule qui prétendrait agir uniquement par sa puissance numérique, ce serait la mer déchaînée dans toute sa fureur et dans tout son aveuglement, et encore avec cette différence que la mer ne se détruit pas elle-même, tandis qu'un peuple, qui est un être spirituel, peut ainsi s'anéantir. Au surplus, il ne faut pas imaginer que c'est le peuple qui organise le gouvernement; car pour organiser le gouvernement le peuple doit déjà être organisé, c'est-à-dire gouverné : le gouvernement est présupposé par toutes les conditions dont on veut le faire dépendre. Le gouvernement, c'est essentiellement la volonté qui décide; par suite les éléments qu'il comprend doivent être subordonnés à cette puissance de décider qui est sa raison d'être. La souveraineté est en soi indivisible, et si elle se manifeste par des actes de pouvoirs indépendants, elle doit toujours les dominer. C'est une grave erreur que d'interprêter le principe de la séparation des pouvoirs dans le sens de l'hostilité ou même de l'indépendance réciproques de ces pouvoirs : autant il est juste de reconnaître que cette séparation est une profonde garantie de liberté, autant il est faux de croire que les pouvoirs séparés ont pour objet de se méconnaître ou de se combattre. La fin de l'État, ce n'est pas le simple équilibre, c'est l'unité vivante. L'entendement abstrait, qui désorganise l'unité de la pensée spéculative, désorganise aussi l'unité du réel. Le « je veux » du souverain ne supprime pas toutes les raisons, mais il les dépasse toutes en les ramenant à lui : c'est dans l'État le fait culminant au delà duquel il est impossible de remonter [1].

Ainsi l'État fonde objectivement sa puissance sur la liberté et la raison qu'il réalise; il la fonde subjectivement sur la confiance des citoyens, sur la disposition qu'ils ont à voir en lui le gardien vigilant de leurs intérêts, et à considérer sa fin comme la plus haute de toutes. Or ces rapports des citoyens à l'État ont un caractère essentiellement politique : c'est par la seule notion de l'État qu'ils se justifient. Ce serait donc une erreur funeste que de vouloir fonder l'État sur la Religion ou de vouloir subordonner la Religion à l'État. Est-ce à dire pour cela qu'il doive ou qu'il puisse y avoir entre la Religion et l'État une séparation absolue? Nullement. Il y a une solidarité réelle de l'État et de la Religion, qui est bien supérieure aux limitations de l'entendement. Et l'on peut dire que philosophiquement l'idée de l'État trouve dans la vérité que la Religion implique sa consécration et même sa sanction : de là l'intérêt matériel et spirituel qu'il y a à voir s'unir par la connaissance positive de leur principe commun la conscience sociale et la conscience religieuse; mais il ne faut pas oublier que la Religion doit nécessairement se développer, qu'elle peut se corrompre en vivant

---

1. *Encyclopädie*, VII, 2, pp. 404-420. — *Philosophie des Rechts*, VIII pp. 314-416.

d'une vie simplement naturelle et en négligeant de produire la vie spirituelle qu'elle contient. Comment une Religion de servitude pourrait-elle être compatible avec un État libre? En outre la Religion n'exprime que sous forme de sentiment ce qui dans l'État est clair savoir, droit précis, loi arrêtée. Aussi l'État est-il dans son domaine rationnellement et réellement souverain, et tout ce qui sort de la conscience pour se manifester en actes extérieurs doit se soumettre sans condition à son autorité[1].

Par là l'État achève d'affecter la forme d'un individu distinct qui est en soi et qui prétend vivre pour soi ; mais comme il est nécessairement en relation avec d'autres États qui ont les mêmes caractères et les mêmes prétentions, il est forcé à la guerre. La guerre résulte de ce que les rapports entre les États ne sont pas pénétrés par la nature universelle du droit, et à ce titre elle est nécessaire. L'idéal de paix perpétuelle est une illusion. Car, comme aucune puissance sur terre ne domine la puissance de l'État, l'État est comme un Absolu ; il n'a pas à obéir à des règles de morale : il n'y a pas de rapports moraux entre les États, puisque les États ne sont pas des personnes privées. L'État tend nécessairement à défendre son existence, ses intérêts, son honneur, toutes les fois qu'il le croit bon. La guerre est donc un moment essentiel dans le développement de l'Idée; par conséquent elle ne peut pas être en soi un mal. Elle empêche les peuples de se pervertir dans l'inertie, comme l'agitation des vents préserve la mer de la corruption qu'engendrerait l'immobilité. Elle fait sentir clairement, par la menace de la conquête, la vanité des biens de ce monde; surtout, elle est dans bien des cas la cause qui pousse une nation à se ressaisir et à rétablir son unité à l'intérieur. D'autre part, si elle met en jeu l'indépendance des États, elle amène aussi les peuples, par la con-

---

1. *Encyclopädie*, VII, 2, pp. 428-439. — *Philosophie des Rechts*, pp. 325-343.

clusion des traités, à reconnaître réciproquement leurs titres individuels. Enfin les conséquences de la guerre sont loin d'être arbitraires : la victoire d'un peuple exprime la conformité de ses conditions d'existence à sa notion ; elle est la preuve irrécusable de son droit. Chaque État constitué est en effet la réalisation d'un esprit national qui manifeste sous une forme déterminée l'esprit universel; c'est par le développement de son esprit qu'un État arrive à sa réalité objective, à la conscience de lui-même. Par suite, les divers États sont avec l'Esprit universel dans le même rapport que le fini avec l'Infini : ils sont les formes particulières dans lesquelles se révèle, sans s'y épuiser jamais, l'Esprit universel. Par leurs luttes, leurs défaites, leurs triomphes, ils traduisent la dialectique immanente de la Raison, et comme la Raison est le souverain droit et la souveraine puissance, on peut dire que l'histoire universelle est le Jugement dernier [1].

Dans cette doctrine générale de l'État, Hégel assurément s'éloigne en bien des points de Spinoza, mais c'est pour porter à sa plus extrême rigueur la conception spinoziste de l'immanence. Précisément parce qu'il était porté à identifier les formes naturelles et les formes spirituelles d'activité, Spinoza avait fait de la tendance naturelle de l'individu à persévérer dans son être le principe de toute action et de toute institution humaines. Il avait par là subordonné, et dans sa primitive origine et dans son suprême achèvement, l'État à l'individu : l'individu seul est d'abord comme personne naturelle; l'État est une création dérivée et même, dans une certaine mesure, artificielle. C'est grâce à la notion d'histoire que Hégel peut concevoir un développement dialectique de l'esprit, qui, loin de se confondre avec le développement de la nature, le domine pleinement. La nature, en effet, n'a pas en elle-même sa raison, et l'on peut dire qu'elle s'évanouit comme

---

1. *Encyclopädie*, VII, 2, pp. 420-427. — *Philosophie des Rechts*, pp. 416-428.

nature dès que dans l'intelligence humaine elle ne fait plus qu'un avec sa raison. Au contraire, l'esprit a en lui-même sa fin, et comme il doit devenir explicitement ce qu'il est en soi, on peut dire que par chacun de ses actes il travaille à se réaliser. De plus, tandis que la nature arrive spontanément à une certaine harmonie et qu'elle se fixe aisément dans son œuvre propre, l'esprit ne parvient que par de longs détours à la conscience de soi, luttant contre lui-même, contre les formes finies qu'il engendre et qu'il est tenté de prendre pour définitives, travaillant à produire de lui-même de nouvelles formes où il puisse se mieux saisir et se reconnaître. Par conséquent l'histoire est l'expression nécessaire de la marche de l'esprit vers lui-même; l'histoire universelle est l'histoire même de la liberté. Si d'un côté les hommes ne paraissent agir qu'en vertu de motifs individuels, sous l'influence de leurs besoins et de leurs intérêts, d'un autre côté l'œuvre qu'ils concourent à accomplir a, dans son ensemble, une signification objective, infiniment supérieure à leurs vues particulières. Ce n'est pas à dire que leurs mobiles intérieurs soient sans efficacité pour l'exécution du plan divin : la puissance des sentiments subjectifs, alors même que ces sentiments sont le plus tournés vers des fins personnelles, va s'unir, dans les profondeurs de l'ordre universel, à la puissance de l'Idée. Et voilà pourquoi dans le monde rien de grand ne s'accomplit jamais sans passion; voilà pourquoi aussi, à certaines heures, certains hommes apparaissent, qui, poussés uniquement en apparence par leur ambition, n'en sont pas moins à un degré extraordinaire les interprètes et les instruments de Dieu : ce sont les grands hommes. Leur volonté particulière contient en elle la volonté providentielle; et c'est précisément leur rôle que d'amener à la réalité et à la conscience de soi ce que tout le monde pressent confusément et ce qui doit arriver. Ils sont les plénipotentiaires de l'Esprit. Ils ont de leur mission un sentiment si vif qu'ils y sacrifient tout, même parfois ce que la conscience commune admet comme sacré. Mais ils sont justifiés d'abord par l'action irrésistible qu'ils exercent sur les peuples : ils sont de véritables conducteurs d'âmes. Ils sont justifiés ensuite par l'œuvre qu'ils accomplissent et qui réalise dans l'univers ce qui selon la raison doit être. C'est donc une pitoyable critique que celle qui ne considère dans la conduite des grands hommes que les mobiles personnels, sans tenir compte de l'Idée qui domine ces mobiles et en fait ses instruments. Il y a dans la destinée des grands hommes comme une ruse de la Raison, car la Raison les laisse parfois agir avec toute la violence de leurs passions individuelles, et c'est elle cependant qui, au terme de leurs efforts, apparaît triomphante. L'individu ne peut rien contre l'universel : il doit le servir ou périr. L'universel est la fin, l'individu est le moyen. Toutefois le rapport de moyen à fin n'est pas identique dans tous les cas. Quand le moyen sert à une fin qui lui est extérieure, à laquelle il n'est pas rattaché par un lien interne et par une communauté de nature, il est annihilé par l'usage qu'on fait de lui : être moyen, en ce sens, c'est être esclave. Mais quand le moyen participe directement de la valeur intrinsèque de la fin et qu'il se relie intérieurement à elle, il est comme relevé par le concours qu'il apporte : être moyen, en ce sens, c'est être libre. Aussi ne faut-il pas considérer l'Esprit universel comme une puissance tyrannique et arbitraire qui écrase de son poids les peuples comme les individus : les peuples et les individus sont grands et glorieux par la part même qu'ils prennent à l'action de l'Esprit. De même, il ne faut pas accuser la philosophie de l'histoire de n'être qu'un fatalisme aveugle, parce qu'elle se propose de mettre en lumière la nécessité de ce qui arrive, le droit des événements à être ce qu'ils sont. La seule pensée que la philosophie apporte toujours avec elle et dont elle ne se sépare pas en abordant l'histoire, c'est que la Raison gouverne le monde, c'est que la Raison est la Substance infinie sur laquelle tout se fonde et en laquelle tout persiste, c'est qu'elle est la Puissance infinie, qui n'est pas bornée à l'idéal et au possible dont rêvent les cerveaux humains, mais qui se manifeste éternellement dans le monde spirituel comme dans le monde physique; c'est qu'elle est la Matière infinie de tout être, qui ne requiert pas, comme l'acte fini, des conditions étrangères et des moyens extérieurs; c'est qu'elle est la Forme infinie dans laquelle est comprise et assurée toute vie. Rien donc n'est, rien n'arrive, qui ne soit l'expression déterminée de la Raison, qui ne soit la Raison à un de ses moments. Tout est juste à son heure, et cela signifie sans doute, dans le système de Hégel, que tout événement traduit l'Idée, mais aussi que l'Idée ne s'achève dans aucun événement. Le système de Hégel n'est donc pas la consécration indifférente de tout ce qui est; il est la consécration de ce qui est, différente selon les rapports différents de ce qui est avec l'Idée. C'est en effet le propre de l'Idée que d'impliquer des relations qui vont de ses déterminations les plus extérieures à ses déterminations les plus intérieures, et c'est aussi le propre de l'Idée que de se déprendre des formes dans lesquelles elle s'est révélée pour produire de nouvelles formes. Dans le développement de l'Esprit du monde, chaque moment est le principe d'une époque déterminée, et il y a un peuple qui à cette époque est l'expression de ce principe. A ce moment et pour ce moment, ce peuple est le plus fort, il gouverne tout sans que rien puisse lui faire échec; mais alors il joue un rôle qu'il ne peut jouer qu'une fois dans son existence; aucun peuple ne peut prétendre à une suprématie définitive. Il n'y a que l'histoire universelle qui soit dans sa totalité indéfinie égale à la Justice universelle. Aussi la philosophie de l'histoire, qui comprend l'histoire à la fois dans sa notion et dans la suite nécessaire de ses événements, acquiert la valeur d'une théodicée. En montrant la nécessité rationnelle qui est immanente à tout, qui exclut la croyance au caprice divin comme au caprice humain, elle est la preuve concrète de la Providence, et c'est à l'humanité tout entière qu'elle fait raconter la gloire de Dieu[1].

Ainsi le Dieu qui devient manifeste incessamment le Dieu qui est; or cette puissance universelle qui tour à tour s'enferme dans le particulier et s'en dégage, est, dans l'intelligence libre, l'Esprit absolu. L'Esprit absolu, c'est l'Esprit qui est et qui se connaît éternellement, c'est l'Esprit affranchi de toutes les déterminations finies, mais qui en contient éminemment en soi le principe. Or cette pleine affirmation de l'Esprit par soi peut être appelée d'un terme général la Religion[2].

Toutefois dans cette affirmation même il y a trois moments principaux : l'Esprit absolu est au premier moment l'Art, au second moment la Religion révélée, au troisième moment la Philosophie. L'Art est l'expression sensible de l'Idée : il est l'unité rendue immédiatement présente du fond intérieur et de la forme extérieure; il est l'union de l'Infini et du fini qui devient, grâce à l'inspiration de l'artiste, objet d'intuition. Les diverses formes d'art traduisent cette union d'une façon plus ou moins parfaite, mais jamais entièrement; car l'élément naturel qu'elles supposent empêche l'esprit d'être absolument en rapport avec lui-même. C'est donc que l'art n'est pas, comme le voulait Schelling, l'acte suprême qui achève tout; il n'est que le premier degré de cet acte[3].

L'Art, en son principe, tient très étroitement à la vie religieuse, et l'on peut dire d'autre part que la Religion commence au moment où ce que l'art exprime sous une forme extérieure est transposé dans la conscience. La Religion est donc sentiment intérieur, ce qui ne signifie pas d'ailleurs qu'elle soit, ainsi que le prétend Schleiermacher,

---

1. *Philosophie der Geschichte*, Einleitung, IX, pp. 11-42. — *Encyclopädie*, VI, pp. 294-295; VII, 2, pp. 420-427.
2. *Encyclopädie*, VII, 2, pp. 440-441.
3. *Ibid.*, VII, 2, pp. 441-446.

simple sentiment : elle est un sentiment qui enveloppe la pensée de l'Absolu [1]. Aussi la Religion n'est-elle pas seulement une intuition du cœur, elle est un savoir véritable ; elle a pour office non pas seulement de nous diriger, mais encore de nous instruire. C'est bien à tort que l'on sépare la Religion de la connaissance ; car la Religion est essentiellement la connaissance de Dieu et des rapports de l'homme avec Dieu. Seulement cette connaissance est enfermée dans le sentiment et apparaît à la conscience comme une représentation. Elle s'exprime en des images qui restent nécessairement extérieures les unes aux autres, et dont la multiplicité hétérogène ne traduit qu'imparfaitement l'accord interne des éléments de la Raison. Si donc la Religion est en soi toute la vérité, elle doit par cela même se révéler, par conséquent poser en elle la différence, prendre la forme de la conscience. Elle est l'Esprit divin qui se connaît par l'esprit fini. Mais comme telle, elle doit encore se développer. Elle est d'abord la Religion de la nature, puis la Religion de l'individualité spirituelle, enfin la Religion véritablement révélée, c'est-à-dire la Religion Chrétienne. Dans la Religion Chrétienne, Dieu apparaît comme il est, c'est-à-dire comme Esprit absolu, comme Trinité. Il est d'abord le Père, c'est-à-dire l'Être en général qui est la substance de toutes choses ; mais comme il n'est pas une simple généralité abstraite, il se pose lui-même et engendre éternellement le Fils ; enfin, de cette différence qu'il a posée, il revient à lui-même, et par là il est l'Esprit [2]. La Trinité Chrétienne est la vérité qui se reproduit jusqu'aux dernières limites de la nature et de la conscience, et la Religion qui nous l'enseigne ne se borne pas à proclamer que Dieu est, elle nous apprend ce que Dieu est [3].

Par conséquent la Philosophie ne peut avoir un autre

---

1. *Philosophie der Religion*, XI, pp. 66 et suiv.
2. *Ibid.*, XII, pp. 184-185.
3. *Encyclopädie*, VII, 2, pp. 447-452.

objet que la Religion : sa fonction essentielle est de comprendre cet objet. Si la Religion est la pensée de l'Absolu sous forme de sentiment et de représentation, la Philosophie est la pensée de cette pensée, νοήσεως νόησις. Elle explique le miracle dans sa vérité et la foi dans sa raison, c'est-à-dire qu'elle se dégage de ce qui est pur symbole, expression littérale, signe sensible : il n'y a ici que l'esprit qui rende témoignage à l'esprit. Mais l'esprit ne peut se justifier qu'en justifiant les moyens par lesquels il a dû passer pour se connaître. Si donc la Religion répudie à bon droit toutes les philosophies de l'entendement qui viennent morceler sa substance et détruire son unité, elle doit reconnaître la Philosophie spéculative qui exprime sa notion même. Ainsi la vérité qui est en soi est identique à la vérité qui est pour soi : l'Idée absolue est dans son contenu le système dont nous avons considéré le développement ; elle est, dans sa forme, le système qui se démontre et s'engendre éternellement et qui éternellement jouit de lui-même comme esprit [1].

On a dit fort justement que l'idéalisme allemand se termine à Hégel comme dans l'antiquité la pensée socratique se termine à Aristote [2]. Mais il faut ajouter que l'idéalisme allemand s'achève dans l'hégélianisme sous la forme spéculative que Spinoza avait conçue ; de telle sorte que c'est le spinozisme qui lui aussi vient produire là ses conclusions suprêmes. Tout le travail intellectuel, qui tantôt confusément, tantôt distinctement s'était opéré sur le spinozisme et l'idéalisme pour en rapprocher les tendances et en parfaire l'union aboutit avec Hégel à un système qui l'explique et à une méthode qui le résume. Et d'abord il apparaît que le problème moral ne peut pas conserver, pour être pleinement résolu, le caractère de spécialité que lui confère la conscience commune : ce

---

1. *Encyclopädie*, VII, 2, pp. 452-470.
2. Ed. Zeller, *Geschichte der deutschen Philosophie*, 2te Auflage, p. 624.

n'est pas une solution *morale* qu'il comporte ; il n'est qu'une forme particulière du problème universel de l'Être ou de l'Absolu, et il n'y a qu'une Métaphysique qui puisse découvrir le sens profond de la vie. Ce que nous sommes détermine ce que nous devons être, et les raisons de notre destinée, loin d'être contenues dans les motifs immédiats et les maximes formelles de notre activité, sont les raisons mêmes de notre existence, rapportées à l'Absolu, déduites de l'Absolu. Notre vie, prise à part, ne se suffit donc pas; elle est comprise dans un système de relations dont la vérité ne fonde notre individualité qu'en la dominant. C'est pourquoi toute idée que nous nous faisons des choses est une solution plus ou moins expresse du problème moral. L'explication de la nature et l'interprétation de l'histoire nous fournissent plus directement qu'il ne semble la connaissance de ce que nous sommes. La vérité est essentiellement une : c'est là le principe dont Spinoza était parti pour affirmer que la vertu la plus haute consiste à nous comprendre, et pour soutenir que nous comprendre dans la vérité c'est nous comprendre dans l'unité. Dès lors Spinoza considère que toute activité extérieure à nous est extérieure au vrai, par conséquent vaine et impuissante; il soutient que, quant à nous, toute indétermination est une négation, que la croyance au libre arbitre est une chimère, que le devenir est une illusion. Il professe que le souverain bien consiste à *être* dans l'*Être*, c'est-à-dire à se reconnaître éternel dans l'éternité de la Substance. C'est contre cette conclusion que s'était élevé, au nom des intérêts moraux, l'idéalisme de Kant et de Fichte. Spinoza, d'après l'idéalisme, n'a pas eu de l'esprit la notion véritable, la notion qui d'ailleurs aurait fait éclater son système ; il a conçu l'esprit dans la Substance, dans la *Chose*, et il en a compris le développement comme un développement naturel; ou, pour mieux dire, il a assimilé l'esprit à la nature, qui est, qui n'a qu'à être pour être. Or l'esprit n'est pas ce qui est; l'esprit, c'est ce qui se fait soi-même, ce qui échappe ainsi à toutes les déterminations de la nature; c'est ce qui n'est pas définitivement lié à des conditions extérieures d'existence, c'est ce qui se pose à soi-même sa raison d'être; l'esprit, ce n'est pas ce qui est, c'est ce qui doit être. L'Infini n'est donc pas dans l'être qui subsiste; il est dans l'action libre qui se développe indéfiniment; c'est le devoir qui est l'Absolu : voilà le principe de l'idéalisme. Or c'est ce principe même qui, expliqué et approfondi, va ramener sous une nouvelle forme la doctrine de Spinoza. L'action infinie ne peut pas, par son essence même, être renfermée dans les catégories de la conscience finie : le *devoir-être* domine notre *devoir-faire;* et comme il doit y avoir malgré tout un lien entre la personne humaine et les choses, le Moi infini est la raison qui les unit, et par là, il n'est plus seulement sujet, il est identité du sujet et de l'objet; il n'exprime pas seulement une loi idéale de l'activité, il est une puissance métaphysique. Et à mesure que l'idée de Nature, subordonnée d'abord par l'idéalisme à l'idée de la conscience morale, se reforme et redevient un principe propre d'explication, elle s'impose pour elle-même, et non pas seulement comme un objet nécessaire de l'intelligence, mais encore comme une spontanéité en quelque sorte subjective, immédiatement dérivée de l'Absolu. D'autre part, le sentiment religieux ne peut se satisfaire de la pensée que l'ordre moral du monde est la vérité suprême et que la plus haute fonction de l'homme consiste à tout produire par sa conscience. Alors même que le sentiment religieux s'accommode d'expressions extérieures et mobiles, il est en soi supérieur aux formes limitées ou à l'idéal fuyant de l'action pratique : il est l'union indivisible de notre être avec l'Être directement éprouvé au plus profond de nous; il postule donc l'Infini réel et vivant. Ainsi de plus en plus resserrée par l'idée de la Nature et par le sentiment religieux qui viennent justifier de leurs droits, l'activité morale ne peut se défendre qu'en se suspendant elle-même à l'affirmation de l'Absolu réel. Mais la doctrine de l'identité, ainsi reconstituée, peut recevoir en elle la conception de l'esprit qu'avait élaborée l'idéalisme. Il est vrai que l'esprit n'est pas, il est vrai que l'esprit se fait. Il faut donc admettre que l'entendement qui pose d'un côté le néant, la contingence, le libre arbitre, le mal, de l'autre côté l'être, la nécessité, la raison, le bien, et qui exclut, en vertu du principe de contradiction, l'une des deux séries de concepts, n'est pas adéquat à la vérité. La vérité, c'est l'unité de l'Infini et du fini, qui doit se retrouver en tout. Il faut donc achever l'œuvre que Spinoza avait commencée, quand il substituait à l'intelligence abstraite, qui ne peut que combiner des idées générales, l'intelligence concrète des choses singulières et de leur ordre nécessaire d'apparition ; il faut, en conséquence, montrer ce que Spinoza n'a pas clairement aperçu, à savoir que la vérité n'est pas dans la détermination immédiate, naturelle ou intellectuelle, mais dans le passage de l'indétermination à la détermination ; il faut établir que l'identité pose de soi-même les contradictions pour les résoudre, qu'elle n'est donc pas seulement acte plein et suffisant, mais mouvement incessant et indéfini ; il faut enfin démontrer par tout le système que le contingent est nécessaire, que le libre arbitre est dans l'ordre, que l'activité subjective est fondée dans l'objet, et que la dualité du mal et du bien dérive de l'unité concrète.

Mais de toute façon, pour Hégel comme pour Spinoza, la connaissance de la vérité absolue, étant l'unité de la science et de la vie, est éminemment la science de la vie. Pour l'un comme pour l'autre, l'affirmation suprême consiste en ceci, que nous exprimons à des degrés divers et que nous réalisons à des moments différents la vérité, une en soi, qui nous produit et nous comprend. Cette affirmation spéculative commune, rationnellement développée, engendre, par une logique rigoureuse, les mêmes conséquences morales[1]. « La plus haute liberté de l'homme, dit Hégel, consiste à se savoir absolument déterminé par l'Idée absolue ; c'est cette conscience et cette façon de se comporter que Spinoza appelle *amor intellectualis Dei*[2]. » L'homme qui se connaît en Dieu, selon Spinoza, n'a pas besoin d'être consolé. C'est en Dieu, selon Hégel, qu'un tel homme trouve sa consolation. Dans tous les cas, rien n'est plus absurde que rejeter sur les circonstances extérieures ou sur nos semblables la responsabilité de ce qui nous importune ou nous blesse. Être mécontent de ce qui arrive, c'est être esclave. Au

---

1. C'est cette logique que brise la philosophie de Schopenhauer. Bien que Schopenhauer édifie une métaphysique moniste, bien plus voisine qu'il ne l'avoue de la métaphysique des philosophes post-kantiens, il en déduit des conséquences morales très différentes. « Si j'ai de commun avec les panthéistes l'ἓν καὶ πᾶν, je ne partage pas leur πᾶν θεός..... A la suite de la critique kantienne de toute théologie spéculative, presque tous les gens qui philosophaient en Allemagne se sont rejetés sur Spinoza : toute la série des essais manqués connus sous le nom de philosophie post-kantienne n'est que du spinozisme ajusté sans goût, enveloppé de mille discours incompréhensibles et défiguré de bien des manières encore. Aussi, après avoir montré le rapport de ma doctrine avec le panthéisme en général, ai-je l'intention d'en indiquer la relation avec le spinozisme en particulier. Elle est au spinozisme ce que le Nouveau Testament est à l'Ancien. Ce que l'Ancien Testament a de commun avec le Nouveau, c'est le même Dieu créateur. D'une façon analogue, chez moi comme chez Spinoza, le monde existe par lui-même, et grâce à son énergie intrinsèque. Mais chez Spinoza, sa *Substantia æterna*, l'essence intime du monde, qu'il intitule lui-même Dieu, n'est encore, par le caractère moral et par la valeur qu'il lui attribue, que Jéhovah, le Dieu créateur, qui s'applaudit de sa création et trouve que tout a tourné pour le mieux πάντα καλὰ λίαν. Spinoza ne lui a rien enlevé que la personnalité. Chez lui aussi le monde avec tout son contenu est donc parfait et tel qu'il doit être : par là l'homme n'a rien de plus à faire que *vivere, agere, suum Esse conservare, ex fundamento proprium utile quarendi*; il doit simplement se réjouir de sa vie tant qu'elle dure, tout comme l'ordonne l'*Ecclésiaste*, IX, 7-10. Bref, c'est de l'optimisme : aussi la partie morale est-elle faible, comme dans l'Ancien Testament, fausse même et en partie révoltante. — Chez moi, au contraire, l'essence intime du monde n'est nullement Jéhovah, mais bien plutôt en quelque sorte le Sauveur crucifié, ou encore le larron crucifié, selon le parti pour lequel on se détermine : aussi ma morale s'accorde-t-elle toujours avec la morale chrétienne, et cela jusque dans les tendances les plus hautes de celle-ci, aussi bien qu'avec celle du brahmanisme et du bouddhisme, etc... » *Le Monde comme volonté et comme représentation*, trad. Burdeau, t. III, pp. 454-457.

2. *Encyclopädie*, VI, p. 311.

contraire, quand l'homme conçoit que ce qui lui survient est une manifestation de sa nature, que toute faute est au fond sa faute, il n'accuse ni les hommes, ni les choses; il s'abstient de toute vengeance et de toute colère, il se conduit en homme libre. Le contingent et l'accidentel n'existent pour l'homme que par rapport à sa nature; dès que l'homme, par la conception de la nécessité rationnelle, s'élève au principe de sa liberté, il se met en accord avec les fins de l'univers, il conquiert la paix de l'âme, il se fait sa destinée[1]. Ainsi les principales conceptions morales de Spinoza rentrent dans la philosophie de Hégel de la même façon et au même titre que la métaphysique spinoziste de l'immanence; et grâce à la prodigieuse fortune de l'hégélianisme, elles perpétuent en Allemagne leur influence. Mais il est inutile à notre sujet d'en suivre la destinée au delà du système qui en a dialectiquement développé et épuisé la signification.

1. *Encyclopädie*, VI, pp. 297-298.

CHAPITRE IX

LE SPINOZISME EN ANGLETERRE. — L'ÉTHIQUE DE SPINOZA
ET LA MORALE ANGLAISE.

On ne peut guère parler du spinozisme en Angleterre que pour constater qu'il n'y a exercé aucune profonde et durable influence. Le spinozisme fut entrevu au moment où la pensée anglaise, avec Coleridge et Carlyle, travaillait à s'approprier les fruits de la culture germanique. C'est ainsi que Coleridge aimait Spinoza, se plaisait à s'entretenir de lui avec ses amis, notamment avec Wordsworth ; il mettait même au crayon cette note sur une copie des œuvres philosophiques de Schelling : « Je crois au fond de mon être que les trois grandes œuvres produites depuis l'introduction du Christianisme en Europe sont le *Novum Organum* de Bacon et ses autres ouvrages en tant que c'en sont des commentaires, l'*Éthique* de Spinoza, avec ses lettres et ses autres œuvres, en tant que ce sont des commentaires de l'*Éthique*, la *Critique de la Raison pure* de Kant et ses autres ouvrages en tant que c'en sont des commentaires et des applications[1]. » On voit, par cet éclectisme même, à quel point Coleridge restait éloigné des idées maîtresses du spinozisme. « De longtemps, disait-il, je ne saurais concilier la personnalité et l'infinité ; ma tête était avec Spinoza, mon cœur avec saint Paul et saint Jean[2]. » Coleridge se plaçait en

---

1. Pollock : *Spinoza, his life and philosophy*, p. 401.
2. *Ibid.*

réalité à l'égard du spinozisme dans une position analogue à celle de Jacobi : « Le système de Spinoza, prétendait-il, a été démontré faux, mais seulement par la philosophie qui a démontré la fausseté de toutes les autres philosophies. Si la philosophie commence par *cela est* et non par *je suis,* Spinoza est dans le vrai[1]. » Quant à Carlyle, il s'est imprégné d'idées hégéliennes beaucoup plus encore que spinozistes, et il les a traduites, sans ordre systématique, en des intuitions puissantes, mais confuses[2]. Malgré tout un si vif intérêt s'attachait au spinozisme, même mal connu ou imparfaitement compris, que Shelley avait entrepris une traduction du *Traité théologico-politique,* pour laquelle Byron devait écrire, en guise de préface, une biographie de Spinoza. Ce fut la mort de Shelley qui empêcha l'exécution de cette œuvre[3].

Mais ce goût tout personnel du spinozisme, que l'on peut constater chez quelques écrivains anglais, paraît bien être resté infécond[4]. Il est impossible de découvrir en Angleterre un mouvement régulier d'idées qui ait eu son origine dans le spinozisme ou qui soit venu s'y rattacher après coup. Ni historiquement, ni même philosophiquement la pensée de Spinoza n'est en rapport avec la morale anglaise. Les rapprochements que l'on peut faire entre certains théorèmes de l'*Éthique* et certains principes de l'École utilitaire et naturaliste, outre qu'ils ne sont que des rapprochements, sont tout à fait superficiels et extérieurs. On peut sans doute noter que le spinozisme définit le bien par l'utile, qu'il proteste énergiquement contre tout ascétisme, qu'il fait consister la vie humaine dans la poursuite du plus grand bonheur, que par surcroît il provoque l'expérience à rectifier les idées fausses

---

1. Pollock, *Spinoza, his life and philosophy,* p. 401.
2. Taine, *Histoire de la littérature anglaise,* nouvelle édition, V, pp. 268 et suiv.
3. Pollock, *Spinoza, his life and philosophy,* p. 403.
4. Il faut noter cependant l'influence que le *Traité théologico-politique* a pu exercer sur des écrivains religieux comme M. Matthew Arnold.

d'utilité[1]. On peut ajouter d'autre part que « M. Herbert Spencer est une sorte de Spinoza positiviste, avec cette différence qu'approfondissant davantage le principe de la persistance dans l'être, il en tire celui du progrès dans l'être[2]; » que l'Inconnaissable de Spencer, comme la Substance de Spinoza, est infiniment supérieur aux distinctions relatives et purement humaines du bien et du mal; que la sagesse consiste pour Spencer comme pour Spinoza dans l'acceptation de l'ordre qui manifeste la Force infinie; que par conséquent pour l'un comme pour l'autre la fin naturelle de l'homme est à la fois posée et assurée par la nécessité naturelle. Toutes ces comparaisons ne sont possibles que parce qu'elles négligent du spinozisme ce qui en est l'élément principal et dominateur. Si Spinoza ramène le bien à l'utile, c'est pour réduire l'utile à la tendance à persévérer dans l'être, et c'est pour réduire cette tendance elle-même à l'essence éternelle dont elle n'est que l'expression; de telle sorte que ce qui dans l'utilitarisme est conçu comme principe n'est en réalité pour Spinoza qu'une conséquence : la recherche de l'utile dans la vie n'est que la forme, tout à fait relative à notre état actuel, de l'affirmation essentielle de notre être dans l'Absolu; elle traduit la nécessité où nous sommes de nous poser nous-mêmes dans tout ce que nous faisons. Le terme d'utilité désigne donc en fin de compte pour Spinoza des biens de pure raison, dans lesquels il ne doit entrer, à mesure que nous les possédons mieux, aucun élément sensible, et dont l'action sur nous est radicalement différente de l'attrait qu'exercent les objets de la passion[3]. De plus, si ce sont des motifs de joie qui selon Spinoza doivent nous déterminer à agir, c'est que pour lui la marche de la vie présente à la vie éternelle est en

---

1. Guyau, *la Morale d'Épicure*; 3e édit., pp. 226-237.
2. Guyau, *la Morale anglaise contemporaine*; 2e édit., p. 268.
3. Cf. Renouvier, *Esquisse d'une classification systématique des doctrines philosophiques*, dans la *Critique religieuse*, VII, p. 83.

quelque sorte directe; mais il n'admet pas que la vie présente, surtout enfermée dans les limites de l'existence empirique, puisse se suffire. D'un autre côté, l'évolutionnisme mécaniste de Spencer, alors même qu'il se pénètre d'une foi plus ou moins profonde dans la puissance et la valeur de la Nature infinie, est bien loin d'atteindre l'idéal de liberté intellectuelle que le spinozisme glorifie. L'ordre que Spencer reconnaît s'impose à nous comme un fait, comme le fait universel; c'est du dehors qu'il nous détermine et nous pousse; c'est par une puissance étrangère à notre vouloir qu'il gouverne nos desseins et notre conduite : la nécessité naturelle, plus ou moins inconsciemment élevée à l'Absolu, n'est que fatalité. Au contraire, la nécessité, selon Spinoza, n'est liberté que si elle est rationnelle, c'est-à-dire que si elle est immédiatement unie et comme immanente à la plus haute faculté de notre être; ainsi nous agissons par nous-mêmes quand nous agissons dans l'ordre : notre raison est l'identité absolue de notre être et de l'Être. Le naturalisme de Spencer reste donc, à cause de son empirisme, véritablement distinct de la doctrine de Spinoza. Si Spencer a approfondi le principe de la persistance dans l'être, c'est pour le comprendre en un autre sens. Dans l'interprétation qu'il donne de la formule spinoziste, selon laquelle tout être tend à persévérer dans son être, M. Pollock se demande si, avant de montrer que les choses tendent à se conserver, il ne faudrait pas rechercher ce que c'est qu'une chose. On établirait avec Spencer, ajoute-t-il, que l'existence d'une chose est un groupement durable de phénomènes, et qu'au fond la persistance dans l'être se réduit à l'existence ainsi comprise[1]. Cette remarque de M. Pollock nous permet de mieux marquer encore l'opposition de Spinoza et de Spencer : pour Spinoza, il y a dans l'existence plus qu'une relation plus

1. Pollock, *Spinoza, his life and philosophy*, p. 219.

ou moins permanente de faits; il y a une affirmation absolue de soi qui dépasse toute expérience, il y a une Essence particulière affirmative, il y a une Idée.

CHAPITRE X.

LE SPINOZISME EN FRANCE. — LES CONCEPTIONS SPINOZISTES DE LA VIE AU XIXe SIÈCLE.

La pensée de Spinoza, qui est restée tout à fait étrangère au développement de la philosophie anglaise, n'est entrée que péniblement dans le courant des idées françaises ; et c'est seulement de nos jours qu'elle y est véritablement entrée. Au dix-septième siècle, Spinoza est considéré avant tout comme l'ennemi de la Religion chrétienne ; à ce titre, il est goûté des « libertins », tandis qu'il est pour les croyants un objet d'exécration et d'anathème. Mais si sa doctrine est mal comprise, ce que l'on en sait est bien loin de laisser les esprits indifférents. Il est à remarquer que le *Traité Théologico-politique* est porté au catalogue de la bibliothèque de Bossuet, et que l'*Éthique* y figure également en manuscrit : c'est là la preuve que Bossuet était singulièrement attentif à la doctrine nouvelle ; aussi a-t-on voulu voir, non sans apparence de raison, dans le *Discours sur l'histoire universelle* une réfutation du *Traité théologico-politique*[1]. En tout cas, les théologiens et les philosophes chrétiens, Huet, Malebranche, François Lamy, Massillon, Fénelon, combattent avec la plus méprisante vigueur le « misérable Spinoza » ; ils le traitent comme un épicurien ou un athée ; ils dénoncent l'immoralité de sa doctrine ; ils ne comprennent d'ailleurs l'unité

---

1. F. Brunetière, *La Philosophie de Bossuet*, Revue des Deux-Mondes, 1er août 1891, pp. 674-675.

de substance, affirmée par le spinozisme, que comme l'unité collective des choses sensibles[1].

Si les incrédules du dix-huitième siècle ont eu pour Spinoza quelque complaisance, ce n'est pas qu'ils aient eu de sa doctrine une idée plus exacte et plus complète. C'est le *Dictionnaire* de Bayle qui est leur principale ou même leur unique source d'information. Sans doute Bayle reconnaît en Spinoza un amour sincère et passionné du vrai ; il rend hommage à la douceur et à la régularité de ses mœurs[2]; mais il n'en persiste pas moins à penser que Spinoza a été « un athée de système » et il traite le spinozisme d' « absurdité prodigieuse », de « monstrueuse hypothèse ». Il croit qu'une pareille doctrine rend Dieu responsable de toutes les turpitudes de la nature et de toutes les iniquités de l'homme, et il la réfute en montrant surtout que l'Être infini, immanent aux choses, se dément et se contredit lui-même par l'opposition de ses modes. C'est en s'inspirant de ce genre d'arguments que Voltaire déclarait absurde « de faire Dieu astre et citrouille, pensée et fumier, battant et battu[3]. » Concevoir Dieu de la sorte n'est qu'une façon habile de le nier.

> Alors un petit Juif, au long nez, au teint blême,
> Pauvre, mais satisfait, pensif et retiré,
> Esprit subtil et creux, moins lu que célébré,
> Caché sous le manteau de Descartes, son maître,
> Marchant à pas comptés, s'approcha du grand être :
> « Pardonnez-moi, dit-il, en lui parlant tout bas,
> Mais je pense, entre nous, que vous n'existez pas[4]. »

---

1. Voir, pour plus de détails, l'article de M. Paul Janet : *Le Spinozisme en France*, Revue philosophique, février 1882, t. XIII, pp. 109 et suiv.
2. « Ceux qui ont eu quelques habitudes avec Spinoza s'accordent à dire que c'était un homme de bon commerce, affable, honnête, officieux et fort réglé dans ses mœurs. Cela est étrange ; mais, au fond, il ne s'en faut pas plus étonner que de voir des gens qui vivent très mal, quoiqu'ils aient une pleine possession de l'Évangile. » *Dictionnaire historique et critique*, Amsterdam, 1734, V, pp. 207-208.
3. *Le Philosophe ignorant*, XXIV.
4. *Poésies philosophiques* : *Les systèmes*.

Ni Diderot, ni d'Holbach, dont certaines vues rappellent la doctrine spinoziste, ne paraissent l'avoir directement connue. L'article que Diderot a écrit dans l'*Encyclopédie* sur Spinoza est une reproduction souvent littérale de l'article de Bayle. « Très peu de personnes, dit-il, sont soupçonnées d'adhérer à sa doctrine, et parmi ceux que l'on soupçonne il y en a peu qui l'aient étudiée, et entre ceux-ci il y en a peu qui l'aient comprise, et qui soient capables d'en tracer le vrai plan et de développer le fil de ses principes. Les plus sincères avouent que Spinoza est incompréhensible, que sa philosophie surtout est pour eux une énigme perpétuelle, et qu'enfin, s'ils se rangent de son parti, c'est qu'il nie avec intrépidité ce qu'eux-mêmes avaient un penchant secret à ne pas croire[1]. » Diderot reprend d'ailleurs les objections de Bayle contre Spinoza : « C'est bien à lui, qui n'est qu'une modification de la Substance, à prescrire à l'Être infini ce qu'il faut faire[2]. » Méconnu ou repoussé par le panthéisme matérialiste du dix-huitième siècle, le spinozisme ne trouve pas, pour des raisons faciles à comprendre, un meilleur accueil dans l'École idéologique : il est, pour Condillac, au nombre de ces systèmes abstraits, à qui manquent « la clarté des idées et la précision des signes[3]. » D'un autre côté, des apologies déguisées, comme celle de Boulainvilliers, ou enthousiastes à contre-sens, comme celle de l'abbé Sabatier, ne pouvaient assurément pas avoir pour effet de faire comprendre et d'implanter en France la philosophie de Spinoza.

C'est certainement sous l'influence des idées allemandes que le spinozisme a été en France plus directement étudié et plus favorablement apprécié. Au moment où V. Cousin rapportait d'Allemagne ses théories sur l'unité de

---

1. *Encyclopédie ou Dictionnaire raisonné des sciences, arts et métiers*, Neufchâtel, 1765, XV, p. 463.
2. *Ibid.*, p. 466.
3. *Traité des systèmes*, ch. x.

l'Infini et du fini, sur le rôle providentiel des grands hommes et le caractère sacré de l'histoire, il ne pouvait manquer d'éprouver de la sympathie pour le philosophe et la doctrine qui avaient préparé ces conceptions. Il contribua surtout à élever le spinozisme au-dessus de la banale accusation d'athéisme; il reprit pour son compte l'interprétation que Hégel en donnait, et pour mieux détruire l'opinion courante, il poussa à l'extrême l'opinion contraire. « Loin d'être un athée, comme on l'en accuse, Spinoza a tellement le sentiment de Dieu qu'il en perd le sentiment de l'homme. Cette existence temporaire et bornée, rien de ce qui est fini ne lui paraît digne du nom d'existence, et il n'y a pour lui d'être véritable que l'Être éternel. Ce livre, tout hérissé qu'il est, à la manière du temps, de formules géométriques, si aride et si repoussant dans son style, est au fond un hymne mystique, un élan et un soupir de l'âme vers Celui qui, seul, peut dire légitimement : *Je suis celui qui suis*... Sa vie est le symbole de son système. Adorant l'Éternel, sans cesse en face de l'Infini, il a dédaigné ce monde qui passe; il n'a connu ni le plaisir, ni l'action, ni la gloire, car il n'a pas soupçonné la sienne. Jeune, il a voulu connaître l'amour; mais il ne l'a pas connu puisqu'il ne l'a pas inspiré. Pauvre et souffrant, sa vie a été l'attente et la méditation de la mort[1]. Spinoza est un mouni indien, un soufi persan, un moine enthousiaste; et l'auteur auquel ressemble le plus ce prétendu athée est l'auteur inconnu de l'*Imitation de Jésus-Christ*[2]. »

On sait comment Victor Cousin fut le premier à réagir contre les formules hégéliennes et panthéistiques qui l'avaient un instant séduit : il aima mieux dans la suite invoquer les noms de Platon et de Descartes. D'ailleurs la double influence, qu'il avait lui-même subie, de la philosophie écossaise et de la philosophie de Maine de

---

1. *En note :* Spin∴ Vita est meditatio mortis (*sic*).
2. *Fragments philosophiques*, 3ᵉ édit., t. II, pp. 164-166.

Biran, a tenu l'École spiritualiste française en dehors du spinozisme. Si Jouffroy expose assez clairement dans son *Cours de Droit naturel* la métaphysique spinoziste, il n'en saisit pas l'intention et la signification pratiques, et il avoue lui-même qu'il ne comprend pas par quels rapports la morale est rattachée aux principes du système. Si Saisset traduit et commente les œuvres de Spinoza, il en repousse pour son compte les conclusions. C'est chez un membre dissident de l'École, chez M. Vacherot, que l'on trouve la tendance la plus forte à accepter la conception spinoziste de l'unité de substance. « Ici commence le rôle de la faculté supérieure que l'on nomme la Raison. C'est elle et elle seule qui élève notre pensée jusqu'à l'unité *substantielle* de la vie universelle... Remontons au grand principe de l'unité de substance. Que la substance unique soit infinie, nécessaire, absolue, universelle, cela résulte de la définition même de la substance et n'a guère besoin de démonstration. Elle est nécessaire, car comment concevoir que ce qui est *en soi* puisse ne pas être? Elle est absolue, par cela même qu'elle est *en soi* et *par soi*. Elle est infinie, toute limite impliquant une relation, et par suite une dépendance quelconque. Elle est universelle; car, si elle ne comprend pas tout dans son unité, si quoi que ce soit lui échappe, un fétu, un atome, elle n'est plus infinie, ni par suite absolue, ni par conséquent substance... Contingente pour l'expérience, la Nature est nécessaire pour la raison. Et ce n'est pas seulement la Nature qui présente ce caractère à la science, c'est l'histoire, la psychologie, la politique, le monde de l'Esprit tout entier. Le temps n'est plus où l'on croyait pouvoir expliquer les plus grands effets par les plus petites causes, où l'histoire ne semblait autre chose que le conflit des volontés ou des passions humaines, contrariées ou favorisées par l'action fortuite des causes naturelles, espèce d'imbroglio perpétuel, fécond en crises fortuites et en dénouements imprévus, le tout sans plan, sans but, sans unité, sans aucune apparence de logique. Aujourd'hui la science a fait de l'histoire une chose intelligible, un système où tout se suit et s'enchaîne, où les faits sont des idées, où les époques sont les moments et les degrés, où les peuples et les races sont les organes de l'Esprit, se développant en parfaite harmonie avec la Nature, au sein de l'Être universel. A ce point de vue, qui est le vrai, l'histoire est une logique vivante, comme la Nature est une géométrie réelle et concrète. Tous les êtres ont leur raison finale, leur loi, à laquelle ils obéissent irrésistiblement, quelles que soient leur activité propre et leur spontanéité. Spinoza a dit le mot : la vraie, la seule liberté pour un être, pour le premier comme pour le dernier, pour Dieu lui-même, est d'obéir à sa nature. Ce n'est donc pas le caprice, le hasard, l'incertitude, le *libre arbitre,* la balance des motifs et des partis, la contingence en un mot sous toutes les formes, qui mesure la liberté, c'est la nécessité inflexible, mais tout intérieure, qui ne rencontre jamais ni obstacle ni aide dans le concours ou l'opposition des agents extérieurs [1]. » Cependant M. Vacherot, pour des raisons surtout morales, refuse d'admettre les conséquences déduites par Spinoza du principe de l'unité de substance. « La raison et la logique ont beau parler haut, elles ne peuvent faire taire la nature et l'expérience... On ne fait pas ainsi impunément violence au sens commun et au sentiment moral ; décidément une doctrine est jugée quand elle porte dans son sein de pareilles conséquences. Spinoza a eu le courage de persévérer. Mais à côté des hautes et profondes vérités que l'on peut dégager de son système, qui a jamais songé à relever son monstrueux fatalisme [2] ? » « Je suis convaincu, ajoute plus loin M. Vacherot, que l'identité substantielle de l'Être universel et des individus n'a rien à voir avec la doctrine

---

1. *La Métaphysique et la Science*, 2ᵉ édit., t. I, pp. 245-265.
2. *La Métaphysique et la Science*, t. I, pp. 267-268.

de la nécessité; que l'homme peut être conçu en Dieu, comme la Nature, sans que d'une part Dieu y perde un seul de ses attributs et que de l'autre l'homme et la Nature y perdent une seule de leurs facultés et propriétés. Je crois que, si la conception théologique de Spinoza implique toutes ces conséquences, c'est qu'elle a été faussée par sa méthode géométrique[1]. » M. Vacherot prétend échapper aux conclusions dernières du spinozisme par la distinction qu'il établit entre le Dieu parfait, qui est l'idéal de la pensée, et le Dieu infini, qui est la réalité du monde; il veut justifier avant tout les convictions spontanées de la conscience commune, et par là il rentre dans l'École dont il avait abandonné sur un point important la tradition doctrinale. « L'École de Cousin, a dit M. Janet, se croyait autorisée à défendre la personnalité humaine contre l'envahissement du panthéisme spinoziste, et au point de vue scientifique, puisque la première et la plus assurée de toutes les existences est celle du moi, et au point de vue moral et social, le panthéisme étant lié invinciblement, croyait-elle, à l'absorption de l'individu par le tout[2]. »

Au contraire de M. Vacherot, M. Renouvier et les criticistes français ont soutenu que l'affirmation de l'unité absolue de l'Être engendrait inévitablement les conséquences les plus opposées à toute juste notion de la moralité. On ne fait pas sa part, selon eux, à l'esprit panthéistique, de quelque forme qu'il se recouvre, théologique, ontologique ou naturaliste. Admettre d'une part l'unité de substance ou de loi, et d'autre part la personnalité humaine, c'est se contredire radicalement. La distinction du fatalisme et du déterminisme n'est qu'une distinction illusoire, puisque de toute façon nos actes résultent d'une nécessité absolue. Ce qui pervertit l'intelligence humaine,

---

1. *La Métaphysique et la Science*, t. II, p. 417.
2. *Le Spinozisme en France*, *Revue philosophique*, février 1882, XIII, p. 129.

ce sont ces idées de continuité, d'infini, d'unité ; c'est la conception dogmatique selon laquelle la vérité est et développe nécessairement ses conséquences, tandis qu'en fait il n'y a que des vérités dont la position tient, non pas à des raisons objectivement probantes, mais à des motifs raisonnables de croire. Le libre arbitre peut être une vérité, du moment que l'on a exorcisé le fantôme de la vérité une. Par suite la moralité ne doit pas être conçue comme l'effet de la grâce et l'œuvre de l'amour ; elle est essentiellement dans la libre obéissance à la loi : la conception de la morale doit être juridique, non mystique.

Il est certain que par là se trouvent défendues certaines tendances profondes de l'esprit français. Les raisons qui nous ont permis de comprendre pourquoi l'Éthique spinoziste a pu si aisément s'acclimater en Allemagne nous expliquent pourquoi elle a eu tant de peine à s'introduire en France. Autant la pensée allemande incline à faire de la personne le simple outil de l'œuvre universelle et le simple organe de l'action infinie, autant elle refuse à l'individu le droit d'exister absolument en soi et de se développer pour soi, autant la pensée française est disposée à affirmer que l'individualité constitue une forme d'existence nettement suffisante, à faire de la personne une fin en soi, à prétendre que l'homme peut s'élever au-dessus de la nécessité et de la tradition, traiter la nature comme son empire et l'histoire comme son œuvre [1].

[1]. « Le génie français, lorsque, avec Descartes, il prit conscience de lui-même, a embrassé d'abord la cause du libre arbitre, perfection, dit notre philosophe, si ample et si étendue, que je ne puis concevoir comment en Dieu même elle serait plus grande, et que c'est elle principalement qui fait de moi l'image et la ressemblance du Créateur. Pour nous, le libre arbitre individuel est une *fin en soi*, un attribut qui mérite de se manifester et de subsister pour lui-même, et en même temps une puissance dont l'action est capable de rompre, plus ou moins définitivement, le fil de la continuité historique. L'esprit français est donc naturellement porté à faire aussi grande que possible la part du libre arbitre dans les choses humaines ; l'écueil est pour lui de faire cette part trop grande et par crainte du fatalisme historique de ne plus voir dans la série des faits intellectuels que les libres conceptions d'esprits individuels, presque indépendants les uns des autres. » Em. Boutroux, *Intro-*

Cependant un mouvement d'idées, d'abord confus, puis de plus en plus précis et complexe, a abouti à une doctrine du monde et de la vie qui peut se rattacher et qui se rattache effectivement au spinozisme. La conception de l'unité de l'Être, que Lamennais et l'École saint-simonienne exprimaient en formules mystiques, a trouvé peu à peu, grâce au développement des sciences de la nature et des sciences historiques, un contenu positif et une expression exacte. Elle s'est opposée à la fois au spiritualisme traditionnel et au positivisme de Comte, qui « s'accordent à situer les causes hors du monde observé et ordinaire pour en faire une monde extraordinaire et à part, avec cette différence que les spiritualistes croient pouvoir connaître ce monde et que les positivistes ne le croient pas[1]. » « C'est pourquoi, ajoute M. Taine, si l'on prouvait que l'ordre des causes se confond avec l'ordre des faits, on réfuterait à la fois les uns et les autres; et les conséquences tombant avec le principe, les positivistes n'auraient plus besoin de mutiler la science, comme les spiritualistes n'auraient plus le droit de doubler l'univers[2]. » Par là est affirmée l'immanence de l'idée dans le fait, de la raison dans les choses, de telle sorte que le système de l'univers comprend en lui, sans recourir à un objet transcendant quelconque, le principe indivisible de la science et de la moralité. Une telle philosophie n'a pas été immédiatement suscitée par l'influence de Spinoza; elle s'est constituée bien plutôt par l'acquisition graduelle et la combinaison synthétique des divers éléments qui composent le spinozisme : elle s'est faite peu à peu par un développement laborieux des esprits avant de se rattacher consciemment à la doctrine de l'*Éthique*. C'est surtout

---

duction à la traduction de *la Philosophie des Grecs*, pp. XXVI-XXVII. — Cf. Renouvier, *l'Esprit germanique et l'esprit latin*, Critique philosophique, 18 avril 1872.

1. Taine, *Les Philosophes classiques du dix-neuvième siècle*, sixième édition, préface, p. VII.
2. *Ibid.*, pp. VII-VIII.

dans la pensée et les écrits de M. Taine qu'elle a pris corps ; c'est chez M. Taine que nous pouvons le mieux en saisir les idées génératrices et les conséquences pratiques.

II.

On a justement montré que les œuvres si diverses de M. Taine, essais de critique, livres de fantaisie, travaux d'histoire ou de psychologie, ont toutes contribué au développement d'une faculté chez lui dominante, la faculté philosophique[1]. De très bonne heure M. Taine a eu son système, fortement construit, d'une logique serrée et d'une belle ordonnance, et toutes ses études ultérieures semblent n'avoir eu d'autre but que d'en établir l'impérieuse vérité. Que l'on ne parle pas des variations de sa pensée ; jamais peut-être doctrine n'a été moins entamée par les influences extérieures du milieu et du temps, n'a mieux résisté à ces causes intérieures de mobilité qui agitent sourdement les consciences ; cette doctrine s'est simplement enrichie, sans se transformer, d'explications nouvelles et de preuves inattendues ; et il faut sans doute remonter jusqu'à Spinoza pour retrouver un aussi remarquable exemple de certitude et de sérénité intellectuelle.

Ce n'est pas d'ailleurs une témérité que d'affirmer la parenté philosophique de Spinoza et de M. Taine ; à supposer que cette parenté ne fût pas reconnue en maint endroit par M. Taine lui-même[2], elle finirait par appa-

---

1. Paul Bourget : *Essais de Psychologie contemporaine*, p. 185. — « J'ai lu Hégel tous les jours, pendant une année entière, en province ; il est probable que je ne retrouverai jamais des sensations égales à celles qu'il m'a données. De tous les philosophes, il n'en est aucun qui soit monté à des hauteurs pareilles, ou dont le génie approche de cette prodigieuse immensité. C'est Spinoza agrandi par Aristote. » Taine, *Les Philosophes classiques*, 6º édit., pp. 132-133.

2. Dans *les Philosophes classiques*, M. Paul expose son idée systématique de la nature qui doit fonder les conceptions analytiques de M. Pierre ; or, les

raître très évidemment à quiconque rapproche les deux philosophes et les deux doctrines[1]. Peut-on prétendre cependant que M. Taine se préoccupe, au même degré ou au même titre que Spinoza, du problème de la vie et de la destinée humaines? A coup sûr, cette préoccupation ne se manifeste pas au premier plan, c'est-à-dire à la surface de ses œuvres; mais on la constate, souvent bien visible, en beaucoup de ces passages, où l'auteur, après s'être longtemps sacrifié aux exigences d'une méthode impersonnelle, cherche à se ressaisir et consent à s'exprimer lui-même. Thomas Graindorge a beau se présenter comme le principal associé d'une maison de commerce, accumuler sur les habitudes de l'existence parisienne toutes les remarques qui conviennent à un caractère froid, à un esprit positif et sceptique, il est aussi docteur en philosophie, et il se garde bien de l'oublier; les observations qu'il a faites lui suggèrent, pour l'édification de son neveu, une « idée de la vie », et cette idée de la vie qu'il expose afin de « se décharger à son aise, » se rattache aux considérations philosophiques les plus générales et les plus hautes[2]. M. Taine nous parle, lui aussi, « sans étalage d'admiration, » du stoïcisme de Marc-Aurèle; mais avec quelle sympathie profonde pour l'homme, avec quelle foi en « la puissante pensée qui a formé toute cette vertu et soutenu toute cette conduite[3] ! » Si ailleurs il étudie la philosophie de Balzac, ce n'est pas seulement pour nous dire quelle conception sur l'homme et sur la société se dégage de la *Comédie humaine*, c'est encore pour élargir et rectifier cette conception qu'il juge étroite et défectueuse[4]. Ayant analysé dans lord Byron

---

deux livres les plus usés par M. Paul sont l'*Éthique* de Spinoza et la *Logique* de Hégel, p. 348.
1. Cf. Pollock, *Spinoza his life and philosophy*, p. 405.
2. *Notes sur Paris*, pp. 263 et suiv.
3. *Nouveaux essais de critique et d'histoire*, 3e éd., pp. 249 et suiv.
4. *Nouveaux essais de critique et d'histoire*, p. 129.

les causes multiples qui ont engendré le « mal du siècle », il indique en quelques pages d'une précision rapide et éloquente quel est, selon lui, le remède au mal, et il en affirme l'action, lente sans doute, mais à la longue efficace[1]. Enfin, dans ses *Origines de la France contemporaine,* il commence par expliquer comment au dix-huitième siècle les raffinements combinés de l'esprit classique, de l'idéologie et des mœurs engendrent dans les intelligences le penchant aux constructions artificielles, comment ainsi finit par éclater l'idée d'un homme idéal vivant dans une société idéale; mais aussitôt il proteste contre cette erreur des philosophes et du public, et il établit, au nom de sa doctrine personnelle, en quel sens il faut entendre le développement de l'homme et l'organisation de la société[2].

Savoir ce que l'humanité doit être : peut-on ne pas subir l'attraction d'un tel problème, quand on s'efforce de savoir, grâce aux enquêtes les plus variées de la psychologie et de l'histoire, ce qu'est l'humanité dans sa nature, ce qu'elle a été aux moments les plus significatifs de son évolution ? Et c'est bien ainsi que se pose pour M. Taine le problème de notre destinée. Il est suscité chez lui bien moins par les impulsions du sentiment que par la curiosité opiniâtre de son intelligence. Comme il se posait autrement pour ce noble et malheureux Jouffroy, que M. Taine a si vivement critiqué! Né d'une crise intérieure, il se rattachait dans l'âme de Jouffroy à la plus inquiétante des énigmes, l'énigme de notre origine et de notre fin supra-sensibles; et c'était avec un frisson passionné de tout son être, en traduisant le plus possible dans le langage de la raison les besoins de son cœur, que Jouffroy s'efforçait de pénétrer le mystère. Ici rien de pareil, quoique la question semble la même, résumée

---

1. *Hist. de la litt. angl.,* 5ᵉ éd., t. IV, pp. 420 et suiv.
2. *L'Ancien Régime,* livre III : l'esprit et la doctrine.

dans le même mot¹. Ce que l'on oppose précisément aux émotions et aux élans de la sensibilité, c'est la logique impassible et persévérante de l'entendement. « Jusqu'ici dans nos jugements sur l'homme nous avons pris pour maîtres les révélateurs et les poètes, et comme eux nous avons reçu pour des vérités certaines les nobles songes de notre imagination et les suggestions impérieuses de notre cœur. Nous nous sommes liés à la partialité des divinations religieuses et à l'inexactitude des divinations littéraires, et nous avons accommodé nos doctrines à nos instincts et à nos chagrins. La science approche enfin et approche de l'homme². » Etudier la destinée humaine, c'est pour M. Taine, après avoir suivi un mouvement dès ses origines, continuer à le suivre dans sa direction. La science, qui explique la structure d'un individu par la combinaison de certains éléments, ne doit pas s'arrêter aux résultats actuels de cette combinaison; elle doit en déterminer les résultats futurs; elle doit dès à présent prolonger la pensée dans l'avenir, comme s'y prolongera en fait l'individu lui-même. Elle n'admet dans ce problème de la conduite humaine rien de mystérieux, ni de transcendant; elle ne se laisse pas aller, par une singulière défiance d'elle-même, à considérer l'inconnu comme l'inconnaissable; elle entreprend hardiment sur cet inconnu, grâce aux connaissances définitivement acquises aujourd'hui. Pour justifier ses audaces ne peut-elle pas invoquer ses triomphes? Elle pourra aussi invoquer ses bienfaits; car elle raffermit l'esprit qu'elle contente, et en dissipant nos ignorances, elle nous affranchit de nos inquiétudes. C'est la réforme de l'entendement, qui, d'après M. Taine comme d'après Spinoza, doit nous guérir de tous les troubles de la sensibilité. » La réforme

---

1. Le mot *destinée*. Sur les sens de ce mot et sur la différence des conceptions de Jouffroy et de M. Taine, cf. *les Philosophes classiques*, pp. 268 et suiv.
2. *Hist. de la lit. angl.*, t. IV, p. 421.

des idées finit par réformer le reste, et la lumière de l'esprit produit la sérénité du cœur [1]. »

C'est donc la science qui pose et c'est la science qui doit résoudre le problème moral. La science absorbe pour notre plus grand bien toute notre vitalité intellectuelle et pratique : le vrai bonheur ne peut être que dans l'épanouissement le plus large de la pensée. Cette idée qui éclate dans la doctrine de M. Taine aussi bien que dans le système de Spinoza, cette idée, que la science communique à l'homme une joie profonde et permanente, suppose naturellement une confiance absolue dans l'efficacité de la science. Personne peut-être à notre époque n'a professé cette confiance avec autant de décision et d'énergie que M. Taine : elle est devenue sa foi, sa religion. — Cependant à certains regards la science est apparue plus restreinte à mesure qu'elle devenait plus certaine ; elle n'a réussi à assurer ses résultats qu'en se fixant des limites ; elle a imposé à l'intelligence le sacrifice de ses plus nobles, de ses plus ardentes curiosités ; elle a menti, sinon aux promesses qu'elle avait faites, du moins aux espérances qu'elle avait provoquées ; elle nous permet de dresser plus exactement le bilan de nos connaissances et de nos ignorances ; et pour quelques connaissances qui sont bien à notre portée, combien d'ignorances qui restent invincibles ! — M. Taine, lui, ne saurait convenir que la science soit coupable de mensonge et d'impuissance ; il expliquerait assurément ces accusations ou ces doutes par un reste de croyance au transcendant, au surnaturel. Ce sont les esprits individuels qui sont finis et qui assignent justement des limites à leurs facultés. Mais la science est capable d'une extension infinie : rien ne l'empêchera de se porter là où l'entraîne la curiosité humaine.

Qu'y a-t-il donc dans la science pour autoriser d'aussi

---

1. *Hist. de la litt. angl.*, t. IV, p. 421.

vastes prétentions? Sont-ce les résultats auxquels elle a abouti? Mais ces résultats, si magnifiques qu'ils soient, ne sauraient constituer un système complet : l'œuvre faite est une si faible portion de l'œuvre à faire! La science nous offre une autre garantie, bien plus incontestable, de son pouvoir illimité : cette garantie, c'est la méthode. La science se prépare à ses conquêtes futures, « munie des instruments exacts et perçants dont trois cents ans d'expérience ont prouvé la justesse et mesuré la portée [1]. » — C'est pourtant de la méthode expérimentale qu'il s'agit : n'est-ce pas une chimère que de l'investir d'une puissance infinie? et ne sommes-nous pas loin de la déduction géométrique de Spinoza? — A coup sûr, s'il s'agissait de la méthode expérimentale, telle que l'empirisme la conçoit; mais pour M. Taine, l'expérience n'est une méthode que parce qu'elle s'appuie sur un principe; et ce principe, c'est qu'il n'y a rien dans l'univers qui puisse échapper à une détermination rigoureuse; c'est que « les éléments de l'être comme les éléments de la quantité reçoivent de leur nature même des lois indestructibles qui les contraignent à un certain genre et à un certain ordre de formations [2] »; c'est en d'autres termes que le monde, tel qu'il doit être pour être connu par la science, et tel que la science le connaît, est une « géométrie vivante [3]. » Voilà pourquoi M. Taine croit pouvoir appliquer sa méthode universellement, n'aboutissant au paradoxe que pour éviter les inconséquences, parfaitement inattentif à l'effet extérieur de ses idées, insouciant des préjugés qu'il bouleverse, impassible en face de l'opinion, à quelque endroit que l'opinion l'ait placé dans le mouvement de la pensée contemporaine, rappelant enfin, par le calme souverain de son attitude, la fière déclaration de Spinoza : « C'est sans doute une chose très surprenante que je veuille traiter des

1. *Hist. de la litt. angl.* t. IV, p. 421.
2. *Hist. de la litt. angl.*, t. IV, p. 423.
3. *Ibid.*

vices et des folies des hommes à la manière des géomètres, et que j'entreprenne d'exposer, suivant une méthode rigoureuse et dans un ordre raisonnable, des choses contraires à la raison, des choses qu'on déclare à grands cris vaines, absurdes, dignes d'horreur. Mais qu'y faire? Cette méthode est la mienne. Rien n'arrive, selon moi, dans l'univers, qu'on puisse attribuer à un vice de la nature. Car la nature est toujours la même; partout elle est une, partout elle a même vertu et même puissance; en d'autres termes, les lois et les règles de la nature, suivant lesquelles toutes choses naissent et se transforment, sont partout et toujours les mêmes; et en conséquence, l'on doit expliquer toutes choses, quelles qu'elles soient, par une seule et même méthode, je veux dire par les règles universelles de la nature [1]. »

L'idée maîtresse qui justifie la méthode et constitue la doctrine de M. Taine, c'est donc l'idée de la nécessité universelle, et cette idée lui vient en droite ligne de Hégel et de Spinoza. M. Taine reconnaît à plusieurs reprises que c'est à Hégel qu'il a emprunté sa conception du développement des choses[2]. En quoi consiste donc cette conception? Elle consiste à « représenter toutes les parties d'un groupe comme solidaires et complémentaires, en sorte que chacune d'elles nécessite le reste, et que toutes réunies elles manifestent, par leur succession et leurs contrastes, la qualité intérieure qui les assemble et les produit[3]. » Il y a dans tout objet une qualité principale, essentielle, dont dérivent toutes les qualités particulières et secondaires, de telle sorte que la définition exacte de la qualité principale entraîne la connaissance précise des qualités particulières. Mais de quel genre est le rapport qui existe

---

1. Spinoza: *Eth.* III, t. I, p. 125.
2. *Les philosophes classiques*, préface, p. x. — *Hist. de la litt. angl.*, t. V, p. 273. — Cf. Hommay, *L'idée de nécessité dans la philosophie de M. Taine*, *Revue philosophique*, XXIV, p. 394.
3. *Hist. de la litt. angl.*, t. V, p. 273.

entre la qualité génératrice et les qualités engendrées ? C'est un rapport analytique, car le rapport analytique est seul vraiment nécessaire[1]. Ainsi M. Taine n'accepte pas l'une des conséquences de la critique de Hume, à savoir l'institution par l'idéalisme allemand d'une logique nouvelle capable de comprendre, sans les résoudre entièrement, les différences de la réalité[2]; mais il repousse tout aussi énergiquement l'autre conséquence de cette critique, à savoir la réduction, par l'empirisme anglais, de la notion de cause à l'idée de succession constante. Autre chose est de constater la rencontre de deux faits, autre chose d'établir la nécessité de leur jonction; autre chose est d'éprouver des lois dans la nature, autre chose de les prouver. L'empirisme anglais se contente de l'épreuve quand il faudrait aller jusqu'à la preuve[3]. Mais cette preuve, comment peut-elle se faire ? Elle se fera si l'on restitue à la science sa portée véritable et à l'esprit sa faculté essentielle. Que la science débute par l'analyse expérimentale, rien de mieux ; cependant l'analyse expérimentale n'est complète qu'à la condition, non pas seulement d'enregistrer les faits, mais d'en découvrir la hiérarchie, par conséquent de subordonner les faits secondaires aux faits dominateurs. Et quand ces faits dominateurs, qualités principales ou facultés maîtresses, sont rigoureusement déterminés et exactement définis, ils expliquent les faits secondaires qui se rattachent à eux comme à leur principe. Voilà les résultats de l'analyse expérimentale[4]. Or ces résultats se justifient si la dépendance établie entre les faits secondaires et les faits dominateurs est de telle nature que l'on

1. *De l'Intelligence*, 5e éd., II, p. 460.
2. *Les philosophes classiques*, p. 168.
3. *Hist. de la litt. angl.*, V, p. 409. — C'est la même réfutation que Hégel a présentée de l'empirisme : « L'empirisme montre bien l'existence d'un nombre presque illimité de perceptions semblables ; mais l'universalité est tout autre chose que le grand nombre. De même il garantit bien les perceptions de changements successifs ou d'objets juxtaposés, mais non un lien de nécessité. » *Encyclopädie, Hegel's Werke*, VI, p. 84.
4. *Les philosophes classiques*, pp. 323 et suiv.

puisse aller par déduction des faits dominateurs aux faits secondaires et considérer les propriétés primitives comme génératrices des propriétés dérivées. Ainsi l'analyse expérimentale implique l'abstraction qui isole et distingue les faits, et elle aboutit pour se confirmer elle-même à une explication systématique, qui traitant les faits dominateurs comme des essences, tire d'eux les faits secondaires, les modes particuliers [1]. L'analyste et le systématique, M. Pierre et M. Paul, se justifient l'un l'autre en même temps qu'ils se complètent. « La force active par laquelle nous figurons la nature n'est que la nécessité logique qui transforme l'un dans l'autre le composé et le simple, le fait et la loi. Par là nous désignons d'avance le terme de toute science, et nous tenons la puissante formule qui, établissant la liaison invincible et la production spontanée des êtres, pose dans la nature le ressort de la nature, en même temps qu'elle enfonce et serre au cœur de toute chose vivante les tenailles d'acier de la nécessité [2]. »

Voilà bien l'idée de la nécessité comme la comprenait Spinoza, conception pure de l'intelligence logique, qui, au lieu de fléchir devant la mobilité ondoyante des choses, prétend étreindre sans la mutiler ou l'appauvrir la réalité tout entière. C'est que le développement de l'être n'est pour Spinoza et pour M. Taine que le développement même de la nécessité. Et M. Taine, en ce sens, va encore plus loin que Spinoza, car il exclut de cette notion de nécessité tout élément ontologique. A la Substance infinie de Spinoza il substitue l' « axiome éternel, » la « formule créatrice [3]. » La nécessité se suffit à elle-même comme elle suffit à tout ; et lorsque pour en montrer la force invincible Spinoza la réalise dans une Substance, il la fait par là même dépendre d'un principe encore transcendant. La nécessité n'est absolue que si elle se soutient elle-même en

---

1. *Les philosophes classiques*, pp. 329 et suiv.
2. *Hist. de la litt. angl.*, V, p. 411. — *De l'Intelligence*, II, pp. 444 et suiv.
3. *Les philosophes classiques*, p. 370.

soutenant le reste, c'est-à-dire qu'elle seule existe. Si nous imaginons en dehors d'elle des êtres que nous décorons du nom de substances, c'est que nous subissons encore l'influence de théories scolastiques[1]. Toutes les existences substantielles dont nous peuplons le monde ne sont, examinées par la science, que des ombres qui apparaissent, circulent et disparaissent selon un ordre régulier ; tout se ramène en définitive à un jeu logique et mécanique d'illusions ; il n'y a dans la perception extérieure[2], comme dans la conscience[3], rien de solide, sauf un groupement nécessaire d'images. La nécessité universelle semble donc avoir pour conséquence l'hallucination universelle.

Mais c'est précisément faute de reconnaître la nécessité que nous sommes dupes de l'hallucination : les objets extérieurs ainsi que les individus, s'ils sont considérés comme des êtres distincts et indépendants, ne sont que des fantômes réalisés ; dès qu'ils sont rattachés les uns aux autres, ils ont en eux une certaine vérité qui consiste dans le lien qui les unit. Nos hallucinations deviennent vraies à mesure que nous prenons mieux conscience de la nécessité qui les engendre. Représentons-nous la nature comme une immense tapisserie : on y voit brodées avec une abondance merveilleuse les formes les plus diverses, et l'on croit à une certaine distance, par une illusion de perspective toute naturelle, que ces formes existent en elles-mêmes, sans être reliées entre elles, sans être reliées à rien : on les détache, pour les considérer à part, du tissu qui les compose. Ainsi nous faisons toutes les fois que nous conférons à des groupes d'images une existence autonome. L'erreur, une fois reconnue, se redresse d'elle-même : les dessins rentrent dans la trame de la tapisserie, les figures particulières du monde rentrent dans la trame de la nécessité.

1. *Hist. de la litt. angl.*, V, p. 397.
2. *Les philosophes classiques*, p. 44. — *De l'Intelligence*, I, liv. II ; II, liv. II.
3. *Les philosophes classiques*, pp. 64 et suiv. ; pp. 247 et suiv. — *De l'Intelligence*, I, liv. IV, chap. III.

Ce serait mal comprendre toute cette doctrine que d'en remarquer simplement l'intérêt spéculatif : elle a tout aussi bien un intérêt pratique. Dans la doctrine de M. Taine comme dans le système de Spinoza, la vérité morale ne peut être poursuivie qu'à travers la vérité scientifique; elle en est la conséquence ou le but. Tous les principes de la moralité humaine sont posés; il n'y a plus qu'à en tirer les conclusions.

De ces conclusions, la première et la plus saillante, c'est que l'homme n'a pas le droit de placer au centre du monde sa chétive individualité et de réclamer de la nature, lui qui n'est qu'un fragment de cette nature et qui ne vit que par elle, une sorte de docilité complaisante à tous ses penchants et à tous ses caprices[1]. L'individu humain n'existe pas en soi, pas plus que les autres individus de l'univers; il n'est, comme individu, qu'une de ces formes momentanées qu'affecte la nécessité universelle. Et pourtant, comme nous avons facilement et profondément l'hallucination du moi, du moi considéré comme personne, et investi à ce titre d'une puissance inviolable et sacrée! La science, en dissipant ce fantôme, en nous remettant à notre place, nous enseigne la plus solide des vertus; elle nous montre à la fois la sottise de nos prétentions et l'inutilité de nos révoltes. Vouloir que les choses s'accommodent à nos désirs, accuser la nature de nos souffrances, enfler sans mesure notre individualité et nous plaindre ensuite qu'elle ait été gênée ou meurtrie dans cette expansion artificielle, y a-t-il rien au fond de plus absurde[2]? L'expérience de la vie s'accorde avec la science pour nous commander une autre attitude : elle nous impose un consentement tranquille et fier à l'inévitable. — « Il sentait sa jeunesse usée, sa santé ébranlée, ses forces amoindries, ses recherches limitées, ses espérances réduites... Néanmoins il vivait résigné et calme,

---

1. *Nouveaux Essais de critique et d'histoire*, p. 258.
2. *Nouveaux Essais de critique et d'histoire*, p. 258.

pénétré par le sentiment des nécessités qui nous plient ou qui nous traînent, persuadé que toute la sagesse consiste à les comprendre et à les accepter... Bien des fois, en moi-même, je l'ai comparé à notre cher et vénéré Spinoza[2]. » C'est en ces termes que M. Taine nous parle de « l'ami qu'il a le plus respecté[2]. » Et ailleurs, quand il développe les conseils de Thomas Graindorge à son neveu, ce qui encore domine ces conseils, c'est l'idée d'une soumission raisonnable à l'ordre des choses : « Rappelle-toi la promenade que tu as faite l'autre jour avec moi dans ta forêt. Nous écrasions les fourmis qui se rencontraient sous nos bottes. Les jolis oiseaux voltigeaient pour avaler les mouches ; les gros insectes dévoraient les petits. Nous avons vu dans une ornière, entre deux touffes d'herbes, un petit levreau le ventre en l'air ; un épervier l'avait saisi à sa sortie, mangé à moitié, et le ventre était vide ; des fourmis, des scarabées, une quantité d'affamés travaillaient dans la peau. De dix nouveau-nés il reste un adulte, et celui-là a vingt chances pour une de ne pas vieillir ; l'hiver, la pluie, les animaux chasseurs, les accidents l'abrègent. Une patte ou une aile cassée le matin font de lui une proie pour le soir. Si, par un miracle, il échappe, dès la première atteinte de la maladie ou de l'âge, il va s'enfermer dans son trou, et la disette l'achève. Il ne se révolte point, il subit tranquillement la force des choses. Regarde un cheval, un chat, un oiseau malades. Ils se couchent patiemment ; ils ne gémissent point ; ils laissent faire la destinée. Les choses se passent dans le monde comme dans cette forêt si magnifique et si parfumée. On y souffre, et cela est raisonnable ; veux-tu demander aux grandes puissances de la nature de se transformer pour épargner la délicatesse de tes nerfs et de ton cœur[3] ? »

1. *Nouveaux Essais de critique et d'histoire*, pp. 322-324.
2. Franz Wœpke, à qui est dédié le livre de l'*Intelligence*.
3. *Notes sur Paris*, p. 264.

N'y a-t-il pas cependant dans cette résignation un amer désenchantement, et ne peut-on pas deviner derrière cette attitude systématiquement impassible une sourde protestation d'instincts mal comprimés? Peut-être est-il vrai, en effet, que les circonstances de notre vie et les habitudes de notre éducation nous inclinent à voir dans cette obéissance à la nature un sacrifice de nous-mêmes; peut-être est-il vrai que cette vertu de patience et de sérénité n'est atteinte qu'au prix d'un triomphe douloureux sur notre égoïsme ou notre orgueil; « longtemps les hommes subiront comme des entraves les nécessités qu'ils devraient embrasser comme des lois [1]. » Mais le calme viendra à la suite de la vérité, et à la suite du calme le contentement. Nos révoltes contre l'ordre ne faisaient qu'aggraver notre impuissance; notre résignation, au contraire, loin de paralyser nos forces, nous donnera, avec la paix de l'âme, le pouvoir et le courage d'agir.

Comment et dans quel sens notre activité pourra-t-elle se déployer? Étant donnés les principes généraux de la doctrine, M. Taine, pas plus que Spinoza, ne peut admettre une volonté libre destinée à modifier le cours des choses, ni un idéal en quelque sorte surnaturel, chargé de régler cette volonté. « L'homme n'est pas dans la nature comme un empire dans un empire. » De très bonne heure M. Taine emprunte à Spinoza sa fameuse formule pour la vérifier par l'étude des œuvres humaines en apparence les plus spontanées [2]. Rien n'est qui ne soit nécessaire. L'homme est un théorème qui marche. Que faut-il donc entendre par volonté? C'est faire de la métaphysique avec des métaphores que de regarder la volonté comme un être persistant et distinct, ou comme une force qui agit sur les idées ou les mouvements; la volonté est simplement un terme abstrait et général par lequel nous désignons l'ensemble de nos actes considérés, soit en eux-mêmes,

---

1. *Hist. de la litt. angl.*, IV, p. 421.
2. *Essai sur Tite-Live*, préface.

soit dans leurs conséquences : général, parce qu'il porte sur un groupe d'actions, abstrait, parce qu'il en exprime le caractère commun et essentiel [1]. Dire qu'un homme veut tel objet, c'est dire, en d'autres termes, qu'un homme est ou fait, à un certain moment, ce que la nécessité de sa nature l'oblige à être ou à faire, ou, comme disait Spinoza, qu'il tend à persévérer dans son être. D'où il suit qu'il est illusoire de lui proposer une fin supérieure à sa nature particulière, comme il est illusoire de proposer aux hommes en général une fin supérieure à la nature universelle. On conçoit la vanité de toutes les spéculations sur le possible quand on a vraiment le sens de la nécessité. Il n'y a rien de possible pour l'homme en dehors de ce qui est réel, c'est-à-dire en dehors de ce qui arrive nécessairement. Le vice et la vertu ne sont pas le fait d'une volonté arbitrairement rebelle ou soumise à l'autorité d'un Bien transcendant, exemplaire éternel de toute perfection : « Le vice et la vertu sont des produits comme le vitriol et le sucre [2]. »

La morale n'a donc pas pour objet de les engendrer; — il n'y a pas d'artifice moral qui puisse se substituer à

---

1. *Les philosophes classiques*, pp. 68-78.
2. *Histoire de la littérature anglaise*, Introduction, page XV, de la 2e édition. — Mis en cause au sujet de cette phrase, dans un débat porté à la tribune de l'Assemblée nationale (16 décembre 1872), M. Taine fut amené à expliquer sa pensée dans une lettre rendue publique : « ... Dire que le vice et la vertu sont des produits comme le vitriol et le sucre, ce n'est pas dire qu'ils soient des produits chimiques comme le vitriol et le sucre ; ils sont des produits moraux que les éléments moraux créent par leur assemblage, et de même qu'il est nécessaire pour faire ou défaire du vitriol de connaître les matières chimiques dont le vitriol se compose, de même, pour créer dans l'homme la haine du mensonge il est utile de chercher les éléments psychologiques qui par leur union produisent la véracité... L'analyse une fois faite, on n'arrive pas pour cela à l'indifférence; on n'excuse pas un scélérat parce qu'on s'est expliqué sa scélératesse; on a beau connaître la composition chimique du vitriol, on n'en verse point dans son thé. On peut être déterministe avec Leibniz, et admettre néanmoins avec Leibniz que l'homme est responsable, c'est-à-dire que le malhonnête homme est digne de blâme, de mépris et de punition, que l'honnête homme est digne de louange, de respect et de récompense... » *Journal des Débats*, 19 décembre 1872.

la puissance de la nature; — la morale a pour objet de constater dans quelles circonstances ils apparaissent. Toute explication de l'homme est essentiellement une étude des caractères humains. Seulement, tandis que l'explication strictement scientifique considère le degré d'importance de ces caractères, l'explication proprement morale considère leur degré de bienfaisance[1]. Il faut donc classer les caractères selon qu'ils sont plus ou moins nuisibles ou salutaires, selon qu'ils concourent à détruire ou à conserver la vie individuelle et la vie sociale. La vie individuelle a deux directions principales : ou l'homme connaît ou il agit. Par conséquent tous les caractères de la volonté et de l'intelligence qui aident l'homme dans l'action et la connaissance sont bienfaisants, tandis que les contraires sont malfaisants. Et comme il y a en tout homme une disposition principale, une faculté maîtresse, les tendances particulières qui sont en lui sont bonnes dans la mesure où elles favorisent le développement de cette disposition et l'exercice de cette faculté. Ainsi se classent et s'ordonnent, suivant une logique qui correspond exactement à la logique de la connaissance, les penchants et les forces qui rendent l'homme utile à lui-même[2]. Mais où est le ressort intérieur qui le poussera au bien d'autrui? Il y en a un qui est unique, c'est la tendance à aimer; car aimer, c'est se proposer pour fin le bonheur d'un autre, c'est se subordonner tout entier à son semblable. Là est le caractère bienfaisant par excellence, et quelque forme qu'il prenne, générosité, humanité, douceur, tendresse, bonté native, il émeut notre sympathie et excite son admiration. Plus il s'étend et se multiplie, plus nous le trouvons beau[3]. Et qu'est-ce qui peut le mieux soutenir ce penchant à l'abnégation et au dévouement, sinon l'idée, toujours la même, que notre individualité, loin

1. *Phil. de l'art.*, 3ᵉ éd., II, p. 327.
2. *Phil. de l'art.*, II, p. 320.
3. *Phil. de l'art.*, II, p. 332.

d'être un tout, n'est qu'une portion et une portion infime de l'univers, que par suite l'égoïsme dérive d'une vue très inexacte des choses? Notre intelligence, à mesure qu'elle se dilate, donne à notre activité un objet plus vaste et plus relevé. « Regardez un bien en général, et par exemple prononcez ce jugement universel, que la mort est un mal. Si cette maxime vous jette à l'eau pour sauver un homme, vous êtes vertueux. Les sentiments étant produits par les jugements ont les propriétés des jugements producteurs. Or, le jugement universel surpasse en grandeur le jugement particulier; donc le sentiment et le motif produits par le jugement universel surpasseront en grandeur le sentiment et le motif produits par le jugement particulier. Donc le sentiment et le motif vertueux surpasseront en grandeur le sentiment et le motif intéressés ou affectueux[1]. »

Ainsi les deux grandes vertus de la conduite humaine, résignation et bonté, sont les fruits naturels de l'intelligence, qui nous émancipe de nous-mêmes en nous faisant comprendre notre dépendance à l'égard de l'humanité et de la nature. A l'erreur métaphysique qui fait du moi une substance correspond l'erreur morale qui fait du moi l'objet par-dessus tout important et souverain. De là découle également la plus grave des erreurs politiques. Qu'arrive-t-il, en effet, lorsque l'individu prétend s'abstraire de l'ensemble dont il fait partie? Il se forge d'après ses goûts et ses sentiments individuels une sorte d'idéal; il déduit géométriquement de cet idéal la série des conditions qui doivent rendre l'homme heureux et des moyens qui doivent le rendre capable d'atteindre à ce bonheur; désormais tous ses efforts tendent à bouleverser la réalité pour la reconstruire d'après ce patron : c'est là le principe du fanatisme révolutionnaire[2]. Quand l'homme ne comprend pas qu'il doit s'adapter à la société, il tente

---

1. *Les philosophes classiques*, pp. 281-282.
2. Voir la Psychologie du Jacobin, *La Révolution*, II, pp. 10 et suiv.

de la refaire, comme si la société était un produit de la réflexion et de l'industrie! On en arrive peu à peu, par le progrès de l'exaltation sentimentale et de l'entêtement logique, à des conceptions qui sont vraiment monstrueuses au regard de la nature[1]. On imagine des individus humains, existant en soi, et instituant un jour, par un libre contrat, la vie sociale et le gouvernement; on croit, en conséquence, que la meilleure politique consiste à faire perpétuellement discuter et renouveler ce contrat. Et tandis qu'on poursuit avec acharnement le rêve d'une égalité impossible, on oublie que la société humaine est naturellement dérivée des inégalités naturelles. Le droit primitif de tout homme, c'est la force de sa nature[2]; en face de lui, les autres hommes sont des forces, supérieures ou inférieures, qu'il subit ou qu'il opprime. La société a pour fonction de restreindre le plus possible cet état de guerre en dominant de sa puissance propre les puissances brutes qui gouvernent la vie humaine. Il y a donc entre les membres d'une même société des liens de coordination et de subordination, qui loin d'être établis par la raison pure, résultent de la nécessité des choses, du milieu, de la race, des circonstances historiques. Ce qui importe avant tout, c'est la conservation de la communauté. Avant de songer à garantir les droits prétendus de l'homme, la société doit songer à garantir sa propre existence. « La plus savante constitution est illégitime là où elle dissout l'État; la plus grossière est légitime là où elle maintient l'État. Il n'y en a pas qui soit de droit antérieur, universel et absolu. Selon le peuple, l'époque et le degré de civilisation, selon la situation intérieure et extérieure, toutes les égalités ou inégalités civiles ou politiques peuvent tour à tour être ou cesser d'être nuisibles, partant mériter que le législateur les détruise ou les con-

---

1. L'*Ancien Régime*, l. III, pp. 221-237. — *La Révolution*, t. I, pp. 183 et suiv.
2. Cf. Spinoza, *Tract. polit.*, I, p. 285. — *Tract. theol. polit.*, I. p. 552.

serve, et c'est d'après cette règle supérieure et salutaire, non d'après un contrat imaginaire et impossible, qu'il doit instituer, limiter, distribuer, au centre et aux extrémités, par l'hérédité ou par l'élection, par le nivellement ou par le privilège, les droits du citoyen et les pouvoirs publics [1]. » La société à laquelle touche le législateur est un organisme vivant, qui est né et qui a grandi selon des lois naturelles ; et cette société a sur toutes les sociétés qu'on peut rêver un avantage incontestable, c'est qu'elle existe, bonne ou mauvaise, c'est qu'elle fonctionne, facilement ou péniblement. Au contraire, les sociétés constituées d'après des plans rationnels, « chefs-d'œuvre de raison spéculative et de déraison pratique [2], » ont pour résultat inévitable l'anarchie spontanée, bientôt consacrée par l'anarchie légale. Quelle est donc notre tâche politique? Laisser faire, c'est-à-dire ne rien faire? Non, certes. Mais il faut avant tout se rappeler qu'il n'y a pas pour la société, pas plus que pour l'individu, d'idéal transcendant, que l'idéal de la société est immanent à la nature même de la société. Cette pensée dissipera l'utopie sociale comme elle a déjà dissipé l'utopie morale. C'est la maxime que Spinoza inscrivait au début de son *Traité politique*, et qui inspire également les conceptions politiques de M. Taine. Dès lors, en quoi peut consister pour M. Taine le progrès de la société? Il y a dans une société un groupe de tendances dominatrices, de facultés maîtresses, qui en sont la raison d'être, parce qu'elles en sont les éléments constitutifs : c'est à ces tendances et à ces facultés, variables suivant les différentes nations, que doivent se subordonner les énergies particulières. Par conséquent nous n'avons pas à créer, suivant nos goûts, la forme sociale et politique dans laquelle il nous plaît d'entrer et de rester ; nous avons à la découvrir. « A cet égard, nos préférences seraient vaines ; d'avance la nature et l'histoire

---

1. *La Révolution*, I, p. 188.
2. *Ibid.*, p. 279.

ont choisi pour nous; c'est à nous de nous accommoder à elles, car il est sûr qu'elles ne s'accommoderont pas à nous[1]. » Nous devons donc travailler, chacun pour notre part, dans le sens de la nature et de l'histoire; nous devons d'abord admettre et étudier l'organisme dont nous sommes les membres; puis, au lieu de nous évertuer à le refaire du dehors, contribuer à le développer du dedans, par la spécialité de plus en plus grande et aussi par l'unité de plus en plus profonde de ses fonctions. Rien ne peut suppléer à cette évolution interne de l'organisme social, pas même l'administration la plus savante; car une administration a beau compliquer ses rouages pour tâcher d'égaler la complexité de la vie; des rouages ne sont pas des organes; elle est toujours une œuvre artificiellement construite, et elle ne réussit le plus souvent qu'à arrêter le mouvement qu'elle prétend régler. Il y a donc une marche naturelle de la société que l'on peut diriger dans une certaine mesure, mais que l'on ne peut suspendre ou détourner violemment, sans grand dommage pour les intérêts sociaux, sans grand danger pour la société elle-même. L'œuvre de la raison n'est bonne que si la raison, au lieu de s'opposer à la réalité et d'affecter faussement une espèce de vertu surnaturelle, rentre dans la nature pour s'y adapter et y adhérer, d'autant plus que la nature n'est que la forme aveugle de la raison, et que la raison ne devient efficace qu'en devenant un préjugé, c'est-à-dire une impulsion de la nature[2].

Une maxime domine toutes ces règles de notre activité privée et de notre activité politique, et c'est Gœthe qui en a donné la formule : « Tâche de te comprendre et de comprendre les choses[3]. » Cet effort de l'intelligence marque vraiment dans le monde l'avènement de l'humanité. Avant que cet effort se produise, l'homme n'est qu'un

---

1. L'*Ancien Régime*, préface, p. III.
2. L'*Ancien Régime*, pp. 270 et suiv.
3. *Hist. de la litt. angl.*, IV, p. 420.

animal qui travaille à se défendre contre l'hostilité de la nature et de ses semblables, et qui, plus industrieux que les autres animaux, institue la famille, l'État, les armées afin de mieux assurer sa défense. Mais du moment qu'il domine les inventions purement pratiques et les labeurs purement matériels, il s'ouvre à une vie nouvelle, qui est la vie de la contemplation[1]. Déjà même la contemplation esthétique a pour effet de l'initier à cette vie supérieure. « Regarde autour de toi, voici une occupation moins animale : la contemplation. Cette large plaine fume et luit sous le soleil généreux qui l'échauffe ; ces dentelures des bois reposent avec un bien-être délicieux sur l'azur lumineux qui les borde ; ces pins odorants montent comme des encensoirs sur le tapis des bruyères rousses. Tu as passé une heure, et pendant cette heure, chose étrange, tu n'as pas été une brute ; je t'en félicite, tu peux presque te vanter d'avoir vécu[2] ». Mais si la contemplation esthétique a cet avantage d'être plus accessible à tous les hommes et d'intéresser le cœur autant que l'intelligence, seule la pensée de l'univers, considérée dans sa totalité, peut nous faire entièrement sortir de l'étroite enceinte de notre personne, dilater jusqu'à l'infini notre sympathie en même temps que notre raison[3]. Alors, « on cesse d'entendre ou de voir une chose isolée, un être borné, un fragment de la vie ; c'est le chœur universel des vivants que l'on sent se réjouir ou se plaindre, c'est la grande âme dont nous sommes les pensées[4] ». C'est là une transposition de la doctrine de Spinoza sur l' « *Amor intellectualis Dei*[5] ». Rien n'est supérieur à la contemplation intellectuelle ; car c'est elle qui nous permet de découvrir « que ce faisceau de lois aboutit à

1. *Phil. de l'art.*, I, p. 53.
2. *Notes sur Paris*, p. 269.
3. *Nouveaux Essais de critique et d'histoire*, p. 256.
4. *Notes sur Paris*, p. 332.
5. Cf. P. Bourget, *Essais de Psychologie*, p. 203.

un ordre de formes, que la matière a pour terme la pensée, que la nature s'achève par la raison et que cet idéal auquel se suspendent, à travers tant d'erreurs, toutes les aspirations de l'homme, est aussi la fin à laquelle concourent, à travers tant d'obstacles, toutes les forces de l'univers. Dans cet emploi de la science et dans cette conception des choses il y a un art, une morale, une politique, une religion nouvelle[1]. » Et en effet, dans cette contemplation intellectuelle, le sentiment religieux lui-même s'absorbe et se satisfait ; en même temps que nous sentons notre fragilité, nous percevons l'ordre éternel qui nous fait être, et par là, comme disait Spinoza, nous éprouvons que nous sommes éternels. « L'indifférente, l'immobile, l'éternelle, la toute-puissante, la créatrice, — conclut M. Paul en parlant de la nature, — aucun nom ne l'épuise, et quand se dévoile sa face sereine et sublime, il n'est point d'esprit d'homme qui ne ploie, consterné d'admiration et d'horreur. Au même instant, cet esprit se relève ; il oublie sa mortalité et sa petitesse ; il jouit par sympathie de cette infinité qu'il pense, et participe à sa grandeur[2]. »

Ainsi se ferme le cercle des idées qui composent la doctrine morale de M. Taine. Issu de la science, le problème de la destinée humaine aboutit à cette solution, que la science doit gouverner la vie ; et ce qui rend cette solution légitime, c'est que la science déjà acquise, en nous permettant d'entrevoir la science idéale et complète, nous oblige à affirmer l'unité essentielle du monde et la nécessité universelle. La notion d'une solidarité de plus en plus étroite entre les objets de la nature et les individus humains n'est que l'expression de cette unité et de cette nécessité. Par suite, au lieu de chercher notre bien hors du monde, c'est du monde que nous devons l'attendre,

---

1. *Hist. de la litt. angl.*, IV, 423.
2. *Les Philosophes classiques*, p. 371.

du monde de mieux en mieux compris par l'intelligence. Le monde est bon dans son ensemble, parce qu'il est le Tout; nous n'avons pas qualité pour le juger dans le détail. Appliquées à des objets particuliers, ces appellations de beau ou de bon, de méchant ou de laid, signifient que certaines choses, comparées à certaines autres, nous paraissent, à nous individus, plus belles ou plus laides, meilleures ou pires[1]. Mais l'individu n'est pas la mesure des choses, et une chose particulière n'est pas la totalité de l'univers; une vue partielle ne peut donner lieu qu'à un jugement partiel; il faut remonter de l'individu à la science impersonnelle qui le domine, de l'objet particulier au monde entier qui le comprend. Dès lors, « ce que nous prenions pour une difformité est une forme, ce qui nous semblait le renversement d'une loi est l'accomplissement d'une loi[2]. » Nous n'aurions des raisons de désespérer que si la nécessité venait à nous manquer; or ce danger n'est pas à craindre. Que peuvent donc signifier nos plaintes? Aurions-nous la sottise de blâmer l'irrégularité des quatre facettes dans un cristal? Irons-nous nous indigner contre la géométrie, par conséquent contre cette géométrie mobile et vivante qui est la Nature? Tous les désaccords, toutes les luttes, toutes les monstruosités perdent leur signification mensongère dès que ces phénomènes sont pour nos yeux mieux éclairés des manifestations spéciales d'un ordre toujours identique à lui-même; et le spectacle raisonnable des éléments si multiples et si riches qui composent cet ordre et l'expriment vient remplir entièrement nos idées; si larges qu'elles soient, de perfection et de bonté. Voilà pourquoi la plus haute sagesse est celle qu'ont exprimée les Stoïciens et Spinoza, et qui consiste uniquement dans la pleine et franche acceptation des lois de l'univers.

---

1. *Nouveaux Essais de critique et d'histoire*, pp. 129-130.
2. *Hist. de la litt. angl.*, IV, pp. 422-423.

Telle est l'idée générale du monde et de la vie que M. Taine a philosophiquement conçue et dont il a de plus en plus essayé de trouver l'expression objective dans les faits. Ce goût tenace et passionné de l'observation et de la documentation patientes a pu parfois faire illusion, et par une apparence d'empirisme et de naturalisme, dissimuler le système qui le justifiait. Mais il n'en reste pas moins vrai que ce qui domine la pensée de M. Taine, c'est la notion de nécessité, rationnellement conçue, qui s'impose à l'expérience avant même d'être confirmée par elle. Et précisément parce qu'elle vient du plus profond de l'esprit, cette notion est chez le philosophe dont elle remplit l'âme une source de paix et de joie. C'est uniquement quand elle paraît s'imposer du dehors, sous la pression d'une science extérieure et indifférente à tout, qu'elle devient une cause d'accablement et de tristesse, qu'elle provoque, au lieu de la résignation fière, la mélancolie et la protestation du cœur [1]. L'idée de la nécessité, selon M. Taine comme selon Spinoza, n'est troublante et mauvaise que lorsque nous la subissons comme une fatalité; elle est fortifiante et bonne quand elle est naturellement ou quand elle est devenue par notre effort l'affirmation spontanée de notre être. Le pessimisme n'est donc pas, quoi qu'on en ait dit, le dernier mot de M. Taine [2].

III.

Ce qu'il faut toutefois constater, c'est que chez M. Taine le système s'est réduit de plus en plus à une méthode, mais aussi que par là il a dépassé de beaucoup les limites de sa pensée et de son action propre : il s'est rattaché à tout ce mouvement d'idées qui a eu pour résultat l'éta-

---

1. Voir P. Bourget, *Essais de psychologie contemporaine.* — *Le Disciple.*
2. Bourget, *Essais de psychologie contemporaine,* pp. 233-234.

blissement de la critique « immanente, » c'est-à-dire de cette critique qui, au lieu de proscrire ou d'approuver, observe et explique, qui considère tout ce que fait l'homme comme un produit dont il faut se borner à découvrir les caractères et à déterminer les causes. Or il n'est pas douteux que l'intelligence et l'emploi de ce genre de critique n'aient imprimé à la volonté aussi bien qu'à la pensée une direction nouvelle. A coup sûr les causes qui ont engendré cette critique sont extrêmement complexes et de provenance très diverse; mais il est certain que le spinozisme et l'hégélianisme sont entrés dans la composition de ces causes. On sait avec quelle vigueur Spinoza s'élevait contre la conception de modèles surnaturels qui permettraient à l'homme d'apprécier la valeur de telle ou telle action, de tel ou tel événement. Toutes les fois que l'homme prétend ramener les phénomènes de la nature ou les œuvres humaines à un exemplaire supérieur, c'est au fond à son individualité empirique qu'il les ramène, et c'est d'après ses fantaisies particulières qu'il prononce. Rien n'est plus irrationnel que cette critique qui prétend s'inspirer de la raison : elle se contente d'imposer une forme rationnelle et dogmatique au sens propre que nous avons des choses. Ce qui fait qu'elle est radicalement fausse, c'est qu'elle reste extérieure à tout ce qu'elle étudie; il n'y a pas de faculté de juger qui puisse légitimement se surajouter à la faculté de connaître. Tout acte ou tout produit humain a sa valeur, comme sa réalité, déterminée par l'ensemble dont il fait partie : il exprime à sa façon et à son heure l'inflexible nécessité. Il n'y a qu'un moyen de lui rendre justice, c'est de le comprendre.

Cependant la philosophie de Spinoza, tout en instituant par là la critique immanente, se posait elle-même comme l'Absolu, en dehors duquel rien ne peut avoir de réalité positive. Elle se refusait à reconnaître le rôle de ce qui est négatif et contingent dans le développement de l'esprit humain; la nécessité qu'elle concevait sous forme d'identité pure distinguait absolument d'elle tout ce qui n'était pas elle ; aussi le système de Spinoza, en se donnant comme l'expression de la vérité, excluait-il les systèmes dissidents et adverses : il était un monde rigoureusement fermé, impénétrable aux mondes fragiles et illusoires qu'édifie l'imagination humaine. Mais, avec Hégel, l'idée de la nécessité s'est transformée ; au lieu d'être identité pure, elle est identité des contradictoires ; elle comprend même ce qui la nie, elle absorbe ce qui la limite ; elle fait entrer le contingent et l'accidentel dans la constitution de son ordre et de sa puissance. Le système de Hégel se donne, lui aussi, comme l'expression suprême du vrai, mais précisément parce qu'il est l'expression suprême de tous les systèmes : ce n'est pas seulement la logique qui le consacre, c'est aussi l'histoire.

Ainsi la Raison s'est rendue capable d'expliquer toutes les formes de la pensée et de la vie : elle a conçu que tout ce qui est a le droit d'être, elle s'est interdit de rien négliger ou de rien rejeter. Elle est devenue l'intelligence qui admet tout et comprend tout. Dans un article sur *Hégel et l'Hégélianisme*[1], Edmond Schérer a montré le rôle qui revient à Spinoza et à Hégel dans la formation de l'esprit critique. Selon Schérer, c'est bien Spinoza qui, dans les temps modernes, a été le promoteur de cet esprit ; c'est lui qui d'abord a lutté avec le plus de force contre « le sentiment opiniâtre qui fait que nous croyons à la forme personnelle de la vie comme à la réalité par excellence[2]. » Il a vu mieux et plus loin que la plupart des métaphysiciens qui établissent l'unité de leur doctrine au détriment d'une portion de la réalité, qui opposent perpétuellement les sens et la raison, la matière et la pensée ; il a conçu l'unité du Tout par la nécessité. « Spinoza ne croit pas seulement à des lois de la nature, il croit que

---

1. *Revue des Deux-Mondes*, 15 février 1861.
2. *Mélanges d'histoire religieuse* ; 2ᵉ édit., p. 312.

la nature est tout entière soumise à des lois. Ces lois, qui correspondent à celles de notre intelligence, puisque autrement nous ne les saisirions pas comme lois et n'y verrions que des accidents, cet enchaînement de causes et d'effets, cette nécessité qui régit la nature constitue ce qu'on pourrait appeler l'intelligence de celle-ci. La nature devient ainsi en quelque sorte un esprit qui n'a pas la conscience de soi, comme l'esprit est à son tour une nature qui est douée de conscience. Il n'y a plus, comme on se le représente vulgairement, une opposition radicale entre la nature et l'homme, mais plutôt un rapport véritable et des propriétés communes. Eh bien, il faut aller plus loin. Si la nature est intelligente, si l'homme se reconnaît en elle, c'est que la nature et l'homme ne font qu'un. Ce sont deux formes d'une même substance, deux manifestations d'un même principe. La nature a deux manières d'être : la matière et l'esprit. Disons mieux, l'esprit se révèle sous deux modes : l'un conscient, l'autre inconscient. On va voir cette idée envahir la science et y jouer un rôle considérable[1]. »

Hégel procède de Spinoza ; il développe sous une forme plus compréhensive encore les principes posés par le spinozisme. Selon la donnée fondamentale de son système, il faut que l'homme cesse de vivre comme être individuel pour sentir le monde vivre en lui. Seulement, au lieu de concevoir l'Absolu comme un principe substantiel et fixe, il le conçoit comme un changement sans repos, une transformation sans fin, comme le progrès constant et indéfini d'une réalité qui est tout entière dans la transition et le progrès. Par suite toute parole comme toute pensée qui fixe l'être est incomplète ; elle devient fausse, si elle l'arrête en prétendant se suffire. Toute affirmation suppose une négation, comme toute existence suppose une limite ; mais la négation ne supprime pas l'affirmation,

---

1. *Mélanges d'histoire religieuse*, pp. 312-313.

elle doit se concilier avec elle dans une affirmation nouvelle et supérieure.

Comme doctrine, le spinozisme et l'hégélianisme ont fait leur temps; mais ils subsistent comme méthode. Hégel nous a laissé, comme gage de son esprit, une idée qui est désormais incorporée à l'intelligence humaine. En nous enseignant que ce qui est réel est rationnel, il nous a enseigné à respecter et à comprendre les faits. « Nouveauté immense! Ce qui est a pour nous le droit d'être. Le mot de hasard n'a plus de sens à nos yeux. Nous croyons à la raison universelle et souveraine. Nous y croyons pour l'histoire comme pour la nature. Nous estimons qu'avec des instruments plus délicats, une observation plus pénétrante, un esprit plus souple, nous parviendrons à découvrir les forces qui régissent l'humanité. De là une méthode d'étude et des procédés de critique tout nouveaux. Au lieu de soumettre les faits aux caprices d'une réflexion personnelle, de les ramener à des catégories arbitrairement fixées, nous nous jetons au cœur des réalités que nous voulons connaître. Nous sortons de nous-mêmes pour mieux éprouver la puissance de l'objet; nous nous identifions avec les choses, écoutant leur voix, cherchant à prendre sur le fait le mystère de leur existence. Nous ne transformons plus le monde à notre image en le ramenant à notre mesure; au contraire, nous nous laissons modifier et façonner par lui. Nous nous livrons à l'évolution des lois immanentes de l'univers, afin de les suivre et de les saisir. Nous les saisissons alors, parce que nous sommes saisis, emportés, portés par leur courant. Aux yeux du savant moderne, tout est vrai, tout est bien à sa place. La place de chaque chose constitue sa vérité. Ainsi nous comprenons tout parce que nous admettons tout... La loi de contradiction, tel est, dans le système que nous avons étudié, le fond de cette dialectique qui est elle-même l'essence des choses. Qu'est-ce à dire? Que le fait n'est pas isolé, borné, mais indéfini ; que la chose ne se termine pas en elle-même, mais tient à un ensemble, que tout dans l'univers se touche et s'enchaîne, se limite et se prolonge ; cela veut dire en même temps que tout est relatif, ayant son commencement et sa fin, son sens et son but ailleurs qu'en soi ; cela veut dire que les jugements absolus sont faux parce qu'ils isolent ce qui n'est pas isolé, parce qu'ils fixent ce qui est mobile, parce qu'ils font abstraction du temps, du lieu, du but, de la relation générale et de l'ordre universel... Rien n'est plus pour nous ni vérité, ni erreur ; il faut inventer d'autres mots. Nous ne voyons plus partout que degrés et que nuances. Nous admettons jusqu'à l'identité des contraires. Nous ne connaissons plus la religion, mais des religions ; la morale, mais des mœurs ; les principes, mais des faits. Nous expliquons tout, et, comme on l'a dit, l'esprit finit par approuver tout ce qu'il explique... Le vrai, le beau, le juste même se font perpétuellement ; ils sont à jamais en train de se constituer, parce qu'ils ne sont autre chose que l'esprit humain, qui, en se déployant, se retrouve et se reconnaît[1]. »

Il est à peine nécessaire de noter à quel point cette façon de penser est devenue familière à certains esprits et de rappeler les formes ondoyantes et multiples dont elle s'est revêtue. A mesure que le système doctrinal qui l'avait primitivement engendrée a été plus oublié, elle semble avoir perdu tout principe d'organisation, pour n'être plus qu'un sens très vif et très variable de la valeur ou de la beauté des œuvres humaines : elle a suscité des sympathies pour tout, sans les relier par rien ; elle a reconnu autant de certitudes que d'états d'âmes et transformé l'art sévère de comprendre en un art raffiné de jouir ; elle n'a rappelé ses origines que par l'affirmation, d'ailleurs intermittente, de la puissance et de l'efficacité du savoir. « La résurrection finale, nous dit M. Renan,

---

1. *Mélanges d'histoire religieuse*, pp. 369-375.

se fera par la science[1]. » « La critique, dit-il encore, la critique qui sait voir le divin en toute chose, est la condition de la religion et de la philosophie épurées, j'ajouterai de toute morale forte et éclairée. Ce qui élève l'homme ne peut que l'améliorer[2]. » Ce qui est éternel, c'est l'œuvre de la Raison qui s'accomplit et se perpétue indéfiniment. « La Raison triomphe de la mort, et travailler pour elle, c'est travailler pour l'Éternité[3]. »

La difficulté avec laquelle la pensée française s'est assimilé le spinozisme explique peut-être qu'elle en ait reproduit souvent les conclusions les plus extérieures et les plus négatives et qu'elle n'en ait pas pleinement retrouvé la haute signification métaphysique et pratique. Cependant le spinozisme pourrait tout aussi justement revendiquer sa part dans la formation de cet idéalisme, qui a beaucoup plus agi chez nous qu'il n'a été exprimé, selon lequel il n'y a dans le monde ni choses ni individus en soi, mais de simples dispersions et concentrations d'une même lumière intellectuelle. Aux termes de cet idéalisme, c'est l'éternelle affirmation de l'Être ou de la Vérité qui constitue la valeur de nos jugements et de nos résolutions; c'est de cette affirmation que participent, en ce qu'elles ont de juste et de bon, toutes les opérations de notre intelligence et de notre volonté; c'est cette affirmation qui est immanente à chacune d'elles. Il n'y a que l'Être ou la Vérité qui soit absolument, et c'est le rôle essentiel de la pensée philosophique que de faire évanouir tout ce qui en dehors de l'Être ou de la Vérité prétendrait à l'existence. Nous devons donc nous déprendre de notre propre moi, en tant que notre moi se considère comme la Substance dont la Pensée ne serait que le mode ou l'accident. Nous sommes libres et vertueux dans la mesure même ou nos actes posent une réalité néces-

---

1. *Dialogues philosophiques*, p. 190.
2. *Ibid.*, p. 310.
3. *Discours à l'Académie française.*

saire qui ne distingue pas de ce qu'implique l'Absolu. C'est l'intelligible seul qui est réel en nous comme seul il est réel en soi. Notre volonté est bonne dès qu'elle veut ce qui véritablement est. Sans doute cet idéalisme métaphysique et moral semble nous ramener à Platon autant qu'à Spinoza; mais il n'est peut-être plus indispensable de répéter que dans la doctrine de Spinoza il entre beaucoup de platonisme, et certainement plus de platonisme encore que de positivisme.

CONCLUSION

LE PROBLÈME MORAL
ET LA SOLUTION SPINOZISTE DE CE PROBLÈME

LE PROBLÈME MORAL

ET LA SOLUTION SPINOZISTE DE CE PROBLÈME.

Au terme de cette étude sur le problème moral dans la philosophie de Spinoza et dans l'histoire du spinozisme, il est peut-être permis de dégager, pour les discuter indépendamment de leurs applications particulières, les idées principales qui sont le fond même de l'*Éthique*. Sans doute la façon dont ces idées ont agi ou dont elles ont dû se transformer est déjà un indice qui permet d'en mesurer l'importance et d'en fixer la valeur; mais, sans faire abstraction de ces raisons historiques, on a le droit de les considérer en elles-mêmes pour voir si, par leur signification propre ou leur enchaînement, elles sont adéquates à ce qu'elles prétendent expliquer. Le système qu'elles constituent comprend à la fois une conception du problème moral, une doctrine de la vie humaine et une métaphysique qui, par sa puissance intrinsèque, résout le problème dans la doctrine. Examinons donc si le problème est légitimement posé tel qu'il est conçu, si la doctrine peut se suffire ou si elle doit être dépassée, si enfin la métaphysique établit le rapport véritable et complet de ce que le problème implique et de ce que la doctrine doit être.

I.

Selon Spinoza, comme selon tous les philosophes qui s'inspirent de sa pensée, le problème moral ne peut ni être exclusivement posé en soi, ni être traité avec les seules données de la conscience. La prétention qu'a la volonté humaine de tout ramener à elle ne saurait être tenue pour un droit; la tâche qu'elle entreprend et l'œuvre qu'elle accomplit sont reliées de toute part à l'univers où elles se produisent; si bien qu'un chimérique effort d'abstraction peut seul les isoler de leurs conditions premières et de leurs conséquences dernières. Les formes morales de l'activité ne sauraient être l'objet d'une définition absolue, car elles sont essentiellement relatives, et une définition absolue ne peut s'appliquer à rien de relatif. Nous sommes cependant tellement épris de nous-mêmes que nous nous imaginons pouvoir subordonner l'Être aux exigences ou aux attributs de notre action. Il y a là une illusion naturelle que Spinoza dénonce fort justement. La première intelligence du problème moral consiste à comprendre que les données qui le suscitent dans la conscience humaine ne sauraient être telles quelles transformées en solution, qu'elles ne sauraient, à plus forte raison, contenir les éléments derniers de toute vérité. Ce qui est le Bien doit être conçu d'abord, non par rapport à nous, mais en soi; et comme ce que nous appelons le bien porte encore dans cette dénomination la marque de nos tendances et de nos intérêts, il nous faut dire que ce qui est absolument le Bien, c'est ce qui est absolument. Le problème moral se ramène au problème de l'Être.

Il ne s'agit pas de prétendre par là que les conceptions de la conscience commune soient illusoires, mais simplement de montrer qu'elles ne tiennent pas d'elles-mêmes la part de vérité qu'elles peuvent avoir. Comment, avec la matière empirique qu'elles supposent et à laquelle elles adhèrent, pourraient-elles être élevées à l'Absolu? Elles ne se justifient elles-mêmes qu'en se dépassant; comment pourraient-elles justifier le reste? Les raisons de notre destinée sont infiniment plus profondes que les motifs particuliers de nos actes, et vouloir en absorber le sens dans ces motifs, c'est donner à ce que l'on regarde comme l'œuvre humaine par excellence tout le faux-semblant d'un artifice. La forme sous laquelle nous nous apparaissons à nous-mêmes dans la résolution volontaire n'est pas la cause déterminante de notre conduite; car il y a toujours dans les motifs de notre conscience qui semblent le plus adéquats à notre action une puissance qui les déborde, qui, immanente à chacun d'eux, ne se laisse épuiser par aucun d'eux; et cette puissance, c'est la volonté radicale d'être, ou, pour parler comme Spinoza, la tendance à persévérer dans son être. L'effort moral qui consiste à transposer cette tendance dans un ordre de plus en plus relevé la suppose par cela même; et cela veut dire que nous sommes toujours présents à nous, qu'il y a en nous comme un vouloir antécédent que nous devons développer à travers toutes nos volontés conséquentes. La pure forme morale ne peut rien produire par elle-même ou tout au moins par elle seule : il paraît donc impossible de soutenir qu'elle détermine tout être et toute vérité.

On dira sans doute que ce qui confère à la morale son caractère absolu, c'est qu'elle définit *a priori* ce que la volonté doit être et qu'elle pose ainsi la valeur idéale de l'acte avant l'acte même. C'est elle seule, ajoute-t-on, qui peut consacrer le possible et lui attribuer en dehors de l'existence donnée une signification et une autorité intrinsèques. Le devoir est l'expression suprême de la Raison, parce qu'il ne dépend en aucune manière de ce qui est, parce qu'il est la vérité catégorique, qui a en elle seule sa fin et qui est la fin de tout. Comment pourrait-il y avoir un Principe supérieur à ce qui doit être et à ce que nous devons faire? D'autre part, la volonté qui est en rapport avec la Raison ainsi conçue peut être vraiment autonome; car elle a à se considérer, non pas dans la matière, mais seulement dans la maxime de ses déterminations. Ce n'est pas par sa puissance effective qu'elle vaut, mais par la pureté intérieure de ses intentions. Elle est assurément l'unité de nos actes, mais l'unité pratique, non ontologique, l'unité idéale qui doit être conquise, non l'unité réelle qui se développe spontanément. C'est précisément ainsi que Kant s'est efforcé d'établir la suprématie de la Raison pratique. L'affirmation de la loi morale est le plus élevé des jugements synthétiques *a priori*, puisque la synthèse pratique de la Raison et de nos désirs ne s'appuie sur aucun objet d'intuition, puisque avant d'être elle doit être, et qu'elle ne peut être que par la liberté. Et cette affirmation, selon Kant, est le terme dernier au delà duquel il est impossible de remonter, sous peine de méconnaître le caractère inconditionnel de cette synthèse et de nier l'originalité du sujet moral qui l'accomplit. Ce qui est vrai, c'est donc l'universalité idéale de la Raison, à laquelle serait adéquate, si elle pouvait être jamais achevée, la moralité humaine. Mais c'est positivement le signe de la moralité, qu'elle ne peut jamais être achevée, et que la Raison qui la commande, tout en étant l'Absolu, ne l'est pas comme la *Res æterna* qui détermine actuellement tout, qu'au contraire elle laisse toujours tout à faire à la volonté.

Mais l'on peut toujours se demander si c'est bien l'essence absolue de la Raison que de poser un devoir qui par soi n'est pas, qui ne peut être que pratiquement et par notre action. N'est-ce pas au fond se contenter d'une conception négative de la Raison que de la réduire à ne concevoir au-dessus de l'existence donnée qu'une pure forme qui par elle-même ne produit rien? Si la Raison ne vaut que par rapport à nous et dans son application à notre conscience, la nécessité qui nous la révèle n'est véritablement pas inconditionnelle; elle ne fait qu'exprimer l'impossibilité où nous sommes de nous affranchir d'une contrainte. Par delà cette Raison qui est purement limitative et impérative, nous concevons une Raison qui est absolument en soi, dont la signification est absolument interne et n'a pas besoin de la conscience humaine pour être définie. La Raison, telle que Kant l'admet, n'est destinée qu'à comprendre les phénomènes du monde ou à gouverner la vie : hors de ces usages, elle s'égare. Mais, comme disent les partisans de l'argument ontologique, si l'Être conçu comme parfait n'existait pas, nous pourrions concevoir un autre Être qui aurait, outre les attributs du premier, l'existence, qui est une perfection ; c'est-à-dire que pour ne pas tomber dans la conception contradictoire d'un Être plus parfait que l'Être parfait, nous devons affirmer immédiatement que l'Être parfait est. De même, si la Raison n'est pas la vérité qui est absolument, on peut concevoir une Raison plus haute qui aurait toute la vérité impliquée dans la première, mais qui en plus la rapporterait à l'Être absolu. En d'autres termes, si la Raison n'est pas la vérité en soi, la vérité en soi, dépassant la raison, impose à la vérité que nous pouvons posséder un caractère subjectif et provisoire. Les jugements synthétiques *a priori*, que Kant invoque, et en particulier le jugement synthétique *a priori* qui constitue l'obligation morale, ne sont que des expressions humaines et relatives de la vérité : ils ne sont pas la vérité absolue, et alors s'ils ne peuvent pas établir qu'ils participent en quelque façon de la vérité absolue, ils restent toujours affectés d'un doute qu'ils ne peuvent éliminer. Le devoir ne vaut donc que par ce qu'il contient de l'Être. La raison qui porte le devoir à l'absolu est une raison relative aux faits, qui, n'ayant pas la puissance d'opposer à la réalité apparente la réalité véritable, se réserve simplement le droit de concevoir l'idéal et le possible. Ce qui est en définitive, selon le système de Kant, c'est le fait donné, qui par lui seul est inintelligible, tandis que ce qui est intelligible n'est pas. C'est grâce à cette dissociation de l'intelligible et du réel que Kant découvre un intervalle où peut se mouvoir à son aise la volonté humaine. Mais cet intervalle, n'est-ce pas le vide? Et ne pourrait-on pas retourner contre Kant la comparaison qu'il a développée contre l'idéalisme métaphysique ? « La colombe légère, lorsqu'elle fend d'un vol rapide et libre l'air dont elle sent la résistance, pourrait croire qu'elle volerait encore mieux dans le vide. » C'est là aussi l'illusion de la volonté humaine ; elle croit agir d'autant plus librement qu'elle éprouve moins l'action de la Vérité et de l'Être. A supposer cependant que le rapport du réel et de l'idéal en son fond fût absolument inintelligible, y aurait-il là véritablement de quoi soutenir et raffermir la volonté, alors que c'est précisément le rôle de la volonté de faire pénétrer l'idée dans le fait ? Et n'est-ce pas plutôt parce que nous savons ou croyons que le rapport de l'idéal et du réel est, sinon actuellement pour nous, du moins absolument en soi intelligible, que notre activité peut s'imprimer à elle-même une certaine force et une certaine direction ? Il y a donc consciemment ou inconsciemment enveloppée dans toute volonté agissante l'idée que l'intelligible est absolument en soi avant d'être par nous, et que nous valons nous-mêmes dans la mesure de notre participation à l'ordre qui le traduit. La Vérité est, et nous ne sommes que par elle.

Cependant, d'après ce que l'on soutient, la Vérité, de quelque façon qu'elle soit conçue, ne peut être affirmée que par un sujet, et par suite elle dépend en quelque façon du sujet qui l'affirme. « La Vérité est » est un jugement, qui, ramené à ses conditions, doit être ainsi développé : « Je pense que la Vérité est. » Dès lors, si l'on se refuse à admettre que la Vérité soit relative au Moi, il faut reconnaître qu'elle est le Moi lui-même dans son action la plus haute, qui est effectivement l'action morale. Mais ici il y a une équivoque à dissiper. Car enfin il s'agit de savoir si l'Absolu est parce que je pense, ou si je le pense parce qu'il est. De ce que mon affirmation de l'Absolu se produit dans des circonstances empiriques qui paraissent la déterminer, il ne suit pas que le principe intelligible de mon affirmation soit subordonné à ces circonstances. La proposition : « Je veux que la Vérité soit » ne serait qu'une formule impertinente, si elle exprimait autre chose que les raisons purement personnelles qui peuvent faire que la vérité m'est personnellement connue, si elle signifiait que la vérité est sous l'empire de ma volonté. Qu'entend-on en effet ici par volonté? Est-ce une volonté empirique, hésitante et faillible? Mais alors toute notion du vrai se trouve radicalement détruite. Fait-on appel à une volonté supérieure, essentiellement bonne et juste, qui puisse se considérer à bon droit comme la mesure de tout? Mais alors on avoue que ce n'est plus le simple vouloir, la simple position du sujet par lui-même qui crée le vrai. On reconnaît que la volonté relève d'autre chose que d'elle-même, et que ses affirmations valent, non par elle qui affirme, mais par ce qu'elle affirme. C'est la Vérité qui est le principe médiateur entre le moi qui se détermine et la chose qu'elle détermine : elle n'est ni le sujet qui se pose, ni l'objet qui est posé; elle est essentiellement le Verbe, c'est-à-dire l'affirmation substantielle dont participent d'une part ce qui connaît et ce qui opère, d'autre part ce qui est connu et opéré. C'est cette affirmation substantielle, qui n'étant enfermée dans aucune limite, se reproduit indéfiniment au fond de tous les êtres, qui constitue en eux cette puissance de vouloir, antérieure au développement et aux oppositions de la conscience réfléchie, immanente à la spontanéité naturelle comme à la liberté raisonnable. De même que ce ne sont pas nos motifs de juger qui font l'autorité de nos jugements, ce ne sont pas nos motifs d'agir qui font l'efficacité de nos actes.

Cependant ne peut-on pas réduire l'élément objectif de la volonté à une pure forme, de telle sorte que la volonté n'ait pas à subir le contact tyrannique de l'Être? Ne peut-on pas prétendre que ce qui certifie la bonne volonté, c'est la législation universelle qu'elle pose? La volonté du devoir pour le devoir resterait ainsi l'expression suprême de la Raison. Mais outre qu'alors des objections se représentent qui ont été déjà présentées, il est indispensable de se demander quel rapport il y a entre la loi et la matière de la volonté. Or il semble bien que dans un pareil système ce rapport reste contingent et inintelligible. Car si d'une part la loi façonne et pénètre la matière, c'est que la matière est au fond de même nature que la loi, c'est-à-dire que la Raison doit se retrouver non pas seulement dans ce qui doit être, mais dans ce qui est : les objets auxquels la volonté s'applique enveloppent une sorte de raison en puissance que détermine et qu'actualise la volonté raisonnable; il y a une unité virtuelle ou réelle de notre moi et des choses; l'univers qui nous comprend entend la Pensée qui est en nous. Mais si une telle unité ne peut être affirmée, l'intention humaine reste radicalement enfermée en elle-même; elle ne peut sortir d'elle sans entrer dans un monde étranger; tout ce qui lui est donné pour la traduire s'impose à elle en vertu d'une nécessité physique qu'elle ne peut absolument expliquer : les phénomènes de la conscience sont pour la volonté comme autant de choses en soi, impénétrables et indéterminables. Force est donc de revenir à la conception métaphysique, selon laquelle l'intelligible peut s'imposer au sensible, puisqu'il est ce qu'il y a de réel dans le sensible. Et Kant lui-même revient à cette conception par une voie détournée quand il essaie d'établir à quels caractères le devoir se reconnaît dans la pratique courante de la vie. Car il ne se contente pas de montrer que la maxime de l'action morale doit pouvoir être érigée en une loi universelle; il montre surtout, par les exemples qu'il donne, que le principe de la mauvaise action est un principe négatif, qui dans le monde réel et concret ne peut soutenir jusqu'au bout ses conséquences sans se détruire; il reconnaît au fond qu'il y a comme une sanction de la Raison par l'univers, que l'univers est assez rationnel en son essence pour ne pas pouvoir, en quelque sorte, supporter l'action irrationnelle. N'est-ce pas précisément ce que prétendait Spinoza quand il affirmait que l'erreur et le mal ne peuvent rien fonder de réel et de durable, et qu'ils finissent par se dissiper, rejetés de l'univers par la Raison qui le domine? Et ne faut-il pas ainsi reconnaître que la loi selon laquelle l'intention et l'acte s'unissent n'est pas simplement une loi formelle, mais la loi la plus réelle de toutes, la loi immanente du monde?

Dira-t-on qu'ainsi on justifie et on consacre tout ce qui est, et que cependant ce qui est est par rapport aux plus nobles exigences de la conscience comme un perpétuel scandale, que le problème moral aboutit nécessairement à une solution immorale s'il ne se propose que l'explication et l'acceptation du réel? Mais l'équivoque ici est aisée à dissiper. Montrer que la volonté doit pour vouloir vouloir nécessairement un objet, et que l'objet qu'elle veut se rattache plus ou moins intimement, mais toujours rationnellement à elle, ce n'est pas dire que tout ce que veut la volonté est bon; au contraire, c'est soutenir qu'il doit y avoir une adéquation aussi complète que possible entre l'universalité du pur vouloir et l'universalité de son objet. Il ne faut pas prendre ce qui est, ce qui est réel dans un sens empirique; car ce qui est, ce qui est réel dans un sens exclusivement empirique, c'est ce qui n'a ni être, ni réalité. Ce n'est pas pour s'incliner devant l'empirisme des choses que la Raison refuse de s'incliner devant l'empirisme de la conscience morale; et quand on affirme que ce qui est rationnel est réel, ce n'est pas pour concevoir la Réalité sous la forme du donné, c'est pour établir que, par delà l'opposition des faits discontinus et des idées inadéquates, le Vrai et l'Être ne font qu'un, qu'ils sont, comme nous l'avons déjà dit, l'affirmation substantielle qui se répète, sous des formes relatives, à tous les degrés de la nature et de l'esprit, lien vivant du sujet qui veut et de l'objet qui est voulu. Là-dessus l'intellectualisme spinoziste est pleinement fondé : on ne peut se vouloir complètement soi-même sans vouloir, par la médiation de l'Être infini, l'ordre universel.

II.

Mais cette solution n'est au fond que la position d'un problème nouveau : quel rapport y a-t-il entre la volonté de soi-même et la volonté de l'ordre? Il est évident que Spinoza est tenté de concevoir ce rapport sous la forme la plus simple et la plus immédiate possible. Aux termes de son système, le désir de vivre qui nous constitue n'a qu'à se promouvoir lui-même et qu'à se développer normalement pour aboutir à l'affirmation de l'essence éternelle qui le fonde. Nous n'avons qu'à marcher dans nos propres voies pour trouver Dieu. Il y a une identité de la vie éternelle et de la vie présente, qui fait que dans la vie présente nous découvrons les raisons et les moyens de nous élever à la vie éternelle. Pas plus qu'il ne nous est possible de poser notre être en dehors de l'Être, nous ne pouvons poser notre action en dehors de notre être. D'où il résulte que nous devons uniquement nous déterminer dans la conquête de la béatitude par le genre de sentiments que ferait naître en nous la béatitude conquise : tout effort direct vers le bonheur est bon; il n'y a que la joie qui sauve, et, puisque la vérité suprême est la vérité de la vie, toute pensée de la mort est mensongère et funeste; en d'autres termes la vie ne doit être qu'une constante et imperturbable affirmation de la vie : la spontanéité de la tendance à être se consacre et s'achève dans la liberté de l'esprit.

Cependant il y a dans la doctrine spinoziste cette singulière anomalie, que l'épreuve des passions ne semble rien ajouter, pour l'homme affranchi, à la valeur de sa liberté. La différence reste nulle entre l'homme qui, par hypothèse, arriverait naturellement à la pleine satisfaction de ses désirs et l'homme qui n'y peut arriver que par la lutte contre lui-même et le triomphe sur ses penchants. L'état de servitude, tel que Spinoza le décrit, reste au fond extérieur à ce que nous sommes, et la nécessité qui l'explique ne se rattache que très artificiellement à la nécessité qui nous explique. Nous sommes par notre essence, et nous sommes aussi par l'action des causes extérieures : il ne suffit pas de montrer comment ces deux modes d'existence peuvent tour à tour se subordonner l'un à l'autre pour rendre intelligibles leur rencontre et leur relation. Comment, étant naturellement et rationnellement ce qu'il est, l'homme peut-il, à un certain moment, être ce qu'il n'est pas ? Entre l'organisation spontanée et l'organisation rationnelle de la vie, pourquoi cette œuvre de désorganisation apparente ou réelle qu'opèrent les passions ? Les passions, une fois évanouies, ne laissent rien d'elles-mêmes ; elles sont des illusions qu'a dissipées à jamais la lumière de la Raison pure, elles sont le néant que l'homme libre ne reconnaît plus. Dès lors, le passage du désir naturel de vivre au désir dépravé est inexplicable, comme aussi le passage du désir dépravé à la Raison, puisque d'une part le désir naturel étant bon ne peut pas produire le mal, et que d'autre part le désir dépravé étant mauvais ne peut pas produire le bien. Reste à soutenir, il est vrai, qu'il y a une identité réelle du désir et de la Raison, que cette identité seule est absolument, tandis que ce qui la dissimule et semble la nier n'est qu'apparence trompeuse. Mais pourquoi cette identité se manifeste-t-elle sous la forme confuse de la passion, au lieu de se manifester immédiatement sous la forme claire de l'entendement pur ?

Au fond le système comble ces lacunes grâce à des suppositions qui ne sont pas déduites. Ce que Spinoza est obligé d'admettre plus ou moins implicitement, c'est que sans la dépravation du désir nous ne serions pas amenés à introduire dans l'univers des séparations et des distinctions, que sans ces séparations et ces distinctions nous resterions incapables de connaître ; c'est que d'autre part, sans cette connaissance même tronquée et factice qui nous met en opposition avec nous-mêmes, nous ne pourrions pas arriver à l'intuition intellectuelle qui nous établit définitivement en nous. Mais alors c'est que la tendance à persévérer dans l'être n'est pas une tendance simple dont il suffise de suivre l'impulsion ; elle n'est pas homogène ; elle n'est pas identique à elle-même ; loin d'être la loi positive du développement de la vie, elle reste en soi ambiguë et incertaine. Elle ne peut s'exprimer sans se nier : chacun des actes qu'elle engendre suppose autre chose qu'elle, et à mesure qu'elle se déploie davantage elle découvre de plus en plus des relations dont elle n'a pas posé les termes. Il est impossible, disait Spinoza, que notre être s'affranchisse de tout rapport avec les êtres étrangers. Mais si cette impossibilité n'est pas un simple fait que l'on constate sans l'expliquer, ne faut-il pas qu'elle ait dans notre individualité propre sa raison essentielle ? Ne faut-il pas qu'au plus profond de nous-mêmes la nécessité de l'*autre* soit posée aussi bien que la nécessité de l'*un*, ou, comme le voulait Hégel, que l'unité soit essentiellement l'unité de la différence ? Rien en réalité n'est moins positif que l'autonomie du désir. Alors même que le désir serait, comme le prétendait Spinoza, la mesure de ce qui nous est bon, il y a une loi du désir qui le contraint à se déterminer dans des objets pour se satisfaire, et cette loi est un principe d'hétéronomie. Il y a une scission qui se produit inévitablement dans notre être entre ce qui désire et ce qui est désiré, et les progrès de l'expérience, bien loin d'effacer naturellement cette scission, ne font que l'aggraver et la rendre naturellement plus profonde. A mesure que le champ de la réalité se découvre et s'élargit devant nous, les relations de notre désir à la multiplicité des objets désirables se compliquent et s'embrouillent. Il nous suffit, dit-on, de nous vouloir nous-mêmes. Mais comme il est insuffisant de nous vouloir nous-mêmes pour savoir ce que nous avons à vouloir ! Pas plus que l'unité de notre être ne se laisse immédiatement affirmer, l'unité des choses ne se laisse immédiatement saisir ; entre les principes antécédents et les fins conséquentes de notre volonté, des moyens termes s'insèrent, de plus en plus nombreux à mesure que nous vivons, de moins en moins réductibles à un système simple et définitif. Ce n'est pas d'un mouvement régulier et sûr que nous pouvons aller à la vérité et à la joie ; c'est bien plutôt à travers des contradictions incessantes, qui, sans cesse suscitées, ne sont jamais définitivement résolues.

Or le développement de ces contradictions tient à la contradiction interne qu'implique la tendance à persévérer dans l'être. Il y a, enveloppée dans cette tendance, la dualité du sujet qui désire et de l'objet qui est désiré : c'est cette dualité que le spinozisme tente de ramener à une illusion, tantôt en justifiant l'autonomie absolue du sujet qui désire, tantôt en justifiant la puissance absolue de l'objet qui est désiré, tantôt enfin en justifiant l'unité absolue du désir et du désirable. Mais quand l'objet est tout-puissant, que devient l'activité interne du sujet ? Quand le sujet est autonome, que devient la réalité de l'objet ? C'est la Raison, nous le savons, qui concilie la liberté du sujet et la nécessité de l'objet. Toutefois cette solution est encore un problème. Quel est le rapport de notre être, et quel est le rapport du monde à la Raison ?

Il est incontestable que ce rapport ne peut être défini absolument ni dans le langage du sujet, ni dans le langage de l'objet. C'est le défaut de la métaphysique spinoziste que de l'avoir surtout défini dans le langage de l'objet. On peut dire que Spinoza assimile l'ordre de nos motifs d'agir à l'ordre dialectique de nos actes. La vérité se manifeste en nous comme elle se manifeste hors de nous. Ce qui est de notre fait est aussi de notre volonté, dans la même proportion et de la même façon : l'unité de ce que nous pensons être et de ce que nous sommes est simple et naturelle. Que nos actes nous jugent, c'est toute justice ; car ils traduisent exactement la valeur de nos idées. Cependant, à y regarder de près, quelle différence et souvent même quelle disproportion entre ce qui en nous prépare nos actes et nos actes eux-mêmes ! Quand nos actes prennent place dans l'ordre des événements, ils n'expriment plus que le résultat, souvent très simple, d'un travail souvent très compliqué à l'intérieur de nous-mêmes. Nous sommes obligés de douter pour penser, de délibérer pour agir. Et tandis que les relations qu'il y a entre les actes successifs d'un homme semblent, dans bien des cas, faciles à déterminer, rien n'est moins aisé que de marquer les relations qu'il y a entre ses actes et ses dispositions intérieures : il y a, par exemple, dans la sagesse la plus sûre et la plus franche une réserve qui nous empêche de la pénétrer à fond. Qu'est-ce à dire, sinon que la matière de notre activité morale n'en épuise pas la forme et qu'en un sens nous dépassons toujours notre œuvre ? On ne peut donc pas se contenter de dire avec Spinoza que le doute et la délibération sont des états inférieurs, des états d'impuissance, que dominent et suppriment en nous la pensée claire et l'action décisive ; car il reste à savoir si le conflit des idées inadéquates ne nous dispose pas mieux que le désir naturellement efficace à une vie complète et moralement bonne, si l'effort intérieur par lequel nous nous sommes dégagés du cours régulier de l'existence n'est pas le principe d'une plus haute vertu ; et enfin il reste toujours à se demander pourquoi les voies de l'esprit sont si compliquées qu'il faille se mouvoir parmi les contraires de la conscience réfléchie avant de poser l'acte dans sa réalité définitive.

Voilà donc le problème que suscite perpétuellement sans le résoudre la doctrine de Spinoza. Tout en soi est déterminé : comment se fait-il que par rapport à nous il y ait indétermination ? Car ce n'est pas résoudre le problème que de prétendre que l'indétermination qui est en nous n'est qu'apparente, que cette indétermination résulte de ce que l'unité n'est pas établie entre la nécessité de notre être et la nécessité des choses, que le monde et notre individualité sont la même vérité identiquement déterminée, dès qu'au lieu de s'opposer dans la confusion des sens ils s'unissent dans la clarté de la raison. Il n'en est pas moins certain que la vérité de l'univers objectif est actuellement, tandis que nous avons à travailler pour conquérir et posséder notre vérité, que le monde est, tandis que nous, nous devenons. Dès lors est-il possible d'assimiler les lois de l'esprit, qui devient, aux lois de la nature, qui est ? Peut-on admettre que la nécessité qui détermine dans son développement la tendance de notre être à persévérer dans son être soit absolument du même genre que la nécessité qui détermine le mouvement des planètes ? Au fond cette identité même se trouve déjà en partie niée par le spinozisme quand il conçoit que la nécessité affirmée par la Raison est nôtre et qu'elle exprime la position de notre être dans l'Absolu. Il faut donc reconnaître que dans son application à l'esprit la nécessité est autre que dans son application à la nature. Certes il ne s'agit pas de contester la vérité du déterminisme : tout rationalisme ou idéalisme conséquent est déterministe ; il est impossible que la Raison ne soit pas dans quelque mesure présente à tout ce qui est. Mais ce qui reste à expliquer, c'est que la ligne de la nécessité ne soit pas absolument droite et qu'elle vienne se briser dans la conscience réfléchie en une multiplicité de lignes qui s'entre-croisent. Le déterminisme est vrai ; mais pourquoi, dans l'intelligence humaine, le déterminisme, au lieu d'enchaîner immédiatement les causes réelles et les effets réels, vient-il se disperser et semble-t-il s'évanouir dans l'infinie complexité du possible ? Pourquoi multiplie-t-il les moyens pour arriver aux fins? Et pourquoi va-t-il de la conception des fins à la réalisation des moyens? Pourquoi enfin, étant la vérité, engendre-t-il la croyance au libre arbitre? Encore une fois, il est légitime de soutenir avec Spinoza qu'une telle croyance, portée à l'Absolu, est fausse, que la contingence ne peut pas être un principe positif d'action, que le libre arbitre, érigé en cause, n'est qu'une puissance formelle et improductive, que notre volonté, étant de ce monde, est telle volonté et non telle autre, et qu'elle agit toujours en vertu de raisons qui sont déterminantes. On peut ajouter avec lui que ce n'est pas une volonté ambiguë et fragile qui aurait le pouvoir de nous affranchir, et qu'il y a dans l'expérience de la vie une force et une certitude infiniment plus grandes. On peut enfin penser que la foi au libre arbitre absolu est un prétexte à l'orgueil, qu'elle peut donner à l'homme la tentation de croire qu'il se fait ce qu'il est par une combinaison plus ou moins simple de procédés, et que son œuvre peut avoir une efficacité et une vertu qu'elle ne tiendrait pas de Dieu. Et cependant, il y a dans la croyance au libre arbitre une part de vérité que le déterminisme spinoziste découvre au moment même où il tente de l'exclure. Si nous sommes convaincus de la réalité du libre arbitre, c'est qu'il entre dans nos actions un infini qu'il ne nous est pas possible de démêler. Mais c'est précisément cet infini qui est cause que nous gardons toujours, au sein même de l'acte le plus concret et le plus défini, le sentiment d'une multiplicité indéfinie de possibles. Les êtres de la nature n'ont ni aucune originalité, ni aucun mérite à être ce qu'ils sont; l'homme, au contraire, n'est jamais pour ainsi dire ce qu'il est, parce que tout reste possible pour lui à mesure que tout se réalise. S'il est déterminé en son être et en ses manières d'être, comme le prétend Spinoza, la façon dont ses manières d'être sont rattachées à son être est bien loin d'être immédiatement fixée : il faut précisément la vie tout entière pour opérer ce rattachement. Ce qui prouve que je suis libre, disait Descartes, c'est que je doute. La délibération qui est le doute méthodique de l'activité a précisément pour objet d'introduire entre les principes primitifs et les fins dernières de notre vouloir des séries de moyens termes qui ne peuvent s'estimer en soi, qui apparaissent suivant une loi de contraste et d'opposition, qui ne peuvent par suite être appréciés que par leur rapport avec d'autres termes différents ou contraires. Et il est à coup sûr moralement intéressant que, grâce aux hésitations et aux luttes de la conscience réfléchie, grâce à la croyance au libre arbitre qui se produit parmi ces hésitations et ces luttes, la conviction s'implante en nous de la relativité de nos actions particulières; la pensée que la réalité actuelle est inadéquate au possible est un principe intérieur de mouvement.

On dira sans doute que le système des causes qui déterminent notre activité peut être, sinon pour nous du moins en soi rationnellement défini. Qu'importent alors les détours de la conscience et les complications de la volonté réfléchie? Ce qui sera par nous est dès à présent en soi. N'est-ce pas précisément le caractère du déterminisme de rapprocher ce que nous nous évertuons à séparer et de définir brièvement les causes dont nous nous appliquons à suspendre ou à ajourner l'influence? Quel intérêt y a-t-il pour notre liberté à ce que nous mettions tout notre temps à produire ce qui nécessairement doit être? N'est-ce pas que la vérité déterminée supprime les intervalles du temps comme les hésitations de la conscience? Il semble bien en effet, selon le spinozisme, que l'intelligence de ce que nous sommes nécessairement fasse évanouir en nous toute indécision et toute inquiétude, et ramène toute la vie à la simplicité des raisons qui l'expliquent. Cependant à d'autres égards le spinozisme est obligé de confesser que la vérité sur la vie n'est pas identique à la vérité de la vie, qu'il ne nous suffit pas, par exemple, de connaître par formule ce qui est notre bien, qu'il nous faut encore le rendre efficace en nous, le faire passer à l'état d'affection et de sentiment. C'est donc que le déterminisme du vrai n'est pas, dans son expression simple, toute la vérité, qu'il reste impuissant s'il ne nous est pas tout à fait intérieur, et qu'il ne peut nous être intérieur qu'à la condition de le devenir. Il n'y a pas, pourrait-on dire, d'immédiation naturelle absolue de la vérité et de la vie. Dès lors, tandis que dans l'interprétation scientifique du monde on peut substituer la loi à l'ensemble des faits dont elle rend compte, dans l'interprétation de la destinée humaine il est impossible de négliger les moyens par lesquels la loi pénètre dans l'intelligence et arrive à être comprise. D'une part, dans l'ordre de la nature, la loi est : son existence et son mode d'action ne font qu'un ; d'autre part, dans l'ordre de l'esprit, la loi se réalise peu à peu, et par une série d'actes dont certains semblent la contredire. Le déterminisme n'a pas seulement à expliquer le déterminisme, mais encore la foi à la contingence et au libre arbitre ; jamais par conséquent la formule scientifique de la nécessité de notre être ne peut être égale à l'action par laquelle nous avons, tour à tour et suivant les cas, méconnu, subi et accepté cette nécessité. C'est qu'au fond l'ordre universel ne peut être défini en soi, indépendamment de nous, ou, pour mieux dire, il ne peut l'être que par la raison scientifique ou contemplative qui compose ensemble les motifs intérieurs et les événements extérieurs, comme s'ils étaient du même ordre. C'est à ce point de vue que l'on se place quand on dit qu'il n'y a pas de possible en dehors du réel, et que tout possible véritable et complet tient de lui-même et de lui seul toute sa puissance d'être : alors ce que j'ai réalisé par moi ne diffère en rien de ce qui est réalisé sans moi ; il n'y a plus qu'un système d'objets. Mais quand il s'agit d'expliquer la vie humaine, il ne faut pas oublier que, si nous sommes en fonction de l'ordre universel, l'ordre universel est aussi en fonction de nous, et qu'agir c'est reproduire, sous une forme plus ou moins imparfaite, l'unité substantielle et vivante qui relie le sujet et l'objet. Dans toute action humaine il entre à la fois de la puissance des choses et de la puissance du moi : ici l'harmonie du possible et du réel n'est pas faite, elle doit se faire ; les actes ne peuvent être qu'en étant possibles en soi et par nous.

Et c'est précisément cette impuissance de l'univers objectif à être le Tout qui est cause que les formes innombrables du possible se déroulent devant la conscience. Le sujet qui veut a autant de droit à être que l'objet qui est. Il y a tout un développement original de la volonté dont le spinozisme a méconnu l'importance. C'est déjà un fait capital, que la volonté qui veut ne peut pas rester une, puisqu'elle doit être à la fois la volonté qui veut et la volonté voulue : or la volonté voulue ne dérive pas par voie directe de la volonté qui veut ; dans la volonté qui veut il y a un infini en puissance qui ne peut se contenter de rien de fini. Mais parce que d'autre part la volonté ne peut vouloir qu'en se déterminant, elle doit nécessairement choisir entre des fins différentes ou contraires : alors les possibles irréalisés deviennent pour la volonté la preuve qu'elle n'accomplit jamais entièrement ce qu'elle veut. C'est l'idéal immanent de la volonté que de se reconnaître tout entière dans ce qu'elle fait ; or comment pourrait-elle s'y reconnaître tout entière, puisque son objet actuel est inévitablement borné ? Mais elle n'en confère pas moins à son acte une originalité irrécusable, par ce fait qu'après s'être partagée entre les raisons contraires d'agir, elle apporte, pour le triomphe de l'une d'elles, la puissance qui s'était dispersée en toutes. L'acte que nous accomplissons n'est jamais égal à ce que postule notre volonté antécédente ; mais dans l'acte que nous accomplissons, au moment où nous l'accomplissons, toute notre puissance est présente ; et ce qui fait que cet acte est essentiellement libre, c'est que l'infini de la volonté ne s'est déterminé dans un objet fini qu'avec la conscience des limitations et des retranchements qu'il était obligé de subir. C'est là ce qui donne à la vie réfléchie un prix auquel la vie naturelle ne saurait prétendre, et c'est là ce qui montre à l'homme qu'il ne peut pas développer son être sans se nier, se vouloir sans se sacrifier.

Il est vrai que l'action de la vie réfléchie paraît perdre, en certitude ce qu'elle gagne en valeur et en dignité. Or être dans sa conduite le plus assuré et le plus ferme qu'il se peut, c'est là, aux yeux de Spinoza, la marque authentique de la sagesse; d'où il suit que les oppositions suscitées par la conscience sont essentiellement funestes à la moralité. Cependant l'intégrité de l'action humaine ne peut pas être assimilée à l'intégrité du fait objectif, qui n'est qu'une combinaison arrêtée de certains éléments; elle suppose tout un travail d'organisation par le détail qui met en jeu les plus subtiles ressources de la réflexion. Les grands hommes d'action ne sont pas seulement ceux qui marchent droit devant eux par inspiration ferme et par résolution décisive, ce sont ceux aussi qui, par un effort intense et compliqué de méditation, expérimentent en eux-mêmes la puissance et la sûreté de leurs procédés. Il faut que l'unité naturelle soit dissoute en nous pour que l'unité spirituelle puisse être constituée. C'est bien donc sous la forme de la dualité et de la contradiction que se développe la vie humaine; vouloir retrouver l'unité le plus immédiatement possible, c'est retomber dans la nature dont cependant on prétendait s'affranchir. Le monde dans lequel la volonté doit accomplir son œuvre est un monde divisé d'avec lui-même, un monde où les actes se produisent, non par une simple et facile harmonie, mais par une laborieuse synthèse de l'idée et de la réalité; car ici tour à tour l'idée dément la réalité et la réalité dément l'idée. La vertu et le bonheur, le droit et la force se nient réciproquement, et il ne sert à rien de dire que cette sorte de négation est absurde et vaine, puisque c'est précisément le rôle de la volonté que de la rendre vaine et absurde. Ce qui est en soi n'est pas immédiatement pour nous et ne peut être pour nous que par nous. De là les efforts que nous devons nous imposer pour faire s'unir des éléments d'action primitivement séparés, pour établir des liens à la fois de plus en plus ténus et de plus en plus forts entre nous et les choses. C'est seulement dans la vie antérieure à la conscience réfléchie que les idées sont naturellement des forces, car elles ne sont alors que la loi de mouvements spontanés qui s'exécutent d'eux-mêmes. Mais quand il s'agit de réaliser les idées que nous concevons, nous sommes rigoureusement obligés de conquérir pour elles la puissance qui leur manque naturellement ; nous sommes obligés de parcourir dans tous les sens la filière des causes et des effets pour savoir à quel moment et sous quelle forme notre acte peut s'introduire dans le cours de l'univers et venir y occuper sa place. Pour transformer les choses, nous devons souvent réformer nos idées. Nous apprenons souvent à nos dépens l'inefficacité totale ou partielle des moyens que nous avions résolu d'employer, et cette expérience, pénible à notre amour-propre ou douloureuse à notre cœur, a du moins l'avantage de nous montrer que le déterminisme en vertu duquel les idées aboutissent aux faits n'est ni simple ni direct, qu'il se décompose en des moments divers et nombreux, et qu'à chacun de ces moments il exige le renouvellement de notre énergie intérieure et comme la reprise de notre décision. Ce travail de la conscience réfléchie qui suscite en nous les contraires pendant la délibération se prolonge, par-delà la décision mentale, dans l'effort par lequel nous tentons d'adapter les choses à nos idées : ce sont les choses qui se chargent d'évoquer devant notre regard les possibles que nous n'avions pas prévus ou que nous avions cru trop aisément annuler. C'est bien donc dans la lutte et la contradiction que l'existence humaine doit se mouvoir.

Ce n'est pas cependant dans la lutte et la contradiction qu'elle a sa fin dernière; l'entendement réfléchi est l'organe, mais non le principe suprême de l'action. Livré à lui-même et à sa propre suffisance, il ne peut qu'engendrer à la longue cette incapacité de vouloir, qui se révèle par l'acceptation successive de tous les contraires et le désir incohérent de tous les possibles : il peut devenir le dilettantisme stérile qui s'éprend de toutes les formes de la vie sans avoir la vertu d'en réaliser fermement aucune; il peut briser le lien qui nous unit à l'univers et qui unit en nous nos puissances intérieures. C'est là le mal essentiel, le péché contre l'Esprit; c'est la négation de tout ce qui nous donne le droit d'être et la puissance d'agir; c'est le suicide absolu. L'activité spontanée qui se déploie sincèrement, même avec une entière ignorance de ses fins, est infiniment supérieure à cet art superficiel et illogique, qui ne sait que se jouer de tout. Si c'est le défaut du spinozisme de n'avoir pas suffisamment déduit la nécessité naturelle et de s'être refusé à glorifier la nécessité morale de la contradiction dans l'existence, c'est certainement sa grandeur d'avoir conçu que l'unité du Vrai et de l'Être domine et résout toutes les oppositions, qu'elle est la raison immanente de notre être et de nos manières d'être. Dès lors on peut dire que si cette unité ne se manifeste pas immédiatement en nous et dans les choses, c'est notre devoir d'agir au moins sous l'idée de cette unité; car alors nous comprenons ce que serait notre volonté si elle était l'affirmation absolue de tout l'intelligible et de tout le réel. Au lieu d'être enfermés dans le cercle étroit de l'existence actuelle, nous tendons ainsi à nous dépasser nous-mêmes en suscitant en nous à l'infini de nouveaux motifs d'agir, en considérant le *donné* comme une simple apparence qu'il faut travailler à dissiper ou à transformer. Toute notre vie morale est la solution d'une contradiction nécessaire qui est impliquée en nous; nous ne pouvons nous déterminer positivement qu'en participant de cette affirmation substantielle de l'Absolu qui nous fait être, qu'en posant Dieu en quelque sorte dans notre action; et cependant les déterminations de notre volonté sont telles qu'elles ne peuvent, à cause de leurs inévitables limites, contenir et exprimer Dieu : il y a une égale erreur à méconnaître la contradiction comme si elle était vaine, et à l'accepter pleinement comme si elle était définitive.

Ainsi il est bien vrai que notre essence actuelle s'explique par notre essence éternelle. Mais le passage de notre essence actuelle à la conscience de notre essence éternelle n'est pas aussi direct que Spinoza l'imagine. C'est ce que le système spinoziste est bien obligé de manifester quand il justifie d'un côté, par la conception de l'essence particulière affirmative, l'autonomie de l'individu, et quand d'un autre côté, par la conception de la nécessité universelle, il établit un principe d'hétéronomie. A parler rigoureusement, la loi de la volonté est à la fois une loi d'autonomie et une loi d'hétéronomie. Que le principe moral se fonde sur la pleine affirmation de la volonté par elle-même, soit; mais il faut reconnaître que cette affirmation suppose pour se développer de perpétuelles négations d'elle-même. Comme il nous est impossible de regarder brusquement et de contempler en face la lumière qui nous éclaire pour que nos yeux ne soient pas aveuglés par l'éblouissement, de même notre volonté ne pourrait supporter l'immédiat et complet épanouissement de ses puissances; elle ne peut se révéler à elle-même qu'à la condition de se limiter; et c'est précisément la vertu par excellence que de ne pas se borner à subir ou à accepter, que de rechercher et de provoquer ces limitations nécessaires. C'est dans la lutte et la souffrance que se retrempe l'énergie du caractère, et le véritable courage moral consiste à savoir sacrifier de soi avant que le déterminisme de l'univers impose le sacrifice comme inévitable. Quoi qu'en pense Spinoza, le développement de la vie morale comporte une essentielle hétérogénéité des moyens et de la fin : c'est l'humilité qui conduit à la gloire, c'est la mort qui conduit à la vie. Jamais notre sagesse ne peut être assez certaine pour se promettre à bon droit de rester devant tout ce qui arrive imperturbable ou inflexible. Il faut savoir s'humilier sans raison apparente pour que l'humilité ne soit pas à un moment donné une nécessité déprimante ; il faut savoir se mortifier sans que rien l'exige pour que la mort ne soit pas la plus lamentable des surprises. Assurément Spinoza a bien vu que la vertu est la négation de ce qui n'est pas et l'affirmation de ce qui est ; mais parce qu'il a cru à la force immédiate de la Raison, il n'a pas mesuré l'intervalle qui sépare ce qui n'est pas de ce qui est ; il n'a pas compris que ce qui n'est pas, est, dans le développement de nos tendances naturelles, tellement uni à ce qui est, qu'il faut parfois nier ce qui est pour arriver à nier ce qui n'est pas, que les passions pénètrent si intimement dans le désir de vivre, qu'il nous faut, pour dominer les passions, réprimer ce désir. Et si d'ailleurs la tendance à persévérer dans l'être n'est pas simplement une tendance positive, si elle implique dualité et négation, on peut dire que rien n'est immédiatement pour le bien et que tout doit être. Ainsi se trouve justifiée la conception du devoir. Le devoir n'est pas l'expression de l'Absolu en soi, il suppose une vérité plus haute que lui ; mais il est l'expression de l'Absolu par rapport à nos désirs. La pensée du devoir, du renoncement, de l'abnégation, si elle n'est pas la pensée qui nous sauve définitivement, est du moins la pensée qui sollicite la grâce et qui rend possible le salut.

De la sorte se trouve transformée et dépassée la conception spinoziste de l'homme libre. La liberté voulue pour elle-même est une forme vide qui ne peut ni embrasser ni retenir tous les éléments de la vie morale ; elle ne semble constituer un objet positif d'action que parce qu'elle pose devant notre regard une sorte de Moi supérieur se suffisant à lui-même dans la plénitude et la toute-puissance de son acte; elle est, ainsi que l'entendait Spinoza, la tendance à persévérer dans l'être, ramenée à son infaillible et impeccable principe. Mais telle est en réalité la loi du développement de notre être que nous n'avons jamais en nous de quoi nous suffire; en nous enfermant en nous-mêmes sous prétexte de participer directement à la Raison, nous courons le risque de porter à l'Absolu ce qui n'est qu'une forme relative et imparfaite de notre être. Sans doute le spinozisme justifie la liberté en l'identifiant avec la conscience de la vérité; mais il reste à savoir si c'est l'affirmation de notre liberté qui nous donne de la vérité la conscience la plus sûre. La liberté, aux termes du spinozisme, c'est la vérité posée par nous et pour nous. Mais puisque la Vérité est essentiellement l'unité des êtres, puisque c'est son attribut essentiel d'être toute en tous, il semble que l'unité systématique et impénétrable de notre individualité n'est pas la plus haute expression possible de la vie morale. Nous devons, comme l'Infini qui se communique, au lieu de rester éternellement en soi, être affirmation des autres avant d'être affirmation de nous-mêmes. On dira sans doute que la Raison unit dans un acte indivisible cette double affirmation, que nous sommes les autres du moment que nous sommes vraiment nous; mais il reste à savoir si cette identité de nous-mêmes et de nos semblables peut jamais se réaliser complètement et définitivement dans notre être, et si par conséquent ce n'est pas l'affirmation des autres qui doit être conçue la première pour empêcher l'égoïsme d'envahir et de corrompre l'affirmation de nous-mêmes. Nous sommes bien dans l'Absolu, comme le voulait Spinoza, des Essences particulières; mais d'une Essence particulière à un autre il y a un infini qu'il nous est impossible de déterminer : nous ne connaissons pas la loi de leur communication, nous ne possédons jamais les moyens qui nous permettraient de comprendre entièrement un être dans un autre être ; par conséquent les rapports de nous-mêmes avec nos semblables sont affectés d'un caractère inévitable de transcendance. Ce n'est donc pas à la liberté qui nous pose en nous, c'est à la charité qui nous donne à autrui que revient le droit d'exprimer pratiquement cet infini.

C'est reconnaître au fond que le problème moral n'est jamais résolu définitivement ni en soi, ni par nous. Nous pouvons être tentés d'en arrêter la solution à notre profit quand il nous semble que tout se ramène à la position que nous avons prise. Mais c'est qu'alors nous décidons que tout l'intérêt de la vie est en nous et qu'au dehors de nous tout est indifférent. Nous ne voulons connaître du haut de notre sagesse que ce qui ressemble à notre sagesse. Eh bien, ce n'est pas là la sagesse véritable. La sagesse véritable consiste à éprouver sans cesse l'idéal que l'on s'imagine avoir atteint, et, au lieu de le fixer sous la forme de l'éternel, à en expérimenter à nouveau dans l'existence journalière la valeur et l'efficacité. Notre tâche consiste, non pas à nier la vie sensible au nom de la Raison immédiate et immédiatement souveraine, mais à assurer le triomphe de la Raison en la faisant pénétrer de plus en plus dans la vie sensible; non pas à nous affirmer par delà ce que nous paraissons être et à affirmer nos semblables par delà ce qu'ils paraissent être, mais à introduire graduellement le vrai dans l'infinité de l'apparence. Considérée en soi, la vie sensible n'est rien; mais c'est de ce néant que nous devons, par la puissance de la Raison, faire surgir l'être : l'œuvre morale est une création *ex nihilo*. A ce qui n'est métaphysiquement que vanité et songe, nous devons communiquer l'existence et la vérité. Il nous faut, non pas nier le temps par l'éternel, mais produire en quelque sorte l'éternel dans le temps; non pas abstraire notre pensée des choses, mais l'y plonger. Et comme ici encore le rapport de notre Raison à notre sensibilité est infini, aucun acte présent ne peut jamais l'exprimer d'une façon absolue et définitive : la certitude de la vie éternelle devient nécessairement pour nous l'espérance de l'immortalité.

Ainsi ce que le spinozisme a profondément et justement conçu, c'est que la Vérité est absolument en soi et par soi ; ce qu'il n'a pas suffisamment montré, c'est que la Vérité, qui est absolument en soi et par soi, doit, relativement à la conscience humaine, devenir et se faire, que notre action, tout en étant fondée dans l'unité de l'Être, ne peut pas se parachever sous la simple forme de l'unité, que notre vie doit se perdre pour se retrouver, s'aliéner pour se posséder. Et de fait, notre vie se perd et s'aliène d'abord dans la passion qui la livre aux choses et lui découvre ainsi son néant ; mais elle peut sortir de cette épreuve, si elle l'a bien comprise, plus forte pour le bien ; elle se perd et s'aliène dans la charité qui est un don d'elle-même à autrui ; mais alors elle conquiert beaucoup mieux que par l'affirmation de sa liberté propre l'intelligence de sa destinée. Dans la communion vivante des âmes, l'homme raisonnable conçoit intuitivement que la pensée de *l'autre* ne peut en soi être séparée de la pensée de *l'un*, et que même, pour la direction pratique de la volonté, elle la dépasse en valeur infiniment.

III.

C'est en ce sens d'ailleurs que le système de Spinoza a dû historiquement se transformer ; il a dû se rendre capable de comprendre un développement de la vie concrète qu'il était d'abord disposé à nier ou à réduire, que volontiers il ramenait à un acte immédiat et immobile ; il a dû tâcher de montrer comment l'essence éternelle qui nous constitue peut se révéler dans la tendance à persévérer dans l'être. Et alors il est apparu que la simple et absolue affirmation de l'Être ne pouvait expliquer qu'elle-même, qu'elle n'expliquait rien de ce qui, suivant les cas, ou la limite ou la traduit. Comment, étant l'identité pure, la Substance peut-elle se produire hors de soi, et comment, se produisant hors de soi, peut-elle revenir à soi? Il est donc apparu de plus en plus clairement que l'Absolu devait contenir en lui-même, non pas seulement un principe d'immédiate réalité, mais encore un principe de déploiement ou de manifestation. Puisque la dualité de l'idée et de la chose, de l'acte et de la puissance est présentement un fait incontestable, il faut trouver de ce fait une raison qui soit impliquée dans la Raison même. Il ne sert de rien, en effet, de traiter ce fait d'illusion, car il est aussi malaisé de rendre compte de l'illusion que du fait lui-même tenu pour réel. Alors même qu'il n'y aurait dans les profondeurs des ténèbres qu'une ombre mensongère, il resterait toujours à savoir pourquoi la lumière n'inonde pas tout et ne pénètre pas tout, pourquoi il y a des projections d'ombre. Comment donc justifier le passage de l'intelligible au sensible, sans admettre un dualisme quelconque, sans recourir à l'ὕλη d'Aristote ou tout au moins à la χώρα de Platon? Comment déduire en particulier cette nécessité qui s'impose à l'homme et dont nous avons tâché de montrer l'importance morale, la nécessité de ne réaliser ses fins qu'à travers des séries de plus en plus compliquées de moyens? En soi l'Être est, voilà ce que la Raison affirme; en nous et par nous l'être se développe et se fait, voilà ce que l'expérience nous montre. Comment l'affirmation de la Raison peut-elle se retrouver encore dans ce que l'expérience manifeste?

L'idéalisme allemand, loin de supprimer la contradiction qui suscite ce problème, l'a au contraire aggravée, quand il a établi, avec autant de justesse que de profondeur, que le *devenir*, où les anciens ne voyaient qu'une expression inférieure et négative de l'existence, est la forme nécessaire de la vie morale. Moralement, sinon métaphysiquement, le *devoir-être* est conçu avant l'*être*;

la puissance est la cause de l'acte, comme le germe est la cause du vivant : la pensée spéculative qui voudrait mettre à néant cette condition concrète de la moralité se retournerait au fond contre la moralité elle-même. Et puisque ainsi il y a de l'Absolu jusque dans le devenir, il faut chercher à expliquer comment le devenir peut exprimer l'Absolu. C'est certainement la force de l'hégélianisme que d'avoir tenté cette entreprise, que d'avoir cherché à montrer que « l'Être est » n'est pas la formule adéquate de la Raison. Hégel a posé avant tout que l'unité véritable n'est pas l'unité analytique, qui exclut toute hétérogénéité, que l'unité véritable est l'unité de l'Infini et du fini, non par réduction du fini à l'Infini, mais par manifestation de l'Infini dans le fini ; il a conclu en conséquence que cette unité, objet d'une éternelle affirmation, doit en vertu d'une nécessité éternelle, pour que rien de ce qui la constitue ne soit sacrifié, se révéler et se développer. La mobile réalité du monde dans lequel nous nous mouvons est fondée immédiatement dans l'être de Dieu ; mais alors l'ancienne logique, cette logique dont Spinoza encore subissait le prestige, doit définitivement disparaître ; elle opposait l'intelligible et le sensible, comme l'Infini et le fini, et elle mettait l'entendement en demeure d'opter, c'est-à-dire d'exclure. La logique nouvelle, qui affirme l'identité des contradictoires, unit au lieu de séparer, concilie au lieu d'opposer, ou pour mieux dire elle unit ce qu'elle sépare et elle concilie ce qu'elle oppose ; et, suivant la marche même de l'univers, elle ramène l'unité du fini et de l'Infini de ses déterminations les plus abstraites et les plus extérieures à ses déterminations les plus concrètes et les plus intérieures.

Mais précisément parce qu'elles se produisent au terme de tout un développement philosophique, la méthode et la doctrine hégélienne peuvent être interprétées, soit dans le sens des pensées antérieures qu'elles achèvent et consacrent, soit dans le sens de pensées nouvelles qu'elles suscitent et aident à se produire. Elles peuvent, elles aussi, se transformer en leur contraire. Les doctrines de la contingence pourraient assurément tirer parti de cet aveu, que la nécessité n'est pas dans toutes ses manifestations absolument identique à elle-même, que le concept qui l'exprime à un certain moment doit, pour continuer à l'exprimer, se détourner à un autre moment dans le concept contradictoire. Qu'est-ce à dire alors, sinon qu'entre un moment et un autre moment il y a un infini qui rend impossible toute détermination et par suite toute nécessité absolue? Ne faut-il pas alors reconnaître que la logique hégélienne n'est qu'un artifice prolongé qui affirme hypothétiquement la nécessité là où il est impossible de la saisir?

Autant ces objections deviendraient fausses, si elles servaient à justifier une doctrine de la contingence radicale, autant elles sont justes dès qu'elles servent à marquer les limites de la méthode et de la philosophie hégéliennes. Ce qui est le défaut de l'hégélianisme, ce n'est pas d'avoir conçu que l'unité de l'Infini et du fini est la vérité, ce n'est pas non plus d'avoir fondé sa dialectique sur l'identité des contradictoires, c'est d'avoir admis que l'unité de l'Infini et du fini ne suppose rien au delà de l'expression qui la traduit, et que la vérité tout entière se laisse absolument comprendre dans la dialectique. L'unité de l'Infini et du fini, malgré la prétention de Hégel à en découvrir aussi bien l'essence subjective, est par-dessus tout dans son système une notion objective qu'il suffit de laisser aller en quelque sorte et de suivre dans son développement. Elle est la donnée dont il s'agit simplement de dégager, à travers d'inévitables contradictions, le contenu concret. De là cette tendance, si manifeste dans toute la doctrine, à élever toujours au-dessus de la vie subjective qui se réalise ce qui en est l'expression objective et réalisée. On dirait que le moment de la subjectivité ne se produit que pour empêcher le monde de se fixer et pour le remettre en mouvement; il n'a pas par conséquent en soi sa raison interne et complète. Voilà pourquoi Hégel considère que la moralité objective et sociale achève et résume ce qu'il y a de vrai dans la moralité subjective et personnelle, alors qu'entre ces deux formes de la moralité, comme entre le sujet et l'objet, il doit y avoir, non rapport de subordination définie, mais rapport de communication incessante. C'est donc parce qu'elle est trop exclusivement conçue sous la forme objective d'une notion existant en soi que l'unité de l'Infini et du fini, telle que Hégel l'affirme, est inadéquate à l'Absolu.

L'unité de l'Infini et du fini suppose en effet plus qu'elle-même pour se produire; elle suppose une action à la fois immanente et transcendante : immanente, en ce qu'elle lie à l'intérieur d'elle-même le fini et l'Infini; transcendante, en ce qu'elle ne se ramène jamais dans son fond à l'unité actuelle qu'elle détermine. L'action créatrice, pour l'appeler de son vrai nom, ne crée pas d'unité immédiate et complète; entre l'Infini et le fini qu'elle unit il y a encore un Infini; de telle sorte qu'à cause de cet Infini intermédiaire qui ne peut être jamais complètement résolu par nous, la Vérité qui est se manifeste à nous comme un devoir à réaliser. En d'autres termes, l'affirmation absolue de Dieu est radicalement inégale à ce qu'elle affirme dès qu'elle tend à s'objectiver absolument et à ne se reconnaître que dans cette expression. Dieu, qui est Idée pure et Être pur, est par là même au delà de l'Idée et de l'Être, c'est-à-dire qu'il n'est ni l'Idée considérée dans une détermination actuelle, ni l'Être considéré dans un contenu actuel. La dialectique qui descend dans le monde pour y trouver les dérivations les plus lointaines de l'Absolu n'est vraie que dans la mesure où elle est aussi ascendante et où elle élève davantage au-dessus du réel, dont elle découvre la raison, la Raison absolue de toute réalité. En même temps que la logique devient plus immanente à ce qu'elle explique, elle doit se reconnaître plus transcendante en son principe : elle doit s'avouer qu'aucun système de concepts n'épuise l'Absolu. Et plus elle établit la nécessité de tout ce qui arrive, plus elle suppose que les diverses formes sous lesquelles on peut et on doit concevoir la Vérité ne sont pas entre elles simplement et immédiatement convertibles, et que la nécessité qui les relie est le fait d'une supposition absolue et en quelque sorte gratuite[1]. De là la légitimité des formules évidemment anthropomorphiques par lesquelles nous concevons quant à nous cette nécessité : c'est par bonté que Dieu nous a créés, c'est par bonté que Dieu nous sauvera; de là aussi la possibilité d'une révélation religieuse qui dépasse infiniment en signification et en efficacité ce que l'entendement peut actuellement concevoir, et à laquelle ne peut se substituer, pour le gouvernement des âmes, l'interprétation philosophique qu'on en donne.

Ainsi la métaphysique de l'unité, légitime en son principe, doit se défier de toutes les expressions philosophiques qui prétendent trop immédiatement ou trop brièvement traduire cette unité. Le système de la Raison absolue, qui en soi est absolument, ne peut être pour nous que l'objet d'une incessante poursuite et d'une incessante conquête; à aucun moment donné il n'est tout entier dans la pensée d'aucun philosophe. C'est sous l'idée de ce système que la philosophie se développe, qu'elle invente de nouvelles ressources de dialectique, qu'elle travaille à enserrer de plus en plus les formes de l'être et de la vie. Mais ce serait céder à une illusion que de croire que la Vérité se laisse définitivement réduire aux déterminations qu'on

---

1. L'intellectualisme le plus décidé peut reconnaître que la nécessité qui est dans l'Absolu est une nécessité supra-logique. Voir dans l'article de M. J. Lachelier, *Psychologie et Métaphysique*, la déduction qui pose successivement les trois puissances de l'idée de l'Être. Rien, selon M. Lachelier, ne contraint absolument la pensée de passer de l'une à l'autre de ces puissances. *Revue philosophique*, mai 1885, pp. 511-512.

lui applique; plus elle se laisse saisir, plus elle fait surgir d'elle ce qui actuellement échappe à toute mesure. Il en est déjà ainsi dans l'ordre de la connaissance scientifique : les solutions de génie qui à une certaine heure paraissent répondre à tout un ensemble de questions ont surtout pour effet de susciter une multitude de questions nouvelles, et l'on reste comme surpris, après avoir tout attendu d'elles, de l'inconnu qu'elles découvrent. Il en est ainsi encore dans l'ordre de la moralité : l'acte qui semble le plus nous raffermir en nous et nous élever le plus complètement à la conscience de notre destinée a surtout pour effet de nous révéler clairement ce qui nous manque. Et l'on peut dire enfin que les systèmes philosophiques les plus larges et les plus rigoureux ne réussissent qu'à transformer les problèmes qu'ils prétendent résoudre.

C'est donc qu'il y a toujours dans l'intelligence et la volonté humaines un principe de transcendance qui les oblige à se dépasser, qui les empêche de se constituer jamais à l'état de mondes clos et impénétrables. La vie concrète ne peut se justifier que si, sous ses formes actuelles, elle ne se suffit pas. Pour qu'elle ait sa raison d'être, il faut qu'elle doive être; mais, pour qu'elle ait sa raison d'être, il faut aussi qu'elle soit, qu'elle se réalise et se produise dans le monde : l'unité substantielle qui nous apparaît à nous comme un devoir est le moyen terme, à la fois supposé et affirmé, entre la conscience et les choses. Si donc le développement de la vie morale est possible et s'il a une signification intrinsèque, c'est que dans ses profondeurs la volonté humaine n'est exclusivement ni liberté subjective, ni nécessité objective, ni spontanéité formelle, ni loi matérielle, c'est qu'elle comprend en elle tous ces moments. Voilà pourquoi il reste également faux de définir la moralité soit uniquement par le sujet, soit uniquement par l'objet, ou même simplement d'en trouver l'expression absolue soit dans les formes de la conscience subjective, soit dans les états de la réalité objective. C'est ainsi, par exemple, que la moralité personnelle et la moralité sociale, loin de s'exclure l'une l'autre, ou même de se subordonner absolument l'une à l'autre, sont pour ainsi dire perpétuellement en fonction l'une de l'autre ; elles expriment, l'une, l'obligation de se détacher de ce qu'il y a de positif dans le donné pour s'inspirer de l'idée, l'autre, la nécessité de se détacher de ce qu'il y a de purement idéal dans l'idée pour convertir l'idée en fait ; elles se limitent donc en même temps qu'elles se soutiennent ; elles réagissent, l'une, contre la prétention de ce qui est à nier ce qui doit être, l'autre, contre la prétention de ce qui doit être à méconnaître ce qui est ; à la charité il revient de créer de nouvelles formes de justice, à la justice il revient de régler l'arbitraire de la charité. L'essence de la volonté humaine n'est donc ni dans la simple affirmation de l'Idée, ni dans la simple affirmation de l'Être : elle est dans l'affirmation de l'unité de l'Idée et de l'Être, qui en un sens est vraie absolument et en autre sens doit être vraie pour nous et par nous.

Ainsi se trouve ramené le problème dont l'histoire du spinozisme a permis de dégager de plus en plus nettement le sens. Le conflit de la pensée spinoziste et de la pensée criticiste en Allemagne en a posé exactement les termes. La Vérité absolue, selon Spinoza, exige qu'elle seule soit absolument, que tout ce qui est soit par elle et ne soit que par elle : nous ne pouvons donc être que des modes ou des expressions de la Vérité. La Vérité absolue, selon le criticisme, est l'ennemie de la vérité humaine, et comme la vérité humaine est la seule qui nous soit positivement accessible, nous devons la considérer comme l'idéal qui doit nous régler ; c'est précisément le caractère de la vérité humaine, qu'elle n'est pas, au sens rigoureux du mot, qu'elle doit être et se faire, et qu'elle justifie ainsi éminemment tous les droits de la volonté. Au fond, ainsi que nous avons essayé de l'établir, les deux doctrines adverses ne font que déterminer les données en apparences contradictoires du problème à résoudre. Quel rapport y a-t-il entre ce qui est absolument et ce qui doit être pour nous et par nous? Comment la Vérité absolue qui, par définition, doit se suffire, prend-elle dans la conscience la forme d'une vérité à réaliser ou à conquérir? Devant la difficulté et les complications d'un tel problème, l'intellectualisme n'a pas à abdiquer; mais il se doit à lui-même de reconnaître que la solution vivante du problème peut en précéder et en inspirer la solution spéculative, que les deux termes en présence, volonté humaine et grâce divine, peuvent s'unir intimement dans la conscience, avant que la pensée philosophique ait découvert la formule définitive de leur unité.

FIN.

TABLE DES MATIÈRES

Introduction.. 1

PREMIÈRE PARTIE.
LE PROBLÈME MORAL DANS LA PHILOSOPHIE DE SPINOZA.

CHAPITRE PREMIER.
Les données et le sens du problème moral.................. 3

CHAPITRE II.
Les principes métaphysiques de la morale de Spinoza. La méthode et la doctrine.. 21

CHAPITRE III.
La distinction du bien et du mal, du vrai et du faux........ 47

CHAPITRE IV.
La nature humaine.. 70

CHAPITRE V.
La vie morale de l'homme. — I. L'esclavage................ 101

CHAPITRE VI.
La vie morale de l'homme. — II. L'affranchissement....... 130

CHAPITRE VII.

La vie sociale de l'homme. — I. L'État sous le régime de la contrainte... 157

CHAPITRE VIII.

La vie sociale de l'homme. — II. L'État sous le régime de la liberté... 169

CHAPITRE IX.

La vie éternelle... 185

CHAPITRE X.

Le problème moral dans la philosophie de Spinoza.......... 200

DEUXIÈME PARTIE.

LE PROBLÈME MORAL DANS L'HISTOIRE DU SPINOZISME.

CHAPITRE PREMIER.

Le spinozisme en Hollande à la fin du dix-septième siècle... 221

CHAPITRE II.

La philosophie de Spinoza et l'esprit philosophique de l'Allemagne. — Leibniz. — Lessing. — L'éthique spinoziste et la doctrine de l'autonomie de la volonté...................... 227

CHAPITRE III.

Herder.. 273

CHAPITRE IV.

Schiller et Gœthe.. 294

CHAPITRE V.

Novalis et l'École romantique............................. 317

CHAPITRE VI.

Schleiermacher.. 331

CHAPITRE VII.

Schelling... 357

CHAPITRE VIII.

Hégel... 436

CHAPITRE IX.

Le spinozisme en Angleterre. — L'éthique de Spinoza et la morale anglaise.. 484

CHAPITRE X.

Le spinozisme en France. — Les conceptions spinozistes de la vie au dix-neuvième siècle............................ 489

CONCLUSION.

Le problème moral et la solution spinoziste de ce problème. 529

www.ingramcontent.com/pod-product-compliance
Lightning Source LLC
Chambersburg PA
CBHW060308230426
43663CB00009B/1629